Schöningh

TEAM 3

Arbeitsbuch für Politik und Wirtschaft

Herausgegeben von:
Wolfgang Mattes

Erarbeitet von:
Karin Herzig, Wolfgang Mattes,
Thorsten Schaller

www.schoeningh-schulbuch.de
Schöningh Verlag, Jühenplatz 1–3, 33098 Paderborn

Druck 5 4 3 2 1 / Jahr 2016 15 14 13 12
Die letzte Zahl bezeichnet das Jahr dieses Druckes.

Umschlaggestaltung: Nora Krull, Bielefeld
Fotos: picture-alliance/dpa (U1 l.), action press (U1 r.); Metin Yilmaz (U4)
Illustrationen: Reinhild Kassing, Kassel
Druck und Bindung: westermann druck GmbH, Braunschweig

ISBN 978-3-14-023704-8

Inhaltsverzeichnis

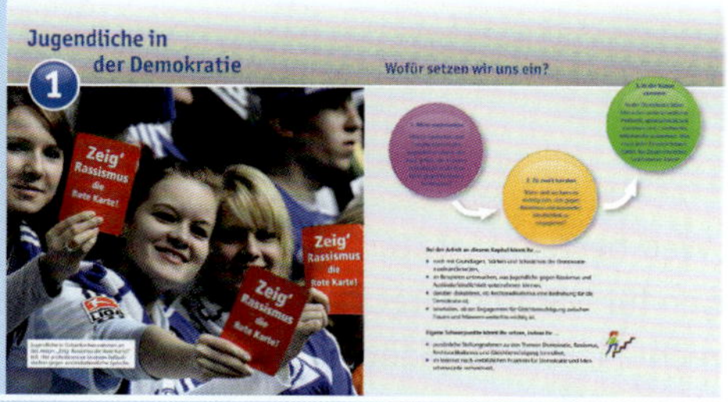

Jugendliche in der Demokratie

Wofür setzen wir uns ein?

Auf dem Weg zur Berufswahl

Wie plane ich meine berufliche Zukunft?

Demokratie in der Bundesrepublik Deutschland

Wie kann das Miteinander in einem parlamentarischen System funktionieren?

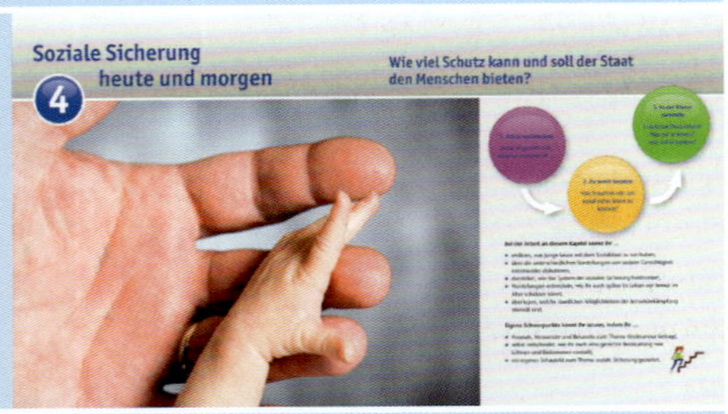

Soziale Sicherung heute und morgen

Wie viel Schutz kann und soll der Staat den Menschen bieten?

Zur Situation der Menschenrechte

Welche Bedeutung haben sie für uns?

Die Bedeutung der Medien

Wie wichtig sind sie für uns und für die Demokratie?

7
Wirtschaft und Wirtschafts-
politik verstehen
Warum ist die allgemeine Wirtschaftslage
für uns alle so wichtig?

8
Die ökologische
Herausforderung
Worin bestehen Risiken und Chancen für
einen nachhaltigen Schutz der Umwelt?

9
Globalisierung
Wie verändert sie unser Leben?

Die Europäische Union: Erfolge, Krisen und Herausforderungen

Warum brauchen wir das vereinte Europa?

Friedenssicherung als Aufgabe internationaler Politik

Gibt es Chancen für eine friedlichere Welt?

Methodenkarten

Verzeichnis der Seiten

Infoseiten

Verzeichnis der Seiten

Methodenkarten TEAM 1

Verzeichnis der Seiten

Infoseiten

Verzeichnis der Seiten

Methodenkarten TEAM 2

Verzeichnis der Seiten

Infoseiten

Verzeichnis der Seiten

Auf die Kompetenzen kommt es an

Das Foto zeigt Schüler einer zehnten Klasse während einer Präsentation vor Publikum zum Thema *Jugend und Politik*. In der Vorbereitung haben sie sich in das Thema eingearbeitet und eine Befragungsaktion in ihrer Schule durchgeführt. Auf die Präsentation haben sie sich vorbereitet, indem sie den Vortrag untereinander aufgeteilt und Folien mit PC gestaltet haben. Bevor es zum Auftritt vor Publikum kam, haben sie ihre Präsentation geübt. Während ihres Vortrags sind alle konzentriert und hoch motiviert. Damit haben diese Schülerinnen und Schüler einen Weg gefunden, ihre persönlichen Kompetenzen zu entwickeln.

Wissenschaftler bezeichnen Kompetenzen als *Fähigkeitspotenzial.* Gemeint sind damit die Fähigkeiten, die in uns schlummern und die wir durch aktives Lernen zur Entfaltung bringen können.

Kompetent sein bedeutet, dass man außerhalb der Schule von seinen Fähigkeiten Gebrauch machen kann, von seinem Wissen, seinem Können, seiner Fähigkeit, sich ein eigenes Urteil zu bilden und mit anderen in Teams zusammenzuarbeiten.

In der politischen Bildung, um die es im Fach Politik und Wirtschaft geht, ist Demokratiekompetenz ein erstrebenswertes Ziel. Man lernt dabei aktive Teilnahme in der Demokratie durch Wissen, Urteilen und Mitgestalten.

Die Schülerinnen und Schüler, die man auf dem Foto sieht, waren stolz, nachdem sie einen Applaus für ihre Präsentation bekamen. Kompetenz schafft Selbstvertrauen. Sie ist etwas, was jeder Mensch sich wünscht.

An vielen Stellen in diesem Buch werdet ihr die abgebildete Kompetenzampel entdecken. Die vier Farben dieser Ampel stehen für vier unterschiedliche Kompetenzbereiche. Je nachdem, welche Farbe aufleuchtet, seht ihr sofort, was der Sinn und der Schwerpunkt des Lernens sein wird. Mit dem Kunstwort *Smuh* könnt ihr euch die Reihenfolge der Kompetenzen von oben nach unten einprägen.

Sachkompetenz
Man arbeitet sich in neue Themengebiete ein, erwirbt neues Wissen und ist in der Lage, es anzuwenden.

Methodenkompetenz
Man übt das eigenverantwortliche Lernen, indem man alleine oder in Teams die Fähigkeiten trainiert, die einem bei der Bewältigung von Lernanforderungen nützlich sind.

Urteilskompetenz
Man schult sie, indem man sich darin übt, einen mit überzeugenden Argumenten begründeten Standpunkt zu den umstrittenen Themen in der Demokratie zu formulieren.

Handlungskompetenz
Auf der Basis von erworbenem Wissen und erworbenen Fähigkeiten übt man sich darin, seine Fähigkeiten im aktiven Tun anzuwenden – zum Beispiel in der Zusammenarbeit mit anderen in Rollen- und Planspielen oder auch bei Erkundungen und in anderen Übungsfeldern außerhalb des Unterrichts.

Wiederkehrende Elemente in TEAM

In diesem Band findet ihr die euch bereits bekannten und einige neue Elemente:

Aufmacherseiten, mit denen alle von Beginn eines neuen Kapitels an mitmachen können

Infoseiten für wichtiges Grundwissen und Förderung eurer Sachkompetenz

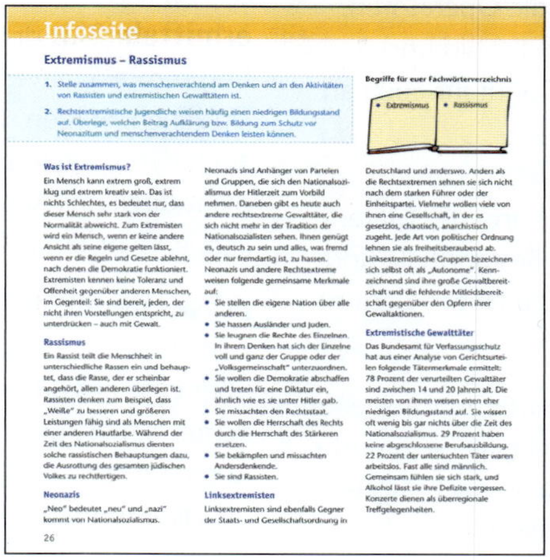

Methodenkarten zum Training eurer Methodenkompetenz

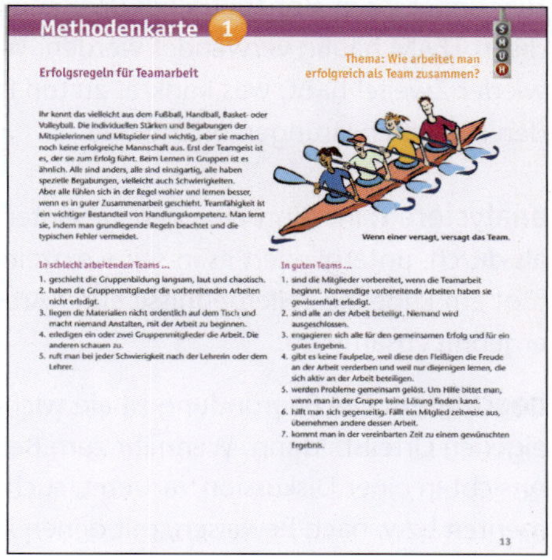

Trainingsplätze für eigenverantwortliches Lernen

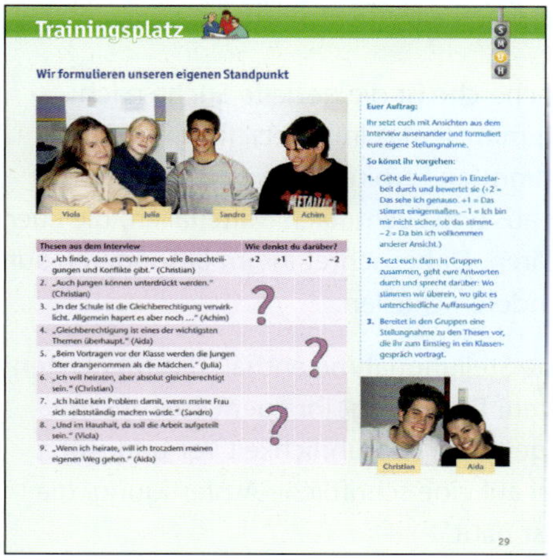

Kompetenzstationen zum Üben und Wiederholen

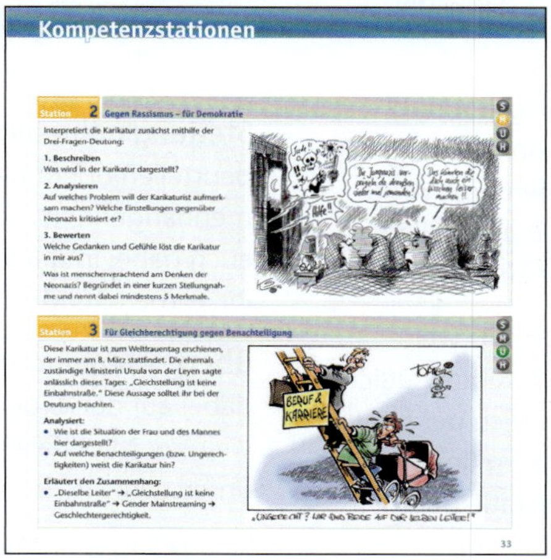

TEAM kontrovers für Diskussionen und Urteilskompetenz

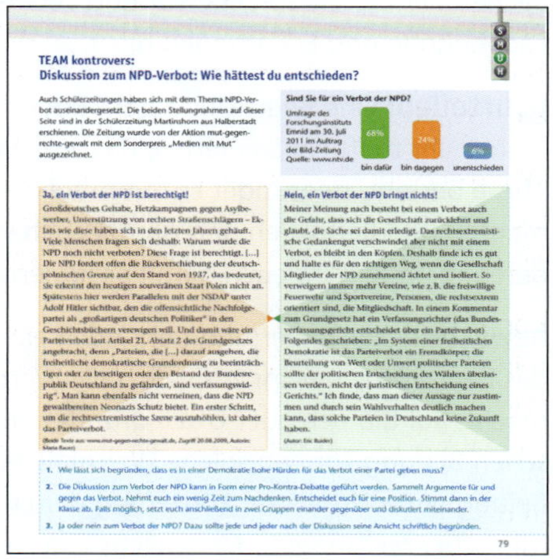

Neu! Besonders wichtig ist den Autoren von TEAM, dass möglichst alle Schülerinnen und Schüler Freude daran haben, im Unterricht mitzuarbeiten. Aus diesem Grund beginnen zahlreiche Unterkapitel mit einer Einstiegsübung, in der alle ihre Gedanken zum Thema einbringen können. Beispiel:

Eine Einstiegsübung für alle
Was fällt euch spontan ein, wenn ihr den Begriff *Politische Partei* hört?

Alle Arbeitsaufträge, denen dieses Logo beigefügt ist, erfordern etwas mehr Nachdenken als andere. Mit Lust und Anstrengungsbereitschaft sollten sie für alle lösbar sein.

Die Seiten mit diesem Zeichen sind als Zusatzmaterialien gedacht, die tiefer in die Themen hineinführen.

Was bedeuten eigentlich die Verben in den Arbeitsaufträgen?

Die Verben in den Arbeitsaufträgen bezeichnen die Tätigkeiten, die während der Bearbeitung von euch erwartet werden. Lehrerinnen und Lehrer bezeichnen diese auch als **Operatoren**. Hier findet ihr in alphabetischer Reihenfolge die Operatoren, die in TEAM häufig verwendet werden. Wenn ihr hin und wieder Zweifel habt, was konkret zu tun ist, könnt ihr euch an den kurzen Erklärungen orientieren.

analysieren: Ihr führt eine genaue Untersuchung des Materials durch, untergliedert es in seine einzelnen Bestandteile und fügt am Ende die Teilergebnisse eurer Arbeit zu einem Gesamtergebnis zusammen.

begründen: Die Begründung ist ein wichtiger Bestandteil eurer eigenen Urteilsbildung. Wenn ihr zum Beispiel eine bestimmte Ansicht in einer Diskussion vertretet, sucht ihr so nach Argumenten bzw. nach Beweisen, mit denen ihr diese möglichst überzeugend unterfüttern könnt.

beschreiben: Ihr stellt einen Fall, einen Text, ein Schaubild oder ein anderes Material mit eigenen Worten in einer an der Sache orientierten Sprache vor und verwendet dabei die Fachbegriffe und Erklärungen dazu.

beurteilen: Eine Beurteilung geht über die Begründung hinaus. Ihr trefft ein Sachurteil, das aus einer Behauptung bzw. These besteht, begründet es mit möglichst mehreren Argumenten und Beispielen und grenzt euch von den Urteilen anderer ab, indem ihr euch damit argumentativ auseinandersetzt.

bewerten: Die Bewertung geht noch einen Schritt weiter als das Beurteilen, weil ihr zusätzlich die Wertmaßstäbe deutlich macht, auf die sich euer Urteil gründet. Im Bereich der politischen Bildung können solche Wertmaßstäbe zum Beispiel der Beitrag eures Urteils zur Förderung der Demokratie und der Menschenrechte sein, der Abwehr von Gefahren für das Zusammenleben der Menschen und anderes mehr.

erklären: Ihr stellt euer Wissen, das ihr euch durch Texte oder durch andere Materialien erworben habt, mit euren eigenen Worten so dar, dass die Zusammenhänge deutlich werden und dass ein Ansprechpartner euren Gedanken problemlos folgen kann.

erläutern: Eine Erläuterung geht über das Erklären hinaus. Hier reichert ihr eure Darstellung mit Beispielen und zusätzlichen Informationen an.

ermitteln: Aus den vorgegebenen Materialien findet ihr bestimmte Sachverhalte heraus und notiert sie. Das können Ursachen, Folgen, Chancen, Gefahren etc. sein. Ihr findet diese auch dann, wenn sie im Material nicht direkt benannt sind und nicht direkt ins Auge springen. In der Regel notiert ihr schriftlich, was ihr ermittelt habt.

präsentieren: Ihr tragt eure Arbeitsergebnisse vor der Klasse oder einem anderen Publikum vor, um dieses möglichst genau über eure erworbene Sachkompetenz in Kenntnis zu setzen, achtet dabei auf eine gut nachvollziehbare Struktur und unterstützt euren Vortrag medial in Form unterschiedlicher Visualisierungen.

recherchieren: Die Recherche ist die gezielte Suche nach Informationen – häufig mithilfe des Internets. Ihr geht dabei immer von einem bestimmten Lerninteresse und von einem Untersuchungsauftrag aus und sucht nach Materialien, die euer Forschungsinteresse klären. Dabei achtet ihr im Besonderen auf die Qualität der verwendeten Quellen.

Stellung nehmen: Eine Stellungnahme enthält die Tätigkeiten beurteilen oder bewerten. Dabei tragt ihr euer Urteil zusammenhängend in einer gewissen Ausführlichkeit vor und stützt euch dabei in der Regel auf eine schriftliche Ausfertigung, die ihr vorbereitend verfasst habt.

überprüfen: Inhalte, Sachverhalte, Positionen anderer werden dabei auf der Grundlage eurer eigenen Kenntnisse oder mithilfe weiterer Materialien auf ihre Richtigkeit und Angemessenheit untersucht.

vergleichen: Ihr stellt zwei oder mehrere Materialien zu einem Thema einander gegenüber und betrachtet sie, um Gemeinsamkeiten und Unterschiede herauszufinden.

zusammenfassen: Ihr unterzieht die Ergebnisse eures Lernens einer abschließenden Betrachtung und konzentriert euch dabei auf die Darstellung des Wesentlichen und auf die Erkenntnisse, die ihr nachhaltig im Gedächtnis speichern wollt.

S M U H

Erfolgsregeln für Teamarbeit

Thema: Wie arbeitet man erfolgreich als Team zusammen?

Ihr kennt das vielleicht aus dem Fußball, Handball, Basket- oder Volleyball. Die individuellen Stärken und Begabungen der Mitspielerinnen und Mitspieler sind wichtig, aber sie machen noch keine erfolgreiche Mannschaft aus. Erst der Teamgeist ist es, der sie zum Erfolg führt. Beim Lernen in Gruppen ist es ähnlich. Alle sind anders, alle sind einzigartig, alle haben spezielle Begabungen, vielleicht auch Schwierigkeiten. Aber alle fühlen sich in der Regel wohler und lernen besser, wenn es in guter Zusammenarbeit geschieht.
Teamfähigkeit ist ein wichtiger Bestandteil von Handlungskompetenz. Man lernt sie, indem man grundlegende Regeln beachtet und die typischen Fehler vermeidet.

Wenn einer versagt, versagt das Team.

In schlecht arbeitenden Teams ...

1. geschieht die Gruppenbildung langsam, laut und chaotisch.
2. haben die Gruppenmitglieder die vorbereitenden Arbeiten nicht erledigt.
3. liegen die Materialien nicht ordentlich auf dem Tisch und macht niemand Anstalten, mit der Arbeit zu beginnen.
4. erledigen ein oder zwei Gruppenmitglieder die Arbeit. Die anderen schauen zu.
5. ruft man bei jeder Schwierigkeit nach der Lehrerin oder dem Lehrer.

In guten Teams ...

1. sind die Mitglieder vorbereitet, wenn die Teamarbeit beginnt. Notwendige vorbereitende Arbeiten haben sie gewissenhaft erledigt.
2. sind alle an der Arbeit beteiligt. Niemand wird ausgeschlossen.
3. engagieren sich alle für den gemeinsamen Erfolg und für ein gutes Ergebnis.
4. gibt es keine Faulpelze, weil diese den Fleißigen die Freude an der Arbeit verderben und weil nur diejenigen lernen, die sich aktiv an der Arbeit beteiligen.
5. werden Probleme gemeinsam gelöst. Um Hilfe bittet man, wenn man in der Gruppe keine Lösung finden kann.
6. hilft man sich gegenseitig. Fällt ein Mitglied zeitweise aus, übernehmen andere dessen Arbeit.
7. kommt man in der vereinbarten Zeit zu einem gewünschten Ergebnis.

Jugendliche in der Demokratie

1

Jugendliche in Gelsenkirchen nehmen an der Aktion „Zeig' Rassismus die Rote Karte!" teil. Hier protestieren sie in einem Fußballstadion gegen ausländerfeindliche Sprüche.

Wofür setzen wir uns ein?

1. Allein nachdenken

Welche Gedanken und Gefühle können den Jugendlichen durch den Kopf gehen, die in einem Fußballstadion die Rote Karte gegen Rassismus hochhalten?

2. Zu zweit beraten

Wann und wo kann es wichtig sein, sich gegen Rassismus und Ausländerfeindlichkeit zu engagieren?

3. In der Klasse sammeln

In der Demokratie leben Menschen unterschiedlicher Herkunft, unterschiedlichen Glaubens und Geschlechts miteinander zusammen. Was muss jeder Einzelne leisten, damit das Zusammenleben funktionieren kann?

Bei der Arbeit an diesem Kapitel könnt ihr …

- euch mit Grundlagen, Stärken und Schwächen der Demokratie auseinandersetzen,
- an Beispielen untersuchen, was Jugendliche gegen Rassismus und Ausländerfeindlichkeit unternehmen können,
- darüber diskutieren, ob Rechtsradikalismus eine Bedrohung für die Demokratie ist,
- beurteilen, ob ein Engagement für Gleichberechtigung zwischen Frauen und Männern weiterhin wichtig ist.

Eigene Schwerpunkte könnt ihr setzen, indem ihr …

- persönliche Stellungnahmen zu den Themen Demokratie, Rassismus, Rechtsradikalismus und Gleichberechtigung formuliert,
- im Internet nach vorbildlichen Projekten für Demokratie und Menschenwürde recherchiert.

1 In einer Demokratie leben: Welche Bedeutung hat das für dich?

Eine Einstiegsübung für alle
Betrachte das Foto, lies den Text dazu und versuche, dich in die Situation des Jungen hineinzuversetzen.
Warum verdeckt der Junge sein Gesicht?

Der Junge will nicht erkannt werden. Sein Name? Unwichtig. Er versteckt sein Gesicht [...]. Dann erzählt er gemeinsam mit seiner Betreuerin: wie er vor seinem gewalttätigen Stiefvater geflohen ist, wie er von Soldaten auf der Straße aufgelesen wurde, wie sie ihn für die Armee rekrutierten, wie er ein Kindersoldat wurde.
Sie hätten ihn damals vor die Wahl gestellt, berichtet die Betreuerin: Gefängnis oder Militär. Eine Schule habe er nie besucht, sagt der Junge. Im Camp der Armee habe er keinen Unterricht bekommen – nur militärisches Training. Er konnte fliehen, nach Thailand, nur deshalb kann er heute seine Geschichte erzählen.
Es ist eine Geschichte der Unterdrückung und der Flucht aus der Heimat, wie sie Millionen Burmesen erleben. Burma leidet seit fast fünfzig Jahren unter der Diktatur des Militärs. Friedliche Protestbewegungen wie 1988 oder 2007 der Aufstand der buddhistischen Mönche wurden niedergeknüppelt.
Immer wieder kommt es zu Kämpfen zwischen der Armee und Rebellengruppen. Millionen politische Verfolgte, Angehörige von Minderheiten und Künstler fliehen ins Ausland. Nach Thailand. Nach Malaysia. Oder nach Bangladesch – doch auch dort sind sie oftmals nicht willkommen.

(Aus: Hendrik Ternieden: Gesichter der Unterdrückung, in SPIEGEL-ONLINE vom 10.10.2010, letzter Zugriff 15. Januar 2012)

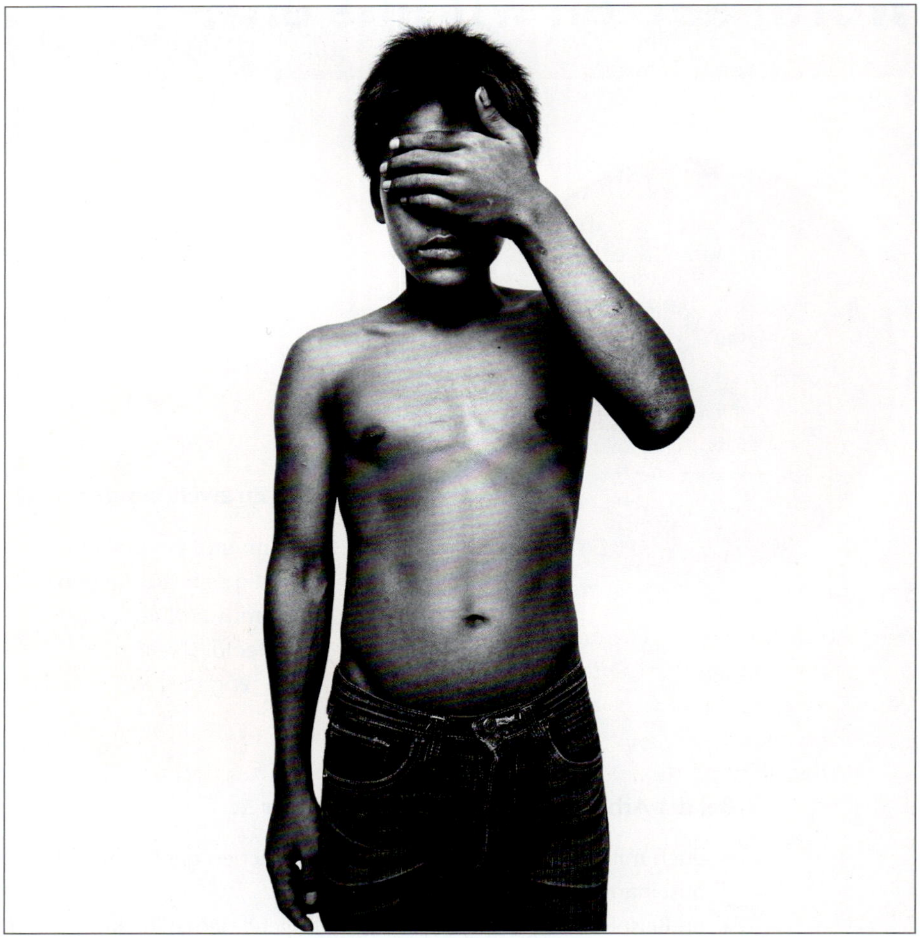

Dieser 16-jährige Junge floh aus der Militärdiktatur in Burma nach Thailand. Mit seinem Einverständnis porträtierte ihn der Fotograf Platon für die Menschenrechtsorganisation Human Rights. Sein Gesicht wollte der Junge nicht zeigen.

Leben in der Demokratie – Ist das selbstverständlich?

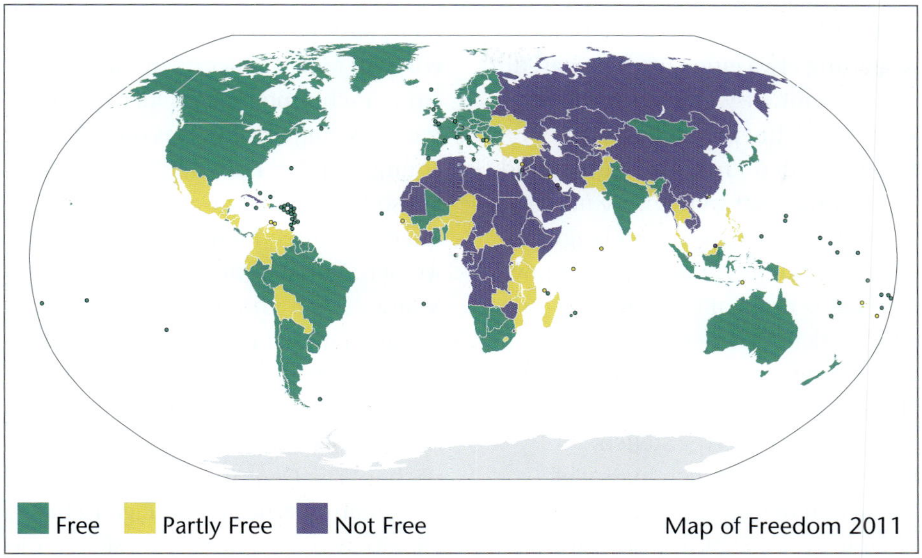

Die Verteilung freier und unfreier Staaten

Freedom House ist eine Forschungseinrichtung mit Sitz in Washington. Wichtigstes Ziel dieser Organisation ist es, die Demokratie weltweit zu fördern. Sie veröffentlicht jährlich eine Karte, in der alle Staaten der Welt anhand unterschiedlicher Merkmale in freie, teilweise freie und nicht freie Staaten eingeteilt werden.
Frei ist nach den Kriterien von Freedom House ein Staat, in dem es freie Wahlen gibt mit konkurrierenden Parteien, Meinungs-, Presse- und Glaubensfreiheit, eine unabhängige Rechtsprechung und in dem die Regierung an die Gesetze gebunden ist. Teilweise frei ist ein Staat, in dem es zum Beispiel ein demokratisch gewähltes Parlament gibt, aber keine völlig unabhängige Presse. Unfrei sind Staaten, in denen die Regierungen nicht durch freie Wahlen an die Macht gekommen sind, in denen es keine Meinungs- und Pressefreiheit gibt und in denen elementare Menschenrechte missachtet werden. Zu den schlimmsten Merkmalen der Unfreiheit zählen die Verfolgung politisch Andersdenkender sowie der Einsatz der Folter mit Billigung der Regierung.
Von den 194 weltweit erfassten Staaten im Jahr 2010 gelten nach Freedom House 89 Länder als frei, 58 als teilweise frei und 47 als nicht frei.

Merkmale von Diktaturen

Eine Diktatur ist eine Zusammenfassung der politischen Gewalt in der Hand einer Person oder in der Hand einer Gruppe unter Ausschaltung der verfassungsrechtlichen oder gewohnheitsrechtlichen Schranken (Gegensatz: Demokratie). Eine Diktatur wird häufig durch scheindemokratische Elemente, z. B. machtloses Parlament oder „stillgelegte“ Verfassung, oder Volksentscheide, die im gewünschten Sinne manipuliert wurden, verschleiert. […] Diktatur kann durch eine Einzelperson (Diktator, „Führer“), Familie (Familien-Diktatur), durch Militärmachthaber (Militär-Diktatur; „Junta“) oder eine Gesellschaftsklasse (Klassen-Diktatur) ausgeübt werden.

(Aus: DIE ZEIT: Das Junior-Lexikon in 6 Bänden, 2007 ZEIT-Verlag Hamburg)

1. Welche Merkmale für freie und unfreie Staaten werden in den Texten genannt? Stellt sie einander gegenüber.
2. Betrachtet die Weltkarte: Was verdeutlicht sie über die globale Verteilung von Demokratien und von unfreien Staaten?
3. Was antwortest du jemandem in Deutschland, der Freiheit und Demokratie für so selbstverständlich hält, dass man keinen besonderen Gedanken daran verschwenden muss?

S M U H

Was sind Grundlagen, Stärken und Schwächen der Demokratie?

Der Textausschnitt wurde dem Buch „Vorsicht Politik" von Siegfried Schiele und Gotthard Breit entnommen. Ihr sollt wichtige Informationen daraus langfristig speichern und sowohl den Textinhalt als auch eure begründete Stellungnahme dazu mündlich präsentieren.
Diese Ziele erreicht ihr, wenn ihr euch mit der Pickup-Methode vertraut macht, die auf der folgenden Doppelseite vorgestellt wird.

Demokratie hat manche Schwächen, aber etwas Besseres gibt es nicht

Die Demokratie ist teuer, umständlich, kompliziert und langweilig, nicht effektiv, nicht attraktiv. Es ist nicht schwer, weitere negative Eigenschaften über unsere Demokratie zusammenzutragen. Die Demokratie macht es den Kritikern recht leicht.
Und an der Kritik ist ja auch etwas dran. Demokratie ist tatsächlich eine recht teure Angelegenheit. So gibt es in Deutschland zum Beispiel den Bundestag und dazu noch 16 Parlamente in den Bundesländern. In diesen Parlamenten sitzen insgesamt etwa 2 500 Abgeordnete, die alle Diäten erhalten. Damit diese Parlamente arbeiten können, braucht man etliche Gebäude und Verwaltungen mit vielen Beschäftigten. Dazu kommen noch die kostspieligen Regierungen im Bund und in den Ländern mit ihren Ministerien und riesigen Verwaltungsapparaten. So könnte man noch lange fortfahren, um den Beweis zu führen, dass Demokratie eine teure Sache ist. Auch andere Mängel sind nicht leicht von der Hand zu weisen. Wenn die Regierung etwa eine gute Idee hat, um das Gesundheitswesen zu reformieren, kann sie nicht einfach Beschlüsse fassen, die dann in ganz Deutschland sofort umgesetzt werden. Sie muss vielmehr den schwierigen und langwierigen Weg durchs Parlament gehen, wo das Gesetz dreimal beraten und verabschiedet werden muss, und … und … und. Überall Vorschriften und Hindernisse, die sich einem beherzten Zugreifen in den Weg stellen.
Und so kommt es auch, dass viele Menschen die ganzen politischen Abläufe für umständlich und kompliziert halten. Sie schütteln darüber den Kopf, weshalb alles so lange dauert und oftmals trotzdem keine guten Ergebnisse bringt.
Wie soll Demokratie attraktiv sein, wenn sie so viel Geld kostet, wenn sie umständlich arbeitet und wenn die Ergebnisse zuweilen recht mager und auch unverständlich sind?
Werfen wir doch mal einen Blick auf eine Alternative: Eine Diktatur kann auf den ersten Blick viel einfacher und kostengünstiger sein. Ein Diktator braucht keine Parlamente, er kann sehr rasch entscheiden, in kurzer Zeit können viele Reformen umgesetzt werden, zumal es einem warm ums Herz werden kann, wenn dann noch die Menschen begeistert sind und viele Fahnen die Zustimmung zum Diktator so richtig zum Ausdruck bringen.
Diese positive Betrachtungsweise kann sich schnell ändern, wenn Entscheidungen getroffen werden, die einem nicht passen, und man aus Angst vor dem Machthaber noch nicht einmal schimpfen darf. Oder wenn man zusammenzählt, was die Überwachungsgremien kosten, die sicherstellen sollen, dass keine abweichenden, unerwünschten Meinungen vertreten werden. Von der Misshandlung von Minderheiten und der drohenden Kriegsgefahr gar nicht zu reden. Haben nicht gerade die Deutschen schlimme Erfahrungen in ihrer Geschichte machen müssen? Das sollte für immer reichen! Die Demokratie erfüllt trotz der genannten negativen Eigenschaften einen großen Zweck: Sie sichert die Freiheit der Bürgerinnen und Bürger.
In einer Demokratie gibt es eine Opposition, damit alle Vorgänge im Land ausreichend geprüft, kritisiert und kontrolliert werden. Der deutsche Föderalismus, der sich aus der Geschichte erklärt, hat viele Vorteile, wenn er auch sehr aufwendig ist. Ob wir aber in alle Ewigkeit 16 Bundesländer haben müssen, bleibt offen. Die Grundpfeiler unserer Demokratie und dazu Föderalismus – dürfen jedoch nicht erschüttert werden, wenn unsere Freiheit keinen Schaden nehmen soll.
Auch im Privatleben heißt es ja: Was gut ist, darf auch etwas kosten. Im öffentlichen Bereich gilt dieser Grundsatz noch mehr.
Selbst wenn die Demokratie in unseren Augen manche Schwächen hat, so gibt es nach aller Erfahrung nichts, was die Freiheit der Menschen ähnlich wirkungsvoll garantiert und den Missbrauch der Macht verhindert.

Grundlagen der staatlichen Ordnung in der Bundesrepublik Deutschland

Republik	Demokratie	Bundesstaat	Sozialstaat	Rechtsstaat
Freiheitlicher Staat Gegen Diktatur Macht geht vom Volk aus Wahlen Gewähltes Staatsoberhaupt (kein König)	Alle Staatsgewalt geht vom Volk aus Gewähltes Parlament als repräsentative Volksvertretung Meinungsfreiheit Achtung der Menschenrechte	Aufteilung des Staatsaufbaus in Bund und Länder Verteilung der politischen Zuständigkeiten auf den Bund und die Länder Mitwirkung der Länder an den Gesetzen des Bundes	Schutz der Menschenwürde Schutz der Menschen vor großen sozialen Risiken durch Sozialversicherungen, Sozialhilfe Schutz von Ehe und Familie	Herrschaft des Rechts Bindung des Staates an die Gesetze Gewaltenteilung Gleichheit aller Menschen vor dem Gesetz Sicherung der Freiheit

Warum kann die Demokratie auf Herrschaft nicht verzichten?

Über den schlechten Erfahrungen mit Herrschaft übersieht man leicht die andere Seite, die Notwendigkeit von Herrschaft. Ein kleines Beispiel: In Frankreich gibt es einen schönen Brauch. Wenige Tage vor der Präsidentschaftswahl kontrolliert die Polizei die Verkehrsteilnehmer nicht mehr; sie stellt ihre „Herrschaft" ein. Jetzt ist der Fußgänger frei und kann die Straße überqueren, wann er will. Auch die Autofahrer sind frei und müssen keine Verkehrsregeln beachten. Diese Freiheit wird weidlich ausgenutzt. Selbst das strengste Parkverbot ist mit Autos zugestellt.

Die Freude währt nur kurze Zeit. Innerhalb weniger Stunden verwandelt sich der Stadtverkehr in einen einzigen Stau. […] An die Stelle von Herrschaft tritt Chaos. Ohne großes Murren lassen daher die Bürgerinnen und Bürger nach der Wahl die Polizei ihr Regiment über den Stadtverkehr wieder aufnehmen. Das Beispiel zeigt: Ohne Herrschaft geht es nicht, denn das Leben im (Verkehrs-)Chaos ist für niemanden schön. […]

Auch auf anderen Gebieten würde unser Leben ohne Herrschaft chaotische Züge annehmen. Daher ist auch in einer Demokratie Herrschaft notwendig. Diese Feststellung schließt nicht aus, dass unser tief sitzendes Misstrauen gegenüber Herrschaft nur allzu berechtigt ist. Missbrauch von Herrschaft hat eben allzu oft für das Volk nur Not und Tod bedeutet. Daher ist es die Aufgabe aller Demokraten, Herrschaft durch Wahlen zu bestimmen, zu kontrollieren und den Missbrauch zu verhindern.

(Aus: Siegfried Schiele, Gotthard Breit: Vorsicht Politik, Wochenschau Verlag, Bad Schwalbach/Ts. 2008, S. 78 ff.)

Stichwortzettel für meine Zusammenfassung

A Einleitung:
Wovon handelt der Text?

B Hauptteil:
Abschnitt 1: Überschrift
Abschnitt 2: Überschrift
Abschnitt 3: Überschrift
usw.

C Schlussteil:
Meine begründete Stellungnahme zum Text

Visualisierung

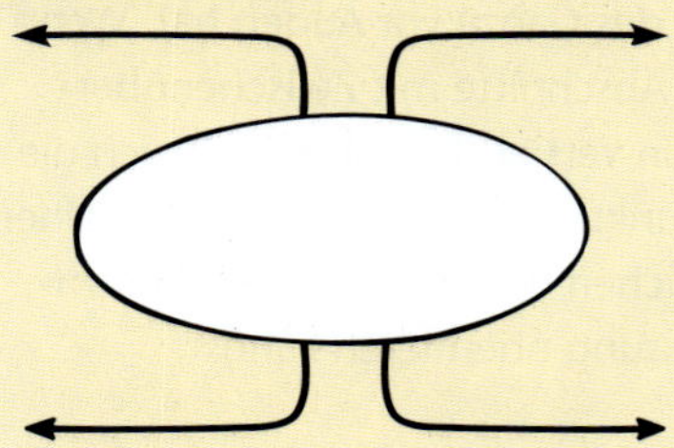

Methodenkarte 2

S M U H

Sachtexte verstehen und beurteilen mit der Pickup-Methode

Thema: Demokratie

A Worum geht es?

Wer politisch gebildet sein will, sollte seine Lesekompetenz im Umgang mit Sachtexten trainieren. Hilfreich dazu ist, wenn man sich eine Vorgehensweise erarbeitet, die man immer wieder anwenden kann. Man benutzt sie bei Sachtexten, die einem auf den ersten Blick als besonders schwierig erscheinen. Wir schlagen euch hier die Texteinsammelmethode (= Pickup-Methode) vor. Sie besteht aus fünf Schritten.

B Wie macht man das?

1. Du notierst, wovon der Text handelt.

In einem ersten Lesedurchgang solltest du den Text einmal insgesamt überfliegen. Du musst in diesem ersten Schritt nicht alle Einzelheiten und alle Fremdwörter verstehen. Du wirst auch so herausfinden, wovon er handelt. Notiere im Anschluss daran, worum es in diesem Text insgesamt geht. Du hast nun schon eine Einleitung für eine schriftliche oder mündliche Zusammenfassung.

2. Du teilst den Text in Abschnitte ein.

Abschnitt für Abschnitt lässt sich ein Text viel leichter bearbeiten, als wenn man immer das Ganze vor Augen hat. Wenn du die Abschnitte mit Zwischenüberschriften versiehst, hast du zugleich die Stichpunkte, an denen du dich bei einer mündlichen oder schriftlichen Zusammenfassung orientieren kannst.

3. Du markierst Textstellen, die du für besonders wichtig hältst.

Markieren sollte man erst bei einem zweiten Lesedurchgang. Jetzt kennst du den Text schon einigermaßen gut und kannst besser entscheiden, welche Textstellen du als besonders wichtig empfindest. Markiere sparsam, keinesfalls mehr als 20 Prozent der gesamten Textmenge.

4. Du klärst alle Fremdwörter, die zum Textverständnis notwendig sind.

Suche in deinem Text nach den unbekannten Begriffen, die dir selbst als unverzichtbar für das Verständnis erscheinen. Umrande sie rot und kläre sie dann mithilfe eines Lexikons, eines PCs oder auch mit einer Frage an die Lehrerin, den Lehrer.

5. Du fasst den Text mündlich oder schriftlich zusammen.

Wenn du alle Schritte bis hierhin durchlaufen hast, wird dir eine Zusammenfassung nicht mehr schwerfallen. Du kannst zu Beginn sagen, wovon der Text insgesamt handelt. Du strukturierst deine Zusammenfassung mit den Zwischenüberschriften. Du kannst Wichtiges zitieren und du kannst Fachbegriffe erklären.

Man muss Texte auch beurteilen können

Die Fähigkeit, eine begründete Stellungnahme zur Beurteilung von Texten formulieren zu können, gehört zur Lesekompetenz dazu. Beim Verfassen des persönlichen Urteils kann man sich an den folgenden Fragen orientieren:

1. Welche Informationen aus diesem Text sind so wichtig, dass ich sie mir langfristig merken möchte?
2. Welche Meinungsäußerungen (zum Beispiel über die Stärken und Schwächen der Demokratie) enthält er?
3. Sind die geäußerten Meinungen gut begründet, sodass ich sie nachvollziehen kann?
4. Wie bedeutend oder unbedeutend ist dieser Text für meine eigene Urteilsbildung über das Thema?
5. Kann ich den Text anderen Personen zum Lesen empfehlen oder nicht?

Worin siehst du die Vor- und Nachteile der Demokratie?

Diese Frage legten die Autoren dieses Buches Schülerinnen und Schülern mit der Bitte um schriftliche Antworten vor. Wir drucken einige Auszüge daraus ab, die euch dazu anregen sollen, eure eigenen Antworten zu formulieren.

„Die Demokratie ist auf jeden Fall die beste Art, einen Staat zu führen. Man kann frei wählen, was man mit seinem Leben anfangen will. Man kann auch eine Regierung abwählen, wenn sie einem nicht passt. Überhaupt, dass es freie Wahlen gibt, ist ein großer Vorteil. Ein Nachteil ist, dass man sich selbst um alles kümmern muss. Man ist so ziemlich auf sich selbst angewiesen in der Demokratie.“

(Anja, 16 Jahre)

„Eigentlich denkt man nie darüber nach, was die Vorteile einer Demokratie sind. Das Leben in der Demokratie ist für uns ja so selbstverständlich. Wenn ich Berichte von Menschen höre, die in einem unfreien Land leben, dann bin ich allerdings froh darüber, dass wir in der Demokratie nicht in ständiger Angst vor der Polizei oder vor Soldaten leben müssen, dass wir uns frei bewegen und reisen können. Nachteile fallen mir gar keine ein.“

(Melanie, 15 Jahre)

„Darüber habe ich bis jetzt noch nicht nachgedacht, vielleicht später einmal. Zurzeit habe ich ganz andere Sachen im Kopf. Ich will Spaß in meiner Freizeit haben, mich mit Freunden treffen, mein Leben genießen. Bei Demokratie denke ich an Politik und Politik finde ich uninteressant.“

(Alexander, 15 Jahre)

„Das Wichtigste ist, dass jeder Mensch in einer Demokratie seine Meinung frei sagen kann, ohne bestraft zu werden, und dass es ein gut funktionierendes Rechtssystem gibt, auch dass die Medien frei und unbeeinflusst schreiben können. Die Nachteile sind, dass viele Politiker zu viel reden und sich weniger um die Probleme der Menschen kümmern und dass es für alle möglichen Vorhaben viele Richtlinien und Formulare gibt, die man beachten muss.“

(Philipp, 17 Jahre)

Mit der Demokratie, so wie sie in Deutschland besteht, sind

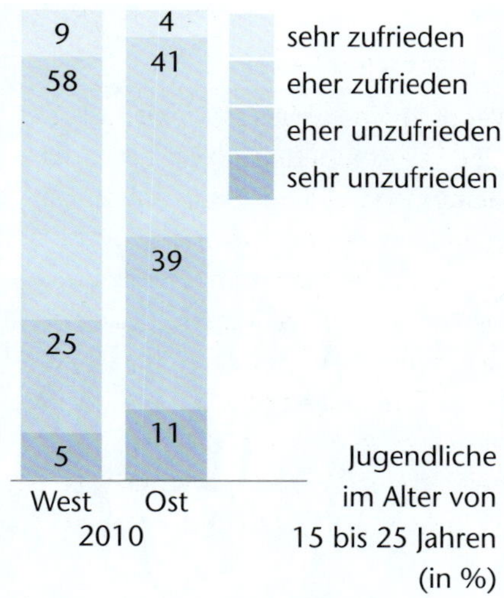

(Aus: Shell Jugendstudie 2010, S. 137 – TNS Infratest Sozialforschung)

„In einer Demokratie kann jeder Mensch über sein Leben selbst bestimmen. Man kann auch frei eine Partei wählen. Allerdings haben die Menschen nach einer Wahl nicht mehr viel mitzubestimmen. Ich finde, es sollte bei manchen Fragen in der Politik Volksabstimmungen geben. Das wäre viel demokratischer.“

(Luzie, 16 Jahre)

1. Welche der hier abgedruckten Antworten findest du am überzeugendsten und warum?
2. Wie sieht deine eigene Antwort aus?

2 Jugendliche zeigen Rassismus die Rote Karte

Gruppenfoto: Im Juni 2011 fand in Dessau ein Jahrestreffen der Schulen ohne Rassismus statt.

Wie nur wenige andere Gruppen in der Gesellschaft engagieren sich Schülerinnen, Schüler und Schulgemeinschaften gegen Rassismus, Fremdenfeindlichkeit und Neonazismus. Als ein Beispiel für die Möglichkeit, etwas zu tun, wird hier die Aktion „Schule ohne Rassismus" vorgestellt.

- Wie denkt ihr darüber?

Drei Bonner Schulen wollen ihre Überzeugung in die gesamte Stadt tragen – Toleranz kann man nicht nur lernen, sondern auch singen, tanzen, spielen und filmen.
Ein Meer aus Roten Karten zeigte, worum es am Freitag beim Aktionstag an der integrierten Gesamtschule Bonn-Beuel ging: Die Schüler wollen ein Zeichen setzen gegen Rassismus. Verbündete finden die mehr als 1 000 Beueler in den beiden anderen „Schulen ohne Rassismus", die es bisher in Bonn gibt. Gemeinsam mit den Godesberger Gesamtschülern und den Realschülern aus Medinghoven wollen sie noch mehr Schulen und Vereine für diese Idee begeistern.
Seit sechs Jahren trägt die Gesamtschule Beuel die Auszeichnung „Schule ohne Rassismus". Gemeinsam mit der Aktion Courage geht sie nun noch einen Schritt weiter. Das Ziel: Der Stadtrat soll bis zur Eröffnung des Neubaus für das Internationale Kongresszentrum eine Antidiskriminierungsagenda verabschieden. Inhalte wollen die Schüler laut Schülersprecher Timo Graumann selbst erarbeiten. Die Unterstützung von Oberbürgermeisterin Bärbel Dieckmann ist ihnen sicher. […]
„Ich wünsche mir auch, dass wir ganz nah an das Ziel kommen, eine Stadt ohne Rassismus zu werden", sagte sie.
Bei einer mitreißenden Show zeigten die Jugendlichen, wie vielseitig man das Thema anpacken kann. Schüler der Realschule Medinghoven rockten ein selbst geschriebenes Lied, das Türen öffnet, und spielten ein eigenes Theaterstück zum Thema Gewalt unter Jugendlichen. Beueler Schüler sangen die Bonner Kinderhymne, die Kinder aus aller Welt zu Brüdern und Schwestern macht, angelehnt an Beethovens „Ode an die Freude". Ein Tanz mit arabischen und afrikanischen Elementen und ein Film zum Thema „Alle anders – alle gleich" rundeten das Programm ab.

(Aus: Bettina Köhl: Schüler zeigen Rassismus die rote Karte, in: Bonner Generalanzeiger vom 13.01.2007, online unter www.schule-ohne-rassismus.org, letzter Zugriff 20.10.2011)

Die Aktion „Schulen ohne Rassismus“

Schule ohne Rassismus – Schule mit Courage (SOR-SMC) ist ein Projekt von und für SchülerInnen, die gegen alle Formen von Diskriminierung, insbesondere Rassismus, aktiv vorgehen und einen Beitrag zu einer gewaltfreien, demokratischen Gesellschaft leisten wollen. Dabei geht es besonders darum, Zivilcourage zu entwickeln und ein Schulklima zu schaffen, in dem „anders sein“ als Normalfall akzeptiert wird. Alle weiteren Informationen finden sich unter www.schule-ohne-rassismus.org.

(Aus: Regionale Arbeitsstelle zur Förderung von Kindern und Jugendlichen aus Zuwandererfamilien, Ansprechpartnerin Renate Bonow, in: www.raa.de, letzter Zugriff 24. Nov. 2011)

„Schule ohne Rassismus – Schule mit Courage“ kommt von „unten“, aus den Reihen der Schülerinnen und Schüler. Das heißt nicht, dass die Lehrerinnen und Lehrer von der Mitarbeit ausgeschlossen sind. Im Gegenteil, mit ihrer Unterstützung können sie wesentlich zum Gelingen der ganzen Sache beitragen. Sie können das Thema in fast allen Unterrichtsfächern einbringen bzw. darüber hinaus engagierte Schülergruppen bei besonderen Aktivitäten unterstützen. [...]

(Aus: Niedersächsischer Bildungsserver, www.nibis.de, Zugriff 20. Nov 2011)

Zu was verpflichtet sich eine Schule?

Wer sich zu den Zielen einer Schule ohne Rassismus – Schule mit Courage bekennt, unterschreibt folgende Selbstverpflichtung:

1. Ich werde mich dafür einsetzen, dass es zu einer zentralen Aufgabe meiner Schule wird, nachhaltige und langfristige Projekte, Aktivitäten und Initiativen zu entwickeln, um Diskriminierungen, insbesondere Rassismus, zu überwinden.
2. Wenn an meiner Schule Gewalt, diskriminierende Äußerungen oder Handlungen ausgeübt werden, wende ich mich dagegen und setze mich dafür ein, dass wir in einer offenen Auseinandersetzung mit diesem Problem gemeinsam Wege finden, uns zukünftig einander zu achten.
3. Ich setze mich dafür ein, dass an meiner Schule ein Mal pro Jahr ein Projekt zum Thema Diskriminierungen durchgeführt wird, um langfristig gegen jegliche Form von Diskriminierung, insbesondere Rassismus, vorzugehen.

(Aus: www.schule-ohne-rassismus.org, letzter Zugriff 20. Nov. 2011)

Bonner Erklärung gegen Rassismus

Das Engagement der Schülerinnen und Schüler in Bonn führte zum Erfolg. Am 25. Juni 2009 beschloss der Rat der Stadt die „Bonner Erklärung gegen Rassismus“. Ein Satz darin lautet:
„Wir gehen in unserer Stadt entschieden gegen Gewalt, Diskriminierung, Ausgrenzung und Rassismus vor.“
Der vollständige Text ist in den Sprachen Chinesisch, Englisch, Französisch, Russisch, Spanisch, Türkisch, Arabisch und Deutsch auf der Homepage der Stadt Bonn zu finden.

Unsere Mülltonne für Nazi-Parolen, Fremdenfeindlichkeit, Rassismus

1. Was haben die Bonner Schulen unternommen? Was haben sie bewirkt?
2. Wie schätzt ihr die Bereitschaft von Jugendlichen in eurem Alter ein, die Aktion „Schulen gegen Rassismus“ aktiv zu unterstützen? Sprecht darüber in der Klasse.

Was noch interessant sein kann:

- Projektideen sammeln – Falls eure Schule bereits dazugehört, könnt ihr euch auch über die bereits durchgeführten Aktionen informieren,
- Plakate entwerfen – gegen Rassismus, für Toleranz und Demokratie.

Methodenkarte 3

S M U H

Im Internet recherchieren – WebQuest-Methode

Thema: Schülerprojekte

A Was ist die WebQuest-Methode?

Der Name setzt sich aus zwei Bestandteilen zusammen. „Web" steht für das World Wide Web, also für das Internet, und „Quest" steht für Frage. Der Name bedeutet, dass man mit dieser Methode das Internet gezielt befragt. WebQuests werden in Teamarbeit durchgeführt. Sie eignen sich daher besonders gut für gemeinsame Recherchen in der Klasse. Das Besondere an der Methode ist, dass man bei der Recherche nach einem Plan vorgeht und sich verpflichtet, nur eine begrenzte Zahl von Internetadressen zu benutzen. So vermeidet man das ziel- und ergebnislose Surfen im Netz.

B Wie macht man das?

Für die WebQuest-Methode braucht man

- einen klaren Rechercheauftrag,
- eine Auswahl an vorbereiteten Internetadressen,
- ein Ziel,
- ein Rechercheteam,
- eine vereinbarte Zeit,
- eine Vereinbarung darüber, wie der Unterricht nach der Recherche weitergehen soll.

Das Vorgehen erfolgt in drei Schritten.

- **Die Vorbereitungsphase**

WebQuests sollte man erst durchführen, wenn man sich bereits in das Thema eingearbeitet hat, um das es geht. Auch sollte man sich gemeinsam über das Ziel der Recherche verständigt haben.

- **Die Durchführung**

Bildet dazu Zweier- oder Dreierteams. Der Vorteil von Teamrecherchen besteht darin, dass weniger Fehler passieren und dass man gemeinsam entscheiden kann, welche Materialien man auswählt.

Ihr verpflichtet euch, nur die vorgegebenen Adressen für die Recherche zu benutzen!

Diese Verpflichtung gehört zum Kern der WebQuest-Methode. Sie verhindert, dass zu lange gesucht werden muss, und garantiert, dass alle die Recherche in der vorgegebenen Zeit durchführen können.

- **Die Auswertung**

Am Ende der Recherche sollten die Teams zu den Ergebnissen ihrer Arbeit eine eigene Präsentation erstellen.

Euer Auftrag:

1. Sucht in Teams nach einem von Jugendlichen gestalteten Projekt, das sich – eurer Ansicht nach – in vorbildlicher Weise mit den angesprochenen Themen auseinandersetzt.
2. Vergleicht verschiedene Projekte miteinander und bewertet sie nach folgenden Kriterien: Welches ist das originellste, mutigste, nachahmenswerteste und wirkungsvollste Projekt?
3. Wählt euren Favoriten aus, begründet eure Entscheidung anhand der genannten Kriterien und stellt euer Projekt in der Klasse vor.

WebQuest zum Thema: Projekte gegen Rassismus und Extremismus

Im Internet gibt es mittlerweile eine unübersehbare Menge an Adressen, die sich mit den Themen Rassismus, Fremdenfeindlichkeit und Extremismus beschäftigen. Da verliert man leicht die Orientierung in der Fülle der Angebote. Da sich auch rechtsradikale Gruppierungen das Internet zunutze machen, muss man darauf achten, nicht auf die falschen und gefährlichen Seiten hereinzufallen.
Hier soll es darum gehen, mit begrenztem Zeitaufwand nach Projekten zu suchen, die sich für Demokratie und gegen Rassismus engagieren. Bei der gezielten Recherche kann die **WebQuest-Methode** helfen. Lest dazu zunächst die Methodenkarte.

Adressen für das WebQuest

Wichtige Sammeladressen:

MUT GEGEN RECHTE GEWALT

www.mut-gegen-rechte-gewalt.de
Die Aktion „Mut gegen rechte Gewalt“ wurde von der Zeitschrift „Der Stern“ ins Leben gerufen und stellt mittlerweile eine der umfassendsten Informationsquellen zum Thema Rechtsradikalismus dar. Mit dem Link „Projekte“ werdet ihr von hier aus mit Sicherheit fündig.

AMADEU ANTONIO STIFTUNG
INITIATIVEN FÜR ZIVILGESELLSCHAFT UND DEMOKRATISCHE KULTUR

www.amadeo-antonio-stiftung.de
Amadeu Antonio war eines der ersten Todesopfer rassistischer Gewalt nach der Wiedervereinigung 1990. Die Stiftung berät und unterstützt bei der Durchführung von Projekten. Ihr findet hier auch Projektbeschreibungen.

SCHULE OHNE RASSISMUS
SCHULE MIT COURAGE

www.schule-ohne-rassismus.org
Das mit zahlreichen Auszeichnungen bedachte Aktionsbündnis kann für euch eine der wichtigsten Adressen sein. Neben vielen anderen Informationen werden hier (zum Beispiel im Pressespiegel) viele Projekte vorgestellt, die von Schülerinnen und Schülern durchgeführt wurden.

BÜNDNIS FÜR DEMOKRATIE UND TOLERANZ
GEGEN EXTREMISMUS UND GEWALT

www.buendnis-toleranz.de
Das Bündnis für Demokratie und Toleranz hat sich zum Ziel gesetzt, Projekte zu unterstützen, die sich für die Demokratie einsetzen. Unter dem Link *Projekte* findet ihr hier Beschreibungen zu den Initiativen gegen Extremismus und Gewalt.

Adressen zu einzelnen Projekten in Nordrhein-Westfalen:

NAZIS RAUS LACHEN

www.nazis-auslachen.de
Verantwortlich für dieses Projekt ist der gemeinnützige Verein „Schüler gegen Antisemitismus, Intoleranz und Fremdenfeindlichkeit e. V.“. Schülerinnen und Schüler werden aufgefordert, Videofilme zu drehen, in denen Nazis und Rassisten der Lächerlichkeit preisgegeben werden.

NRWgegenDiskriminierung.de
Hier werden unterschiedliche Projekte zusammengefasst, die sich für den Schutz der Menschenwürde einsetzen und gegen Diskriminierung wenden.

Extremismus – Rassismus

1. Stelle zusammen, was menschenverachtend am Denken und an den Aktivitäten von Rassisten und extremistischen Gewalttätern ist.
2. Rechtsextremistische Jugendliche weisen häufig einen niedrigen Bildungsstand auf. Überlege, welchen Beitrag Aufklärung bzw. Bildung zum Schutz vor Neonazitum und menschenverachtendem Denken leisten können.

Begriffe für euer Fachwörterverzeichnis

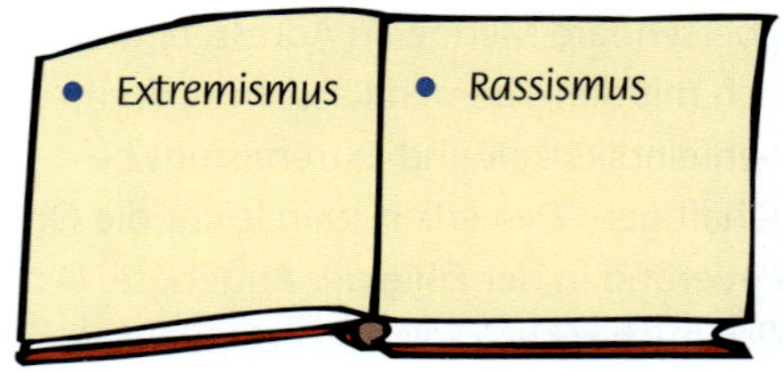

Was ist Extremismus?

Ein Mensch kann extrem groß, extrem klug und extrem kreativ sein. Das ist nichts Schlechtes, es bedeutet nur, dass dieser Mensch sehr stark von der Normalität abweicht. Zum Extremisten wird ein Mensch, wenn er keine andere Ansicht als seine eigene gelten lässt, wenn er die Regeln und Gesetze ablehnt, nach denen die Demokratie funktioniert. Extremisten kennen keine Toleranz und Offenheit gegenüber anderen Menschen, im Gegenteil: Sie sind bereit, jeden, der nicht ihren Vorstellungen entspricht, zu unterdrücken – auch mit Gewalt.

Rassismus

Ein Rassist teilt die Menschheit in unterschiedliche Rassen ein und behauptet, dass die Rasse, der er scheinbar angehört, allen anderen überlegen ist. Rassisten denken zum Beispiel, dass „Weiße" zu besseren und größeren Leistungen fähig sind als Menschen mit einer anderen Hautfarbe. Während der Zeit des Nationalsozialismus dienten solche rassistischen Behauptungen dazu, die Ausrottung des gesamten jüdischen Volkes zu rechtfertigen.

Neonazis

„Neo" bedeutet „neu" und „nazi" kommt von Nationalsozialismus. Neonazis sind Anhänger von Parteien und Gruppen, die sich den Nationalsozialismus der Hitlerzeit zum Vorbild nehmen. Daneben gibt es heute auch andere rechtsextreme Gewalttäter, die sich nicht mehr in der Tradition der Nationalsozialisten sehen. Ihnen genügt es, deutsch zu sein und alles, was fremd oder nur fremdartig ist, zu hassen. Neonazis und andere Rechtsextreme weisen folgende gemeinsame Merkmale auf:

- Sie stellen die eigene Nation über alle anderen.
- Sie hassen Ausländer und Juden.
- Sie leugnen die Rechte des Einzelnen. In ihrem Denken hat sich der Einzelne voll und ganz der Gruppe oder der „Volksgemeinschaft" unterzuordnen.
- Sie wollen die Demokratie abschaffen und treten für eine Diktatur ein, ähnlich wie es sie unter Hitler gab.
- Sie missachten den Rechtsstaat.
- Sie wollen die Herrschaft des Rechts durch die Herrschaft des Stärkeren ersetzen.
- Sie bekämpfen und missachten Andersdenkende.
- Sie sind Rassisten.

Linksextremisten

Linksextremisten sind ebenfalls Gegner der Staats- und Gesellschaftsordnung in Deutschland und anderswo. Anders als die Rechtsextremen sehnen sie sich nicht nach dem starken Führer oder der Einheitspartei. Vielmehr wollen viele von ihnen eine Gesellschaft, in der es gesetzlos, chaotisch, anarchistisch zugeht. Jede Art von politischer Ordnung lehnen sie als freiheitsberaubend ab. Linksextremistische Gruppen bezeichnen sich selbst oft als „Autonome". Kennzeichnend sind ihre große Gewaltbereitschaft und die fehlende Mitleidsbereitschaft gegenüber den Opfern ihrer Gewaltaktionen.

Extremistische Gewalttäter

Das Bundesamt für Verfassungsschutz hat aus einer Analyse von Gerichtsurteilen folgende Tätermerkmale ermittelt: 78 Prozent der verurteilten Gewalttäter sind zwischen 14 und 20 Jahren alt. Die meisten von ihnen weisen einen eher niedrigen Bildungsstand auf. Sie wissen oft wenig bis gar nichts über die Zeit des Nationalsozialismus. 29 Prozent haben keine abgeschlossene Berufsausbildung. 22 Prozent der untersuchten Täter waren arbeitslos. Fast alle sind männlich. Gemeinsam fühlen sie sich stark, und Alkohol lässt sie ihre Defizite vergessen. Konzerte dienen als überregionale Treffgelegenheiten.

Wir überlegen, wie man mit rassistischen Sprüchen und Naziparolen umgehen soll

Stellt euch folgende Situation im Unterricht vor:

Eure Lehrerin oder euer Lehrer fragt, wie ihr euch eure berufliche Zukunft vorstellt. Da platzt mitten in das Gespräch hinein der 15-jährige Mitschüler Paul mit folgender Äußerung: „Das ist doch ein Witz, dass wir Deutschen uns anstrengen müssen, eine Arbeit zu finden, bloß weil die ganzen Ausländer uns die Lehrstellen wegnehmen."
Und ein anderer mit Namen Heiner fügt hinzu: „Eigentlich haben die Nazis Recht, wenn sie sagen, Deutschland muss wieder den Deutschen gehören. Der Hitler war gar nicht so schlecht."
Wie sollte man mit einer solchen Situation umgehen? Um Antworten auf diese Frage geht es bei dieser Übung.

Euer Auftrag: Sucht nach möglichst klugen Reaktionen auf solche oder ähnliche Sprüche und stellt eure Vorschläge in der Klasse zur Diskussion.

Vorschlag **Man sollte in dieser Situation …**	☺	☹
1. nicht weiter auf die Äußerungen eingehen, weil man so deutlich macht, dass das mit dem Thema des Unterrichts nichts zu tun hat.		
2. die Schüler ernst nehmen und sie erklären lassen, seit wann und warum sie so denken.		
3. alle Schülerinnen und Schüler in der Klasse berichten lassen, aus welchem Land ihre Familie ursprünglich stammt.		
4. eine Gruppenarbeit planen, in der die beiden mit ausländischen Schülern gemeinsam etwas erarbeiten müssen.		
5. die beiden überlegen lassen, wie sich ihr Leben am nächsten Tag verändern würde, wenn alle Ausländer Deutschland verlassen würden.		
6. ihnen mit Androhung einer Strafe strikt verbieten, solche oder ähnliche Äußerungen noch einmal zu wiederholen.		
7. sich nach dem Unterricht mit der SV in Verbindung setzen, um dort zu überlegen, was die Schule gegen Rassismus und Neonazismus unternehmen kann.		
8. in einem Unterrichtsprojekt über die Verbrechen in der Zeit des Nationalsozialismus aufklären.		
9. ein Rollenspiel planen und durchführen, in dem die beiden sich in die Situation eines von Rassismus bedrohten ausländischen Jugendlichen hineinversetzen müssen.		
10. der Lehrerin oder dem Lehrer das Handeln überlassen. Schließlich ist das nicht das Problem der anderen Schüler in der Klasse.		

So könnt ihr vorgehen:

- Bearbeitet zunächst die 10 Vorschläge allein und sucht die Verhaltensweisen heraus, die ihr für klug und hilfreich und die ihr nicht für sinnvoll haltet. Setzt euch dann zu zweit oder in Kleingruppen zusammen und versucht, euch auf eine gemeinsame Vorschlagsliste von klugen Reaktionen zu einigen.
  Stellt eure Vorschläge in der Klasse vor. Einigt euch in der Klasse auf eine Liste der Topreaktionen. (Das können auch andere sein als die hier vorgeschlagenen.) Vielleicht gelingt es euch, eine Wandzeitung zu entwerfen mit Vorschlägen zum Thema: „So sollten wir mit rassistischen Sprüchen und Naziparolen umgehen."

3 Wie wichtig ist Jugendlichen die Gleichberechtigung zwischen Frauen und Männern?

„Männer und Frauen sind gleichberechtigt." So steht es im Artikel 3 des Grundgesetzes. Aber ist dieses Recht auch im Alltag garantiert? Über diese Frage könnt ihr euch in diesem Unterkapitel ein Urteil bilden und miteinander diskutieren. TEAM führte mit den Zehntklässlern Aida, Julia, Viola, Achim, Christian und Sandro ein Interview zum Thema Gleichberechtigung. Ihr könnt es mit verteilten Rollen vorlesen. Danach könnt ihr den Trainingsplatz bearbeiten und überlegen, mit welchen Ansichten ihr übereinstimmt und mit welchen nicht.

Team: Lasst uns über das Thema *Gleichberechtigung in der Schule* reden. Glaubt ihr, dass sie erreicht ist?
Viola: Für uns ist das kein Thema mehr. Wir Mädchen haben nicht das Gefühl, in der Schule benachteiligt zu sein.
Christian: Ich finde, dass es in der Schule und anderswo viele Benachteiligungen und Konflikte gibt. Es ist aber nicht nur so, dass Mädchen unter Benachteiligungen leiden. Auch die Jungen können unterdrückt werden.
Aida: Ich habe noch nie auf der Schule das Gefühl gehabt, dass ich als Mädchen benachteiligt bin.
Sandro: Ich finde, dass wir heute alle gleiche Rechte haben. Es ist eben heute nicht mehr modern, dass die Frauen unterdrückt werden. Ich meine, wir werden auch in Zukunft darauf achten, dass es keine Unterdrückung oder Benachteiligung von Frauen geben wird.
Achim: An der Schule ist die Gleichberechtigung verwirklicht. Allgemein hapert es aber noch, zum Beispiel bei Jobs. Da ist die Bezahlung von Frauen oft geringer. Ich kann überhaupt nicht verstehen, warum das so ist. Die Frauen müssen kämpfen, dass sich das ändert, und die Jungen unterstützen sie dabei.
Team: Wie wichtig ist für euch das Thema Gleichberechtigung?
Aida: Es ist eines der wichtigsten Themen überhaupt. Wir Mädchen sind zwar in manchen Dingen anders als die Jungen. Aber es gibt keinen Unterschied in den Fähigkeiten und in den Rechten. Da darf es absolut keine Unterschiede geben.
Viola und Julia: Sehen wir auch so.
Team: Werden Mädchen und Jungen im Unterricht völlig gleich behandelt?
Julia: Vielleicht bildet man sich das manchmal ein, aber es kommt vor, dass beim Vortragen vor der Klasse die Jungen öfter drangenommen werden, weil man denkt, dass so etwas Männersache ist.
Christian: Bei manchen Lehrern liegt das an diesem Klischeedenken. Zum Beispiel, wenn es um die Technik geht, dann nehmen sie eher einen Jungen dran. Geht es um Mode oder moderne Trends, dann wird ein Mädchen aufgerufen.
Team: Gibt es Unterschiede in der Mitarbeit von Mädchen und Jungen in den verschiedenen Fächern?
Viola: Mir fällt auf, dass die Mädchen in Mathe eher zurückhaltend sind. Dafür arbeiten sie in Sprachen und Kunst mehr mit. Es gibt aber auch Mädchen, die super in Mathe sind.
Aida: Dass Mädchen zu doof für Mathe sind, ist absoluter Quatsch.
Team: Wie stellt ihr euch später einmal eure Partnerschaft vor?
Christian: Ich will heiraten, aber absolut gleichberechtigt. Am schönsten ist es doch, wenn man alles gemeinsam bewältigt.
Achim: Ich will das so machen, dass jeder der Partner sein eigenes Ding machen kann, seine eigene Karriere. Nicht so, dass einem der andere egal sein soll, aber man soll sich gegenseitig die Unabhängigkeit lassen.
Sandro: Ich hätte kein Problem damit, wenn meine Frau sich selbstständig machen würde. Ich meine, eine Frau, die nur kocht, das wird es wahrscheinlich nicht mehr geben. Und ein Mann, der mit dieser neuen Frauenrolle ein Problem hat, der ist selbst ein Problem.
Viola: Jeder soll beruflich seinen Weg gehen, aber man unterstützt sich. Und im Haushalt, da soll die Arbeit aufgeteilt sein.
Aida: Wenn ich heirate, will ich trotzdem meinen eigenen Weg gehen. Wenn ich einen Mann haben werde, dann soll er nicht vor mir gehen und nicht hinter mir, sondern an meiner Seite, absolut gleichberechtigt.

Trainingsplatz

Wir formulieren unseren eigenen Standpunkt

Thesen aus dem Interview	Wie denkst du darüber?			
1. „Ich finde, dass es noch immer viele Benachteiligungen und Konflikte gibt." (Christian)	+2	+1	−1	−2
2. „Auch Jungen können unterdrückt werden." (Christian)				
3. „In der Schule ist die Gleichberechtigung verwirklicht. Allgemein hapert es aber noch …" (Achim)				
4. „Gleichberechtigung ist eines der wichtigsten Themen überhaupt." (Aida)				
5. „Beim Vortragen vor der Klasse werden die Jungen öfter drangenommen als die Mädchen." (Julia)				
6. „Ich will heiraten, aber absolut gleichberechtigt sein." (Christian)				
7. „Ich hätte kein Problem damit, wenn meine Frau sich selbstständig machen würde." (Sandro)				
8. „Und im Haushalt, da soll die Arbeit aufgeteilt sein." (Viola)				
9. „Wenn ich heirate, will ich trotzdem meinen eigenen Weg gehen." (Aida)				

Euer Auftrag:

Ihr setzt euch mit Ansichten aus dem Interview auseinander und formuliert eure eigene Stellungnahme.

So könnt ihr vorgehen:

1. Geht die Äußerungen in Einzelarbeit durch und bewertet sie (+2 = Das sehe ich genauso. +1 = Das stimmt einigermaßen. −1 = Ich bin mir nicht sicher, ob das stimmt. −2 = Da bin ich vollkommen anderer Ansicht.)
2. Setzt euch dann in Gruppen zusammen, geht eure Antworten durch und sprecht darüber: Wo stimmen wir überein, wo gibt es unterschiedliche Auffassungen?
3. Bereitet in den Gruppen eine Stellungnahme zu den Thesen vor, die ihr zum Einstieg in ein Klassengespräch vortragt.

Gleichstellungspolitik

Begriffe für euer Fachwörterverzeichnis

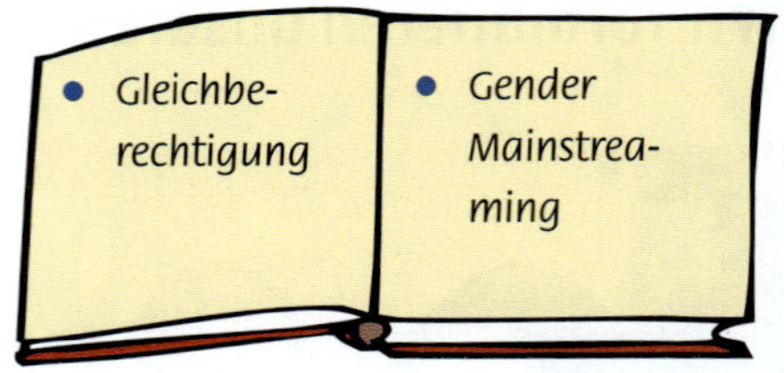

1. Welche Ziele verfolgt eine aktive Gleichstellungspolitik? Notiere sie.
2. Was hat die Einführung des Leitprinzips *Gender Mainstreaming* in der Gleichstellungspolitik verändert? Formuliere eine Erklärung.
3. In der Gesellschaft gibt es unterschiedliche Auffassungen zur Frage, ob Gleichstellungspolitik sich vordringlich um Frauen kümmern oder ob sie auch die Männer mit einschließen soll. Wie stehst du dazu?

Grundrecht Gleichberechtigung

Artikel 3, Absatz 2 GG

Männer und Frauen sind gleichberechtigt. Der Staat fördert die tatsächliche Durchsetzung der Gleichberechtigung von Frauen und Männern und wirkt auf die Beseitigung bestehender Nachteile hin.

Gleichberechtigung zwischen Frauen und Männern ist ein verfassungsmäßig garantiertes Grundrecht. Es bedeutet, dass Männer und Frauen gleiche Rechte haben. Ausnahmen kann es nur da geben, wo der biologische Unterschied zwischen den Geschlechtern eine Ungleichbehandlung zwingend erforderlich macht. Zum Beispiel kann ein Mann keinen gesetzlichen Mutterschutz für sich in Anspruch nehmen.

Gender Mainstreaming – das neue Ziel der Gleichstellungspolitik

Artikel 3 verpflichtet die Politik zu einer aktiven Gleichstellungspolitik. Bis vor wenigen Jahren war damit im Wesentlichen eine Politik gemeint, die ausschließlich eine Verbesserung der Situation von Frauen anstrebte. Seit 1999 gilt in den Staaten der Europäischen Union – also auch in Deutschland – ein Grundsatz, der noch ein gutes Stück darüber hinausgeht. Für diese erweiterte Zielsetzung wurde der Begriff ***Gender Mainstreaming*** eingeführt. *Gender* ist eine Bezeichnung für die vorhandenen unterschiedlichen Rollenerwartungen gegenüber Frauen und Männern. *Mainstream* heißt „leitendes Prinzip". Gemeint ist eine Politik, welche die noch vorhandenen Unterschiede in der Verteilung der Rechte von Frauen und Männern zum Ausgangspunkt nimmt und auf eine Verwirklichung der Gleichberechtigung auf allen Ebenen hinwirkt. Es geht also in dieser erweiterten Zielsetzung nicht mehr nur um Frauen- oder nur um Männerpolitik, sondern um Geschlechtergerechtigkeit als leitendes Prinzip bei allen politischen Entscheidungen. Das Ziel einer modernen Gleichstellungspolitik nach dem Leitprinzip des Gender Mainstreamings besteht darin, alle noch vorhandenen Benachteiligungen zwischen den Geschlechtern zu beseitigen. Vereinfacht ausgedrückt bedeutet Gender Mainstreaming, dass Gleichberechtigung zwischen Frauen und Männern in allen Lebensbereichen verwirklicht werden muss.

Ziele konkret

Nach Informationen des Bundesministeriums für Familie, Senioren, Frauen und Jugend strebt die Gleichstellungspolitik in Deutschland konkret folgende Ziele an:

- gleichberechtigte Teilhabe von Frauen und Männern im Erwerbsleben,
- Abbau aller Lohndiskriminierungen mit dem Ziel, dass Frauen nicht länger schlechter bezahlt werden als Männer.
- Bessere Unterstützung von Frauen in Notlagen,
- verbesserter Schutz der Frauen vor häuslicher Gewalt,
- Förderung von Maßnahmen, die zu einem gleichberechtigten, partnerschaftlichen Verhalten von Frauen und Männern bei der täglichen Hausarbeit und bei der Erziehung von Kindern führen.

Zur Erreichung der Ziele wurden in den vergangenen Jahren mehrere Gesetze verabschiedet. Eines davon ist das *Allgemeine Gleichbehandlungsgesetz*, das im August 2006 in Kraft trat. Es ermöglicht Frauen und Männern, zu klagen, wenn sie sich im Arbeitsleben aufgrund ihres Geschlechtes in ungerechtfertigter Weise benachteiligt fühlen. Auf internationaler Ebene betreibt auch die Europäische Union eine Gleichstellungspolitik. Neben vielen anderen Organisationen setzen sich die Vereinten Nationen weltweit für den Schutz der Menschenrechte von Kindern und Frauen ein. In diesem schwierigen Bemühen werden sie von der Bundesregierung unterstützt.

Alles toll?

Frauen übernehmen das Kanzleramt, sie kehren vom Fußballplatz oder Boxring als Welt- oder Europameisterinnen heim, operieren am offenen Gehirn oder urteilen als Verfassungsrichterin. Sie gewinnen die Rallye Paris-Dakar, sie fliegen Kampfjets bei der Bundeswehr und ringen zur besten Sendezeit mit sperrigen Talkshowgästen. Fast jeder fünfte Antrag auf Elterngeld wird mittlerweile von einem Vater gestellt, und – Gipfel der Emanzipation – jeder zweite Kunde im Baumarkt ist weiblich. Also alles toll in Sachen Gleichberechtigung? Nicht ganz. In Finnland, Norwegen, Frankreich und Schweden ist mindestens die Hälfte der Ministerposten fest in weiblichen Händen, in Berlin ist nur ein Drittel des Kabinetts weiblich. Weibliche Vorstandsvorsitzende sind in Deutschland nahezu unbekannt, und eine am gestrigen Samstag veröffentlichte Umfrage der „Welt" bei großen deutschen Unternehmen zeigt, dass Frauen auf den beiden Führungsebenen unter dem Vorstand deutlich unterrepräsentiert sind.
In Frankreich, Schweden, den USA oder Großbritannien sind weibliche Entscheider um ein Vielfaches häufiger anzutreffen. Auch ihre Gehälter sind fairer. Deutsche Frauen hingegen verdienen im Durchschnitt noch hingegen nur rund drei Viertel von dem, was ihre männlichen Kollegen bekommen.

(Aus: Barbara Bierach: Arbeiten fürs Taschengeld, in: Welt am Sonntag, Ausgabe 19 vom 04.01.2009)

TEAM kontrovers: Hat sich das Thema Gleichberechtigung erledigt: Ja oder nein?

„Meiner Meinung nach sind Frauen noch eindeutig gegenüber Männern benachteiligt. Daher gibt es noch viel zu tun und das fängt bei uns selbst an. In der Schule müssen die Jungen ihr Machoverhalten aufgeben. In der Ehe müssen Männer nicht nur ein bisschen helfen, sondern gleiche Anteile an der Hausarbeit und der Kinderziehung übernehmen."

„Meiner Meinung nach hat sich das Thema erledigt. Was jetzt noch zu tun ist, müssen die Frauen selbst in die Hand nehmen. Sie müssen selbstbewusster werden und sich mehr zutrauen. Dann kriegen sie auch die gut bezahlten Positionen in der Arbeitswelt."

„Geschlechterbenachteiligungen sind für mich auch weiterhin ein Thema. Allerdings bin ich der Meinung, dass Jungen mindestens genauso oft benachteiligt werden wie Mädchen, vor allem in der Schule, zum Beispiel, wenn es um gute Noten geht. Da werden die Mädchen doch klar bevorzugt."

„Wenn man sich anschaut, wie es Frauen anderswo auf der Welt geht, kann man überhaupt nicht behaupten, dass sich das Thema erledigt hat. Ich habe gelesen, dass in Arabien Frauen noch nicht einmal selbst Auto fahren dürfen. In vielen Ländern mit rückständiger Kultur gelten Mädchen immer noch als Menschen zweiter Klasse und haben viele Nachteile."

1. Notiert in Stichpunkten die kritischen Anmerkungen in Sachen Gleichberechtigung und die erzielten Erfolge.
2. Formuliert eure eigene Stellungnahme anhand der Kriterien Erfolge, Probleme, was noch zu tun bleibt. Diskutiert miteinander.

Jugendliche in der Demokratie

Station 1 In einer Demokratie leben

S M U H

- Fasse den folgenden Text zusammen, indem du die Schrittfolge der Pickup-Methode anwendest.
- Schreibe eine Stellungnahme mithilfe der fünf Fragen zur Beurteilung von Texten.

Was ist Demokratie?

Demokratie ist eine Staatsform, in der die Staatsgewalt vom Volk ausgeht und direkt oder indirekt vom Volk ausgeübt wird (Volkssouveräntität). Demokratie entwickelte sich in Europa zuerst in den griechischen Stadtstaaten (polis) als direkte oder unmittelbare Demokratie. Zu den wichtigsten Kennzeichen einer Demokratie gehören regelmäßig wiederkehrende freie, allgemeine, gleiche und geheime Wahlen. Alle Entscheidungen in der Demokratie werden nach dem Mehrheitsprinzip bei Anerkennung vom Schutz der Minderheiten getroffen. Gewährleistet sein muss die Bindung der Staatsgewalt an eine Verfassung. Diese kann auch die Form von Einzelgesetzen oder Konventionen haben, wie z. B. in Großbritannien. Ferner muss die Sicherung unveränderlicher Grundrechte (z. B. Glaubens-, Meinungs-, Informations-, Versammlungsfreiheit, Freizügigkeit) gewährleistet sein. Ein weiteres wesentliches Element der Demokratie ist die Gewaltenteilung, wonach voneinander unabhängige Organe der Gesetzgebung, Regierung und Rechtsprechung bestehen. Bei der direkten Demokratie werden alle Entscheidungen unmittelbar vom Volk getroffen. Sie ist meist nur in Stadtstaaten oder kleinen Gemeinwesen (z. B. der Schweiz) und auch dort nur teilweise verwirklicht. Durchgesetzt hat sich die repräsentative Demokratie, so auch in Deutschland. Hier werden Gesetze von gewählten Volksvertretern (Abgeordneten) beschlossen. Direkte plebiszitäre Entscheidungen (Volksentscheide) sind im Ausnahmefall möglich, häufig aber sogar ausgeschlossen. Zur repräsentativen Demokratie gehört die parlamentarische Demokratie, bei der die Gesetzgebung zuständig ist und auch die Regierungsbildung bestimmt. Die parlamentarische Demokratie verwirklicht haben z. B. Deutschland, Großbritannien, Italien. In einer Präsidialdemokratie wählt das Volk den Präsidenten, der zumeist die Ämter des Staatsoberhaupts und des Regierungschefs in sich vereint. Der Präsident ist nicht vom Vertrauen des Parlaments abhängig (z. B. Frankreich, USA). Im Einzelnen kann die demokratische Staatsform unterschiedlich ausgestaltet sein. Entscheidend sind regelmäßige Wahlen, ungehinderte Tätigkeit oppositioneller Parteien und die Möglichkeit von Regierungswechseln.

(Aus: Dr. Susanne Gaschke (Hg.): DIE ZEIT, Junior-Lexikon, Zeitverlag Gütersloh 2007, Band 1, S. 221)

1. Einleitung:
Im Text geht es um …

2. Hauptteil:
- Gliederung in Abschnitte
- besonders wichtige Textstellen
- Erläuterung von Fachbegriffen
- Zusammenfassung (schriftlich und mündlich)

3. Meine Textbewertung

Station 2 Gegen Rassismus – für Demokratie

S M U H

Interpretiert die Karikatur zunächst mithilfe der Drei-Fragen-Deutung:

1. Beschreiben
Was wird in der Karikatur dargestellt?

2. Analysieren
Auf welches Problem will der Karikaturist aufmerksam machen? Welche Einstellungen gegenüber Neonazis kritisiert er?

3. Bewerten
Welche Gedanken und Gefühle löst die Karikatur in mir aus?

Was ist menschenverachtend am Denken der Neonazis? Begründet in einer kurzen Stellungnahme und nennt dabei mindestens 5 Merkmale.

Station 3 Für Gleichberechtigung gegen Benachteiligung

S M U H

Diese Karikatur ist zum Weltfrauentag erschienen, der immer am 8. März stattfindet. Die ehemals zuständige Ministerin Ursula von der Leyen sagte anlässlich dieses Tages: „Gleichstellung ist keine Einbahnstraße." Diese Aussage solltet ihr bei der Deutung beachten.

Analysiert:
- Wie ist die Situation der Frau und des Mannes hier dargestellt?
- Auf welche Benachteiligungen (bzw. Ungerechtigkeiten) weist die Karikatur hin?

Erläutert den Zusammenhang:
- „Dieselbe Leiter" → „Gleichstellung ist keine Einbahnstraße" → Gender Mainstreaming → Geschlechtergerechtigkeit.

„UNGERECHT? WIR SIND BEIDE AUF DER SELBEN LEITER!"

Auf dem Weg zur Berufswahl

2

Wie plane ich meine berufliche Zukunft?

1. Allein nachdenken

Was können zwei Bergwanderer tun, um sich auf ihre abenteuerliche Wanderung zu einem fernen Ziel vorzubereiten?

2. Zu zweit beraten

Welche Gemeinsamkeiten entdeckt ihr, wenn ihr die Planung erfolgreicher Bergwanderer mit der Planung eurer beruflichen Zukunft vergleicht?

3. In der Klasse sammeln

Was sollten Schülerinnen und Schüler überlegen, bevor sie sich für ihr persönliches Berufsziel entscheiden?

Bei der Arbeit an diesem Kapitel könnt ihr …

- über eure Interessen und Fähigkeiten nachdenken,
- ermitteln, worauf es im Betriebspraktikum ankommt,
- überlegen, welchen Weg in die berufliche Zukunft ihr einschlagen wollt,
- erläutern, welche Anforderungen an Auszubildende und an Abiturienten gestellt werden,
- eine Strategie entwickeln, mit der ihr eure berufliche Zukunft planen könnt.

Eigene Schwerpunkte könnt ihr setzen, indem ihr …

- eine Berufswahlmappe anlegt, die euch über den gesamten Prozess der Berufswegplanung hinweg begleiten wird,
- ausgewählte Internetadressen gezielt in eure Vorbereitungen einbezieht.*

* Zum Thema Berufswahl gibt es mittlerweile eine unüberschaubare Fülle von Internetadressen. Da kann man sich leicht verzetteln und die Übersicht verlieren.
TEAM empfiehlt euch zu jedem Thema eine kleine Auswahl einiger weniger Adressen, die besonders hilfreich sind. So kommt ihr schnell ans Ziel, ohne planlos herumsurfen zu müssen. Sie erscheinen immer mit diesem Logo.

1 Worauf kommt es in einem Betriebspraktikum an?

Praktikum heißt Praxis testen. Du wirst – vielleicht zum ersten Mal – für längere Zeit die Arbeitswelt erleben. Viel Neues kommt da auf dich zu: Achtstundentag, ungewohnte Pausenzeiten, viele neue Gesichter und Tätigkeiten, die du bisher noch nie beobachten konntest und selbst noch nie gemacht hast.

Im Praktikum sollst du Erfahrungen sammeln, die dir deine spätere Berufswahl erleichtern. Vielleicht findest du heraus, dass du genau in dem Berufsfeld gelandet bist, in dem du deine Zukunft siehst. Vielleicht entdeckst du aber auch, dass ein Beruf, der dir zuvor als Wunschberuf erschien, nun doch nicht zu dir passt. In beiden Fällen können die Erfahrungen wichtig sein.

Ob dein Praktikum sein Ziel und deine Erwartungen erfüllt, hängt von der Vorbereitung ab, von deinem Verhalten während des Praktikums und der Auswertung deiner Erfahrungen.

Richtig oder falsch?

Das solltet ihr für die Fälle auf dieser Seite zu zweit überlegen.

A Als Machmed am ersten Praktikumstag die Schreinerwerkstatt betritt, kann er kaum erwarten, dass es losgeht mit der Arbeit. Weil der Meister und die Gesellen noch nicht da sind, versucht er schon einmal, die elektrische Säge anzuwerfen. „Da kann der Meister gleich sehen, wie motiviert ich bin!“, denkt Machmed.

B Am ersten Tag in der Großgärtnerei ist Büsra froh, dass eine nette Kollegin sie eine Stunde lang durch den Betrieb führt. Büsra sieht, dass alle Mitarbeiter damit beschäftigt sind, kleine Setzlinge einzutopfen. „Entschuldige, Büsra“, sagt die Mitarbeiterin, „ich muss jetzt an die Arbeit. Eine Lieferung steht an und wir haben heute alle hier eine Menge zu tun.“ Büsra steht nicht lange herum. Freundlich fragt sie: „Sagen Sie mir bitte, was ich tun kann. Ich möchte gerne helfen.“

C Lena ist seit einer Woche Praktikantin in der Spedition Interfracht und hat bereits einen guten Kontakt zu einigen Kolleginnen. Bei einem Mittagessen in der Betriebskantine erfährt sie, dass diese Kolleginnen sich Sorgen um ihre Arbeitsplätze machen. Abends ruft Lena mehrere ihrer Freundinnen an. Allen sagt sie: „Weißt du schon das Neueste? Die Firma Interfracht steht kurz vor der Pleite.“

D Paul macht sein Praktikum in einem Autohaus. Weil er die Arbeit als anstrengend empfindet, verlängert er seine Frühstückspause um zehn Minuten. Als ein Azubi im dritten Lehrjahr ihn ermahnt, in Zukunft die Zeiten einzuhalten, sagt Paul zu ihm: „Diese Arbeit ist überhaupt nichts für mich und du als Azubi hast mir gar nichts vorzuschreiben.“

E Emilian macht ein Praktikum im Bürgeramt der Stadtverwaltung. Beim Einstellungsgespräch hat er gesagt, dass er sich gut mit Computern auskennt. Als ein Mitarbeiter ihn bittet, ein elektronisches Formular am PC auszufüllen, versteht Emilian auf Anhieb nicht, was er machen soll. Obwohl es ihm peinlich ist, fragt er nach: „Könnten Sie mir bitte noch einmal zeigen, wie das gemacht werden muss?“

Verhaltensregeln und Erwartungen

Benehmen

Betriebe bieten freiwillig Praktikumsplätze an. Verhalte dich so, dass der Betrieb immer wieder erneut bereit sein wird, Praktikanten anzunehmen.

Regeln

In jedem Betrieb gibt es eine Betriebsordnung mit verbindlichen Regeln für Arbeitsbeginn und Ende, für die Pausenzeiten und anderes mehr. Über den Sinn dieser Regeln kann nicht diskutiert werden. Du musst sie kennen und einhalten.

Engagement

Betriebe beschweren sich, wenn Praktikanten keinerlei Initiative ergreifen, und schätzen es sehr, wenn diese von sich aus erkennen, wo sie mithelfen oder mitanpacken können.

Kritik

Wer Neues anfängt, muss damit rechnen, Fehler zu machen. Reagiere nicht unwirsch auf Kritik, sondern zeige, dass du bereit bist, aus deinen Fehlern zu lernen. (Sprich mit deinem Lehrer oder einem betreuenden Mitarbeiter, wenn du dich wiederholt unfair behandelt fühlst.)

Nachfragen

Wenn man einen Arbeitsauftrag nicht verstanden hat, sollte man nachfragen. Das ist in jedem Fall besser, als mit negativen Folgen fehlerhaft zu arbeiten.

Diskretion

Betriebsinterne Vorgänge dürfen nicht nach außen getragen werden. Auch als Praktikant gilt für dich der Grundsatz absoluter Verschwiegenheit.

Handeln auf eigene Faust

Benutze keine Maschine oder Werkzeug, bevor man dich dazu aufgefordert und sie dir erklärt hat.

In der Arbeitswelt gibt es eine Reihe von Erwartungen, die in allen Betrieben, egal ob groß oder klein, für eine positive Bewertung der Mitarbeiterinnen und Mitarbeiter herangezogen werden. Sie gelten auch für Praktikanten. Überlege:

A Diese Erwartung werde ich sicher erfüllen können.
B Daran muss ich noch arbeiten.
C Hier bin ich mir nicht sicher und muss Eltern oder gute Freunde fragen.

	A	B	C
Pünktlichkeit			
Zuverlässigkeit			
Belastbarkeit			
Lernbereitschaft			
Ausdauer			
Kontaktfähigkeit			
Kritikfähigkeit			
Sorgfalt			
Sauberkeit			
Höflichkeit			
Selbstständigkeit			
Teamfähigkeit			
Fleiß			

1. Stellt euch vor, ihr hättet die Aufgabe, Machmed, Büsra, Lena, Paul und Emilian eine Rückmeldung zu deren Verhalten zu geben. Dabei sollt ihr a) positives Verhalten lobend verstärken, b) erklären, warum beobachtete Verhaltensweisen negativ sind, und c) Tipps für die weitere Mitarbeit im Praktikum geben. Wie fällt euer Feedback aus?
Tipp: Trefft eine Auswahl und bereitet das Feedback zu zweit vor.

2. Notiere die Erwartungen, die du gut erfüllst, und die, an denen du noch arbeiten solltest. Setze dich mit einer Freundin, einem Freund zusammen und höre dir an, wie eine andere Person dich einschätzt.

www.take-care.nrw.de: Hier erfahrt ihr unter anderem, welche Arbeiten im Praktikum erlaubt sind und welche nicht.

Checkliste Praktikum – Welche Schritte führen zum Erfolg?

Die Suche nach einem Praktikumsplatz solltest du nicht dem Zufall überlassen. Auch solltest du nicht einfach das erstbeste Angebot wahrnehmen, nur damit du für die Praktikumsdauer versorgt bist. Besser ist es, die Suche gezielt anzugehen, auch dann, wenn du noch nicht genau weißt, welche berufliche Richtung du nach dem Schulabschluss einmal einschlagen möchtest. In einem ersten Schritt kannst du darüber nachdenken, was auf gar keinen Fall für dich infrage kommt. Wer sich die Hände nicht gerne schmutzig macht, sollte nicht in eine Gärtnerei oder eine Kfz-Werkstatt gehen und wer Küchendämpfe nicht vertragen kann, sollte sich nicht als Koch oder Köchin versuchen. Bei der Suche kommt es auf Zielgenauigkeit und eine gute Strategie an. Die folgende Checkliste soll dir dabei eine Hilfe sein.

1. Schritt: Welche Art von Betrieb kommt infrage?

Versuche herauszufinden, welche Art von Betrieb deinen Hauptinteressen und Fähigkeiten am ehesten entspricht.

Betriebsart	Beispiele	Grundlegende Interessen/Fähigkeiten
Handwerksbetrieb	Tischler, Heizungsbauer, Kfz-Werkstatt, Uhrmacher	Du möchtest gerne etwas herstellen oder reparieren, kannst präzise und geduldig arbeiten.
Handelsbetrieb	Kaufhäuser, Fachgeschäfte für Elektroartikel, Drogeriemarkt	Du hast Spaß daran, Regale mit Waren aufzufüllen, kannst relativ gut rechnen und führst gerne ein Verkaufsgespräch.
Dienstleister	Arzt- oder Rechtsanwaltspraxis, Bank, Friseur, Hotel	Du sprichst gerne mit anderen Leuten, legst Wert auf dein Äußeres, kannst einigermaßen korrekt schreiben und rechnen.
Produktionsbetrieb	Hersteller für Fenster, Türen, Möbel in Serie, Großbäckerei, industrielle Lebensmittelerzeugung	Dich interessiert, was hinter Fabrikmauern geschieht und wie in Arbeitsteilung ein Produkt entsteht. Du arbeitest gerne nach klaren Anweisungen und es stört dich nicht, wenn die Tätigkeiten sich wiederholen.

2. Schritt: Betriebe in der eigenen Umgebung finden

Nachdem du herausgefunden hast, welche Betriebsart oder welche Betriebsarten für dich infrage kommen, solltest du mit der Recherche beginnen.
So kannst du vorgehen:

- Du fragst Eltern, Verwandte und Bekannte, wenn du weißt, welche Betriebsart dich interessiert.
- Du suchst in den Gelben Seiten des Telefonbuches nach geeigneten Adressen.
- Du recherchierst im Internet, indem du die Betriebsart als Suchbegriff eingibst und den gewünschten Betriebsort.
- Unter www.praktikum.info.de findest du Praktikumsangebote für deine Region. Weitere Angebote kannst du mithilfe der Industrie- und Handelskammern und der Handwerkskammern finden (www.ihk.de; www.handwerk.de).

Erstelle alleine oder erstellt gemeinsam eine Liste von Betrieben, die infrage kommen. Stellt weitere Informationen darüber zusammen. Dabei helfen euch die Internetauftritte. Vielleicht könnt ihr euch auch vor Ort über den Betrieb informieren.

3. Schritt: Kontakt aufnehmen

Nach den Vorbereitungsarbeiten beginnt nun die konkrete Suche nach einem Praktikumsbetrieb. Der erste Kontakt geschieht meist telefonisch. Auf das Telefongespräch sollte man sich vorbereiten, weil es schon bei diesem ersten Kontakt darauf ankommt, einen möglichst guten Eindruck zu hinterlassen. Die Gesprächsführung könnt ihr mithilfe des Trainingsplatzes auf der nachfolgenden Seite trainieren.
Ihr könnt auch direkt zu den ausgewählten Betrieben hingehen und beim Empfang euer Anliegen vortragen.
Auf jeden Fall solltet ihr bereits über den Betrieb informiert sein, bevor ihr Kontakt aufnehmt. Um welche Art von Betrieb handelt es sich? Was geschieht dort? Wie lange gibt es ihn schon? Wie viele Menschen sind dort beschäftigt?

4. Schritt: Bewerbungsunterlagen zusammenstellen

Größere Betriebe erwarten häufig schriftliche Bewerbungen. Das ist besonders der Fall, wenn sich viele Praktikantinnen und Praktikanten bewerben und der Betrieb eine Auswahl treffen möchte. Zu eurem Bewerbungsschreiben gehören

- ein Anschreiben. Darin teilt ihr mit, warum gerade dieser Betrieb ganz oben auf eurer Wunschliste für euer Praktikum steht,
- ein tabellarischer Lebenslauf,
- ein freundliches und aktuelles Foto im Format eines Passfotos,
- eine Kopie des letzten Zeugnisses.

Hilfen für deine schriftliche Bewerbung findest du unter:
www.planet-beruf.de
www.arbeitsagentur.de

5. Schritt: Der erste Tag im Praktikum

Nun stelle dir vor, die Suche war erfolgreich und der erste Praktikumstag steht an. Du wirst wahrscheinlich ein wenig aufgeregt sein. Das ist gar nicht schlimm, denn du zeigst damit, dass du die Sache wichtig nimmst, die jetzt auf dich zukommt. Bereite dich gedanklich vor.

Die Kleidung: Als Schüler, der nur für kurze Zeit zum Betrieb gehört, gilt für dich keine besondere Kleiderordnung. Achte darauf, dass du gepflegt aussiehst und dass deine Kleidung sauber ist (besonders die Schuhe). Versuche nicht, übertrieben cool, lässig oder schrill auszusehen.

Die Begrüßung: Sprich deinen Vor- und Nachnamen deutlich aus, schaue deine Gesprächspartner an, gib einen festen Händedruck, versuche deutlich zu machen, dass du dich auf das Praktikum freust.

Die Einweisung in die Arbeit: Gehe höflich auf die Kolleginnen und Kollegen zu, höre gut zu, wenn man dir etwas erklärt, stelle Fragen, damit man sieht, dass du interessiert bist.

1. Schreibe dir aus dieser Checkliste alle Informationen heraus, die dir ganz persönlich wichtig erscheinen.

2. Setzt euch zu zweit oder zu dritt zusammen und recherchiert im Internet über Betriebe vor Ort.

Stellt die ausgewählten Firmen mithilfe von Plakaten vor. Diese sollten Angaben über die in Schritt 3 formulierten Fragen enthalten.

Richtiges Telefonieren bei der Suche nach einem Praktikumsplatz

Wenn du dich auf der Suche nach einem Praktikumsplatz mit einer Firma in Verbindung setzt, solltest du gut vorbereitet sein und am Telefon angemessen auf alle Nachfragen reagieren können. Damit das gelingt, könnt ihr hier das richtige Telefonieren in dieser Angelegenheit üben.

Euer Auftrag:
Bildet Dreiergruppen. Abwechselnd übernehmt ihr dann die Rolle der Bewerberin, des Bewerbers und die Rolle des Ansprechpartners in der Firma. Der Dritte in der Runde hört sich das Gespräch an und gibt dem Praktikumsbewerber am Ende ein Feedback zu seinem Verhalten am Telefon. Wählt einen der Betriebe aus, über den ihr euch im Vorfeld informiert habt.

5 Dinge, die in der Vorbereitung zu klären sind

Du solltest
1. den genauen Termin für das Praktikum im Kopf haben,
2. so gut es geht über die Firma informiert sein,
3. Gründe angeben können, warum du dich bei dieser Firma um ein Praktikum bewirbst,
4. sagen können, für welchen späteren Ausbildungsberuf du dich interessierst,
5. gegebenenfalls wissen, welche Rechtsform die Firma hat, und mit einem Lexikon nachschlagen, was das bedeutet (GmbH, KG, AG oder Personengesellschaft).

Unbedingt beachten: Blatt und Stift zurechtlegen!

10 Fragen, mit denen du im Verlauf des Gesprächs rechnen musst

1. Wie kommst du ausgerechnet auf unsere Firma?
2. Was weißt du denn schon über uns?
3. Was möchtest du später einmal werden?
4. Praktikanten hatten wir in unserer Firma noch nie. Was hat denn so ein Praktikum für einen Sinn?
5. Mit den letzten Praktikanten haben wir leider keine guten Erfahrungen gemacht. Deshalb möchten wir eigentlich keine Praktikanten mehr einstellen.
6. Wer betreut dich während der Praktikumszeit?
7. Der Name deiner Schule sagt mir nichts. Warum heißt die Schule so?
8. Bei uns wollen immer viele Leute ein Praktikum machen. Warum sollten wir dich nehmen?
9. Bis wann kannst du uns eine schriftliche Bewerbung schicken?
10. Was möchtest du noch über unsere Firma wissen?

Der Beginn des Gesprächs

„Guten Tag, mein Name ist … Ich bin Schülerin/Schüler der Pestalozzi-Schule. Ich möchte mich gerne über die Möglichkeiten eines zweiwöchigen Praktikums in Ihrer Firma informieren. Können Sie mich mit jemandem verbinden, der dafür zuständig ist?" Wenn du mit der zuständigen Person verbunden wirst, musst du vielleicht deine Anfangssätze noch einmal wiederholen.

Eine Berufswahlmappe führen

Thema: Berufswahl

A Wozu eine Berufswahlmappe?

Für deine Berufswegplanung solltest du eine spezielle Mappe anlegen, in der du von nun an alles festhältst, was du im Rahmen deines Weges in deine berufliche Zukunft unternehmen wirst.
Zunächst hältst du darin fest, was du im nun anstehenden Berufswahlunterricht lernst. Wenn dieses Unterrichtsprojekt beendet ist, wird es dich weiterhin auf deinem Weg bis zur Berufsfindung begleiten.
Deine Praktikumsmappe bildet dann einen Bestandteil deiner umfangreicheren Berufswahlmappe.

Führe deine Mappe so, dass du stolz auf das Ergebnis sein kannst: sorgfältig, übersichtlich, informativ.

B Wie erstellt man eine Berufswahlmappe?

Gestalte ein Deckblatt, das du mit deinen persönlichen Angaben versiehst. Hilfreich kann es sein, wenn du das erste Doppelblatt als Inhaltsverzeichnis gestaltest, das du nach und nach vervollständigen wirst.

Dokumentation von Praktika und anderen Aktivitäten

In deiner Mappe kannst du auch alles dokumentieren, was mit der Vorbereitung, Durchführung und Nachbereitung deiner Praktika zu tun hat.
Sollte euch ein Praktikumsheft zur Verfügung gestellt werden, könnt ihr dieses in eure Berufswahlmappe einordnen.
Bei der Vorstellung des Betriebes, in dem du ein Praktikum absolviert hast, musst du darauf achten, nur solche Informationen zu verwenden, die nicht der Schweigepflicht unterliegen.

Deine Praktikumsmappe sollte enthalten:

1. allgemeine Angaben über den Betrieb,
2. eine Auswahl von Tagesberichten,
3. Angaben über Arbeitszeiten, Arbeitsmaterialien, Arbeitsabläufe,
4. Angaben über Sicherheitsbestimmungen oder anderer Besonderheiten,
5. einen Abschlussbericht, der den Gesamtverlauf beschreibt,
6. eine Reflexion deiner Erfahrungen.
   - Was habe ich über die Arbeit im Betrieb gelernt?
   - Was habe ich über mich erfahren?

Darüber hinaus kann sie enthalten:

- eine Beschreibung deines Arbeitsplatzes,
- Fotos vom Betrieb,
- Interviews mit Betriebsangehörigen.

Dafür musst du um Erlaubnis bitten.

Was in die Berufswahlmappe hineinkommen sollte:

- Du stellst vor, welche Hilfen es bei der Berufswahl gibt.
- Du stellst die Anforderungen an Auszubildende übersichtlich dar.
- Du erstellst eine Erfolgsstrategie für das Bewerbungsverfahren um einen Ausbildungsplatz.
- Du erklärst, wie man sich auf schriftliche Einstellungstests vorbereiten kann.

Diese Anforderungen können mit den Materialien in diesem Kapitel erfüllt werden.

Nimm die Mappe mit, wenn du einen Gesprächstermin mit der Berufsberatung hast. Sie kann eine hilfreiche Gesprächsgrundlage sein.

2 Schule – und was dann?

- Wie soll es nach dem mittleren Schulabschluss oder dem Hauptschulabschluss weitergehen?
- Will ich eine Ausbildung machen oder lieber Abitur?

Für viele Schülerinnen und Schüler sind diese Fragen der Ausgangspunkt für die beginnende Berufswegplanung. Wenn ihr eure ganz persönliche Antwort darauf findet, habt ihr schon die Hauptzielrichtung eures Weges in die berufliche Zukunft festgelegt. Diese Doppelseite soll euch beim Nachdenken unterstützen.

Viele Wege führen in eine Ausbildung

A Ausbildung im „Dualen System"

Der Begriff „Duales System" bedeutet, dass die Auszubildenden parallel an zwei Orten lernen: im Betrieb und in der Berufsschule. Auszubildende sind also gleichzeitig Arbeitnehmerin oder Arbeitnehmer und Schülerin oder Schüler.
Diese „Zweigleisigkeit" gilt für die meisten handwerklichen, kaufmännischen und gewerblich-technischen Ausbildungen im Unternehmen und auch für die verschiedenen Ausbildungsgänge im öffentlichen Dienst. Der Betrieb stellt die Azubis für eine bestimmte Zeit frei; in dieser Zeit gehen sie dann zur Berufsschule. […] Die betriebliche Ausbildung im Dualen System steht allen Jugendlichen offen, die ihre Schulpflicht erfüllt haben. […]

B Ausbildung in Berufsfachschulen

Bestimmte Berufe kann man nur erlernen, wenn man sich für eine schulische Ausbildung entscheidet. Sogenannte Berufsfachschulen bilden speziell im pflegerischen, sozialen, kaufmännischen oder technischen Bereich aus. […] Private Träger erheben ein Schulgeld, sie sind kostenpflichtig. Mit 2–3 Jahren Ausbildungsdauer ist die schulische Ausbildung kürzer als die betriebliche Ausbildung. Normalerweise wird während der Ausbildung keine Vergütung gezahlt.

(Aus: Lernende Region – Netzwerk Köln e. V., www.bildung.koeln.de, verantwortlich für den Inhalt Carola Reinhold, letzter Zugriff 10.11.2011)

C Abitur und Studium

Einige Berufe erfordern den akademischen Weg, etwa Arzt, Lehrer oder Anwalt. Wer einen solchen Beruf ausüben möchte, der muss studieren. Es gibt aber auch junge Menschen, die unbedingt studieren möchten, weil sie an einem bestimmten Studienfach großes Interesse haben oder weil sie gerne das wissenschaftliche Arbeiten lernen möchten. […]
Nach wie vor sind Akademiker die Gruppe mit der niedrigsten Arbeitslosigkeit. „Wir befinden uns bereits seit Langem auf dem Weg in die Wissensgesellschaft", berichtet uns Alexander Reinberg vom Institut für Arbeitsmarkt- und Berufsforschung (IAB) der Bundesagentur für Arbeit. „Diesen Weg können nur gut Qualifizierte erfolgreich mitgehen. Auch wenn der Berufseinstieg für viele Studienabgänger heute nicht ganz leicht ist, kann man junge, begabte und interessierte Leute daher zur Aufnahme eines Studiums nur ermutigen."

(Aus: Studium oder Berufsausbildung – Wo liegt dein Königsweg? In: Bundesanstalt für Arbeit, www.abi.de von 9/2007; letzter Zugriff 10.11.2011)

Neben diesen drei „klassischen" Möglichkeiten gibt es weitere, die zum Teil von Bundesland zu Bundesland verschiedene Bezeichnungen haben. In NRW zum Beispiel kann man die zweijährige Fachoberschule besuchen. Sie besteht aus einer praktischen Ausbildung im Betrieb in Kombination mit dem Besuch eines Berufskollegs und führt zur Fachhochschulreife.

1. Legt eine Tabelle an, in der ihr die charakteristischen Merkmale der Ausbildungswege A, B und C notiert.

Detaillierte Angaben über die unterschiedlichen Ausbildungsmöglichkeiten erhaltet ihr unter:
www.berufsbildung.nrw.de
www.berufswahlpass.de

Trainingsplatz

S M U H

Wir stellen Gründe für eine Ausbildung nach dem mittleren Schulabschluss und für das Abitur einander gegenüber

Was spricht für eine Ausbildung?	Was spricht für das Abitur?

Euer Auftrag:

- Erstellt mithilfe der Texte in den Kästen eine Tabelle.
- Sucht nach weiteren Gründen, die entweder für eine Ausbildung oder für das Abitur sprechen.

Das geht am besten in Partnerarbeit.

1 Gute Verbindung von Theorie und Praxis: Du lernst Dinge, die du sofort umsetzen kannst, und trägst unmittelbar zum Erfolg deines Unternehmens bei. Was du lernst, kannst du konkret für deinen Beruf gebrauchen.

2 Eintrittskarte für besondere Berufe: Für viele Berufe ist das Abitur eine unabdingbare Voraussetzung, zum Beispiel für Ärzte, Juristen, Lehrer, Sozialpädagogen. Aber auch, wenn man nicht studieren will, verbessert das Abitur die Berufschancen.

3 Günstigere Beschäftigungsaussichten: Akademiker sind insgesamt weniger von Arbeitslosigkeit betroffen als Menschen mit geringerer Qualifikation. Für die Zukunft wird sogar ein zunehmender Bedarf an Akademikern vorausgesagt.

4 Aufstiegschancen: Wenn du gute Leistungen bringst, bietet dir der Betrieb mit etwas Glück einen festen Arbeitsplatz an, da du ja bereits gut eingearbeitet bist. Für ehemalige Azubis gibt es zahlreiche Weiterbildungsmöglichkeiten, zum Beispiel zum Betriebswirt, Meister, Techniker oder Fachwirt.

5 Chance für forschende Lerner: Wer bereits in der Schule festgestellt hat, dass es ihm große Freude bereitet, ein bestimmtes Themengebiet zu durchleuchten, und wem es nichts ausmacht, sich dabei stundenlang in Büchern zu „vergraben", ist für ein Studium geradezu prädestiniert.

6 Sofortiger Verdienst: Wenn du eine betriebliche Ausbildung machst, bekommst du eine Ausbildungsvergütung. Je nach Ausbildungsberuf schwankt diese zwischen etwa 250 und 750 Euro im ersten Lehrjahr.

7 Höherer Verdienst: Zwar ist auch das Einkommen vieler Akademiker in den vergangenen Jahren gesunken, dennoch verdienen sie im Durchschnitt noch immer mehr als Beschäftigte, die kein Studium absolviert haben.

8 Erwerb praktischer Kompetenzen: Diese lassen sich in einer Ausbildung optimal trainieren. Du arbeitest mit anderen in Teams zusammen, lernst Fragen zu stellen, Probleme zu lösen, je nach Beruf auch Kunden zu beraten oder Leistungen zu verkaufen. Das alles sind praxisorientierte Schlüsselqualifikationen, die du für ein erfolgreiches Berufsleben benötigst.

9 Absehbarer Zeitaufwand: Bei den meisten Ausbildungen hast du nach drei Jahren den Abschluss in der Tasche. Als Abiturient kannst du häufig deine Ausbildung um ein Jahr verkürzen und hast dann bereits nach zwei Jahren deinen Abschluss.

10 Persönliche Entfaltung: Bildung bildet. Auch wenn ein Studium nicht immer stressfrei ist, bietet die Hochschule nach wie vor viel Raum für persönliche Entfaltung, Wissenserweiterung und neue Denkanstöße.

Die Seite wurde zusammengestellt nach Informationen der Bundesanstalt für Arbeit. In Nordrhein-Westfalen haben Schülerinnen und Schüler in Klasse 10 die Möglichkeit, für zwei Tage in der Kursstufe 11 des Gymnasiums ein Schnupperpraktikum zu absolvieren.

3 Wie können wir uns sinnvoll orientieren?

In diesem Unterkapitel geht es zunächst darum, dass ihr über euch selbst nachdenkt – über eure Interessen, Fähigkeiten und Vorstellungen von der beruflichen Zukunft. Zum Einstieg schlagen wir die Durchführung von Partnerinterviews vor. Je zwei Personen befragen sich gegenseitig über ihre Hobbys, Interessen, Wünsche. Damit beginnt dann das Nachdenken über sich selbst und die Vorstellungen von der beruflichen Zukunft.

Einstiegsübung: Partnerinterview über Hobbys, Interessen, Wünsche, Ziele

Bei dieser Übung übernimmt jeder von euch einmal die Rolle des Interviewers und einmal die Rolle des Befragten. Im Anschluss daran werden Gruppen gebildet, in denen der Reihe nach die Interviewer die interviewten Personen vorstellen.

- Fragt nichts Privates, was andere Leute nichts angeht.
- Gebt nur Antworten, die zur Mitteilung für andere geeignet erscheinen.

Mögliche Interviewfragen – 5 aus 10

Damit nicht alle Interviews gleich ablaufen, solltet ihr individuell aus dem Fragenkatalog die fünf aussuchen, die euch besonders interessieren, und sie eurem Partner stellen:

1. Was sind deine Lieblingsfächer?
2. Was sind deine Hobbys?
3. Was unternimmst du gerne in deiner Freizeit?
4. Weißt du schon, was du nach der Schul- zeit machen wirst?
5. Welche Ziele möchtest du innerhalb der kommenden fünf Jahre erreichen?
6. Wie möchtest du später einmal leben?
7. Wie wichtig ist es für dich, den passenden Beruf zu finden?
8. Gibt es Traumberufe für dich?
9. Gibt es irgendwelche Dinge, die du besonders gut kannst?
10. Wie wichtig ist es für dich, in deinem Beruf Karriere zu machen?

1. Bearbeitet die Checkliste auf der folgenden Seite. Schreibt dazu einen Text für eure Berufswahlmappe, in dem ihr eure ermittelten Erwartungen, Interessen, Fähigkeiten und eure Pflichtauffassung beschreibt. Das geht auch als Hausaufgabe.

Weitere Fragebögen zur Berufsorientierung findet ihr unter: www.wassollwerden.de und www.berufswahlpass.de

Tipp: Mit dem Suchbegriff „Berufseignungstest" findet ihr sowohl Gratis- als auch kommerzielle Angebote im Netz.

Ablaufphasen im Prozess der Berufswahl

Phase 1

Orientierung
Nachdenken über sich selbst: Was will ich? Was kann ich? Wo liegen meine Stärken?

↓

Phase 2

Weichenstellung
Mache ich nach der zehnten Klasse eine Ausbildung oder lieber Abitur? Will ich eine Fachschule oder ein Berufskolleg besuchen?

↓

Phase 3

Information
Was sind die Top Ten meiner Berufswünsche? „Beruf aktuell" durcharbeiten, Internetrecherchen, Besuche im BIZ

↓

Phase 4

Entscheidung
Welcher Beruf ist mein Ziel Nummer 1? Was sind meine Alternativen, falls 1 nicht klappt?

↓

Phase 5

Bewerbung
Sind meine Unterlagen vorbildlich? Bin ich fit für den Einstellungstest? Präsentiere ich mich gut?

Checkliste zur Berufswahl
Ermittlung unserer Erwartungen, Interessen, Fähigkeiten

Den Fragebogen sollte jede und jeder von euch selbst bearbeiten. Danach könnt ihr mit einer guten Freundin oder einem guten Freund und mit den Eltern darüber sprechen, denn es ist auch wichtig, herauszufinden, wie andere euch einschätzen. Im Unterricht geht das auch in Partnerarbeit nach dem Ausfüllen des Fragebogens. Bewahrt die Zusammenfassungen eures Ergebnisses auf, zum Beispiel, um sie als Grundlage für ein Gespräch mit der Berufsberatung zu benutzen.

A meine allgemeinen Erwartungen	Ich möchte im Berufsleben …	**Das ist für mich**	
	– mit anderen Menschen zusammenarbeiten	**wichtig**	**nicht wichtig**
	– lieber alleine für mich arbeiten		
	– eine fest geregelte Arbeitszeit haben	**Zusammenfassung:** Meine wichtigsten allgemeinen Erwartungen sind …	
	– in der Nähe meines jetzigen Wohnortes bleiben		
	– am liebsten in einer großen Organisation oder Firma arbeiten		
	– gute Karrieremöglichkeiten haben		
B meine besonderen Interessen	Ich …	**Das trifft auf mich**	
	– mache gerne Tätigkeiten, die handwerkliches Geschick verlangen	**eher zu**	**eher nicht zu**
	– lese Bücher und Zeitschriftenartikel		
	– spreche gerne mit anderen Leuten, berate und helfe		
	– beschäftige mich oft mit dem Computer		
	– bediene gerne Maschinen, untersuche und repariere sie		
	– schreibe und zeichne gerne		
	– löse öfter knifflige Rechenaufgaben	**Zusammenfassung:** Meine wichtigsten Interessen sind …	
	– mag Tätigkeiten, die man im Freien ausüben kann		
C meine Fähigkeiten	Ich kann …	**Zurzeit denke ich,**	
	– ein Möbelstück oder ein Modell mit einer Gebrauchsanweisung gut zusammenbauen	**ja, das stimmt**	**nein, das stimmt nicht**
	– mir etwas räumlich gut vorstellen		
	– selbstständig und mit Ausdauer an einer Aufgabe arbeiten		
	– mich körperlich gut anstrengen		
	– sprachlich gut ausdrücken, was ich sagen möchte		
	– leicht Kontakt zu anderen Menschen herstellen		
	– mich in eine Gruppe gut einordnen		
	– einfache Rechenaufgaben leicht im Kopf ausrechnen	**Zusammenfassung:** Meine aktuellen Fähigkeiten sind …	
	– mein Zimmer oder meinen Schulranzen schnell in Ordnung bringen		
D mein Pflichtbewusstsein	Ich bin ziemlich …	**Ja, ich denke schon**	**Nein, das fällt mir schwer**
	– ausdauernd in meiner Arbeit		
	– gewissenhaft		
	– pünktlich	**Zusammenfassung:** Folgende Pflichten kann man mir gut übertragen …	
	– ordentlich und angenehm in meinem Verhalten		
	– bedacht auf mein äußeres Erscheinungsbild		

„Wer hilft mir bei der Berufswahl?“

TEAM führte ein Interview mit einer Berufsberaterin.

Für die meisten Schülerinnen und Schüler ist die Entscheidung über die Berufswahl sehr schwierig. Wie sollen sie das Problem angehen?

Wichtig ist, dass man sich einen persönlichen Plan erarbeitet, nach dem man vorgehen will. Planvolles Vorgehen gibt ein Gefühl der Sicherheit, auch wenn man immer mal wieder von seinem Plan abweichen sollte. Es hilft auch, wenn man daran denkt, dass fast eine Million junger Leute jedes Jahr vor dem gleichen Problem stehen. Man steht also nicht alleine vor einer schwierigen Entscheidung.

Es heißt immer, dass man sich am Anfang über seine beruflichen Ziele Klarheit verschaffen soll. Die Frage ist nur: Wie macht man das?

Ich empfehle jedem, dass er sich zunächst einmal die neueste Ausgabe von „Beruf aktuell“ vornimmt. Das Buch enthält Kurzbeschreibungen aller anerkannten Ausbildungsberufe. Das sind immerhin fast 400. Diese sind in verschiedene Tätigkeitsbereiche unterteilt. Stellt man zum Beispiel fest, dass einem der Bereich *Bedienen und Beraten von Kunden* Spaß machen würde, dann findet man dazu alle angebotenen Ausbildungsberufe. Man kann jetzt eine Vorauswahl treffen und kann sich dann genauer über einzelne Berufe informieren.

Wie hilft die Berufsberatung der Arbeitsagentur den Jugendlichen?

Zu unseren wichtigsten Serviceeinrichtungen gehören die Berufsinformationszentren, die jeder unter dem Namen BIZ kennt. Hier finden die Jugendlichen zu Berufen und Ausbildungswegen Bücher, Kataloge, Filme und vieles mehr. Mit dem BIZ-Computer hat man die Möglichkeit, sich selbst zu erkunden. Der Computer ermittelt aus den Erwartungen, Interessen und Fähigkeiten ein Persönlichkeitsprofil und vergleicht es mit den Anforderungen in verschiedenen Berufen. Man bekommt eine Auswahl von Berufen, für die man geeignet sein könnte. Das ist aber nur eine Vorauswahl. Oft gehen ja die Schulklassen geschlossen ins BIZ. Darüber hinaus rate ich jedem Jugendlichen, das kostenlose Angebot im BIZ so oft zu nutzen, wie er kann.
Man kann auch zu Hause im Internet das Angebot der Berufsberatung nutzen. Der erste Einstieg sollte mit www.planet-beruf.de beginnen. In dieser Homepage der Bundeagentur für Arbeit gibt es sehr konkrete Hilfen und Tipps.

Wann soll man das persönliche Gespräch mit dem Berufsberater suchen?

Spätestens ein Jahr vor dem Schulabschluss. Vorher gibt es ja einen ersten Kontaktbesuch der Berufsberatung in der Schule und wir kommen auch zu Einzel- und Gruppenberatungen in die Schulen. Darüber hinaus sollte jeder im persönlichen Beratungsgespräch die professionelle Beratungshilfe nutzen. Wir können auch Kontakte zu Firmen herstellen und für die Bewerbung Ratschläge geben.

Müssen sich die Schülerinnen und Schüler auf den Besuch beim Berufsberater vorbereiten?

Sie sollten es tun, denn wenn mir jemand gegenübersitzt, der überhaupt nicht weiß, was er will, dann kann das Gespräch unbefriedigend verlaufen. Wenn aber jemand seine Hobbys, seine Lieblingsfächer, seine besonderen Interessen erklären kann, wenn jemand bereits ungefähr weiß, in welche Richtung seine Berufswahl gehen soll, dann können wir ganz konkrete Hilfen anbieten.

Sie sagten, man solle früh anfangen, über die Berufswahl nachzudenken. Sehen Sie da nicht die Gefahr, dass man sich zu früh auf einen bestimmten Ausbildungsberuf festlegt?

Ich hatte vor einem halben Jahr hier einen jungen Mann sitzen, der wollte gerne Kommunikationselektroniker werden, weil er von moderner Technik begeistert war. Leider waren seine Bewerbungen nicht erfolgreich. Es gab zu viele Bewerbungen für wenige Ausbildungsplätze. Wir haben ihn hier auf die Idee gebracht, Modellbauer zu werden, denn wir kannten seine Fähigkeiten und Interessen und es gab bei zwei Firmen am Ort Ausbildungsmöglichkeiten. Er fühlt sich jetzt sehr wohl in dieser Ausbildung. Er hatte sich in der Planung gut überlegt, was er möchte, aber er hatte sich nicht starr auf eine bestimmte Ausbildung festgelegt. Wer gut plant, kann also eher vernünftig auf Veränderungen reagieren.

Was können Schülerinnen und Schüler noch tun, um sich beruflich zu orientieren?

Sehr sinnvoll ist es, wenn sie in den Ferien weitere freiwillige Praktika absolvieren. Leider halten es künftige Schulabgänger allzu häufig für eine Zumutung, ein bis zwei Wochen freiwillig und unbezahlt in einem Betrieb tätig zu sein. Wir sehen aber häufig, dass gerade diese freiwilligen Praktika oft der beste Weg zum Erfolg sind. Wer seine Vorgesetzten durch seine Leistungen überzeugt, der hat den wichtigen Schritt zu einem Ausbildungsvertrag oft schon getan.

WebQuest Berufsorientierung

Die folgenden 5 Adressen reichen als Grundlage für die Orientierungsphase aus.

www.planet-beruf.de
Die Adresse der Bundesagentur für Arbeit behandelt eine Vielzahl von Fragen rund um die Berufsfindung.

www.jaau.nrw.de
Das Portal für Jugend, Arbeit und Ausbildung des Landes Nordrhein-Westfalen ist besonders wichtig für alle Schülerinnen und Schüler in NRW.

www.beroobi.de
Das Portal des Vereins „Schulen ans Netz“ in Bonn informiert hier über zahlreiche Ausbildungsberufe. Ihr könnt Videos anschauen und Interviews mit Berufstätigen lesen. In Quiz-Spielen könnt ihr euer Wissen über die Arbeitswelt testen.

www.schule-beruf.de
Die Seite wird von dem eingetragenen Verein „schule-ausbildung-beruf e. V.“ betrieben und bietet umfangreiche Informationsangebote an. Unter anderem berichten hier Azubis von ihren Erfahrungen.

www.berufswahlpass.de
Hier findet ihr online alle Materialien, die auch im Ordner enthalten sind.

Lektüre hilft weiter

Im Buchhandel werden zahlreiche Ratgeber für die Berufswahl angeboten. Es kann durchaus lohnender sein, eines dieser Taschenbücher systematisch durchzuarbeiten, statt vergleichsweise planlos im Internet zu surfen. Es lohnt also ein Informationsbesuch in einer örtlichen Buchhandlung.

Nicht vergessen: die Tageszeitung. In den Wochenendausgaben solltet ihr euch von nun an über Ausbildungsangebote informieren.

Umfangreiche Informationen und Arbeitsmaterialien bietet der Berufswahlpass, der euch über den gesamten Prozess der Berufsplanung begleiten kann.

1. Welche Antworten der Berufsberaterin empfindest du als besonders hilfreich? Sammle sie in deiner Berufswahlmappe.
2. Weil die angegebenen Internetadressen sehr umfangreiche Materialsammlungen anbieten, kann zur Durchführung des WebQuests eine arbeitsteilige Vorgehensweise hilfreich sein. Teilt dazu die Adressen auf Lernpartner auf. Jeweils zwei Leute untersuchen dann einen Internetauftritt und berichten der Klasse darüber (siehe auch Methodenkarte *WebQuest*).

4 Was wird von Schulabgängern erwartet?

Dazu geben Stellenanzeigen oft auf interessante Weise Auskunft. Ihr findet hier eine kleine Auswahl. Von den Originalanzeigen haben wir nur die Namen der Firmen verändert.

Dom Türdesign

Türen, die passen –
ein Beruf mit Zukunft in der Dom-Türenwerk GmbH

Wir suchen zu unserem nächsten Einstellungstermin **Auszubildende für den Beruf Holzmechaniker/in.**

Mindestvoraussetzung ist ein guter Hauptschulabschluss. Wir erwarten engagierte Bewerberinnen und Bewerber, die präzise arbeiten können, zuverlässig sind und denen Freundlichkeit im Kontakt mit unseren Kunden nicht schwerfällt. Wenn Sie interessiert sind, schicken Sie Ihre Bewerbung an …

Concept GmbH Der Mediengestalter

Ausbildungsplätze zur Industriekauffrau/ zum Industriekaufmann
Fachrichtung Druck und Papier

Es werden Kenntnisse und Fertigkeiten in den Ausbildungsberufen zur Industriekauffrau/zum Industriekaufmann (betriebswirtschaftliche Bereiche) sowie Medienkauffrau/Medienkaufmann (Anzeigen, Vertrieb, Marketing) vermittelt.
Wenn Sie engagiert, motiviert und teamfähig sind sowie Spaß am Umgang mit Menschen haben, Rechtschreibung für Sie kein Fremdwort ist, Sie auch noch über mathematisches Verständnis verfügen, Interesse an wirtschaftlichen Zusammenhängen haben und die Höhere Handelsschule abschließen oder die Allgemeine Hochschulreife erwerben, sind Sie bei uns richtig. Sie sind interessiert?
Wenn ja, freuen wir uns auf Ihre Bewerbung.

Kiefer Kältetechnik

Als europäischer Marktführer in der Kältetechnik liefert die Kiefer Kältetechnik GmbH Kühl- und Tiefkühlmöbel für alle Bereiche des Lebensmittelhandels – weltweit. Wir bieten Schulabgängern an verschiedenen Standorten in Deutschland wieder eine fundierte

Ausbildung zum Kälteanlagenbauer (m/w) an.

Die Ausbildung dauert 3,5 Jahre.
Ihr Profil: Idealerweise verfügen Sie über einen mittleren Schulabschluss. Gute Kenntnisse in Mathematik, Physik und Elektrotechnik sind von Vorteil. Handwerkliches Talent, räumliches Vorstellungsvermögen, Selbstständigkeit und Teamfähigkeit sowie freundliche Umgangsformen und Freude an der Arbeit machen Sie für uns wertvoll.

Dein Berufsstart bei der AK – eine echte Chance

Du bist kreativ engagiert und zielstrebig? Du arbeitest gerne im Team und hast Spaß im Umgang mit Menschen? Service heißt für dich, deine Kunden auch zu Hause oder im Betrieb zu betreuen? Wenn du außerdem einen Beruf suchst, der interessante Karriereperspektiven eröffnet, dann steig bei uns ein!

Wie bieten ab 1. September interessante **Ausbildungsplätze zur/zum Sozialversicherungsfachangestellten.**

1. Sammelt die Erwartungen, die in den Anzeigen zum Ausdruck kommen. Unterscheidet dabei zwischen Kenntnissen und Persönlichkeitsmerkmalen.

Was noch interessant sein kann:

- Anzeigen ausschneiden. Arbeitet die Stellenangebote in der Wochenendausgabe eurer örtlichen Tageszeitung durch. Schneidet Ausbildungsplatzangebote aus und dokumentiert sie in eurer Berufswahlmappe.
- Stellenanzeigen entwerfen. Es kann Spaß machen, eine eigene Anzeige zu entwerfen, für die man sich einen Beruf aus „Beruf aktuell" aussucht und dafür einen Text gestaltet mit den dazu passenden Fähigkeiten und Persönlichkeitsmerkmalen.

Christofs Erfahrungen im Assessment-Center

Christof bewarb sich um einen Ausbildungsplatz bei einer Versicherungsgesellschaft und wurde eingeladen, an einem eintägigen Auswahlverfahren in einem Assessment-Center (Assessment = Bewertung, Einschätzung) teilzunehmen. Für TEAM hat er seine Erfahrungen im Auswahlverfahren aufgeschrieben.

Mithilfe eines Assessment-Centers ermitteln Unternehmen die individuellen Fähigkeiten von Bewerberinnen und Bewerbern. Sie nennen das Potenzialermittlung. Die Barmer Ersatzkasse, bei der ich mich um einen Ausbildungsplatz beworben hatte, setzt Assessment-Centers (AC) bei der Einstellung von Auszubildenden, aber auch bei der Auswahl von Führungskräften ein. Im Einladungsschreiben wurde ich darüber informiert, dass es vor allem auf meine Sprachkompetenz, mein Einfühlungsvermögen und mein Auftreten ankommen würde. Das AC dauerte einen Tag.

So verlief der Tag

In der ersten Übung ging es um eine Partnervorstellung. Jeder der acht Teilnehmer bekam die Aufgabe, einen Teilnehmer 15 Minuten lang zu interviewen, um ihn dann in einem etwa fünfminütigen Vortrag der übrigen Gruppe vorzustellen.
Als Nächstes war ein Kurzvortrag gefordert. Im Einladungsschreiben hatte man mich aufgefordert, ein Thema vorzubereiten. Ich entschied mich für das Thema: Vorteile des Nichtrauchens. Der Vortrag wurde vor der Gruppe gehalten und durfte die Zeit von fünf Minuten nicht überschreiten.
Im Verlauf der nächsten Übung musste ich ein Gespräch mit einem Mitschüler führen, bei dem es Ziel war, ihn zur Unterstützung beim nächsten Schulfest zu gewinnen. Die Vorbereitungszeit betrug zehn Minuten.
Es folgte ein Rollenspiel. Darin bestand die Aufgabe der Teilnehmer darin, eine Haushaltsverhandlung zu führen. Ein Betrag von 1 050 Euro aus dem Schuletat sollte auf verschiedene AGs aufgeteilt werden. Ich hatte die Computer-AG zu vertreten und musste mir überzeugende Argumente dafür ausdenken, warum ich Geld für einen zweiten Farbdrucker haben wollte. Für die Vorbereitung standen uns 10 Minuten zur Verfügung, für das Spiel der Haushaltsverhandlung 35 Minuten.

Meine Meinung

Es war ein anstrengender, aber sehr interessanter Tag. Die Partnervorstellung zu Beginn fand ich sehr gut. Man lernte sich gegenseitig kennen und baute Nervosität ab. In meinem Vortrag konnte ich zeigen, dass ich vor Publikum frei sprechen kann.
Beim Rollenspiel habe ich mich nicht wohlgefühlt. Ich dachte, dass das wenig mit meinem Berufswunsch zu tun hat. Die schwierigste Übung war die Gruppendiskussion während der Haushaltsverhandlung. Trotzdem fand ich diese Übung positiv für uns, weil in diesem Berufsfeld öfter mal solche Situationen auftreten können.

1. Welche der Übungen hättest du am leichtesten und welche am schwierigsten gefunden? Überlege alleine und tausche dich mit einer Partnerin, einem Partner darüber aus.
2. Stellt euch vor, ihr hättet Christofs Auftreten und das der anderen Teilnehmer im Assessment-Center zu bewerten. Worauf würdet ihr beim Partnerinterview achten, beim Vortrag, beim Gespräch über das Schulfest mit einem Mitschüler, während des Rollenspiels?
3. Benutzt die Qualitätskriterien, die ihr in Aufgabe 2 gefunden habt, zum Nachdenken über euch selbst und notiert: „Ich glaube, dass ich die folgenden der genannten Anforderungen schon gut erfüllen kann: …"

Erwartungen der Wirtschaft: Was Schulabgänger mitbringen sollten

Der Text wurde von den Industrie- und Handelskammern in Nordrhein-Westfalen veröffentlicht. Er beschreibt aus der Sicht der Betriebe die Basisanforderungen an Schulabgängerinnen und -abgänger, die nach dem mittleren Schulabschluss mit einer Ausbildung beginnen. Ihr könnt ihm wichtige Aussagen zu den drei angesprochenen Kompetenzbereichen entnehmen und diese übersichtlich darstellen.

Methode: Was tun mit Texten, die voller Informationen stecken?

S M U H

Die 5-, 10- und 20-Euro-Methode
Wenn ein längerer Text sehr viele Informationen enthält, weiß man oft nicht, welche man in einer Zusammenfassung verwenden soll. Stellt euch die Informationen wie Geldscheine in einer Geldbörse vor, in der sich 5-, 10- und 20-Euroscheine befinden. Alle Scheine sind wertvoll, aber der 20-Euroschein ist natürlich viermal wertvoller als der 5er. Teilt die Informationen in besonders informationsreichen Texten in 5er-, 10er- und 20er-Werte ein. Verwendet in eurer Zusammenfassung vor allem die aus eurer Sicht besonders wertvollen Informationen.

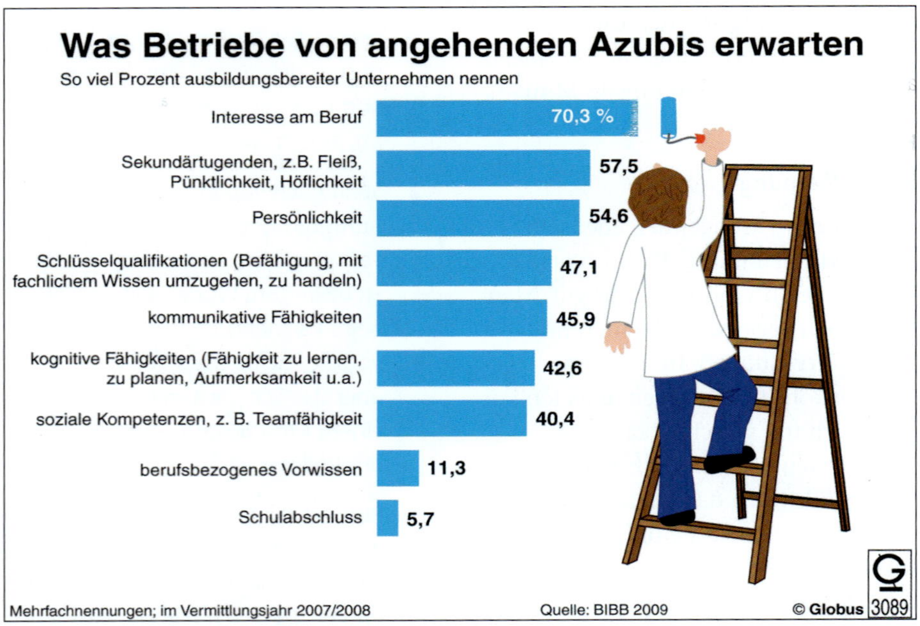

Tipp: Lest alleine, bearbeitet den Auftrag 1 zu zweit, diskutiert die Aufträge 2 und 3 in Gruppen und/oder gemeinsam in der Klasse.

Die Erwartungen der Wirtschaft umfassen im Kern drei Dinge: 1. die Beherrschung des in der Schule vermittelten Wissens in Fächern wie Deutsch, Mathematik und Englisch (**fachliche Kompetenzen**), 2. persönliche Haltungen und Eigenschaften, die für Arbeit und Beruf wichtig sind (**persönliche Kompetenzen**), 3. ein positives Sozialverhalten, z. B. die Fähigkeit zur Zusammenarbeit mit anderen Menschen (**soziale Kompetenzen**)

I. Fachliche Kompetenzen

Wirtschaftliche Zusammenhänge
Wer in das Berufsleben einsteigt, braucht ein Grundverständnis der freien (und sozialen) Marktwirtschaft. Hierzu gehört auch, die Rolle der wesentlichen Akteure im Rahmen unserer Wirtschaftsordnung (Unternehmen, Staat, Tarifparteien und private Haushalte) und das Prinzip der wirtschaftlichen, ökologischen und sozialen Nachhaltigkeit zu kennen. Erste Einblicke in die Realität eines Unternehmens vermitteln Schülerpraktika.

Die englische Sprache
Englisch ist Weltsprache. Grundkenntnisse helfen in vielen Situationen weiter – im Berufs- wie im Privatleben. Einfache Sachverhalte sollten daher auf Englisch verstanden und ausgedrückt werden können. Die Fähigkeit zu alltäglicher Konversation auf Englisch wird insbesondere in international tätigen Unternehmen erwartet.

Digitale Kompetenz
Informations- und Kommunikationstechnologien sind allgegenwärtig in der Lebens- und Arbeitswelt. Grund-

kenntnisse in der Nutzung von rechner- und internetgestützten Anwendungen sind unverzichtbar. Ebenso wichtig ist ein reflektierter und kritischer Umgang mit moderner Technik und Neuen Medien.

Politik und Kultur
Man sollte in Grundzügen vertraut sein mit den wichtigen Etappen der Geschichte Europas und der Welt, relevanten sozialen und politischen Konzepten wie Demokratie, Gerechtigkeit, Gleichberechtigung, Staatsbürgerschaft und Bürgerrechten, aber auch den großen Religionen und Weltanschauungen.

II. Persönliche Kompetenzen

Lern- und Leistungsbereitschaft
Die Arbeitswelt befindet sich im ständigen Wandel. Lern- und Leistungsbereitschaft sind Grundbedingungen für Erfolg in Ausbildung und Berufsleben, ebenso wie Interesse und Lust am Neuen. Dabei ist Lernen ein lebenslanger Prozess und erfordert von jedem auch die Fähigkeit, das Lernen selbst nach eigenen Ansprüchen zu organisieren.

Frustrationstoleranz und Belastbarkeit
Misserfolge gehören auch zu einem erfolgreichen Berufsleben. Mit Belastungen und Enttäuschungen umzugehen und diese auszuhalten will gelernt sein. Wichtig ist, gerade bei Misserfolgen, dass man trotzdem dranbleibt und lernt. […]

Qualitätsbewusstsein
Ein Bewusstsein für die Qualität der eigenen Arbeit ist Bedingung für Erfolg in Ausbildung und Beruf. Sorgfalt, Gewissenhaftigkeit und Konzentration sorgen für hochwertige Arbeitsergebnisse. […]

III. Soziale Kompetenzen

Teamfähigkeit und Zuverlässigkeit
Der Erfolg eines Unternehmens hängt immer auch von der Zusammenarbeit der Mitarbeiterinnen und Mitarbeiter ab. Die Unternehmensziele können erreicht werden, wenn jeder Einzelne dazu beiträgt, Informationen auszutauschen, Erfahrungen weiterzugeben und Verbesserungsvorschläge zu machen. Eine erfolgreiche Zusammenarbeit verlangt Vertrauen, das durch Zuverlässigkeit entsteht.

Konflikt und Kritikfähigkeit
Unterschiedliche Meinungen, Haltungen und Ansichten können zu Differenzen führen. Sie sollten jedoch sachlich und konstruktiv bewältigt werden. Das setzt Kommunikations- und Argumentationsvermögen ebenso voraus wie die Fähigkeit, mit Veränderungen und neuen Herausforderungen angemessen umgehen zu können. […]

Höflichkeit und Freundlichkeit
Umgangsformen, das heißt wertschätzender und aufmerksamer Umgang mit der Kundschaft, den Kolleginnen und Kollegen sowie den Geschäftspartnern, sind die persönliche Visitenkarte im Berufsleben. Wer freundlich ist, hat schneller und leichter Erfolg. Dies gilt für die Beziehungen des Unternehmens nach außen natürlich genauso wie für ein gutes Betriebsklima im Inneren.

Toleranz
Für ein offenes und angenehmes Miteinander von Menschen ist es wichtig, auch Meinungen und Ansichten gelten zu lassen, die von der eigenen Anschauung abweichen.

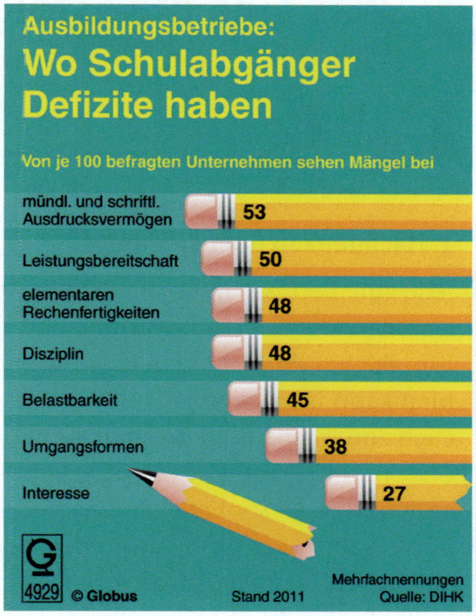

Andere Haltungen respektieren zu können, die dem demokratischen Wertesystem entstammen, ist für das Berufsleben in einer globalen Wirtschaft notwendig.

(Aus: IHK NRW: Was erwartet die Wirtschaft von Schulabgängern? (gekürzt), verfasst am 15.08.2011. Den vollständigen Text findet ihr im Internet unter www.startindenberuf.de, letzter Zugriff 20. November 2011)

1. Welche fachlichen, persönlichen und sozialen Kompetenzen werden erwartet? Sammelt und visualisiert sie in Form einer Mindmap oder einer Tabelle, sodass ihr diese beim Ergebnisvortrag benutzen könnt.
2. Welche der Anforderungen erscheinen euch als besonders wichtig und wertvoll, welche weniger?
3. Sind die Anforderungen der Wirtschaft an Auszubildende vernünftig und nachvollziehbar oder sind sie übertrieben und nur schwer nachvollziehbar? Verfasst zu dieser Frage eine Stellungnahme.

5 Was sind die Erfolgsstrategien im Bewerbungsverfahren?

START

1. Nachdenken über sich selbst

Jede gute Berufswegplanung beginnt mit dem Nachdenken über die eigenen Erwartungen, Interessen und Fähigkeiten. Man muss herausfinden, was man will, was man kann und was man noch lernen muss. Dabei helfen euch zunächst Internetrecherchen und viele kostenlose Broschüren. Fragt eure Eltern, Freunde und Lehrer, wo andere eure persönlichen Stärken und Schwächen sehen. Notiert alles, was ihr herausfindet. Versucht nun, gezielt an euren Schwächen zu arbeiten. Ist man z. B. schwach in der Rechtschreibung, sollte man öfter Texte abschreiben. Denkt daran, dass eure Zeugnisnoten ab jetzt große Bedeutung bei der Berufswegplanung haben werden.

2. Die richtige Vorauswahl treffen

Viele Jugendliche kennen nur 10 bis 20 Ausbildungsberufe. Es gibt aber mehr als 350, die infrage kommen. Allesamt werden sie in dem Taschenbuch „Beruf aktuell“ vorgestellt, das jährlich von der Bundesagentur für Arbeit herausgegeben wird. Wenn ihr dieses Buch, das ihr kostenlos erhalten könnt, nach und nach durcharbeitet, könnt ihr euren Informationsstand systematisch erweitern. Ihr könnt auch immer wieder das nächstgelegene Berufsinformationszentrum (BIZ) aufsuchen. Darüber hinaus gibt es unzählige weitere Informationsangebote in Broschüren, Büchern und im Internet. Studiert sie in eurer Freizeit. Erstellt eine Liste mit allen Ausbildungsberufen, die ihr kennt und die vielleicht für euch infrage kommen, und vervollständigt sie nach und nach.

ZIEL

8. Eine gute Präsentation im Einstellungsgespräch

Natürlich ist man aufgeregt, wenn man zu einem Einstellungsgespräch eingeladen wird. Das darf nicht dazu führen, dass man in gebeugter Körperhaltung zum Gespräch erscheint und kaum in vollständigen Sätzen spricht. Noch einmal gilt es, die Firmenvertreter davon zu überzeugen, dass man die richtige Bewerberin, der richtige Bewerber ist. Daher gilt: freundliche Begrüßung, fester Händedruck, deutliches Sprechen, in die Augen schauen. Fragen, auf die ihr in jedem Falle vorbereitet sein müsst, sind: „Warum haben Sie sich bei unserem Unternehmen beworben?“ Und: „Warum halten Sie die von uns angebotene Berufsausbildung für die richtige?“ Zeigt euch von eurer besten Seite! Als „Killer“ in Einstellungsgesprächen gelten: nachlässige Kleidung, ungepflegte Erscheinung, Kopfbedeckungen, schlechte Sprache und fehlendes Interesse.

7. Assessment-Verfahren meistern

Bei Bewerbungen in größeren Unternehmen müsst ihr mit einem Assessment-Testverfahren rechnen. Man wird euch beobachten, um herauszufinden, ob eure Persönlichkeit und eure Fähigkeiten zum Unternehmen passen. Wichtige Kriterien der Beobachtung können sein: Kommunikationsfähigkeit und soziales Verhalten, also euer Umgang mit anderen Menschen. Ist z. B. eine Gruppendiskussion gefordert, wird nicht der erfolgreich sein, der am meisten spricht, sondern eher der, der auch aktiv zuhören und seinen Mitdiskutierern in die Augen schauen kann. Bei einer Präsentation wird es darauf ankommen, sich angemessen vor Publikum darstellen zu können. Bemüht euch ab sofort verstärkt darum, aktiv in der Klasse mitzuarbeiten, teamfähig zu werden und die Regeln guten Benehmens einzuhalten. Nutzt jede Gelegenheit, vor Publikum das freie Sprechen zu üben.

3. Erfahrungen in Praktika sammeln

Schülerpraktika gehören zu den wertvollsten Möglichkeiten, die Anforderungen im Berufsleben und die eigenen Interessen kennenzulernen. Wahrscheinlich werdet ihr ein oder zwei Pflichtpraktika durchführen. Darüber hinaus erhöht ihr eure Kenntnisse und Chancen, wenn ihr in den Ferien das ein oder andere zusätzliche Praktikum freiwillig durchführt. Ihr zeigt damit, dass ihr die Arbeit sucht und nicht auf sie wartet. Bei späteren schriftlichen Bewerbungen könnt ihr die geleisteten Praktika in eurem Lebenslauf unter zusätzlichen Aktivitäten aufführen und so in jedem Fall eure Chancen verbessern.

4. Die schriftliche Bewerbung

Sie ist die erste ganz wichtige Hürde auf dem Weg zum Ausbildungsplatz. Mit der schriftlichen Bewerbung müsst ihr euch interessant für das Unternehmen machen. Ihr müsst dann zeigen, dass ihr genau die richtige Person für diesen Ausbildungsplatz seid. Was die Form betrifft, ist sie wie eine „Visitenkarte“. Sie muss sauber, vollständig und fehlerfrei sein. Das Anschreiben darf nie länger als eine Seite sein. Erfüllt die Bewerbung diese Anforderungen nicht, wird sie mit hoher Wahrscheinlichkeit direkt aussortiert. Es gibt zahlreiche Muster, an denen man sich orientieren kann. Achtet aber darauf, dass jede eurer Bewerbungen eine individuelle Note hat.

5. Der gute Telefonkontakt

Auch das richtige Telefonieren sollte geübt werden. Man nennt laut und deutlich seinen Namen und formuliert sein Anliegen. Man fällt nicht mit der Tür ins Haus, sondern bittet darum, mit der Person oder der Abteilung verbunden zu werden, der man sein Anliegen vortragen kann. Schon ein telefonischer Kontakt kann – je nach eurer Präsentation – die Erfolgsaussichten steigern oder schmälern.

6. Der gut vorbereitete Einstellungstest

Die meisten Unternehmen führen schriftliche Einstellungstests durch, mit deren Hilfe sie eine Vorauswahl unter den Bewerberinnen und Bewerbern treffen. Die Tests dauern zwischen zwei und zweieinhalb Stunden. Getestet wird das Allgemein- und Schulwissen aller Fächer. Außerdem kommt es auf eure Konzentrationsfähigkeit, eure Belastbarkeit, Entscheidungsfreude und anderes mehr an. Man kann sich gut auf diese Tests vorbereiten. Das Angebot an Büchern, die Einstellungstests enthalten, ist groß. Damit könnt ihr üben. Wer Routine im Umgang mit Tests hat, wird in der Situation vergleichsweise ruhig arbeiten können. Beginnt mindestens drei Monate vor dem Test damit, regelmäßig Nachrichtensendungen anzuschauen und täglich die Zeitung zu lesen.

1. Strategien sind Wege zum Erfolg. Erstellt mithilfe der acht Stationen eine Liste mit konkreten Ratschlägen für den gesamten Prozess der Suche nach einem Ausbildungsplatz.
2. Ihr könnt ab sofort eine Art Tagebuch über eure Aktivitäten in eure Berufswahlmappe aufnehmen. Listet darin die Monate auf und notiert: Was habe ich bisher unternommen? Was habe ich bereits erreicht? Was habe ich als Nächstes vor?

Wie macht ihr euch fit für den Einstellungstest?

Auf dieser Doppelseite könnt ihr sehen, wie wichtig Grundlagenwissen über den Staat, die Politik, das Recht und die Wirtschaft ist, wenn man sich um einen Ausbildungsplatz bewirbt und zu einem schriftlichen Einstellungstest eingeladen wird. Viele Unternehmen erwarten heute von ihren Mitarbeitern, dass sie über eine gute Allgemeinbildung verfügen. Keine Angst: Es ist ganz normal, dass ihr zum jetzigen Zeitpunkt nur einen geringen Teil der Fragen beantworten könnt, die in Eignungstests gestellt werden. Ihr solltet aber von jetzt an darauf achten, dass ihr euer Wissen erweitert.

A Wozu gibt es Einstellungstests?

Dazu lesen wir in einem Testtrainer:

Wenn Sie sich um einen attraktiven Ausbildungsplatz bewerben, können Sie heute damit rechnen, mit einem Einstellungstest konfrontiert zu werden. Mit Leistungstests will man bestimmte Kenntnisse und Fähigkeiten prüfen. Man will sehen, wie geschickt, belastbar, stressempfindlich, konzentrationsfähig Sie sind und wie Sie Ihre Intelligenz einsetzen. Daneben will man mit Tests zur Allgemeinbildung aber auch Ihr Schulwissen in Fächern wie Deutsch, Mathematik, Chemie und Physik einschätzen, denn hier gibt es Kenntnisse, die Sie für Ihren späteren Beruf benötigen. In zahlreichen Firmen wünscht man sich aufgeschlossene Mitarbeiter, die in allgemeinen Gesprächen über aktuelle Themen mit Kunden, Lieferanten, Kollegen und Vorgesetzten mitreden können. Keine sachliche Diskussion kann ohne notwendiges Grundwissen geführt werden. Daher werden Grundlagen aus den Bereichen Wirtschaft, Politik, Geografie, Geschichte und Kultur abgefragt, um zu beurteilen, ob Sie das Geschehen mit Interesse verfolgen.

(Aus: Joachim Keil: Testtrainer für Ausbildungsplatzsuchende, Wilhelm Goldmann Verlag, München 2003, S. 9f.)

B Übung verbessert die Chancen

Mit dem folgenden Text bereitet Deutschlands größte Krankenkasse die Bewerber auf die Testsituation vor:
Wer zu einem Eignungstest eingeladen ist, muss nichts dem Zufall überlassen. Denn mit der richtigen Vorbereitung kann jeder ganz beruhigt den Testtermin auf sich zukommen lassen. Die Firmen stellen zwar in der Regel nicht dieselben Fragen, aber wenn Sie ein paar Tests mitgemacht haben, werden Sie feststellen, dass die Grundstruktur der meisten Tests und Testaufgaben sehr ähnlich ist! […] Um diese Tests kommen die wenigsten Bewerber herum, da ist es umso wichtiger, sich richtig darauf vorzubereiten. […] So wie jeder Sportler vor einem großen Wettkampf trainiert, sollten Sie sich für das „Spiel" um ihre Zukunft umfassend vorbereiten. Hat man erst einmal die Struktur dieser Tests verstanden und sich mit den verschiedenen Testarten vertraut gemacht, fallen viele Aufgaben leichter und können souverän gelöst werden. Denn die ersten Testerfahrungen sollte man besser nicht bei der Bewerbung um den Traumausbildungsplatz machen.

(Aus: Testtraining, hrsg. von der Barmer Ersatzkasse Wuppertal, Abteilung Kommunikation und Vertrieb, ohne Seitenangaben und Jahrgang)

Los geht's – Übung macht den Meister
Die folgenden Fragen wurden aktuellen Tests entnommen. Vielleicht wisst ihr ja schon einiges. Und was ihr noch nicht wisst, könnt ihr noch lernen. Am Ende des neunten Schuljahres solltet ihr fit sein. Fit sein heißt nicht, dass man alle Fragen beantworten kann, aber auch nicht, dass man ständig passen muss.

Das Angebot an Testliteratur ist reichhaltig.

Tipp: Vereinbart eine Zeit, die euch zur Beantwortung der folgenden Fragen zur Verfügung steht. So ist es auch in der echten Testsituation:

A Was versteht man unter dem Begriff Demokratie?
a) Rätesystem
b) Volksabstimmung
c) Volksherrschaft
d) Diskussionen

B Wann wurde die Bundesrepublik Deutschland gegründet?
a) 1939
b) 1945
c) 1949
d) 1990
e) 1948

C Wo hat das Bundesverfassungsgericht seinen Sitz?
a) in Kassel
b) in Bonn
c) in Berlin
d) in Karlsruhe

D Was heißt „Plenum"?
a) Vollversammlung der Abgeordneten (im Parlament)
b) Basisdemokratie
c) Volksabstimmung
d) anderes Wort für Plebiszit

E Welche Form der Demokratie haben wir in der Bundesrepublik Deutschland?
a) eine direkte Demokratie
b) eine formale Demokratie
c) eine repräsentative Demokratie
d) eine offene Demokratie

F Wie heißen die Vergütungen der Abgeordneten?
a) Pensionen
b) Saläre
c) Tantiemen
d) Diäten
e) Dividenden

G Wie viele Stimmen hat man bei der Bundestagswahl?
a) eine
b) zwei
c) drei
d) vier

H Welche der folgenden Institutionen ist die höchste gerichtliche Instanz in Deutschland?
a) das Bundesaufsichtsamt
b) das Bundesarbeitsgericht
c) das Bundespräsidialgericht
d) das Bundesverfassungsgericht

I Von wem wird der Bundeskanzler gewählt?
a) vom Volk direkt
b) von den Bundesratsmitgliedern
c) von der Bundesversammlung
d) vom Bundestag

Die Fragen wurden entnommen aus: Joachim Keil, Testtrainer für Ausbildungsplatzsuchende, Wilhelm Goldmann Verlag, München 2003, S. 81 ff.

Mit den folgenden Fragen testete eine Bank das Allgemeinwissen der Bewerber:

Staat/Politik, Wirtschaft, Geschichte und Erdkunde

1. Welche Regierungsform hat die Bundesrepublik Deutschland?
2. Wer ernennt in der Bundesrepublik Deutschland die Bundesminister?
3. Wer wählt in der Bundesrepublik Deutschland den Bundespräsidenten?
4. Wo hat das europäische Parlament seinen Sitz?
5. Wo haben die Vereinten Nationen (UNO) ihren Sitz?
6. Wer wählt in den Vereinigten Staaten von Amerika (USA) den Präsidenten?
7. Wie nennt man den Preis für ver- und entliehenes Geld?
8. Was ist eine „Inflation"?
9. Was versteht man unter „Hausse"?
10. In welchem Jahr war die Machtergreifung Hitlers?
11. Wann begann und wann endete der Zweite Weltkrieg?
12. In welchem Jahr begann die Französische Revolution?
13. Welches Meer liegt zwischen Europa und Afrika?
14. In welches Meer mündet die Donau?

6 Ist die Unterscheidung zwischen Frauen- und Männerberufen noch zeitgemäß?

Früher war es üblich, dass sich die Mädchen bei der Berufswahl in niedriger entlohnten Berufen wiederfanden. Frau wurde Arzthelferin, Mann wurde Arzt; Frau wurde Rechtsanwaltsgehilfin, Mann wurde Rechtsanwalt. Technische Berufe wurden von Männern gewählt, Frauen entschieden sich für soziale Tätigkeiten. Gleichzeitig nahmen die Mädchen damit geringere Verdienstmöglichkeiten und geringere Karrierechancen in Kauf. Mehr und mehr entdecken junge Frauen (und Männer), dass es sich lohnt, über die klassische Aufteilung von Männer- und Frauenberufen nachzudenken.

Mädchen beim Girls' Day: „Kein Grund, sich nicht zu trauen."

A Das Beispiel: Annika wird Industriemechanikerin

Annika hat, nachdem sie die Realschule abgeschlossen hat, 2007 mit 16 Jahren eine Ausbildung zur Industriemechanikerin, Fachrichtung Betriebstechnik, begonnen. Ihren Ausbildungsbetrieb, Stadtwerke Gütersloh, hat sie schon ein Jahr zuvor am Girls' Day kennengelernt und konnte sich so im Voraus über die Tätigkeiten im Beruf informieren.

Hier ein Ausschnitt aus einem Interview mit Annika:

Wo warst du am Girls' Day?
Meinen Girls' Day habe ich bei den Stadtwerken Gütersloh in der Zentralwerkstatt verbracht. [...]
Haben sich für den besuchten Betrieb viele Mädchen interessiert, waren viele da?
Wir waren drei Mädchen in der Zentralwerkstatt und insgesamt waren fünf oder sechs Mädchen da. Ich habe mir dieses Angebot ausgesucht, weil ich mir noch nicht ganz sicher war, ob ich wirklich einen technischen Beruf lernen soll oder nicht. [...] Es gibt keinen Grund, sich nicht zu trauen. Es ist doch nur für einen Tag. [...]
Was hat dich auf die Idee gebracht, dich für die Ausbildung zu entscheiden?
Ich habe mich für diese Ausbildung entschieden, weil ich ein Praktikum im Büro absolviert habe, und das hat mir gar nicht gefallen. Ich habe mich im Internet über verschiedene Berufe schlaugemacht und anhand der Berufsbeschreibung habe ich mich für den Beruf Industriemechanikerin entschieden.
Was hat dich am Bereich Technik bzw. Naturwissenschaften interessiert?
Am Bereich Technik interessiert mich, wie man mit seinen eigenen Händen Werkstücke bearbeiten, verarbeiten und verändern kann. Außerdem macht es mir Spaß, an Maschinen zu arbeiten.
Hast du Unterstützung von anderen bei deiner Wahl erfahren? Gab es kritische Stimmen?
Unterstützung habe ich von meinen Eltern bekommen. Sie haben verstanden, warum ich mich für das Handwerk entschieden habe, und stehen zu meiner Entscheidung. Kritische Stimmen kamen von einigen Klassenkameraden, aber davon habe ich mich nicht wirklich beeindrucken lassen, weil es meine Entscheidung ist.

(Aus: www.girlsday.de, letzter Zugriff 22.08.2011)

B Der Trend: Mädchen erobern Männerberufe

In der Schule haben sie die Nase vorn, glänzen durch gute Noten, Fantasie und Kreativität. Doch wenn es darum geht, sich für eine Ausbildung zu entscheiden, setzen Mädchen auf Bewährtes, meint Giesela Kretzer, die

Beauftragte für Chancengleichheit bei der Arbeitsagentur für den Kreis Neuwied. „Und verbauen sich damit nicht selten die Chance auf berufliche Anerkennung und Erfolg. Denn gerade in den technischen Berufen bieten sich hervorragende Aussichten. Doch diese zukunftsträchtigen Jobs sind nach wie vor fest in Männerhand.“ Allerdings sei diese einseitige Fixierung der Mädchen auf Berufe wie Friseurin, Verkäuferin oder Arzthelferin nicht genetisch programmiert, ist Kretzer sicher, sondern beruhe auf Vorurteilen, Klischees und einem überholten Rollenbild. „Mädchen trauen sich noch immer zu wenig zu, glauben, dass sie etwas nicht können, bevor sie es überhaupt ausprobiert haben. Und sie können sich unter Berufen wie Zerspannungsmechaniker, Maschinenführer oder Mechatroniker einfach nichts vorstellen. […]“

Dieser Form von Unwissenheit hat der Girls' Day, für den die Mädchen vom Unterricht freigestellt werden können, den Kampf angesagt. Um den Blick hinter die Kulissen der beruflichen „Männerwelt“ möglichst plastisch gestalten zu können, bekommen die Organisatorinnen auch diesmal wieder viel Unterstützung von Betrieben und Institutionen der Region. So machen Bundeswehr, Feuerwehr und Rettungssanitäter deutlich, dass sie heutzutage auch für junge Frauen interessant sind. Ob

- Tischlerin,
- Metallbauerin,
- Kfz-Mechatronikerin,
- Maler- und Lackiererin,
- Dachdeckerin,
- Baustoffprüferin,
- Chemielaborantin,
- Fachinformatikerin,
- Fotografin,
- Mediengestalterin,
- Grafikdesignerin,
- Physiotherapeutin,
- Sanitäterin,
- Kraftfahrerin –

sie alle zeigen sehr anschaulich, dass die Aufteilung in Männer- und Frauenberufe zumindest zweifelhaft ist.

(Nach: Veranstaltung rund um die Arbeitsagentur in Neuwied zeigt Schülerinnen ungewöhnliche Zukunftsperspektiven auf, Pressemitteilung vom 22.02.2011 unter www.arbeitsagentur.de, letzter Zugriff 12.01.2012)

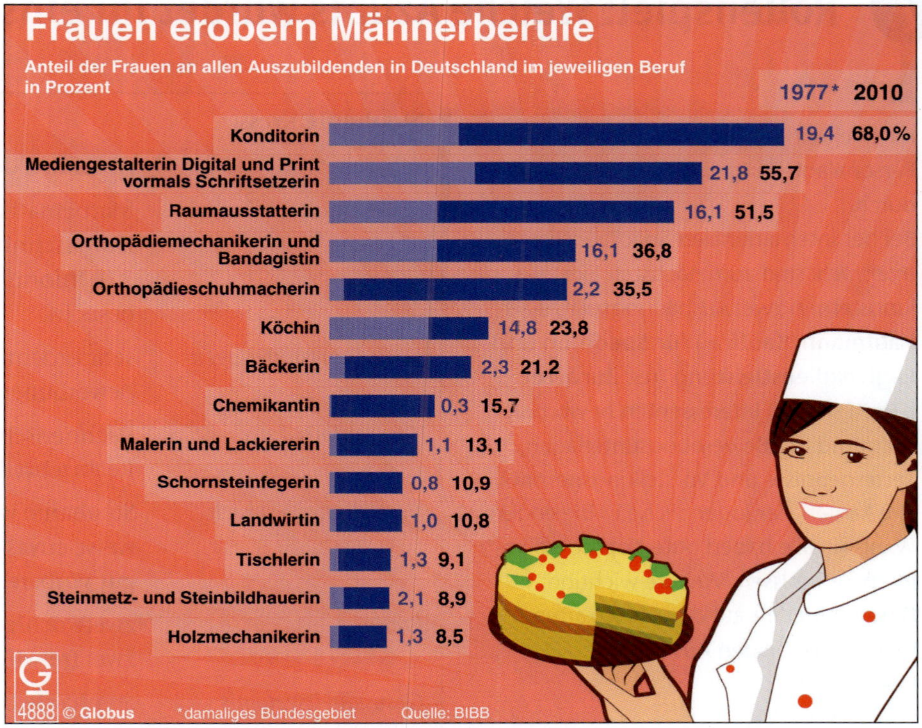

1. Beim Berufswunsch wurde Annika von ihren Eltern unterstützt. Doch von Klassenkameraden kamen kritische Stimmen. Was rätst du einem Mädchen, das Industriemechanikerin werden will?

2. Im Text und im Schaubild auf dieser Seite werden eine Reihe von Ausbildungsberufen genannt. Findest du darunter einen, zwei oder drei, die für dich infrage kommen? Notiere sie. Stellt euch eure Auswahl gegenseitig vor.

3. „Männerberufe – Frauenberufe: Ist es Zeit zum Umdenken?“ Schreibt dazu eure persönliche Stellungnahme. Lest sie euch vor und tauscht eure Argumente aus.

Weitere Informationen zum Thema Mädchen in Männerberufen findet ihr zum Beispiel unter: www.girls-day.de oder www.junge-frauen-starten-durch.de

7 Rollenspiel: Welche Azubis würdet ihr einstellen?

Ihr spielt ein Auswahlverfahren in der Personalabteilung eines Unternehmens durch.
Bei der internationalen Speditionsfirma *Interfracht* sind zum nächsten Einstellungstermin zwei Ausbildungsplätze als **Kaufmann/Kauffrau für Spedition und Logistikdienstleistung** frei. Zunächst hatten sich 18 Interessenten beworben. Aufgrund der Bewerbungsunterlagen, Testergebnisse und Vorstellungsgespräche kamen vier Jugendliche in die engere Wahl. Sie alle haben gute Kopfnoten in ihren Zeugnissen. Weitere wichtige Daten findet ihr auf den Karteikarten. Wer soll die beiden Ausbildungsplätze bekommen?

Das wird von einem Kaufmann/von einer Kauffrau für Spedition und Logistikdienstleistung erwartet:
Sie organisieren den Transport von Waren per Lastwagen, Eisenbahn, Schiff, Flugzeug und per Container weltweit. Sie steuern und überwachen das Zusammenwirken der Personen und Einrichtungen, die an einem Transport von Gütern beteiligt sind. Sie erarbeiten Terminpläne und betreuen Kunden. Freundlichkeit und gutes Verhandlungsgeschick sind unverzichtbar. Sie arbeiten Angebote aus, bereiten Verträge vor und kümmern sich um den Versicherungsschutz. Sie kalkulieren Preise und beschaffen Informationen. Sie korrespondieren mit ausländischen Geschäftspartnern. Sie bearbeiten englischsprachige Dokumente, z. B. über Zölle und internationale Handelsbedingungen. Sie erledigen Verwaltungs- und Schreibarbeit. Sie müssen unter Termindruck konzentriert arbeiten können, sehr gewissenhaft sein, immer die Übersicht behalten (weitere Angaben in „Beruf aktuell“).

Stephanie Kress

Schulabschluss	Abschluss der Hauptschule
Zeugnisnoten	Mathematik 2; Deutsch 1; Englisch 2 Durchschnittsnote der anderen Fächer: 2,0; Informatik-AG wurde mit Erfolg besucht.
Bewerbungsunterlagen	sehr ordentlich und übersichtlich; gut aufgebautes Bewerbungsschreiben
Testergebnis	Rechnerisches Denken 2; Allgemeinbildung 2; Rechtschreibung 1,8; Konzentrationstest 1,8
Vorstellungsgespräch	Stephanie war ziemlich zurückhaltend und phasenweise etwas unsicher, ansonsten aber freundlich und gut vorbereitet
Praktika	zweiwöchiges Praktikum in einer Spedition und zwei freiwillige Praktika in den Schulferien
Gesundheitszeugnis	Stephanie ist für alle Berufe geeignet.

Cedric Flesch

Schulabschluss	Abschluss der Realschule
Zeugnisnoten	Mathematik 2; Deutsch 2; Englisch 2 Durchschnittsnote der anderen Fächer: 2,5; Informatik-AG wurde nicht besucht.
Bewerbungsunterlagen	sehr schöne formale Gestaltung (hat Cedric das alleine gemacht?), mehrere Rechtschreibfehler
Testergebnis	Rechnerisches Denken 2,5; Allgemeinbildung 2; Rechtschreibung 3; Konzentrationstest 2
Vorstellungsgespräch	Cedric zeigt sich aufgeschlossen und redegewandt; stellt gute Fragen; wirkt teilweise schon übereifrig.
Praktika	zweiwöchiges Praktikum in einem kaufmännischen Betrieb
Gesundheitszeugnis	sportlich, für alle Berufe geeignet

Die Methode für dieses Lernspiel ist ein Gruppenmixverfahren. Dabei werden innerhalb einer Unterrichtsstunde die Arbeitsgruppen zweimal neu gebildet. So solltet ihr vorgehen:

Kerstin Markowitz

Schulabschluss	Abitur
Zeugnisnoten	Mathematik 4; Deutsch 3; Englisch 2 Durchschnittsnote der anderen Fächer: 2,6; Informatik-AG wurde nicht besucht.
Bewerbungsunterlagen	sehr ordentlich, Anschreiben etwas zu ausführlich
Testergebnis	Rechnerisches Denken 2; Allgemeinbildung 2,5; Rechtschreibung 2; Konzentrationstest 1,8
Vorstellungsgespräch	Kerstin hinterließ einen ausgezeichneten Eindruck, selbstsicher, flexibel, redegewandt und sehr interessiert.
Praktika	kein Berufspraktikum Kerstin leitet eine Jugendgruppe in einer kirchlichen Organisation.
Gesundheitszeugnis	für alle Berufe geeignet

Georg Karschuba

Schulabschluss	Abschluss der Realschule
Zeugnisnoten	Mathematik 1; Deutsch 3; Englisch 2 Durchschnittsnote der anderen Fächer: 2,3; Informatik-AG wurde mit Erfolg besucht.
Bewerbungsunterlagen	Das Bewerbungsschreiben ist inhaltlich gut, aber das Passfoto fehlt.
Testergebnis	Rechnerisches Denken 1,2; Allgemeinbildung 3; Rechtschreibung 2,5; Konzentrationstest 1,5
Vorstellungsgespräch	Georg zeigte sich gut vorbereitet, war interessiert; drückt sich aber undeutlich aus und „nuschelt“.
Praktika	zweiwöchiges Praktikum in einem Autohaus
Gesundheitszeugnis	Kurzsichtigkeit, Georg trägt Kontaktlinsen

1. Jeder trifft seine Vorentscheidung

Vergleicht die Anforderungen an Speditionskaufleute mit dem, was die Jugendlichen zu bieten haben. Trefft eure persönliche Vorentscheidung und begründet, für welche Bewerberin oder für welchen Bewerber ihr euch entscheidet.

2. Beratung in der ersten Arbeitsgruppe

Bildet Gruppen, wobei jede Gruppe die Mitarbeiterinnen und Mitarbeiter einer Abteilung der Firma Interfracht darstellt. Diskutiert eure Bewerberauswahl und trefft nach einer vereinbarten Zeit die Gruppenentscheidung nach dem Mehrheitsprinzip und begründet sie. Jedes Gruppenmitglied erhält nun einen farbigen Punkt (oder eine Zahl).

3. Beratung in der zweiten Arbeitsgruppe

Gruppenmitglieder mit dem gleichen farbigen Punkt (oder mit gleicher Zahl) setzen sich nun in neuen Gruppen zusammen. Sie bilden jetzt die nächsthöhere Ebene in der Personalabteilung des Unternehmens und treffen endgültig die Entscheidung. Zunächst stellt jeder Teilnehmer vor, für wen sich die erste Gruppe entschieden hat. Dann wird neu diskutiert.

4. Entscheidung

Sprecherin und Sprecher aus den zweiten Arbeitsgruppen stellen ihre Mehrheitsentscheidung vor. Eingestellt werden die Bewerberin und/oder der Bewerber, der/die die meisten Gruppenentscheidungen der Zweitgruppen erhalten hat/haben.

Kompetenzstationen

Auf dem Weg zur Berufswahl

Station 1 – Worauf kommt es in einem Betriebspraktikum an?

S M U H

Suche 5 Begriffe aus der Liste aus und verwende sie als Schlüsselwörter für deinen Text über die Bedeutung des Betriebspraktikums.

P Praxis erfahren, Persönlichkeitsentwicklung
R reinschnuppern, raus aus der Schule
A Arbeitswelt, Ausdauer
K Kompetenzentwicklung
T Teamfähigkeit Telefonkontakt
I Interesse, Innenansicht von Betrieben
K Kritikfähigkeit
U Umdenken, untersuchen
M Mitmachen, Mut machen

Station 2 – Schule und was dann? 3 + 3 + 3

S M U H

Übernimm die folgende Übersicht in deine Arbeitsmappe und vervollständige sie.

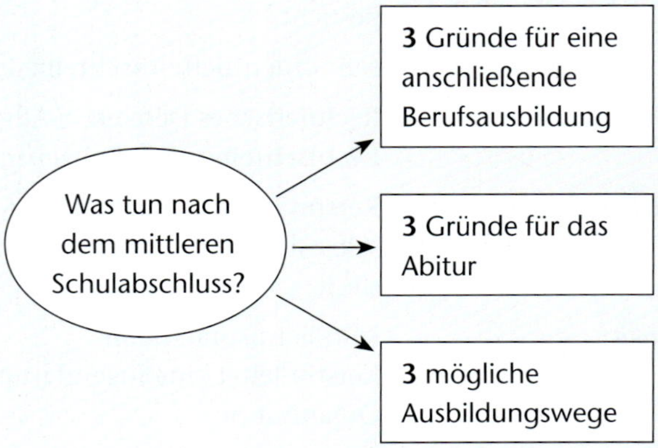

Station 3 – Wie können wir uns sinnvoll orientieren?

S M U H

Interview verkehrt!
Stelle dir vor, du arbeitest als Berufsberaterin oder als Berufsberater beim Arbeitsamt und wirst von Schülern besucht und interviewt. Wie fallen deine Antworten aus:

- Können Sie uns zwei Möglichkeiten nennen, wie die Arbeitsagentur bei der Suche nach einem Ausbildungsplatz helfen kann?
- Was sollen Schülerinnen und Schüler als Erstes tun, wenn sie anfangen, über ihren Berufswunsch nachzudenken?
- Halten Sie freiwillige Ferienpraktika für sinnvoll oder nicht?

Station 4 – Erwartungen an die Schulabgänger

S M U H

Jens möchte sich demnächst um einen Ausbildungsplatz bewerben. Was die Erwartungen von Ausbildungsbetrieben an die Qualifikationen von Azubis angeht, da hat Jens so seine ganz eigenen Vorstellungen. Überlege dir, wie du ihn überzeugen kannst, dass seine Denkweise falsch ist.

1. „Englisch muss man können, wenn man in England arbeiten will. Ich will hier bleiben und hier arbeiten, da braucht man keine Fremdsprachenkenntnisse im Berufsleben."	Wie überzeugst du Jens vom Gegenteil **?**
1. „Locker bleiben bei der Arbeit, das ist heutzutage besonders wichtig. Die Betriebe wollen mittlerweile coole junge Leute haben. Da kann man auch mal einen Tag fehlen oder zu spät kommen."	**?**

Station 5 Erfolgswege im Bewerbungsverfahren

S M U H

Du in der Rolle eines Berufsberaters
Stell dir vor: Du bist als Berufsberater in deine Schule eingeladen. In einem Vortrag mithilfe eines Stichwortzettels sollst du deinen Mitschülerinnen und Mitschülern Ratschläge für eine clevere Berufswegplanung geben. Auf deinem Stichwortzettel stehen die Punkte A bis E. Überlege dir zu jedem der Punkte mindestens zwei gute Ratschläge und fertige deine Notizen als Grundlage für einen mündlichen Vortrag vor der Klasse an.

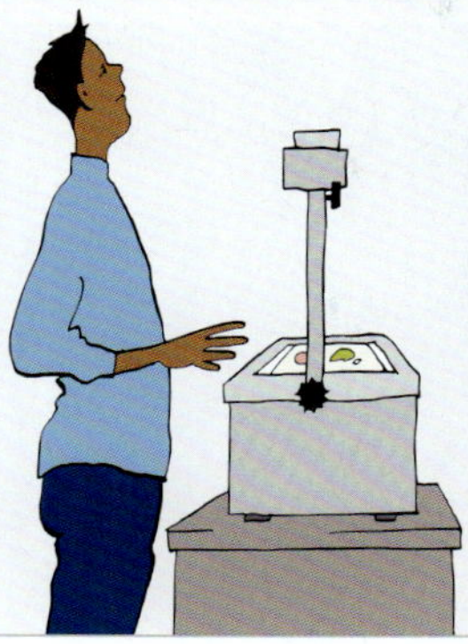

Vortrag Erfolgsstrategien

Tipps für
A: ein erfolgreiches Praktikum
B: die gute schriftliche Bewerbung
C: gutes Telefonieren
D: gute Testvorbereitung
E: gutes Verhalten im Vorstellungsgespräch

Station 6 Frauenberufe – Männerberufe

S M U H

Beschreibe: Wie ist die Rolle der Frau und die Rolle des Mannes in dieser Karikatur dargestellt?
Analysiere: Welches Problem der Berufswahl von Mädchen und Jungen wird hier deutlich?
Bewerte: Soll im Berufswahlverhalten von Mädchen und Jungen alles so bleiben, wie es ist, oder soll sich etwas ändern?

Station 7 Rollentausch: Welchen Azubi würdest du einstellen?

S M U H

Bei der Speditionsfirma *Interfracht*, bei der du Personalchef bist, ist eine weitere Bewerbung um einen Ausbildungsplatz zum Kaufmann/Kauffrau für Spedition- und Logistikdienstleistung eingegangen.
Notiere: Welche Informationen in den Bewerbungsunterlagen sprechen für eine Einstellung von Vincenzo? Welche eher dagegen?

Vincenzo Satchera, Realschulabschluss

Zeugnis: Leistungsbereitschaft 3; Zuverlässigkeit/Sorgfalt 3; Sozialverhalten 1; Mathematik 4; Deutsch 4; Englisch 2; Politik u. Wirtschaft 2; Durchschnittsnote der übrigen Fächer 2,4.
Regelmäßiger Besuch der Informatik-AG; Fehltage: 12 Tage entschuldigt
Bewerbungsunterlagen: ordentlich, aber mehrere Rechtschreibfehler
Testergebnis: Rechnerisches Denken 3,4; Allgemeinbildung 1,5; Rechtschreibung 4, Konzentrationstest 1,5
Vorstellungsgespräch: Vincenzo hatte sich mithilfe des Internets gut über die Firma informiert; kam im Freizeitlook.
Praktika: Zusätzlich zum Schulpraktikum wurden zwei weitere freiwillige Praktika in den Ferien absolviert.
Gesundheitszeugnis: sportlich, für alle Berufe geeignet

3 Demokratie in der Bundesrepublik Deutschland

Vor dem Reichstagsgebäude in Berlin protestieren mehrere Tausend Menschen gegen ein im Bundestag eingebrachtes Gesetz, das die Speicherung personenbezogener Daten vorsieht, während gleichzeitig im Parlament die gewählten Abgeordneten über dieses Gesetz beraten.

Wie kann das Miteinander in einem parlamentarischen System funktionieren?

1. Allein nachdenken

Welche Mitwirkungsmöglichkeiten in der Politik fallen dir spontan ein?

2. Zu zweit beraten

Welche Möglichkeiten der Einflussnahme auf die Politik haltet ihr für besonders wichtig?

3. In der Klasse sammeln

Wie kann man Jugendliche dazu anregen, sich aktiv am politischen Geschehen zu beteiligen?

Bei der Arbeit an diesem Kapitel könnt ihr …

- untersuchen, was Menschen unternehmen, um ihre politischen Interessen zu vertreten,
- darüber diskutieren, ob Volksabstimmungen die Demokratie bereichern können,
- das Wahlrecht zum Deutschen Bundestag darstellen,
- am Beispiel des Graffiti-Problems erklären, wie ein Bundesgesetz entsteht und wie es auf die Wirklichkeit einwirkt,
- euren Mitschülern die Aufgaben wichtiger Verfassungsorgane erläutern,
- darstellen, wie staatliche Macht kontrolliert werden kann.

Eigene Schwerpunkte könnt ihr setzen, indem ihr …

- Mitschüler darüber befragt, wie sie über Parteien und Politiker denken,
- mit dem Wahl-O-Mat im Internet eure eigenen Vorstellungen von Politik mit denen unterschiedlicher Parteien vergleicht,
- über das Wahlrecht ab 16 miteinander diskutiert.

1 Wie viel Bürgerbeteiligung braucht die Demokratie?

Zur Veranschaulichung von politischer Mitwirkung werden hier drei Beispiele vorgestellt. Zur Bearbeitung könnt ihr Dreiergruppen bilden und die Beispiele A, B und C aufteilen.
Zur Klärung der Begriffe Bürgerinitiative, Bürgerbegehren und Bürgerentscheid könnt ihr auch das Glossar in diesem Buch heranziehen.

Beispiel A
Draganas Engagement im Kinder- und Jugendrat

Die Mitarbeit in einem Kinder- und Jugendrat ist für viele junge Leute ein Einstieg zur aktiven Beteiligung in der Politik. Ein Beispiel dafür ist Dragana Gavric, die über mehrere Jahre hinweg erste Vorsitzende im Kinder- und Jugendparlament der Stadt Offenbach war. Zum Zeitpunkt unseres Interviews ist sie 15 Jahre alt.

Mithilfe der Suchbegriffe „Kinder- und Jugendparlament Offenburg" findet ihr weitere Informationen.

Team: Was sind die Gründe, warum du dich für die Mitarbeit im Kinder- und Jugendparlament entschieden hast?
Dragana: Dafür gibt es natürlich mehrere Gründe. Zum einen ist es meiner Meinung nach sehr wichtig, die Jugend in die Politik mit einzubeziehen. Die Zukunft liegt in unseren Händen, also kann es sicherlich nicht schaden, Initiative zu ergreifen und etwas für den Bezug der Kinder und Jugendlichen zur Politik und vor allem für die Stadtpolitik zu tun. Oft fühlt sich die Jugend nicht ernst genommen und ohne das KJP wäre es meiner Meinung nach auch relativ schwer, wenn nicht sogar unrealistisch, etwas Positives in der Stadt zu bewirken. Zum anderen interessiere ich mich sehr für Politik und meine, dass man zu gar nichts käme, wenn es nicht Einzelne gäbe, die aktiv mithelfen, etwas zu verändern.
Team: Was hat dein politisches Engagement bisher für dich persönlich gebracht?
Dragana: Viel hat es gebracht – definitiv. Und ich denke, ich sage das nicht nur für mich, sondern auch für die anderen Mitglieder, jedenfalls für die große Mehrheit. Ich habe gelernt, dass nichts passiert, wenn man keine Initiative ergreift und sich nicht für andere einsetzt. Etwas verändern kann man nur, wenn man es in die Hände nimmt. Vor allem habe ich gelernt, auch Unstimmigkeiten mit einer diplomatischen Diskussion zu beheben. Alles geht, man muss es nur wollen und etwas dafür tun.
Team: Was würdest du Kindern und Jugendlichen raten, die mit dem Gedanken spielen, für ein Kinder- und Jugendparlament zu kandidieren?
Dragana: Trau dich! Man kann nichts verlieren und wenn du nicht gewählt wirst, kannst du trotzdem aktiv mitarbeiten. Du kannst die Sitzungen besuchen und deine Meinung abgeben. Gehe mit Freunden zusammen zu den ersten Treffen und nach den ersten zwei oder drei Treffen brauchst du die Freundin oder den Freund nicht mehr. Selbst wenn du nicht stimmberechtigt bist, kannst du wenigstens gehört werden und wenn du argumentativ deine Meinung einbringen kannst, kann es auch von großem Vorteil sein. Du lernst Leute kennen und kannst beispielsweise an einem Rhetorikseminar teilnehmen. Das ist sehr gut für deine Zukunft! Und alles, was für die Zukunft gut ist, kann jetzt nicht schlecht sein.

1. Fasse zusammen, wie Dragana über Mitarbeit im KJP denkt. Stichworte: Gründe, Erfahrungen, Ratschläge für andere. Das geht alleine.

Darüber könnt ihr in der Gruppe sprechen:

2. Wer sich so wie Dragana politisch engagiert, überlegt vielleicht, ob sich der Aufwand lohnt oder nicht, ob man dadurch etwas erreicht oder nicht und ob das die Demokratie bereichert oder einschränkt. Wie bewertet ihr unter diesen Aspekten die Mitarbeit in einem Kinder- und Jugendparlament?

Beispiel B
Bürgerinitiative kontra Hühnerfarm

Gegen die Inbetriebnahme einer zweiten Bio-Massentierhaltungsanlage im Landschaftsschutzgebiet Fettenberg-Deilbachtal wehrt sich eine Bürgerinitiative im Bergischen Land bei Wuppertal. Der Grund: Eine der größten Bio-Eier-Erzeugerfirmen Deutschlands betreibt in diesem Gebiet bereits eine Hühnerfarm mit 24000 Legehennen. 2008 stellte das Unternehmen einen Antrag zur Einrichtung einer zweiten Farm mit ebenfalls vorgesehenen 24000 Hennen. Nach Überzeugung der Bürgerinitiative würde diese zweite Anlage die Umwelt in unerträglicher Weise belasten. Auch gebe es in den Anlagen der Betreiberfirma keine artgerechte Tierhaltung. Vielmehr täusche sie den Verbraucher mit dem Etikett „Bio-Eier", weil sie nur ein Viertel der Auflagen erfülle, die eine artgerechte und umweltschonende Eierproduktion verlangt. Schon nach kurzer Zeit konnte die Bürgerinitiative einen Teilerfolg vermelden. Die Firma zog den ursprünglichen Plan zurück und wollte sich nun für eine kleinere Anlage entscheiden. Die Stadt Wuppertal entschied, dass eine weitere Anlage nur genehmigt werden könne, wenn eine Umweltverträglichkeitsprüfung erfolgt sei. Nach Überzeugung der Bürgerinitiative müsste eine Umweltverträglichkeitsprüfung zu dem Ergebnis kommen, dass eine zweite Anlage auf keinen Fall mit dem Umweltschutz vereinbar sein würde. Die Zweitanlage zu verhindern und den Betreiber dazu zu zwingen, in der Erstanlage die Hühner artgerecht zu halten, sind die zentralen Ziele der Bürgerinitiative aus Deilbach.

BÜRGERINITIATIVE
Landschaftsschutzgebiet Fettenberg-Deilbachtal

Wir sind dagegen

Wir protestieren gegen eine Zersiedlung unseres schönen bergischen Naherholungsgebietes. [...]
Die Geruchsentwicklung, der Gestank, ist extrem und viele Fliegen, als Überträger von Krankheiten, würden zur Plage. Das Grundwasser ist in Gefahr, große Flächen würden versiegelt. Eine Überdüngung des Bodens durch Hühnerkot ist zu erwarten. [...]
Setzen Sie sich ein für den Erhalt des Naherholungsgebietes, für den Schutz von Pflanzen, Tieren und Menschen, und wenden Sie sich gegen die Zerstörung der Landschaft durch industrielle Massentierhaltungen.
Richten Sie Ihren Protest an die Politikerinnen und Politiker in Ihrer Kommune und im Land, nutzen Sie die Informationen auf unserer Homepage, unterstützen Sie unsere Unterschriftenaktion. [...]
Die Bürgerinitiative ist für eine artgerechte Tierhaltung in einem fairen Wettbewerb der Landwirte, die aus Überzeugung und Respekt vor der Natur Bio-Haltung praktizieren.

(Aus der Homepage der Bürgerinitiative www.fettenberg.de; letzter Zugriff 01.09.2009)

1. Fasse die Arbeit der Bürgerinitiative zusammen. Stichworte: Problem, Ziele, Aktivitäten, Erfolg. Das geht alleine.

Darüber könnt ihr in der Gruppe sprechen:

2. Politische Mitwirkung kann nur im eigenen Interesse erfolgen oder auch im Interesse für die Allgemeinheit; sie kann die Demokratie einschränken oder bereichern; der Arbeitsaufwand kann vergeblich sein oder lohnend. Wie beurteilt ihr unter diesen Aspekten die Arbeit der Bürgerinitiative?

Beispiel C
Bürgerbegehren für bessere Schulen, gegen Hallenbadsanierung

Metelen ist eine Kleinstadt in der Nähe von Münster mit ungefähr 6300 Einwohnern. Zur Überraschung vieler setzten sich hier Bürgerinnen und Bürger gegen die vom Rat der Stadt geplante Sanierung ihres vierzig Jahre alten Hallenbades ein. Sie wollten das Geld lieber für bessere Schulen verwendet sehen.

Die Fakten

Der Rat der Gemeinde Metelen hatte am 30. März 2009 mit den Stimmen von CDU und Grünen beschlossen, die örtliche Schwimmhalle für 2,6 Millionen Euro zu sanieren. Hierfür sollten Fördermittel beantragt und ein Kredit von 991800 Euro aufgenommen werden. […] Eine daraufhin gegründete Bürgerinitiative lehnte die Sanierung ab. Das Vorhaben an sich und die künftigen Belastungen durch den Betrieb des Bades hätten die Gemeinde aus ihrer Sicht vor erhebliche finanzielle Probleme gestellt. […]
Die Unterschriftensammlung für das Bürgerbegehren hatte am 14. April 2009 begonnen. Am 18. Mai 2009 hatten die Initiatoren 1122 gültige Unterschriften für ihre Initiative eingereicht. Nachdem die CDU aufgrund des Bürgerbegehrens eingelenkt hatte, hatte der Rat das Bürgerbegehren am 8. Juni 2009 mit 12:3 Stimmen übernommen. Fünf Ratsmitglieder hatten sich enthalten.

(Aus: Markus Alfert, verantw. für den Inhalt: Bürgerbegehren gegen Sanierung der Schwimmhalle, in: www.mehrdemokratie.de, letzter Zugriff 14. Oktober 2011)

Hintergründe

Es ging den Gründern der Bürgerinitiative nicht darum, die Modernisierung des Hallenbades um jeden Preis zu verhindern, das zum Zeitraum des Ratsbeschlusses bereits seit mehr als einem Jahr geschlossen war. Vielmehr wollten sie erreichen, die dringend notwendige Sanierung der Schulen in Metelen nicht länger aufzuschieben. Da man Geld nur einmal ausgeben kann, hielten sie eine Investition in die Bildungseinrichtungen der Stadt im Interesse der Schülerinnen und Schüler für wichtiger. Zur Begründung sagte eine der Initiatorinnen des Bürgerbegehrens: „Das Vorhaben an sich und die künftigen Belastungen durch den Betrieb des Bades stellen die Gemeinde vor erhebliche finanzielle Probleme. An den Schulen, den Sportanlagen, den Wirtschaftswegen und anderen öffentlichen Einrichtungen können notwendige Sanierungs- und Modernisierungsmaßnahmen dann nicht mehr durchgeführt werden.“

(Das Zitat stammt von Sabine Winter, aus: Münstersche Zeitung vom 13.04.2009)

Nachdem der Rat dem Bürgerbegehren stattgegeben hatte, tat sich viel an den Schulen in Metelen. In einer Grundschule wurden für über 200000 Euro Energiesparmaßnahmen durchgeführt und damit die Heizkosten erheblich gesenkt. In einer anderen wurden die maroden Fenster durch neue ersetzt und in wiederum einer anderen konnten die Toiletten, Duschen und Umkleideräume in der Sporthalle erneuert werden. Die Turnhalle der Paul-Schneider-Schule erhielt einen neuen Fußboden und eine Wärmedämmung für das Dach.
Es gab nicht nur positive Stimmen zum Erfolg des Bürgerbegehrens in Metelen. Die Konrektorin einer Schule bedauerte zum Beispiel sehr, dass durch die Schließung des Hallenbades im Winter kein Schwimmunterricht vor Ort mehr möglich sei. Für das Hallenbad in Metelen rückten im Frühjahr 2011 die Abrissbagger an.

Sanierte Turnhalle statt Hallenbaderneuerung

1. Fasse die Arbeit der Bürgerinnen und Bürger bis zur Entscheidung über das Bürgerbegehren zusammen. Stichworte: Ausgangslage 2009, Problem, Ziele, Aktivitäten, Ergebnis. Das geht alleine.

Darüber könnt ihr in der Gruppe sprechen:

2. Politische Mitwirkung kann den Interessen weniger dienen oder den Interessen möglichst vieler Menschen, sie kann die Demokratie einschränken oder bereichern; der Arbeitsaufwand kann vergeblich sein oder lohnend. Wie beurteilt ihr unter diesen Aspekten das Vorgehen bis zur Entscheidung über das Bürgerbegehren?

Trainingsplatz

Welche Möglichkeiten politischer Beteiligung kommen für uns infrage?

In diesem Fragebogen findet ihr eine Fülle von Mitmachmöglichkeiten in der Demokratie. Geht sie einzeln durch und entscheidet euch bei jedem Vorschlag für die Möglichkeit A, B oder C. Dazu wird Einzelarbeit empfohlen. Lest euch dann gegenseitig eure Antworten vor. In der Klasse könnt ihr die Zahl der A-, B- und C-Antworten insgesamt ermitteln und gemeinsam folgende Fragen beantworten:

1. Welche Formen demokratischer Mitwirkung sind für uns die Favoriten?
2. Wie sieht es insgesamt mit der Mitwirkungsbereitschaft in unserer Klasse aus?

Ich bin dazu bereit …	A Dazu bin ich sofort bereit.	B Jetzt noch nicht, aber in ein paar Jahren.	C Das kommt für mich nicht infrage.
1. mich für die Interessen meiner übrigen Klassenkameraden einzusetzen.			
2. einen Teil meines Taschengeldes für einen guten Zweck zu spenden.			
3. in einem Schulprojekt mitzuarbeiten, bei dem es um Hilfsmaßnahmen für andere Menschen geht.			
4. mich in der SV für die Interessen der Schülerinnen und Schüler einzusetzen.			
5. Freizeit zu opfern, um an einer mehrwöchigen Aktion zur Verschönerung unserer Schule teilzunehmen.			
6. mich als Kandidatin oder als Kandidat für die Mitarbeit im städtischen Jugendrat aufstellen zu lassen.			
7. mich über neue Entwicklungen, Chancen und Probleme in der Demokratie regelmäßig zu informieren.			
8. an einer zeitlich begrenzten Aktion für eine Verbesserung des Umweltschutzes und des Tierschutzes aktiv mitzuarbeiten.			
9. zusammen mit anderen Zeitungsartikel zu schreiben, in denen es um eine Verbesserung des Zusammenlebens zwischen In- und Ausländern geht.			
10. an einer friedlichen Demonstration teilzunehmen, wenn ich deren Sinn und Ziel für vernünftig halte.			
11. bei Greenpeace, Amnesty International oder einer anderen Hilfsorganisation Mitglied zu werden.			
12. in einer kirchlichen oder einer anderen Jugendgruppe Hilfsprojekte für Asylsuchende und andere Not leidende Menschen zu unterstützen.			
13. für eine politische Partei zu werben, deren Ziele ich für wichtig und klug halte.			
14. der Jugendorganisation einer politischen Partei beizutreten.			
15. in meinem Leben ein Amt in einer Bürgerinitiative, einer Partei oder einer anderen Organisation mit politischen Zielen anzustreben.			

Möglichkeiten politischer Beteiligung

1. Während der Bearbeitung dieser Doppelseite könnt ihr mindestens zehn Möglichkeiten politischer Beteiligung notieren.
2. Mit welchen Mitteln können Interessenverbände und Bürgerinitiativen politische Mitwirkung ausüben?
3. Wie wichtig ist politische Bildung als Voraussetzung zur aktiven politischen Beteiligung? Notiere dazu eine Stellungnahme.

Formen der Einflussnahme

Unter politischer Beteiligung versteht man alles Handeln von Personen oder Gruppen, das zum Ziel hat, die politischen Verhältnisse zu beeinflussen. Die Beteiligung kann eher passiv als auch aktiv erfolgen. Am Prozess der politischen Einflussnahme nimmt schon teil, wer politische Bildung erwirbt. Dazu gehört, dass man sich über das politische Tagesgeschehen auf dem Laufenden hält und die Berichterstattung in Rundfunk, Fernsehen und im Internet dazu verfolgt, dass man sich ein eigenes Urteil zu umstrittenen Themen bildet und Gespräche über politische Themen im Familien-, Freundes- und Kollegenkreis führt. Politische Bildung ist zunächst noch eine eher passive Anteilnahme. Sie ist aber eine wichtige Voraussetzung und auch oft der erste Schritt zur aktiven Mitwirkung.

Die Teilnahme an Wahlen ist die grundlegendste Form aktiver Beteiligung. Weitere Formen reichen von der Mitwirkung bei Unterschriftenaktionen, einem Engagement in Umwelt-, Menschenrechts- und Selbsthilfegruppen, der Teilnahme an Versammlungen und Demonstrationen, dem Schreiben von Leserbriefen und Briefen an Abgeordnete, dem Besuch von Sprechstunden der Abgeordneten, dem Verfassen von Eingaben an Parlamente und den Bundespräsidenten, der Mitgliedschaft und Mitarbeit in Parteien, Verbänden und Bürgerinitiativen bis zur eigenen Kandidatur bei politischen Wahlen.

Interessenverbände

Personen oder Gruppen schließen sich freiwillig zu einem Verband zusammen, um bestimmte Ziele (Interessen) gegenüber einer Verwaltung oder einer Regierung durchzusetzen. Denn ein solcher Interessenverband kann stärker auftreten, wenn viele Mitglieder darin vertreten sind und mit einer Stimme sprechen. Schüler- oder Lehrerverbände sind zum Beispiel solche Interessenverbände, die versuchen, ihre Ziele und Anliegen gegenüber den Schulbehörden durchzusetzen. Auch Gewerkschaften oder die Vereinigungen der Arbeitgeber sind Interessenverbände. Sie vertreten besonders bei den Tarifverhandlungen die Interessen ihrer Mitglieder. Große Interessenverbände haben oft eigene Vertretungen in der Stadt, wo auch die Regierung eines Landes ihren Sitz hat. So können sie schnell wichtige Leute im Parlament, in den Parteien und in der Regierung treffen und über ihre Angelegenheiten reden. Sie machen dann Lobby-Arbeit. Wenn Interessenverbände besonders stark sind und versuchen, auf Politik und Gesetzgebung Einfluss zu nehmen, werden sie auch als „pressure groups" bezeichnet. (Das Wort kommt aus dem Englischen und heißt wörtlich übersetzt „Druckgruppen", also Leute, die Druck ausüben).

(Aus: Gerd Schneider u. Christiane Toyka-Seid: Politik-Lexikon von Aufschwung bis Zivilcourage, Campus Verlag, Frankfurt/New York 2006, S. 138 f.)

Das Foto zeigt die Eingangshalle zum Deutschen Bundestag (= die Lobby). Hier treffen sich die Vertreter der Interessenverbände, die sogenannten Lobbyisten, um die Interessen ihres Verbands bei den Politikern geltend zu machen.

Bürgerinitiativen

In Bürgerinitiativen schließen sich Leute zusammen, um auf die Beseitigung eines Missstandes hinzuweisen, weil sie sich von den Behörden und Parlamenten nicht hinreichend unterrichtet und beachtet fühlen. In Deutschland gibt es einige Tausend Bürgerinitiativen. In vielen Fällen haben sie ihre Ziele erreichen können. Besonders häufig setzen sie sich für Verbesserung im Umweltschutz, für Kinderrechte, für Verkehrsberuhigung und für ein besseres Bildungssystem ein. Manche Bürgerinitiativen lösen sich wieder auf, wenn sie ihr Ziel ganz oder teilweise erreicht haben. Bürgerinitiativen werden vielfach als belebendes Element in der Demokratie angesehen. Sie haben politische, soziale und ökologische Probleme in das öffentliche Bewusstsein gerückt und viele Menschen wachgerüttelt. Kritik an Bürgerinitiativen wird laut, wenn sie jede Art von Veränderung blockieren oder wenn Minderheiten ihre Interessen gegen die Interessen der Mehrheit durchsetzen wollen. Das kann zum Beispiel der Fall sein, wenn sie den Bau eines Behindertenheimes oder eines Spielplatzes in einem Wohngebiet verhindern wollen.

Möglichkeiten direkter Demokratie

Direkte Demokratie bedeutet, dass die Bürgerinnen und Bürger direkt, also nicht über ihre gewählten Vertreterinnen und Vertreter, an den politischen Entscheidungen beteiligt sind. Solche Möglichkeiten gibt es in fast allen Bundesländern auf der Ebene der Gemeindepolitik in der Form eines Bürgerbegehrens und des Bürgerentscheids.

Wollen die Bürgerinnen und Bürger in einer Stadt zum Beispiel lieber den Bau einer städtischen Kindertagesstätte haben als den vom Rat geplanten Erweiterungsbau des Stadttheaters, so können sie das mit einem schriftlich eingereichten *Bürgerbegehren* beim Stadtrat beantragen. Dieser Antrag muss mit einer bestimmten Mindestzahl von Unterschriften versehen sein. Nimmt der Rat dieses Bürgerbegehren nicht an, so muss innerhalb einer bestimmten Frist ein *Bürgerentscheid* über die Sache durchgeführt werden. Das heißt, die Bürgerinnen und Bürger entscheiden nun per Abstimmung direkt über Theaterausbau oder Kindertagesstätte. Die Abstimmung ist gültig, wenn sich ein bestimmter Anteil der wahlberechtigten Bürgerinnen und Bürger daran beteiligt hat. Bei den politischen Entscheidungen auf der Ebene der Landespolitik gibt es die Möglichkeit direkter politischer Mitwirkung durch das *Volksbegehren* und den *Volksentscheid*. Hiermit kann die Bevölkerung eines Bundeslandes die Landesregierung dazu auffordern, ein bestimmtes Gesetz zu erlassen, zu ändern oder aufzuheben. Das Verfahren läuft dann auf Landesebene so ähnlich ab wie auf der bereits geschilderten kommunalen Ebene.

Spontaner Protest nach Verabredung im Internet

Begriffe für euer Fachwörterverzeichnis

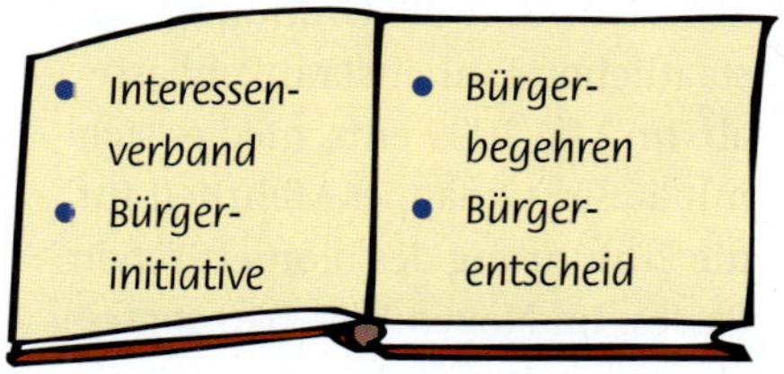

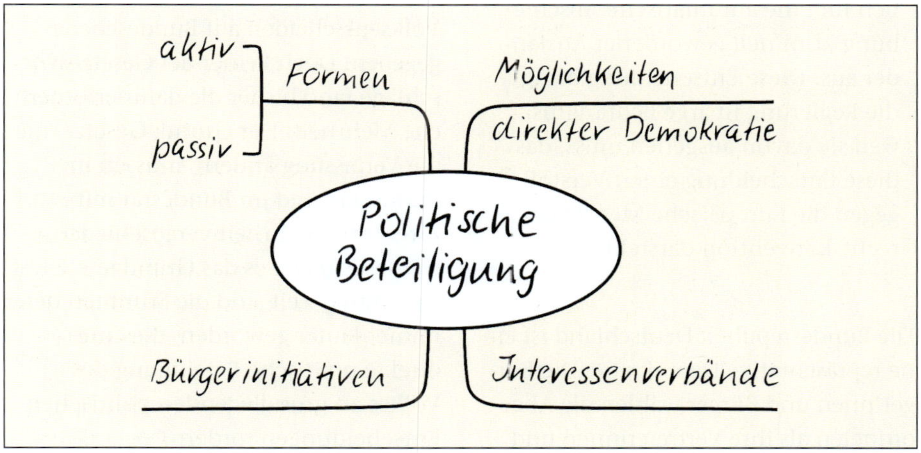

Soll das Volk auch in der Bundespolitik direkt mitentscheiden?

Eine Einstiegsübung für alle

Stell dir vor, du könntest als Erwachsener mitentscheiden, ob du einem Gesetz zur Erhöhung des Kindergeldes zustimmst oder einem Gesetz für oder gegen eine Verschärfung des Jugendstrafrechts.

- Würdest du von diesem Recht gerne Gebrauch machen oder eher nicht?

Beispiel Schweiz: Volk stimmt über Gesetzesinitiativen ab

In der Schweiz gehören Volksabstimmungen zur Tradition. Dabei macht es das Volk der Regierung nicht immer leicht. So erteilte es den Plänen der Regierung zum Bau eines zweiten Gotthard-Straßentunnels eine Absage und die geplante Heraufsetzung des Frauenpensionsalters wurde auch abgeschmettert. 2007 lehnte es die Gründung einer staatlichen Einheitskrankenkasse ab. Im Mai 2009 entschied es sich mit äußerst knapper Mehrheit für die Einführung des biometrischen Passes. Im November 2010 sprachen sich die Schweizer mehrheitlich für eine automatische Abschiebung kriminell gewordener Ausländer aus. Diese Entscheidung bringt die Regierung in arge Bedrängnis, weil sie davon ausgehen muss, dass diese Entscheidung einen Verstoß gegen die Europäische Menschenrechtskonvention darstellt.

Die Bundesrepublik Deutschland ist eine repräsentative Demokratie. Die Bürgerinnen und Bürger wählen die Abgeordneten als ihre Vertreterinnen und Vertreter (= Repräsentanten) in den Bundestag. Ein direkter Einfluss auf die politischen Entscheidungen des Bundes ist im Grundgesetz bislang nicht vorgesehen.
Anders sieht es in den Kommunen und in den Bundesländern aus. In den Kommunen gibt es den Bürgerentscheid und in den Bundesländern den Volksentscheid. Beides sind Formen direkter Demokratie, bei denen die Bürgerinnen und Bürger sozusagen in die Rolle des Gesetzgebers schlüpfen.

Aktion in Berlin für eine Änderung des Grundgesetzes, für Volksentscheide auf Bundesebene

Mehr aktive Mitwirkung statt passiver Begleitung?

In den vergangenen Jahren hat es im deutschen Bundestag wiederholt Gesetzesvorlagen zur Einführung von Volksentscheiden auf Bundesebene gegeben. Doch keiner der Gesetzesvorschläge fand bisher die dafür erforderliche Mehrheit. Der Grund: Gesetze, die die Verfassung ändern, müssen im Bundestag und im Bundesrat mit Zweidrittelmehrheit verabschiedet werden. So legt es das Grundgesetz fest. In jüngster Zeit sind die Stimmen derer immer lauter geworden, die eine direkte politische Beteiligung des Volkes an grundlegenden politischen Entscheidungen fordern. Man verweist dabei auf andere Mitgliedstaaten der Europäischen Union, in denen Volksentscheide längst selbstverständlich sind (z. B. in Italien und Frankreich). Nach Ansicht vieler Kritiker des aktuellen Zustandes sind die Bürgerinnen und Bürger in Deutschland zu sehr in die Rolle des passiven Beobachters von Politik gedrängt. Man fordert ein Mehr an aktiver Beteiligung. Befürwortung und Gegnerschaft von Volksentscheiden lässt sich nicht eindeutig nach Parteizugehörigkeit zuordnen. In allen großen Parteien gibt es Befürworter und Gegner, und beide Seiten führen gewichtige Argumente ins Feld.

1. Was unterscheidet die Regelung in der Schweiz von der in Deutschland?
2. Sollen wir uns die Schweiz zum Vorbild nehmen?

TEAM kontrovers: Pro und kontra Volksentscheide auf Bundesebene

Hier findet ihr eine Reihe von Argumenten, die für und gegen Volksentscheide auf Bundesebene in die Diskussion eingebracht werden.

Erster Schritt:
Legt eine Tabelle an und ordnet darin die Argumente unter der Überschrift: Pro und kontra Volksentscheide auf Bundesebene.

Zweiter Schritt:
Bewertet die Qualität der Argumente, um euch so ein eigenes Urteil zu bilden. Formuliert eure Ansicht in Form einer schriftlichen Stellungnahme. Sucht dazu auch nach weiteren Argumenten für eure eigene Sichtweise.

Dritter Schritt:
Stellt eure Stellungnahmen in der Klasse vor und diskutiert miteinander.

Argumente – Argumente – Argumente – Argumente – Argumente – Argumente – Argumente – Argumente	
1. Volksentscheide auf Bundesebene wären eine Bereicherung der Demokratie, weil die Wählerinnen und Wähler damit auch über die Wahl hinaus politisch aktiv sein können.	
2. Am Beispiel der Schweiz kann man sehen, dass die Demokratie mit Volksentscheiden hervorragend funktioniert.	Pro
3. Bundespolitische Entscheidungen, zum Beispiel über Fragen der Altersversorgung, des Gesundheitswesens, des Umweltschutzes oder der Reform des Arbeitsmarktes sind viel zu kompliziert. Der normale Bürger ist damit überfordert.	?
4. Junge Leute würden dadurch besser an die Politik herangeführt. Sie können so spüren, dass sie politisch etwas bewegen können.	Kontra
5. Volksentscheide würden dazu führen, dass kleine Gruppen von Bürgern, die sich in der Sache gut auskennen, ihre Interessen auf Kosten der Allgemeinheit durchsetzen.	
6. Bei einem Volksentscheid haben auch diejenigen eine Stimme, die von der Sache, um die es geht, keine Ahnung haben. Es kämen unkluge Entscheidungen zustande, die sich die Demokratie nicht leisten kann.	?
7. Demokratie ist ihrem Ursprung nach die Herrschaft des Volkes. Also muss das Volk auch Chancen haben, an der Herrschaftsausübung beteiligt zu werden.	Pro
8. In schwierigen Zeiten muss das gewählte Parlament auch unpopuläre Entscheidungen treffen können, die die Mehrheit der Bevölkerung wenig begeistern. Das geht aber nur in der repräsentativen Demokratie.	?
9. Das Beispiel der Schweiz zeigt, dass das Volk alle unpopulären Entscheidungen ablehnt und somit wichtige Veränderungen blockiert.	
10. Die gewählten Politikerinnen und Politiker müssten bei ihren Entscheidungen viel genauer auf die Stimmung in der Bevölkerung achten, weil sich das Volk sonst per Volksentscheid darüber hinwegsetzen könnte.	Kontra

2 Wie wichtig sind Parteien?

Eine Einstiegsübung für alle
Was fällt euch spontan ein, wenn ihr den Begriff „Politische Partei" hört?
Notiert in Stichworten, was ihr bereits über sie wisst und wie ihr über sie denkt.
Sammelt dann gemeinsam in einem Brainstorming.

Einstellungen Jugendlicher

Das Grundgesetz hebt ausdrücklich die Bedeutung der Parteien hervor und legt im Artikel 21 ihre zentrale Aufgabe fest: „Die Parteien wirken bei der politischen Willensbildung des Volkes mit." Viele Menschen sind skeptisch, ob die Parteien dieser Aufgabe auch gerecht werden. Auch Jugendliche betrachten die Parteien eher distanziert. Andererseits: Es gibt auch Jugendliche, die in der Jugendorganisation einer politischen Partei mitarbeiten.

In der Shell-Studie 2010 wurden Jugendliche gefragt, ob sie sich vorstellen können, irgendwann einmal in einer politischen Partei mitzuarbeiten. 18 Prozent der Befragten zeigen eine „hohe Bereitschaft" dazu und 22 Prozent eine „höhere Bereitschaft". Nur 8 Prozent gaben an, dass sie „keine Bereitschaft" verspüren und 15 Prozent eine „geringe Bereitschaft".

Auf den folgenden Seiten könnt ihr euch mit Kommentaren und Informationen zur Bedeutung der Parteien auseinandersetzen. In Teams könnt ihr überlegen, welche politischen Ziele ihr selbst anstreben würdet, wenn ihr eine eigene Partei gegründet hättet. Mithilfe der Internetauftritte der verschiedenen Parteien könnt ihr euch über deren Ziele und Programme informieren.

Standpunkt: Warum wir die Parteien brauchen

In dem folgenden Text formuliert der Autor Hans-Peter Bartels seine Ansicht zur Bedeutung der Parteien. Dabei formuliert er zahlreiche Fragen. Überlegt beim Lesen, welche Absichten der Autor damit verfolgt.

Bei manchen Leuten gelten Parteien prinzipiell als anrüchig: Sind denn nicht Neutralität und Überparteilichkeit viel besser? Ist es nicht peinlich, sich vor wildfremdem Leuten zur Wahl zu stellen? Hat das Streiten um eine Sache nicht immer etwas hässlich Rechthaberisches? Und wenn zum Schluss in Parteien und zwischen Parteien um des lieben Friedens willen Kompromisse gemacht werden, sind sie dann nicht meist faul?
Die Antworten lauten: Nein, nein, nein und nein. Demokratie, die Herrschaft des Volkes, braucht Mitbürger, die auch Verantwortung übernehmen wollen. Niemand muss, aber ohne geht es nicht. Jeder darf. Und allein richtet man in einem Volk von 80 000 000 Menschen wenig aus. „Streiten“ kann man auch „Diskutieren“ nennen. Genau dafür sind Parteien da: für die ständige Diskussion, jeden Tag, zu jedem Thema, das einem wichtig erscheint. Jeder kann eintreten, jeder kann mitreden, Vorsitzende wählen und Kandidaten aufstellen, selbst eine Aufgabe übernehmen oder für ein Parlament kandidieren. Den sogenannten „Parteienstreit“ zwischen den Parteien, das böse „Parteiengezänk“ – das kann nur schlimm finden, wer selbst immer recht haben will und meint, es solle besser nur eine einzige Partei geben, seine! Parteien müssen sich über die unterschiedlichen Meinungen in aller Öffentlichkeit auseinandersetzen. Und sie müssen bereit sein, sich zusammenzusetzen und Kompromisse zu machen, wenn sie allein zum Beispiel nicht die Mehrheit im Bundestag haben. […]
Die Wahlkämpfe zwischen den Parteien sind dazu da, dass diejenigen, die sich engagieren, für ihre Ansichten werben. Wer hat die besseren Argumente? Wer hat die besseren Kandidaten? Die Mittel sind friedlich, auch wenn manche das lächerlich finden: bedrucktes Papier, Fernsehdebatten, überall kleine Informationsveranstaltungen oder große Open-Air-Kundgebungen. Die Konkurrenz der Parteien wird am Ende entschieden von allen Bürgern, die zur Wahl gehen. Sie haben das Recht, sich zu irren und nach vier Jahren eine andere Partei zu wählen – oder selbst eine zu gründen.

(Aus: Hans-Peter Bartels: Wozu Parteien gut sind, in: DIE ZEIT – Das Junior-Lexikon in 6 Bänden, Zeit-Verlag, Hamburg 2007, Bd. 4, S. 222 f.)

1. Der Autor begründet seinen eigenen Standpunkt und kritisiert solche, die er für falsch hält. Notiert: Wie ist sein Standpunkt? Wie begründet er ihn? Welche Denkweisen kritisiert er?

2. Formuliert euren eigenen Standpunkt zur Bedeutung der Parteien. Orientiert euch dabei an den folgenden Stichworten: demokratische Mitwirkung, Verantwortung, Meinungsvielfalt.

3. Welche Position zum Thema Parteien wird in der Karikatur deutlich? Untersucht sie mithilfe der Fragen: Was ist dargestellt? Welche Aussageabsicht des Zeichners ist erkennbar? Wie wirkt sie auf dich und wie bewertest du sie?

Was noch interessant sein kann:

- andere Schüler interviewen zum Thema: Wie denkst du über die Parteien?
- mit dem Wahl-O-Mat in der Homepage der Bundeszentrale für politische Bildung (www.bpb.de) eigene Vorstellungen von Politik mit Programmaussagen der Parteien vergleichen.

Trainingsplatz

Wir erstellen unsere Charts parteipolitischer Ziele

☐ Schaffung neuer Arbeitsplätze	☐ Verstärkung der Hilfen für die Entwicklungsländer
☐ Schutz vor Datenmissbrauch	☐ Bekämpfung der Armut im eigenen Land
☐ Lösung der Umweltprobleme	☐ Förderung der weiteren Vereinigung Europas
☐ Sicherung der Altersvorsorge	☐ mehr Investitionen zur Verbesserung der Bildung
☐ Erhaltung der Wirtschaftskraft durch neue Technologien	☐ Verstärkung des Kampfes gegen die Kriminalität
☐ Förderung echter Gleichberechtigung	☐ Bekämpfung von Rechtsradikalismus und Fremdenfeindlichkeit
☐ Staatliche Finanzierung von Wohnungen, Kindergärten, Krankenhäusern	☐ Schutz der Bevölkerung vor internationalem Terrorismus

Euer Auftrag:
Ihr überlegt in Gruppen, welchen Problemen sich die Parteien vorrangig zuwenden sollen, und erstellt dazu Ranglisten.

So könnt ihr vorgehen:

- Beratet in der Gruppe, welches Ziel ihr für das wichtigste, das zweitwichtigste usw. haltet.
- Erstellt dann gemeinsam eine Rangliste.
- Sucht euch ein Ziel heraus, zu dem ihr in der Gruppe nach Vorschlägen sucht, wie es verwirklicht werden kann.
- Stellt die Ranglisten und die Vorschläge in der Klasse vor.

Unser Parteiprogramm

1.
2.
3.
4.
5.
6.
7.
8.

Fallen euch weitere Themen ein, um die die Parteien sich kümmern sollten?

Methodenkarte 5

S M U H

Vergleich von Internetauftritten

Thema: Parteien im Internet

Das Internet bietet mittlerweile eine leicht zugängliche Möglichkeit zur Information über die Parteien. Unter anderem sind die Parteiprogramme abrufbar, in denen die Parteien ihre Ziele beschreiben. Neben den im Bundestag vertretenen Parteien sind auch zahlreiche kleine Parteien im Internet vertreten, darunter auch rechts- und linksextreme.

Als Suchbegriffe bieten sich z. B. die folgenden Themenbereiche der Politik an:

- Arbeitsmarktpolitik
- Energiepolitik
- Jugendpolitik
- Umweltpolitik
- Wirtschaftspolitik
- Sozialpolitik

u. a. m.

Webseiten vergleichen: Wie macht man das?

Wenn man verschiedene Dinge miteinander vergleichen will, braucht man Kriterien, an denen man sich orientiert. Hier werden einige angeboten, die ihr bei eurer Vergleichsarbeit nutzen könnt. Sie ermöglichen euch ein persönliches Werturteil über die Qualität des Angebots. Für jedes Kriterium könnt ihr maximal 5 (hervorragend) und minimal 0 Punkte (sehr unbefriedigend) verteilen. Zählt am Ende eure persönliche Punktzahl pro Partei zusammen. Je mehr Punkte, desto besser bewertet ihr die **Webseite** der Partei. Am Ende solltet ihr eure Bewertungen miteinander vergleichen.

	Gesamtpunktzahl:
1. **Übersichtlichkeit:** Wie übersichtlich ist die Startseite der Homepage aufgebaut? 5 4 3 2 1 0	
2. **Orientierung:** Wie gut findet man sich in den angebotenen Links zurecht? 5 4 3 2 1 0	
3. **Gezielte Suche:** Kann man einen Suchbegriff eingeben und findet man dazu schnell ein befriedigendes Informationsangebot? 5 4 3 2 1 0	
4. **Service:** Wie interessant und hilfreich ist das Angebot an Serviceleistungen der Partei? 5 4 3 2 1 0	
5. **Materialangebot:** Kann man mit der Menge und der Art der angebotenen Materialien zufrieden sein? 5 4 3 2 1 0	
6. **Qualität:** Findet man gut verständliche Texte über die Ziele und die Programmatik der Partei? 5 4 3 2 1 0	
7. **Gesamteindruck:** Wie überzeugend wirkt die Selbstdarstellung der Partei insgesamt? 5 4 3 2 1 0	

Welchen gesetzlichen Auftrag haben die Parteien?

Aus den hier abgedruckten Gesetzestexten könnt ihr entnehmen:

1. Was ist eine politische Partei?
2. Was sind die wichtigsten Aufgaben der Parteien?
3. Was sagt das Schaubild über die Funktion der Parteien in der Politik aus?

Zunächst solltet ihr den Artikel 21 des Grundgesetzes vervollständigen, in dem „versehentlich" folgende Begriffe fehlen:
verfassungswidrig – Rechenschaft – frei – Grundsätzen – Bundesverfassungsgericht

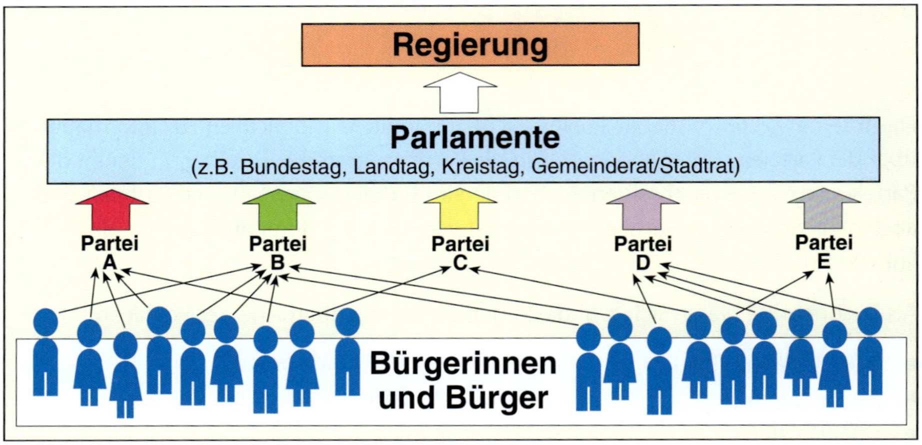

Artikel 21 des Grundgesetzes

Parteien

(1) Die Parteien wirken bei der politischen Willensbildung des Volkes mit. Ihre Gründung ist XXX. Ihre innere Ordnung muss demokratischen XXX entsprechen. Sie müssen über die Herkunft und Verwendung ihrer Mittel sowie über ihr Vermögen öffentlich XXX ablegen. (2) Parteien, die nach ihren Zielen oder nach dem Verhalten ihrer Anhänger darauf ausgehen, die freiheitliche demokratische Grundordnung zu beeinträchtigen oder zu beseitigen oder den Bestand der Bundesrepublik Deutschland zu gefährden, sind XXX. Über die Frage der Verfassungswidrigkeit entscheidet das XXX. (3) Das Nähere regeln Bundesgesetze.

Aus dem Parteiengesetz (in der Fassung vom 12. Dezember 2004)

§ 1 Verfassungsrechtliche Stellung und Aufgaben der Parteien

(1) Die Parteien sind ein verfassungsrechtlich notwendiger Bestandteil der freiheitlich demokratischen Grundordnung. Sie erfüllen mit ihrer freien, dauernden Mitwirkung an der politischen Willensbildung des Volkes eine ihnen nach dem Grundgesetz obliegende und von ihm verbürgte öffentliche Aufgabe.

(2) Die Parteien wirken an der Bildung des politischen Willens des Volkes auf allen Gebieten des öffentlichen Lebens mit, indem sie insbesondere

- auf die Gestaltung der öffentlichen Meinung Einfluss nehmen,
- die politische Bildung anregen und vertiefen,
- die aktive Teilnahme der Bürger am politischen Leben fördern,
- sich durch Aufstellung von Bewerbern an den Wahlen in Bund, Ländern und Gemeinden beteiligen, […]
- und für eine ständige lebendige Verbindung zwischen dem Volk und den Staatsorganen sorgen.

(3) Die Parteien legen ihre Ziele in politischen Programmen nieder.

§ 2 Begriff der Partei

(1) Parteien sind Vereinigungen von Bürgern, die dauernd oder für längere Zeit für den Bereich des Bundes oder eines Landes auf die politische Willensbildung Einfluss nehmen und an der Vertretung des deutschen Volkes im Deutschen Bundestag oder einem Landtag mitwirken wollen, wenn sie nach dem Gesamtbild der tatsächlichen Verhältnisse, insbesondere nach Umfang und Festigkeit ihrer Organisation, nach der Zahl ihrer Mitglieder und nach ihrem Hervortreten in der Öffentlichkeit eine ausreichende Gewähr für die Ernsthaftigkeit dieser Zielsetzung bieten.

Parteien

Parteiendemokratie Deutschland

Stellt man sich die deutsche Demokratie als Dampfmaschine vor, dann sind Parteien der Keilriemen: Sie sorgen dafür, dass Bewegung von einem Teil der Maschine in den anderen kommt und zurück. Parteien werden deshalb oft auch als demokratisches Bindeglied zwischen Staat und Gesellschaft bezeichnet. Es gibt kaum politische Entscheidungen in Deutschland, an denen sie nicht beteiligt sind. Fast alle Abgeordneten in den Parlamenten gehören einer Partei an – obwohl es die Möglichkeit gibt, direkt für ein Amt zu kandidieren. Die Bundesrepublik Deutschland wird daher häufig als Parteiendemokratie bezeichnet.
Viele Deutsche wissen gar nicht, dass es auch zahlreiche kleine Parteien gibt, oder stoßen erstaunt auf ihre Namen auf dem Stimmzettel, wenn sie wählen gehen.
Dass wenige große Parteien die Politik bestimmen, hängt mit der deutschen Geschichte zusammen: In der ersten deutschen Demokratie, der Weimarer Republik, führte die Zersplitterung des Parlaments in viele kleine Parteien zu einer unstabilen Regierung. […]

Aufgaben

Zentrale Aufgabe der Parteien ist es, an Wahlen teilzunehmen, politische Ideen und Forderungen in Parteiprogrammen zu bündeln und Personal für politische Ämter bereitzustellen, wie etwa Bundestagsabgeordnete oder Stadträte.
Außerdem sollen sie in der Gesellschaft für Akzeptanz der Politiker-Entscheidungen sorgen und die Menschen zum Wählen bewegen. Im Wahlkampf werden Parteien daher besonders aktiv und betonen ihre inhaltlichen und personellen Unterschiede.

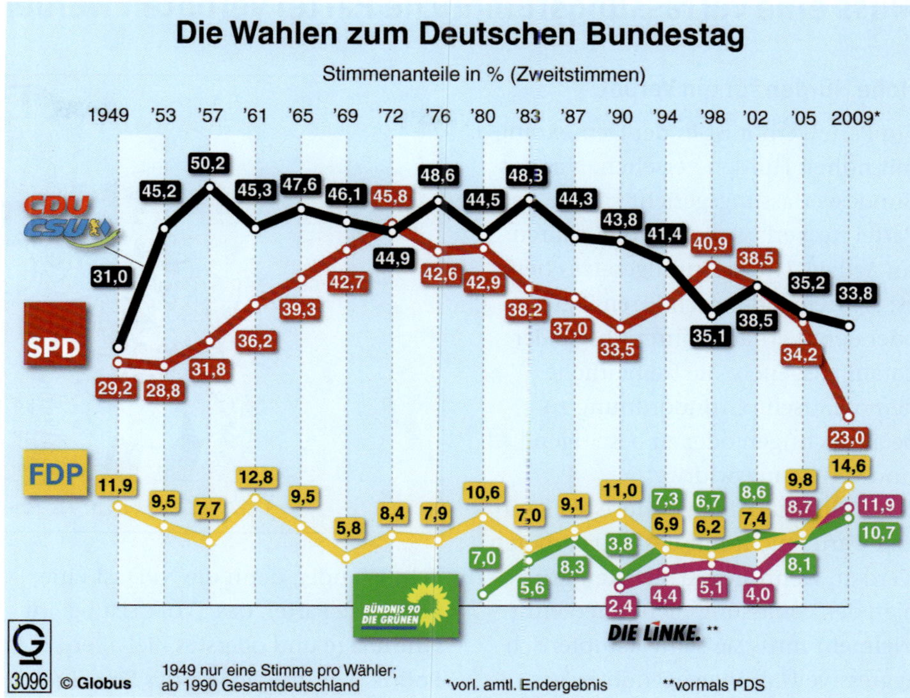

Kritik an den Parteien

Ob die Parteien diesen Aufgaben gerecht werden, ist umstritten. Derzeit wenden sich viele Menschen frustriert von der Politik ab: Es herrscht „Politikverdrossenheit". Andere kritisieren, dass Parteien auch dort Macht haben und ausüben, wo sie es gar nicht sollen. So ist die Mitgliedschaft in einer Partei häufig wichtig für die Besetzung von Posten, deren Vergabe gar nicht durch eine Wahl entschieden wird. […]

Finanzierung

Parteien werden vom Staat mit Steuergeldern unterstützt und finanzieren sich außerdem durch Mitgliedsbeiträge und Spenden. Die staatlichen Subventionen richten sich nach der Summe der Mitgliedsbeiträge und Spenden sowie der Anzahl der Wahlstimmen, die für eine Partei abgegeben wurden. 133 Millionen Euro Steuergeld werden so pro Jahr unter den Parteien verteilt.

(Aus: Sebastian Gievert: Parteien für Einsteiger, Artikel vom 28.08.2009, veröffentlicht von der Bundeszentrale für politische Bildung, zu finden unter www.bpb.de, letzter Zugriff 20.12.2001)

1. Warum wird die Bundesrepublik Deutschland auch als *Parteiendemokratie* bezeichnet?
2. Welches sind die wichtigsten Aufgaben der Parteien?
3. Wählt aus der Grafik eine oder mehrere Kurvenverläufe aus und berichtet so vom Auf und Ab bei den Bundestagswahlen seit 1949.

Muss eine verfassungsfeindliche Partei verboten werden? Der Fall NPD

Hohe Hürden für ein Verbot

Ein Parteiverbot ist in der Demokratie mit hohen Hürden versehen. Nur das Bundesverfassungsgericht kann eine Partei für verfassungswidrig erklären. Im Artikel 21 des Grundgesetzes heißt es: „Parteien, die nach ihren Zielen oder dem Verhalten ihrer Mitglieder darauf ausgehen, die freiheitliche demokratische Grundordnung zu beeinträchtigen oder zu beseitigen […] sind verfassungswidrig."

Nach Einschätzung von Juristen kann eine Partei nicht nur deshalb verboten werden, wenn sie die obersten Prinzipien der Verfassung nicht anerkennt. Vielmehr muss sie „eine kämpferisch aggressive Haltung gegenüber der bestehenden Ordnung einnehmen". 2001 scheiterte wegen der hohen Hürden ein erster Antrag zum Verbot der NPD. 2009 legten die Innenminister von fünf Bundesländern neues Material zu den rechtsextremistischen Umtrieben der NPD vor. Danach liegt die kämpferisch aggressive Haltung gegenüber der bestehenden Ordnung eindeutig vor.

Muss eine Partei, die gegen elementare Grundwerte der Verfassung ankämpft, verboten werden? Oder muss die Demokratie auch ihre Feinde aushalten?

Um diese Fragen geht es im Fall der NPD.

Wie gefährlich ist die NPD?

Kaum ein Begriff taucht in den Programmen der NPD so häufig und so prominent auf wie das „Volk". Dies ist kein Wunder, denn die NPD ist eine völkische Partei, das „Volk" ist bei ihr Grundlage und oberstes Ziel aller Politik. Für die NPD ist der Einzelne nichts ohne sein Volk. […]

„Die Würde des Menschen ist unantastbar", lautet der erste Satz des Grundgesetzes, woraus der zweite folgt: „Sie zu achten und zu schützen ist Verpflichtung aller staatlichen Gewalt." Ganz anders im NPD-Programm. Dort folgt aus der völkischen Grundsatzentscheidung des ersten Satzes, dass der Staat „Verantwortung für das Volk" trage (und nicht für den einzelnen Menschen). Damit wäre in einem Staat nach den Vorstellungen der NPD Tür und Tor geöffnet für staatliche Willkür gegen Individuen, einzelne Menschen oder Gruppen könnten beliebig zu „Volksschädlingen" erklärt und verfolgt werden. So deutlich sagt das die NPD natürlich nicht. […]

Die NPD aber hat einen klaren, biologistischen Volksbegriff. „Grundlegend für ein Volk seien: gemeinsame Abstammung, Geschichte, Sprache, Kultur sowie gemeinsames Erleben und Schicksal", heißt es zum Beispiel im Taschenkalender des nationalen Widerstandes 2006 aus dem Deutsche Stimme-Verlag. Wer also keine „blutsdeutschen" Vorfahren hat, gehört für die NPD nicht zum Volk und hat bei ihr weniger Rechte. Sie will keine Demokratie (demos = Volk), sondern eine „Ethnokratie", also die Herrschaft einer ethnischen Gruppe.

(Aus: Das Programm der NPD, in: Netz-Gegen-Nazis.de, Redaktion Simone Rafael, Artikel vom 27.04.2008, letzter Zugriff 1.11.2011. Den vollständigen Text findet ihr unter der angegebenen Adresse.)

1. Nur wer deutscher Abstammung ist, hat nach Auffassung der NPD das Recht, in Deutschland zu leben. Wie viele Mädchen und Jungen in eurer Klasse müssten das Land verlassen, wenn dies Wirklichkeit wäre?

Tipp: Vergleicht dazu den Artikel 3 im Grundgesetz.

TEAM kontrovers:
Diskussion zum NPD-Verbot: Wie hättest du entschieden?

Auch Schülerzeitungen haben sich mit dem Thema NPD-Verbot auseinandergesetzt. Die beiden Stellungnahmen auf dieser Seite sind in der Schülerzeitung Martinshorn aus Halberstadt erschienen. Die Zeitung wurde von der Aktion mut-gegen-rechte-gewalt mit dem Sonderpreis „Medien mit Mut" ausgezeichnet.

Sind Sie für ein Verbot der NPD?

Umfrage des Forschungsinstituts Emnid am 30. Juli 2011 im Auftrag der Bild-Zeitung
Quelle: www.ntv.de

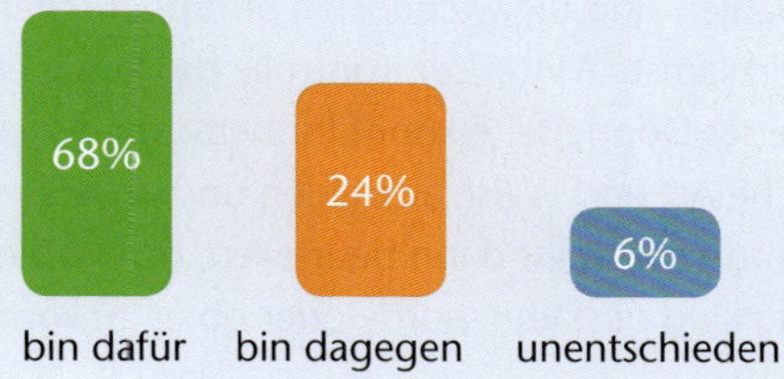

Ja, ein Verbot der NPD ist berechtigt!

Großdeutsches Gehabe, Hetzkampagnen gegen Asylbewerber, Unterstützung von rechten Straßenschlägern – Eklats wie diese haben sich in den letzten Jahren gehäuft. Viele Menschen fragen sich deshalb: Warum wurde die NPD noch nicht verboten? Diese Frage ist berechtigt. [...] Die NPD fordert offen die Rückverschiebung der deutsch-polnischen Grenze auf den Stand von 1937, das bedeutet, sie erkennt den heutigen souveränen Staat Polen nicht an. Spätestens hier werden Parallelen mit der NSDAP unter Adolf Hitler sichtbar, den die offensichtliche Nachfolgepartei als „großartigen deutschen Politiker" in den Geschichtsbüchern verewigen will. Und damit wäre ein Parteiverbot laut Artikel 21, Absatz 2 des Grundgesetzes angebracht, denn „Parteien, die [...] darauf ausgehen, die freiheitliche demokratische Grundordnung zu beeinträchtigen oder zu beseitigen oder den Bestand der Bundesrepublik Deutschland zu gefährden, sind verfassungswidrig". Man kann ebenfalls nicht verneinen, dass die NPD gewaltbereiten Neonazis Schutz bietet. Ein erster Schritt, um die rechtsextremistische Szene auszuhöhlen, ist daher das Parteiverbot.

(Beide Texte aus: www.mut-gegen-rechte-gewalt.de, Zugriff 20.08.2009, Autorin: Maria Bauer)

Nein, ein Verbot der NPD bringt nichts!

Meiner Meinung nach besteht bei einem Verbot auch die Gefahr, dass sich die Gesellschaft zurücklehnt und glaubt, die Sache sei damit erledigt. Das rechtsextremistische Gedankengut verschwindet aber nicht mit einem Verbot, es bleibt in den Köpfen. Deshalb finde ich es gut und halte es für den richtigen Weg, wenn die Gesellschaft Mitglieder der NPD zunehmend ächtet und isoliert. So verweigern immer mehr Vereine, wie z. B. die freiwillige Feuerwehr und Sportvereine, Personen, die rechtsextrem orientiert sind, die Mitgliedschaft. In einem Kommentar zum Grundgesetz hat ein Verfassungsrichter (das Bundesverfassungsgericht entscheidet über ein Parteiverbot) Folgendes geschrieben: „Im System einer freiheitlichen Demokratie ist das Parteiverbot ein Fremdkörper; die Beurteilung von Wert oder Unwert politischer Parteien sollte der politischen Entscheidung des Wählers überlassen werden, nicht der juristischen Entscheidung eines Gerichts." Ich finde, dass man dieser Aussage nur zustimmen und durch sein Wahlverhalten deutlich machen kann, dass solche Parteien in Deutschland keine Zukunft haben.

(Autor: Eric Ruider)

1. Wie lässt sich begründen, dass es in einer Demokratie hohe Hürden für das Verbot einer Partei geben muss?
2. Die Diskussion zum Verbot der NPD kann in Form einer Pro-Kontra-Debatte geführt werden. Sammelt Argumente für und gegen das Verbot. Nehmt euch ein wenig Zeit zum Nachdenken. Entscheidet euch für eine Position. Stimmt dann in der Klasse ab. Falls möglich, setzt euch anschließend in zwei Gruppen einander gegenüber und diskutiert miteinander.
3. Ja oder nein zum Verbot der NPD? Dazu sollte jede und jeder nach der Diskussion seine Ansicht schriftlich begründen.

3 Das Wahlrecht zum Deutschen Bundestag: besonders klug oder zu kompliziert?

Wahlen sind die wichtigste Form politischer Beteiligung und zugleich das wirksamste Mittel zur Kontrolle der Regierenden. Mithilfe des Beispiels auf dieser Doppelseite könnt ihr herausfinden, wie sich Wahlen auf unterschiedliche Art und Weise auszählen und organisieren lassen. Vor diesem Hintergrund könnt ihr dann beurteilen, ob das Wahlrecht zum Deutschen Bundestag klug gestaltet wurde oder ob es zu kompliziert ist.

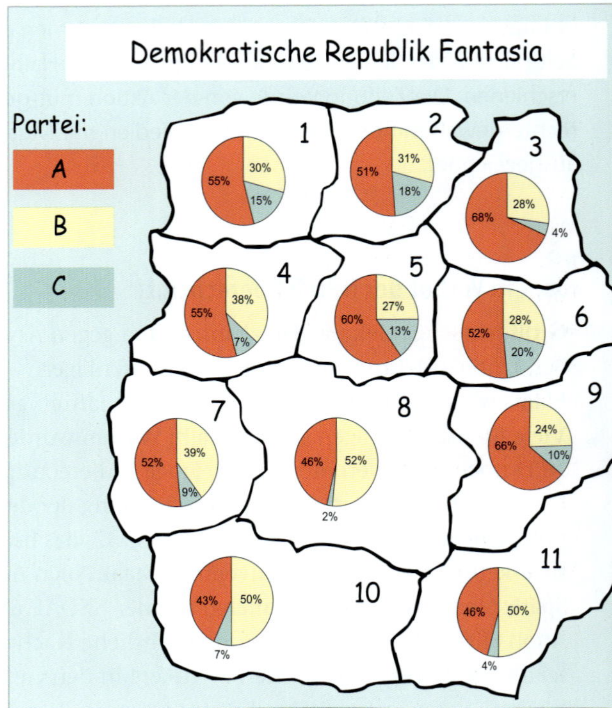

Parlamentswahlen in „Fantasia“: Gleiches Wahlergebnis führt zu unterschiedlicher Sitzverteilung im Parlament

In der neu gegründeten demokratischen Republik „Fantasia“ finden zum ersten Mal Parlamentswahlen statt. Zu diesem Zweck hat man das Land in 11 Wahlkreise eingeteilt. Pro Wahlkreis wird es einen Sitz im Parlament geben. Zur Wahl stellen sich drei Parteien mit ihren jeweiligen Kandidaten (Partei A, B und C). Unter diesen drei Parteien werden die 11 Parlamentssitze aufgeteilt werden. Man hat beschlossen, zwei unabhängige Kommissionen mit der Auszählung der Stimmen und der Verteilung der Sitze im Parlament zu beauftragen. Dies soll garantieren, dass keine Fehler vorkommen. Am Abend nach der Wahl verkünden die Vorsitzenden der Auszählkommissionen der gespannt wartenden Öffentlichkeit das Ergebnis.

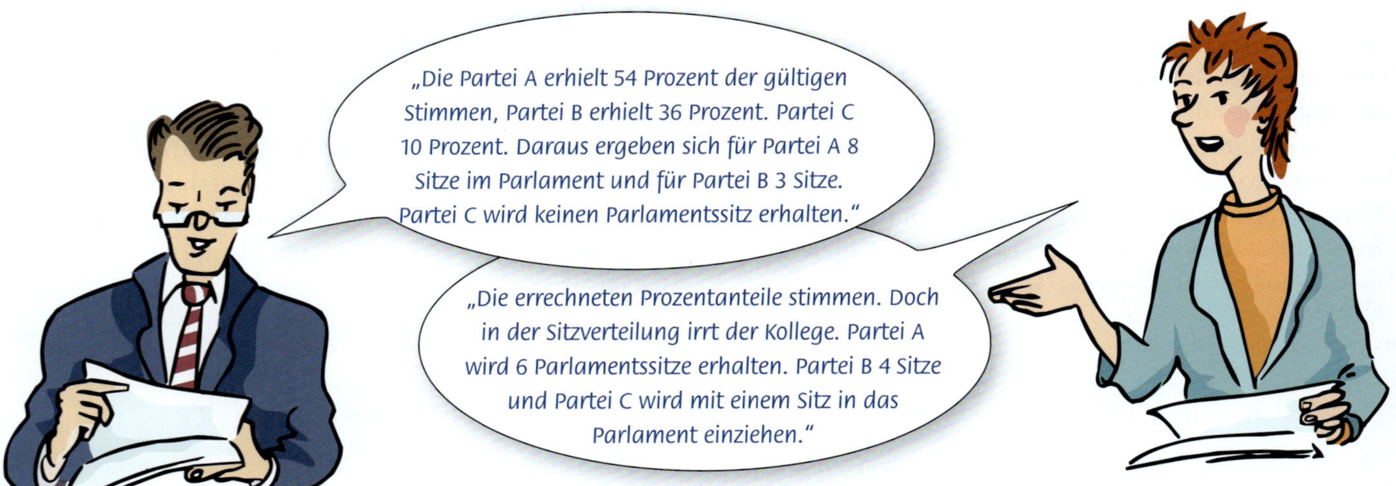

1. Politiker, Presse und Bevölkerung sind verwirrt. Welcher der beiden Sprecher hat Recht? Wie kann es zu solch unterschiedlichen Auswirkungen kommen?

Die beiden Kommissionssprecher treffen sich zu einem Gespräch

Frau Verhält: Welches Wahlsystem haben Sie bei der Auszählung der Stimmen verwendet?
Herr Mehrheit: Wir haben das Mehrheitswahlsystem angewendet.
Frau Verhält: Was bedeutet das?
Herr Mehrheit: Beim Mehrheitswahlsystem wird das Land in so viele Wahlkreise eingeteilt, wie das Parlament Sitze hat. Da Fantasia ein Parlament mit 11 Sitzen hat, haben wir 11 Wahlkreise eingeteilt. Sie können das auf der Karte sehen. In jedem Wahlkreis wählen die Bürgerinnen und Bürger einen der Kandidaten, die sich zur Wahl stellen. Es zieht jeweils der Kandidat ins Parlament ein, der die meisten Stimmen in seinem Wahlkreis erhält. Partei A hat in 8 von 11 Wahlkreisen die Mehrheit der Stimmen erhalten. Partei B in 3 der 11 Wahlkreise. Also erhalten Partei A 8 und Partei B 3 Sitze. Da Partei C in keinem Wahlkreis die Mehrheit der Stimmen erzielen konnte, erhält sie auch keinen Parlamentssitz. Wie kommt ihre Sitzverteilung zustande, liebe Kollegin?
Frau Verhält: Wir haben das Verhältniswahlsystem angewendet.
Herr Mehrheit: Was bedeutet das?
Frau Verhält: Beim Verhältniswahlsystem braucht man eigentlich keine Wahlkreiseinteilung. Man zählt alle abgegebenen Stimmen landesweit aus. Die Sitze im Parlament werden dann nach dem Anteil der Wählerstimmen verteilt. Bekommt eine Partei 54 Prozent der Stimmen, so stehen ihr auch 54 Prozent der Sitze im Parlament zu. Dadurch ist auch Partei C, ihrem Anteil von 10 Prozent der Stimmen entsprechend, in unserem Parlament vertreten.
Herr Mehrheit: Ehrlich gesagt, finde ich es besser, wenn wir das Mehrheitswahlsystem zur Sitzverteilung verwenden. Es sorgt für klare Mehrheiten im Parlament. So fällt das Regieren leichter. Kleine radikale Parteien haben keine Chance, in das Parlament einzuziehen, weil ihre Kandidaten niemals die Mehrheit in einem Wahlkreis erreichen können. Außerdem wählt man hier eine Person. Man kennt die Kandidatinnen und Kandidaten. Das verschafft den Wählern ein persönlicheres Verhältnis zur Politik. Beim Verhältniswahlsystem gibt es oft keine eindeutigen Mehrheitsverhältnisse, sodass das Land schwer zu regieren ist.
Frau Verhält: Dafür ist das Verhältniswahlsystem viel gerechter. Man wählt eine Partei und keine bestimmte Person. Da die Parteien so viele Sitze bekommen, wie ihnen nach der prozentualen Stimmenverteilung zustehen, finden alle Stimmen Berücksichtigung. Beim Mehrheitswahlrecht bleiben viele Stimmen völlig unberücksichtigt. Kleine Parteien haben beim Verhältniswahlsystem viel eher eine Chance, den Sprung in das Parlament zu schaffen. Wo gibt es eigentlich sonst noch das von ihnen vertretene Mehrheitswahlsystem?

Herr Mehrheit: Wir haben es von Großbritannien, einer Demokratie mit langer Tradition, abgeguckt. Dort wird es seit Langem erfolgreich angewendet.
Frau Verhält: Das von mir vertretene Verhältniswahlrecht wird bei Parlamentswahlen in Frankreich und in vielen anderen parlamentarischen Demokratien angewendet.
Beide: Wir müssen für unser Land eine Entscheidung treffen.

2. Wie sind in Fantasia die Unterschiede in der Sitzverteilung im Parlament zustande gekommen?

3. Ihr könnt nun erklären, wie die beiden unterschiedlichen Wahlsysteme – Mehrheitswahl und Verhältniswahl – funktionieren und welche Vor- und Nachteile sie haben. Fertigt auf einem Blatt eine Übersicht an.

	Mehrheitswahl	Verhältniswahl
Funktionsweise Vorteile Nachteile		

4. Wie würdest du entscheiden? (Für welches System man sich bei den Bundestagswahlen in Deutschland entschieden hat, erfährst du auf der folgenden Seite.)

Die Bundestagswahl: Wie funktioniert sie?

Achtet beim Lesen und beim Betrachten der Schaubilder auf dieser Doppelseite auf folgende Begriffe:

- Personalisiertes Verhältniswahlrecht,
- Erststimme, Zweitstimme, Stimmensplitting,
- Fünf-Prozent-Hürde,
- Überhangmandate.

Erklärt nach dem Lesen, was sie bedeuten.

Begriffe für euer Fachwörterverzeichnis

Das Wahlrecht für die Bundestagswahlen versucht, die Vorzüge beider Wahlsysteme (des Mehrheits- und des Verhältniswahlrechts) miteinander zu verbinden. Durch die Kombination der beiden Wahlsysteme sprechen wir auch von einem personalisierten Verhältniswahlrecht. Die eine Hälfte der Abgeordneten wird in Einzelwahlkreisen nach relativer Mehrheit, die andere Hälfte – unabhängig davon – nach Listen im Verhältniswahlrecht gewählt. Deswegen gibt es bei den Bundestagswahlen eine Erststimme und eine Zweitstimme. Dazu ist der Stimmzettel in zwei Spalten eingeteilt; in jeder der Spalten kann der Wähler eine Stimme durch Ankreuzen abgeben. Auf der linken Spalte, also mit der Erststimme, kann der Wähler seinen Bundestagskandidaten wählen. […] In der rechten Spalte wird mit der Zweitstimme die Partei gewählt. […] Die Zweitstimme ist nicht zweitrangig, wie der Name irrtümlich vermuten lässt. Sie entscheidet vielmehr, wie viele Mandate eine Partei im neuen Bundestag erhält.

(Aus: Rupert Schick/Michael F. Feldkamp: Wahlen, hrsg. vom Referat für Öffentlichkeitsarbeit des Deutschen Bundestages, Berlin 2002, S. 15)

Stimmzettel

für die Wahl zum Deutschen Bundestag
im Wahlkreis 138 Paderborn
am 27. September 2009

Sie haben 2 Stimmen

hier 1 Stimme für die Wahl **eines/einer Wahlkreisabgeordneten**

hier 1 Stimme für die Wahl **einer Landesliste (Partei)** – maßgebende Stimme für die Verteilung der Sitze insgesamt auf die einzelnen Parteien –

Erststimme			Zweitstimme	
1	Berg, Ute – Mitglied des Bundestages, Bürener Weg 6, 33100 Paderborn	SPD – Sozialdemokratische Partei Deutschlands	SPD – Sozialdemokratische Partei Deutschlands – Franz Müntefering, Dr. Angelica Schwall-Düren, Peer Steinbrück, Ulla Schmidt, Willi Brase	1
2	Dr. Linnemann, Carsten – Diplom Volkswirt, Westtorstraße 9, 33184 Altenbeken	CDU – Christlich Demokratische Union Deutschlands	CDU – Christlich Demokratische Union Deutschlands – Prof. Dr. Norbert Lammert, Ronald Pofalla, Ursula Heinen-Esser, Peter Hintze, Dr. Norbert Röttgen	2
3	Klare, Wolfgang – Diplom Betriebswirt, Amselweg 8, 33175 Bad Lippspringe	FDP – Freie Demokratische Partei	FDP – Freie Demokratische Partei – Dr. Guido Westerwelle, Gisela Piltz, Jörg van Essen, Dr. Werner Hoyer, Gudrun Kopp	3
4	Schwan, Stefan – EU-Referent, Grube 4, 33098 Paderborn	GRÜNE – BÜNDNIS 90/DIE GRÜNEN	GRÜNE – BÜNDNIS 90/DIE GRÜNEN – Bärbel Höhn, Volker Beck, Britta Maria Haßelmann, Frithjof Georg Ernst Schmidt, Katja Dörner	4
5	Strüker, Udo – Altenpfleger, Alfener Kirchweg 20, 33178 Borchen	DIE LINKE – DIE LINKE	DIE LINKE – DIE LINKE – Ursula Cornelia Lötzer, Ursula Jelpke, Inge Dora Minna Höger, Paul Georg Schäfer, Sarah Wagenknecht-Niemeyer	5
6	Plischka, Eduard – Kraftfahrer, Bayernweg 39, 33102 Paderborn	NPD – Nationaldemokratische Partei Deutschlands	NPD – Nationaldemokratische Partei Deutschlands – Claus Cremer, Stephan Haase, Marion Figge, Manfred Breidbach, Axel Thieme	6
			Die Tierschutzpartei – Mensch Umwelt Tierschutz	7

Mehrere Möglichkeiten

Der Wähler kann einer Person seine Stimme geben und er kann die Partei wählen, die er bevorzugt. Auch können die Wähler die Erst- und Zweitstimme unabhängig voneinander vergeben. Zum Beispiel ist es möglich, mit der Erststimme den Kandidaten der CDU oder SPD oder einer anderen Partei zu wählen und die Zweitstimme den Grünen, der FDP oder einer anderen Partei zu geben. Dieser Sonderfall der Aufteilung der beiden Stimmen wird als „Stimmensplitting“ bezeichnet.

Einprägen muss man sich, dass die Zweitstimme die wichtigere von beiden ist. Nur sie entscheidet darüber, wie viele Sitze eine Partei im Bundestag erhält und ob sie überhaupt in den Bundestag einziehen darf. Parteien mit weniger als fünf Prozent der Zweitstimmen erhalten keinen Platz im Bundestag (= Fünf-Prozent-Klausel).
Für die Zweitstimme erstellen die Parteien vor der Wahl für jedes Bundesland eine Landesliste, auf der die Kandidaten für den Bundestag aufgelistet sind. Wer auf Platz eins der Landesliste steht, hat die größten Chancen, nach der Wahl in den Bundestag einzuziehen.

Überhangmandate

Es kommt auch vor, dass eine Partei mehr Sitze im Parlament erhält, als ihr nach den Prozenten der Zweitstimme zustehen. Man bezeichnet diese Sitze als Überhangmandate. Sie entstehen, wenn eine Partei in einem Bundesland mehr Direktmandate gewinnt, als ihr dort nach dem Zweitstimmenanteil eigentlich zustehen würden. Ein Beispiel: Partei X erringt nach ihrem Zweitstimmenanteil 20 Sitze. In 21 Wahlkreisen siegen ihre Kandidaten, die sich direkt um ein Mandat beworben haben. Folge: Partei X erhält 20 Sitze plus einen weiteren als Überhangmandat. Das Parlament wird um diesen Sitz vergrößert.

1. Versetzt euch in die Rolle einer Lehrerin oder eines Lehrers. Erklärt euren Schülerinnen und Schülern mithilfe der Schaubilder und des Wahlzettels, wie das Wahlsystem zum Deutschen Bundestag funktioniert.

Was noch interessant sein kann:

- einen Dialog einstudieren zwischen einem Kenner des Wahlsystems zum Bundestag und einem völlig uninformierten Erstwähler,
- eine Diskussion im Unterricht zur Fünf-Prozent-Klausel vorbereiten; recherchiert dazu im Web mit den Suchbegriffen *pro kontra Fünf-Prozent-Klausel*, stellt ein Blatt mit Argumenten zusammen; organisiert möglichst selbstständig eine Diskussion.

Trainingsplatz

S M U H

Wir ermitteln, welche Abgeordnete einen Platz im Parlament erhalten

Amtliches Endergebnis nach Auszählung der Zweitstimmen:

Partei A = 51 % = 6 Sitze   Partei B = 34 % = 4 Sitze   Partei C = 15 % = 2 Sitze

Einzelergebnisse aus den Wahlkreisen nach Auszählung aller Erststimmen:

1	Ceylin Hiob	A	51 %	2	Hermann Pit	A	45 %
	Marion Jung	B	30 %		Gabi Schman	B	40 %
	Paul Klein	C	19 %		Dirk Fuchs	C	15 %
3	Brigitte Mohn	A	40 %	4	Volker Maus	A	60 %
	Swen Holz	B	51 %		Sandra Blume	B	30 %
	Harald Fips	C	9 %		Hans Stark	C	10 %
5	Friedel Wald	A	40 %	6	Anna Sachs	A	48 %
	Hanna Rosch	B	45 %		Kurt Hamm	B	37 %
	Simone Daum	C	15 %		Gerd Stein	C	15 %

Landesliste der Partei A
Listenplatz:
1. Ceylin Hiob
2. Halil Engan
3. Petra Kuhn
4. Volker Maus
5. Theo Scholtes
6. Gudrun Land
7. Norbert Schrader
8. Anna Sachs

…

Landesliste der Partei B
Listenplatz:
1. Holger Boor
2. Margot Taucher
3. Hermann Herz
4. Nicole Schön
5. Sven Holz
6. Hanna Rosch

…

Landesliste der Partei C
Listenplatz:
1. Simone Daum
2. Gerd Stein
3. Hassan Stark
4. Petra Butter
5. Dirk Fuchs
6. Paul Klein

…

Zu Beginn dieser Einheit über das Wahlrecht zum Deutschen Bundestag stand die Frage, ob es zu kompliziert sei. Was meint ihr: Ist es das oder ist es ein klug gewähltes Wahlrecht?
Welche Kandidatinnen und Kandidaten ziehen nach einer Wahl in das Parlament ein, wenn das Wahlsystem ein personalisiertes Verhältniswahlrecht ist, bei dem die Wählerinnen und Wähler eine Erst- und eine Zweitstimme haben? Mit den Vorgaben auf dieser Seite könnt ihr das entscheiden. Der Einfachheit halber wählen wir ein Parlament, das insgesamt aus 12 Sitzen besteht. Die Parlamentswahl hat folgendes Ergebnis gebracht:

Partei A erhielt 51, Partei B 34 und Partei C 15 Prozent.
Nach dem Umrechnungsschlüssel ergibt sich daraus folgende Sitzverteilung:
Partei A = 6 Sitze, Partei B = 4 Sitze, Partei C = 2 Sitze.

- Wer nimmt für die Parteien A, B und C Platz im Parlament?
- Zeichnet die Umrisse dieses zwölfköpfigen Parlaments in euer Heft.

1	2	3	4	5	6
7	8	9	10	11	12

- Verteilt dann die Sitze an die Personen. Zuerst kommen diejenigen ins Parlament, die aus den sechs Wahlkreisen als Sieger hervorgegangen sind.
- Die sechs weiteren freien Plätze füllt ihr dann aus den Landeslisten auf.

TEAM kontrovers: Sollen Jugendliche ab 16 an Bundestagswahlen teilnehmen?

Auf kommunaler Ebene haben bereits sechs Bundesländer das Mindestwahlalter auf 16 Jahre gesenkt, so auch in Nordrhein-Westfalen (Stand 2011). Für die Bundestagswahlen liegt das Mindestalter immer noch bei 18 Jahren. Anders sieht es im Nachbarland Österreich aus. Hier dürfen Jugendliche bereits seit 2007 ab 16 an Bundeswahlen und sogar an den Wahlen zum Europäischen Parlament teilnehmen. Wäre das nicht auch eine begrüßenswerte Erweiterung der politischen Mitwirkung durch Jugendliche in Deutschland?

1. Lest die Pro- und Kontra-Position.
2. Listet die Begründungen stichwortartig auf.
3. Sucht nach weiteren Argumenten.
4. Formuliert euer eigenes Urteil und diskutiert miteinander.

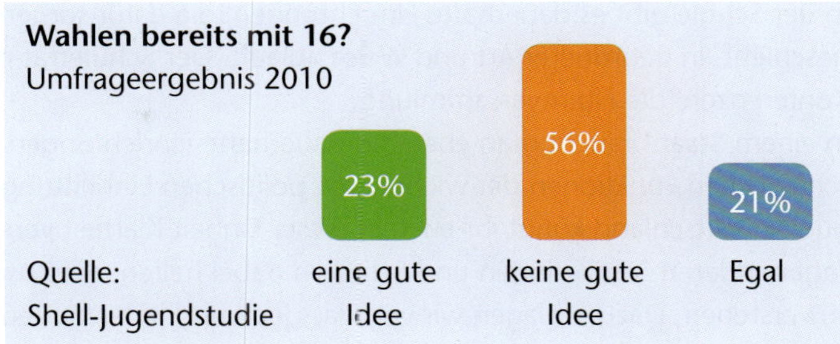

Nein, das überfordert Jugendliche.

Das aktive Wahlrecht auf Bundesebene ab einem Mindestalter von 16 Jahren zuzulassen wäre unverantwortlich. [...] In diesem Alter ist die politische Meinungsbildung noch in einer Phase, in welcher Jugendliche zu leicht zu beeinflussen sind, beziehungsweise noch zu sehr von den Ansichten der Eltern gelenkt sind. Eine Studie der Universität Hohenheim zu „Politikverständnis und Wahlalter" hat ergeben, dass Probanden unter 18 Jahren ein signifikant geringeres politisches Wissen als Teilnehmer mit Wahlrecht haben. Dabei war der Bildungsabschluss unerheblich. Die Jugendlichen haben also noch zu wenige Informationen, um überhaupt eine auf eigenem Denken basierende Entscheidung zu treffen. [...]
Überdies könnte ein mangelndes Politikverständnis von einigen Parteien dazu genutzt werden, um bei den jungen und beeinflussbaren Wählern mit populistischen Wahlversprechen auf Stimmenfang zu gehen. Ein Bedeutungsgewinn von radikalen Parteien wäre eine mögliche Folge.

Ja, mit 16 ist man alt genug dazu.

Das Wahlrecht für Jugendliche ab 16 Jahren auf Bundesebene sollte eingeführt werden, da dies der Politikverdrossenheit besser entgegenwirkt. Viele junge Menschen würden sich durch die frühere Möglichkeit zur politischen Partizipation ernst genommen fühlen und sich damit eher beteiligen. [...]
Ein weiteres Argument dafür ist, dass ein ausgeprägtes Interesse an Politik keine Frage des Alters ist. Der Unterschied zwischen einem 17-jährigen und einem 18-jährigen Politikinteressenten ist nicht messbar. [...]
Jugendliche im Alter von 16 Jahren können übrigens genauso gut informiert über Politik sein wie Personen, die älter als 18 Jahre sind. Mit 16 Jahren lernen die Jugendlichen in der Schule, wie der Wahlvorgang in Deutschland funktioniert und der Bundestag besetzt wird. Dies sind die idealen Voraussetzungen, um am politischen Geschehen teilzunehmen. Vielen älteren Menschen ist die genaue Bestellung des Parlaments kaum bis gar nicht geläufig, sodass ein Wissensvorsprung nicht auszumachen ist.

(Beide Positionen aus: Norma Kirsten, Melanie Schlund: Pro/Contra Wahlrecht ab 16, im Internet unter www.politik.de, Artikel vom 22.01.2011, letzter Zugriff 15. Januar 2012)

4 Welche Aufgaben haben die fünf wichtigsten Verfassungsorgane?

In der Schule gibt es dauerhafte Einrichtungen, die dafür sorgen, dass alles, was geschieht, in geordneter Art und Weise abläuft. Der Schülerrat gehört dazu, die Konferenzen, die Elternversammlung.
In einem Staat braucht man ebenfalls dauerhafte Einrichtungen. Über die unterschiedlichen Funktionen der wichtigsten politischen Einrichtungen in der Bundesrepublik Deutschland könnt ihr euch in dieser Einheit Klarheit verschaffen. Ihr könnt sogar anderen Schülerinnen und Schülern dabei helfen, die Zusammenhänge besser zu verstehen. Dazu schlagen wir vor, dass jede und jeder von euch Expertin oder Experte für *eine* Einrichtung wird und diese den anderen erklärt. Ihr informiert die anderen über die Ergebnisse eurer Arbeit und werdet von anderen informiert.

Die fünf wichtigsten politischen Einrichtungen in der Bundesrepublik Deutschland werden in den fünf Fotos gezeigt. Sammelt gemeinsam, was ihr bereits darüber wisst.
Tipp: Brainstorming

Was sind Verfassungsorgane?

In jeder Demokratie ist diese Macht auf verschiedene Einrichtungen verteilt. Mit diesen politischen Einrichtungen verhält es sich so ähnlich wie mit den Organen in einem Körper: Herz, Gehirn, Leber, Lunge, Nieren. Alle sind unverzichtbar, aber alle haben unterschiedliche Aufgaben. Alle haben ihre eigenständige Bedeutung, aber alle arbeiten auch zusammen und kontrollieren sich gegenseitig. Bei den politischen Einrichtungen in einem Staat spricht man daher auch von Organen. Sie werden als Verfassungsorgane bezeichnet, weil ihre Rechte und Pflichten in der Verfassung, also im Grundgesetz für die Bundesrepublik Deutschland, aufgeschrieben sind. Die wichtigsten Verfassungsorgane in der Bundesrepublik Deutschland sind: (A) der Bundestag, (B) die Bundesregierung, (C) der Bundesrat, (D) der Bundespräsident und (D) das Bundesverfassungsgericht.

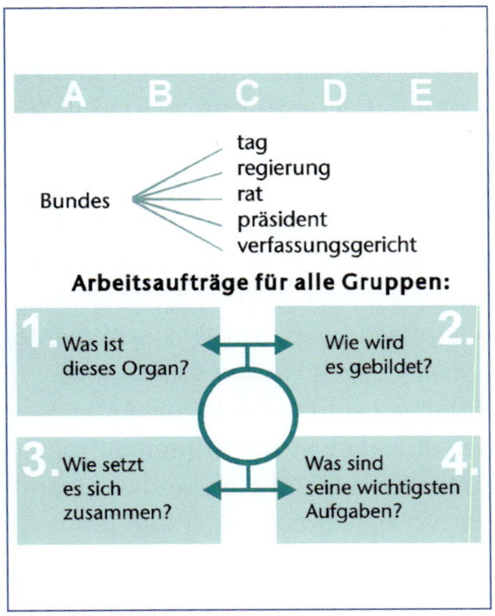

Lernen in unterschiedlichen Gruppen
Methode Gruppenpuzzle

Mit dieser Methode vertretet ihr eines der Verfassungsorgane und steht in Kontakt mit den Vertreterinnen und Vertretern der anderen vier. Das entspricht dann der Art der Zusammenarbeit zwischen den Verfassungsorganen in der Wirklichkeit.

Erster Schritt: Fünfergruppen bilden

Diese Gruppen sind eure **Stammgruppen**. In dieser ersten Phase setzt ihr euch nur kurz zusammen. Ihr sichtet die Seiten 88–90 und verteilt dann die Materialien A bis E auf jeweils ein Mitglied in der Gruppe. Danach arbeitet ihr getrennt in neuen Gruppen.

Bei kleineren Gruppen entfällt die Bearbeitung einzelner Materialien oder ihr entscheidet euch, zwei davon zu übernehmen.

Zweiter Schritt: Arbeit in den Expertengruppen A, B, C, D, E

Alle Mitglieder aus den Stammgruppen, die das gleiche Material zu bearbeiten haben, treffen sich in einer sogenannten **Expertengruppe** und bereiten dort eine Präsentation für die anderen Mitglieder ihrer Stammgruppe vor. Zur Veranschaulichung entwickelt ihr eine Mindmap, welche die Antworten auf die vier Arbeitsaufträge visualisiert (siehe unten). Hilfreich ist, wenn in jeder Gruppe ein Grundgesetz vorhanden ist. So könnt ihr die Bestimmungen über euer Bundesorgan aus erster Hand nachlesen. Eventuell könnt ihr mithilfe des Internets weitere Informationen besorgen.

Kurze Informationstexte über die Bundesorgane findet ihr unter www.mitmischen.de, www.hanisauland.de, www.deutschland.de

Dritter Schritt: Rückkehr in die Stammgruppen

Mit euren fertigen Präsentationen und euren Mindmaps dazu kehrt ihr in eure Stammgruppe zurück und präsentiert dort der Reihe nach. Danach betrachtet ihr gemeinsam das Schaubild „Staatlicher Aufbau in der Bundesrepublik Deutschland" auf der Seite 90 und bearbeitet die Aufträge 1 und 2 dazu. Am Ende dieser Gruppenarbeitsphase sollten alle in der Lage sein, das Quiz auf Seite 91 zu lösen und die fünf Verfassungsorgane mit ihren Aufgaben, ihrer Zusammensetzung und ihren Verbindungen zueinander zu präsentieren.

Sollten euch nur Einzelstunden zur Verfügung stehen, könnt ihr diese dritte Phase in eine Folgestunde verlegen.

A Der Bundestag

Grundgesetz Artikel 38 bis 48 • Internet: www.bundestag.de

Der BUNDESTAG ist das Parlament, das heißt die Volksvertretung der Bundesrepublik Deutschland. Er setzt sich zusammen aus den Vertretern des Volkes der Bundesrepublik. Sie heißen Bundestagsabgeordnete und werden alle vier Jahre von den Bürgern der Bundesrepublik in den Bundestagswahlen gewählt. Tritt nach einer Wahl ein Bundestag zusammen, wählt er seinen Präsidenten, das heißt seinen Vorsitzenden, und mehrere Stellvertreter. [...]
Der Bundestag verhandelt grundsätzlich öffentlich, das bedeutet, jeder Bürger kann den Beratungen zuhören. Die Hauptaufgaben des Bundestages sind:

- Gesetze zu beschließen, die vorher in den Ausschüssen eingehend beraten worden sind,
- den Bundeskanzler zu wählen,
- die Arbeit der Bundesregierung zu kontrollieren, das heißt zu beaufsichtigen und zu überwachen. [...]

Zu den Abgeordneten des Bundestages kann jeder Bürger gewählt werden, der selbst wählen darf. Er muss volljährig sein und seit mindestens einem Jahr die deutsche Staatsangehörigkeit besitzen. In der Regel sind Bundestagsabgeordnete Mitglieder von Parteien. Sie haben ein freies Mandat: Weder ihre Wähler noch ihre Parteien können sie zu einer Handlung zwingen. Eine Partei hat jedoch nur dann Macht, wenn sie im Widerstreit mit anderen Parteien mit einem festen Standpunkt auftreten kann. Es wird also von den Mitgliedern einer Fraktion erwartet, dass sie sich der Entscheidung der Mehrheit in der Fraktion unterwerfen. Man nennt das Fraktionsdisziplin. [...] In der Bundesrepublik darf jedoch kein Abgeordneter zur Fraktionsdisziplin gezwungen werden. Ein sogenannter Fraktionszwang ist im Grundgesetz verboten.

(Alle Texte auf dieser und den beiden nachfolgenden Seiten aus: Hilde Kammer u. Elisabet Bartsch: Jugendlexikon Politik, Rowohlt Taschenbuch Verlag, überarbeitete Ausgabe Juni 2011)

B Die Bundesregierung

Grundgesetz Artikel 62 bis 69 • Internet: www.bundesregierung.de

BUNDESREGIERUNG heißt die Regierung eines Bundesstaates. Die Bundesrepublik Deutschland ist ein Bundesstaat. Ihre Bundesregierung besteht aus dem Bundeskanzler und den Bundesministern. Der Bundeskanzler ist der Chef der Bundesregierung. Die Bundesregierung regiert die Bundesrepublik. Sie ist oberste ausführende, man sagt auch vollziehende Gewalt: Sie hat die Verantwortung, dass die vom Bundestag beschlossenen Gesetze ausgeführt werden. Der Bundestag ist die Vertretung des Volkes der Bundesrepublik. Die Bundesregierung bringt Gesetze ein, das bedeutet, sie schlägt Gesetze vor, wie auch Bundesrat und Bundestag. Sie regelt außerdem die Beziehungen der Bundesrepublik zu anderen Staaten. Die Bundesregierung wird entweder von einer Partei gebildet, oder es schließen sich mehrere Parteien zu einer Koalition, das heißt zu einem Bündnis, zusammen. Man spricht in diesem Fall von einer Koalitionsregierung. Die Zusammensetzung der Bundesregierung hängt von dem Ergebnis der Bundestagswahl ab. Der Bundeskanzler wird auf Vorschlag des Bundespräsidenten vom Bundestag gewählt und dann vom Bundespräsidenten ernannt. Die Bundesminister werden auf Vorschlag des Bundeskanzlers vom Bundespräsidenten ernannt und entlassen.
Wird eine Koalitionsregierung gebildet, sind vor der Ernennung der Bundesminister ausführliche Besprechungen zwischen dem Kanzler und den Parteien notwendig. Parteien haben unterschiedliche Auffassungen, wie das Zusammenleben der Menschen im Staat geregelt werden soll. In sogenannten Koalitionsgesprächen wird versucht, die unterschiedlichen Meinungen aufeinander abzustimmen. [...]
Der Bundeskanzler bestimmt die Richtlinien der Politik und ist dadurch den Ministern übergeordnet. Jeder Bundesminister leitet seinen Aufgabenbereich – das ist ein Ressort – in eigener Verantwortung.

C Der Bundesrat

Grundgesetz Artikel 50 bis 53 • Internet: www.bundesrat.de

Die Bundesrepublik Deutschland ist ein Bundesstaat; sie besteht aus 16 Bundesländern. Die Interessen der Bundesländer vertritt der BUNDESRAT. Durch ihn wirken die Bundesländer bei der Gesetzgebung und bei der Verwaltung der Bundesrepublik mit.
Der Zustimmung des Bundesrates bedürfen alle Gesetze, die die Verwaltung der Bundesländer betreffen, außerdem Gesetze, die das Grundgesetz ändern, und Gesetze, die Verträge mit anderen Staaten enthalten. Diese Gesetze werden als Zustimmungsgesetze bezeichnet. Gegen alle anderen Gesetze kann der Bundesrat Einspruch erheben, der aber vom Bundestag zurückgewiesen werden kann. Die vom Bundesrat abgelehnten Gesetze müssen im Bundestag erneut beraten werden. Eine Aufgabe hat der Bundesrat also bei der Gesetzgebung, die zweite Aufgabe ist seine Mitwirkung in der Verwaltung. […]
Jedes Bundesland schickt wenigstens drei Vertreter in den Bundesrat. Länder mit über 2 Millionen Einwohnern schicken vier, mit über sechs Millionen schicken fünf, mit über sieben Millionen sechs Vertreter. Die Vertreter der Bundesländer sind Mitglieder der jeweiligen Landesregierungen. Sie werden nicht gewählt, sondern von ihren Regierungen in den Bundesrat entsandt. Sie müssen die Anweisungen ihrer Regierungen befolgen. Daher dürfen Bundesratsmitglieder nicht auch Mitglieder des Bundestages sein. Mitglieder des Bundesrates haben Zutritt zu den Sitzungen des Bundestages und können dort sprechen. […]
Die Bundesregierung muss den Bundesrat über ihre Handlungen und Pläne unterrichten.
Der Präsident, der Vorsitzende des Bundesrates, wird auf ein Jahr gewählt. Bundesratspräsident ist immer der Ministerpräsident eines Bundeslandes. Der Bundesratspräsident ist der Stellvertreter des Bundespräsidenten.

D Der Bundespräsident

Grundgesetz Artikel 54 bis 61 • Internet: www.bundespraesident.de

An der Spitze der Bundesrepublik Deutschland steht als Staatsoberhaupt der BUNDESPRÄSIDENT. […] Der Bundespräsident wird für die Dauer von fünf Jahren von der Bundesversammlung gewählt. Er kann für fünf Jahre wiedergewählt werden, das jedoch nur einmal. Die Bundesversammlung setzt sich zur Hälfte aus allen Mitgliedern des Bundestages zusammen, zur anderen Hälfte aus Mitgliedern, die die Landtage der Bundesländer gewählt haben. Zum Bundespräsidenten kann jeder Deutsche gewählt werden, der über 40 Jahre alt ist und das Recht hat, zu wählen und gewählt zu werden.
Der Bundespräsident ist nicht für die Politik der Bundesrepublik verantwortlich. In schwierigen Fällen jedoch liegen besonders wichtige Entscheidungen allein beim Bundespräsidenten, zum Beispiel entscheidet er allein, ob ein im dritten Wahlgang gewählter Kandidat Bundeskanzler wird oder der Bundestag aufgelöst wird. […] Die anderen Aufgaben des Bundespräsidenten ergeben sich aus seiner Stellung als Staatsoberhaupt: Er repräsentiert, das heißt, er vertritt die Bundesrepublik nach außen und nach innen. Es stehen ihm dafür unter anderem die folgenden Rechte zu:

- Er empfängt und beglaubigt Botschafter fremder Staaten,
- er unterzeichnet Verträge mit anderen Staaten, die durch seine Unterschrift in Kraft treten,
- er unterzeichnet nach eigener Entscheidung die vom Bundestag beschlossenen Gesetze und verkündet sie im Bundesgesetzblatt,
- er ernennt den vom Bundestag gewählten Bundeskanzler,
- er kann begnadigen, das bedeutet, er kann die Strafe eines Verurteilten mildern oder aufheben,
- er verleiht das Bundesverdienstkreuz.

E Das Bundesverfassungsgericht

Grundgesetz Artikel 92 bis 94 • Internet: www.bundesverfassungsgericht.de

Das BUNDESVERFASSUNGSGERICHT mit Sitz in Karlsruhe wird als „Hüter der Verfassung" bezeichnet. Es hat darüber zu wachen, ob die vom Bundestag und Bundesrat verabschiedeten Gesetze mit dem Grundgesetz vereinbar sind. Es achtet darauf, dass die Regierung sich bei der Ausübung der Macht an die geltenden Gesetze hält. Schließlich kontrolliert es auch, ob Entscheidungen der Gerichte mit den Grundsätzen der Rechtsprechung vereinbar sind. Das Bundesverfassungsgericht wird nicht von sich aus, sondern nur auf Antrag tätig. Auch einzelne Bürger können in Karlsruhe Verfassungsbeschwerde einlegen, wenn sie sich in ihren Grundrechten verletzt fühlen. Dies geht allerdings erst, wenn der vorherige Rechtsweg ausgeschöpft ist. In der Organisation der staatlichen Ordnung in der Bundesrepublik Deutschland nimmt das Bundesverfassungsgericht eine herausragende Stellung ein, weil es Regierung und Parlament kontrolliert und die Unabhängigkeit der Gerichte garantiert. Das Bundesverfassungsgericht besteht aus zwei Senaten mit je acht Bundesrichtern. Je zur Hälfte werden die Richter vom Bundestag und vom Bundesrat gewählt. Immer wieder beschäftigt sich das Bundesverfassungsgericht mit Fällen, die in der Öffentlichkeit mit großer Aufmerksamkeit verfolgt werden. Dazu gehört zum Beispiel die Frage, ob der Einsatz deutscher Soldaten bei UN-Einsätzen im Ausland mit dem Grundgesetz vereinbar ist oder nicht, ob eine rechtsradikale Partei wie die NPD verboten werden soll oder nicht und vieles andere mehr. Manchmal werden seine Entscheidungen auch kritisiert, weil die Kritiker der Ansicht sind, dass es sich zu sehr in die Politik einmischt und Entscheidungen trifft, die eigentlich im Bundestag, Bundesrat und in der Bundesregierung getroffen werden müssten.

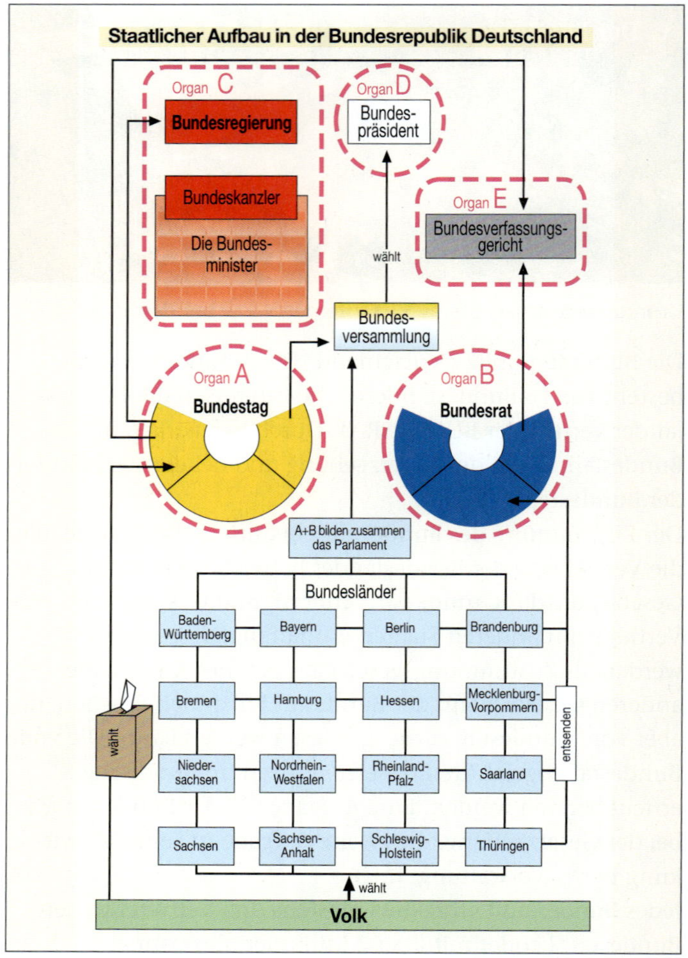

Im Einleitungstext zu dieser Einheit war zu lesen, dass es sich mit den Verfassungsorganen in einem Staat so ähnlich verhält wie mit den Organen in einem Körper. Alle haben bestimmte Aufgaben. Alle arbeiten zusammen. Alle kontrollieren sich gegenseitig.

1. Könnt ihr den Vergleich der wichtigen Organe in einem Körper mit den Verfassungsorganen im Staat nun mit eigenen Worten ausdrücken?

2. Erklärt mithilfe dieses Schaubildes,
   a) welche wichtigen Staatsorgane es gibt,
   b) welche Aufgaben sie jeweils haben,
   c) wie ihre Aufgaben miteinander zusammenhängen.

Trainingsplatz

Quiz – 5 in 15
Welches Verfassungsorgan hat welche Aufgabe?

Bundestag | **Bundespräsident** | **Bundesrat** | **Bundesverfassungsgericht** | **Bundesregierung**

1. beschließt nach eingehender Beratung nach dem Mehrheitsprinzip die Bundesgesetze
2. führt für die Zeit zwischen zwei Bundestagswahlen die Regierungsgeschäfte
3. durch ihn wirken die Bundesländer bei der Gesetzgebung und Verwaltung des Bundes mit
4. vertritt als Staatsoberhaupt die Bundesrepublik Deutschland im In- und Ausland
5. wird als „Hüter der Verfassung" bezeichnet
6. unterzeichnet die Verträge mit anderen Staaten und die vom Parlament beschlossenen Gesetze
7. jedes der 16 Bundesländer entsendet in ihn mindestens drei, höchstens sechs Vertreter
8. besteht aus dem Bundeskanzler/der Bundeskanzlerin und den Bundesministern/Bundesministerinnen
9. wählt den Bundeskanzler/die Bundeskanzlerin
10. wacht darüber, ob die Gesetze mit der Verfassung übereinstimmen
11. kann vom Bundestag beschlossene Gesetze ablehnen und dafür sorgen, dass sie erneut beraten werden
12. wird vom Bundeskanzler geleitet, der die Richtlinien der Politik bestimmt
13. kontrolliert (beaufsichtigt und überwacht) die Arbeit der Bundesregierung
14. wird im Abstand von 5 Jahren von der Bundesversammlung gewählt
15. kontrolliert, ob Entscheidungen anderer Gerichte mit den Grundsätzen der Rechtsprechung übereinstimmen

Alles verstanden? Mit diesem Quiz könnt ihr testen, ob ihr die wichtigsten Aufgaben und Merkmale der fünf Verfassungsorgane kennt. Legt eine Mindmap an, die ihr mit fünf Hauptsträngen verseht. Fügt dann zu jedem Organ die drei zutreffenden Aufgaben hinzu und prägt sie euch langfristig ein. Notiert eine kurze Definition jedes Verfassungsorgans („Was ist das?") in euer Fachwörterlexikon.

Begriffe für euer Fachwörterverzeichnis

- Bundestag
- Bundesregierung (Kanzler und Minister)
- Bundesrat
- Bundespräsident
- Bundesverfassungsgericht

5 Streitthema Graffiti: Wie wird aus einem Problem eine Gesetzesentscheidung?

In der Politik werden wichtige Entscheidungen meist in Form von Gesetzen getroffen. Gesetze enthalten Gebote und Verbote, an die sich alle Menschen im Land halten müssen. Als ein Beispiel für den Weg vom Problem zur Gesetzesentscheidung wird hier das Gesetz zur Änderung des Paragrafen 303 des Strafgesetzbuches behandelt, das unter dem Namen „Anti-Graffiti-Gesetz“ bekannt geworden ist.

Der Weg zu diesem Gesetz hat eine ungewöhnlich lange Zeit in Anspruch genommen. Fast sechs Jahre dauerte es bis zur Verabschiedung. Nach der Bearbeitung des Beispiels könnt ihr

- erklären, wie der Prozess der Gesetzgebung verlaufen ist,
- begründen, warum politische Probleme selten als endgültig gelöst gelten,
- anhand von Kriterien bewerten, ob das „Anti-Graffiti-Gesetz“ nach eurem Urteil ein gutes oder ein weniger gutes Gesetz ist.

Eine Einstiegsübung für alle

Erlauben, erdulden, verbieten, bestrafen: Was ist deine spontane Idee zum Umgang mit Graffiti an Gebäuden?

„Graffiti-Schmierereien verursachen jedes Jahr Kosten von über 200 Millionen Euro. Hausbesitzer und Kommunen bleiben darauf sitzen. Das ist untragbar. Wir brauchen mehr Überwachungspersonal und härtere Gesetze.“

Stellungnahme eines Kommunalpolitikers

„Mich spornt das an, dass Graffiti verboten ist. Das Risiko erwischt zu werden, ist der besondere Kick an der Sache. Ich mache auf jeden Fall weiter.“

Ein Sprayer, der sich Drop nennt

„Es ist zum Verzweifeln! Kaum hatten wir unsere Hauswand zur Straßenseite hin neu verputzen lassen, schon prangte am nächsten Morgen ein hässliches Graffiti neben der Eingangstür.“

Stimme einer Hausbesitzerin

Stationen auf dem Weg zum Gesetz

A Das Problem wird aktuell

Der Ruf nach einem Anti-Graffiti-Gesetz entstand zu einer Zeit, als in der Öffentlichkeit und in den Medien die Verärgerung über die zunehmende Verschandelung der Innenstädte immer lauter wurde. Das war bereits im Jahr 2000 der Fall. Ein Problem war, dass nach der damaligen Gesetzeslage Sachbeschädigung nur dann unter Strafe standen, wenn eine Sache zerstört oder in ihrer Substanz beschädigt wurde. Verunreinigung durch Sprayen von Farbe war in dieser Definition nicht erfasst. So regelte es bis dahin der Paragraf 303 des Strafgesetzbuches. Dies führte dazu, dass die Gerichte erwischte Sprayer mehr oder weniger straflos laufen lassen mussten, auch dann, wenn die Beseitigung ihrer Sprühattacken mit erheblichen Kosten verbunden war.

B Die Öffentlichkeit diskutiert

Der Wunsch nach einer schärferen gesetzlichen Regelung wurde zuerst vom Verband der Haus-, Wohnungs- und Grundeigentümer erhoben. Verbandsvertreter forderten von der damals zuständigen Bundesministerin, sie möge sich für ein Anti-Graffiti-Gesetz einsetzen. In den Parteien gab es Zuspruch für diese Initiative, aber auch Widerspruch. Zum Beispiel gab es Stimmen aus der Partei der Grünen, die davor warnten, die Täter durch härtere Strafmaßnahmen schon in ihrer Jugend als Kriminelle zu betrachten.

C Der Gesetzgebungsprozess kommt auf den Weg

Weil Graffiti mit Sachbeschädigung zu tun hat, fällt es in den Bereich der Strafgesetzgebung und muss in Form eines Bundesgesetzes geregelt werden. Das Verfahren dazu ist im Artikel 76 des Grundgesetzes festgelegt.

> Nach Artikel 76 GG dürfen Gesetzesvorschläge von der Regierung, dem Bundesrat oder auch von Gruppen von Abgeordneten vorgeschlagen werden. Fünf Prozent der Mitglieder des Bundestages sind notwendig, um eine Gesetzesinitiative zu starten. Einzelne Personen dürfen das nicht.

2002 wurde ein Gesetzesvorschlag im Bundestag diskutiert, der zum Ziel hatte, den Tatbestand der Verunstaltung in den Paragrafen 303 des Strafgesetzbuches aufzunehmen und unter Strafe zu stellen. Da man sich nicht auf eine allgemeingültige Definition von Verunstaltung einigen konnte, wurde dieser Vorschlag verworfen. Ein neuer Gesetzesvorschlag kam durch Initiative des Bundesrates zustande. Demnach sollte bestraft werden, wer eine fremde Sache unbefugt, in erheblichem Maße und nicht nur vorübergehend verändert.

D Das Parlament berät in drei Lesungen

Jedes neue Bundesgesetz muss im Bundestag mindestens dreimal beraten werden. Diese drei Beratungen werden als Lesungen bezeichnet. In der ersten Lesung findet in der Regel eine Aussprache statt. In den Parlamentsdiskussionen zeigen sich die unterschiedlichen Ansichten der Personen und die Debatten werden stark von den Auseinandersetzungen zwischen den Regierungsparteien und der Opposition geprägt. Die Opposition bilden die Parteien, die nicht an der Regierung beteiligt sind. In den Beratungen zum Anti-Graffiti-Gesetz wurde deutlich, dass es keine eindeutige Trennungslinie zwischen den Parteien gab. Befürworter einer neuen Regelung gab es in allen Parteien.
Nach der ersten Lesung wird ein Gesetzentwurf – um geprüft und verbessert zu werden – an einen der zahlreichen Expertenausschüsse überwiesen.
Ausschüsse sind kleine Runden von Abgeordneten aus den verschiedenen Parteien im Bundestag, die sich auf bestimmte Themen spezialisiert haben. Die Anti-Graffiti-Gesetzesvorlage wurde im Rechtsausschuss des Bundestages beraten.
Die Ausschüsse können zum Zweck ihrer besseren Information und Meinungsbildung weitere Experten einladen: Wissenschaftlerinnen und Wissenschaftler, auch Vertreter von Interessengruppen.
Eine solche Expertenanhörung wird auch als „**Hearing**“ bezeichnet (siehe Seite 95). In der Zeit der Ausschussberatungen werden die Gesetzesvorlagen oft stark verändert. Sind die Beratungen abgeschlossen, wird das Gesetz dem Bundestag zur zweiten Lesung vorgelegt. Die Vertreterinnen und Vertreter der im Bundestag vertretenen

Parteien haben hier noch einmal die Möglichkeit, ihre Kritik und ihre Änderungswünsche vorzutragen. Es folgt die dritte Lesung und danach die Abstimmung im Deutschen Bundestag.

E Das Parlament entscheidet

Die Abstimmung über das Anti-Graffiti-Gesetz fand am 17. Juni 2005 statt. Der Bundestag stimmte mit Mehrheit der Neufassung des Paragrafen 303 des Strafgesetzbuches zu. Mit der Abstimmung im Bundestag ist das Gesetzgebungsverfahren noch nicht beendet. Es muss nun der Vertretung der Länder, dem Bundesrat zugeleitet werden, wo ebenfalls beraten und darüber abgestimmt wird. Dabei wird zwischen zustimmungspflichtigen und Einspruchsgesetzen unterschieden. Kommt zwischen den beiden Kammern des Bundesparlaments, dem Bundestag und dem Bundesrat, keine Einigung zustande, so wird der Vermittlungsausschuss eingeschaltet. Er besteht aus 32 Mitgliedern, die je zur Hälfte dem Bundestag und dem Bundesrat angehören, und hat die Aufgabe, einen Kompromissvorschlag auszuarbeiten.

F Das Gesetz tritt in Kraft

Jedes neue Bundesgesetz muss vom Bundespräsidenten unterschrieben werden und kann erst in Kraft treten, wenn es im Bundesgesetzblatt veröffentlicht ist. Das war beim Anti-Graffiti-Gesetz am 8. September 2005 der Fall.

G Die Öffentlichkeit diskutiert erneut

Man könnte annehmen, dass mit der gesetzgeberischen Entscheidung der politische Streit endgültig beigelegt ist. Doch das ist nur selten der Fall. Es gehört zum Wesen der Demokratie, dass die verabschiedeten Gesetze von den Medien kommentiert und kritisiert und in der Öffentlichkeit diskutiert werden. Bezüglich des Anti-Graffiti-Gesetzes dauern die Diskussionen auch im Jahr 2011 noch an. So meldete der Norddeutsche Rundfunk im Oktober 2010, das Ziel des Gesetzes, Graffiti-Schmierereien an Gebäuden zu verhindern, sei nicht erreicht worden. Auch wird der Ruf nach einer neuen Gesetzesinitiative laut, der es besser gelingt, das Problem in den Griff zu bekommen.

Aktuelle Stimmen zum Gesetz:

„Wir brauchen ein neues, besseres Gesetz mit härteren Strafen und mehr Personal, das die Einhaltung überwacht."

„Leider lassen sich die Sprayer, die richtig in der Szene sind, von Gesetzen nicht abschrecken."

„Wir brauchen kein neues Gesetz, aber Aufklärung und Bildung für die gefährdeten Jugendlichen."

„Der geänderte Paragraf 303 des Strafgesetzbuches schafft eine eindeutige Rechtsgrundlage zur Behandlung der Täter. Damit hat das Gesetz sein Ziel erreicht."

1. Zwischen der Initiative und dem Inkrafttreten vergingen mehr als fünf Jahre. Was geschah in diesem Zeitraum? Notiere in Stichworten.
2. Warum ist es selten der Fall, dass politische Probleme durch ein Gesetz für alle Zeiten verbindlich geregelt werden können?
3. Wahrscheinlich kannst du dir nicht alle Einzelheiten merken, die mit dem Gesetzgebungsverfahren verbunden sind. Welche Informationen darüber möchtest du auf keinen Fall wieder vergessen?

Was noch interessant sein kann:

- im Internet die Suchbegriffe *Anti-Graffiti-Gesetz pro und kontra* eingeben und nach aktuellen Kommentaren suchen,
- unter www.bundestag.de aktuelle Gesetzgebungsverfahren recherchieren.

Problemlösung durch Interessenausgleich

Die Klasse spielt ein Hearing im Gesetzgebungsverfahren

Ihr könnt das Hearing zum Anti-Graffiti-Gesetz spielen. Bildet dazu fünf Gruppen und haltet euch an die unten beschriebene Vorgehensweise. In der Gruppenarbeitsphase sucht und formuliert ihr möglichst viele Argumente, mit denen ihr eure Ansicht zum geplanten Gesetz begründen könnt. Die Gruppe 3, Rechtsausschuss des Deutschen Bundestages, sucht und formuliert alles, was für und was gegen das Gesetz spricht.

Ja, wir brauchen dieses Gesetz!

Gruppe 1: Verband der deutschen Haus- und Grundstückseigentümer
Der Verband ist mit seiner Geduld am Ende. Alle bisherigen Versuche, die Graffiti-Schmierereien einzudämmen, haben keinen Erfolg gebracht. Der Staat muss den Tätern Grenzen aufzeigen und seiner Pflicht nachkommen, das Eigentum der Menschen im Land zu schützen. Schmierereien an Gebäuden sollen in Zukunft wie Zerstörungen und Beschädigungen unter Strafe gestellt werden.

Gruppe 2: Vertretung des Deutschen Städte- und Gemeindebundes
Eurer Ansicht nach haben die Veränderungen durch Graffiti im Erscheinungsbild von öffentlichen Gebäuden und Verkehrsmitteln ein unerträgliches Maß erreicht. Ihr weist darauf hin, dass die Städte nicht länger bereit sind, die Kosten für die Beseitigung der Schäden zu übernehmen. Ihr seid für die Strafverfolgung, besonders bei den vielen Mehrfachtätern. Härtere Strafen sollen abschrecken.

Gruppe 3: Rechtsausschuss des Deutschen Bundestages
In eurer Gruppe sollte es verschiedene Ansichten zum geplanten Gesetz geben, so wie es der Realität in den Ausschüssen entspricht. Ihr könnt auch eure Parteizugehörigkeit wählen. In der Gruppenarbeit erstellt ihr eine Auflistung aller Pro- und Kontra-Argumente. Zu Beginn des Hearings stellt ihr eure verschiedenen Meinungen vor. Während des Hearings stellt ihr Fragen an die Expertengruppen.

Nein, wir brauchen es nicht!

Gruppe 4: Interessenvertretung deutscher Richterinnen und Richter
Viele Richter sind gegen das Gesetz, weil sie befürchten, dass Mehrbelastungen auf die schon jetzt überlasteten Gerichte zukämen. Für Gerichte ist es schwierig, zu entscheiden, ob ein Graffiti harmlos ist oder eine strafbare Handlung. Angeklagte, die sich gute Anwälte leisten können, würden hier immer den Prozess gewinnen. Deshalb: Nein!

Gruppe 5: Verein der Sozialarbeiterinnen und Sozialarbeiter
Ihr haltet das Gesetz für einen gefährlichen Versuch, harmlose Jugendliche zu kriminalisieren. Graffiti-Täter wollen eurer Ansicht nach keine kriminelle Handlung begehen und sollten nicht durch Strafen ins Abseits gedrückt werden. Ihr setzt vielmehr auf vorbeugende Maßnahmen in der Erziehungs- und Jugendarbeit. Mit Abschreckung erreicht man eurer Meinung nach gar nichts.

1. Zu Beginn des Hearings stellt die Gruppe 3 in einer kurzen Stellungnahme vor, was ihrer Ansicht nach für und gegen die geplante Gesetzesänderung spricht. Dann stellen die vier übrigen Gruppen in Kurzvorträgen ihre Positionen zum Gesetz vor.
2. Nach dem Vortrag der Stellungnahmen richten die Ausschussmitglieder ihre Fragen an die einzelnen Gruppen.
3. Nun findet eine Diskussion statt, die entweder vom Lehrer bzw. von der Lehrerin oder von Ausschussmitgliedern geleitet wird.
4. Ein Hearing dient nur der gemeinsamen Beratung, es wird nicht über das Gesetz entschieden. Haltet ihr solche Hearings trotzdem für sinnvoll oder nicht? Formuliert dazu euer eigenes Urteil. Beachtet die Kriterien (a) demokratische Mitwirkung, (b) Wirksamkeit, (c) Effizienz.

Ist das „Anti-Graffiti-Gesetz“ sinnvoll oder nicht?

Wir formulieren unsere Bewertung

§ 303 Strafgesetzbuch
(1) Wer rechtswidrig eine fremde Sache beschädigt oder zerstört, wird mit Freiheitsstrafe bis zu zwei Jahren oder mit Geldstrafe bestraft.

(2) Der Versuch ist strafbar.

Links die alte Fassung des Strafgesetzbuches, rechts die Neuregelung seit Inkrafttreten des geänderten Gesetzes im September 2005.

§ 303 Strafgesetzbuch
(1) Wer rechtswidrig eine fremde Sache beschädigt oder zerstört, wird mit Freiheitsstrafe bis zu zwei Jahren oder mit Geldstrafe bestraft.

(2) Ebenso wird bestraft, wer unbefugt das Erscheinungsbild einer fremden Sache nicht nur unerheblich und nicht nur vorübergehend verändert.

(3) Der Versuch ist strafbar.

An ein verabschiedetes Gesetz müssen alle sich halten. Die im Grundgesetz garantierte Meinungsfreiheit stellt uns allerdings frei, ob wir ein Gesetz positiv oder negativ bewerten. Wie kann man das auf kompetente Art und Weise tun? Dazu ein Vergleich: Wenn ihr vor dem Kauf eines Kleidungsstückes dessen Qualität überprüft, werdet ihr das anhand von Kriterien tun wie zum Beispiel Optik, Farbe, Preis, Marke etc. Kriterien sind Prüfmaßstäbe. Bei der Bewertung eines Gesetzes verfährt man in ähnlicher Weise. Natürlich gelten hier andere Prüfmaßstäbe als beim Kauf einer Ware. Man sollte sich aber auch hier die Kriterien bewusst machen, die man seiner Bewertung zugrunde legt. Wichtig ist, dass man in einer Bewertung deutlich machen kann, welche Kriterien man ihr zugrunde legt.

1. Formuliert eure persönliche Bewertung des Anti-Graffiti-Gesetzes mithilfe der vorgegebenen Schrittfolge.
2. Vergleicht eure Stellungnahmen mit denen eurer Tischnachbarn.
3. Bringt eure Bewertungen in eine Klassendiskussion zum Thema dieser Seite ein.

Schritte zur Bewertung

S M U H

A Interessen

Man klärt, welche Interessen im Spiel sind.
Man formuliert das eigene Interesse.

B Bewertungskriterien anwenden

Häufig verwendete Kriterien zur Bewertung von Gesetzen und anderen politischen Entscheidungen sind:

Beachtung der Regeln	Ist die Entscheidung unter Einhaltung der demokratischen Spielregeln zustande gekommen?
Partizipation (= Teilnahme vieler)	Konnten alle vom Problem betroffenen Gruppen ihre Interessen in den Entscheidungsprozess einbringen?
Sozialer Friede	Ist die Entscheidung dazu geeignet, den sozialen Frieden in der Gesellschaft zu fördern?
Rechtsicherheit	Ist das Gesetz so klar formuliert, dass es im Zweifelsfall eindeutig ausgelegt werden kann (zum Beispiel in einem Gerichtsprozess)?
Wirksamkeit	Ist die Entscheidung dazu geeignet, das Problem, um das es geht, zu lösen oder nicht?
Kosten/Nutzen (= Effizienz)	Steht der Nutzen, den die Entscheidung bringt, in einem vertretbaren Verhältnis zu dem neu entstehenden Aufwand an Kosten, Arbeit, Personal und Zeit?
Minderheitenschutz	Hat man erfolgreich versucht, auch diejenigen Interessen zu berücksichtigen, die nur von einer Minderheit vertreten werden?

Der Gang der Bundesgesetzgebung nach den Bestimmungen des Grundgesetzes

Der Weg bis zur Entscheidung ist bei allen Bundesgesetzen ähnlich. Das Grundgesetz schreibt die doppelte Abstimmung vor – zuerst im Bundestag, dann im Bundesrat. Durch die Abstimmung im Bundesrat wirken die Bundesländer an der Gesetzgebung des Bundes mit. Dabei muss unterschieden werden zwischen solchen, denen der Bundesrat zustimmen muss und solchen, gegen die der Einspruch einlegen kann, damit sie im Bundestag noch einmal beraten werden und erneut zur Abstimmung gestellt werden. Zustimmungspflichtig sind alle Bundesgesetze, welche die Länderinteressen betreffen. Nicht zustimmungspflichtig sind zum Beispiel Gesetze, welche die Außenpolitik betreffen, die Bundeswehr, das Währungswesen u.a. Die Artikel 73 und 74 im Grundgesetz enthalten jeweils einen Katalog von zustimmungspflichtigen und nicht zustimmungspflichtigen Gesetzen. Das Verfahren der doppelten Abstimmung ist auch ein Instrument der Machtkontrolle, weil die beiden Bundesorgane sich gegenseitig kontrollieren.

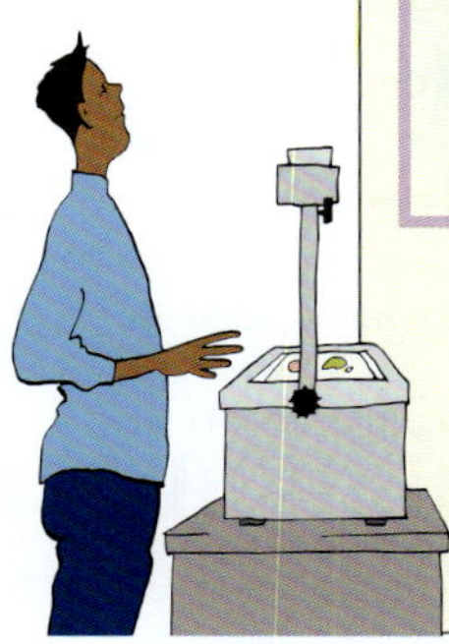

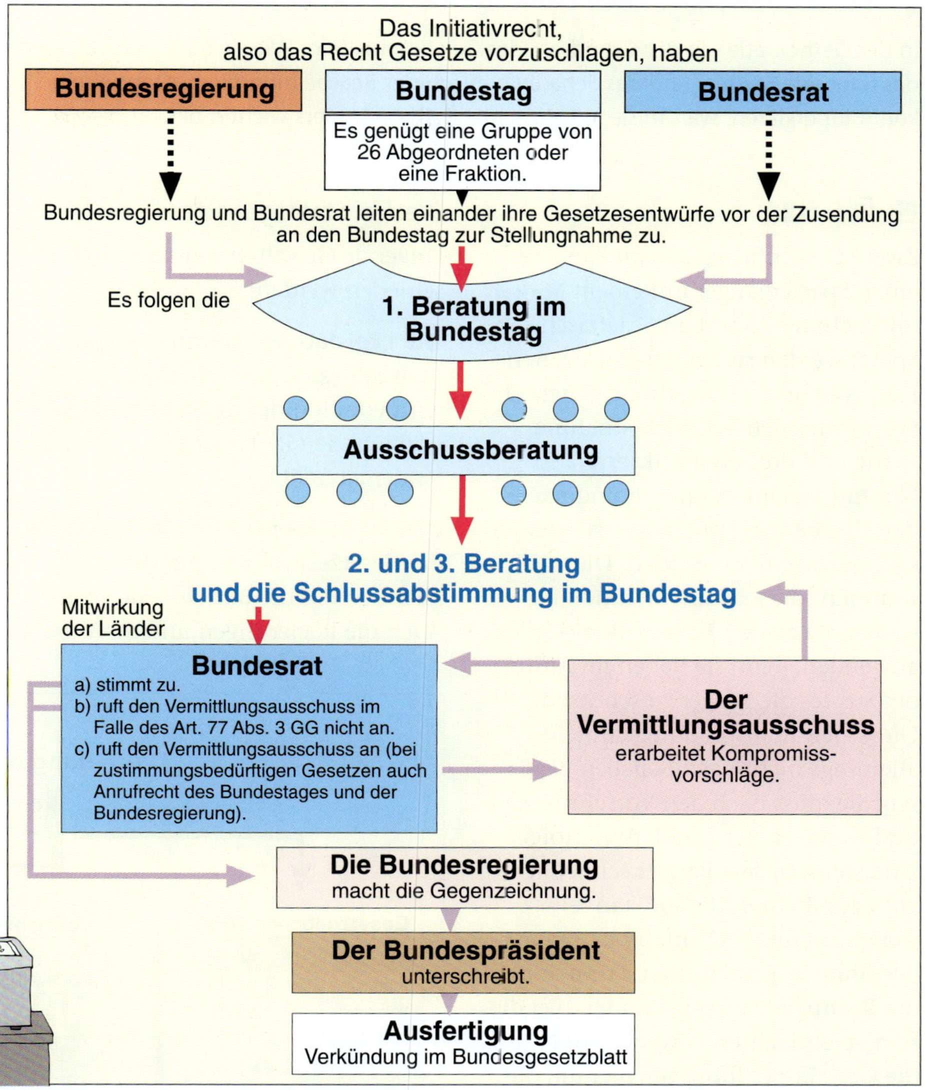

Begriffe für euer Fachwörterverzeichnis

- Gesetz
- Opposition
- Fachausschuss

1. Mithilfe dieses Schaubildes könnt ihr in einem Vortrag vor der Klasse das Gesetzgebungsverfahren in der Bundesrepublik erklären. Zur Veranschaulichung der einzelnen Schritte solltet ihr dabei die Informationen über das Anti-Graffiti-Gesetz nutzen, die ihr auf den vorangegangenen Seiten bekommen habt. Ordnet dabei die im Text genannten Schritte den Stationen im Schaubild zu.
2. Beendet euren Vortrag mit der Vorstellung eures persönlichen Urteils zur Bewertung des Gesetzes.

6 Warum ist Gewaltenteilung wichtig?

In der Demokratie gilt der Grundsatz der Gewaltenteilung. Wie sie funktioniert, zeigen das folgende Beispiel und das Schaubild. Nach der Bearbeitung dieser Doppelseite könnt ihr erklären, warum sie in Deutschland als besonders wichtig gilt.

Ein Überfall

Zwei Männer bedrohen am Flussufer einen Spaziergänger mit einem Messer und nehmen ihm seine Brieftasche ab. Später werden sie im nahe gelegenen Park von einer Polizeistreife gesichtet. Sie wehren sich bei der Festnahme heftig und drohen mit ihrer Waffe. Nur mit vereinten Kräften und nach der Abgabe von Warnschüssen können sie festgenommen werden. Die Beamten (die Exekutive) dürfen im Gegensatz zu den Kriminellen Gewalt anwenden, denn sie haben im Auftrag des Staates die Bürger zu schützen. Diese Gewaltanwendung kann allerdings nicht nach Belieben passieren. Sie muss nach den Vorschriften und Gesetzen der Legislative erfolgen. Und wenn unsere Räuber schließlich vor dem Richter (der Judikative) stehen, ist dieser ebenfalls an einen bestimmten gesetzlichen Rahmen bei der Rechtsprechung gebunden. Bei diesem vereinfachten Beispiel geht es um die Gewaltenteilung, genauer um die Teilung der Staatsgewalt. Sie ist ein wesentliches Element unserer Demokratie. Der Staat hat die Macht, dafür zu sorgen, dass die Ordnung eingehalten wird und seine Bürger geschützt werden. Diese Ordnung ist in Gesetzen festgeschrieben.

(Aus: Gerd Schneider: Politik, Arena Verlag, Würzburg 2008, S. 35ff.)

Die drei Staatsgewalten

Folgende Gewalten müssen unterschieden werden:

Die Legislative: Darunter versteht man die gesetzgebende Gewalt. Sie wird vom Bundestag, vom Bundesrat und von den Parlamenten der Bundesländer ausgeübt.

Die Exekutive: Das ist die Gewalt, die die Gesetze ausführt. Auf der obersten Ebene ist das die Bundesregierung. Auch die Regierungen und die Verwaltungen der Bundesländer sowie die Verwaltungen in den Gemeinden gehören dazu. Polizei und Bundeswehr sind ebenfalls Teil der Exekutive. Sie schützen den Staat vor Bedrohungen und sorgen dafür, dass Ordnung herrscht und dass die Gesetze eingehalten werden.

Die Judikative: Das ist die rechtsprechende Gewalt. Sie wird von den unabhängigen Gerichten ausgeführt mit dem Bundesverfassungsgericht an der Spitze.
Die Trennung der Staatsgewalten soll die Zusammenballung staatlicher Macht in den Händen eines Einzelnen oder einer gesellschaftlichen Gruppe verhindern.

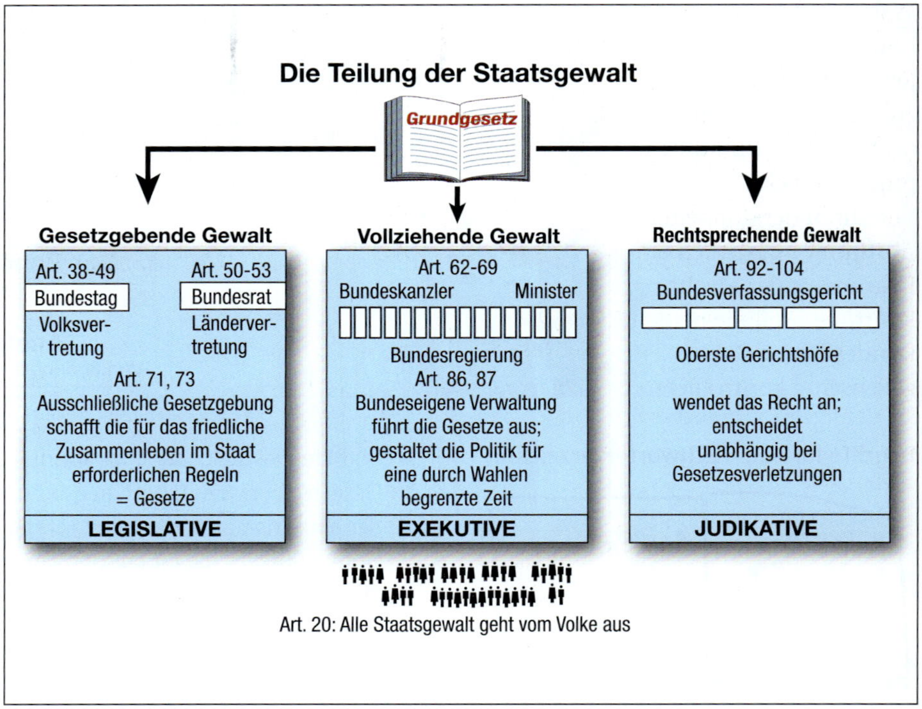

Nie mehr Diktatur in Deutschland

Den schlimmsten Missbrauch staatlicher Macht erlebte Deutschland in der Zeit von 1933 bis 1945. Vom Tag ihrer Machtergreifung im Jahr 1933 an verwandelten Hitler und die Nationalsozialisten Deutschland in eine verbrecherische Diktatur:

- Sie schalteten das Parlament aus.
- Sie verboten Parteien und Gewerkschaften.
- Sie duldeten keine freie Presse.
- Sie ließen das Volk durch ihre Geheime Staatspolizei (Gestapo) bespitzeln und Andersdenkende in Folterkellern und Konzentrationslagern verschwinden.
- Sie beugten das Recht im Namen des Führers.
- Sie führten Deutschland in einen rassistisch begründeten Vernichtungskrieg.
- Sie ermordeten im Wahn rassischer Überlegenheit nahezu das gesamte Volk der in ihrem Herrschaftsgebiet lebenden Juden.

Vor dem Hintergrund dieser leidvollen und für die Deutschen moralisch belastenden Erfahrungen muss man die verfassungsmäßige Ordnung in der Bundesrepublik Deutschland sehen. Die freiheitlich demokratische Grundordnung, welche die Mitglieder des Parlamentarischen Rates ab dem 1. September 1948 auf Anweisungen der westlichen Siegermächte ausarbeiteten, sollte jegliche Gewalt- und Willkürherrschaft für alle Zeiten ausschließen.

Hitler hatte die Macht in seiner Person konzentriert und missbraucht. Eine staatliche Ordnung, die Konzentration und Missbrauch von Macht verhindern will, muss die Macht auf verschiedene Personen und Institutionen verteilen und ihre demokratische Kontrolle garantieren. Die Kontrolle staatlicher Macht gilt als eines der wesentlichen Elemente, ohne die eine Demokratie keinen dauerhaften Bestand haben kann.

1. Wie kann man am Beispiel des Überfalls das Prinzip der Gewaltenteilung deutlich machen?
2. Mithilfe des Beispiels vom Überfall und des Schaubildes könnt ihr erläutern, was man unter Legislative, Judikative und Exekutive versteht.
3. Worin besteht der Zusammenhang zwischen der Gewaltenteilung in Deutschland heute und den Erfahrungen in der Zeit des Nationalsozialismus?

Wer kontrolliert Regierung und Parlament? Zwei Beispiele

Für die Bearbeitung dieser Seite sollten Partnerschaften gebildet werden. Jeder der beiden Partner bearbeitet einen der beiden Texte so, dass er anschließend seinen Partner mithilfe von notierten Stichwörtern informieren kann.

A Machtkontrolle durch Opposition

In parlamentarischen Demokratien wird die Regierung entweder von der stärksten Partei gebildet, oder es schließen sich zwei oder mehrere Parteien zu einer Koalition zusammen. Das ist ein Bündnis von zwei oder mehreren Parteien im Parlament, um gemeinsam mehrheitsfähig zu sein und die Regierung bilden zu können. Alle Parteien (im Parlament), die nicht an der Regierung beteiligt sind, bilden „die Opposition". Opposition heißt Gegensatz, Widerspruch und Widerstand.
In einer Demokratie hat die Opposition zwei entscheidende Aufgaben: Sie soll die Regierung ständig überwachen und sie kritisieren, wenn sie ihre Pläne für falsch hält, und sie soll eigene Pläne entwickeln und vortragen. Erfüllt eine Opposition diese Aufgaben, kann sie die Politik der Regierung beeinflussen. Gleichzeitig nimmt sie Einfluss auf die Bürger: Sie hilft ihnen dabei, sich eine Meinung zu bilden und ihren Willen zu äußern. Überzeugen die Vorschläge der Opposition die Mehrheit der Wähler, kann sie bei einer nächsten Wahl die meisten Stimmen gewinnen: Sie bildet dann die Regierung und versucht, die Interessen und den Willen ihrer Wähler durchzusetzen. Die bisherige Regierungspartei geht in die Opposition.
Eine Opposition, die ihre Aufgaben wahrnimmt, schützt die Demokratie. Sie verschafft auch den Menschen und Gruppen die Möglichkeit zur Teilnahme an der Politik, die sich in einer Minderheitenposition befinden. Sie verhindert, dass die Regierung ihre Macht unkontrolliert ausübt bzw. die Meinungen von Minderheiten völlig unberücksichtigt lässt.

Opposition
- Definition
- Aufgaben
- Chancen
- Bedeutung

B Machtkontrolle durch das Bundesverfassungsgericht

Ein Beispiel: Im Februar 2006 setzte das Bundesverfassungsgericht das kurz zuvor vom Bundestag beschlossene Luftsicherheitsgesetz außer Kraft. Die Richter erklärten, dass die darin beschlossene Befugnis der Bundeswehr, entführte Passagierflugzeuge im äußersten Notfall abzuschießen, mit der im Grundgesetz garantierten Würde des Menschen nicht vereinbar sei.

> Grundgesetz, Artikel 93 (1) Das Bundesverfassungsgericht entscheidet: über die Auslegung dieses Grundgesetzes aus Anlass von Streitigkeiten über den Umfang der Rechte und Pflichten eines obersten Bundesorgans oder anderer Beteiligter […]

Das Grundgesetz ist die oberste Richtschnur allen staatlichen Handelns. Eine eigene Institution, das Bundesverfassungsgericht, wacht darüber, dass Parlament, Regierung und Rechtsprechung die Verfassung einhalten. Als Hüter der Verfassung kann es jeden Akt der gesetzgebenden Gewalt, der Regierung und Verwaltung und jede Entscheidung der Gerichte auf ihre Verfassungsmäßigkeit prüfen. Dabei schützt es besonders die Grundrechte der Bürger. […] Es ist das höchste Gericht des Bundes, die letzte Instanz für die Kontrolle der Verfassungsmäßigkeit des politischen Lebens. Es kann die Entscheidungen aller anderen Gerichte aufheben, wenn sie der Prüfung der Verfassungsmäßigkeit nicht standhalten. Seine Entscheidungen sind für alle verbindlich. Soweit sie die Rechtswirksamkeit von Bundes- und Landesgesetzen betreffen, haben sie sogar Gesetzeskraft und werden im Bundesgesetzblatt verkündet.

(Aus: Horst Pötzsch: Die deutsche Demokratie, hrsg. von der Bundeszentrale für politische Bildung, Auflage 4, Bonn 2005, S. 115)

Bundesverfassungsgericht
- Beispiel
- Aufgaben
- Bedeutung
- Möglichkeiten

S M U H

Partnerbriefing

Thema: Gewaltenteilung

A Worum geht es?

Der englische Ausdruck Briefing bedeutet, einen Partner mit Informationen zu versorgen. Die Aufgabe des Briefings übernehmt ihr in Partnerarbeit abwechselnd. Ihr arbeitet dabei zunächst einzeln und informiert euch dann gegenseitig über das, was ihr erarbeitet habt. Mit dieser Methode könnt ihr euch darin üben, den Inhalt der Materialien, die ihr einzeln erarbeitet habt, mündlich gut verständlich wiederzugeben. Ein großer Vorteil der Methode besteht darin, dass ihr die Arbeit aufteilen könnt. Ihr braucht nur ein Material zu erarbeiten und lernt zwei.

B Wie macht man das?

1. Aufteilung der Arbeitsmaterialien

Je eine Hälfte der Klasse erhält einen der beiden zu bearbeitenden Texte.

2. Textbearbeitung in Einzelarbeit

Euren Text solltet ihr zweimal durchlesen. Beim zweiten Durchgang fertigt ihr einen Stichwortzettel als Merkhilfe an.

3. Briefing mit festen Regeln

Runde eins: Ihr müsst euch so einander gegenübersetzen, dass ihr euch anschauen könnt. Auf ein Startzeichen hin fasst Partner A dem Partner B gegenüber den Inhalt seines Textes zusammen.
Achtet dabei auf eine deutliche Aussprache! Anschließend hat Partner B die Gelegenheit, Fragen zu stellen (z. B. über Unverstandenes). Partner B fasst dann den Bericht von Partner A zusammen.

Runde zwei: Mit umgekehrter Rollenverteilung und mit dem Bericht über den zweiten Text wird nun genauso verfahren wie in der Runde eins.

4. Planung eines Ergebnisvortrags

Gemeinsam sprecht ihr in Partnerarbeit über das, was ihr erarbeitet habt. Ihr überlegt, welche Zusammenhänge zwischen den beiden Materialien bestehen, was davon besonders wichtig ist, was ihr euch unbedingt merken wollt usw. Dann bereitet ihr einen Ergebnisvortrag vor.

5. Vortrag vor der Klasse

Dazu gibt es eine leichte und eine schwierige Variante. In der leichten Form stellt jeder von euch das Material vor, das er selbst bearbeitet hat. In der schwierigen Form stellen die Partner vor, was der Partner ihnen berichtet hat. Zu den Vorträgen gibt es Rückmeldungen aus der Klasse:

- Waren die wichtigsten Informationen aus den Texten im Vortrag enthalten?
- Haben die Vortragenden gut präsentiert?

C Worauf ihr noch achten solltet

Da viele in der Klasse zur gleichen Zeit sprechen, kann es leicht zu laut werden. Setzt euch möglichst nah einander gegenüber und haltet Abstand zu den übrigen Partnern.

Demokratie in der Bundesrepublik Deutschland

Station 1 Bürgerbeteiligung in der Demokratie

S M U H

Mitbestimmung erklären

In der Stadt Schönstadt legt die größte der Parteien im Stadtrat den Plan zum Neubau eines Parkhauses in der Innenstadt vor. Eine Gruppe von Bürgerinnen und Bürgern ist mit diesem Vorhaben nicht einverstanden.

1. Sie gründen eine **Bürgerinitiative**. Was ist das?

2. Sie streben ein **Bürgerbegehren** an. Wie geht das?

3. Es kommt zu einem **Bürgerentscheid.** Wie kommt er zustande?

Station 2 Rolle der Parteien

S M U H

Eine Definition – drei Aufgaben

Mithilfe des Schaubilds könnt ihr die Rolle der Parteien in der Demokratie erklären. Dabei solltet ihr auch drei Aufgaben von Parteien benennen.

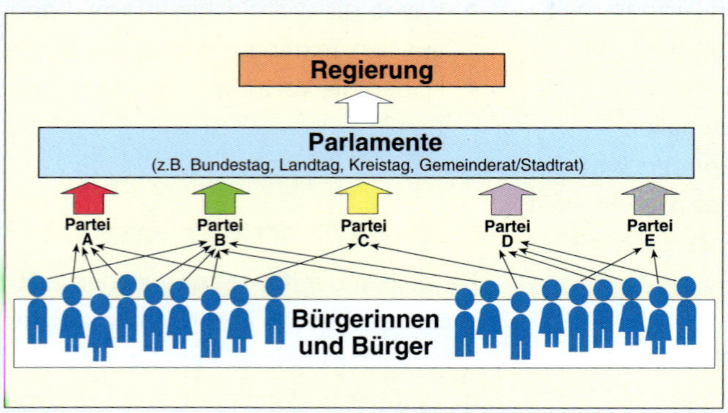

Station 3 Wahlen zum Deutschen Bundestag

S M U H

Stelle dir die folgende Situation vor: Eine Wählerin oder ein Wähler nimmt zum ersten Mal an einer Bundestagswahl teil. Sie oder er betritt die Wahlkabine. Beim Auseinanderfalten des Wahlzettels entsteht Ratlosigkeit. Du bist die helfende Stimme, welche die richtigen Antworten einflüstert.

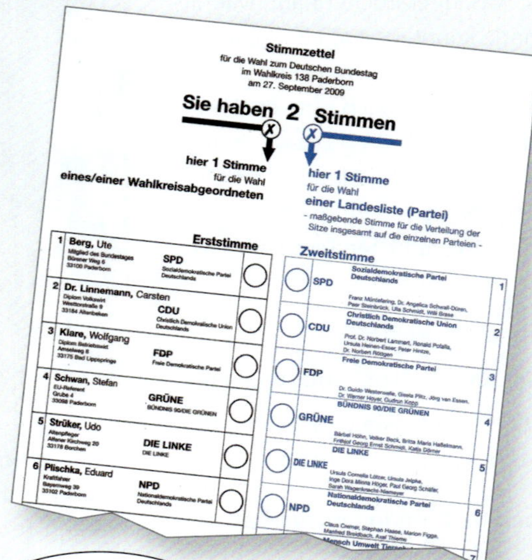

Was ist denn der Unterschied zwischen der Erst- und der Zweitstimme?

Warum muss ich zwei Kreuze machen?

Hat dieses Wahlsystem mit Erst- und Zweitstimme auch einen Namen?

Welche der beiden Stimmen ist die wichtigere und warum?

Station 4 Aufgaben der Verfassungsorgane

S M U H

Test verkehrt

Bei diesem Test sind alle Antworten richtig, aber die Fragen fehlen.
Kannst du die passenden Fragen in dein Heft notieren?

1. Sie oder er wird nicht vom Volk, sondern vom Bundestag gewählt. Sie oder er ist der Chef der Regierung.
2. Sie besteht aus dem Bundeskanzler und den Bundesministern.
3. Er ist die gewählte Volksvertretung der Bundesrepublik Deutschland und damit das Herz der Demokratie.
4. Nein, seine Mitglieder werden nicht gewählt, sondern von den 16 Landesregierungen entsendet.
5. Es hat die Aufgabe, darüber zu wachen, dass die vom Bundestag und vom Bundesrat verabschiedeten Gesetze mit der Verfassung übereinstimmen.

Station 5 Problemlösung durch Bundesgesetze

S M U H

Im Unterkapitel 5 habt ihr den Weg einer gesetzlichen Entscheidung von der Entstehung des Problems bis zum Inkrafttreten des Gesetzes kennengelernt. Prinzipiell ist dieser Weg bei allen Gesetzen gleich. Hier sind nun die Stationen bis dahin durcheinandergeraten. Notiert sie in der richtigen Reihenfolge.

- Der Bundespräsident unterschreibt.
- Das Gesetz wird im Bundesgesetzblatt veröffentlicht.
- Der Bundesrat berät und entscheidet über das Gesetz.
- Das Gesetz tritt in Kraft.
- Die Öffentlichkeit diskutiert und fordert eine gesetzliche Regelung.
- Der Gesetzgebungsprozess kommt auf den Weg.
- Das Problem wird aktuell.
- Der Bundestag berät mit insgesamt drei Lesungen.

Station 6 Die Teilung der Staatsgewalt

S M U H

Damit man sich die drei Staatsgewalten besser einprägen kann, hat unsere Zeichnerin sie mit drei verschiedenen Personen veranschaulicht. Ein Abgeordneter im Deutschen Bundestag stimmt über ein Gesetz ab. Ein Verwaltungsbeamter trifft per Abstempelung eine Entscheidung auf der Grundlage eines vom Parlament verabschiedeten Gesetzes. Eine unabhängige Richterin entscheidet im Streitfall über die Anwendung des Rechts.

1. Ordnet den dargestellten Personen die drei Staatsgewalten zu und verwendet dazu die zutreffenden Fachbegriffe.
2. Erklärt, warum es wichtig ist, die Staatsgewalt zu teilen.

Soziale Sicherung heute und morgen

4

Wie viel Schutz kann und soll der Staat den Menschen bieten?

1. Allein nachdenken

Sozial eingestellt sein, darunter verstehe ich …

2. Zu zweit beraten

Was brauchen wir, um sozial sicher leben zu können?

3. In der Klasse sammeln

Sozialstaat Deutschland: Was soll er bieten? Was soll er fordern?

Bei der Arbeit an diesem Kapitel könnt ihr …

- erklären, was junge Leute mit dem Sozialstaat zu tun haben,
- über die unterschiedlichen Vorstellungen von sozialer Gerechtigkeit miteinander diskutieren,
- darstellen, wie das System der sozialen Sicherung funktioniert,
- Vorstellungen entwickeln, wie ihr euch später im Leben vor Armut im Alter schützen könnt,
- überlegen, welche staatlichen Möglichkeiten der Armutsbekämpfung sinnvoll sind.

Eigene Schwerpunkte könnt ihr setzen, indem ihr …

- Freunde, Verwandte und Bekannte zum Thema Kinderarmut befragt,
- selbst entscheidet, wie ihr euch eine gerechte Besteuerung von Löhnen und Einkommen vorstellt,
- ein eigenes Schaubild zum Thema soziale Sicherung gestaltet.

1 Sozialstaat in Deutschland: Was geht das Jugendliche an?

„Soziale Sicherung, Sozialstaat? Das sind Themen für Rentner, Kranke, Notleidende, Arbeitslose – aber doch nicht für Jugendliche." So oder ähnlich äußern sich manchmal junge Leute. Stimmt das eigentlich? Tauscht zu Beginn dazu eure Gedanken aus.

A Beispiele

Karina, Katja und Joca: Was haben sie mit dem Sozialstaat zu tun?

Katja hatte Pech

Sie wollte doch nur diesen kleinen Felsen hinaufklettern. Ganz vorsichtig trat sie von einem Vorsprung zum anderen. Doch dann rutschte sie mit dem rechten Fuß ab. Ihre Hände verloren den Halt und Katja stürzte – zwar nur zwei Meter tief, aber das reichte für eine Gehirnerschütterung und den komplizierten Bruch eines Handgelenks. Eine Woche lang musste Katja im Krankenhaus bleiben. Drei Wochen fehlte sie an ihrem Ausbildungsplatz zur Hotelkauffrau.
Die ärztlichen Behandlungskosten übernahm Katjas Krankenversicherung fast vollständig, obwohl die Behandlung mehrere Tausend Euro kostete. Sie ist eine der Sozialversicherungen, in die Katja eingebunden ist.

Karina ist happy

Sie hat es geschafft, den Ausbildungsplatz zur IT-Systemkauffrau zu bekommen, den sie sich so sehr gewünscht hat. Wenn man sie fragt, ob sie in einer guten sozialen Gemeinschaft lebt, sagt sie „Ja" und denkt dabei an ihre Familie, ihre Freunde und auch schon an ihre neuen Arbeitskolleginnen und -kollegen. Karina ist aber auch Teil eines „sozialen Netzes". Der Staat kümmert sich um sie, obwohl Karina das kaum bemerkt. Wie alle anderen Auszubildenden ist auch sie in der Sozialversicherung pflichtversichert. Alles, was mit der Anmeldung dazu zusammenhängt, hat ihr Arbeitgeber für sie erledigt. Da Karina unter 18 Jahre ist, musste sie vor Beginn der Ausbildung eine ärztliche Bescheinigung vorlegen, dass sie für den Beruf geeignet ist. Den Berechtigungsschein dafür hat sie von der Stadtverwaltung bekommen. Die Untersuchung war kostenlos.

Joca ist stolz

Als Auszubildender zum Mechatroniker wurde er bei den Betriebsratswahlen in die Jugend- und Ausbildungsvertretung seines Betriebes gewählt. Nun hat er die Aufgabe, die Interessen aller Azubis zu vertreten. Unter anderem kümmert sich Joca darum, dass die Bestimmungen des Jugendarbeitsschutzgesetzes von den Ausbildern und der Geschäftsleitung eingehalten werden. Wenn Joca seinen Großeltern erzählt, wie weit die gesetzlichen Schutzbestimmungen für die Lehrlinge in seinem Betrieb reichen, können die nur anerkennend staunen.

B Hintergründe

Gesetzliche Regelungen zum Schutz Jugendlicher

Pflichtversicherungen für Auszubildende

Alle Berufsanfänger sind in der Sozialversicherung pflichtversichert. Wenn ein Arbeitgeber sie nicht bei der Unfall-, Renten- und Arbeitslosenversicherung anmeldet, dann macht er sich sogar strafbar! Die Krankenkasse, bei der man kranken- und pflegeversichert sein will, kann man sich selbst aussuchen. […] Vom ersten Tag der Ausbildung an besteht Versicherungsschutz. Der ist zwar nicht kostenlos, aber die Arbeitnehmer müssen ihre Beiträge für die Renten-, Arbeitslosen-, Kranken- und Pflegeversicherungen nicht allein finanzieren. Der Arbeitgeber steuert die Hälfte bei. Einen kleinen Teil müssen die Arbeitnehmer allerdings zusätzlich selbst bezahlen.

Jugend- und Auszubildendenvertretung (JAV)

Die JAV ist eine spezielle Interessenvertretung für junge Arbeitnehmer, die eng mit dem Betriebsrat zusammenarbeitet. Sie achtet unter anderem darauf, dass die für Jugendliche und Auszubildende relevanten Gesetze, Tarifverträge und Betriebsvereinbarungen im Unternehmen eingehalten werden.

Arbeitsschutz

Durch das Jugendarbeitsschutzgesetz und die Kinderarbeitsschutzverordnung werden Minderjährige vor Arbeit bewahrt, die zu früh beginnt, zu lange dauert, zu schwer ist, sie gefährdet oder für sie ungeeignet ist. Vollzeitschulpflichtige Jugendliche dürfen nur leichte Nebentätigkeiten ausüben. Wer 13 Jahre alt ist, darf mit Erlaubnis der Eltern beispielsweise Babysitten, Zeitungen austragen oder Nachhilfeunterricht geben – jedoch höchstens zwei Stunden am Tag. Auch für Ferienjobs gelten strenge Regeln: So dürfen Jugendliche bis 18 Jahre höchstens vier Wochen im Jahr, maximal acht Stunden am Tag und nicht mehr als fünf Tage in der Woche arbeiten.

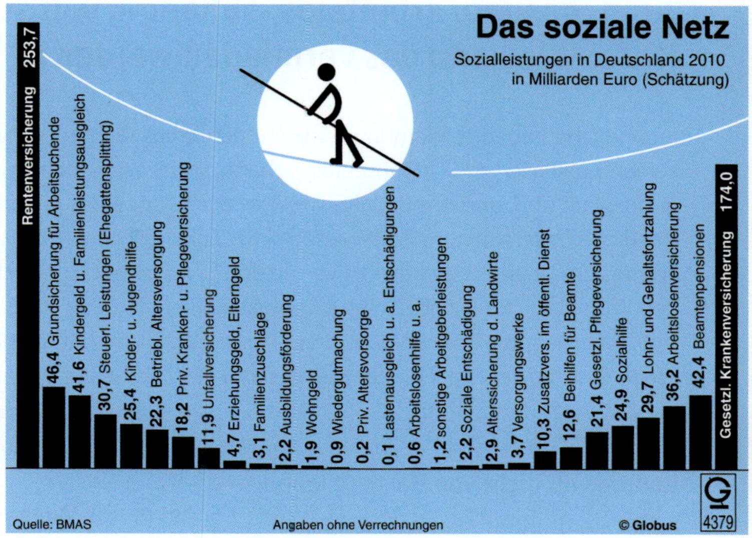

Schutz in Kita, Schule und Universität

Kinder in Tageseinrichtungen, Schüler sowie Studierende fallen unter die Schülerunfallversicherung. […] Neben dem Schulunterricht stehen zum Beispiel Schulausflüge, Schulreisen, Sport und andere Veranstaltungen ebenfalls unter dem Versicherungsschutz.

Ausbildungsförderung (BAföG)

Das Bundesausbildungsförderungsgesetz (BAföG) soll jungen Menschen die Chance geben, eine Ausbildung zu machen, auch wenn sie oder ihre Eltern dazu nicht die nötigen finanziellen Mittel haben. BAföG können beanspruchen: Auszubildende an Berufsfachschulen, Fachschulen und Fachoberschulen; ebenso Jugendliche, die ihren Schulabschluss im zweiten Bildungsweg an Abendhauptschulen, -realschulen oder -gymnasien nachholen.

(Alle Texte auf dieser Seite aus: Sozialpolitik – ein Heft für die Schule, hrsg. von der Arbeitsgemeinschaft Jugend und Bildung e. V. in Zusammenarbeit mit dem Bundesministerium für Arbeit und Soziales, Ausgabe 2010/2011)

1. Was haben Katja, Karina und Joca mit dem Sozialstaat zu tun?
2. Stellt zusammen, welche Hilfen der Staat speziell für junge Leute anbietet.
3. Welche Sozialleistungen in Deutschland kommen in besonderer Weise Kindern und Jugendlichen zugute? Betrachtet dazu das Schaubild und notiert die Ergebnisse.
4. Was entgegnet ihr Leuten, die davon überzeugt sind, sie hätten mit dem Thema „soziale Sicherung" nichts zu tun?

Jung, gesund, arbeitslos, abhängig von staatlicher Hilfe: Wie kann das vermieden werden?

Jugendliche haben es nicht immer leicht auf ihrem Weg in die berufliche Zukunft. Wer keinen qualifizierten Schulabschluss schafft, findet auch nicht leicht einen Ausbildungsplatz und landet möglicherweise in der Gruppe der jungen Leute, die auf staatliche Unterstützung angewiesen sind. Zukunft Hartz IV? Was kannst du von nun an tun, um diese Perspektive zu vermeiden? Wer ist noch gefordert, jungen Leuten den Weg in die finanzielle Selbstständigkeit zu erleichtem: die Eltern, die Schule, die Unternehmen, die Politik? Über diese Fragen könnt ihr miteinander nachdenken.
Tipp: Lest die Texte alleine. Bewertet dann die Thesen auf der folgenden Seite und tauscht euch darüber aus.

Andrea will nicht von Hartz IV leben

Andrea will nicht glauben, dass sie keine Perspektive haben soll. Sie ist siebzehn und in der Abschlussklasse der Fröbelschule. (Das ist eine Förderschule mit dem Förderschwerpunkt Lernen, Anmerkung des Herausgebers) Sie ist fleißig, hört immer zu, bemüht sich, damit ihr Leben doch noch einen anderen Weg nimmt als den, der ihr so deutlich vorgezeichnet zu sein scheint. Andrea will nach der Schule nicht von Hartz IV leben. „Ich möchte auf jeden Fall eine Ausbildung machen", sagt sie bestimmt und wirkt plötzlich gar nicht mehr so verschüchtert wie zuvor.
Andrea ist groß und dünn. Ihre blonden Haare trägt sie meist offen. Aus ihrer Hose ist sie herausgewachsen. Man sieht, dass ihr Vater nicht so viel Geld für ihre Klamotten ausgeben kann. […]
Er hat seit fünf Jahren keine Arbeit mehr. Er hat Maler gelernt und seinen Meister gemacht, danach auch mal als Maurer gearbeitet. „Jetzt kann ich in beiden Berufen nicht mehr arbeiten, da ich einen Herzinfarkt hatte und eine Krebsoperation hinter mir habe", sagt er. Ihr Vater glaubt, dass Andreas Zukunft so ähnlich aussehen wird wie seine Gegenwart: keine Arbeit, eine Wohnung, die der Staat bezahlt. Mehr könne seine Tochter wohl nicht erreichen. Andrea hat ihm erzählt, dass auch Lehrer in der Schule glauben, dass mit einem Abschluss an der Förderschule nichts anderes möglich sei als Hartz IV. […]
„Ich sehe das anders", sagt Andrea. „Wenn ich mich wirklich bemühe, dann schaffe ich es auch. Man muss es nur wirklich wollen und wenn man es will, dann schafft man es auch." Ihr Vater nickt. Aber überzeugt ihn das, was seine Tochter sagt? „Die Andrea hat sich da jetzt um zwei, drei Ausbildungsplätze bemüht", sagt er, „und wenn wir Glück haben, dann klappt es bei Kaufland." Fester Glaube klingt anders.

(Aus: Julia Friedrich/Eva Müller/Boris Baumholt: Deutschland dritter Klasse. Leben in der Unterschicht, Hamburg 2010, S. 27f., gekürzt)

Was tun, um erfolgreich zu sein?

Wer keinen Beruf gelernt hat, dessen Chancen auf einen Job werden künftig sogar noch geringer sein als heute. Er wird auf Unterstützung angewiesen sein und somit die Steuerzahler und die Sozialversicherten sehr viel Geld kosten. Schuld an der hohen Zahl junger Leute ohne Berufsausbildung und den daraus entstehenden Belastungen der Gesellschaft sind allerdings nicht allein die Unternehmen. Schon seit mindestens zehn Jahren beklagen die Handwerksfirmen, bei denen traditionell immer noch am meisten Hauptschüler unterkommen, den mangelnden Wissensstand ihrer Bewerber. […]

Man kann von den Unternehmen erwarten, dass auch sie Verantwortung für die Zukunft Deutschlands und seiner Kinder übernehmen – dass sie möglichst vielen jungen Menschen eine Chance geben. Sie würden davon sogar selbst profitieren, indem sie einem künftigen Facharbeitermangel vorbeugen. Allerdings kann man von der Wirtschaft nicht erwarten, dass sie alle Versäumnisse im bisherigen Leben ihrer Lehrlinge ausbügelt. Und vor allem, das wird nicht gelingen. Für viele arme Jugendliche ist es bereits zu spät. Politik und Gesellschaft können den Schwarzen Peter nicht einfach den Arbeitgebern unterjubeln. Wer möchte, dass sich Deutschlands Jugend einst im Beruf bewährt, der muss sie rechtzeitig unterstützen. Er muss sie aus der Armut holen und frühzeitig fördern, bildungsfernen Eltern Hilfestellung geben und ihren Kindern in der Schule eine Chance gewähren, statt sie in Resignation und Abwehr zu treiben. Nur so werden aus Kindern einmal Jugendliche, die den immer anspruchsvolleren Berufen in unserer hoch technisierten Welt gewachsen sind.

(Aus: Ulrike Meyer-Timpe: Unsere armen Kinder – Wie Deutschland seine Zukunft verspielt, München 2008, S. 176 f.)

Besondere Hilfen für benachteiligte Kinder und Jugendliche

2011 hat der Bundestag ein Bildungspaket zur Förderung von Kindern und Jugendlichen aus finanziell schlecht gestellten Familien verabschiedet. Auf Antrag können Betroffene, deren Eltern von Hartz IV leben, Zuschüsse zur Verbesserung ihrer Lernmöglichkeiten erhalten. Unter anderem gibt es jährlich 100 Euro in bar zum Kauf von Schulbedarf. Jugendlichen, die keinen Ausbildungsplatz finden, unterstützt der Staat, indem er ihnen in den Arbeitsagenturen einen festen Ansprechpartner zu Seite stellt. Dieser hilft ihnen bei der Suche nach einem Ausbildungsplatz, einem Praktikum oder einer berufsvorbereitenden Maßnahme. Betriebe, die sich bereit erklären, Jugendlichen ein halbjähriges betriebliches Eingliederungspraktikum anzubieten, erhalten dazu einen Zuschuss von 212 Euro im Monat plus einen Anteil an den Kosten der Sozialversicherung (Stand 2012). Jugendlichen mit Migrationshintergrund, die Schwierigkeiten mit der deutschen Sprache haben, werden kostenlos Deutschkurse angeboten. Bei all diesen Maßnahmen setzt der Staat auch auf die eigenverantwortliche Mitarbeit der betroffenen Jugendlichen. Lehnt ein Jugendlicher Hilfsangebote ab, können finanzielle Leistungen gestrichen und durch Sachleistungen wie Kleidung oder Lebensmittelgutscheine ersetzt werden.

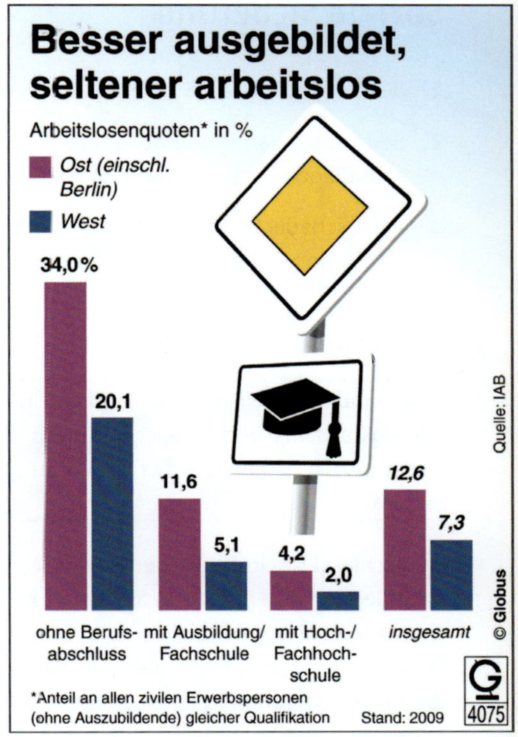

(Weitere Informationen über staatliche Leistungen findet ihr auf der Homepage des Bundesministeriums für Arbeit und Soziales unter www.bmas.de.)

1. Thesen zur Bewertung und Diskussion:

Andreas Vater hat recht wenn er einsieht, dass seine Tochter keine Chance hat.	stimme zu	stimme nicht zu
Andrea hat recht, wenn sie das ganz anders sieht.		
Von den Unternehmen erwarte ich, dass sie Verantwortung übernehmen und mehr junge Leute einstellen.		
Der Sozialstaat muss Jugendliche besser unterstützen, damit sie sich im Beruf bewähren können.		

2. Von wem hängt es ab, dass Jugendliche nach der Schulzeit nicht von staatlicher Unterstützung abhängig sind: von den Eltern, der Schule, den Unternehmen, der Politik oder von den Jugendlichen selbst? Formuliert dazu eure Stellungnahme.

Soziale Sicherung

1. Beschreibe, was ein Sozialstaat ist und welche Pflichten der Staat darin übernimmt.
2. Begründe, warum sowohl Solidarität als auch Eigenverantwortlichkeit von grundlegender Bedeutung für den Sozialstaat sind.
3. Veranschauliche die Grundidee des Sozialstaates mithilfe der Zeichnung. (Der Adler steht für die staatliche Macht.)

Begriffe für euer Fachwörterverzeichnis

Sozialstaat Deutschland

> Die Bundesrepublik Deutschland ist ein demokratischer und sozialer Bundesstaat. (Artikel 20, Satz 1 des Grundgesetzes)

Deutschland ist ein Sozialstaat. Dieses grundlegende Merkmal des Staates ist im Grundgesetz festgelegt.
Die Grundidee des Sozialstaates ist, dass die Menschen füreinander einstehen. Sie bilden eine Solidargemeinschaft, in der die Gesunden Verantwortung für die Kranken übernehmen und die Starken für die Schwachen. Im Sozialstaat übernimmt der Staat die Pflicht, für den sozialen Schutz seiner Bürgerinnen und Bürger zu sorgen und ihnen ein menschenwürdiges Leben zu ermöglichen. Er strebt eine Politik an, welche die Herstellung sozialer Gerechtigkeit zum Ziel hat.

Bausteine der Sozialpolitik

Unter Sozialpolitik versteht man alle Maßnahmen, welche die Menschen in Risikosituationen schützen. Die Grundbausteine der Sozialpolitik bilden die gesetzlichen Sozialversicherungen. Fünf Versicherungsarten gehören dazu: die Arbeitslosenversicherung, die Krankenversicherung, die Rentenversicherung, die Pflegeversicherung und die Unfallversicherung.

Vom ersten Tag des Berufslebens an sind alle Auszubildenden in einer betrieblichen Ausbildung in diesem System pflichtversichert. Mit regelmäßigen Beiträgen finanzieren die Arbeitnehmerinnen und Arbeitnehmer die Versicherungsleistungen etwa zur Hälfte selbst und erwerben so einen persönlichen Anspruch für den Schadensfall. Versicherungsbeiträge werden automatisch vom Lohn einbehalten. Ihre Höhe kann man der monatlichen Lohnabrechnung entnehmen.
Sozialpolitik umfasst noch mehr als den gesetzlichen Versicherungsschutz. Elterngeld, Wohngeld und anderes mehr sind weitere staatlich finanzierte Bausteine, die der sozialen Sicherung dienen. Ein wichtiger Baustein ist auch die Sozialhilfe. Sie steht nur Menschen zu, die dem Arbeitsmarkt nicht zur Verfügung stehen und sich in einer Notlage befinden, die sie aus eigener Kraft nicht bewältigen können. Die Sozialhilfe ist das letzte Auffangnetz im System der sozialen Sicherung.
Gesetze zum Schutz der Menschen am Arbeitsplatz sind ebenfalls ein Bestandteil von Sozialpolitik. Das Verbot von Kinderarbeit und die besonderen Schutzbestimmungen für Jugendliche gehören dazu.

Solidarität und Eigenverantwortlichkeit

Das sind zwei grundlegende Prinzipien, auf denen die soziale Sicherung beruht. *Solidarität* bedeutet, dass Menschen zusammenhalten und sich gegenseitig beschützen und dass der Staat ihnen eine Verantwortung für alle Mitglieder der staatlichen Gemeinschaft abverlangt. Konkret bedeutet das: Wer viel verdient, zahlt höhere Beiträge in das soziale Netz ein als Menschen mit geringem Einkommen.
Eigenverantwortlichkeit heißt, dass man nicht untätig bleiben darf und den Staat für sich sorgen lässt. Jeder Mensch ist verpflichtet, alles zu unternehmen, um sich aus eigener Kraft aus einer sozialen Notlage zu befreien. In diesem Bemühen wird er von der Gemeinschaft unterstützt.

TEAM kontrovers: Was bedeutet Gerechtigkeit in der Sozialpolitik?

Geht es euch auch so? Wir können relativ gut erklären, was wir unter Ungerechtigkeit verstehen. Wenn es aber darum geht, Gerechtigkeit zu definieren, fällt uns die Antwort schwerer. So ist es auch in der Politik. Der Sozialstaat verpflichtet die Regierungen dazu, für soziale Gerechtigkeit zu sorgen. Zur Frage, welche Politik sozial gerecht ist, gibt es allerdings sehr unterschiedliche Auffassungen.

Position 1: Grundprinzip Solidarität

Für ein Höchstmaß an sozialer Gerechtigkeit sorgt der Staat, wenn er keine große Kluft zwischen armen und reichen Menschen im Land duldet. Solidarität lautet hier das Grundprinzip der Sozialpolitik. Aus einem Zusammengehörigkeitsgefühl heraus stehen alle füreinander ein. Wohlhabende geben einen großen Teil ihres Reichtums in Form von Steuern und Sozialbeiträgen ab. Mit diesem Geld wird ein umfangreiches System sozialer Hilfen finanziert, das den Geringverdienern zur Verfügung steht. Diese Auffassung wird auch als *Wohlfahrtsstaat* und als *skandinavisches Modell* bezeichnet.

Position 2: Grundprinzip Eigenverantwortung

Sozial gerecht ist eine Politik, die den Bürgerinnen und Bürgern ein Höchstmaß an Freiheit lässt und ihnen möglichst wenig Steuern und Sozialabgaben abverlangt. Dazu gehört auch die Freiheit, selbst zu entscheiden, ob man sich versichert und ob man von seinem Reichtum an andere abgibt. Eigenverantwortliches Handeln ist hier das Grundprinzip von sozialer Gerechtigkeit. Wer arm ist, muss alles tun, um sich selbst aus der Armut zu befreien. Der Staat sichert mit geringen Sozialleistungen nur das blanke Überleben. Den Reichen Geld abzunehmen, um es den Armen zu geben, wird als eher ungerecht empfunden. Diese Auffassung wird auch als *amerikanisches Modell* bezeichnet.

Position 3: Grundprinzipien Eigenverantwortung plus Solidarität

Sozial gerecht ist die Politik, wenn sie den Menschen eine soziale Grundversorgung garantiert. Staatliche Hilfen sollen vor allzu großer materieller Not schützen und den Betroffenen ein menschenwürdiges Leben ermöglichen. Sie dürfen aber nicht so hoch ausfallen, dass den Betroffenen der Anreiz genommen wird, von sich aus aktiv zu werden. Soziale Gerechtigkeit entsteht aus einer Kombination von Solidarität und Eigenverantwortung. Sozial gerecht ist es, wenn die Reichen stärker vom Staat zur Kasse gebeten werden. Allerdings dürfen auch Wohlhabende nicht zu sehr mit Steuern und Abgaben für Sozialleistungen belastet werden.

Stichwort Gerechtigkeit

In diesem Wort stecken zwei Begriffe: Recht und richtig. Gerecht handelt man, wenn man es im Rahmen der Gesetze tut und zusätzlich überlegt, ob das Handeln richtig ist. Richtig heißt in diesem Falle: Entspricht mein Handeln meinen eigenen innersten Überzeugungen davon, wie ich mir das Zusammenleben der Menschen vorstelle?
Weil die Definition von Gerechtigkeit von den persönlichen Werten abhängt, die man zugrunde legt, kann es keine allgemeingültige Auffassung geben.

1. Arbeitet die Unterschiede zwischen den drei Positionen heraus.
2. Notiert und begründet, welcher Auffassung ihr euch anschließen könnt.
3. Vergleicht eure Ergebnisse (das geht zu zweit oder zu dritt).
4. Stellt eure Positionen vor und diskutiert in der Klasse.

2 Was leistet die Sozialversicherung?

Warum ist Sandrine sauer auf den Staat?

Sandrine M. ist enttäuscht. In ihrem Ausbildungsvertrag zur Industriekauffrau steht, dass sie im ersten Lehrjahr 721,00 Euro Vergütung erhalten wird. Als dann das erste selbst verdiente Geld auf das neu eröffnete Girokonto überwiesen wird, ist die Ernüchterung groß. Gerade 570,49 Euro stehen auf dem Kontoauszug auf der Haben-Seite. Hat man sich in der Personalabteilung geirrt? Die Gehaltsabrechnung bringt Klarheit.

Vergütung brutto:	721,00 €	Kirchensteuer:	0,00 €	Arbeitslosenversicherung:	10,82 €
Auszuzahlender Nettobetrag:	570,49 €	Krankenversicherung:	59,12 €	Pflegeversicherung:	8,83 €
Lohnsteuer:	0,00 €	Rentenversicherung:	71,74 €		

Zu Hause spricht Sandrine mit ihrem Vater

Sandrine: Warum muss ich 150,51 Euro für Versicherungen bezahlen? Ich habe doch gar nichts unterschrieben. Ich sehe auch nicht ein, dass ich mit siebzehn Jahren schon Rentenversicherung bezahlen soll. Dafür ist doch später noch Zeit genug, ich denke, ich werde das kündigen.

Vater: Du kannst keine von diesen vier Versicherungen kündigen. Du unterliegst nämlich der gesetzlichen Versicherungspflicht. Per Gesetz sind alle Arbeitnehmer dazu verpflichtet, Vorsorge zu treffen für Krankheit, Alter, Arbeitslosigkeit und für den Pflegefall.

Sandrine: Das ist ein schöner sozialer Schutz, wenn ich alles selbst bezahlen muss.

Vater: Stimmt nicht. Die Beiträge zu den Pflichtversicherungen zahlst du nur zur Hälfte. Die andere Hälfte legt dein Arbeitgeber drauf. Die Unfallversicherung, die dich auf dem Weg zum und am Arbeitsplatz schützt, zahlt der Arbeitgeber sogar alleine. Und das alles reicht noch immer nicht aus, um die Riesensummen aufzubringen, die insgesamt in unserer Gesellschaft für die Altersversorgung, Gesundheitspflege und Arbeitslosenunterstützung aufgebracht werden müssen. Viele Milliarden müssen aus dem allgemeinen Steueraufkommen hinzugezahlt werden.

Sandrine: Ich sehe überhaupt nicht ein, dass ich mit 17 schon auf Geld wegen einer Rente verzichten muss, die vielleicht einmal in 50 Jahren fällig wird. Heute könnte ich das Geld viel besser gebrauchen. Später, wenn ich alt sein werde, habe ich wahrscheinlich nicht mehr so viele Wünsche.

Vater: Das sagt sich jetzt so leicht. Denk mal daran, dass die Rentner von heute auch einmal 17 Jahre alt waren. Irgendwann wirst du einsehen, dass es gut war, zur Vorsorge verpflichtet zu sein.

Sandrine: 71 Euro und 74 Cent Rentenversicherung und den gleichen Anteil nochmal vom Arbeitgeber dazu. Das kommt mir verdammt viel vor. Da muss doch später einmal genug Geld angespart sein, um meine Rente zu finanzieren. Und trotzdem höre ich überall, dass die Jungen sich Sorgen um ihre soziale Absicherung machen.

Vater: Die soziale Rentenabsicherung wird wohl bleiben, aber nicht in der Höhe, wie sie bisher staatlich garantiert werden konnte. Das Problem ist einerseits, dass weniger Kinder geboren werden, die später Rentenbeiträge einzahlen, andererseits hat das Problem eigentlich auch eine schöne Seite. Du und deine Generation, ihr habt eine viel höhere Lebenserwartung als die Menschen früher und heute in meinem Alter. Die Leute beziehen schon heute viele Jahre länger Rente als früher. Das verteuert natürlich die Kosten.

Sandrine: Na, dann will ich hoffen, dass ich später noch lange etwas von dem vielen Geld habe, das ich heute abgeben muss.

Die fünf Säulen der gesetzlichen Sozialversicherung

Bis zum Ende des 19. Jahrhunderts mussten sich Alte und Kranke auf die Unterstützung der Familie verlassen. Stets konnte ein Unfall oder eine Krankheit die Existenzgrundlage von Familien zerstören. 1883 verabschiedete der damalige Reichstag auf Druck der Arbeiterbewegung das erste Krankenversicherungsgesetz. Das war der Einstieg in das System der gesetzlichen Sozialversicherung, dem nach und nach viele Schritte folgten. Heute besteht die gesetzliche Sozialversicherung aus fünf Säulen.

Säule 1: Rentenversicherung

Der größte Posten der Renten sind die Altersrenten. Die Höhe der Renten richtet sich unter anderem danach, wie lange der Beschäftigte gearbeitet und wie viel er verdient hat. Daneben zahlt die gesetzliche Rentenversicherung auch Renten an Hinterbliebene und an kranke Menschen, die schon vor Erreichen des Rentenalters nicht mehr arbeiten können. Vorher führt die Rentenversicherung jedoch Reha-Maßnahmen durch, damit Kranke wieder dauerhaft in die Arbeitswelt eingegliedert werden können.

Säule 2: Krankenversicherung

Jeder muss eine Krankenversicherung haben. Die Leistungen der Krankenkassen sind gesetzlich festgeschrieben und für alle gleich. Neben den Kosten für Heilbehandlungen trägt die gesetzliche Krankenversicherung auch die Kosten der Vorsorgeuntersuchungen. Krankengeld wird gezahlt, wenn die Lohnfortzahlung des Arbeitgebers wegfällt – längstens für 78 Wochentage derselben Erkrankung in einem Zeitraum von drei Jahren.

Säule 3: Arbeitslosenversicherung

Nur wer in den letzten zwei Jahren mindestens ein Jahr lang versicherungspflichtig beschäftigt war und seinen Job verliert, erhält Arbeitslosengeld. Wie lange das Arbeitslosengeld gezahlt wird, ist vom Alter und von der Beschäftigungsdauer abhängig (für unter 55-Jährige höchstens ein Jahr). Danach gibt es das Arbeitslosengeld II, das dem Niveau der früheren Sozialhilfe entspricht. Seit 2011 liegt der Regelsatz für Erwachsene bei 364 Euro.

Säule 4: Unfallversicherung

Für die gesetzliche Unfallversicherung müssen Arbeitgeber Beiträge an die Berufsgenossenschaften entrichten. Bei Arbeitsunfällen oder Unfällen auf dem Weg zu oder von der Arbeit zahlt die Unfallversicherung die Heilkosten und die Kosten für die Wiedereingliederung in den Beruf. Bei bleibenden Schäden zahlt sie auch eine Unfallrente an den Geschädigten oder bei dessen Tod an die Hinterbliebenen.

Säule 5: Pflegeversicherung

Die gesetzliche Pflegeversicherung wurde 1995 als fünfter Zweig der Sozialversicherung zur Absicherung des Risikos der Pflegebedürftigkeit eingeführt. Sie unterstützt Pflegebedürftige und pflegende Angehörige, abhängig vom Grad der Pflegebedürftigkeit und davon, ob die Pflege zu Hause, ambulant oder im Heim vorgenommen werden muss.

(Alle Texte auf dieser Seite aus: Soziale Sicherung und private Vorsorge; Magazin für Schülerinnen und Schüler, hg. von der Stiftung Jugend und Bildung, Ausgabe 2011/2012, S. 8f.)

1. Warum ist Sandrines Bruttolohn nicht die Summe, die ihr tatsächlich ausgezahlt wird?
2. Welche fünf Informationen über die gesetzliche Sozialversicherung möchtest du dir langfristig merken? Notiere sie und vergleiche mit einem Lernpartner.
3. Wie viele andere junge Leute auch, hat Sandrine keine Lust dazu, schon in jungen Jahren Rentenversicherungsbeiträge zu bezahlen. Bewertest du das als kluge oder als unkluge Einstellung?

Trainingsplatz

S M U H

Welche soziale Sicherung tritt wann ein?

Solange man gesund ist, jung, Arbeit hat, Geld verdient, braucht man die gesetzliche Sozialversicherung nicht. Aber wie wird es später im Berufsleben sein, wenn man Arbeitnehmerin oder Arbeitnehmer ist und das Leben sich von seinen weniger schönen Seiten zeigt?

Euer Auftrag:

- Ordnet den Ereignissen (A) die gesetzliche Sozialversicherung (B) zu, von der die Hilfe kommt.
- Zusätzlich zu den 5 Pflichtversicherungen habt ihr später auch die Möglichkeit, weitere freiwillige Versicherungen abzuschließen. Welche der in C genannten hilft zusätzlich?
- Kombiniert A, B und C und stellt die Lösungen vor.

Das geht am besten zu zweit.

A Was passiert, wenn man ...

A1 frühzeitig aus dem Arbeitsleben ausscheiden muss, weil man nicht mehr arbeitsfähig ist?

A2 krank wird und sich einer Operation unterziehen muss?

A3 wegen einer Betriebsschließung seinen Arbeitsplatz verliert?

A4 die gesetzliche Rente erreicht und aus dem Arbeitsleben ausscheidet?

A5 auf dem Weg zur Arbeit einen Unfall erleidet?

A6 wenn man dauerhaft erkrankt und pflegebedürftig wird?

A7 nach dem Tod einer Arbeitnehmerin oder eines Arbeitnehmers als nicht berufstätiger Ehepartner zurückbleibt?

B Dann ist man abgesichert durch ...

B1 Rentenversicherung

B2 Unfallversicherung

B3 Krankenversicherung

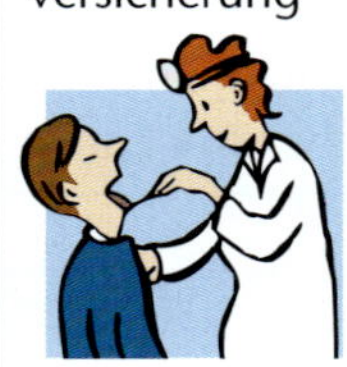

B4 Pflegeversicherung

B5 Arbeitslosenversicherung

C Zusätzlich kann man sich durch private Vorsorge absichern, und zwar durch ...

C1 eine private Berufsunfähigkeitsversicherung.

C2 eine private Berufsunfähigkeitsversicherung.

C3 eine private zusätzliche Krankenversicherung (zum Beispiel für besondere Zahnbehandlungen).

C4 eine private Altersvorsorge, mit der man die Rente erhöht.

C5 eine private Unfallversicherung, die nicht nur bei Arbeitsunfällen hilft.

Lösungen: A1 – B1 – C4; A2 – B3 – C2; A3 – B5; A4 – B1 – C4; A5 – B2 – C1; A6 – B4 – C1; A7 – B1 – C1

Wie viel bleibt mir netto vom Brutto?

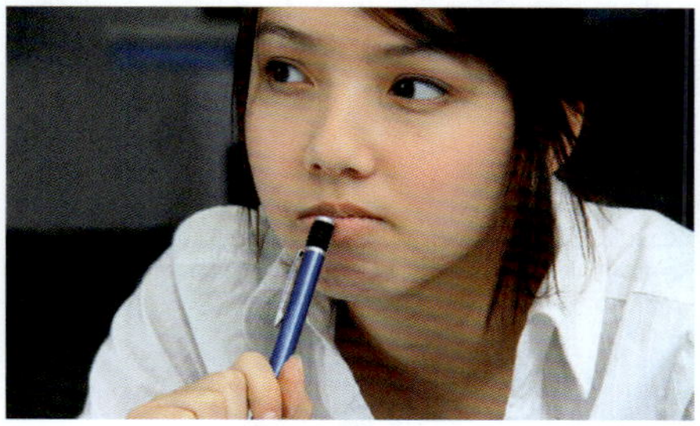

Hier trifft Politik auf Mathematik. Stelle dir vor, du bist Lehrling im ersten Ausbildungsjahr und deine Ausbildungsvergütung beträgt laut Tarifvertrag 550 Euro im Monat. Was bleibt netto davon übrig?
Die gute Nachricht lautet: Du zahlst keine Lohnsteuer, denn du bleibst mit deinem Jahreseinkommen unterhalb des Steuerfreibetrages von cirka 8 000 Euro jährlich als Lediger (Stand 2012). Man wird dir aber die Beiträge zur Sozialversicherung von deinem Monatslohn abziehen. Dein Bruttogehalt ist die Grundlage für die Berechnung. Die Zahlenangaben dazu erscheinen dann auf deiner monatlichen Lohnabrechnung. Hier kannst du selber ausrechnen, was für die einzelnen Pflichtversicherungen abgezogen wird. Wenn du die Summe der Kosten von deiner Vergütung abziehst, erhältst du Netto vom Brutto.

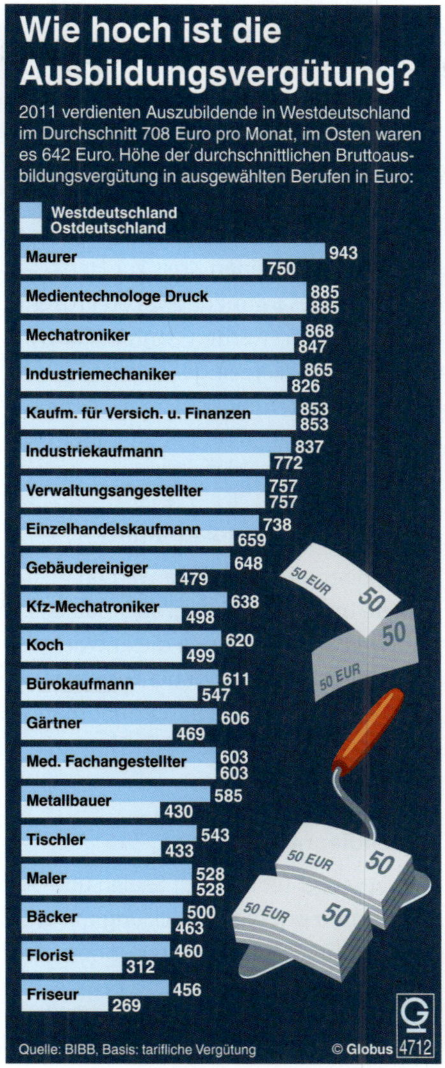

1. Richtig gerechnet? Welche der Angaben auf der Originallohnabrechnung für die Höhe der abgezogenen Sozialversicherungsbeiträge ist richtig? A 113,44 Euro; B 144,20 Euro; C 159,80 Euro?
2. Wie hoch ist die monatliche Gesamtsumme, die dein Arbeitgeber inklusive der Lohnnebenkosten pro Monat für dich zahlen muss?
3. Für jeden Euro, den ledige Auszubildende pro Jahr mehr als 8 004 Euro verdienen, müssen sie 14 Prozent Lohnsteuer bezahlen. Wie sieht für diesen Fall die monatliche Lohnabrechnung für Auszubildende zur Binnenschifferin oder zum Binnenschiffer aus?

Was noch interessant sein:

- Beratungsspiel: Ein Kochlehrling glaubt, brutto sei netto. Eine Beraterin, ein Berater klärt ihn auf und errechnet seine Netto-Vergütung.

* Die Höhe der Sozialversicherungsbeiträge wird in der Regel der allgemeinen Wirtschaftslage angepasst. Sie ändern sich häufig. Die Angaben in diesem Beispiel beziehen sich auf eine Berechnung im Jahr 2011. Die jeweils aktuellen Zahlen erfahrt ihr im Internet zum Beispiel unter www.lohn-info.de.

Lohnabrechnung für Monat ________________

Steuer – Brutto 00,00	Lohnsteuer 00,00	Kirchensteuer 00.00	Solidaritätszuschlag 00,00			Gesamtbrutto 550,00 Euro
Grundlagen: KV-Brutto 550,00	RV/AV-Brutto 550,00	Krankenversicherung 14,6 Prozent* Davon zahlst du die eine Hälfte und die andere dein Arbeitgeber. Zusätzlich zahlst du 0,9 Prozent.	Pflegeversicherung Du zahlst die Hälfte von 1,95 Prozent, die andere dein Arbeitgeber.	Rentenversicherung Du und dein Arbeitgeber teilen sich die Kosten von 19,9 Prozent.	Arbeitslosenversicherung 3 Prozent, je zur Hälfte von dir und dem Arbeitgeber	Steuerrechtliche Abzüge 0,00 Euro Nettoverdienst ???

Methodenkarte 7

S M U H

Thema: Soziale Sicherung

Schaubilder erstellen

A Worum geht es?

Bei allen Entwicklungen und Veränderungen im Sozialstaat spielen Zahlen eine besondere Rolle. Das gilt zum Beispiel, wenn man erklären will, wie sich die staatlichen Leistungen über die Jahre hinweg entwickelt haben, oder zur Veranschaulichung der Veränderungen beim Wohngeld, beim Kindergeld usw. Mit Zahlen gespickte Texte sind schwierig zu lesen. Deshalb stellt man Zahlen gerne in Form von Schaubildern dar. Sie haben den Vorteil, dass sie eine Fülle von Informationen auf begrenztem Raum vermitteln und die dazu notwendigen Zahlenangaben einprägsam visualisieren.

B Wie macht man das?

Einfache Schaubilder könnt ihr ganz leicht selbst herstellen. Diagramme sind grafische Darstellungen von Zahlenwerten. Alle gängigen Computerprogramme bieten zu den verschiedenen Diagrammformen die technischen Hilfen an, die man zur Erstellung benötigt. Auch ohne Computer können einfache Diagramme auf kariertem Papier gezeichnet werden.

Schritte zur Vorgehensweise

1. Thema auswählen
   Worüber wollen wir informieren?
2. Informationen sammeln
   Welche Zahlen sollen verwendet werden?
3. Diagrammform wählen
4. Schaubild entwerfen und überarbeiten
5. Schaubild präsentieren
   Je nach Thema kommen unterschiedliche Diagrammformen infrage.

Kreisdiagramm

Man verwendet einen Kreis zur Herstellung einer Gesamtmenge = 100 Prozent. Die Teilmengen werden dann in Form von Tortenstücken eingezeichnet. Beachtet werden muss, dass die Größe der Tortenstücke dem prozentualen Anteil entspricht.

Säulen- und Balkendiagramm

Verschiedene Zahlenwerte werden mithilfe unterschiedlich großer Säulen verdeutlicht. So lässt sich die Entwicklung eines Wertes durch die Form der Säulen veranschaulichen. Ordnet man die Säulen horizontal an, spricht man von einem Balkendiagramm.

Kurvendiagramm

Hierbei verzichtet man auf Säulen und Balken und zeigt die Entwicklung mit einer Kurve an. Die Linie kann in einem Koordinatensystem verlaufen. Im Beispiel rechts zeigt die X-Achse den Zeitverlauf an und die Y-Achse die Zahl der Geburten.

C Worauf muss man besonders achten?

Alle Diagramme müssen mit einem Titel versehen sein und die Quelle angeben, aus der die Zahlen stammen. Bei Kurven- und Säulendiagrammen sollte man unterschiedliche Farben verwenden.

Beispiele für Kuchen-, Säulen- und Kurvendiagramme

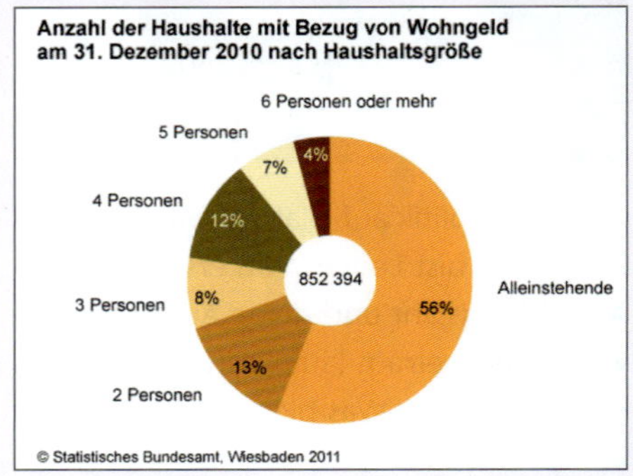

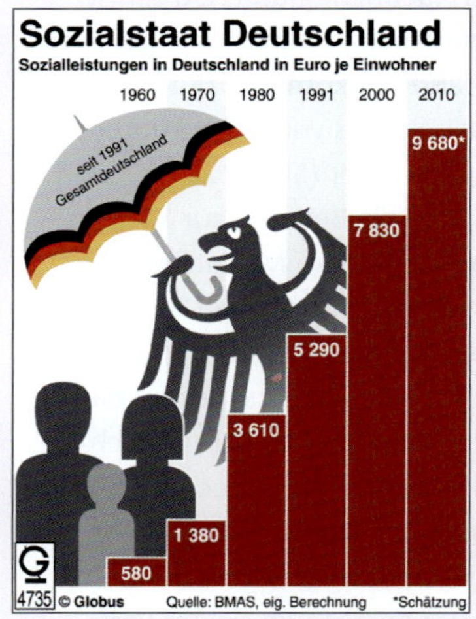

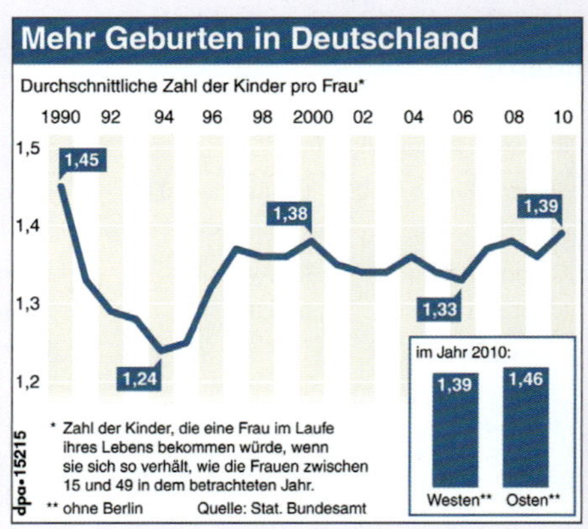

Trainingsplatz

S M U H

Wir entwerfen Schaubilder zu Themen im Sozialstaat

Hier erhaltet ihr vier Informationstexte über Entwicklungen und Veränderungen im Sozialstaat Deutschland. Die Informationen daraus sollen in Form von Schaubildern anschaulich visualisiert werden. Ihr könnt zunächst Entwürfe anfertigen, die ihr zu einem späteren Zeitpunkt mithilfe eines Computerprogramms in eine abschließende Form bringen könnt. Für die Entwürfe benötigt ihr Lineal, Zirkel, kariertes Papier und einige Farbstifte.

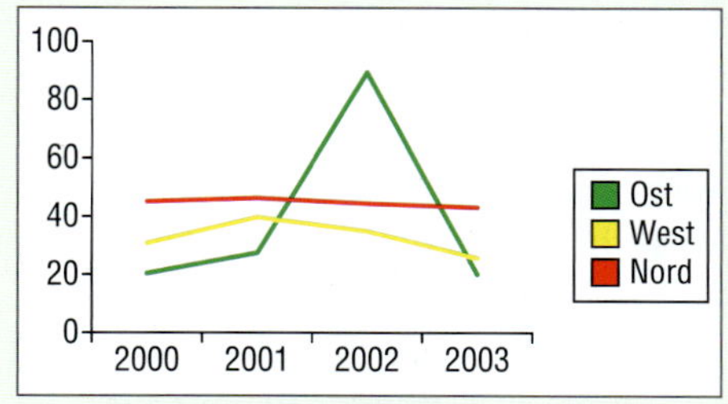

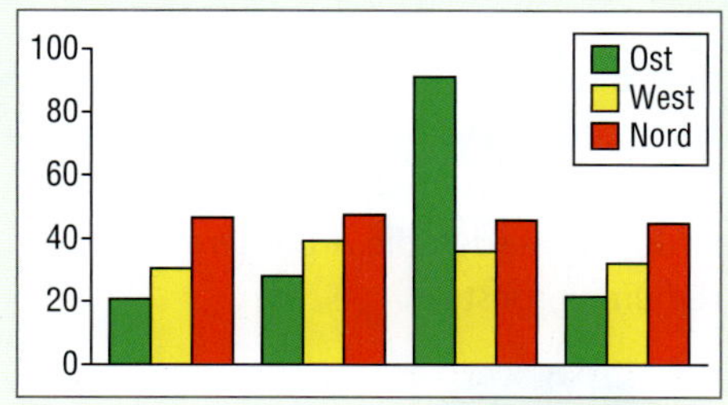

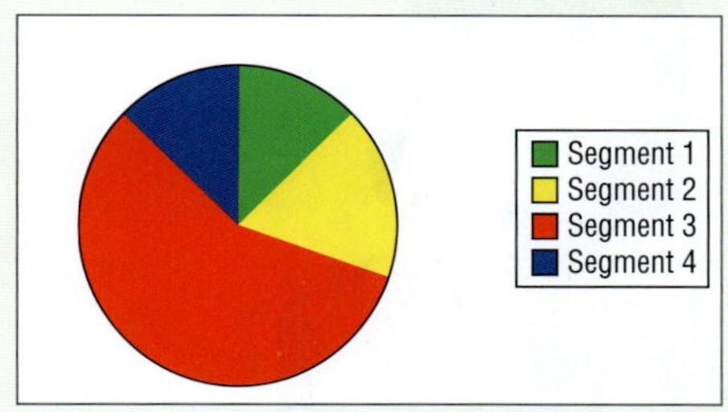

Euer Auftrag:
- Wählt pro Team einen Text zur Bearbeitung aus.
- Entscheidet euch für eine Diagrammform.
- Plant den Entwurf.
- Verseht euer Diagramm mit einer Überschrift, der Quellenangabe und eventuell mit einer Information über die Art der verwendeten Zahlen.
- Überlegt, mit welchen mündlichen Erklärungen ihr das Diagramm vorstellen wollt.
- Präsentiert Diagramm inklusive mündlicher Erklärung.

Tipp: Das geht sehr gut in Partnerarbeit.

A Die staatlichen Ausgaben zur Finanzierung der Leistungen im Sozialstaat stiegen zwischen 1990 und 2010 dramatisch an. 1990 gab der Staat insgesamt 338 Milliarden für Sozialleistungen aus, 1995 560 Mrd., 2000 644 Mrd., 2005 703 Mrd. und 2010 791 Mrd.
Quelle: Bundesministerium für Arbeit und Soziales (BMAS)

B Die Kosten aller Sozialleistungen werden zu einem großen Teil aus Steuermitteln finanziert. 2010 trug der Bund 24,3 % der Kosten, die Länder 8,7 % und die Gemeinden 9,5 %. 29 % trugen die privaten Haushalte zur Finanzierung bei und 26,7 % die Unternehmen.
Quelle: Bundesministerium für Arbeit und Soziales (BMAS), geschätzt

C Von je 100 Einwohnern bestritten im Jahr 2010 ihren Lebensunterhalt überwiegend durch ihren Beruf 43 %, durch Unterhalt von Angehörigen 26 %, durch Rente und Pensionen 23 %, durch Arbeitslosengeld und Hartz-IV 6 %, Sonstiges 2 %. Quelle: Statistisches Bundesamt

D Für Kinder und Jugendliche betrugen 2012 die Hartz-IV Regelsätze (Arbeitslosengeld II) 215 Euro für Kinder bis 6 Jahre; 251 Euro für 6–13-Jährige; für 14–18-Jährige 287 Euro (im Vergleich: für Erwachsene 364 Euro).
Quelle: Bundesregierung

Notiert am Ende der Übung die 3, 4 oder 5 Zahlen, die ihr euch langfristig merken wollt.

Was noch interessant sein kann:
- eine Abstimmung grafisch darstellen: Ermittelt in der Klasse, welche Schülerinnen und Schüler den Sozialstaat in Deutschland für (a) sehr gerecht halten, (b) für einigermaßen gerecht, (c) für eher ungerecht und (d) für völlig ungerecht. Stellt das Befragungsergebnis in einem Schaubild dar.

3 Wie können junge Leute für ihr Alter vorsorgen? Das Problem der Renten

Eine Einstiegsübung für alle

Es ist zugegeben eine schwierige Übung, sich jetzt schon vorzustellen, wie das sein wird, wenn du einmal alt sein wirst. Versuche es und notiere deine Antwort auf die Frage:

- Was will ich erreicht haben, wenn ich einmal alt bin und in Rente gehe?

Tipp: Für die Bearbeitung der Abschnitte A, B und C könnt ihr Dreiergruppen bilden. Jeder aus der Gruppe bearbeitet zunächst einen Abschnitt alleine. In den Gruppen werden die Arbeitsergebnisse reihum vorgestellt.

Wer sich als junger Mensch fragt, wie viel Rente er im Alter bekommen wird, spricht damit ein ebenso wichtiges wie schwieriges Thema an, über das auch die Expertinnen und Experten diskutieren. Die Rentenversicherung ist die teuerste aller Pflichtversicherungen. Die Beiträge dazu werden von Beginn des Berufslebens an fällig. Was geschieht mit meinen Beiträgen? Wie viel Rente werde ich bekommen? Was kann ich noch tun, um mich vor Altersarmut zu schützen? Das sind die Fragen, um die es in diesem Unterkapitel geht.

A Die Ausgangslage: Ein Vertrag zwischen den Generationen

Zwischen der jungen und der alten Generation gilt das Prinzip, dass die arbeitenden Jungen durch ihre Beiträge, die sie in die Rentenversicherung zahlen, die Renten der heutigen Rentner finanzieren. Die junge beitragszahlende Generation ist darauf angewiesen, dass wiederum die nachfolgenden Generationen bereit sind, das Gleiche zu tun. Dieses Prinzip wird *Generationenvertrag* genannt. Er ist nicht schriftlich festgelegt, sondern ein unausgesprochener Vertrag zwischen den Generationen – also ein gesellschaftliches Übereinkommen.

Das Umlageverfahren

Die gesetzliche Rentenversicherung wird seit dem Jahr 1957 über das sogenannte Umlageverfahren finanziert. Das bedeutet, dass das Geld der Beitragszahler direkt für die Zahlung der Renten des nächsten Monats verwendet wird. Ein Rentner erhält sein Altersgeld also aus den Beiträgen, welche die Erwerbstätigen und Arbeitgeber – je zur Hälfte – im Vormonat gezahlt haben. Da diese Beiträge seit längerer Zeit nicht mehr ausreichen, um alle Renten auszuzahlen, stellt der Bund zusätzlich Steuergelder zur Verfügung.

Im Jahr 2009 waren das 57,3 Milliarden Euro. (2011: 58,8 Milliarden Euro, Anmerkung des Herausgebers) […] Wer Beiträge in die gesetzliche Rentenversicherung zahlt, erwirbt einen Rechtsanspruch darauf, später selbst eine Rente zu erhalten. Wie hoch diese ausfallen wird, hängt in erster Linie davon ab, wie lange jemand berufstätig war, wie viel man verdient hat und in welchem Alter man in Rente geht.

(Aus: Sozialpolitik – ein Heft für die Schulen, Hrsg: Arbeitsgemeinschaft Jugend und Bildung e. V. Wiesbaden, in Zusammenarbeit mit dem Bundesministerium für Gesundheit und soziale Sicherung. Ausgabe 2010/2011, S. 27)

1. Bearbeiter/in von Teil A: Nach dem Lesen solltest du das Schaubild zum Generationenvertrag erläutern, das Umlageverfahren erklären und darstellen, wovon die Höhe der Altersrente abhängt.

B Das Problem: Was wird denn nun aus meiner Rente?

Zukunftsvision – Deutschland im Jahr 2050

Wiesbaden: Die Hälfte der Bevölkerung ist älter als 48 Jahre, ein Drittel mindestens 60 Jahre. Die Einwohnerzahl wird vermutlich von heute 82,5 Millionen auf das Niveau des Jahres 1963 (rund 75 Millionen Einwohner) gesunken sein. Durchschnittlich wird jede Frau weiterhin nicht mehr als 1,4 Kinder zur Welt bringen, die Lebenserwartungen werden bei Jungen auf 81,1 Jahre und bei Mädchen auf 86,6 Jahre steigen. Warum es zu diesem Bevölkerungsrückgang kommt? Wie schon seit 30 Jahren werden auch in den nächsten fünf Jahrzehnten mehr Menschen sterben, als Kinder zur Welt kommen. Es wird angenommen, dass die heutige jährliche Geburtenzahl von ca. 730000 auf etwa 560000 im Jahr 2050 sinkt. Das heißt, die Zahl der Neugeborenen wird dann nur noch halb so hoch sein wie die Zahl der jährlich Gestorbenen.

(Nach: Statistisches Bundesamt, aus: Sozialpolitik – ein Heft für die Schule, Ausgabe 2006/2007, hrsg. von der Arbeitsgemeinschaft Jugend und Bildung e. V. Wiesbaden, S. 30)

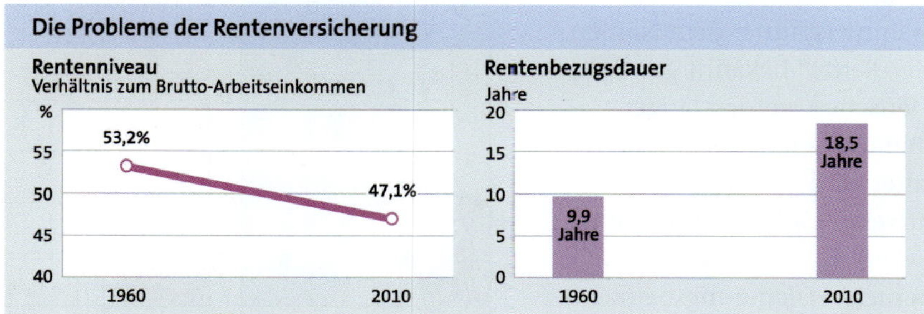

Demografischer Wandel

Nur 16 von hundert Jugendlichen zwischen 14 und 17 Jahren glauben, dass sie später einmal eine Rente erhalten werden. Das ergab eine Befragung des Emnid-Instituts. Tatsächlich ist die gesetzliche Rentenversicherung seit Langem ein Sorgenkind im System der Sozialversicherungen. Die Ursache für die Krise der Rente hat eigentlich erfreuliche Hintergründe. Die Lebenserwartung steigt und damit auch die Dauer des Rentenalters. Die Zahl der Kinder nimmt ab, weil die Geburtenrate zurückgeht. Insgesamt vollzieht sich ein Prozess der Alterung (siehe Vision 2050). Das hat zur Folge, dass die Zahl derjenigen, die Beiträge in die Rentenversicherung einzahlen, zurückgeht, während die Zahl derjenigen steigt, die Anspruch auf eine gesetzliche Rente haben. Diese Veränderung in der Altersstruktur der Bevölkerung wird als *demografischer Wandel* bezeichnet. Unter Demografie versteht man den Altersaufbau einer Bevölkerung. Das bedeutet für die Zukunft: Immer weniger Junge finanzieren die Rente für immer mehr Alte, die noch eine immer längere Lebenserwartung haben.

Begriffe für euer Fachwörterverzeichnis

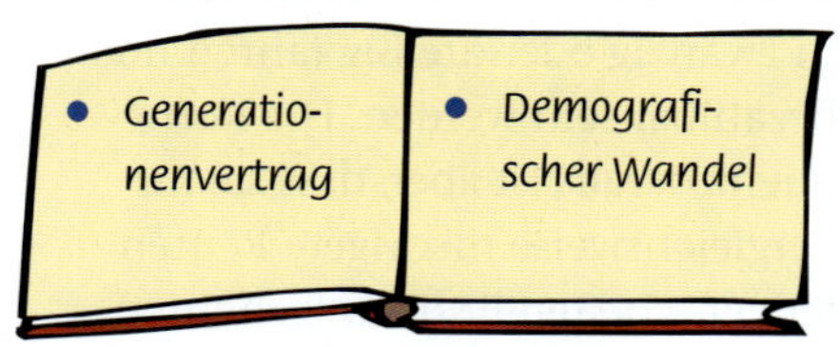

1. Bearbeiter/in von Teil B: Du solltest die wichtigsten Zahlen aus der Zukunftsvision erläutern und erklären, was man unter dem demografischen Wandel versteht.

C Die Zukunft: Wie reagiert die Politik auf den demografischen Wandel?

In den vergangenen Jahren sind eine Reihe von Gesetzen zur Reform des Rentensystems verabschiedet worden.

- Der Staat fördert eine private Altersvorsorge. Wer zusätzlich zur gesetzlichen Rentenversicherung eine Privatversicherung abschließt, wird dabei vom Staat finanziell unterstützt. (Diese gesetzliche Maßnahme ist unter dem Namen „Riester-Rente“ bekannt geworden.)
- Die Menschen werden länger arbeiten müssen. Das Renteneintrittsalter wird ab dem Jahr 2012 schrittweise von derzeit 65 auf 67 Jahre erhöht.
- Der Rentenversicherungsbeitrag der Arbeitgeber und Arbeitnehmer (insgesamt 19,6 Prozent in 2012) soll möglichst nicht steigen. Das bedeutet in der Folge, dass die Renten zukünftig geringer ausfallen werden.

Wie reagierst du?

Für ein behagliches Ruhepolster im Alter werden die Renten aus der gesetzlichen Rentenversicherung künftig alleine nicht mehr ausreichen. […] So können die Angehörigen der jüngeren Generation zwar davon ausgehen, dass die Beiträge zur gesetzlichen Rentenversicherung auch in zwanzig oder dreißig Jahren noch bezahlbar sein werden. Die Konsequenz daraus ist aber, dass sie für vergleichsweise niedrigere Renten länger arbeiten und zur Sicherung ihres Lebensstandards im Alter nebenbei eine private Altersvorsorge aufbauen müssen.

(Text aus: Schmidt Zahlenbild Nr. 149394, 2007)

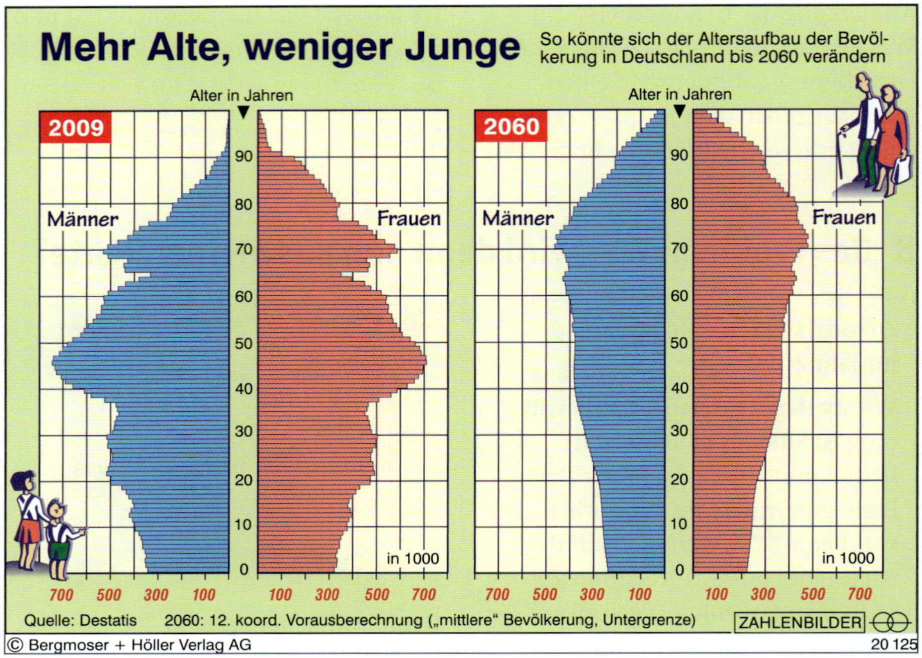

Drei Säulen zukünftiger Alterssicherung

Erste Säule: Die gesetzlich garantierte Rente
Alle sozialversicherungspflichtigen Berufstätigen haben auch in Zukunft Anrecht auf eine Rente aus der gesetzlichen Rentenversicherung. Sie stellt nur noch die Grundversorgung sicher.

Zweite Säule: Die freiwillige betriebliche Altersrente
Man verzichtet auf die Auszahlung eines Teils des Lohns. Dieser Anteil bleibt im Betrieb und wird später als Betriebsrente ausgezahlt. Das eingezahlte Geld muss nicht versteuert werden.

Dritte Säule: Private Vorsorge durch Privatversicherungen
Bei privaten Versicherungsunternehmen schließt man freiwillig eine zusätzliche Altersversicherung ab. Arbeitnehmerinnen und Arbeitnehmer erhalten dazu einen Zuschuss vom Staat.

1. Bearbeiter/in von Teil C: Du erläuterst, wie die Politik auf den demografischen Wandel reagiert und wie jeder Einzelne zusätzlich Vorsorge für das Alter treffen kann.

Das könnt ihr gemeinsam in den Gruppen tun:

2. Veranschaulicht den demografischen Wandel am Beispiel der Veränderungen in der Alterstruktur der Bevölkerung und erläutert die Problematik, die sich daraus für den Erhalt des Generationenvertrages ergibt.
3. Private Altersversorgung: Kein Muss, aber ein Plus! Diskutiert über diesen Slogan in der Gruppe und stellt eure Ansichten in der Klasse vor.

Rentenproblem, Umlageverfahren, Generationenvertrag, demografischer Wandel im Spiegel der Karikatur

1. Auf welches Problem bezieht sich die Karikatur?
2. Was ist dargestellt?
3. Welche Wirkungsabsicht soll erzielt werden?
4. Welche Gedanken und Gefühle zum dargestellten Problem löst sie beim Betrachter aus?

Euer Auftrag:

- Jede(r) von euch interpretiert eine der Karikaturen mithilfe der „Vier-Fragen-Deutung".
- Als besonderer Schwerpunkt eurer Interpretationen verwendet ihr dabei die Begriffe *Umlageverfahren, Generationenvertrag* und *demografischer Wandel* und erklärt sie.

Tipp: Bildet Dreiergruppen und teilt die Karikaturen auf. Jedes Gruppenmitglied verfasst einen kurzen Text. Diese werden in der Gruppe vorgestellt. In der Gruppe wählt ihr die Karikatur (und den Text dazu) gemeinsam aus, mit der sich das Rentenproblem am besten darstellen lässt, und präsentiert sie in der Klasse.

4 Armut in Deutschland: Was kann die Politik dagegen tun?

Deutschland ist ein reiches Land. Trotzdem wächst die Zahl derer, die in soziale Not geraten und auf die Hilfe des Staates angewiesen sind. Kinder sind besonders häufig die Leidtragenden dieser Entwicklung. Was geht in den Kindern vor, die ins soziale Abseits geraten? Tut der Staat genug, um ihnen zu helfen? Um diese Fragen geht es auf den nächsten Seiten. Betrachtet zunächst die Fotos. Bearbeitet anschließend die Berichte von Sahar und Mathias.

Eine Einstiegsübung für alle

Erzählt euch gegenseitig:
Welche Gedanken und Gefühle zum Thema Armut lösen die Fotos auf dieser Seite in euch aus?

Dass Kinder, die in Armut leben, nicht nur unter einem Mangel an regelmäßigen Mahlzeiten leiden, kann das obere Foto deutlich machen. Sie leiden an schlechten Wohnverhältnissen, fehlenden Spielmöglichkeiten, fehlender Zuwendung und sozialer Ausgrenzung.

Das Foto zeigt zwei Kinder, die nach der Schule in einem Kinderrestaurant in der Stadt Hildesheim ein warmes Essen gereicht bekommen. Auch frühstücken können Kinder in diesem und in anderen Kinderrestaurants in Deutschland. Finanziert werden die Mahlzeiten aus Spendengeldern.

Soziales Problem Kinderarmut

Zwei Beispiele

Sahar, 9, aus Bremen

„Ich habe einen Wunschzettel geschrieben. Da steht drauf: Liebe Mama. Denn mein Vater lebt nicht bei uns. Und den Weihnachtsmann gibt es ja nicht. Ich habe nur einen Wunsch aufgeschrieben: ein Playmobil-Puppenhaus. Aber das kostet viel Geld. Und meine Mutter hat jetzt für meine beiden Brüder Winterjacken gekauft. […] Manchmal reicht unser Geld nicht, wir haben ja nur Hartz IV. Dann muss meine Mutter etwas leihen. Auch manche Sachen zum Lesen muss ich jetzt in der Schule bezahlen. Und dann fragt der Lehrer: Sahar, hast du das Geld mit? Und ich sage: Ich habe es vergessen. Letztes Jahr hatten wir fast keinen Tannenbaum. Da hat meine Tante uns noch Geld gegeben, und wir sind mit dem Fahrrad immer hin- und hergefahren, um einen billigen zu finden. […] Ich wünsche mir Pferde, vorne auf meinem Pullover. Oder Delfine, das sind meine Lieblingstiere. Aber ich bekomme immer Pullover von älteren Kindern geschenkt. Da kann man das nicht aussuchen. Ich habe eine Hose mit meiner Mutter ausgesucht. Die hat 15 Euro gekostet. Aber die hat Glitter an den Beinen. Letztes Jahr habe ich ganz neue Schuhe von der Oma meiner Freundin bekommen. Die passten meiner Freundin nicht. Aber jetzt drücken sie am Zeh."

Mathias, 14, aus Opladen

„Wenn ich groß bin, würde ich gern Computerspiele entwickeln. Ich langweile mich oft und denke, die Tage gehen nie vorbei. Wir unternehmen ja auch nichts. Mein Vater sagt, ich sei schon mal im Urlaub gewesen mit meinen Eltern, aber daran erinnere ich mich nicht. Klar würde ich gerne in eine Kung-Fu-Schule gehen, aber die kostet um die 40 Euro im Monat, und dann brauche ich noch einen Anzug. Aber das Geld haben wir nicht. Ich denke oft daran, dass wir kein Geld haben. Meine Eltern leben beide von Hartz IV. Ich würde gern mal mit meiner kleinen Schwester in den Zoo gehen oder ins Kino. Wenn ich Geld hätte, würde ich meinen Geschwistern Klamotten kaufen und mir ein eigenes Zimmer einrichten. […] Ich krieg aber viel von meinen Freunden geschenkt. Das fängt in der Schule an, sie teilen ihr Frühstück, wenn ich was brauche. Zu Hause frühstücke ich nicht. Manchmal, wenn wir zum Burger King gehen, spendiert mir ein Freund einen Hamburger oder eine Cola. Da komme ich mir doof vor, zeige es aber nicht und mache auf lustig. Aber es ist ein Scheißgefühl, danebenzusitzen und anderen dabei zuzusehen, wie es ihnen besser geht als mir."

(Aus: Uli Hauser: Jung und arm – Kinder berichten, in www.stern.de, Zugriff vom 15.03.2009)

Starke Kinder trotz Armut

Die Autorin Maria von Welser über ihre Beobachtungen von Kindern:

Die meisten Kinder, die mir im vergangenen Jahr begegnet sind, möchten sich wehren und ihre Lebensumstände verbessern. Wer wie ich von außen kommt und bei den kostenlosen Mittagstischen in einer deutschen Großstadt am Rande zusieht, wundert sich. Selbstbewusst und fröhlich kommen die meisten der täglich bis zu 100 Kinder an, die fast alle nicht gefrühstückt haben und jetzt heißhungrig zum Mittagessen anstehen. Dabei sind diese zugleich Weltmeister im Verbergen ihrer privaten Lebenssituation: Schützen ihre Väter und Mütter, wo es nur geht.

(Aus: Maria von Welser: Leben im Teufelskreis – Kinderarmut in Deutschland, Gütersloher Verlagshaus 2009, S. 10)

1. Wie zeigt sich die Armut in Sahars und Mathias' Alltag und wie gehen die beiden damit um?
2. Mathias und viele andere Kinder aus armen Familien versuchen meist, ihre Armut zu verbergen. Überlegt, warum sie das tun.

Was noch interessant sein kann:

- Freunde, Verwandte und Bekannte fragen, wie sie über Armut allgemein und Kinderarmut speziell denken.

Wie stellt sich Armut in Deutschland dar?

Die wichtigsten Informationen auf dieser Doppelseite lassen sich übersichtlich in Form einer Mindmap zusammenfassen. Mithilfe der Zwischenüberschriften könnt ihr eure Zusammenfassung der Arbeitsergebnisse gliedern.

A Armut – ein Begriff mit unterschiedlicher Bedeutung

Manchmal sagt man: „Ach, du armes Kind!" Manchmal fühlen sich Leute als arm, obwohl sie es eigentlich gar nicht sind. Ein armes Kind in Deutschland wird vielen Kindern aus Asien oder Afrika noch als wohlhabend erscheinen. Der Begriff Armut wird im Deutschen häufig mit unterschiedlichen Bedeutungen benutzt. Wichtig ist es, zwischen absoluter und relativer Armut zu unterscheiden.

Absolute und relative Armut

Absolute Armut ist ein Leben am äußersten Rand der Existenz. [...] Absolut arme Menschen leiden unter schwerwiegenden Entbehrungen und müssen permanent um ihr Überleben kämpfen. Absolute Armut ist für die meisten der in Deutschland lebenden Menschen kaum nachvollziehbar. [...] In den meisten Fällen haben wir es bei der Armut in Deutschland mit relativer Armut zu tun. Kaum jemand in Deutschland muss mit einem Dollar oder weniger auskommen, ist also absolut arm. [...] Unter relativer Armut versteht man eine Unterversorgung an materiellen und immateriellen Gütern und eine Beschränkung der Lebenschancen, und zwar im Vergleich zum Wohlstand der jeweiligen Gesellschaft. [...] So gilt zum Beispiel in Deutschland als relativ arm, wer maximal 50% des Durchschnittseinkommens einer Bevölkerungsgruppe zur Verfügung hat. Es wird auch unterschieden zwischen einem „Armutsrisiko" (auch „milde Armut" genannt), das bei 60% des Durchschnittseinkommens angesetzt wird. [...] Nach den Kriterien der Europäischen Union ist derjenige arm, der 60% oder weniger des Durchschnittseinkommens zur Verfügung hat.

(Aus: Armut in Deutschland 2008, Kurt Bangert (Redaktion, verantwortlich für den Inhalt), in: Deutsches Institut für Armutsbekämpfung DifA, www.armut.de, Zugriff 11.05.2009)

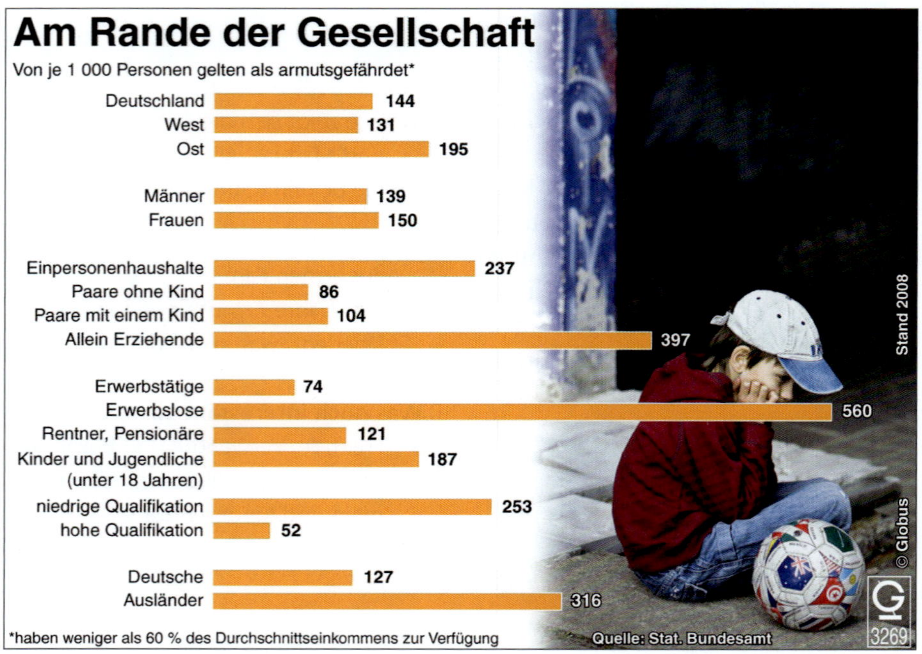

B Die Hauptursache

„Wie, du kannst nicht mit ins Kino kommen? Kriegst du so wenig Taschengeld? Du hattest doch erst Geburtstag ... Oh Mann, du bist echt arm dran!" Die Bundesregierung hat im Juni 2008 ihren dritten Armuts- und Reichtumsbericht vorgelegt – laut diesem sind in Deutschland fast 13 Prozent der Bevölkerung arm. Besonders betroffen sind Kinder und Jugendliche. [...]

Die Bundesfamilienministerin sieht einen Hauptgrund für die Armut von Kindern und Jugendlichen in der Arbeitslosigkeit der Eltern. Das bestätigt auch der Regierungsbericht. Demnach sinkt das Armutsrisiko von Familien mit Kindern schlagartig von 48 auf acht Prozent, wenn nur einer von beiden Eltern ganztags arbeitet.

C Die Betroffenen

Auch Alleinerziehende und ihre Kinder – eine in Deutschland stetig wachsende Familienform – sind zunehmend von Armut betroffen, weil ein Erwachsener allein selten genug verdienen kann, um die ganze Familie zu ernähren. [...] Insgesamt leben laut dem Bericht mehr als die Hälfte der armen Kinder in Deutschland in einem Alleinerziehendenhaushalt. Ähnlich schwer haben es Familien mit drei und mehr Kindern. Hier müssen mehr Schulbücher gekauft, mehr Kinobesuche bezahlt und mehr Spaghetti gekocht werden. Die dritte besonders von Armut betroffene Gruppe sind Kinder und Jugendliche mit Migrationshintergrund – ihre Armutsrisikoquote ist mehr als doppelt so hoch wie die von Gleichaltrigen ohne Migrationshintergrund. [...]

(Aus: www.mitmischen.de, Das Jugendportal des Deutschen Bundestages, Redaktionsleitung deutscher Bundestag, Zugriff 11.05.2009)

D Staatliche Leistungen

Menschen, die in Deutschland arbeitslos werden, erhalten für die Dauer von 12 Monaten bis zu maximal 24 Monaten das **Arbeitslosengeld I**. Das ist eine Versicherungsleistung, dessen Höhe sich nach dem letzten Nettoverdienst richtet. Die Höhe liegt bei etwa zwei Dritteln des letzten Nettoverdienstes. Die Betroffenen haben einen Rechtsanspruch darauf, weil sie in den Zeiten der Berufsausübung monatlich ihre Beiträge in die Arbeitslosenversicherung eingezahlt haben. Nach Ablauf dieser Zeit erhalten Arbeitslose das **Arbeitslosengeld II**, das unter dem Namen **„Hartz IV“** bekannt ist. Das ist keine Versicherungsleistung und orientiert sich nicht am früheren Monatsverdienst. Vielmehr sieht es Geldzahlungen nach festen Regelsätzen vor. Voraussetzung für die Auszahlung ist, dass die Leistungsempfänger dem Arbeitsmarkt zur Verfügung stehen. 2012 betrug die Höhe für den Antragsteller 364 Euro, für zum Haushalt gehörende Lebenspartner 328 Euro, für Kinder unter 7 Jahren 215 Euro, zwischen sieben und dreizehn Jahren 251 Euro monatlich. Zusätzlich werden die Kosten für eine angemessene Wohnung und Heizung übernommen. Hartz-IV-Empfänger erhalten in der Regel kein zusätzliches Kindergeld. Seit 2011 erhalten Kinder aus Hartz-IV-Familien auf Antrag ein besonderes Bildungspaket. Es sieht unter anderem einen jährlich Zuschuss zum Schulbedarf vor und Zuschüsse zu den Mahlzeiten in einer Schulkantine.

Begriffe für euer Fachwörterverzeichnis

Wer weder Anspruch auf Arbeitslosengeld I oder II hat, erhält **Sozialhilfe**. Sie steht Menschen in Notlagen zu, die aus Krankheits- oder anderen Gründen weder arbeiten noch ihr Leben aus eigener Kraft gestalten können und für die es keine Familienangehörige aus dem engeren Kreis gibt, die sie finanziell unterstützen können. Niemand, der sich legal in Deutschland aufhält, darf im Sozialstaat völlig allein gelassen werden. Auch auf Sozialhilfe haben die betroffenen Menschen einen Rechtsanspruch.

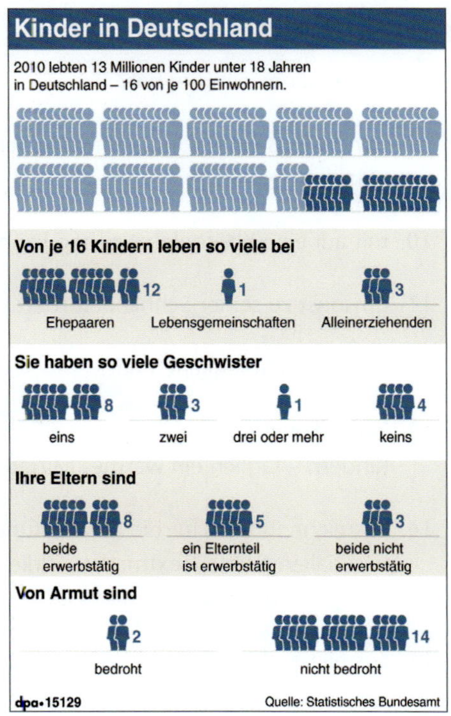

1. Erklärt den Unterschied zwischen absoluter und relativer Armut.
2. Eure Mindmap zum Thema sollte die Hauptäste Armutsdefinitionen, Ursache, Betroffene und staatliche Leistungen enthalten.
3. Wandelt die beiden Schaubilder in einen kurzen Informationstext um, der über Armutsbedrohung und über die familiäre Situation der 13 Millionen Kinder in Deutschland informiert.

Was noch interessant sein kann

recherchieren im Internet: Die jeweils aktuellen Regelsätze zum Arbeitslosengeld II (Hartz-IV) sowie weitere Informationen zum Bildungspaket erhaltet ihr bei Eingabe der entsprechenden Suchbegriffe.

Trainingsplatz

S M U H

Wir erstellen eine Liste von Leistungen, die ein Kind unbedingt zum Leben braucht

Gehört es zu den Pflichten des Sozialstaates, dafür zu sorgen, dass jedes Kind …	besonders wichtig	weniger wichtig
1. ausreichend mit gesunden Nahrungsmitteln versorgt ist?		
2. ausreichend Kleidung – auch zum Wechseln – besitzt?		
3. auch Geld für Süßigkeiten zur Verfügung hat?		
4. ein Recht auf kostenlose ärztliche Versorgung hat?		
5. genügend Geld für Kino-, Konzert- und Theaterbesuche hat?		
6. ein eigenes Handy besitzt?		
7. über einen eigenen Computer mit Internetanschluss verfügt?		
8. sein eigenes Zimmer hat?		
9. mindestens einmal im Jahr mit seinen Eltern in Urlaub fahren kann?		
10. mit auf eine Klassenfahrt gehen kann?		
11. umsonst zu seiner Schule befördert wird?		
12. genügend Spielsachen hat?		
13. in der Schule – zusammen mit allen anderen Kindern – täglich ein warmes Mittagessen erhält?		
14. ausreichend Geld für die Anschaffung von Schulmaterialien (Hefte, Textmarker, Zirkel etc.) zur Verfügung gestellt bekommt?		
15. ausreichend Taschengeld zur Verfügung hat?		

Euer Auftrag:
Hier geht es um die Frage, wie viel Hilfe der Staat Kindern und deren Eltern gewähren soll, die – aus welchen Gründen auch immer – in Armut leben. Dazu erstellt ihr eine Liste von Leistungen, die ihr für unbedingt notwendig haltet.

So könnt ihr vorgehen:

- Bearbeitet die Vorschlagsliste zuerst allein. Schreibt heraus, was der Sozialstaat armen Kindern per Gesetz als Mindestleistungen ermöglichen muss. Überlegt für jede Maßnahme, ob sie Staat und Steuerzahler viel oder wenig kostet. Hier müsst ihr schätzen.
- Arbeitet dann mit eurem Banknachbarn zusammen und einigt euch auf diejenigen Leistungen, die unbedingt notwendig sind.
- Notiert sie in euer Heft, stellt sie in der Klasse vor und begründet dabei eure Entscheidung.

TEAM kontrovers: Brauchen arme Kinder mehr Geld oder mehr Zuwendung?

Im April 2009 forderte das „Bündnis Kindersicherung" für Kinder in Deutschland eine Grundsicherung von 500 Euro monatlich. Politikerinnen und Politiker stehen diesen Forderungen nicht grundsätzlich ablehnend gegenüber, verweisen aber darauf, dass dies nicht finanzierbar sei. Viele Expertinnen und Experten sind der Ansicht, dass es nicht ausreicht, Familien in relativer Armut einfach nur mehr Geld zur Verfügung zu stellen. Kinder in Deutschland müssten ja nicht Hunger leiden. Es mangele ihnen vielmehr an Zuwendung, Betreuung und besseren Zukunftschancen. Hierfür soll der Staat Geld ausgeben. Ideal wäre es natürlich, wenn der Staat beides leisten könnte. Wenn ihr davon ausgeht, dass nur eine bestimmte Summe an staatlichen Mitteln zur Verfügung steht, wofür würdet ihr sie verwenden: Mehr Geld in die Taschen der Familien oder mehr Geld für eine bessere Zuwendung? Darüber sollt ihr hier diskutieren.

Position 1: Das Geld soll den armen Familien direkt zufließen.

Das Geld, das Familien mit Kindern innerhalb des Arbeitslosengeldes II zurzeit erhalten, reicht hinten und vorne nicht aus. Mit wenig mehr als 200 Euro für die Kleinen und knapp 250 Euro für die Größeren kann man kein Kind großziehen. Für Essen, Trinken, Kinderkleidung, Gesundheitspflege usw. brauchen die betroffenen Familien mehr Geld für die Kinder.

Es ist überhaupt nicht einzusehen, dass die Regelsätze für Kinder niedriger sind als die für Erwachsene. Zum Beispiel essen Kinder in der Pubertät oft viel mehr als Erwachsene. Auch brauchen sie häufiger neue Kleider und Schuhe, Hefte und Malstifte.

Um in Würde leben zu können, brauchen die Familien das Gefühl, selbst für ihre Kinder sorgen zu können. Das können sie aber nur, wenn sie selbst entscheiden, was für ihre Kinder angeschafft werden soll. Dazu brauchen sie Geld zum Ausgeben.

Position 2: Besser ist es, das Geld in mehr Zuwendung, Betreuung und Bildung zu investieren.

Arme Kinder in Deutschland leiden vor allem unter Ausgrenzung. Das spüren sie in der Schule zum Beispiel bei der Planung von Klassenfahrten. Wenn der Staat das Geld verwendet, damit alle Kinder kostenlose Arbeitsmittel bekommen und möglichst auch ein gemeinsames warmes Mittagessen, braucht sich niemand mehr ausgegrenzt zu fühlen und zu schämen.

Arme Kinder werden häufiger krank und gehen seltener als andere zum Arzt. Der Staat soll einen Teil des Geldes für eine bessere Gesundheitsversorgung einsetzen.

Arme Familien sind häufig mit den vielen Aufgaben und Mängeln überfordert, die sie zu bewältigen haben. Der Staat soll das Geld ausgeben, um mehr ausgebildete Betreuerinnen und Betreuer einzustellen, die den Kindern und Jugendlichen helfen, die Schule erfolgreich zu meistern und einen Ausbildungsplatz zu finden.

5 Sozialpolitik kostet Steuergelder: Wie kann die Last gerecht verteilt werden?

Die Ausgaben für die soziale Sicherung der Menschen in Deutschland sollte der Staat eigentlich aus den Beiträgen finanzieren können, die in die Sozialversicherungen eingezahlt werden. Allerdings reichen die Beiträge von Arbeitnehmern und Arbeitgebern schon lange Zeit nicht mehr aus, um die enormen Aufwendungen für die Sozialpolitik zu decken. Der Staat muss einen hohen Anteil davon übernehmen. Die zusätzlichen Kosten werden aus Steuereinnahmen finanziert und diese sind natürlich von den Bürgerinnen und Bürgern aufzubringen.

- Wer soll wie viel bezahlen, um den Sozialstaat zu finanzieren?
- Soll man den Reichen mehr Geld abnehmen, um es an die Armen zu verteilen?
- Wie kann die Steuerlast gerecht verteilt werden?

Das sind Fragen, über die immer wieder politischer Streit entsteht. In diesem Unterkapitel könnt ihr überlegen, warum alle Fragen, die mit der Erhebung von Steuern zu tun haben, die Menschen intensiv beschäftigen und nicht selten Ärger hervorrufen.

Seit 5 000 Jahren immer Ärger mit der Steuer

Wenn im 16. Jahrhundert der sogenannte Hellwagen durch die Städte und Dörfer der brandenburgischen Altmark rumpelte, wussten die Menschen, dass es mal wieder einigen von ihnen an den Kragen gehen würde. Denn auf dem Wagen zogen der Marktmeister und einige Stadtknechte aus, um im Auftrag des Magistrats säumige Steuerzahler zu „behelligen“, also zu belästigen oder zu pfänden. Vor dem Haus eines Zahlungsmuffels hielten die Eintreiber an, hoben die Haustür aus den Angeln und beschlagnahmten sie. Wer seine Steuerschuld begleichen konnte, durfte sich nach geleisteter Zahlung seine Tür im Rathaus abholen. Sehr viel rauer ging es vor 4 300 Jahren im ägyptischen Sakkara zu. Dort band man Tributverweigerer an den Schandpfahl und hieb mit Stöcken auf sie ein. Selbst Zahlungsbereite wurden niedergedrückt, damit sie ihre Steuer gefälligst in ehrfürchtiger Haltung abgaben. [...] Seit etwa 3 000 v. Chr. erheben Könige, Diktatoren oder Finanzminister oft willkürlich Steuern, um damit das zu bezahlen, was sie für unausweichlich halten – sei es ein Krieg, die Hochzeit einer Prinzessin oder eine sechsspurige Autobahn. Die Fantasie des Fiskus (lat. Geldkorb, Kasse) kannte dabei keine Grenzen. „Besteuert wurde in den vergangenen 5 000 Jahren eigentlich alles – und manches, auf das man wohl nur kommen kann, wenn man als Finanzminister die Kassen der Monarchen und Regierenden füllen muss“, sagt der Regensburger Ökonomie-Professor Wolfgang Wiegard, Mitglied des Sachverständigenrats der fünf sogenannten Wirtschaftsweisen.

16. Jahrhundert: Die Haustür ist so lange weg, bis die Steuer bezahlt ist.

Rom unter Kaiser Vespasian: „Geld stinkt nicht!“ Erst die Steuer, dann das Bedürfnis!

So ließ der römische Kaiser Vespasian sogar Bedürfnisanstalten besteuern. Als sein Sohn ihn dafür tadelte, sprach er den berühmten Satz „Pecunia non olet“ (Geld stinkt nicht). […] Wenn alles besteuert werden konnte, warum also keine Bärte? So verlangte der russische Zar Peter der Große ab 1698 von jedem Bartträger einen Obolus. Betuchte Kaufleute hatten 100 Rubel zu zahlen, Höflinge und Beamte 60 und sonstige Städter 30 Rubel. Ehrliche Zahler bekamen Quittungsmarken, die stets mitzuführen waren, wollte man nicht bei einer Kontrolle auf der Stelle zur Bartschur genötigt werden. Heute müssen zwanghafte Raucher die profitable Tabaksteuer zahlen – um die 14 Milliarden Euro pro Jahr. Auch die Biersteuer in Höhe von knapp 800 Millionen Euro freut den Finanzminister. Im Mittelalter wurde sie als Bierziese, Bierpfennig, Trankgeld oder Malzaufschlag erhoben. Hinzu kommen die Branntweinsteuer (mehr als zwei Milliarden Euro) und die Schaumweinsteuer (mehr als 400 Millionen Euro). So alt wie die Steuern ist auch das Jammern der Menschen über drückende Lasten und die Verschwendung ihrer Tribute. […]

(Aus: Walter Schmidt: Seit 5 000 Jahren immer Ärger mit der Steuer, in: Hamburger Abendblatt vom 28.01.2007, im Internet unter www.abendblatt.de, Zugriff 28.4.2009)

Männer im alten Russland: Bart ab ohne Steuerquittung!

Ärger auch heute

Die Besteuerung in Deutschland ist umstritten. Die Gegner kommen aus verschiedenen politischen Lagern. Eine Kritik lautet, dass die Steuern zu hoch sind: Wenn der Staat zu viel wegnimmt, dann entmutigt er die Tüchtigen. Er bestraft die Leistungsträger. Die andere Kritik lautet, dass das Steuersystem nicht engmaschig genug ist: Die Reichen, egal ob sie ihren Reichtum der Tüchtigkeit oder einer Erbschaft verdanken, finden immer Möglichkeiten, ihr Geld vor dem Staat in Sicherheit zu bringen. Und eine dritte Kritik lautet, dass das ganze System viel zu kompliziert und undurchsichtig ist und deshalb viele Leute beschäftigt, die ihre Zeit besser mit vernünftigen Sachen verbringen könnten.

(Aus: Winand von Petersdorff-Campen: Das Geld reicht nie, Frankfurter Allgemeine Buch, Frankfurt a. M. 2008, S. 115)

1. Erzählt, was Haustüren, Schandpfähle, öffentliche Toiletten und Bärte mit Steuern zu tun haben.
2. Warum war die Besteuerung in früheren Zeiten umstritten und warum auch heute? Fasst die Kritikpunkte zusammen.
3. Fallen euch Gründe ein, warum es klug bzw. vernünftig sein kann, Steuern zu zahlen? Sammelt eure Ideen.

Steuerpolitik

1. Warum gehören Steuern und Steuerpolitik zu den oft umstrittenen Themen? Erkläre es.
2. Was versteht man unter Steuerfreibetrag, Steuerprogression und Spitzensteuersatz? Erläutere die Begriffe mithilfe des Schaubildes.
3. Welche Möglichkeiten haben Parteien und Politiker, ihre unterschiedlichen Vorstellungen von einer sozial gerechten Steuerpolitik umzusetzen?

Begriffe für euer Fachwörterverzeichnis

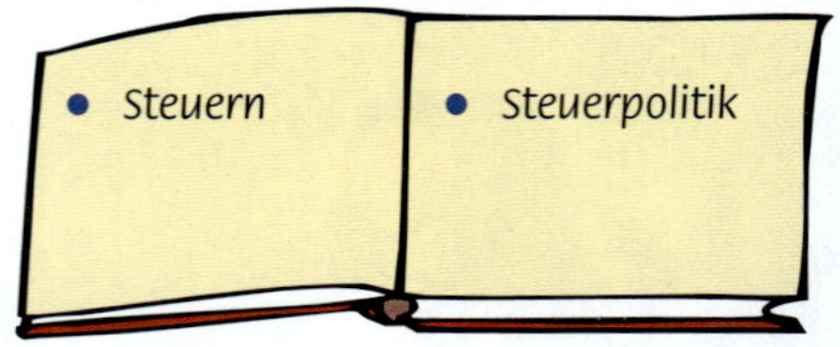

Streitthema Steuern

Unter Steuerpolitik verstehen wir alle Maßnahmen, mit denen ein Staat sich die nötigen Einnahmen besorgt, um die Vielzahl seiner öffentlichen Aufgaben zu bewältigen. Steuerpolitik ist eine höchst umstrittene Angelegenheit. Steuererhöhungen führen fast immer zu Protesten. Steuersenkungen kommen dagegen in der Regel bei der Bevölkerung gut an, führen aber dazu, dass der Staat seine Leistungen kürzen muss, was dann wiederum zu Protesten bei den von den Kürzungen Betroffenen führt.
Steuern sind Zwangsabgaben der Bürger an den Staat. Wer sie nicht bezahlt, macht sich strafbar. Ein besonderes Wesensmerkmal der Steuer besteht darin, dass derjenige, der sie zahlt, keine direkte Gegenleistung dafür bekommt. Sie werden nicht für ganz bestimmte Aufgaben verwendet, sondern wandern in einen Gemeinschaftstopf, aus dem alle Ausgaben finanziert werden.

Lohn- und Einkommensteuer

Von besonderer Wichtigkeit sind die Lohn- und Einkommensteuer. Zusammen mit der Umsatzsteuer (= Mehrwertsteuer) bilden sie die größte Einnahmequelle des Staates. Darüber hinaus hat der Staat als Gesetzgeber mit der Festlegung der Höhe dieser Steuerarten die Möglichkeit, die Verteilung zwischen Reichtum und Armut in der Gesellschaft direkt zu beeinflussen. Die Lohnsteuer ist der Anteil, den der Arbeitgeber direkt vom Bruttolohn an das Finanzamt abführt. Einkommensteuer zahlen Selbstständige. Sie müssen dazu von sich aus dem Finanzamt ihre Einnahmen mitteilen.

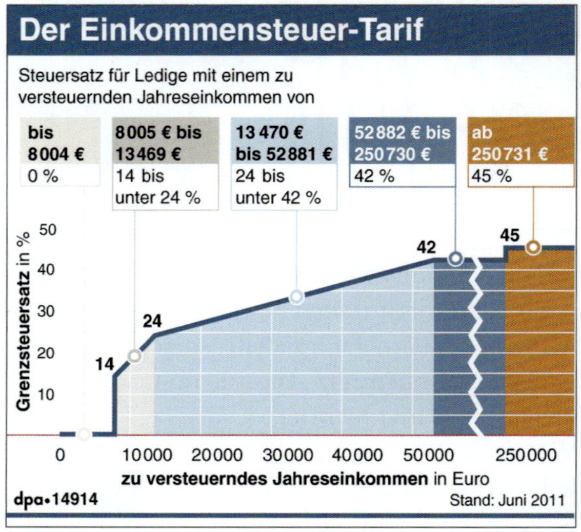

Das progressive Steuersystem

In Deutschland gilt das progressive Steuersystem. Das bedeutet, dass mit höherem Einkommen der Prozentsatz der Lohn- und Einkommensteuer ansteigt. Es gibt einen Spitzensteuersatz und einen jährlichen Steuerfreibetrag. Wenn das Einkommen innerhalb dieses Freibetrages liegt, werden gar keine Steuern fällig.
Steuerpolitik kann der Staat betreiben, indem er zum Beispiel die Steuersätze für Wohlhabende erhöht oder senkt. Er kann die Geringverdiener von der Lohnsteuer befreien oder auch von diesen einen Anteil an der Finanzierung des Gemeinwesens erwarten. Wie er mit dieser Möglichkeit umgeht, hängt stets davon ab, welche Vorstellung von Steuergerechtigkeit dahinter steht.
Zur Frage der Steuergerechtigkeit bei der Lohn- und Einkommensteuer hat das Bundesverfassungsgericht den Grundsatz formuliert, dass ihre Höhe die Verhältnisse berücksichtigen muss, in denen jemand lebt. Diejenigen, die es sich leisten können, müssen höhere Lasten tragen als diejenigen, die sich finanziell ohnehin schon stark einschränken müssen.
Wie groß die Unterschiede sein dürfen, darüber gibt es keine Festlegung, aber sehr unterschiedliche Ansichten – sowohl unter den Bürgerinnen und Bürgern als auch unter Politikern und Parteien.

Wer soll wie viel Einkommensteuer zahlen?

Wie lässt sich die Steuerlast von Menschen mit unterschiedlichem Einkommen sozial gerecht verteilen? Das ist die schwierige Frage, um die es hier geht. Stellt euch folgende Situation vor: In der Rolle des Staates habt ihr zu entscheiden, wie die benötigte Steuer auf das Einkommen der sechs ausgewählten Personen verteilt werden soll. Ihr habt die Möglichkeiten A, B oder C.

Tipp: Setzt euch in Kleingruppen zusammen und bearbeitet die Aufträge 1 bis 3 gemeinsam.

A Fester Prozentsatz
Sozial gerecht ist, wenn alle einen festen Prozentsatz ihres Jahreseinkommens abführen. Alle zahlen z. B. 25 %. So zahlt die Studentin real wenig und das Topmodel real viel.

B Sanfter Anstieg
Sozial gerecht ist, wenn alle ein wenig, aber niemand mehr als die Hälfte abgeben muss. Bei der Studentin könnte man z. B. mit 5 % beginnen, bei der Verkäuferin auf 7,5 % steigern – bis zu einem Höchstsatz von 40 % beim Fußballer oder dem Topmodel.

C Starker Anstieg
Sozial gerecht ist, wenn Geringverdiener von der Steuer befreit sind und die sehr gut Verdienenden hohe Lasten schultern. Die Studentin zahlt nichts, die Verkäuferin und der Tischlermeister 10 %, der Anwalt 30 % und alle mit einem Einkommen über 250 000 Euro im Jahr 55 %.

Naschid Özmir,
46 Jahre, verheiratet, 2 Kinder
Tischlermeister
Jahreseinkommen etwa 30 000 €

Hugo Ferring,
36 Jahre, verheiratet, kein Kind
Rechtsanwalt
Jahreseinkommen etwa 50 000 €

Sigrid Jahn,
32 Jahre, ledig
Textilfabrikantin
Jahreseinkommen etwa 250 000 €

Franziska Salz,
27 Jahre, ledig
Verkäuferin in einem Schuhgeschäft
Jahresgehalt etwa 20 000 €

Nadja Sündchen,
25 Jahre, ledig
Topmodel
Jahreseinkommen (geschätzt) 12 Millionen €

Mirco Smiatek,
24 Jahre, ledig
Profi-Fußballer, 1. Bundesliga
Jahreseinkommen (geschätzt) 2 Millionen € plus Prämien

Sandrine Mathieu,
23 Jahre, ledig
Studentin, jobbt zur Finanzierung ihres Studiums als Kellnerin und Telefonistin
Jahreseinkommen etwa 6 500 €

So könnt ihr vorgehen:

1. Berechnet für A, B und C, was das für die einzelnen Personen bedeuten würde.
2. Diskutiert in der Gruppe und entscheidet euch für eine der Möglichkeiten.
3. Stellt eure Gruppenentscheidung samt Begründung in der Klasse vor.

Was noch interessant sein kann:
- Planung einer Diskussionsrunde in Form eines Rollenspiels mit den sieben Personen, Thema: *Welche Möglichkeit der Besteuerung halte ich für sozial gerecht?*

S M U H

Sind die großen Einkommensunterschiede sozial gerecht?

Ein Rollenspiel, an dem alle teilnehmen

Dieses Rollenspiel beginnt, indem so viele Zettel vorbereitet werden, wie die Klasse Mitglieder hat. Auf je einem Drittel der Zettel steht ein Buchstabe, entweder A, B oder C. Ihr zieht euren Zettel verdeckt und seid dann ein A-, B- oder C-Bürger. Als solche werdet ihr euch an der anschließenden Diskussion zum Thema dieser Seite beteiligen. Das nun folgende Rollenspiel hat einen ernsten Hintergrund. Es geht um die Frage der sozial gerechten Einkommensverteilung im Land. Eure Position ist euch nicht vorgegeben. Zu den Fragen in eurer Rollenkarte solltet ihr euch zunächst selbst befragen und die Antworten dazu schriftlich notieren. Die erste Runde kann damit beginnen, dass jede und jeder in der Klasse sich als A-, B- oder C-Bürger zu erkennen gibt und seine Position zur Frage kurz vorträgt. Danach sollte in den verschiedenen Rollen diskutiert werden.

Tipp: Ihr könnt auch zunächst in A-B-C-Gruppen zu dritt diskutieren, bevor es in der Klasse losgeht.

A-Bürger

A

Du hattest Glück mit der Wahl deines Buchstabens. Du gehörst zur Gruppe der Menschen in Deutschland, die ein Jahreseinkommen von über einer Million Euro und mehr verdienen. Du bist Single und kannst dir aussuchen, ob du ein berühmter Fußballer bist oder Rockstar oder ein führender Manager, eine führende Managerin in einem großen Unternehmen. Du zahlst den Spitzensteuersatz in der Einkommenssteuer von 45 Prozent und von dieser Summe noch einmal 5,5 Prozent Solidaritätszuschlag. Für deine Alters-, Kranken-, Pflege- und Arbeitslosenversicherung musst du selbst aufkommen, erhältst also keinen Arbeitgeberanteil. Von deinem derzeitigen Brutto-Jahreseinkommen von einer Million bleibt dir netto etwa die Hälfte, also 500 000 Euro pro Jahr. Findest du, dass die Höhe deiner Steuerlast angemessen ist? Bist du bereit, mehr in die Staatskasse zu zahlen? Findest du, dass deine Abgaben schon jetzt zu hoch sind?

B-Bürger

B

Du bist verheiratet und entweder Mutter oder Vater eines kleinen Kindes. Du und dein Ehepartner arbeiten im Angestelltenverhältnis und kommen zusammen auf ein Brutto-Monatseinkommen von 2 900 Euro. Damit geht es euch so wie etwa 10 Millionen anderen Familien in Deutschland. Ihr zahlt monatlich etwa 600 Euro an Sozialversicherungen und 400 Euro Lohnsteuer. Hinzu kommt das Kindergeld von 154 Euro. Nach Abzug aller Kosten für Miete, weiterer privater Versicherungen und der Ratenzahlungen für das Auto verbleiben euch etwa 1 100 Euro monatlich zur freien Verfügung. Empfindet ihr eure Situation als sozial gerecht? Findet ihr, dass die Lohnsteuer angemessen, zu hoch oder zu niedrig ist? Könnt ihr euch vorstellen, mehr von eurem Einkommen abzugeben?

C-Bürger

C

Du bist alleinerziehende Mutter oder alleinerziehender Vater eines vierjährigen Kindes. Seit dessen Geburt bist du arbeitslos, weil du wegen des Kindes deine Arbeit aufgegeben hast. Dein damaliger Lebenspartner hat dich verlassen und ist unbekannt verzogen. Du lebst vom Arbeitslosengeld II bzw. von Hartz IV. Für dich und dein Kind erhältst du die Regelleistungen von 579 Euro im Monat. Zusammen mit dem Zuschuss für Miete und Heizung kommst du auf knapp 1 000 Euro im Monat. Du bist mit deinem Kind kostenfrei krankenversichert, musst aber sonst alle Kosten von diesem Geld bestreiten. Ähnlich wie dir geht es etwa 5 Millionen Ein- und Zweipersonenhaushalten in Deutschland. Findest du die Regelleistungen in Ordnung so? Denkst du, dass der Staat mehr zahlen müsste und dass die A- und die B-Bürger zur Finanzierung eine höhere Steuerlast tragen müssten?

Einkommensunterschiede in Deutschland

In einer Serie widmete sich die Wochenzeitung DIE ZEIT 2011 den Einkommensunterschieden in Deutschland. Hier ein Auszug aus einem Artikel mit dem Titel „Gerecht war gestern".

Lange Zeit gehörte er zu den Markenzeichen der Bundesrepublik. Wie Mercedes, Pünktlichkeit und Qualität: der soziale Ausgleich. Zwischen Flensburg und dem Bodensee gab es weniger Reiche als in anderen Industrieländern – und weniger Arme. Die sozialen Gegensätze waren geringer als anderswo, die Einkommensunterschiede vergleichsweise klein. Doch das ist vorbei. Heute klafft zwischen Arm und Reich in der Bundesrepublik eine nahezu gleich große Lücke wie im Durchschnitt der Industrieländer. Die viel gerühmte soziale Marktwirtschaft macht keinen Unterschied mehr. Die Reichen wurden auch hier in den vergangenen Jahrzehnten reicher und die Armen ärmer. [...] Heute haben die zehn Prozent Haushalte mit den höchsten Einkommen in Deutschland fast elfmal so viel Geld zur Verfügung wie die zehn Prozent mit den niedrigsten. Ab einem Haushaltsnetto von 7 545 Euro im Monat gehört man zur Spitze, mit weniger als 712 Euro zählt man zum untersten Zehntel. [...] Dabei handelt es sich um einen internationalen Trend. In fast allen Industrieländern, auch in Skandinavien, drifteten die Löhne und die Einkommen in den vergangenen Jahrzehnten spürbar auseinander. Den tieferen Grund dafür sehen Experten zum einen in der Globalisierung, durch die Millionen neuer Arbeitskräfte in Niedriglohnländern auf den Weltmarkt gekommen sind, und zum anderen im technischen Fortschritt, der vor allem einfache Arbeit ersetzbar und viele Jobs verlagerbar macht. [...]

(Aus: Kolja Rudzio: Gerecht war gestern, Artikel vom 18.08.2011, in Wochenzeitung DIE ZEIT, Ausgabe 34)

Was verstehen Bürger unter sozialer Gerechtigkeit?

Die Frage untersuchte 2007 die Bertelsmann Stiftung in einer Repräsentativbefragung der Bevölkerung in Deutschland.

In einer offenen Frage ohne Antwortvorgaben dazu befragt, zeigt sich, dass für immerhin fast ein Drittel der Bürger Chancengerechtigkeit und Chancengleichheit im Mittelpunkt ihres Gerechtigkeitsverständnisses steht. Als nächsten Schwerpunkt nennen 21 Prozent der Bürger spontan Hilfen für sozial Schwache, während die häufig als dominant und kontrovers diskutierten Kategorien der Leistungsgerechtigkeit und der Verteilungsgerechtigkeit (15 Prozent) deutlich weniger häufig genannt werden.

(Aus: Robert B. Vehrkamp, Andreas Kleinsteuber: Soziale Gerechtigkeit 2007 – Ergebnisse einer repräsentativen Bürgerumfrage, Gütersloh 12/2007, S. 7)

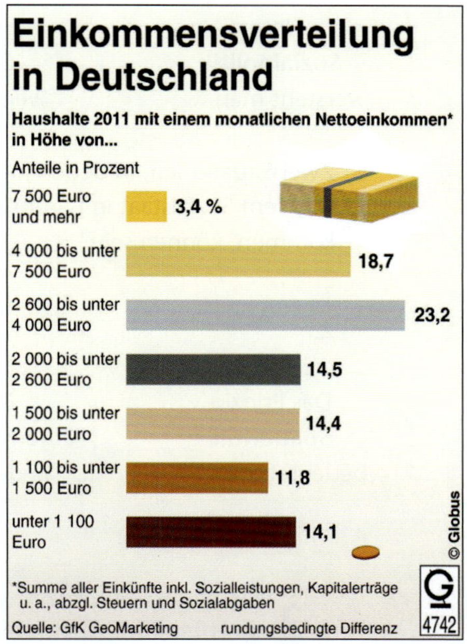

Dreimal Gerechtigkeit

Chancengerechtigkeit – Der Staat sorgt dafür, dass alle Menschen die gleichen Chancen haben, sozial aufzusteigen.

Leistungsgerechtigkeit – Gleiche Leistung muss gleich bezahlt werden, egal, ob sie von Frauen oder Männern, von Leuten mit oder ohne Studium erbracht wird.

Verteilungsgerechtigkeit – Der Staat sorgt dafür, dass die Unterschiede – Kluft zwischen Reich und Arm – nicht zu groß wird.

1. Erläutere, worin die Einkommensunterschiede in Deutschland bestehen und welcher Trend im Artikel aus der Wochenzeitung DIE ZEIT deutlich wird.
2. Welche der genannten Vorstellungen von Gerechtigkeit finden deine Zustimmung? Begründe dein Urteil.
3. Chancengerechtigkeit und Verteilungsgerechtigkeit stehen in einem gewissen Widerspruch zueinander. Finde heraus, worin dieser besteht.

Soziale Sicherung heute und morgen

Station 1 Jugend und soziale Sicherung

S M U H

Übertragt die Übersicht und führt die Aussagen zu Ende.

Unter **Sozialpolitik** versteht man …

Unter einem **Sozialstaat** versteht man …

Zwei Situationen, in denen Jugendliche mit dem Sozialstaat in Berührung kommen, können sein:

1.
2.

Das Prinzip **Solidarität** bedeutet, dass …

Das Prinzip **Eigenverantwortung** bedeutet, dass …

Station 2 Das System der sozialen Sicherung

S M U H

Fertigt mithilfe der Elemente im Kasten selbst ein Schaubild an. Es soll auch Antworten auf die zwei Fragen geben. Das geht auf einem Blatt Papier, aber auch mithilfe eines Computerprogramms, z. B. PowerPoint.

Sozialversicherungen in Deutschland

? ? ? ? ?

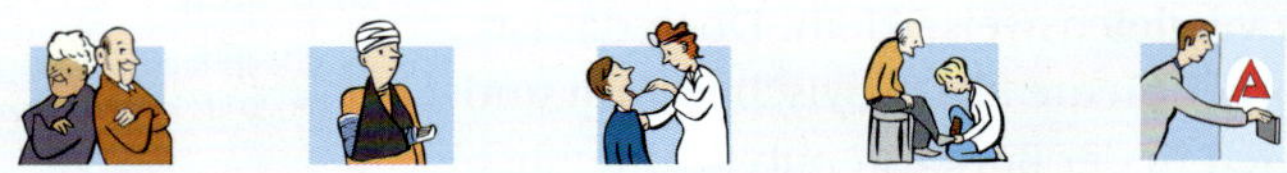

1. Was ist wichtigstes Ziel dieser Versicherung?

2. Wer bezahlt sie?

Station 3 Problem der Altersrenten

S M U H

Zusammenhänge erklären

Die nebenstehende Zeichnung zum Thema „Demografischer Wandel“ hat eine Schülerin entworfen.

1. Auf welche Problematik macht die Zeichnung aufmerksam?
2. Was haben Jugendliche deines Alters mit diesem Problem zu tun?

Station 4 Armut in einem reichen Land

S M U H

Hat die Politik ihre Hausaufgaben gemacht?

„Deutschland für Kinder", so hieß die gemeinsame Veranstaltung von Unicef, Deutschem Kinderschutzbund und dem Bündnis für Kinder. Dabei ging es unter anderem um die Benachteiligung armer Kinder. Kinderkanal-Moderatorin Nadine (15) überreichte dabei der Bundeskanzlerin ein Hausaufgabenheft.
Was hättet ihr an Nadines Stelle hineingeschrieben? Verfasst einen Text über Kinderarmut in Deutschland und erklärt, was der Staat tun muss, um zu helfen.

Station 5 Sozialpolitik kostet Steuergelder

S M U H

Zitate aus Texten zur Sozialpolitik – Was kann damit gemeint sein?

Die folgenden Aussagen sind dem 5. Unterkapitel entnommen. Wer den Zusammenhang nicht herstellen kann, wird sie nicht verstehen. Du kannst das.

„Zum Problem der Steuergerechtigkeit hat das Bundesverfassungsgericht zwei Grundsätze verbindlich formuliert."

Welche sind das?

„Steuerpolitik ist eine höchst umstrittene Angelegenheit."

Erläutere den Grund dafür.

„Die Ausgaben für den Bereich der sozialen Sicherung bilden im Haushaltsplan des Bundes den mit Abstand größten Block."

Finde mindestens zwei Gründe, warum Sozialpolitik in den vergangenen Jahren immer teurer geworden ist.

5 Zur Situation der Menschenrechte

Welche Bedeutung haben sie für uns?

1. Allein nachdenken

Ergänze folgenden Satz: Mir bekannte Menschenrechte sind …

2. Zu zweit beraten

Welche Menschenrechte haltet ihr für besonders bedeutsam?

3. In der Klasse sammeln

Welche Menschenrechtsverletzungen kennt ihr?

Bei der Arbeit an diesem Kapitel könnt ihr …

- Menschenrechts- und Grundrechtsverletzungen anhand von Fallbeispielen analysieren,
- Aufgaben und Arbeit von internationalen Menschenrechtsorganisationen beschreiben und beurteilen,
- die Bedeutung der Grundrechte im Grundgesetz darstellen,
- Datenschutz als Grundrecht anhand der Stichwörter „Recht auf informationelle Selbstbestimmung“ und „Computergrundrecht“ erläutern,
- eine Debatte zur Online-Durchsuchung von PCs führen.

Eigene Schwerpunkte könnt ihr setzen, indem ihr …

- die Situation der Menschenrechte in einem Land untersucht,
- eine Internetrecherche zu Nichtregierungsorganisationen durchführt,
- Lösungen für Grundrechtsfälle im Schulalltag erarbeitet,
- Ideen für eine Menschenrechtsaktion in eurer Klasse sammelt.

1 Wie ist es um die Menschenrechte auf der Welt bestellt?

Stellvertretend für die unzähligen Menschenrechtsverletzungen, die täglich auf der Welt geschehen, werden in diesem Unterkapitel drei Beispiele vorgestellt. Ihr könnt sie arbeitsteilig untersuchen. Dazu empfehlen wir euch folgende Vorgehensweise:

1. Einzelarbeit: Welche Menschenrechte werden verletzt? Lies den Fall und formuliere deine Antwort auf die Frage. Versuche, dich in die Rolle der Betroffenen zu versetzen und überlege, welche Folgen die Menschenrechtsverletzungen für ihr weiteres Leben haben.
2. Bildet Dreiergruppen, in denen ihr der Reihe nach euren Fall und eure Antworten vorstellt.
3. Sucht in der Gruppe nach Gründen für Menschenrechtsverletzungen.
4. Präsentiert die Fälle und eure Erklärungen dazu vor der Klasse.

Tipp: Im Anschluss daran könnt ihr in euren Gruppen den Trainingsplatz bearbeiten.

In vielen Ländern können Frauen nicht über sich selbst bestimmen – nicht darüber, welche Kleidung sie tragen, und nicht darüber, welche politische Meinung sie vertreten wollen.

A Bangladesch: Frauen werden unterdrückt und misshandelt

In Bangladesch werden vor allem junge Frauen Opfer von Säure-Attentaten. Shafina (Name geändert) ist eine von ihnen. „Ich komme aus einem Dorf im Süden. Mein Vater ließ mich und meine vier Geschwister immer zur Schule gehen, auch uns Mädchen." Das erzählt Shafina nicht ohne Stolz, schließlich werden Mädchen in dem mehrheitlich muslimischen Land oft als minderwertig angesehen […]. „Eines Nachts wachte ich auf, weil ich dringend auf die Toilette musste." So verließ Shafina das Haus ihrer Eltern alleine, weil die Toiletten sich auf dem Land außerhalb der Häuser befinden. Darauf hatten drei junge Männer gewartet. Sie rissen Shafina zu Boden und hielten sie fest. „Ich wehrte mich und schrie wie am Spieß, einen der Angreifer kannte ich auch." Es war Amin, er hatte ihr Nachhilfeunterricht in Mathe gegeben. „Monatelang ist er mir hinterhergerannt und hat sogar bei meinem Vater vorgesprochen", erzählt Shafina. In Bangladesch werden viele Mädchen früh verheiratet, aber eine Heirat war in diesem Fall ausgeschlossen, denn Amin ist Hindu und Shafina Muslimin. Shafina stockt, nur leise spricht sie weiter: „In dieser Nacht hatte er ein kleines Fläschchen dabei und schüttete es über mir aus." Heute weiß sie, dass die Flüssigkeit, die so schrecklich brannte, Säure war. Amin wollte Shafinas Schönheit zerstören. Damit sie niemals ein anderer Mann heiraten wird. So wie Shafina geht es fast 2000 Frauen, Männern und Kindern in Bangladesch. Wer ein Säure-Attentat überlebt, ist gezeichnet: Das Gesicht ist oft bis zur Unkenntlichkeit entstellt. […] Die Täter sind immer Männer, die meisten Opfer Frauen. In Bangladesch, wo drei Viertel der Bevölkerung auf dem Land leben, gibt es oft Streit um die Besitzrechte an Grund und Boden. Um es seinem Nachbarn heimzuzahlen, überschüttet man dessen Frau mit Säure. Lehnt die Familie den Heirats-

antrag für die Tochter ab, rächt sich der Mann mit einem Glas Säure an dem Mädchen. [...] Eine Frau ist in Bangladesch nichts wert. Viele Mädchen, die ein Säure-Attentat überlebt haben, schweigen. So wie sie es gelernt haben. Oder sie begehen Selbstmord. [...] Neun von zehn Tätern werden nie verurteilt. In den Dörfern werden Überlebende wie Shafina verachtet und ausgegrenzt. Entstellte Mädchen sind somit doppelt bestraft: Kein Mann möchte sie mehr heiraten. [...] Dann kam Monira Rahman.
Seit fast zehn Jahren arbeitet diese mutige Frau mit den Überlebenden der Säure-Attentate zusammen. Sie gründete die Organisation „Acid Survivors Foundation" (ASF), richtete ein Krankenhaus ein, sorgte für die Ausbildung von Ärzten im Ausland. ASF steht den Überlebenden vor Gericht zur Seite, macht Aufklärungskampagnen und ist an einer Veränderung der Gesetzgebung in Bangladesch beteiligt. Die Täter können nun schneller festgenommen und nicht mehr auf Kaution freigekauft werden. Säure-Attentate sind in vielen Ländern Süd- und Südostasiens verbreitet, auch aus Nigeria und Uganda, Jamaika und der Türkei werden Fälle berichtet.

(Aus: Ines Burckhardt: „Ich durfte nicht in den Spiegel sehen", in: www.bangladesch.org, Zugriff: 04.08.2009)

B Ausbeuterische Kinderarbeit in Pakistan

Anwar muss seit seinem siebten Lebensjahr arbeiten. Tag für Tag. Anwars „Arbeitsverhältnis" bezeichnet man als Schuldknechtschaft, eine Ausbeutung in Form sklavenähnlicher Abhängigkeit. Das Arbeitsverhältnis entsteht dadurch, dass ein Schuldner als Sicherheit für einen Kredit seine Arbeitskraft zur Verfügung stellen muss. In den meisten Ländern sind solche Arbeitsverhältnisse verboten und dennoch sind sie in einer Reihe von Ländern alltägliche Praxis. Schätzungen zufolge arbeiten ca. 5,7 Millionen Kinder in Schuldknechtschaft. Anwar aus Pakistan ist einer von ihnen. Anwar webt Teppiche in einem Dorf in der pakistanischen Provinz Sindh. Etwas Essen bekommt er dafür. Sonst nichts. Ihm bleibt kaum noch Freizeit nach seinem zwölfstündigen Arbeitstag. Anwar war, seit er arbeitet, noch nie bei einem Arzt, obwohl er ab und zu krank ist. Manchmal, wenn er müde ist, wenn ihm die Augen brennen und ihm vom langen Sitzen die Beine wehtun, kann er nicht mehr so schnell arbeiten. Aber er muss aufpassen, dass niemand es merkt. Einmal, als er ganz besonders müde war und ihm die Augen zugefallen sind, ist es passiert: Der Aufseher, der alle Arbeiter kontrolliert, kam auf ihn zugestürzt und hat ihn mit einem Stock geschlagen. Anwar ist davongerannt, aber er wurde von der örtlichen Polizei aufgegriffen und gewaltsam zu den Teppichwebstühlen zurückgebracht. Manchmal denkt Anwar darüber nach, wie viele Teppiche er noch weben muss, bis die Schulden bezahlt sind, die seine Familie gemacht hat und die er abarbeiten muss. Er weiß nicht, wie hoch die Schulden sind. Und er weiß auch nicht, bei wem seine Familie die Schulden gemacht hat. Er erfährt nur, dass sein Schuldenberg wächst, wenn er einen Fehler bei der Arbeit gemacht hat (nach einem Bericht von Human Rights Watch). Pakistan ist verpflichtet, Kinder vor ausbeuterischer Kinderarbeit zu schützen, Schuldknechtschaft zu verbieten und das Verbot auch durchzusetzen. Viele Familien sind hier, wie auch in anderen Ländern, so arm, dass sie auf einen Verdienst der Kinder angewiesen sind. Staaten sind verpflichtet, ausbeuterische Kinderarbeit abzuschaffen. Wichtig ist, dass Kindern eine Möglichkeit zur Schulbildung gegeben wird, z. B. in Schulen für arbeitende Kinder.

So wie Anwar arbeiten 115 Millionen Kinder weltweit unter sklavenähnlichen Bedingungen.

(Aus: Wissen gegen Willkür, Hg. Stiftung Lesen, Mainz 2008, S. 25, verf. von Reiner Engelmann)

1. Erkläre, warum Mädchen wie Shafina in ihren Dörfern doppelt bestraft werden.
2. Erläutere, wie Anwars Leben in Schuldknechtschaft verläuft.

C Ägypten: Militärregierung verhaftet Blogger

Einer der bekanntesten ägyptischen Blogger, Alaa Abd El-Fattah, ist vom Militär inhaftiert worden – eine der zentralen Figuren der Ägyptischen Revolution. Die Vorwürfe erscheinen konstruiert. [...]
Die Armee wirft ihm vor, am 9. Oktober 2011 Waffen gestohlen, Soldaten angegriffen und zu Gewalttaten aufgerufen zu haben. An dem Tag hatte die Armee eine mehrheitlich von Kopten getragene Demonstration in Kairo angegriffen und mindestens 28 Menschen getötet. Abd El-Fattah hatte als muslimischer Unterstützer an der koptischen Demonstration teilgenommen und über die Gewalt der Armee im Internet berichtet. Am Sonntag hatte ihn das Militär zum Verhör vorgeladen. „Alaa weigerte sich, eine Aussage zu machen", berichtet der Aktivist Bahaa Saber, der mit Abd El-Fattah vorgeladen war. „Er sagte, als Zivilist könne er nicht vor ein Militärgericht gestellt werden und der Prozess sei eine Farce [gemeint ist hier Scheinprozess]." Während Saber auf Kaution freikam, wurde Abd El-Fattah wegen der Schwere der Vorwürfe und angeblicher Fluchtgefahr verhaftet. [...]

Koptische Christen werden in Ägypten an ihrem Recht auf freie Religionsausübung gehindert. Am 9. Oktober hatten sie zu einer Demonstration aufgerufen, weil im Süden des Landes eine Kirche zerstört worden war.

„Wir fordern die sofortige Freilassung Alaas und den Stopp von Militärprozessen gegen Zivilisten", schrieb die Gruppe „Nein zu Militärtribunalen". „Das ist nicht das Ägypten, für das wir gekämpft haben und gestorben sind." Seit der Machtübernahme der Militärs im Februar 2011 sind rund 12000 Zivilisten von Militärtribunalen zu teils langjährigen Strafen verurteilt worden.
Erst kürzlich hatte der Tod von Essam Atta für Aufsehen gesorgt. Der 24-Jährige, der zu zwei Jahren Haft verurteilt war, wurde von einem Polizeioffizier auf brutalste Weise zu Tode gefoltert. Verwunderung lösten auch die Ergebnisse der „Untersuchung" der Vorfälle vom 9. Oktober durch das Militär aus. Die Armee machte den jungen koptischen Aktivisten Mina Daniel als Hauptverantwortlichen für die Gewalt und die Toten aus. Der junge Mann war an diesem Tag vom Militär getötet worden.

(Nach: Juliane Schumacher: Das Militär jagt die Blogger, in: www.taz.de, 31.10.2011, Zugriff: 04.11.2011)

3. Menschenrechtsgruppen wie Amnesty International protestierten gegen die Verhaftung von Abd El-Fattah. Erkläre, warum.

Was noch interessant sein kann:

- weitere Fälle von Menschenrechtsverletzungen sammeln und untersuchen: Wo finden diese statt? Wer sind die Opfer, wer die Täter?
- die Menschenrechtssituation in einem Land recherchieren. Länderberichte findet ihr zum Beispiel unter www.amnesty.de.

Trainingsplatz

S M U H

Wir diskutieren Ansichten über die Bedeutung der Menschenrechte

- Den folgenden Fragebogen sollte zunächst jede Schülerin und jeder Schüler für sich beantworten. Wenn ihr einer These voll zustimmt, könnt ihr sie mit +2 Punkten bewerten, bei voller Ablehnung mit – 2 Punkten.
- Danach solltet ihr euch in Gruppen zusammensetzen und euch die Bewertungen gegenseitig vortragen und begründen.
- Diskutiert dann in den Gruppen über die Thesen, bei denen eure Meinungen am stärksten auseinandergehen.
- Einigt euch am Ende der vereinbarten Gruppenarbeitszeit auf eine These, die euch besonders interessant erscheint.
- Stellt eure Gruppenergebnisse in der Klasse zur Diskussion.

Zum Abschluss dieser Phase könnt ihr ein vorbereitetes Plakat mit farbigen Klebepunkten bewerten lassen.

		+2	+1	−1	−2
1.	Die Durchsetzung der Menschenrechte ist ein Thema, das Jugendliche kaum interessiert. In Wirklichkeit haben junge Leute ganz andere Sorgen.				
2.	Weil Menschenrechte für alle gelten, dürfen sie auch den Menschen nicht vorenthalten werden, die mit dem Gesetz in Konflikt geraten oder die kriminell geworden sind.				
3.	Wenn wir uns in unserer persönlichen Umgebung umschauen, können wir tagtäglich erleben, wie Menschenrechte verletzt werden.				
4.	Für mich ist es eine Selbstverständlichkeit, dass Inländer und Ausländer in gleicher Weise Anspruch auf den Schutz der Menschenrechte haben.				
5.	Die Massenmedien – insbesondere das Fernsehen – bringen Menschenrechtsverletzungen an die Öffentlichkeit. Das hat zur Folge, dass die Menschen besser informiert sind und sich stärker empören und engagieren.				
6.	Jeder Staat muss selbst dafür sorgen, dass die Menschenrechte eingehalten werden. Von außen soll sich da niemand einmischen.				
7.	Ich kann mir gut vorstellen, dass ich einmal Mitglied in einer Organisation werde, die für die Durchsetzung der Menschenrechte kämpft.				
8.	Wer keinen Arbeitsplatz findet, dem nützen die Menschenrechte gar nichts.				
9.	Ich glaube, dass sich die Situation der Menschenrechte auf der Erde in Zukunft eher verbessern als verschlechtern wird.				
10.	Wer die Menschenrechte schützen will, muss bereit sein, Pflichten gegenüber anderen Menschen zu übernehmen.				

Menschenrechte

1. Menschenrechte unterscheiden sich von anderen Rechten. Beschreibe mindestens zwei besondere Merkmale.
2. Auf dem Foto ist ein wichtiges Menschenrecht dargestellt. Erläutere, welche Gedanken es in euch auslöst.
3. Mit ihrer Unterschrift auf den Menschenrechtsdeklarationen gehen die Beitrittsstaaten Verpflichtungen ein. Erläutere, welche das sind.
4. Fast alle Staaten der Erde haben die Allgemeine Erklärung der Menschenrechte unterzeichnet und doch werden Tag für Tag Menschenrechte verletzt. Wie ist das zu erklären?

Begriffe für euer Fachwörterverzeichnis

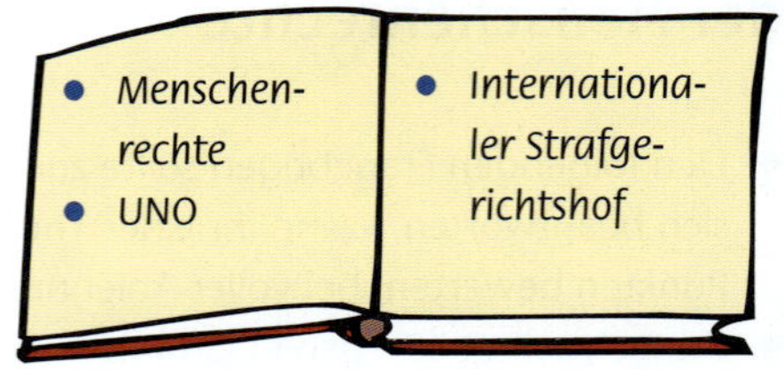

Definition

Menschenrechte sind Rechte, die jedem Menschen von Geburt an zustehen – in allen Lebenssituationen. Niemand darf ihm diese Rechte nehmen. Dazu gehören zum Beispiel

- das Recht auf Leben und körperliche Unversehrtheit. Das bedeutet, dass die Todesstrafe, Folter oder auch Formen von Misshandlung verboten sind;
- das Recht auf freie Entfaltung der Persönlichkeit. Jeder Mensch hat die Freiheit, so zu leben, wie er möchte, solange er anderen nicht schadet;
- das Recht auf freie Meinungsäußerung;
- das Recht auf Gleichheit. Alle Menschen müssen vor dem Gesetz gleich behandelt werden, ungeachtet ihrer Hautfarbe, ihrer Religion und ihres Geschlechts.

All diese Rechte und Freiheiten sollen jedem Menschen ein menschenwürdiges Leben ermöglichen und die Würde des Menschen schützen. Sie gelten auf der ganzen Welt. Kein Staat darf sich auf kulturelle Besonderheiten berufen, wenn er Menschenrechte verletzt – etwa indem er zum Beispiel die Rechte von Frauen missachtet.

Gründe für Menschenrechtsverletzungen

„Schlagen Sie Ihre Zeitung an irgendeinem beliebigen Tag auf", schrieb 1961 Peter Benenson, der Gründer der Menschenrechtsorganisation Amnesty International, „und Sie werden eine Meldung aus irgendeinem Teil der Welt lesen." Daran hat sich bis heute nichts geändert. Einige der Gründe für die zahlreichen Menschenrechtsverletzungen sind:

- Diktatorische Regime fürchten um ihre Macht und unterdrücken jede Art von abweichender Meinung.
- Radikale Überzeugungstäter halten alle Mittel für gerechtfertigt, um ihre politischen Ziele zu erreichen.
- Immer ist ein Grund der fehlende Respekt vor dem Leben und der Freiheit anderer.

Opfer

Die Opfer sind entweder die Schwachen der Gesellschaft, besonders Frauen und Kinder, oder Minderheiten, die den Regierungen nicht ins Konzept passen. Millionen Kinder werden unter sklavischen Bedingungen zur Arbeit oder als Kindersoldaten zum Kriegsdienst gezwungen. Frauen werden unterdrückt, misshandelt, verschleppt oder vergewaltigt. Politisch Andersdenkende werden verfolgt, gefoltert und mit und ohne Gerichtsurteil hingerichtet. Ethnische, religiöse oder andere Minderheiten werden systematisch unterdrückt und verfolgt. Ganze Völker werden als Opfer sogenannter „ethnischer Säuberungen" vertrieben oder getötet.

Menschenrechtsorganisationen

Nach dem Ende des Zweiten Weltkriegs kam der Gedanke auf, dass die Durchsetzung der Menschenrechte zur zentralen Aufgabe internationaler Zusammenarbeit werden müsse. Das sollte eine der wichtigsten Aufgabe der neu gegründeten UNO (= United Nations Organization, Vereinte Nationen) sein. Die Weltorganisation verabschiedete eine Reihe von Deklarationen (= Erklärungen), mit deren Hilfe die Mitgliedstaaten zu einer aktiven Menschenrechtspolitik verpflichtet werden sollten.
Dazu gehören zum Beispiel die Allgemeine Erklärung der Menschenrechte von 1948, das Übereinkommen gegen die Folter von 1984, das Übereinkommen zum Schutz der Rechte des Kindes von 1989 und die Erklärung zur Beseitigung der Gewalt gegen Frauen. Zahlreiche Nichtregierungsorganisationen beobachten weltweit die Situation der Menschenrechte, decken Menschenrechtsverletzungen auf und setzen sich für den Schutz der Menschenrechte ein. Diese Organisationen versuchen, in der Weltöffentlichkeit Druck auf die betreffenden Regierungen auszuüben. So veröffentlicht Amnesty International jedes Jahr einen viel beachteten Bericht zur Situation der Menschenrechte.

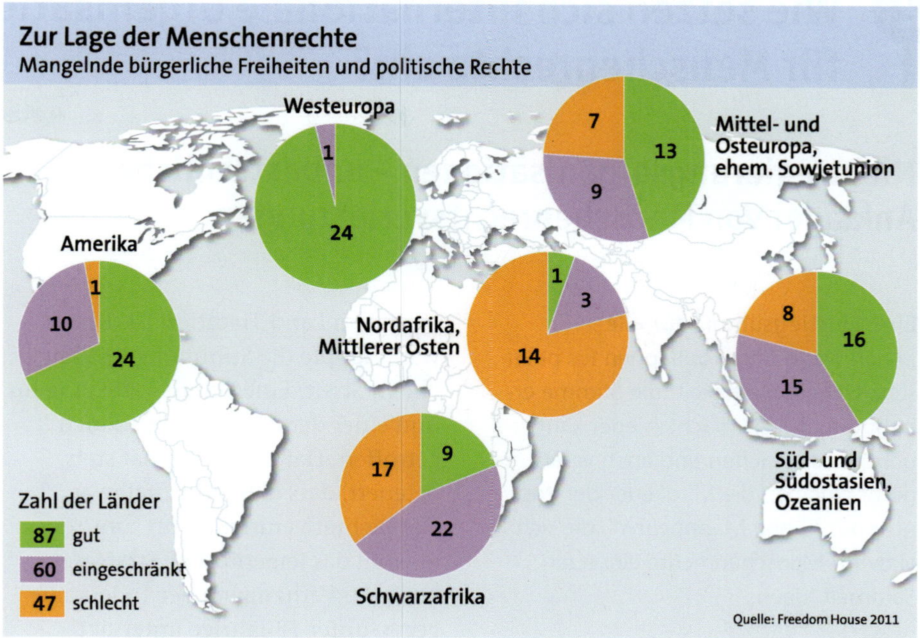

Menschenrechtspolitik

Die Deklarationen verpflichten alle unterzeichnenden Staaten, die Menschenrechte in ihrem Land durchzusetzen. Das bedeutet im Einzelnen:

- *Achtung der Menschenrechte*: Die Staaten müssen in ihrem Handeln die Menschenrechte achten. Sie dürfen sie nicht durch Gesetze einschränken.
- *Schutz vor dem Eingriff in Menschenrechte*: Staaten müssen dafür sorgen, dass jeder im Land seine Menschenrechte ausüben darf und darin von niemandem behindert wird. So müssen sie zum Beispiel aktiv werden, wenn eine Minderheit etwa wegen ihres Glaubens von anderen Bevölkerungsgruppen unterdrückt wird.
- *Erfüllung der Menschenrechte durch staatliche Leistungen*: Staaten sollen Maßnahmen ergreifen, die die Verwirklichung der Menschenrechte zum Ziel haben. So müssen sie zum Beispiel auch armen Menschen ein Leben in Würde ermöglichen.

Mehrfach haben sich fast alle Länder der Welt feierlich dazu verpflichtet, die Menschenrechtserklärung zu achten, aber eine Unterschrift auf einem Blatt Papier und das, was in einem Land tatsächlich passiert, sind oft zweierlei Dinge. Das Problem dabei ist, dass gerade die Regierungen in den zahlreichen unfreien Staaten der Erde zu den Hauptverursachern von Menschenrechtsverletzungen zählen. Es gibt zudem keine Weltpolizei, die überall gegen Menschenrechtsverletzungen eintreten könnte.

Verfolgung von Menschenrechtsverletzungen

1998 wurde in der niederländischen Stadt Den Haag der Internationale Strafgerichtshof (ICC), ein Gericht der Vereinten Nationen, eingerichtet. Es kann Kriegsverbrecher, die schwere Verbrechen gegen die Menschlichkeit begangen haben, anklagen und zu Freiheitsstrafen von bis zu 30 Jahren verurteilen. Die Richter sind allerdings machtlos, wenn ein Staat nicht bereit ist, Beschuldigte auszuliefern oder das Gericht anzuerkennen. Dazu zählen unter anderem die USA, Russland und China.

2 Wie setzen sich internationale Organisationen für Menschenrechte ein?

Nichtregierungsorganisationen – unbestechliche Ankläger von Menschenrechtsverletzungen

Eine Einstiegsübung für alle

„Auch wenn man Topflappen für politische Gefangene häkelt, die Stimme erhebt oder Musik macht – jeder kann irgendetwas machen und auch verändern", meinen die Mitglieder der Popgruppe „Söhne Mannheims", die sich aktiv für Menschenrechte einsetzen. Sammelt Ideen.

Überall auf der Welt setzen sich zahllose Menschen für die Menschenrechte ein und versuchen, den Opfern zu helfen. Die UNO schätzt, dass weltweit über 25 000 Menschenrechtsgruppen aktiv sind. Weil sie unabhängig von der Politik handeln, werden solche Vereinigungen auch als Nichtregierungsorganisationen (NGOs) bezeichnet. Wie solche Gruppen vorgehen, könnt ihr am Beispiel von Amnesty International erfahren.

A Hafez Ibrahim verdankt Amnesty International sein Leben

Anfang April 2010 begrüßte der sichtlich gerührte Hafez Ibrahim den Menschenrechtsaktivisten Lamri Chirouf und dankte ihm für seine Rettung vor der fast sicheren Hinrichtung. Hafez Ibrahim war 16 Jahre alt, als er […] bei einer Hochzeit in seiner Heimatstadt Taízz im Süden Jemens zu Gast war. Die meisten männlichen Hochzeitsgäste trugen Waffen, so wie es in dem Land Tradition ist. Irgendwann kippte die Stimmung, es kam zu einem Streit. Eine Schusswaffe ging los und einer der Gäste wurde tödlich getroffen. Hafez Ibrahim hat stets beteuert, dass dies ein Unfall war. Der Richter verurteilte ihn zum Tode, obwohl das jemenitische Strafgesetzbuch die Verhängung der Todesstrafe gegen unter 18-Jährige untersagt. Amnesty International-Mitarbeiter Lamri Chirouf erinnert sich: „Sofort schickten wir Protestschreiben an den Präsidenten und die Behörden Jemens. Wir mobilisierten unsere Mitglieder und Unterstützerinnen weltweit, indem wir eine Eilaktion (Urgent Action) für Hafez starteten." Die Bemühungen zeigten Erfolg: Der Präsident gewährte einen Hinrichtungsaufschub und die Angehörigen des Toten erklärten sich nach Verhandlungen schließlich damit einverstanden, Hafez Ibrahim gegen eine finanzielle Entschädigung zu begnadigen. „Es kommt mir immer noch vor wie ein Traum. Ich kann kaum glauben, dass ich noch am Leben bin." Der heute 26-jährige Hafez ist entschlossen, das Beste aus seinem Leben zu machen, das ihm zurückgegeben wurde. Er studiert im dritten Jahr Jura an der Universität der jemenitischen Hauptstadt Sana'a und will sich für den Schutz der Menschenrechte einsetzen.

(Aus: Annette Hartmetz: „Es kommt mir noch immer vor wie ein Traum", in: Du kannst, das Jugendmagazin zum Thema Menschenrechte, Hg. Stiftung Lesen, Mainz 2011, S. 18)

Amnesty-Aktivistinnen demonstrieren gegen die Unterdrückung von Frauen in Ägypten

B Die Arbeitsweise von Amnesty International

Millionen von Menschen rund um den Erdball unterstützen die erfolgreichste Menschenrechtsgruppe der Welt. Ob ein Lehrer in Äthiopien verschwindet, nur weil er einer Gewerkschaft angehört, ob eine Anwältin in Thailand in einem psychiatrischen Krankenhaus festgehalten wird, weil sie kostenlos armen Leuten half, ob ein Student im Iran verhaftet wird, weil er sich öffentlich für die Gleichberechtigung der Frauen in seinem Land eingesetzt hat: All das sind Fälle für Amnesty. […] Besonders erfolgreich sind die „urgent actions". Zu diesen Eilaktionen ruft Amnesty auf, wenn einem Menschen unmittelbar Folter, Mord oder gar die Hinrichtung droht, oder wenn die Gefahr besteht, dass er „verschwindet". Vor Ort und in der Londoner Zentrale werden diese Fälle überprüft und weltweit Mitglieder mobilisiert. Binnen weniger Stunden ergießt sich dann oft eine Flut von Protestschreiben als Faxe, E-Mails oder Eilbriefe auf die Schreibtische der Staats- und Regierungschefs der Länder, in denen solches Unrecht geschieht. Über 125 000 Menschen in 85 Staaten bilden dieses „urgent action"-Netzwerk. Allein in Deutschland stehen 10 000 Protestbriefschreiber parat. […] Jedes Jahr wird Amnesty International drei- bis vierhundert Mal mit „urgent actions" aktiv. Zahlreiche Menschen wurden danach schon freigelassen. Jeder dritte Gefangene, für den Amnesty eine „urgent action" in Gang gesetzt hatte, berichtete später, er habe daraufhin wenigstens menschlichere Haftbedingungen erfahren.

Doch das ist nicht alles: Auch Staaten, die sich eigentlich mit Recht demokratisch nennen, haben großen Respekt vor Amnesty. Denn die Gefangenenhilfsorganisation legt jedes Jahr einen Bericht vor, in dem sie Bilanz darüber zieht, wie einzelne Länder mit Häftlingen und Menschenrechtsverteidigern umgehen.

(Nach: Christine Schulz-Reiss: Nachgefragt: Menschenrechte und Demokratie, Loewe Verlag, Bindlach 2008, S. 82f.)

WebQuest: Menschenrechtsorganisationen in Deutschland

Wie in vielen Ländern der Welt setzen sich in Deutschland Nichtregierungsorganisationen für Menschenrechte ein. In einer arbeitsteiligen WebQuest könnt ihr beispielhaft einige Organisationen untersuchen.

Thema	**Menschenrechtsorganisationen in Deutschland**
Organisationen	• www.igfm.de – Internationale Gesellschaft für Menschenrechte • www.hrw.org.de – Human Rights Watch • www.tdh.de – terre des hommes • www.reporter-ohne-grenzen.de • www.gfbv.de – Gesellschaft für bedrohte Völker
	Arbeitsergebnis
Ziele der NGO	
Aktionen und Projekte	
Erfolge/Rückschläge	
Zeit für Recherche	
Teilnehmer/innen	

1. Lies den Fall und die Informationen über Amnesty International und notiere: Warum brauchte Hafez Hilfe von Amnesty International? Wie hilft Amnesty International Gefangenen?
2. Diskutiert in der Klasse über die Aussage des Menschenrechtsaktivisten Tobias Simon: „Wer auch nur ein einziges Leben rettet, rettet die ganze Welt."

Was noch interessant sein kann:

- sich an einer Eilaktion von Amnesty International beteiligen (www.amnesty.de),
- Mitglieder einer örtlichen Menschenrechtsgruppe in den Unterricht einladen und befragen,
- sich dem internationalen Jugendnetzwerk von terre des hommes anschließen, bei dem jeder mitmachen kann (www.tdh.de),
- eine Menschenrechtsaktion in der Klasse starten, zum Beispiel eine Ausstellung organisieren, Spenden für eine Organisation sammeln usw.

Welchen Beitrag leistet die UNO für die Durchsetzung der Menschenrechte?

193 Staaten gehören der UNO inzwischen an. Sie ist damit die größte internationale Organisation der Welt. Anhand von zwei Beispielen könnt ihr auf dieser Doppelseite erarbeiten, wie die UNO ihre Aufgaben wahrnimmt.

A Das Recht auf Wasser – ein neues Menschenrecht

Jetzt ist der Anspruch auf sauberes Wasser ein Menschenrecht. Das entschieden die Vereinten Nationen. Über die von Bolivien vorgelegte und von 33 anderen Staaten unterstützte Resolution, das Lebenselixier in die Allgemeine Erklärung der Menschenrechte aufzunehmen, wurde in der Vollversammlung der Mitgliedstaaten entschieden. Die große Mehrheit von 122 Stimmen der 163 Anwesenden war dafür. […]
Deutschland gehört nach den Worten seines Botschafters Peter Wittig zu den entschiedensten Verfechtern des Rechts auf sauberes Wasser. „Weltweit haben 884 Millionen Menschen keinen genügenden Zugang zu sauberem Wasser und mehr als 2,6 Milliarden keinen zu einfachen sanitären Anlagen", sagte er. „Jedes Jahr sterben etwa zwei Millionen Menschen an den Folgen unsauberen Wassers, die meisten von ihnen sind Kinder." […]
Die Erklärung der Menschenrechte und damit auch der Anspruch auf sauberes Wasser sind völkerrechtlich nicht verbindlich. Einklagbar ist es selbst in den Unterzeichnerstaaten nicht, zu denen alle 193 UNO-Mitglieder automatisch mit ihrem Beitritt zählen. Die Verankerung hat aber einen hohen symbolischen Wert und durchaus Einfluss auf die Politik von Staaten und der Vereinten Nationen.

(Aus: www.spiegel.de, 28.07.2010, can/dpa, Zugriff: 21.11.2011)

Diese Kinder drängeln sich um die einzige Wasserquelle ihres Dorfes. Kann das neue Menschenrecht ihre Situation positiv verändern?

UNO – Gewissen der Welt

Die UNO ist das „Gewissen der Welt" – auch in Sachen Menschenrechte. Kriegstreiber und Folterknechte müssen damit rechnen, dass ein anderer Staat oder die Generalversammlung sie öffentlich zur Rede und an den Pranger stellt. Aber die UNO kann Verbrechern nicht einfach das Handwerk legen. Weil jedes Land trotz UN-Mitgliedschaft seine Souveränität (= seine Hoheitsrechte) behält, ist es auch der UNO verboten, in einen Staat hineinzuregieren. […] Und auch wer langsam geht, kommt voran: Der UN-Menschenrechtskatalog ist eine Absichtserklärung – und deshalb nicht einklagbar. Anderes gilt aber zum Teil für die Pakte und Konventionen. Wer sie unterzeichnet hat, muss sich der Kritik und Kontrolle der anderen stellen. Die UNO kann keinen Staat zu etwas zwingen. Dennoch hat sich ihr Werkzeugkasten in den letzten Jahrzehnten mit einigen Instrumenten gefüllt, die ihr helfen, Täterstaaten in die Zange zu nehmen: Ihr wichtigstes Utensil ist der Spiegel, den sie Menschenrechtsverbrechern vors Gesicht hält, ihre wichtigste Waffe das Wort, ihr Grundgesetz die Diplomatie.

(Aus: Christine Schulz-Reiss: Nachgefragt: Menschenrechte und Demokratie, Loewe Verlag, Bindlach 2008, S. 54 f.)

B Der Menschenrechtsrat

Vor ihn wird kein Land gern zitiert: den Menschenrechtsrat der Vereinten Nationen. Er versucht, die Finger in die Wunden der Welt zu legen. [...] Seine 47 Mitglieder werden alle drei Jahre von der Generalversammlung gewählt, bereiten für sie Berichte vor, versuchen zu vermitteln und empfehlen, was die UNO in einzelnen Ländern in Sachen Menschenrechte unternehmen kann und soll. [...] Er erstellt für die UNO Länder- oder Themenberichte. Dazu entsendet der Rat Berichterstatter in die einzelnen Staaten rund um die Welt. [...] Wenn's irgendwo brennt, eine Regierung, Armee oder andere staatlichen Stellen Leib und Leben der Menschen ihres Landes bedrohen oder vernichten, schickt der Rat einen Sonderberichterstatter los. So etwa im Herbst 2007, als das Militärregime in Birma oppositionelle Demonstranten verprügelte, tötete oder verschwinden ließ. Der Rats-Entsandte versucht dann, der jeweiligen Regierung ins Gewissen zu reden, zu vermitteln und den Opfern des staatlichen Terrors beizustehen. [...] Der Gesandte schlägt dem Rat und der Generalversammlung vor, was die UNO zur Wiederherstellung der Menschenrechte unternehmen kann. Das führt meist zu hitzigen Diskussionen, die quälend lange dauern können und der UNO oft den Vorwurf eintragen, sie sei zu schwach, hätte nichts oder zu wenig getan.

(Aus: Christine Schulz-Reiss: Nachgefragt: Menschenrechte und Demokratie, Loewe Verlag, Bindlach 2008, S. 58f.)

Sitzung des Menschenrechtsrats in Genf

Ist das ein Fall für den Menschenrechtsrat?

Ihr seid Mitglieder des Menschenrechtsrats und befasst euch mit einer Meldung aus einem südamerikanischen Land.
Dort hat ein internationaler Konzern die Wasserechte für eine Region gekauft. Obwohl in der Region kein Mangel an Wasser herrscht, hat sich der Preis in kurzer Zeit verdreifacht. Der Konzern begründet die Preiserhöhung damit, dass viele Trinkwasserleitungen neu verlegt wurden und dass die Wasserqualität wesentlich verbessert wurde. In der Bevölkerung kommt es zu Unruhen, weil ärmere Familien sich sauberes Trinkwasser nicht mehr in ausreichender Menge leisten können.

So könnt ihr vorgehen:

1. Informiert euch zunächst aus den Texten über das Menschenrecht auf Wasser und die Arbeitsweise des Menschenrechtsrats.
2. Bildet Gruppen und trefft eine Entscheidung, ob der Menschenrechtsrat in diesem Fall tätig werden soll. Zwei Stellungnahmen liegen dem Menschenrat als Grundlage für seine Entscheidung vor:
   - Das Menschenrecht auf Wasser ist in diesem Fall eindeutig verletzt worden, weil Wasser so teuer wurde, dass nicht mehr jeder Zugang zu sauberem Trinkwasser hat. Der Konzern hat hier seine Machstellung schamlos ausgenutzt, um höhere Gewinne zu erzielen – auf Kosten der Armen.
   - Der Konzern hat viel in die Verbesserung der Wasserqualität investiert, deshalb ist die Preiserhöhung gerechtfertigt. Auch bei uns kostet Wasser Geld, das ist überall auf der Welt so. Schließlich sind Nahrungsmittel auch nicht umsonst zu haben. Das Menschenrecht auf Wasser wird in diesem Fall nicht berührt.
3. Präsentiert eure Entscheidung und die Begründung in der Klasse.

Trainingsplatz

Wir erstellen eine Liste von unverzichtbaren Menschenrechten

Einige Staaten in Afrika und Asien verweisen darauf, dass Menschenrechte eine westliche „Erfindung“ und mit ihrer Kultur nicht vereinbar seien. Wäre es daher nicht sinnvoll, die Menschenrechte auf Kernelemente zu reduzieren und damit die Chancen zu erhöhen, dass sie überall tatsächlich durchgesetzt werden? Diese Frage wird von einigen Menschenrechtlern diskutiert.

So könnt ihr vorgehen:

1. Streiche zunächst drei Menschenrechte, auf die du notfalls verzichten würdest.
2. Tausche dich mit einem Partner aus, diskutiert über eure Listen und einigt euch auf eine Streichung von fünf Artikeln.
3. Stellt eure Liste in der Klasse vor und begründet jeweils eure Entscheidung.

Die Allgemeine Erklärung der Menschenrechte (1948)		
Artikel 1 Recht auf Menschenwürde, Freiheit und Gleichheit	**Artikel 11** Garantie der Unschuldsvermutung	**Artikel 21** Recht auf demokratische Teilhabe
Artikel 2 Freiheit von Diskriminierung	**Artikel 12** Schutz der Privatsphäre	**Artikel 22** Recht auf soziale Sicherheit
Artikel 3 Recht auf Leben, Freiheit und Sicherheit der Person	**Artikel 13** Recht auf Bewegungsfreiheit	**Artikel 23** Recht auf angemessene Arbeit und Mitgliedschaft in einer Gewerkschaft
Artikel 4 Verbot der Sklaverei	**Artikel 14** Recht auf Asyl	**Artikel 24** Recht auf Erholung und Freizeit
Artikel 5 Verbot der Folter	**Artikel 15** Recht auf eine Staatsangehörigkeit	**Artikel 25** Recht auf einen angemessenen Lebensstandard
Artikel 6 Anerkennung als Rechtsperson [Jeder Mensch hat überall auf der Welt Rechte und kann sich in jedem Land auf die Gesetze berufen.]	**Artikel 16** Recht auf Eheschließung und Familie	**Artikel 26** Recht auf Bildung
Artikel 7 Gleichheit vor dem Gesetz	**Artikel 17** Recht auf Eigentum	**Artikel 27** Recht auf Teilnahme am kulturellen Leben in der Gemeinschaft
Artikel 8 Anspruch auf Rechtsschutz	**Artikel 18** Gedanken-, Gewissens- und Religionsfreiheit	**Artikel 28** Recht auf eine soziale und internationale Ordnung, in welcher die angeführten Rechte voll verwirklicht werden
Artikel 9 Schutz vor willkürlicher Verhaftung	**Artikel 19** Meinungs- und Informationsfreiheit	**Artikel 29** Grundpflichten des Einzelnen gegenüber der Gemeinschaft
Artikel 10 Anspruch auf ein faires Gerichtsverfahren	**Artikel 20** Versammlungs- und Vereinigungsfreiheit	**Artikel 30** Auslegungsregel

(Aus: Bundeszentrale für politische Bildung, KOMPASS – Handbuch zur Menschenrechtsbildung für die schulische und außerschulische Bildungsarbeit, Bonn 2005, S. 402)

Wie werden Menschenrechte in Europa durchgesetzt?

In Straßburg gibt es den Europarat. Zu seinen vordringlichsten Aufgaben gehört es, die Einhaltung der Menschenrechte in den Mitgliedsstaaten zu sichern. Der Europarat gehört nicht zur Europäischen Union. Er ist eine eigenständige internationale Organisation, die bereits 1949 gegründet wurde und der mittlerweile 47 Staaten angehören. Eine seiner besonders wichtigen Einrichtungen ist der Europäische Gerichtshof für Menschenrechte. An ihn kann sich wenden, wer sich in seinen Menschenrechten verletzt fühlt. Er sorgt dafür, dass die „Europäische Konvention zum Schutz der Menschenrechte und Grundfreiheiten" von 1950 durchgesetzt wird. Dieser Konvention sind 47 Staaten beigetreten und haben sich damit verpflichtet, die Urteile des Gerichtshofs anzuerkennen. Das folgende Beispiel schildert den Fall einer deutschen Altenpflegerin, die das Gericht angerufen hatte:

Der Fall: Wie weit reicht das Recht auf Meinungsfreiheit?

Die Berliner Altenpflegerin Brigitte H. hatte Strafanzeige gegen ihren Arbeitgeber erstattet, den Klinikbetreiber Vivantes, der dem Land Berlin gehört. Das Unternehmen habe zu wenig Personal und sei deshalb nicht in der Lage, die Bewohner eines Pflegeheims ausreichend zu versorgen. Zudem habe Vivantes systematisch versucht, die Probleme zu verschleiern, indem Pflegekräfte angehalten worden seien, so nicht erbrachte Leistungen zu dokumentieren. Daraufhin wurde der Altenpflegerin fristlos gekündigt. Die deutschen Gerichte bestätigten die Kündigung – zuletzt war die Klägerin vor dem Bundesarbeitsgericht und dem Bundesverfassungsgericht gescheitert. Bevor die Klägerin Anzeige erstattete, hatten sie und ihre Kollegen die Geschäftsleitung mehrfach darauf hingewiesen, dass das Personal überlastet sei. Auch der Medizinische Dienst der Krankenkassen hatte bei einem Kontrollbesuch wesentliche Mängel in der Pflege festgestellt, unter anderem gebe es zu wenig Personal. Es gebe keine Anhaltspunkte, dass die Pflegerin „wissentlich und leichtfertig" falsche Angaben gemacht habe, so der Europäische Gerichtshof für Menschenrechte.

Der Europäische Gerichtshof für Menschenrechte in Straßburg

Das Urteil

Der Europäische Gerichtshof für Menschenrechte sieht in der Entlassung eine Verletzung der Meinungsfreiheit und sprach der Pflegerin eine Entschädigung von insgesamt 15 000 Euro zu. Zwar hätten die Vorwürfe gegen Vivantes rufschädigende Wirkung, so der Straßburger Gerichtshof. Jedoch sei „in einer demokratischen Gesellschaft das öffentliche Interesse an Informationen über Mängel in der [...] Altenpflege in einem staatlichen Unternehmen so wichtig", dass es gegenüber dem Unternehmensinteresse überwiege.

(Nach: fdi/dpa/dapd: Arbeitnehmer dürfen Missstände öffentlich machen, in: www.spiegel.de, 21.07.2011, Zugriff: 04.01.2012)

1. Lies zunächst den Fall und entscheide: Hältst du die fristlose Kündigung für gerechtfertigt? Begründe deine Entscheidung.
2. Tauscht euch zu zweit über eure Ergebnisse aus und formuliert gemeinsam einen Kommentar zum Urteil des Europäischen Gerichtshofs für Menschenrechte. Beachtet dabei folgende Kriterien: Folgen für die Klägerin, Folgen für das Unternehmen, Angemessenheit des Urteils.
3. Präsentiert eure Ergebnisse vor der Klasse.

Was noch interessant sein kann:

- die Europäische Konvention für Menschenrechte und Grundfreiheiten mit der Allgemeinen Erklärung für Menschenrechte vergleichen.

3 Wie wird die Durchsetzung der Menschenrechte in Deutschland gesichert?

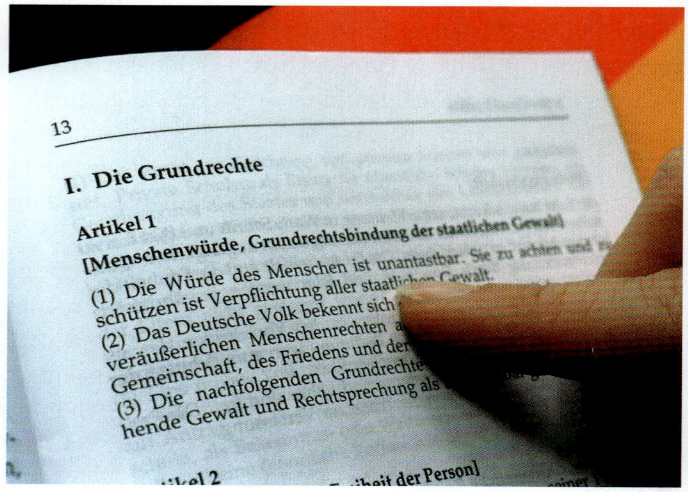

Das Grundgesetz beginnt mit einer Auflistung der Menschenrechte. Danach ist es die oberste Pflicht des Staates, die Menschenwürde zu schützen. Die Polizei handelt im Auftrag des Staates. Wird sie diesem Anspruch auf Schutz der Menschenwürde immer gerecht? Unter dieser Fragestellung kann man über den folgenden Fall diskutieren. Das Foto und die Geschichte entstammen einem Film, der zu den 19 Grundrechten gedreht wurde.

Achtung, Personenkontrolle!

Andreas, genannt Andi, 23, ist Polizist. Gerade erst hat er seine Ausbildung abgeschlossen, und seine Vorgesetzten achten darauf, dass er seine Streife erst mal zusammen mit erfahrenen Kollegen fährt. Heute sitzt er mit Peter und Hans in dem Polizeibus, den er am späten Abend langsam durch die Straßen lenkt. Plötzlich sieht Peter eine reglose Gestalt zwischen zwei Häuserwänden stehen, einen Penner.
„Ach nee, guck mal, wer da wieder rumlungert“, macht er Hans auf ihn aufmerksam. „Weißte was?“ Peter flüstert dem Kollegen etwas zu. Hans lächelt zustimmend. Hans, Peter und Andreas steigen aus. „So, da isser“, wendet sich Hans an Andreas. „Komm, Personenkontrolle!“
Andreas zögert angewidert. Er […] kann den Penner jetzt besser sehen. Die langen Haare und der verfilzte Bart gehen ineinander über. Sein schwerer Atem ist zu hören. Jacke und Hose sind verdreckt und klamm.
„Guten Abend! Ich führe eine Personenkontrolle durch“, sagt Andreas seinen Spruch auf. Der Penner regt sich nicht. „Ihren Ausweis, bitte!“ Keine Reaktion. „Wie heißen Sie?“ Jetzt erst lässt der Penner wenigstens ein Brummen vernehmen. „Hören Sie, ich muss Sie durchsuchen.“
Der Penner brummt weiter vor sich hin.
„Treten Sie einen Schritt vor!“, fordert Andreas nun sein Gegenüber auf, und dann lauter: „Treten Sie einen Schritt vor, Mann!“
[…] Andreas verzieht das Gesicht, als ihn die von Gottfried ausgehende Geruchswolke erreicht. Dann tritt er vor ihn hin und beginnt, seine Jacke zu öffnen. […] Andreas hält die Luft an und dreht seinen Kopf zur Seite. Langsam und deutlich sagt er: „Ich kontrolliere jetzt Ihre Hosentaschen.“ Er tritt hinter den Penner und zieht die Jacke zurück. Dann fährt er in die Taschen hinein. Erst links. Er holt zwei unverpackte Bonbons und eine gebrochene halbe Zigarette heraus, steckt die Sachen wieder zurück und will die rechte Hosentasche kontrollie-

ren, die tiefer als die andere zu sein scheint, und verharrt plötzlich. „Scheiße, der Kerl hat nicht mal 'ne Unterhose an." Vor Ekel und noch halb im Affekt stößt er den Penner von sich weg. Der wankt. Schnell packt Andreas ihn am Jackenzipfel und hält ihn fest. Seine Kollegen grinsen zufrieden.
Unterdessen hat sich eine Mutter mit ihrer kleinen Tochter genähert.
„Mama, was macht der Mann da?"
„Personenkontrolle", erklärt Andreas.
„Gehen Sie doch einfach weiter!" Die Mutter lässt sich nicht mehr so einfach abwimmeln. „Erst wenn Sie den Mann in Ruhe lassen. Der tut doch niemandem was!"
„Ich sehe jetzt in Ihre Tüten." Aus der zweiten Tüte holt Andreas eine eng zusammengerollte Decke hervor, dann eine Geldbörse. Andreas öffnet sie. „Sie ist ja vollkommen leer!", raunzt er den Penner an. Zum Erstaunen des Polizisten sagt dieser zum ersten Mal etwas: „Ich brauche kein Geld." [...]
Nach einer kurzen Pause macht der Penner wieder seinen Mund auf: „Ich bin frei." Irritiert wendet Andreas die Tüte und schüttelt einen knittrigen Ausweis hervor. Jetzt sieht er den Namen: Gottfried Götzendorf. Dabei hält er kurz inne und steckt dann all die Sachen schnell, aber, da er mit der Personenkontrolle so gut wie fertig ist, ruhig wieder zurück und beginnt, immer noch mit spitzen Fingern, dem Penner die Jacke wieder zuzuknöpfen.

(Nach: GG 19, 19 Grundrechte, 19 gute Gründe für die Demokratie, hg. Harald Siebler, Gerstenberg Verlag, Hildesheim 2007, S. 17ff.)

Aufbau des Grundgesetzes

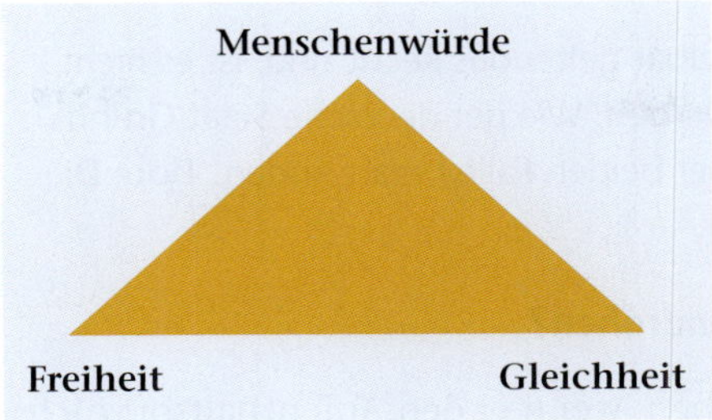

Die Konstruktion am Anfang des Grundgesetzes ist einfach. Ein Dreieck. An der Spitze wird in Artikel 1 die Würde des Menschen garantiert, und an den beiden unteren Enden ergeben sich daraus Artikel 2 und 3. Artikel 2 als Hauptfreiheitsrecht und Artikel 3 als Hauptgleichheitsrecht. Dann erst kommen die einzelnen, genauer formulierten Grundrechte, zum Beispiel Artikel 4 und 5 mit der Glaubens- und Gewissensfreiheit, als Unterformen des Hauptfreiheitsrechts in Artikel 4. Artikel 2 garantiert die Freiheit aber nicht unbeschränkt. Man kann nur tun, was man will, wenn man nicht die Rechte anderer verletzt oder gegen die Verfassung verstößt. Der Mann, der da in dieser Geschichte verwahrlost und stinkend auf der Straße steht, verletzt nicht die Rechte anderer, beleidigt sie nicht, nimmt ihnen auch nichts weg, verletzt nicht ihr Ansehen oder Eigentum. Er verstößt also nicht gegen die Verfassung. Im Gegenteil, er beruft sich sogar auf sie, hier auf seine Freiheit. Manche mögen den verwahrlosten und stinkenden Mann ekelerregend finden. Manche nicht, wie die junge Mutter mit ihrem Kind, die vorbeigeht und dem jungen Polizisten Vorwürfe macht. Es gibt heute viele Obdachlose, die auf der Straße schlafen. Mit ihnen sollte man Mitleid haben, wie es sich hier – gemischt mit Ekel – ja auch bei dem Polizisten Andreas regt. Aber der Staat muss ihre Freiheit achten und darf sie nicht verhaften oder einsperren, wie es in der Zeit des Nationalsozialismus gemacht wurde.

(Aus: Uwe Wesel, Freiheit!, in: GG 19, a. a. O., S. 21)

Aus dem Grundgesetz
Artikel 1 Menschenwürde
(1) Die Würde des Menschen ist unantastbar. Sie zu achten und zu schützen ist Verpflichtung aller staatlichen Gewalt.

Artikel 2 Freiheit der Person
(1) Jeder hat das Recht auf die freie Entfaltung seiner Persönlichkeit, soweit er nicht die Rechte anderer verletzt und nicht gegen die verfassungsgemäße Ordnung [...] verstößt.
(2) Jeder hat das Recht auf Leben und körperliche Unversehrtheit. Die Freiheit der Person ist unverletzlich.

Artikel 3
(1) Alle Menschen sind vor dem Gesetz gleich.

1. Welche Gefühle löst das Fallbeispiel in euch aus? Tauscht euch darüber aus.
2. Hat Andreas die Menschenwürde des Obdachlosen beachtet? Begründet eure Meinung mithilfe des Textes.
3. Erläutert mithilfe der Abbildung die Bedeutung der Artikel 1 bis 3 in unserem Grundgesetz.

Streitfall Grundrechte

Obwohl Grundrechte in Deutschland unmittelbar geltendes Recht sind, ist es nicht selbstverständlich, dass sie immer beachtet werden. Wie der deutsche Staat Grundrechte durchsetzen kann, könnt ihr anhand der beiden Fälle herausfinden. Tipp: Die beiden Fälle könnt ihr arbeitsteilig bearbeiten.

Fall 1: Darf ein Polizist im Notfall Folter androhen?

Magnus Gäfgen hat am 27. September 2002 ein besonders abscheuliches Verbrechen begangen. Er hat den 11-jährigen Jakob von Metzler entführt, hat ihm Mund und Nase mit Klebeband verschlossen und ihm die Hand aufs Gesicht gedrückt, bis er tot war. Dann erpresste er von den Eltern des Kindes eine Million Euro. Als die Polizei ihn festnahm, weigerte er sich, über den Verbleib des Kindes Auskunft zu geben. Der damalige Vizepräsident Wolfgang Daschner ordnete in verzweifelter Sorge um Jakobs Leben an, Gäfgen, dessen Tatbeteiligung schon feststand, Schmerzen anzudrohen, wenn er den Aufenthaltsort nicht preisgebe. Gäfgen verriet dann, dass Jakob tot sei und wo er die Leiche versteckt hatte. [...] Daschner und ein weiterer Polizeibeamter wurden wegen Nötigung angeklagt und auch schuldig gesprochen. Das Gericht sprach jedoch lediglich eine Verwarnung aus unter dem Vorbehalt [= unter der Bedingung] der Verurteilung zu einer Geldstrafe. Gäfgen wurde zu lebenslanger Haft verurteilt. Das erzwungene Geständnis wurde nicht verwertet; Gäfgen legte im Prozess erneut ein Geständnis ab. Seitdem hat Magnus Gäfgen durch sämtliche Instanzen bis hinauf zum Europäischen Gerichtshof für Menschenrechte prozessiert, um feststellen zu lassen, dass ihm schreckliches Unrecht widerfahren sei, und womöglich eine Wiederaufnahme seines Prozesses zu erreichen. [...] Nun hat sein Anwalt eine Entschädigungszahlung von 3000 Euro vor dem Landgericht Frankfurt erstritten. [...] Die Entschädigung steht Gäfgen nach Auffassung des Gerichts zu, weil die Androhung von Gewalt seine Menschenwürde verletzt habe.

(Nach: Hans Holzhaider: Kalt, in: Süddeutsche Zeitung, 05.08.2011)

Magnus Gäfgen wurde zu einer lebenslangen Freiheitsstrafe verurteilt.

Fall 2: Darf die Bundeswehr ein Passagierflugzeug abschießen, um einen Terroranschlag zu verhindern?

Stundenlang war ein verwirrter 31-Jähriger mit einem gekaperten Motorsegler über dem Rhein-Main-Gebiet gekreist. Die Bundeswehr schickte Abfangjäger, die Sichtkontakt zu dem Piloten aufnahmen. Schließlich gelang es einem Fluglotsen, den Mann zur Landung zu überreden.
Vor dem Hintergrund des „Frankfurter Geisterfliegers" wie auch der Anschläge vom 11. September 2001 verabschiedete der Bundestag im September 2004 das Luftsicherheitsgesetz, wonach ein als Terrorwaffe entführtes Flugzeug abgeschossen werden darf. [...] Die Bundeswehr darf auch bei akuter Terrorgefahr keine mit Passagieren besetzten Flugzeuge abschießen. Das Bundesverfassungsgericht kippte das Luftsicherheitsgesetz in diesem zentralen Punkt und erklärte diesen für nichtig.
Nach den Worten des Ersten Senats ist die Regelung – die dem Verteidigungsminister im Extremfall den Abschuss voll besetzter Passagiermaschinen erlauben sollte – weder mit dem Recht auf Leben noch mit der Garantie der Menschenwürde vereinbar. Denn dadurch würden Unschuldige zum bloßen Objekt einer staatlichen Rettungsaktion gemacht. [...] Den Abschuss eines ausschließlich mit Terroristen besetzten Flugzeugs hielt das Gericht dagegen – eine Grundgesetzänderung vorausgesetzt – grundsätzlich für regelbar.

(Aus: www.heute.de, 15.02.2006, Zugriff: 06.08.2010, dpa/AP)

Im Juli 2005 beging ein Pilot unmittelbar vor dem Reichstag Selbstmord. Manche vermuteten, dass er mit seinem Flugzeug das Reichstagsgebäude treffen wollte. Dadurch wurde die Debatte um die Sicherheit des Luftraums erneut entfacht.

1. Die beiden Fälle könnt ihr arbeitsteilig mithilfe von Partnerbriefing untersuchen. Dabei könnt ihr euch an folgenden Fragen orientieren:
   - Wer sind die Beteiligten?
   - Was ist vorgefallen?
   - Welche Grundrechte wurden verletzt?
   - Welche Folgen hatten die Verstöße?
2. Informiert euch gegenseitig und fasst die Ergebnisse in einer Tabelle zusammen.
3. Wie bewertet ihr die Reaktion der staatlichen Organe auf die Grundrechtsverletzungen? Geht dabei von den Kriterien Angemessenheit und Gleichbehandlung aus. Diskutiert in der Klasse darüber.

Was noch interessant sein kann:
- erfahren, was die Menschen auf der Straße über die Grundrechte denken: Rechte haben – an der Bordsteinkante, ein Videopodcast der Landeszentrale für politische Bildung, www.politische-bildung.nrw.de/multimedia/podcasts.

Grundrechte im Grundgesetz

1. Erkläre den Unterschied zwischen Menschen- und Bürgerrechten.
2. Die Verfassungsgeber haben die Einhaltung der Grundrechte durch Garantien abgesichert. Erläutere, welche das sind.
3. In Deutschland gibt es zurzeit nicht genügend Fachkräfte in der Wirtschaft. Einmal angenommen, der Bundestag verabschiedet ein Gesetz, das alle Schulabgänger verpflichtet, einen Beruf zu wählen, in dem Fachkräftemangel herrscht. Wäre das mit dem Grundgesetz vereinbar? Begründe deine Entscheidung.

Was sind Grundrechte?

Zwischen Menschen- und Grundrechten gibt es einen wesentlichen Unterschied: Menschenrechte gelten immer und überall, auch wenn sie nicht aufgeschrieben sind. Grundrechte sind schriftlich formuliert. Sie stehen im deutschen Grundgesetz in Artikel 1 bis 19. Die meisten Grundrechte stehen als allgemeine Menschenrechte allen Menschen zu, die in Deutschland leben. Dazu gehören die Unantastbarkeit der Menschenwürde, das Recht auf Freiheit und Gleichheit vor dem Gesetz. Einige Grundrechte stehen nur deutschen Bürgern zu. Das ist zum Beispiel das Recht, sich überall und ohne Anmeldung zu versammeln und zu demonstrieren, oder das Recht auf freie Berufswahl. Die Grundrechte schützen jeden einzelnen Menschen gegen Übergriffe der Staatsgewalt.

Schutz der Menschenwürde als oberstes Verfassungsprinzip

„Die Würde des Menschen ist unantastbar", heißt es in Artikel 1 des Grundgesetzes. Das bedeutet, dass der Staat immer und in all seinem Handeln die Menschenwürde der Bürgerinnen und Bürger achten und sie vor Eingriffen durch andere schützen muss. Die folgenden Grundrechte erklären genauer, was Menschenwürde beinhaltet. So ist es zum Beispiel der Polizei nicht erlaubt, Folter anzuwenden – auch nicht, wenn damit eine schlimme Straftat aufgeklärt werden kann. Damit würde die Polizei gegen Artikel 1 und Artikel 2 des Grundgesetzes verstoßen.

Garantien der Grundrechte im Rechtsstaat

Die Verfassungsgeber haben eine Reihe von Garantien in die Verfassung eingebaut, die die Durchsetzung der Grundrechte sicherstellen sollen:

Bindung der Staatsorgane: Grundrechte sind unmittelbar geltendes Recht. Alle Staatsorgane und staatlichen Einrichtungen müssen diese in ihrem Handeln beachten. Auch alle Gesetze, die das Parlament verabschiedet, müssen die Grundrechte respektieren.

Begriffe für euer Fachwörterverzeichnis

Unantastbarkeit: Die Grundrechte dürfen in ihrem Kerngehalt weder verändert noch abgeschafft werden – auch nicht mit einer Zweidrittelmehrheit des Bundestags.

Rechtswegegarantie: Wer sich in seinen Grundrechten verletzt fühlt, kann vor Gericht klagen.

Das Bundesverfassungsgericht als Hüter der Verfassung

Das Bundesverfassungsgericht wacht darüber, ob sich die Regierung und der Gesetzgeber bei der Ausübung ihrer Macht an das Grundgesetz halten. Es kontrolliert auch, ob Entscheidungen der Gerichte verfassungsmäßig sind. Urteile des Bundesverfassungsgerichts sind für Regierung und Gesetzgeber bindend.

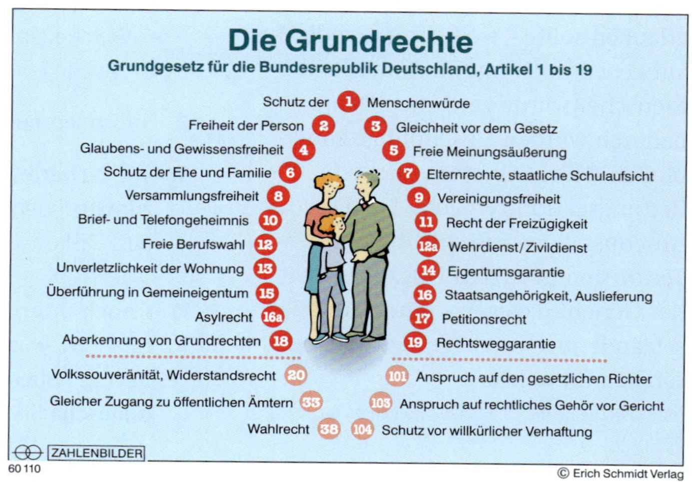

Gelten Grundrechte auch im Schulalltag?

Nach dem Grundgesetz hat der Staat die Pflicht, für einen geordneten Ablauf des Unterrichts zu sorgen. Das ist in der Praxis Aufgabe der Schulleitung. Sie achtet darauf, dass die Schulpflicht eingehalten wird. Auf der anderen Seite sind auch in der Schule die Grundrechte des Einzelnen zu beachten. Da kann es leicht zu Streitfällen kommen. In solchen Situationen gilt es, sorgfältig abzuwägen, was im vorliegenden Fall Vorrang haben sollte.

Artikel 2 Absatz 1
Jeder hat das Recht auf freie Entfaltung seiner Persönlichkeit, soweit er nicht die Rechte anderer verletzt.

Artikel 5 Absatz 1
Jeder hat das Recht, seine Meinung in Wort, Schrift und Bild frei zu äußern und zu verbreiten. […]
Absatz 2
Diese Rechte finden ihre Schranken […] in dem Recht der persönlichen Ehre.

Artikel 6 Absatz 2
Pflege und Erziehung der Kinder sind das natürliche Recht der Eltern und die zuvörderst ihnen obliegende Pflicht. Über ihre Betätigung wacht die staatliche Gemeinschaft.

Artikel 7 Absatz 1
Das gesamte Schulwesen steht unter der Aufsicht des Staates.

A Die Eltern von Sara halten die Unterrichtsmethoden des Mathematiklehrers für veraltet. Sie wollen ihrer Tochter das nicht länger zumuten. Deshalb schicken sie sie nicht mehr in die Schule und engagieren einen Privatlehrer. Dürfen sie das?

B Loredana kaut während des Unterrichts Kaugummi. Auch nach mehreren Aufforderungen, die Regeln der Hausordnung an ihrer Schule zu beachten, kaut sie weiter. Die Schülerin pocht auf ihr Recht auf freie Entfaltung ihrer Persönlichkeit. Geht das Grundrecht so weit?

C Jens hat für die Schülerzeitung einen Artikel verfasst, in dem er einige lustige Geschichten aus dem Deutschunterricht erzählt, in denen der Lehrer nicht besonders gut wegkommt. Der Deutschlehrer fühlt sich verletzt und verlangt, den Artikel nicht zu veröffentlichen. Wer ist im Recht?

1. Ordne die drei Fälle den jeweiligen Grundrechten zu.
2. Entwickelt in Gruppen Lösungsvorschläge und begründet diese.
3. Präsentiert in der Klasse eure Vorschläge für die Grundrechtsfälle.

4 Grundrechtsproblematik Datenschutz

Wer hat Zugriff auf meine persönlichen Daten? Meine Vorlieben für Musik? Meine Freundschaften? Meine Noten in der Schule? Die Frage des Datenschutzes war schon immer ein Thema, das sowohl die einzelnen Menschen als auch Politiker und Gerichte intensiv beschäftigte. Im Zeitalter des Internets und der sozialen Netzwerke hat die Bedeutung des Datenschutzes erheblich zugenommen und ist von größerer Dramatik, als es jemals zuvor der Fall war.

Eine Einstiegsübung für alle
Welche persönlichen Daten gebt ihr im Internet ohne Bedenken weiter, welche auf keinen Fall?

Beispiel Google Street View: Ist der Internet-Dienst mit dem Datenschutz vereinbar?

Seit 2010 kann jeder im Internet virtuell in Deutschlands Straßen spazieren gehen: Die Panoramafotos von Google Street View machen das möglich. Eigentlich eine praktische Sache – zum Beispiel wenn man sich die Lage einer Mietwohnung oder eines Urlaubshotels genauer anschauen möchte. Trotzdem sind die Aufnahmen umstritten. Viele Menschen betrachteten das Fotografieren ihrer Häuser und Wohnungen als Eingriff in ihre Privatsphäre – als Datenmissbrauch. Als Reaktion auf die Kritik durch Politiker und Verbraucherschützer räumte Google jedem ein Einspruchsrecht ein: Wer nicht möchte, dass seine Wohnung im Internet abgebildet wird, kann erwirken, dass die Ansicht des Hauses unkenntlich gemacht wird. Rund 250 000 Deutsche haben gegen die Aufnahmen Einspruch erhoben. Missbraucht Google Street View tatsächlich persönliche Daten? Oder sind diejenigen, die Einspruch einlegen, übertrieben misstrauisch? Darüber gehen die Meinungen auseinander.

Ich finde nichts dabei, wenn Google Aufnahmen unseres Hauses im Internet veröffentlicht. Schließlich sind ja auch private Fotos von mir in Facebook zu sehen.

Ich möchte auf keinen Fall, dass wildfremde Menschen sehen können, wie ich wohne, etwa wenn ich mich irgendwo bewerbe. Im Internet kann man nicht kontrollieren, in wessen Hände diese Fotos gelangen.

1. Formuliere den Text für eine eigene Sprechblase.
2. Tauscht euch zu zweit über eure Ergebnisse aus. Wurde im vorliegenden Fall das Grundrecht auf Datenschutz verletzt? Lest dazu auch den entsprechenden Abschnitt auf der folgenden Infoseite und formuliert eine Stellungnahme.
3. Präsentiert eure Ergebnisse vor der Klasse und diskutiert über die Frage in der Textüberschrift.

Datenschutz als Grundrecht

1. Erkläre an Beispielen, was man unter dem Recht auf informationelle Selbstbestimmung versteht.
2. Um die Bürger vor Anschlägen zu schützen, hat der Staat den Datenschutz bei Terrorismusgefahr eingeschränkt. Erläutere, was erlaubt ist.
3. Auf der Website „spickmich.de" können Schüler ihre Lehrer benoten. Eine Lehrerin sieht darin ihr Recht auf informationelle Selbstbestimmung verletzt, weil ihr Name und die von ihr unterrichteten Fächer veröffentlicht wurden. Die Schüler berufen sich auf ihr Grundrecht auf Meinungsfreiheit. Wie würdest du in diesem Fall entscheiden? Begründe dein Urteil.

Begriffe für euer Fachwörterverzeichnis

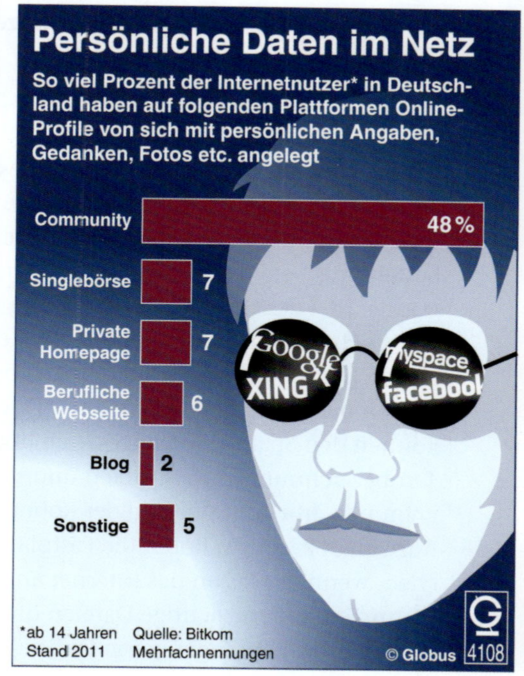

Recht auf informationelle Selbstbestimmung

Mal schnell über soziale Netzwerke wie Facebook mit ein paar Freunden chatten, einen Link zu einem lustigen Video per E-Mail weiterleiten, im Internet ein neues Paar Sportschuhe kaufen – das gehört für die meisten Jugendlichen zu ihrem Alltag. Nach und nach gelangen so viele sehr persönliche Daten ins Internet – und häufig kann man nicht kontrollieren, was mit diesen Daten passiert.

So ist deshalb der rechtliche Schutz vor Datenmissbrauch zu einem immer wichtigeren Freiheitsrecht geworden. Das hat auch das Bundesverfassungsgericht in seinem Urteil von 1983 so entschieden: Alle Bürgerinnen und Bürger haben das Recht, selbst zu entscheiden, welche persönlichen Daten sie wem zur Verfügung stellen. Persönliche Daten sind zum Beispiel Alter, Hobbys, E-Mail-Adresse usw. Weil es für die Lebensgestaltung und für die Freiheit jedes Menschen von höchster Bedeutung ist, hat das oberste deutsche Gericht dem Recht auf informationelle Selbstbestimmung den Rang eines Grundrechts zuerkannt.

Das Computergrundrecht

2008 wurde dieses Recht noch ausgeweitet: Grundsätzlich hat jeder Mensch das Recht auf Vertraulichkeit seiner informationstechnischen Systeme (PC, Laptop, Handy). Das bedeutet, dass alles, was auf PCs und Laptops gespeichert ist, vom Staat nicht eingesehen werden darf außer in existenziellen Notfällen. Das Computergrundrecht verpflichtet den Staat außerdem, seine Bürger vor Datenmissbrauch zu schützen. Das ist gerade im Internet eine besonders schwierige Aufgabe.

Datenschutz und Terrorabwehr

Seit den Terroranschlägen vom 11. September 2001 haben viele Staaten neue Sicherheitsgesetze erlassen, die die Freiheitsrechte und den Datenschutz der Bürgerinnen und Bürger einschränken, aber andererseits der öffentlichen Sicherheit dienen. Schritt für Schritt wurde zum Beispiel die Videoüberwachung öffentlicher Plätze ausgedehnt. So kam die Polizei im Juli 2006 durch Überwachungskameras am Kölner Hauptbahnhof Terroristen auf die Spur, die einen schlimmen Anschlag auf Regionalzüge planten. Am 1. Januar 2009 trat ein neues Gesetz in Kraft, das die Befugnisse des Bundeskriminalamts und der Polizei erheblich ausweitet. So ist es erlaubt, bei Terrorgefahr heimlich Personen abzuhören und auch ohne ihr Wissen ihren PC nach verdächtigen Inhalten zu durchsuchen. Allerdings müssen solche Maßnahmen durch einen Richter angeordnet werden.

TEAM kontrovers: Darf der Staat heimlich Festplatten von PCs durchsuchen?

Nein, Online-Durchsuchungen verletzen die Privatsphäre!

Auf ihrem PC haben die meisten Menschen sehr persönliche Daten gespeichert: private Fotos, Tagebücher, Liebesbriefe, Bankgeschäfte – alles Dinge, die den Staat nichts angehen. Die Online-Durchsuchung verletzt die Intimsphäre von Menschen erheblich – zumal die Gefahr besteht, dass auch Unschuldige ins Netz der Fahnder geraten. Bei der Online-Durchsuchung wird über E-Mail eine Such-Software (ein sogenannter Robot) auf den PC eingeschleust, die die Festplatte nach bestimmten Dateinamen oder Inhalten durchforstet. Doch Terroristen können den Staat leicht austricksen, indem sie mit Tarnbezeichnungen für Dateien und Verschlüsselungsprogrammen arbeiten. Wie will der Robot diese finden? Außerdem kann ein Robot die Festplatte nur durchsuchen, wenn der PC an das Internet angeschlossen ist. Wenn Terroristen wichtige Dateien offline speichern, hat der Robot keinen Zugang. Die Online-Durchsuchung ist deswegen ungeeignet, um Terroranschläge zu verhindern. Wer Sicherheit vor Terrorismus will, will immer mehr in Erfahrung bringen. Mit dem Argument, Terroranschläge zu verhindern, wird der Staat immer weiter in die Intimsphäre seiner Bürger dringen. Vollkommene Sicherheit gibt es nicht – dafür dürfen wichtige Grundrechte nicht eingeschränkt werden. Deshalb gilt: Wehret den Anfängen!

Ja, der Zugriff auf die Festplatte ist unverzichtbar!

Der Staat hat die Pflicht, seine Bürger vor Terroranschlägen zu schützen. Früher galten nur wichtige Politiker oder hochrangige Wirtschaftsbosse als gefährdet. Heute kann es jeden treffen – in der U-Bahn, beim Einkaufen oder bei Sportveranstaltungen. 82 Millionen Menschen kann man nicht so schützen wie früher einzelne Personen. Deshalb muss der Staat zu neuen Mitteln greifen, um Anschläge zu verhindern. Die heutigen Terroristen nutzen gezielt das Internet, um miteinander Kontakt zu halten und Anschläge zu planen. Wer heute eine Anleitung zum Bombenbasteln aus dem Internet herunterlädt, bewahrt diese Unterlagen nicht im Aktenordner auf, sondern speichert sie auf der Festplatte. Also müssen die Behörden darauf zugreifen dürfen. Schließlich darf die Polizei seit Mitte der Neunzigerjahre auch Wohnräume durch Wanzen überwachen. Von diesen Möglichkeiten macht sie aber nur sehr selten Gebrauch: 2007 wurde von Richtern sechsmal, 2008 sogar nur zweimal die Überwachung von Wohnräumen genehmigt. Ähnliche Zahlen werden wir bei der Online-Durchsuchung bekommen. Wer nichts zu verbergen hat, braucht also eine Überwachung nicht zu befürchten. Die Ängste vor einem Überwachungsstaat sind deshalb unbegründet. Terroristen planen Anschläge, bei denen möglicherweise Hunderte unschuldiger Bürger sterben könnten. Solche Menschen haben kein Recht auf Schutz ihrer Privatsphäre.

Führt zu der Frage in der Überschrift eine Debatte. Vorbereiten könnt ihr euch mithilfe der Argumente auf dieser Seite und der übrigen Materialien in dem Unterkapitel. Hinweise zur Durchführung findet ihr auf der Methodenkarte auf der folgenden Seite.

Methodenkarte 8

S M U H

Debatte

Thema: Online-Durchsuchung

A Was ist eine Debatte?

Wörtlich kann man Debatte mit „Wortschlacht" übersetzen. Sie ist eine Diskussion zwischen zwei Gruppen, die nach genau festgelegten Regeln verläuft und mit einer Abstimmung endet. Zugrunde liegt stets eine Entscheidungsfrage. In diesem Fall lautet sie:
„Soll der Staat heimlich Festplatten von PCs untersuchen dürfen?"
Während einer Debatte versucht jeder Redner durch eine überzeugende Begründung seines Urteils, das Abstimmungsergebnis in seinem Sinne zu beeinflussen. Nach Möglichkeit sitzen die Pro- und Kontra-Gruppen einander gegenüber. Die Seiten können gewechselt werden, falls jemand im Debattenverlauf seine Überzeugung ändert.

B Wie organisiert man eine Debatte?

1. Nachdenken

Der erste Schritt besteht darin, dass jeder von euch sich die Zeit nimmt, sein persönliches Urteil zu finden und zu formulieren. Die Überzeugungskraft von Pro- und Kontra-Sprechern in einer Debatte hängt wesentlich davon ab, wie gut ihre **Urteilskompetenz** ausgeprägt ist. Sie besteht darin, einen klar formulierten Standpunkt vorzutragen, der sich auf eine genaue Kenntnis der Sachlage stützt, mit guten Begründungen untermauert wird.

2. Austauschen

Nachdem alle ihr Urteil formuliert haben, solltet ihr euch in Dreier- oder Vierergruppen gleichgesinnter Leute zusammensetzen. Hier stellt ihr euch eure Urteile der Reihe nach vor, überarbeitet sie gemeinsam und bestimmt eine Anwältin oder einen Anwalt, die oder der anschließend vor der Klasse die Pro- bzw. Kontra-Position vortragen wird. Den Vortrag übt ihr in der Gruppe.

3. Debattieren

Die Debatte beginnt mit der Vorstellung der Pro- und Kontra-Positionen durch die Gruppensprecherinnen bzw. -sprecher. Sollte eine Position nur von einer Minderheit vertreten werden, müssen ein oder zwei Anwälte gegen eine Mehrzahl aus der anderen Gruppe

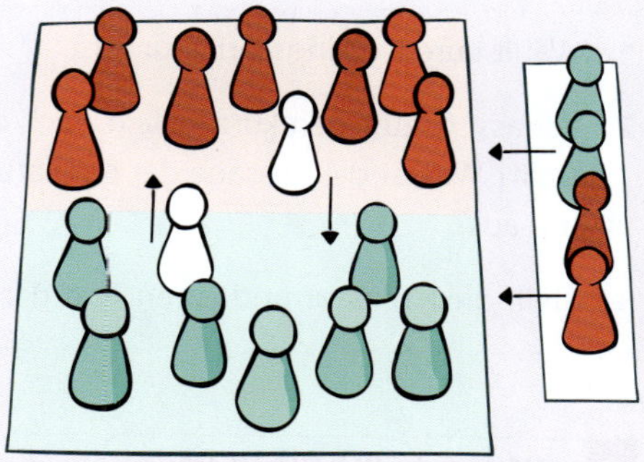

grün = pro; rot = kontra; weiß = unentschieden

antreten. Nach den Vorträgen beginnt die Diskussion im Plenum. Nach einer zuvor vereinbarten Zeit stimmt das Plenum über die Problemfrage ab. Anschließend könnt ihr feststellen, ob und wie sich im Verlauf der Debatte die Urteile einzelner Teilnehmerinnen und Teilnehmer stabilisiert oder verändert haben.

Wie lässt sich euer Urteil überzeugend begründen?
Versucht, euch bei der Formulierung eures Urteils an die folgenden Schritte zu halten:

- **Die Ausgangslage**
  Vor dem Hintergrund welcher aktuellen Situation stellt sich das Problem?
- **Die rechtliche Situation**
  Welche gesetzlichen Regelungen gibt es zurzeit zur Regelung des Problems?
- **Die eigene Position und ihre Begründung**
  Beachtet bei der Formulierung mehrere wichtige Kriterien, die bei der Problemlösung von Bedeutung sein können. Hier sind das Auswirkungen meiner Position auf die Grundrechte, die Demokratie, die Gefahrenabwehr, den Schutz der Bürger, die Rolle des Staates.
- **Die Folgen meines Urteils für die zukünftige Wirklichkeit**
  Wie stelle ich mir den Umgang mit persönlichen Daten auf PCs in der Zukunft vor?

Trainingsplatz

S M U H

Wir interpretieren Karikaturen zum Datenschutz

1. Wählt eure Lieblingskarikatur aus.
2. Verfasst dazu einen kurzen Text nach der Drei-Fragen-Deutung: Was ist dargestellt? Was ist die Aussage der Karikatur? Welche Gedanken löst die Karikatur in mir aus?
3. Stellt die Karikatur und euren Text dazu in der Klasse vor.

Karikaturen sollen auf humorvolle Weise den Betrachter anregen, sich eine eigene Meinung zu bilden. Auf dieser Seite findet ihr vier Karikaturen zum Thema Datenschutz.

A

B

C

D

Zur Situation der Menschenrechte

Station 1 Menschenrechte weltweit

S M U H

3 plus 3 plus 3 plus 3 plus 3

- *Drei* Menschenrechte werden durch die Piktogramme veranschaulicht. Gemeint sind: …
- *Drei* besonders oft von Menschenrechtsverletzungen betroffene Gruppen sind: …
- *Drei* Hauptgründe für die weltweite Missachtung von Menschenrechten sind: …
- *Drei* Arten von Diskriminierung, unter denen Frauen weltweit leiden müssen, sind: …

Station 3 Grundrechtsproblematik Datenschutz

S M U H

Dein Urteil ist gefragt!

Wähle zwei Aussagen aus und nimm dazu Stellung. Dabei kannst du dich an fünf Fragen orientieren:

1. Was ist der Inhalt der Aussage?
2. Was spricht für die Aussage?
3. Was spricht dagegen?
4. Wie beurteile ich die Aussage?
5. Was sollte geschehen?

A Wer nichts zu verbergen hat, braucht sich vor einer Online-Durchsuchung nicht zu fürchten.

B Die Online-Durchsuchung ist ein erheblicher Eingriff in die Privatsphäre des Einzelnen.

C Die Aufregung um den Datenschutz ist übertrieben. Schließlich veröffentlichen Internetnutzer über soziale Netzwerke viele sehr private Informationen.

Station 2 Wie setzen sich internationale Organisationen für Menschenrechte ein?

S M U H

Wählt eine internationale Menschenrechtsorganisation aus und vervollständigt folgenden Steckbrief:

Name der Organisation	???
Mitglieder	???
Wichtige Ziele	???
Arbeitsweise	???
Beispiele für ihre Arbeit	???
Erfolge	???

Station 4 Durchsetzung der Menschenrechte in Deutschland

S M U H

Silbenrätsel

1. So bezeichnen wir die Menschenrechte, die schriftlich im deutschen Grundgesetz niedergelegt sind.
2. Dieses Gericht wird oft als Hüter der Verfassung bezeichnet.
3. Jeder Mensch, gleichgültig welcher Staatsangehörigkeit und Rasse, besitzt sie von Geburt an.
4. Sie ist in allen Handlungen an die Grundrechte gebunden.
5. Das ist eine Bezeichnung für die Verfassung der Bundesrepublik Deutschland.
6. Damit Christen, Juden, Moslems und andere Religionen friedlich zusammenleben können, ist sie unerlässlich.
7. Dieses Menschenrecht bedeutet, dass niemand gefoltert, geschlagen oder misshandelt werden darf.
8. Dieses Menschenrecht gilt für das Verhältnis von Männern und Frauen.

auf – be – bun – che – de – des – fas – frei – ge – go – ge – gions – gleich – grund – grund – gung – heit – heit – kör – li – li – men – per – re – rech – rech – recht – richt – schen – sehrt – setz – staats – sungs – te – ti – un – ver – ver – walt – wür

Lernchecks für nachhaltiges Lernen

An mehreren Stellen in diesem Buch wirst du Lerncheckbögen finden. Sie beziehen sich auf Kapitel, deren Bearbeitung wahrscheinlich schon einige Zeit zurückliegt. Sie haben den Sinn, das nachhaltige Lernen zu unterstützen. Lernforscher haben nämlich herausgefunden, dass es für die Bildung wichtig ist, das einmal Gelernte von Zeit zu Zeit durch Wiederholung wieder aufzufrischen. Wahrscheinlich hast du diese Erfahrung auch schon selbst gemacht.

Die Lernchecks haben wir für mehrere Kapitel gebündelt. Sie sollten erst längere Zeit nach der Beendigung der Arbeit an einem Kapitel durchgeführt werden. So kannst du feststellen, welche langfristigen Lernerfolge sich eingestellt haben. Du kannst sogar am Ende eines Schuljahres alle Lernschecks auf einmal durchführen. Hat im Unterricht die Zeit gefehlt, alle Kapitel durchzunehmen, lässt du die dazu passenden Checklisten einfach weg. Du kannst dir solche Kapitel aber auch allein durchlesen und anhand der Checkliste feststellen, ob du sie verstanden hast.

Die Lernchecks sollte zunächst jeder für sich allein durchführen. Es geht dabei weder darum, Fehler zu finden, noch um Benotung, vielmehr um deine ganz persönliche Erfolgsbilanz. Du ermittelst, welchen Zuwachs an Wissen und an Fähigkeiten du an dir beobachten kannst und welche Stärken sich herausgebildet haben.

Natürlich macht es Sinn, wenn du dich im Anschluss mit einer Lernpartnerin oder einem Lernpartner zusammensetzt und ihr euch über die Ergebnisse austauscht.

Solltet ihr feststellen, dass ihr bereits vieles wieder vergessen habt, können euch die Listen Anregung dazu sein, nochmals die einzelnen Kapitel aufzuschlagen.

Sammel deine Bonuspunkte

Die Bonuspunkte teilst du dir selber zu. Sie stehen in den Checklisten neben den Kompetenzen. Maximal kannst du pro Kapitel 30 Bonuspunkte erreichen.

Auswertung der Checklisten

Wenn du dir zwischen 15 und 20 Bonuspunkte zuteilst:	Die Basis ist erreicht. Du weißt aber sicherlich auch, dass dein Wissen und Können noch auszubauen ist. Lies dir das Kapitel oder Teile davon noch einmal durch und überlege, wie du beim nächsten Check auf eine höhere Punktzahl kommen kannst.
20 und mehr Punkte:	Prima! Du bist ziemlich kompetent im Umgang mit dem Thema. Wahrscheinlich weißt du mehr darüber als viele andere. Sicherlich bist du auf dieser Basis auch in der Lage, deine Fähigkeiten noch zu steigern.
25 Punkte und mehr:	Wenn du das geschafft und dich wirklich ehrlich geprüft hast, bist du spitze. Für die Zukunft wird es dir bestimmt Freude machen, weiter so engagiert mitzuarbeiten und zu lernen.

Persönlicher Lerncheck Kapitel 3: Demokratie in der Bundesrepublik Deutschland

Sachkompetenz – Was ich weiß

A

	Ich kann …	Punkte
1	mindestens 3 Möglichkeiten politischer Beteiligung in der Demokratie nennen.	1
2	nennen, welche der beiden Stimmen bei einer Bundestagswahl die wichtigere ist.	1
3	darüber hinaus erläutern, was man unter dem personalisierten Verhältniswahlrecht versteht.	1
	von 5 wichtigen Organen des Bundes mindestens 4 aufzählen.	1
4	an einem Verfassungsorgan meiner Wahl erläutern, welche Aufgaben es hat.	1
	erklären, was man unter den drei Lesungen im Gesetzgebungsverfahren des Bundes versteht.	1
5	die 3 Staatsgewalten nennen und erklären.	1
	an einem Beispiel erklären, warum die Teilung der Staatsgewalt wichtig für die Demokratie ist.	2
		maximal 9

Methodenkompetenz – Was ich methodisch gelernt habe

B

	Ich kann …	Punkte
1	3 Kriterien benennen, mit denen man die Qualität des Internetauftritts einer politischen Partei bewerten kann.	2
	2 weitere Kriterien nennen und erklären, was sie bedeuten.	1
2	Kriterien nennen, anhand derer man die Qualität eines neuen Bundesgesetzes bewerten kann.	3
3	von den 5 Schritten im Ablauf eines Partnerbriefings 4 in die richtige Reihenfolge bringen.	3
		maximal 9

Urteilskompetenz – Wozu ich Stellung nehmen kann

C

	Ich kann …	Punkte
1	je 1 Argument für und eines gegen Volksentscheide auf Bundesebene formulieren.	3
2	zur Diskussion um ein Verbot der NPD Stellung nehmen und dabei meine Position mit 2 Argumenten begründen.	3
3	2 Pro- und zwei Kontra-Argumente zum Thema Wahlrecht mit 16 formulieren und meinen eigenen Standpunkt begründen.	3
		maximal 9

Handlungskompetenz – Meine Fähigkeiten im Umgang mit dem Thema „Jugendliche in der Gesellschaft“

D

In nahezu jedem Einstellungstest in der Berufswahl gibt es Fragen zur politischen Ordnung und zur Demokratie in Deutschland. Auch in Vorstellungsgesprächen musst du mit Fragen dazu rechnen. Fühlst du dich wesentlich besser dafür vorbereitet als noch vor einem Jahr (= 3 Punkte), genauso gut (= 2 Punkte) oder nur ein wenig besser (= 1 Punkt)?	maximal 3

Maximal 30 Punkte

Persönlicher Lerncheck Kapitel 4: Soziale Sicherung heute und morgen

A Sachkompetenz – Was ich weiß

	Ich kann …	Punkte
1	mindestens 2 gesetzliche Regelungen zum sozialen Schutz Jugendlicher nennen.	2
2	in einem Satz erklären, was ein Sozialstaat ist.	1
3	darüber hinaus erläutern, welche Idee über das Zusammenleben der Menschen die Grundlage der Sozialstaatsidee in Deutschland ist.	1
	erläutern, was man unter dem Generationenvertrag in Bezug auf die Rentenversicherung versteht.	2
4	den Unterschied zwischen absoluter und relativer Armut mithilfe von Beispielen verdeutlichen.	1
5	erklären, was Steuern sind, und zusätzlich am Beispiel erläutern, warum Steuerpolitik häufig umstritten ist.	1 1
		maximal 9

B Methodenkompetenz – Was ich methodisch gelernt habe

	Ich kann …	Punkte
1	den Unterschied zwischen einem Kreis-, einem Säulen- und einem Kurvendiagramm erklären.	3
2	mithilfe dreier Schritte erläutern, wie man selbst ein Schaubild erstellen kann.	3
3	drei Qualitätsmerkmale eines gut gemachten und glaubwürdigen Schaubildes benennen.	3
		maximal 9

C Urteilskompetenz – Wozu ich Stellung nehmen kann

	Ich kann …	Punkte
1	zur Frage „Was bedeutet Gerechtigkeit in der Sozialpolitik?" zwei unterschiedliche Auffassungen vorstellen.	3
2	erläutern, warum der demografische Wandel in der Gesellschaft zu einem Problem für die Rente im Alter werden kann.	3
3	zur Frage, ob man das Problem der Kinderarmut in Deutschland durch Erhöhung des Kindergeldes oder durch mehr Kinderbetreuungseinrichtungen lösen soll, mein eigenes begründetes Urteil abgeben.	3
		maximal 9

D Handlungskompetenz – Meine Fähigkeiten im Umgang mit dem Thema „Soziale Sicherung heute und morgen"

Vor dem Ende der Schulzeit sollen die zukünftigen Auszubildenden über Mitgliedschaft im System der sozialen Pflichtversicherungen informiert werden. Angenommen, sie wissen noch nichts über die Arten der Versicherungen, über die Kosten und über die Bedeutung des Sozialstaates für ihr persönliches Leben. Was denkst du: Könntest du die Aufgabe übernehmen, mit ihnen darüber zu reden? Ja, das kann ich jetzt ganz gut (= 3 Punkte). Ja, aber nur zu einzelnen Fragen (= 2 Punkte). Ja, aber nur in Ansätzen (= 1 Punkt).	maximal 3

Maximal 30 Punkte

Persönlicher Lerncheck Kapitel 5: Zur Situation der Menschenrechte

Sachkompetenz – Was ich weiß

A		Ich kann …	Punkte
	1	mindestens vier Menschenrechte nennen.	2
		davon zwei an Beispielen erläutern.	1
	2	darlegen, welche besondere Bedeutung der Schutz der Menschenwürde im Grundgesetz hat.	2
		zwei Garantien nennen, die die Durchsetzung der Grundrechte im Rechtsstaat sichern.	1
	3	Grundrechte und Bürgerrechte voneinander abgrenzen.	2
		erklären, was unter dem Recht auf informationelle Selbstbestimmung zu verstehen ist.	1
			maximal 9

Methodenkompetenz – Was ich methodisch gelernt habe

B		Ich kann …	Punkte
	1	drei Schritte zur Durchführung einer Debatte nennen.	2
		einer der drei Schritte ausführlicher beschreiben.	1
	2	mein persönliches Urteil im Verlauf einer Debatte formulieren und kriterienorientiert begründen.	3
	3	einen Grundgesetzartikel verstehen, auf einen konkreten Streitfall anwenden und den Fall bewerten.	3
			maximal 9

Urteilskompetenz – Wozu ich Stellung nehmen kann

C		Ich kann …	Punkte
	1	begründen, warum in Deutschland die Menschenwürde jedes Menschen, auch eines Obdachlosen, geschützt wird.	3
	2	in einer Diskussion jemanden überzeugen, dass auch in einer Notsituation die Drohung mit Folter nicht erlaubt sein darf.	3
	3	zur Online-Durchsuchung von PCs Stellung nehmen.	3
			maximal 9

Handlungskompetenz – Meine Fähigkeiten im Umgang mit dem Thema „Menschenrechte"

D			
		Angenommen, du triffst auf einen Jugendlichen, der die Auffassung vertritt, die Menschenrechte gehen ihn persönlich nichts an. Du willst ihn überzeugen, dass es sehr wichtig ist, sich für Menschenrechte einzusetzen. Fühlst du dich für dieses Gespräch sehr fit (= 3 Punkte), fit (= 2 Punkte), weniger fit (= 1 Punkt) oder nicht fit (= 0 Punkte)?	maximal 3

Maximal 30 Punkte

6 Die Bedeutung der Medien

Wie wichtig sind sie für uns und für die Demokratie?

1. Allein nachdenken

An welche Neuigkeiten, die du in der vergangenen Woche durch die Medien erfahren hast, kannst du dich noch gut erinnern?

2. Zu zweit beraten

Welche Neuigkeiten aus den Bereichen Politik und Wirtschaft gehören gerade jetzt zu den Topmeldungen?

3. In der Klasse sammeln

Was sind Themen, bei denen in der Bevölkerung ein großes Interesse nach Information durch die Medien besteht?

Bei der Bearbeitung an diesem Kapitel könnt ihr …

- herausfinden, welche Art der Medienberichterstattung am ehesten die Glaubwürdigkeit der Information garantiert,
- darstellen, wie die elektronischen Medien den Alltag, die Politik und die Wirtschaft verändern,
- als Programmgestalter ein Tagesprogramm für das private und das öffentlich-rechtliche Fernsehen gestalten,
- die Bedeutung der Medien für die Politik und die Demokratie erläutern.

Eigene Schwerpunkte könnt ihr setzen, indem ihr …

- euch ein Urteil darüber bildet, ob Facebook schon für Kinder erlaubt sein soll,
- eine PC-gestützte Präsentation zum Thema *Jugend und Medien* erstellt,
- mithilfe einer Internetrecherche herausfindet, in welchen Ländern Pressefreiheit besteht und in welchen die Presse unterdrückt wird.

1 Wir Jugendliche und die Medien: Was Erwachsene darüber wissen sollten

Der Umgang Jugendlicher mit den Angeboten der Medien ist ein Thema, das für viele Menschen von besonderem Interesse ist. Bei manchen Erwachsenen scheinen Vorurteile zu überwiegen und es fehlt ihnen an gesicherter Information. Um möglichen Fehlurteilen entgegenzuwirken, wechseln wir hier die Perspektive. Nicht ihr werdet von Erwachsenen informiert, sondern ihr informiert die Erwachsenen.

Eine Einstiegsübung für alle

Wie fällt deine spontane Reaktion auf die folgenden Äußerungen von Erwachsenen aus?

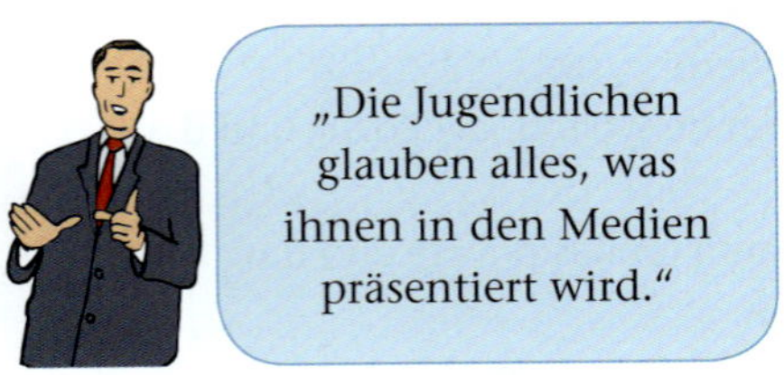

Forschungsergebnisse

Medien und Freizeit

Mediengeräte und Medienangebote sind allgegenwärtig und Teil des Alltags von Jugendlichen. Im Detail betrachtet bedeutet dies, dass neun von zehn Jugendlichen regelmäßig (täglich/mehrmals pro Woche) ein Handy (91 %), das Internet (89 %) nutzen oder fernsehen (89 %, egal über welchen Weg). Etwa vier Fünftel beschäftigen sich mehrmals pro Woche mit einem MP3-Player (83 %) oder einem Radio (78 %), CDs oder Kassetten als weiteres auditives Medium werden hingegen mit 59 Prozent deutlich seltener genutzt. Das Lesen von Büchern (44 %) und Tageszeitungen (42 %) rangiert noch vor der Beschäftigung mit Computer- und Konsolenspielen (34 %). Knapp jeder dritte Jugendliche zwischen 12 und 19 Jahren beschäftigt sich regelmäßig mit Digitalfotografie (31 %). Das Onlineangebot von Tageszeitungen nutzen 18 Prozent bereits regelmäßig, zwölf Prozent nutzen die Internetseiten von Zeitschriften. Sechs Prozent werden selbst als Medienmacher aktiv und produzieren mindestens mehrmals pro Woche Filme oder Videos.

Glaubwürdigkeit der Medien

Welches Vertrauen haben die 12- bis 19-Jährigen in die Berichterstattung der jeweiligen Medien? In der JIM-Studie wurden die Jugendlichen gefragt: *„Stell dir mal vor, du wirst im Radio, im Fernsehen, in Tageszeitungen oder im Internet über ein und dasselbe Ereignis informiert, die Berichte widersprechen sich aber bzw. sind voneinander verschieden. Wem würdest du am ehesten glauben: dem Radio, dem Fernsehen, dem Internet oder der Tageszeitung?"* Auf diese Frage entscheiden sich zwei Fünftel für die Tageszeitung. 29 Prozent vertrauen am ehesten den Meldungen aus dem Fernsehen, ein Sechstel baut auf das Radio und jeder Siebte traut am ehesten den Angaben aus dem Internet.

Fernsehen

Auch im Internetzeitalter hat das Fernsehen einen hohen Stellenwert. Für neun von zehn Jugendlichen ist das Fernsehen eine regelmäßige Freizeitbeschäftigung, 60 Prozent sehen täglich fern. Die subjektive geschätzte Nutzungsdauer pro Tag liegt nach eigener Einschätzung bei 113 Minuten. […] Knapp die Hälfte der Jugendlichen gibt an, sich im Fernsehen regelmäßig Nachrichten anzuschauen. Der bevorzugte Sender für Nachrichten ist hierbei für 19 Prozent das Erste/ARD. An zweiter Stelle folgt RTL (12 %), dann ProSieben mit fünf Prozent und das ZDF mit zwei Prozent. […] Generell ist die regelmäßige

Nutzung von Nachrichten in allen Bildungsgruppen verankert (Gymnasium 47 %, Realschule 45 %, Hauptschule 50 %). Jugendliche mit geringem Bildungshintergrund tendieren jedoch eindeutig zu den Nachrichtenformaten von RTL. Für die regelmäßigen Nutzer von Fernsehnachrichten bleibt das klassische Fernsehprogramm die zentrale Informationsquelle. Zwei Fünftel der Jugendlichen, die regelmäßig eine Nachrichtensendung anschauen, nutzen ergänzend zum Fernsehprogramm Informationen auf der Homepage des Nachrichtensenders, wenn auch die meisten davon nur selten (22 %) oder gelegentlich (16 %).

Bücher

Auch im Internetzeitalter mit einer Vielzahl digitaler Angebote zur Information und Unterhaltung bleibt das Buch für Jugendliche eine bedeutende Freizeitbeschäftigung. Für mehr als die Hälfte der Jugendlichen ist es (sehr) wichtig, Bücher zu lesen. Mehr als jedes zweite Mädchen und jeder dritte Junge zwischen 12 und 19 Jahren liest regelmäßig. Der Anteil der jugendlichen Leser ist über die Jahre sehr stabil, entgegen viel geäußerter Befürchtungen hat sich die Entwicklung des Internets nicht negativ auf die Buchnutzung ausgewirkt. Im Gegenteil, die Zuwendung zum Buch konnte sich sogar leicht steigern.

Computer und Internet

Computer und Internet sind für Jugendliche absolute Selbstverständlichkeiten. Jeder Haushalt, in dem junge Menschen zwischen 12 und 19 Jahren aufwachsen, ist mit einem

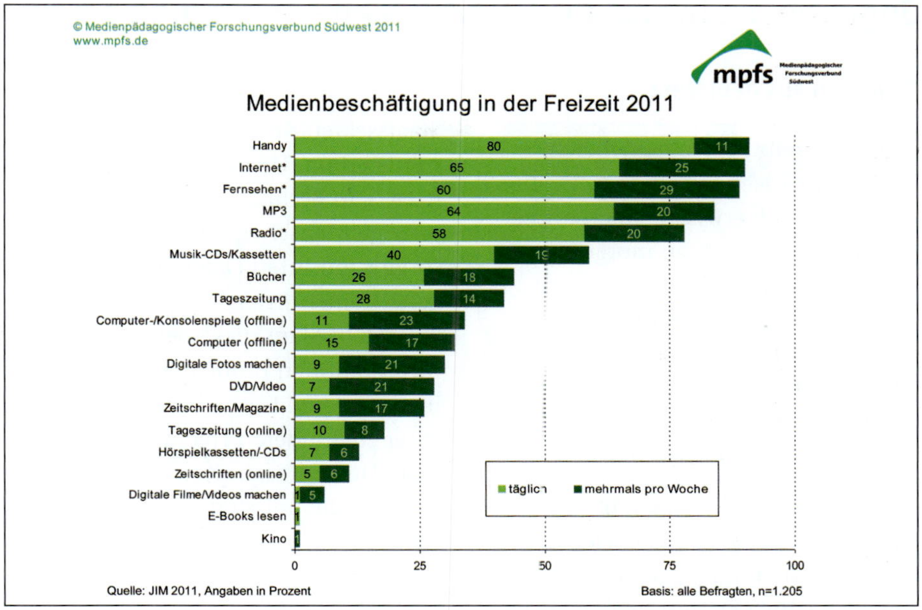

Computer und einem Internetzugang ausgestattet. Vier Fünftel der Jugendlichen haben einen eigenen Computer. [...] Eindeutig die meiste Zeit wird online für Kommunikation, also die Nutzung von Communities, Messengern, Chat und E-Mail, verwendet, diese zentralen Funktionen beanspruchen annähernd die Hälfte der Nutzungszeit (44 %). Ein Viertel der Zeit (24 %) kommt der Unterhaltung zu, also der Nutzung von Musik, Videos oder Bildern. Etwa gleichauf liegen die Anteile für Onlinespiele (16 %) und Informationssuche (15 %). [...]

Informieren sich Jugendliche im Internet, so steht in erster Linie die Nutzung von Suchmaschinen. Vier Fünftel erkunden regelmäßig die Informationsflut des Internets mithilfe von Angeboten wie Google oder Bing. Zwei Fünftel recherchieren in Online-Lexika wie Wikipedia, ebenso viele informieren sich über Themen wie Ausbildung und Beruf. Etwa jeder Vierte nutzt Newsgroups, um sich auf den neuesten Stand zu bringen.

(Alle Auszüge aus: JIM 2011, Jugend, Information, (Multi-) Media, Basisuntersuchung zum Medienumgang 12- bis 19-Jähriger in Deutschland, Hrsg.: Medienpädagogischer Forschungsverbund Südwest, Stuttgart, Nov. 2011, www.mpfs.de)

1. Die Textauszüge enthalten viele Zahlen. Wähle diejenigen davon aus, die du für besonders wichtig hältst, und vergleiche deine Wahl mit der eines Partners.
2. Nachdem ihr euch informiert habt: Wie fallen eure Antworten auf die Äußerungen der Erwachsenen auf der linken Seite aus?
3. In Partnerarbeit könnt ihr dazu ein Interview zwischen einem Erwachsenen und einem Jugendlichen vorbereiten und vor der Klasse präsentieren.

Jugendliche in sozialen Netzwerken – Wie sehen wir die Chancen und Gefahren?

Stimmen aus dem Netz

JICH schreibt: Kann es vielleicht sein, dass Facebook eine regelrechte Sucht ist? Ich erwische mich immer wieder, wie ich schon morgens nachschaue, was letzte Nacht so passiert ist, und auch nach der Schule ist der erste Gang zum Laptop. Aber es macht schließlich fast jeder. Alles wird ja auch schließlich über Facebook geplant.

Colakarim antwortet: Ich bin gar nicht bei Facebook angemeldet und es interessiert mich auch nicht, wo mein Nachbar gestern seine Pizza gegessen hat, oder welches Video mein Freund gerade geguckt hat. Wenn ich etwas plane, nutze ich dazu dieses komische Werkzeug namens Telefon und rufe meine Freunde an.

Sind wir zu sorglos?

Wer nicht drin ist, gehört nicht dazu. Soziale Netzwerke sind aus dem Leben der meisten Kinder und Jugendlichen nicht mehr wegzudenken. Plattformen wie SchülerVZ oder Facebook haben Sportplätze und Cafés als Treffpunkte längst abgelöst. Wer etwas auf sich hält, trifft sich mit Freunden online. Ein Trend ist für viele aber besorgniserregend. Immer mehr Schüler kennen in ihren Profilen kaum noch Tabus, auch persönlichste Informationen und Bilder werden ins Netz gestellt und damit für jedermann zugänglich gemacht. Vielfach aus Gruppenzwang: Wer das nicht tut, mache sich unbeliebt, betonte die Parlamentarische Staatssekretärin im Verbraucherschutzministerium, Ursula Heinen-Esser (CDU), in Berlin.
Jüngere Menschen gingen viel zu sorglos mit ihren Daten um, bemängelte Heinen-Esser. Mit „einem einfachen Mausklick“ ließen sich Informationen problemlos von Dritten herausfinden. Deshalb stünde man vor einer „besonderen Herausforderung“, sagte Heinen-Esser. Kinder und Jugendliche müssten noch mehr sensibilisiert werden.

(Aus: dpa-Meldung vom 04.06.2009, in www.focus.de, letzter Zugriff 04.01.2012)

Wir probieren halt vieles aus

Eine Dreiviertelmilliarde Menschen benutzt Facebook, jene Plattform, auf der man Bekanntschaften – im Durchschnitt ein-, zweihundert Personen – durch geteilte Nachrichten pflegen kann. Man schreibt, was einem durch den Kopf geht, weist auf Funde im Internet hin, bewertet die Mitteilungen anderer, verabredet sich, sucht Anschluss. […] Die Jugend probiert eben aus, was auszuprobieren der Rest weniger Zeit hat.

(Aus: Jürgen Kaube: Jugend und soziale Netzwerke Generation Facebook? (gekürzt), Artikel vom 20.08.2011 in Frankfurter Allgemeine Zeitung, im Internet unter www.faz.de, letzter Zugriff 04.01.2012)

Timeline als Pflicht

Mehr als 20 Millionen Deutsche haben sich beim sozialen Netzwerk Facebook angemeldet. Seit einigen Wochen können sie auf ihren Profilseiten eine Chronik ihres Lebens anlegen – die sogenannte Timeline. Was zunächst

ein freiwilliges Angebot war, macht Facebook nun zur Pflicht. […] Facebook nutzt die Daten, um Werbung gezielt zu platzieren. Wer als Wohnort München und als Hobby Klettern angibt, bei dem versprechen Annoncen für Alpentouren mehr abzuwerfen. Zudem treten die Mitglieder die Rechte an ihren Fotos in dem Moment ab, in dem sie sich bei Facebook anmelden. Sollte sich das Unternehmen einmal entscheiden, für eine Werbekampagne Fotos seiner Mitglieder auf Plakaten zu drucken, könnten diese kaum etwas dagegen tun.

(Aus: Varinia Bernau: Was Facebook-Nutzer über die Timeline wissen müssen, in Süddeutsche Zeitung vom 28.01.2012, im Internet unter www.sueddeutsche.de)

1. Trifft es zu, dass „wer nicht drin ist, nicht dazugehört“? Notiert eure Gedanken dazu.
2. Welche Gefahren und welche Chancen werden genannt? Sammelt sie, ergänzt sie mit euren eigenen Erfahrungen und verwendet dazu auch die Argumente in den Positionen auf der rechten Seite.

TEAM kontrovers: Soll Kindern der Zugang zu Facebook erlaubt sein?

Für den Zugang zu Facebook und zu anderen sozialen Netzwerken gilt eine Altersbeschränkung. Mindestens 13 Jahre alt müssen die Nutzer sein. Die Zeitschrift *Dein Spiegel*, die Juniorausgabe des Nachrichtenmagazins *Der Spiegel*, lud 2011 die jugendlichen Leserinnen und Leser zu einer Diskussion über diese Altersbeschränkung ein und druckte dazu zwei gegensätzliche Standpunkte ab.

Nein, Facebook ist für Kinder nicht der richtige Einstieg ins Internet.

Susanne Graf ist zum Zeitpunkt ihres Statements 18 Jahre alt. Im Oktober wurde sie als Mitglied der Piratenpartei in das Berliner Abgeordnetenhaus gewählt.

Facebook ist für Kinder nicht der richtige Einstieg ins Internet. Denn das Unternehmen sammelt Daten über seine Nutzer. Es speichert Informationen über jeden, der sich dort anmeldet: zum Beispiel Namen, Geburtsdatum und Wohnort. Dazu kommen noch Interessen und Hobbys, also alles, was man in seinem Facebook-Profil angibt. Diese Sachen verkauft Facebook an Firmen, die Werbung schalten. Die Nutzer erhalten dann gezielt Werbung, die auf ihre Interessen abgestimmt ist – häufig ohne es zu wollen. Viele Leute geben bei Facebook private Dinge an, die man besser für sich behalten sollte. Denn bei Facebook lesen viele Menschen mit, auch Lehrer, Eltern oder zukünftige Chefs. Da kann man schnell Ärger bekommen, wenn man zu viel ausgeplaudert hat. Manchmal nutzen Schüler auch Facebook, um andere zu mobben. Erst wenn Kinder wirklich wissen, wie sie sich auf Facebook richtig verhalten, ohne sich oder anderen zu schaden, sollten sie sich dort anmelden dürfen – und vorher nicht.

Ja, auch Kinder sollen Facebook nutzen dürfen.

Dorothee Bär ist Bundestagsabgeordnete der CSU. Zum Zeitpunkt ihres Statements ist sie 33 Jahre alt.

Auf meiner Facebook-Seite habe ich 5000 Freunde. Ich bin dort täglich online. Und auch Kinder sollten Facebook nutzen dürfen. Denn sie können sich dann schnell mit ihren Freunden austauschen, zum Beispiel über Schulthemen. Und sie können verschiedenen Gruppen beitreten. Manche davon sind Sportarten wie Reiten oder Angeln gewidmet, andere der Politik. Man erhält darin viele Infos zu dem Thema. Je früher Kinder den Umgang mit Facebook lernen, desto schneller können sie solche Vorteile für sich nutzen. Eine Altersgrenze macht keinen Sinn. Warum sollen 13-Jährige auf Facebook sein dürfen und 12-Jährige nicht? Viele Kinder kennen sich im Internet besser aus als Erwachsene. Sie wissen oft auch, wie sie auf Facebook ihre privaten Daten schützen. Außerdem bringen Verbote nichts – nur dass sie gebrochen werden: Manche Kinder machen sich älter, als sie sind, um sich bei Facebook anzumelden. Dabei bietet Facebook schon jetzt Profile für Minderjährige an, die besonders geschützt sind. Ein solches Profil sollten alle Kinder haben dürfen, egal wie alt sie sind.

(Beide Positionen aus: Sollen Kinder Facebook nutzen? in: DEIN SPIEGEL – einfach mehr wissen, Ausgabe 8/2011, S. 15)

3. Datenschutz, Freundschaften pflegen, Werbung, Vorteile nutzen, Profile für Minderjährige, Mobbinggefahr – Wer von den beiden verwendet welche Argumente?

4. Formuliert eure eigene Position und begründet sie anhand von Kriterien, die ihr für wichtig haltet.

Tipp: In die Diskussion in der Klasse könnt ihr mit einer Abstimmung einsteigen.

Methodenkarte 9

S M U H

Thema: Jugend und Medien

Die computergestützte Präsentation

Stellt euch folgende Situation vor:
Ihr habt den Auftrag, für ein erwachsenes Publikum eine Präsentation zum Thema „Wir Jugendliche und die Medien“ in Verbindung mit einem Vortrag zu erstellen. Als Informationsgrundlage steht euch das Material auf der vorhergehenden Doppelseite mit Auszügen aus der JIM-Studie 2011 zur Verfügung. Zusätzlich könnt ihr den vollständigen Text der Studie als Grundlage für eure Präsentation verwenden, indem ihr die Studie samt Schaubildern downloaded (Titel der Studie als Suchbegriff bei Google eingeben).
Zur Unterstützung eures Vortrags werdet ihr eine PC-Präsentation erstellen. Die Vorbereitung und die Präsentation sollen von Schülerteams erstellt werden.

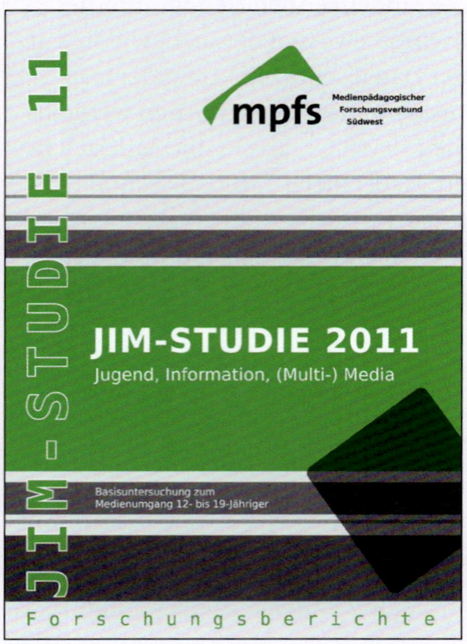

A Worum geht es bei einer computergesteuerten Präsentation?

Von einer guten Präsentation erwartet das Publikum mittlerweile in der Regel, dass sie computerunterstützt gestaltet wird. PowerPoint hat sich dabei als das Programm zur Herstellung von Folien etabliert, das weltweit am häufigsten zum Einsatz kommt.
Schlecht gemachte PowerPoint-Präsentationen können jeden Vortrag ruinieren. Gut gemachte Präsentationen hingegen helfen dem Publikum, dem Vortrag zu folgen, machen ihn lehrreicher und führen dazu, dass die Kompetenz der Vortragenden hoch bewertet wird.

B Wie macht man das?

Eine Präsentation beginnt immer mit der inhaltlichen Vorbereitung. Aus diesem Grund kann die Gestaltung von Folien nicht am Anfang stehen. Haltet euch an folgende Vorgehensweise:

1. Planung des Vortrags

1.1 Was wollen wir sagen?
1.2 Wie gliedern wir unsere Präsentation?

2. Gestaltung der Folien

2.1 Welche Informationen auf den Folien können unseren Vortrag inhaltlich unterstützen?
2.2 Welche formale Gestaltung der Folien fördert die Aufmerksamkeit des Publikums?

5 Regeln zur wirkungsvollen Foliengestaltung

1. sauberes, einfaches Folienlayout
2. gut lesbare Schrift
3. nur ein Bildelement pro Folie
4. kurze, leicht verständliche Informationen
5. ähnliche Gestaltungsmittel für alle Folien

Wie langweilt man die Zuhörer?

1. zu viele Folien
2. zu viele Spielereien
3. zu viel Text

Die häufigsten Fehler

- Das Computerprogramm bietet zahlreiche Animations- und Spielmöglichkeiten an. Ein ärgerlicher Fehler ist es, wenn die technischen Möglichkeiten in übertriebener Weise genutzt werden. Spielereien lenken vom Inhalt ab.
- Problematisch ist es, wenn auf den Folien etwas anderes steht als das, worüber die Vortragenden sprechen.
- Als besonders hinderlich gilt die Verwendung von längerem Fließtext in den Folien. Der Text sollte nur aus kurzen Aussagen bestehen, welche die Vortragenden dann mit eigenen Worten ausführlicher erläutern können.

So geht es gut und schnell

- Einigt euch auf ein durchgängiges Folienlayout.
- Verwendet gut lesbare Schrifttypen. Setzt Farben behutsam ein.
- Verwendet Aufzählungen in Form von kurzen Sätzen.
- Orientiert euch bei der Bestimmung der Textmenge für die Präsentation an der folgenden Faustregel:

Die „3-mal-7-Regel"

- maximal **7** Zeilen pro Folie
- pro Zeile höchstens **7** Wörter
- **7** Folien für eine Kurzpräsentation insgesamt

C Worauf ihr besonders achten solltet

Jedes Foto im Internet ist urheberrechtlich geschützt und darf daher nicht beliebig durch andere Nutzer verwendet werden. Für den Unterricht gilt: Wenn die Präsentation nur innerhalb eurer Klasse gezeigt wird, gilt das nicht als Veröffentlichung. Hierzu dürft ihr Bilder aus dem Internet verwenden. Wenn die Präsentation auf einer Schulveranstaltung gezeigt oder in die Homepage eurer Schule eingestellt wird, gilt diese Freiheit nicht.
Dafür könnt ihr auf legale Art Fotos verwenden, wenn ihr euch aus Internetadressen bedient, in denen Privatleute ihre Fotos ausdrücklich zur kostenlosen Nutzung zur Verfügung stellen. (Die JIM-Studie enthält den Hinweis, dass die Schaubilder verwendet werden dürfen.)

Beispiele zur Foliengestaltung

Präsentation
Wir Jugendliche und die Medien

Ergebnisse der Befragung 12- bis 19-jähriger Jugendlicher in der Studie
Jugend,
Information,
Multi-Media

So kann die erste Folie für eine Präsentation aussehen. Sie enthält nur das Thema und ein Bild. Während ihr noch mit der Vorbereitung beschäftigt seid, betrachten die Zuschauer in Ruhe die Folie. Die Zuhörer werden nun gespannt sein, was ihr im weiteren Verlauf darüber berichten werdet.

Gliederung

1. Welche Medien nutzen Jugendliche in ihrer Freizeit?
2. Welche Medien halten Jugendliche für glaubwürdig?
3. Fernsehgewohnheiten Jugendlicher
4. Computer und Internet
5. Zur Diskussion:
   Facebook auch für Kinder?

In einer zweiten Folie könnt ihr die Gliederung eures Vortrages vorstellen.

3. Welche Medien halten Jugendliche für glaubwürdig?

- 40 % halten Tageszeitungen am ehesten für glaubwürdig.
- Zwischen 12 und 19 Jahren steigt diese Annahme von 34 % auf 43 %.
- 29 % setzen Berichte im Fernsehen auf Platz 1.
- Die geringste Glaubwürdigkeit haben Informationen aus dem Internet (Jungen 16 %, Mädchen 11 %).

Quelle: JIM-Studie 2011, Basis: alle Befragte: n=1.205, Medienpädagogischer Forschungsverbund Südwest, www.mpfs.de

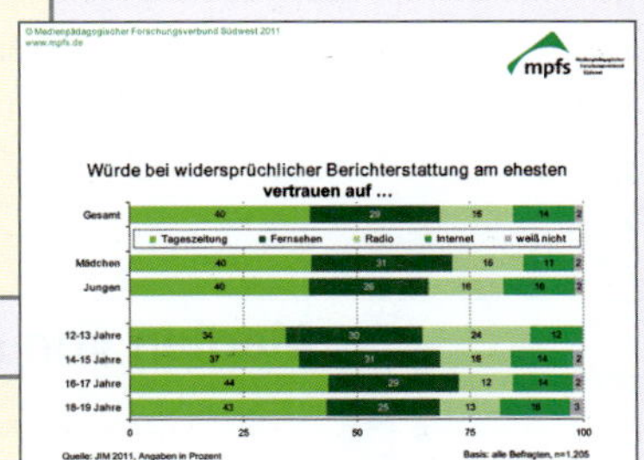

Die JIM-Studie enthält eine Vielzahl von Schaubildern, die für eine nicht kommerzielle Nutzung verwendet werden dürfen. Komplexe Schaubilder sind im Original wenig geeignet für eine Präsentation. Besser ist es, wenn einzelne wichtige Daten daraus ausgewählt werden.

2 Zeitung, Radio, Fernsehen, Internet: Wie können wir uns sinnvoll über das aktuelle Geschehen informieren?

Mit der Fülle der Medienangebote stehen uns auch eine Fülle von Informationsmöglichkeiten zur Verfügung. Bei der Auswahl kommt es weniger darauf an, dem einen oder anderen Medium den absoluten Vorrang zu geben, als vielmehr die Medienangebote sinnvoll miteinander zu kombinieren.

Eine Einstiegsübung für alle

Wähle ein aktuelles Thema aus dem Bereich Politik aus und notiere, woher du deine Informationen darüber beziehst.

An normalen Werktagen springt bei mir um 6.20 der Radiowecker an. Zehn Minuten später höre ich die Radionachrichten und versuche, mir die wichtigsten davon zu merken. Beim Frühstück werfe ich einen Blick in die Zeitung, zuerst in den Sportteil und dann gehe ich die erste Seite durch. Ab 13.40 mache ich für etwa eine Stunde den Fernseher an. Da kriege ich die Nachrichten meist noch mal mit. Den PC benutze ich ab 15.00, um mit Freunden zu kommunizieren und zu spielen. Wenn ich auf die tagesaktuellen Schlagzeilen stoße, klicke ich öfters von Link zu Link, um mehr darüber zu erfahren. Abends gucke ich mit meiner Mutter die Tagesschau, wenn ich nichts Besseres zu tun habe. Über wichtige Nachrichten reden wir miteinander. Insgesamt fühle mich einigermaßen gut über das aktuelle Geschehen informiert.

André, 16 Jahre

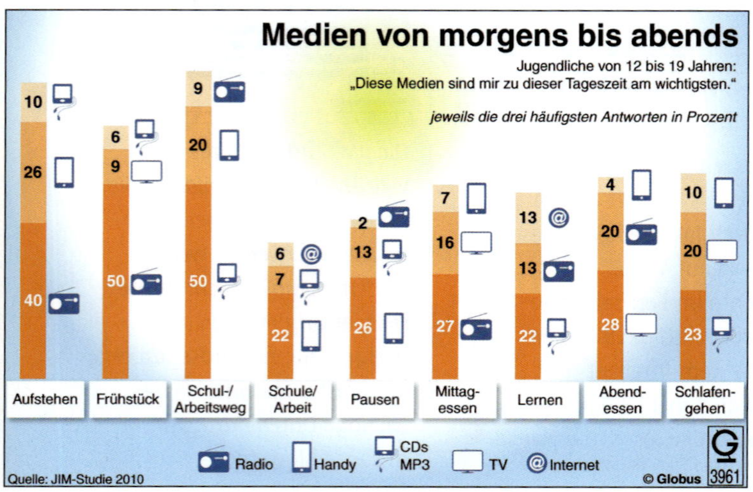

Im Politikunterricht haben wir den Auftrag bekommen, einen politischen Wochenbericht zu erstellen. Wir haben unsere Lokalzeitung als Grundlage benutzt und zusätzlich jeden Tag eine der großen Tageszeitungen am Bahnhof gekauft und den Politikteil daraus gelesen. Wir haben auch täglich mindestens eine Nachrichtensendung im Fernsehen geguckt und uns hinterher Notizen gemacht. Wichtige Themen waren in unserer Woche die Situation in Afghanistan, das NPD-Verbot, die Situation mit dem Euro in Europa und der Streit um einen Flughafenausbau in unserer Gegend. Zu den ausgewählten Themen haben wir dann im Internet nach weiteren Informationen gesucht. Zum NPD-Verbot haben wir eine Talkshow im Fernsehen angeguckt und zwei Artikel in den Zeitschriften Spiegel und Focus gelesen. Wir haben dann anwechselnd die Themen in der Klasse vorgestellt. Wir haben bestimmt nicht alle Zusammenhänge verstanden, wussten aber viel besser Bescheid als vorher und es hat auch Spaß gemacht.

Dunja, 15 und Mareike, 16 Jahre

1. Was haltet ihr von Andrés und Dunjas und Mareikes Art, mit den Medien umzugehen?
2. Erstellt Übersichten über eure eigenen täglichen Medienkontakte und vergleicht sie untereinander.
3. Warum ist es wichtig, über das aktuelle Tagesgeschehen informiert zu sein? Sammelt möglichst viele Gründe.

Was noch interessant sein kann:

- eigene politische Wochenberichte verfassen.

Trainingsplatz

S M U H

Welches Medium hat welche Vorzüge?

Neben der Funktion der Unterhaltung, des Zeitvertreibs, der Entspannung erfüllen alle Medien auch eine Informationsfunktion. Je nach der Art des Mediums nimmt diese Funktion mal einen breiten, mal einen weniger breiten Raum ein. Auch werden die Informationen unterschiedlich aufbereitet und unterschiedlich transportiert. Zur Auswahl stehen hier die Medien Fernsehen, Internet, Radio, Tageszeitung und Zeitschriften (beim Fernsehen solltet ihr zwischen den öffentlich-rechtlichen Sendern ARD und ZDF und den Privatsendern unterscheiden). Zur Bearbeitung wird Gruppenarbeit empfohlen.

Euer Auftrag:

- Ordnet jedem der genannten Medien einen, zwei oder drei besondere Vorzüge aus dem Fragebogen zu.
- Zusätzlich könnt ihr notieren, welche Nutzungsmöglichkeit ein Medium nicht oder kaum erfüllt.
- Entscheidet euch für eine Rangfolge: Welches Medium ist zur Information über das aktuelle politische Tagesgeschehen das wichtigste, zweitwichtigste usw.?
- Stellt eure Ergebnisse in der Klasse vor.

1. Hier kann man sich gut auf den Inhalt konzentrieren.
2. Hier wird das Informationsangebot auf unterhaltsame Weise aufbereitet.
3. Hier bin ich mir ziemlich sicher, dass die angebotenen Informationen auch der Wahrheit entsprechen.
4. Hier hat man die Möglichkeit, die gleiche Information mehrmals durchzuarbeiten.
5. Hier achtet man darauf, dass der Nutzer erkennt, ob Meinungen oder Tatsachen berichtet werden.
6. Dieses Medium hilft einem dabei, sich ein eigenes Urteil über ein umstrittenes Thema zu bilden.
7. Zum Verständnis dieses Mediums ist nur eine geringe Vorbildung nötig.
8. Hier kann man auch noch etwas anderes machen, während man die Informationen zur Kenntnis nimmt.
9. Hier bekommt man Hintergrundinformationen, wenn man einer Sache genauer auf den Grund gehen will.
10. Diese Medium bietet besonders viele Informationen zu ein und demselben Thema an.
11. Dieses Medium ist vor allem für die schnelle Information über aktuelle Themen geeignet.
12. Hier kann man sich sicher sein, dass man auch wirklich das Wichtigste über ein Thema erfährt.
13. Hier wirkt es auf andere positiv, wenn man sagt, dass man dieses Medium zur Information benutzt hat.

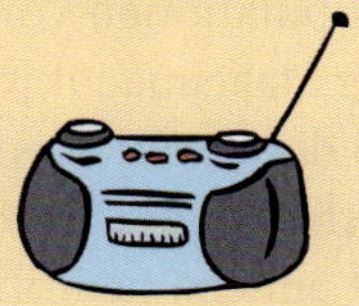

Wie glaubwürdig können Medienberichte sein?

Angenommen, dass …

Zwei Auslandskorrespondenten berichten vom gleichen Ereignis und übermitteln ihre Berichte an ihre Nachrichtenagenturen. Legt zwischen dem Vorlesen des ersten und des zweiten Berichtes eine Pause ein. Überlegt, welche Wirkung Text und Foto auslösen, wenn man den zweiten Bericht nicht kennt.

1 Guten Abend, meine Damen und Herren!
Ich stehe am frühen Abend dieses verregneten 4. Dezember am Rande des Roten Platzes in Moskau. Heute finden die Wahlen zur Duma statt, dem russischen Parlament. Eine riesige Menge vornehmlich junger Menschen hat sich hier versammelt, um gegen die herrschende Regierungspartei zu demonstrieren. Sie werfen der Staatspartei Vereintes Russland massive Wahlmanipulationen vor. Offensichtlich ist der Staatsmacht jedes Mittel recht, um den drohenden Machtverlust zu verhindern. Die Stimmung ist insgesamt äußerst bedrohlich, doch das hält die Protestierenden nicht davon ab, ihren Protest gegen die Regierung lauthals herauszuschreien. Sie fürchten sich auch nicht vor dem

massiven Aufgebot an schwer bewaffneten Polizisten, die mit ihren Stiefeln in den Pfützen stehen und von deren Kalaschnikows das Regenwasser tropft.
(M. W.)

2 Guten Abend, meine Damen und Herren!
Viele Beobachter der politischen Szene in Russland haben dem Wahltag zum russischen Parlament mit Sorge entgegengesehen. Man fürchtete massive Proteste aus Wut gegenüber Wahlmanipulationen durch die Staatspartei Vereintes Russland. Zwar gibt es vereinzelte Proteste, doch insgesamt bietet sich dem Beobachter ein eher friedliches Bild. Vor einem verregneten Himmel, wie er um diese Jahreszeit in Moskau nicht unüblich ist, haben es sich Tausende von jungen Leuten nicht nehmen lassen, hier auf dem stimmungsvoll beleuchteten Roten Platz einen weiteren Schritt hin zu einer freiheitlichen Demokratie zu feiern. Viele drängt es offensichtlich danach, ihrer Freude über diese

demokratische Wahl mit lauter Stimme Ausdruck zu verleihen.
Das bunte Treiben auf dem Platz wird von einem disziplinierten Polizeiaufgebot bewacht, das sich in bemerkenswerter Weise zurückhaltend verhält.
(W. M.)

1. Welchen Eindruck vom geschilderten Ereignis nimmt ein Leser oder Zuschauer mit, der entweder nur Bericht 1 oder nur Bericht 2 liest?
2. Passt das Bild nur zum Bericht 1, nur zum Bericht 2 oder zu beiden?*
3. Was sind die unwiderlegbaren Tatsachen in beiden Berichten, was sind subjektive und wertende Aussagen der Korrespondenten? Übernehmt die Tabelle rechts und füllt sie aus.
4. Zwei Beiträge aus einer Diskussion: Wie seht ihr die Wirkung?

Auf mich wirken beide Berichte glaubwürdig, weil die Berichterstatter das wiedergeben, was sie wirklich glauben.

Da die beiden Berichte sich widersprechen, sind beide unglaubwürdig und haben mit der Wahrheit nichts zu tun.

*Das Foto wurde von der Deutschen Presseagentur veröffentlicht. Es zeigt Mitglieder der Staatspartei, die ihren Wahlsieg feiern.

	Bericht 1	Bericht 2
Fakten		
Meinungen		

Grundsätze der Glaubwürdigkeit

Alle Medieninformationen sind von Menschen vermittelt. Und ob man will oder nicht: Jeder Mensch hat seine ganz eigene Wahrnehmung und seine persönliche Sicht auf die Dinge. Nach Ansicht von Experten kann die Glaubwürdigkeit der Berichterstattung nicht davon abhängen, ob eine Berichterstattung objektiv wahr ist, sondern, ob das Bemühen um Wahrhaftigkeit erkennbar ist.
Angenommen, du erhältst den Auftrag, das Schulfest einer anderen Schule zu besuchen, um darüber einen möglichst interessanten Bericht für eure Schülerzeitung zu schreiben.
Beim Besuch des Festes strömen eine Fülle von Informationen auf dich ein. Wie berichtest du wahrheitsgemäß? Welche Informationen wählst du für deinen Bericht aus? Nach Ansicht der Medienforscher ist man als Berichterstatter glaubhaft, wenn man sich an folgende Grundsätze hält:

- Ich muss wissen, was mein Auftrag ist (nämlich wahrheitsgemäß und interessant vom Schulfest zu berichten).
- Ich muss wissen, welche Regeln ich zu beachten habe. (Ich darf nicht lügen, beleidigen, Dinge falsch darstellen.)
- Ich muss wissen, wo ich in der Sache stehe. (Mein bisheriges Verhältnis zur anderen Schule soll keinen Einfluss auf meinen Bericht haben.)
- Ich lasse mich nicht verführen (wenn z. B. Leute vom Kuchenstand sich wünschen, dass ihr Angebot besonders lobend erwähnt wird und mir dafür gratis Kuchen und Getränke anbieten).
- Ich muss wissen, für welche Zielgruppe ich schreibe. (Für die Fünftklässler kann ich andere Informationen auswählen als für die Zehntklässler.)

Was kann man als Medienbenutzer tun, um die Glaubwürdigkeit zu überprüfen?

In der Regel haben Leser, Hörer und Zuschauer keine Möglichkeit, den Wahrheitsgehalt der durch Medien vermittelten Informationen selbst zu überprüfen. Man kann allerdings ihrer Glaubwürdigkeit auf die Spur kommen, indem man auf die folgenden Grundsätze achtet und die dazu erforderlichen Fähigkeiten trainiert:

- Unterscheide zwischen unwiderlegbaren Fakten und Meinungsäußerungen und zwischen reinen Nachrichten und Kommentaren dazu.
- Prüfe, ob die Informationen aus einer verlässlichen Quelle stammen.
- Vergleiche möglichst mehrere Veröffentlichungen zum gleichen Ereignis.

- Verfolge die Berichterstattung über mehrere Tage.
- Nutze nicht nur eines, sondern mehrere Medien zu deiner täglichen Information.

5. Angenommen, eure Klasse entsendet Mitglieder einer anderen Klasse zu einem großen Musikevent, um darüber für die Schülerzeitung zu berichten. Wie gebt ihr diesen die Grundsätze der journalistischen Glaubwürdigkeit mit auf den Weg? Erklärt es.

Was noch interessant sein kann:

- Reaktionen testen: Lest Freunden, Eltern oder anderen Personen zunächst nur einen der Berichte auf der linken Seite vor und fragt nach der Wirkung, die erzielt wird.

3 Wie verändern die neuen Medien Gesellschaft, Wirtschaft und Politik?

Eine Einstiegsübung für alle
Was würde sich in deinem Leben verändern, wenn es ab morgen das Internet nicht mehr gäbe? Notiert dazu eure Gedanken und tauscht sie untereinander aus.

Der weltweite Siegszug des Internets hat die Welt verändert – und zwar so stark, dass wir heute vom *Leben im digitalen Zeitalter* sprechen. Doch wie sehen diese Veränderungen aus und wie sind sie zu bewerten? Zu dieser Frage findet ihr auf dieser Doppelseite mehrere Stimmen – unterschieden nach den Bereichen Alltag, Wirtschaft und Politik. Jeweils zu dritt könnt ihr die Bearbeitung der Materialien untereinander aufteilen und dann in Dreiergruppen die Übersicht auf der nächsten Seite vervollständigen.

Bereich A Alltag

Vieles geschieht online

Ob es um Kommunikation mit Freunden, den Einkauf oder die Suche nach Informationen geht, vieles geschieht inzwischen online. Das Internet macht viele Dinge einfacher und schneller. Doch nicht alle profitieren davon in gleicher Weise: Wer keine oder nur eine langsame Internetverbindung nutzen kann, ist im Nachteil. Entscheidend neben dem Zugang zu den Informationen ist aber vor allem die Fähigkeit, sich diese nutzbar zu machen, sprich, die Online-Recherche zu beherrschen. Man muss nicht nur wissen, wo man Informationen findet, sondern auch einschätzen können, wie verlässlich die Quellen sind und welche Interessen dahinterstehen könnten. So ist auch in der digitalen Welt Wissen unterschiedlich verfügbar – und die Fähigkeit des Einzelnen, die Informationsflut zu beherrschen, entscheidet über seine Chancen in der Informations- und Wissensgesellschaft.

(Aus: Frida Thurm: Internet: Nutzen, Chancen und Risiken, in Die ZEIT-online, Artikel vom 08.06.2011, unter www.zeit.de, letzter Zugriff 05.01.2012)

Verhaltensänderungen

Eine Welt ohne Internet erscheint nicht mehr vorstellbar. Das Netz ermöglicht die schnelle Nachrichtensuche und bietet Unterhaltung. Viele wollen auf die bequeme Infosuche nicht mehr verzichten. Das neue Medium hat das Verhalten vieler Menschen nachhaltig beeinflusst. An den Kindern wird der Wandel am schnellsten deutlich: Netzwelten werden zu Parallelwelten, die Kindern jedoch bei täglich mehrstündigem Konsum den Blick auf die Wirklichkeit verstellen. [...] Erziehungswissenschaftler Wolfgang Bergmann vom Institut für Kinderpsychologie und Lerntherapie in Hannover kritisiert, dass Kinder süchtig werden, wenn sie mehr im Internet unterwegs sind, als mit gleichaltrigen Kindern zu spielen. [...] Eine andere negative Seite des Internets liegt darin, dass es reichlich Nährboden für Spinner und Perverse aller Art bietet. Diese schleichen sich beispielsweise auf Kinderseiten ein, um dort zu chatten und Kontakte zu Minderjährigen zu knüpfen. Auch ist es sehr leicht, Jugendliche wie Erwachsene übers Internet zu mobben oder anderweitig zu belästigen. Schnell können Nutzer in Situationen geraten, die für sie gefährlich werden.

(Aus: Thomas Klein (Hrsg.): Chancen und Risiken der Internetkommunikation, Artikel vom 19.02.2010, in: european-circle.de, letzter Zugriff 05.01.2012)

Bereich B Wirtschaft

Der Kunde gewinnt an Macht

Was hat ein einzelner Kunde schon zu sagen? Die einfache Antwort ist: Alles! Jeder Einzelne hat in der digitalen Gesellschaft die Macht, ein Produkt zu einem Erfolg oder zu einem wirtschaftlichen Desaster zu machen. Unternehmen aus dem Nichts aufzubauen oder in den Ruin zu stürzen. Bereits legendär ist der Fall einer kanadischen Rockband. Aus dem Flugzeugfenster konnte sie beobachten, wie Mitarbeiter bei der Gepäckverladung eine ihrer geliebten Gitarren zerstörten. Beschwerden brachten nichts. Erst als die Musiker ihren Song „United Guitars“ auf YouTube ins Netz stellten, reagierte die Fluglinie und versprach prompt eine Entschädigung, weil der öffentliche Druck zu groß wurde. Dieser Mechanismus hat sich seitdem unzählige Male wiederholt. Der Kunde ist die neue Macht. Wirtschaftsunternehmen müssen deshalb dramatisch umdenken. [...] Geben Sie den Namen Ihrer Firma oder Ihres Produktes als Suchbegriff im

Mikroblog-Netzwerk Twitter ein. Sie werden erstaunt sein. Man spricht über Sie. Und Sie sollten sich dringend an diesem Gespräch beteiligen, wenn Sie auch in Zukunft Erfolg haben wollen.

(Aus: Frank Schmiechen: Die Digitalen kommen, in: Welt am Sonntag vom 13.11.2011, S. 19f.)

Machtkampf zwischen Apple, Google, Amazon und Facebook

Wem gehört die Zukunft? Das Spiel heißt jetzt: Jeder gegen jeden. Google bedrängt Apple auf dem Handy-Markt. Facebook will Google als Suchmaschine überflüssig machen. Amazon jagt Apple mit Lesegeräten, die das iPad überflügeln sollen. Apple setzt dazu an, den Fernsehmarkt zu erobern – und eckt damit auch bei Google an, das mit YouTube zumindest die Welt der Internetfilmchen dominiert. Und der Rest der Welt? Schaut dabei zu, wie dieses Quadrumvirat fast im Alleingang letzte Nischen unseres Lebens, unserer Kultur, unserer Wirtschaft erobert. […] Die Welt ist eine andere, seit sich die Ideale von totalem Wissen, totaler Mobilität, totaler Verfügbarkeit und totaler Transparenz durchgesetzt haben. Zwar werden immer noch Bibliotheken gebaut, gibt es immer noch Dörfer mit prallem Vereinsleben, überfüllte Innenstädte zum Weihnachtsgeschäft und den Luxus, das Mobiltelefon zu Hause zu lassen und unerreichbar zu sein – aber den digitalen Kosmos haben Apple, Google, Facebook und Amazon unter sich aufgeteilt – mitsamt den Milliardenumsätzen.

(Aus: Web-Kampf um die Zukunft: Wer beherrscht das Internet?, in: Der Spiegel Nr. 49 vom 05.12.2011, S. 72f.)

Bereich C Politik

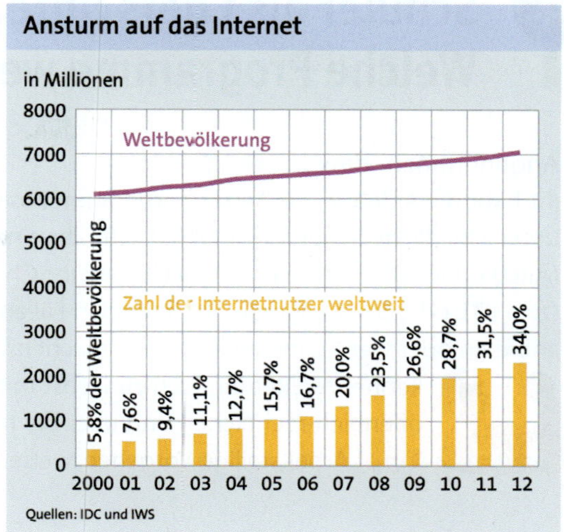

Ein paar Klicks, und schon mischt man in der Politik mit. Das Internet macht möglich, was vor wenigen Jahren noch unmöglich schien. Die Apo (außerparlamentarische Opposition) von heute geht nicht mehr mit Transparenten und Plakaten auf die Straße, um ihren Unmut über die Regierenden zum Ausdruck zu bringen, sondern online als digitale Opposition. Im Netz hat sich eine Art direkte Demokratie etabliert, in der jeder seine Meinung frei äußern kann. Wer nach Argumenten für oder gegen etwas sucht, wird online fündig. Doch wie soll eine große Zustimmung zu einer Internetkampagne politisch umgesetzt werden? Eine hohe Klickrate ist nicht gleichbedeutend mit einer politischen Abstimmung und Willensbildung. Hinzu kommt, dass das politische Engagement im Internet oft recht kurzweilig und oberflächlich ist. Wenn ein Thema gerade en vogue ist, stößt es auf große Resonanz, um nach kurzer Zeit wieder in der digitalen Versenkung zu verschwinden. […]

Noch werden die Chancen, die das Netz für eine lebendige Demokratie bietet, nur unzureichend genutzt. Laut einer Bundestagsstudie waren 2009 nicht einmal zwei Prozent aller Petitionen, die beim Parlament eingingen, im Internet veröffentlicht worden. Auf der anderen Seite gibt es aber auch Gefahren. So können starke Lobby-Gruppen das Netz nutzen, um etwa über Online-Kampagnen wie in den USA Druck auf missliebige Politiker auszuüben.

(Aus: Markus Brauer: Politik online, in: Stuttgarter Nachrichten vom 29.10.2011, S. 3)

1. Übernehmt die Tabelle in eure Hefte und füllt sie mithilfe der Informationen aus den Texten auf.
2. Betrachtet das Schaubild und ermittelt, wie sich das Internet im Verhältnis zur Weltbevölkerung entwickelt.
3. Bietet die digitale Welt mehr Chancen oder mehr Risiken? Diskutiert über diese Frage anhand eurer Arbeitsergebnisse.

Bereich	Chancen	Risiken
Alltag		
Wirtschaft		
Politik		

4 Schüler als Chefs unterschiedlicher Fernsehanstalten: Welche Programme werdet ihr anbieten?

Angenommen, dass ...
Ihr habt die Aufgabe, ein Fernsehprogramm zusammenzustellen, und zwar für zwei unterschiedliche Sender: Einmal (A) leitet ihr eine öffentlich-rechtliche Fernsehanstalt (ARD) oder ZDF), ein zweites Mal (B) seid ihr Chefin oder Chef eines Privatsenders (z. B. RTL oder Sat.1). Werdet ihr in beiden Fällen genau das gleiche Programm anbieten oder werdet ihr Unterschiede machen? Um die Frage beantworten zu

können, solltet Ihr euch zunächst mithilfe der Texte A und B über die öffentlich-rechtlichen und über die privaten Fernsehanstalten informieren.
Tipp: Arbeitsteilige Vorgehensweise mit Partnerbriefing.

Stichwortzettel

	Text A	Text B
Dazugehörende Sender sind:		
So sind sie organisiert:		
Auftrag und Ziel:		
Finanzierung:		
Bedeutung der Werbung:		

A Das öffentlich-rechtliche Rundfunksystem

ARD ZDF

Frage: Welche Eigenschaften treffen eher auf die öffentlich-rechtlichen Fernsehsender und welche eher auf die Privatsender zu?

2005 in %	auf öffentlich-rechtliche Sender	auf Privat-Sender
sachlich	79	14
glaubwürdig	76	14
kompetent	71	20
anspruchsvoll	70	25
informativ	65	24
kritisch	65	27
aktuell	56	31
sympathisch	42	50
unterhaltsam	25	67
modern	19	74
locker und ungezwungen	15	81

Quelle: Media Perspektiven, Basisdaten 2005. Befragt wurden Fernsehnutzer ab 14 Jahren.

Zu den öffentlich-rechtlichen Rundfunkanstalten zählen das ZDF und die ARD mit ihren dritten Programmen sowie die Spartenkanäle Arte, 3sat, Phoenix, Kinderkanal u. a.
Öffentlich bedeutet, dass diese Fernsehanstalten weder dem Staat noch einer privaten Firma gehören. Sie sind Einrichtungen der Gesellschaft und verwalten sich selbst.
Rechtlich bedeutet, dass ihr Bestand und ihre Organisation in Staatsverträgen geregelt und somit rechtlich abgesichert sind.

Der gesetzliche Auftrag

Die öffentlich-rechtlichen Sender haben den gesetzlichen Auftrag, die flächendeckende Versorgung der Bevölkerung mit Information, Bildung, Kultur und Unterhaltung zu sichern. Um diesen Auftrag erfüllen zu können, dürfen sie Gebühren erheben. Diese muss jeder Zuschauer bezahlen, der ein Fernsehgerät und ein Radio besitzt (cirka 18.00 Euro monatlich für Fernsehen und Radio in 2012). ARD und ZDF teilen sich die bundesweit erhobenen Gebühren im Verhältnis 70 zu 30. Darüber hinaus hat der Gesetzgeber der ARD und dem ZDF erlaubt, einen Teil ihrer Kosten durch Werbeeinnahmen zu finanzieren. Allerdings darf im öffentlich-rechtlichen Rundfunk nach 20.00 Uhr keine Werbung mehr stattfinden. Die Privaten sehen in dieser Werbeerlaubnis eine Wettbewerbsverzerrung. Sie fordern ein Werbeverbot für ARD und ZDF oder einen Anteil am Gebührenaufkommen, das ihnen bis jetzt verweigert wird.

B Die Privatsender

Seit 1984 sind in der Bundesrepublik Deutschland private Sendeanstalten zugelassen. Zu den größten Privatsendern gehören RTL, Sat.1, Vox und Pro 7. Insgesamt strahlen etwa 200 bundesweite und regionale private Anbieter Programme aus. Ein Privatsender ist eine Firma, deren wichtigstes Ziel – wie bei anderen Firmen auch – darin besteht, mit ihrem Angebot einen Gewinn zu erzielen. An der Spitze eines Privatsenders stehen ein Geschäftsführer und ein Programmdirektor. Der eine ist für die Finanzierung zuständig, der andere für die Programmgestaltung. Privatsender dürfen keine Gebühren verlangen. Die Programme und alles, was dazugehört, müssen sie selbst finanzieren.

Bedeutung der Werbung

Privatsender finanzieren sich durch Werbeeinnahmen. Die Höhe der Werbeeinnahmen und damit des Gewinns eines privaten Senders hängt von seiner Einschaltquote ab. Je mehr Menschen das Programm einschalten, desto höher ist die Einschaltquote, was bedeutet, dass umso mehr Menschen auch die Werbung in diesem Programm sehen. Firmen, die Werbetrailer senden wollen, bezahlen für ihre Sendezeit. Der Preis richtet sich dabei nach dem Quotenprinzip. Je mehr Menschen das Programm zur Werbezeit eingeschaltet haben, desto teurer wird die Werbeminute. In populären Sendungen kann ein Spot von 30 Sekunden bis zu 60 000 Euro kosten (Stand 2012). Das erklärt auch, warum gerade in der besten Werbezeit von 20.00 bis 22.00 Uhr die Werbeblöcke so dicht sitzen und so lange dauern. Um diese Zeit sitzen die meisten kaufkräftigen Zuschauer vor ihren Fernsehgeräten. Anders als die öffentlich-rechtlichen Sender dürfen die Privaten auch nach 20.00 Uhr Werbung ausstrahlen. Insgesamt dürfen sie 20 Prozent ihrer Sendezeit für Werbung reservieren. Auf der Jagd nach der höheren Quote setzen die privaten Sender vor allem auf Unterhaltung durch Spielfilme, Shows und Sportveranstaltungen, die sie zu hohen Preisen einkaufen. Viele Menschen sind der Ansicht, dass durch die Quotenjagd die Programme der Privaten oft die Grenzen des guten Geschmacks überschreiten. Auf der Suche nach dem Sensationellen und dem „Noch-nie-Gezeigten“ komme es zu einer Anhäufung von Unterhaltung auf primitivstem Niveau. Insgesamt habe der Kampf um die Quoten eine immer stärkere Verflachung der Qualität der Fernsehprogramme zur Folge. Demgegenüber weisen die privaten Anbieter darauf hin, dass sie auch anspruchsvolle Sendungen im Programm anbieten und dass es niemandem zustehe, sich über den Geschmack des Publikums aufzuregen.

1. Betrachtet das Schaubild: Welche Eigenschaften verbinden die Zuschauer mit den privaten und den öffentlich-rechtlichen Sendeanstalten?
2. Stellt eure Programmverteilung zusammen. Begründet in der Vorstellung eurer Ergebnisse, wie ihr dabei die unterschiedlichen Zielsetzungen berücksichtigt habt.

Zusammenstellung des Programms für
A unseren öffentlich-rechtlichen Sender,
B unseren Privatsender.
So viele prozentuale Anteile unseres Gesamtprogramms (= 100 %) werden wir jeweils für die folgenden Sendearten reservieren:

	A	B
Spielfilme		
Talkshows über Privatschicksale		
Talkshows zu aktuellen Themen aus Politik und Gesellschaft		
Quizsendungen		
Musikshows		
Aktuelle Nachrichten		
Politmagazine, in denen Journalisten Meinungen vertreten und Kritik üben		
Magazine über Promis		
Sportberichte		
Serien (Daily Soaps) speziell für Jugendliche		
Castingshows und Ähnliches		
Serien für ältere Zuschauer		
Kindersendungen		
Berichte über einzelne Bundesländer		
Reiseberichte		
Tiersendungen		
Ratgebersendungen über Recht, Verbraucherschutz etc.		
öffentliche Debatten aus dem Bundestag		

Was noch interessant sein kann:
- Programme vergleichen: Untersucht dazu das Tagesprogramm einer öffentlich-rechtlichen Sendeanstalt mit dem eines Privatsenders. Wie viele Minuten täglich werden tatsächlich für welche Arten von Sendungen angeboten?

5 Welche Bedeutung haben die Medien für die Politik und die Demokratie?

Eine Einstiegsübung für alle

Lest die folgende Geschichte und notiert, warum dieser Traum ein Albtraum ist.

Eine Geschichte zum Nachdenken: Pressefreiheit verboten

Ich hatte einen Traum. Er begann damit, dass ich in meiner Klasse saß und unser Direktor in Begleitung zweier Männer in Uniform hereinkam. Er verkündete, dass es uns Schülern ab sofort verboten sei, eine Schülerzeitung zu veröffentlichen. Jeder seiner Sätze wurde von den Uniformierten mit strenger Miene überwacht. Dann teilte einer der Männer mit, dass die Regierung es ab sofort als ihre Pflicht ansähe, alle Massenmedien strengstens zu kontrollieren, damit das Volk nicht in unverantwortlicher Weise staatsgefährdenden Äußerungen ausgesetzt sei. Schüler sollten wieder lernen, anstatt mit frechen und unreifen Texten die staatliche Bildungspolitik zu kritisieren. Dies gelte im Übrigen für alle Medien, Fernsehen, Radio und Zeitungen. Ihre vornehmste Aufgabe bestünde nun darin, die erfolgreiche Politik der Regierung positiv zu würdigen.

Auf dem Nachhauseweg sah ich an einem Kiosk, dass die Tageszeitungen erschienen waren. Allerdings: Von allen Aufmacherseiten schlug mir die gleiche Schlagzeile entgegen: *Redaktion verstaatlicht. Regierung übernimmt die Pflicht zur Unterrichtung der Bevölkerung.*

Einigermaßen beruhigt war ich für kurze Zeit, als ich ins Internet ging. Allerdings nur so lange, bis ein Warnhinweis eingeblendet wurde, in dem zu lesen stand, dass sich die Regierung gezwungen sehe, den Zugang zu allen missliebigen Internetseiten unter Androhung von Strafe zu verbieten. Man werde eine Kommission zur Löschung von Internetseiten einrichten. Als in den Fernsehnachrichten und im Radio verkündet wurde, dass es der Regierung gelungen sei, eine Gruppe von Journalisten wegen ihrer staatsgefährdenden Artikel zu inhaftieren, wurde ich schweißgebadet wach.

Blick in die Wirklichkeit

Die Pressefreiheit ist ein Menschenrecht. Doch in vielen Ländern der Welt werden Informations- und Freiheitsrechte verletzt. Daran erinnert der UNESCO-Welttag der Pressefreiheit am 3. Mai. Über die aktuelle Lage der Pressefreiheit sprach *unesco heute online* mit Dr. Verena Wiedemann. Sie ist Vorsitzende des Fachausschusses Kommunikation und Information der Deutschen UNESCO-Kommission.

Unesco heute online: Im vergangenen Jahr sind nach Angaben der UNESCO weltweit mindestens 77 Journalisten bei der Ausübung ihres Berufs ums Leben gekommen. Wie beurteilen Sie die aktuelle Lage der Pressefreiheit weltweit?

Verena Wiedemann: Die Zahl der getöteten Journalisten ist absolut schockierend und nur die Spitze des Eisbergs. Totalitäre oder autoritäre Regime wie Nordkorea, Iran, Burma verhindern radikal jede Pressefreiheit. Auch Russland, China oder Honduras sind Beispiele für Staaten, in denen eine freie Presse unterdrückt oder bedroht wird. In vielen Ländern der Welt werden Journalisten eingeschüchtert, ihnen wird Gewalt angetan – bis hin zum Mord. Medien werden verboten oder zensiert. Die Organisation „Reporter ohne Grenzen" schätzt, dass in mehr als 40 Ländern der Welt Journalisten bei der Ausübung ihres Berufes oder wegen ihres Berufes verfolgt oder getötet werden.

(Ausschnitt von einem Interview, geführt am 10.04.2010 in www.unesco.de, letzter Zugriff 10.01.2012)

Die Medien als „Vierte Gewalt"

> Wie soeben berichtet wird, wurde der Stadtdirektor von W. gestern Abend verhaftet. Nach Angaben der Staatsanwaltschaft wird er der Korruption (Bestechlichkeit) verdächtigt. Er soll in nicht unerheblichem Maße Schmiergeld vom Konzern erhalten haben. Als Gegenleistung setzte er im Stadtrat durch, dass der Konzern einen Großauftrag beim Bau einer neuer Straßenbahntrasse erhielt. Wie unser Korrespondent aus zuverlässiger Quelle erfuhr, ist mit einer Ausweitung des Bestechungsskandals auf höchste politische Kreise in der Landesregierung zu rechnen.

Solche Meldungen über Bestechungs- und Korruptionsskandale hört man immer wieder. In diesem Fall geht es um die politischen Entscheidungen eines Kommunalpolitikers, die nicht das Wohl der Allgemeinheit zum Ziel hatten, sondern das eigene Interesse und das bestimmter einflussreicher Gruppen und Unternehmen, die Druck auf die Politiker ausüben oder sie bezahlen. Zahlreiche Skandale beschäftigten im Laufe der Jahre die Staatsanwaltschaften und Gerichte. Viele werden durch die Recherche von Journalisten aufgedeckt. Dadurch gewinnen die Medien in der Gesellschaft eine gewisse Kontrollfunktion. Die Presse und ihr kontrollierender Einfluss auf die Politik wurden daher bereits vor Jahren als vierte Gewalt im Staat bezeichnet. Das ist zwar so im Grundgesetz (neben Legislative, Exekutive und Judikative) nicht festgeschrieben, allerdings ist dort ausdrücklich die Pressefreiheit abgesichert. Mehrere Urteile des Bundesverfassungsgerichts haben das bestätigt.

(Aus: Gerd Schneider: Politik, Arena Verlag, Würzburg 2008, S. 74f.)

Die politische Bedeutung

Im Allgemeinen ordnet man den Massenmedien in der Demokratie drei einander zum Teil stark überschneidende politische Funktionen zu:

1. Information,
2. Mitwirkung an der Meinungsbildung,
3. Kontrolle und Kritik.

Zu den weiteren Aufgaben zählen Unterhaltung und Bildung.
Die Massenmedien sollen so vollständig, sachlich und verständlich wie möglich informieren, damit die Staatsbürger in der Lage sind, mit kritischem Bewusstsein das öffentliche Geschehen zu verfolgen. […]
Wir müssen uns der Tatsache bewusst sein, dass wir die Welt zum großen Teil nicht mehr unmittelbar erfahren; es handelt sich überwiegend um eine durch Medien vermittelte Welt. Was der Einzelne heute weiß, beruht höchstens noch zu 20 Prozent auf eigener Erfahrung, 80 Prozent werden ihm vor allem durch Presse, Hörfunk und Fernsehen zugetragen. Wir sind eine Mediengesellschaft. Was in den Medien nicht präsent ist, ist in unserer Gesellschaft nicht mehr präsent.

(Aus: Hermann Meyn: Massenmedien in der Bundesrepublik Deutschland, Hüthing Verlag, Heidelberg, Neuauflage 2004, S. 24)

1. Erklärt den Begriff „Vierte Gewalt" mithilfe eines Beispiels.

2. Notiert die politischen Aufgaben der Medien.

3. Erläutert mithilfe der beiden Karikaturen die Bedeutung der Medien für die Politik und die Demokratie.

Was noch interessant sein kann:

- unter www.reporter-ohne-grenzen.de recherchieren und herausfinden, in welchen Ländern die Pressefreiheit garantiert ist und in welchen sie unterdrückt wird.

Pressefreiheit

1. Warum ist die Pressefreiheit ein grundlegendes Merkmal der Demokratie? Erläutert die Zusammenhänge.
2. Wie bei allen Freiheiten sind auch der Pressefreiheit Grenzen gesetzt. Worin bestehen diese?
3. Angenommen, du hast vor, einen Artikel über ein Ereignis aus deinem Heimatort für die Schülerzeitung zu schreiben: Welche Freiheiten darfst du dir herausnehmen und an welche Pflichten musst du dich halten? Stelle beides zusammen.

Begriffe für euer Fachwörterverzeichnis

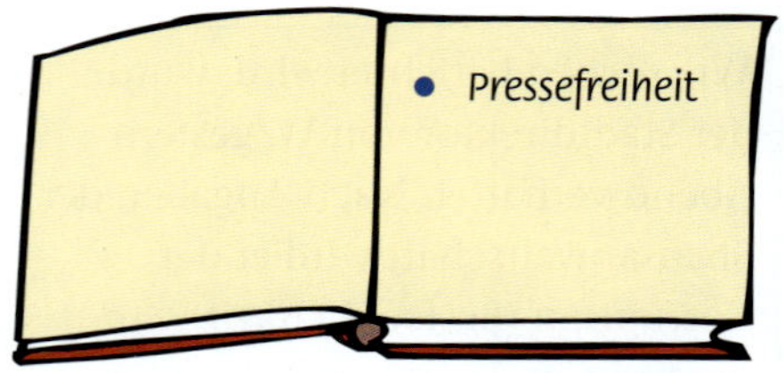

Grundsätze für die Berichterstattung des deutschen Presserates

Mit dem Presserat haben sich die Massenmedien selbst eine Einrichtung geschaffen, die eine verantwortliche Berichterstattung garantieren soll. In den Grundsätzen des Presserates heißt es:

1. Die Achtung vor der Wahrheit, die Wahrung der Menschenwürde und die wahrhaftige Unterrichtung der Öffentlichkeit sind oberste Gebote der Presse.
2. Zur Veröffentlichung bestimmte Nachrichten und Informationen in Wort und Bild sind mit der nach den Umständen gebotenen Sorgfalt auf ihren Wahrheitsgehalt zu prüfen.

Bedeutung

Pressefreiheit bedeutet, dass die Presse über alles, was sie erfährt, uneingeschränkt und unbeaufsichtigt berichten kann. Pressefreiheit und Meinungsfreiheit gehören zusammen. Jeder, der etwas veröffentlicht, hat auch das Recht, seine persönliche Meinung zu einer Sache und auch einer Person zu äußern. Meinungsäußerungen genießen in einer Demokratie besonderen Schutz, auch wenn die geäußerten Meinungen manchmal unangenehm sind oder nur die Meinung einer Minderheit oder eines Einzelnen darstellen. Die große Bedeutung der Presse- und Meinungsfreiheit hat das Bundesverfassungsgericht in einem seiner Urteile so beschrieben: *Das Grundrecht der freien Meinungsäußerung ist als unmittelbarster Ausdruck der menschlichen Persönlichkeit eines der vornehmsten Menschenrechte überhaupt.* (Urteil zur Pressefreiheit von 1958) Nach der Auffassung des höchsten deutschen Gerichtes kann es in einem Staat ohne Meinungs- und Pressefreiheit überhaupt keine Freiheit geben.

Grenzen

Die Pressefreiheit darf nicht missbraucht werden, um Menschen zu beleidigen, zu verleumden oder um Leser, Hörer und Zuschauer bewusst falsch zu informieren. Oft ist es allerdings schwierig, die Grenzen der Meinungsfreiheit zu bestimmen. Das betrifft besonders die Berichterstattung über die Prominenz aus Adel, Showbranche, Sport und Politik. Einerseits haben diese Menschen – wie alle anderen auch – ein Recht auf Schutz ihrer Privatsphäre, andererseits gesteht das Bundesverfassungsgericht in einem Urteil der Öffentlichkeit ein Informationsinteresse bei Personen des öffentlichen Lebens zu.
Nach den Pressegesetzen der einzelnen Bundesländer können sich Betroffene gegen falsche Berichterstattungen mit Schadensersatzklagen und Gegendarstellungen wehren. Die Zeitungen sind verpflichtet, solche Gegendarstellungen abzudrucken.

Wahrheit und Lüge

Journalisten haben nicht nur Rechte, sondern auch Pflichten. Eine besondere Pflicht besteht darin, alle angebotenen Informationen vor der Veröffentlichung auf ihren Wahrheitsgehalt hin zu überprüfen. Nach Ansicht von Journalisten kommt die dreiste Lüge in den Massenmedien eher selten vor. Es gibt sie, aber sie wird auch oft – und dann zum Schaden des Senders oder der Zeitung – als Falschmeldung entlarvt. Viel häufiger ist die Übertreibung, das Aufbauschen eines eher alltäglichen Ereignisses zu einer Sensation. Ein normales Unwetter kann sehr schnell zu einem zerstörerischen Orkan werden. Unter dem Konkurrenzdruck und dem Erfolgszwang neigen die Medien dazu, sensationeller und publikumswirksamer zu berichten als die Konkurrenz.

Worüber soll die Zeitung berichten, worüber nicht?

Wenn die Redakteure einer Schülerzeitung von massiver Kritik an einem Lehrer erfahren und diese in der Schülerzeitung veröffentlichen wollen, können sie in einen Konflikt geraten. Sollen sie von ihrem Grundrecht auf Meinungs- und Pressefreiheit Gebrauch machen oder hat das Recht des betroffenen Lehrers auf Schutz seiner Person, seiner Ehre und Würde Vorrang? Zwischen dem Recht auf Pressefreiheit und der Pflicht, die persönliche Ehre von Menschen nicht zu verletzen, kann es zu Konflikten kommen, in denen von Fall zu Fall entschieden werden muss. Untersucht die fünf angenommenen Fälle und entscheidet für jedes Beispiel:

- Muss in diesem Fall das Grundrecht auf Meinungs- und Pressefreiheit ungehindert gewährleistet werden?
- Werden hier die Grenzen der Meinungs- und Pressefreiheit unzulässig überschritten?

Artikel 5 des Grundgesetzes

(1) Jeder hat das Recht, seine Meinung in Wort, Schrift und Bild frei zu äußern und zu verbreiten und sich aus allgemein zugänglichen Quellen ungehindert zu unterrichten. Die Pressefreiheit und die Freiheit der Berichterstattung durch Rundfunk und Film werden gewährleistet. Eine Zensur findet nicht statt.
(2) Diese Rechte finden ihre Schranken in den Vorschriften der allgemeinen Gesetze, den gesetzlichen Bestimmungen zum Schutze der Jugend und in dem Recht der persönlichen Ehre.

S M U H

Angenommen, dass ...

Fall 1 Redakteure einer Tageszeitung befragen Passanten in einer Fußgängerzone über das „Ansehen des Lehrers" in der Öffentlichkeit. Der Schüler Pascal äußert, dass einige viel zu streng und ungerecht seien. Als am nächsten Tag diese Stellungnahme mit Foto in der Zeitung erscheint, muss Pascal sich viele kritische Fragen und Kommentare in der Schule anhören. Hätte die Zeitung nicht berichten dürfen?

Fall 2 Redakteure einer Tageszeitung erhalten Unterlagen von einem Mitarbeiter eines ortsansässigen Unternehmens, aus denen eindeutig hervorgeht, dass die Unternehmensleitung die Umweltgesetze massiv missachtet und Schadstoffe immer wieder heimlich in den Bach leitet, der durch die kleine Stadt fließt. Der Mitarbeiter möchte nicht genannt werden. Die Redakteure überlegen, ob sie den Skandal öffentlich machen sollen. Sollen sie?

Fall 3 In einer saarländischen Zeitung erschien ohne Nennung von Namen ein Bericht über einen Ehemann, der angeklagt worden war, weil er ständig Gewalt gegenüber seiner Ehefrau und seinen Kindern ausgeübt hatte. Die Ehefrau war mit den Kindern aus der gemeinsamen Wohnung geflohen und hatte Anzeige wegen Körperverletzung erstattet. Der Ehemann wollte nun seinerseits die Zeitung verklagen, weil diese seine persönliche Ehre verletzt habe. Hat sie das?

Fall 4 In einer von der Polizei durchgeführten Verkehrskontrolle wurde zwei Personen die Fahrerlaubnis entzogen, da sie zu viel Alkohol getrunken hatten. Die Lokalzeitung berichtet am folgenden Tag: „Eine Fahrzeugkontrolle am gestrigen Nachmittag hat gezeigt, dass es immer noch unverbesserliche Verkehrssünder gibt, die eine Gefahr für die Bevölkerung darstellen. So konnte gestern die Polizei Anton Müller und Manfred Klein den Führerschein vorläufig wegen Trunkenheit am Steuer entziehen." Wurden die Grenzen der Pressefreiheit überschritten?

Fall 5 Mitglieder des Betriebsrats eines großen Unternehmens haben offensichtlich nicht nur die Interessen ihrer Kolleginnen und Kollegen vertreten. Vielmehr haben sie sich von den Chefs der Firma immer wieder zu teuren Urlaubsreisen einladen lassen. Das berichtet die mittlerweile geschiedene Ehefrau eines der Betriebsratsmitglieder. Muss die Öffentlichkeit darüber informiert werden? Die Entscheidung fällt der Zeitungsredaktion schwer, weil das Unternehmen bisher regelmäßig Anzeigen in Auftrag gibt, von deren Einnahmen der Zeitungsverlag profitiert.

Kompetenzstationen

Die Bedeutung der Medien

Station 1 – Bedeutung der Medien für Jugendliche

Ein Interview mit dir über Medien

Eine Zeitschriftenredaktion hat erfahren, dass du dich mit Forschungsergebnissen zum Thema „Jugendliche und ihr Medienalltag" intensiv beschäftigt hast. Deshalb hat man dich um ein Interview gebeten. Von welchen Forschungsergebnissen kannst du berichten?

Stimmt es, dass nahezu 100 Prozent aller Jugendlichen nie einen Blick in die Tageszeitung werfen?

Trifft es zu, dass Jugendliche das Internet ausschließlich zu ihrem Vergnügen nutzen?

Für viele Erwachsene ist das Fernsehen das bedeutendste Medium, mit dem man viel Zeit verbringt. Ist das bei Jugendlichen auch so?

Station 2 – Wie glaubwürdig können Medienberichte sein?

Finde für jeden Anspruch mindestens drei Grundsätze.

Ich werde von einem Großereignis in unserer Stadt berichten. An die folgenden Grundsätze journalistischer Glaubwürdigkeit werde ich mich dabei halten: 1, 2, 3, …

Ich möchte mich über ein aktuelles Geschehen aus dem Bereich der Politik möglichst wahrheitsgetreu mithilfe der Medien informieren. So werde ich die Glaubwürdigkeit überprüfen können: 1, 2, 3, …

Station 3 – Wie verändern die neuen Medien Gesellschaft, Wirtschaft und Politik?

1. Formuliert für den Bereich Alltag, Wirtschaft und Politik je einen offensichtlichen Vorzug, den das digitale Zeitalter mit der weltweiten Verbreitung des Internets hervorgebracht hat.
2. Erläutere an zwei Beispielen, welche Risiken entstanden sind.

Station 4 Öffentlich-rechtliches und privates Fernsehen

S M U H

5 plus 5

Welche Merkmale treffen (A) auf das öffentlich-rechtliche und (B) auf das Privatfernsehen zu?
Erstelle eine Übersicht.

1. Die Sendeanstalten sind Einrichtungen der Gesellschaft.
2. Die Sendeanstalten sind private Firmen.
3. Rundfunkräte beraten und beschließen über Grundsatzfragen der Programmgestaltung.
4. Die Sender haben den gesetzlichen Auftrag zur Versorgung der Bürger mit Informationen.
5. Als Unternehmen haben die Sender das Ziel, Gewinne zu erwirtschaften.
6. Alle Programme müssen über Werbeeinnahmen finanziert werden.
7. Die Sender werden größtenteils über Programmgebühren finanziert.
8. Die Höhe der Gewinne hängt von den Einschaltquoten ab.
9. Der Anteil der Werbung an der gesamten Sendezeit beträgt 20 Prozent.
10. Die Sender dürfen nach 20 Uhr keine Werbeblöcke ausstrahlen.

Station 5 Die Bedeutung der Medien für die Politik und Demokratie

S M U H

Übertrage die Mindmap in dein Heft und vervollständige sie.

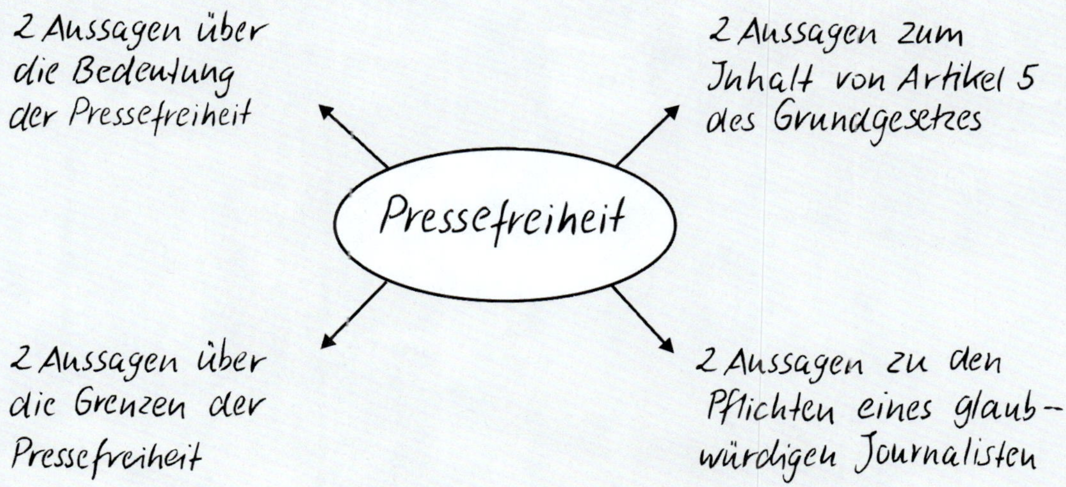

7 Wirtschaft und Wirtschafts-politik verstehen

Warum ist die allgemeine Wirtschaftslage für uns alle so wichtig?

1. Allein nachdenken

Welche aktuellen Themen fallen dir ein, die etwas mit der Wirtschaftslage in Deutschland, Europa und der Welt zu tun haben?

2. Zu zweit beraten

Woran lässt sich feststellen, ob sich ein Land in einer guten wirtschaftlichen Situation befindet oder in einer schlechten?

3. In der Klasse sammeln

Was gehört für euch zu einer guten Wirtschaftspolitik, mit der die Menschen und die Natur zufrieden sein können?

Bei der Arbeit an diesem Kapitel könnt ihr …

- erklären, warum Märkte so bedeutsam sind,
- begründen, warum es in Deutschland keine freie, sondern eine soziale Marktwirtschaft gibt,
- Ziele und Probleme staatlicher Wirtschaftspolitik darstellen,
- Stellung nehmen zum Spannungsverhältnis zwischen Wirtschaftswachstum auf der einen und Umweltschutz auf der anderen Seite,
- einem Land helfen, indem ihr eigene wirtschaftspolitische Entscheidungen trefft.

Eigene Schwerpunkte könnt ihr setzen, indem ihr …

- ein Referat zum Thema soziale Marktwirtschaft oder zum Thema Wirtschaftspolitik vorbereitet,
- eine Rolle in einem Planspiel zu einem geplanten Flughafenausbau übernehmt.

1 Warum ist in der Wirtschaft immer von „Märkten" die Rede?

Märkte gibt es überall. Wir lesen und hören vom Lebensmittelmarkt, vom Lehrstellenmarkt, vom Arbeitsmarkt, vom Aktienmarkt, vom Energiemarkt und immer häufiger auch vom Finanzmarkt. Wir erfahren, dass Märkte auf Veränderungen reagieren, und manchmal auch, dass die Märkte versagen.

- Wie funktionieren Märkte und warum ist das Marktgeschehen von so grundlegender Bedeutung für die Wirtschaft?

Um das zu verstehen, betrachten wir einen Markt, den alle kennen – den Wochenmarkt.

Eine Einstiegsübung für alle

Auf dem im Foto zu sehenden Wochenmarkt kommt es zu einem kurzen Gespräch zwischen der Marktfrau und einer Kundin.
Überlege – zusammen mit deinem Tischnachbarn –, wie das Gespräch verlaufen kann.

Äpfel oder Bananen

Um das System der Marktwirtschaft zu verstehen, gehen wir einmal auf einen Wochenmarkt. Dort bieten zehn Händler Äpfel an. Alle haben die gleiche Sorte in der gleichen Größe, ein Apfel sieht aus wie der andere. Doch ein Verkäufer verlangt 1,50 pro Kilo, drei fordern 1,45, vier wollen 1,40 für die gleiche Menge, und bei zwei Händlern beträgt der Preis 1,38. Logisch, dass die beiden Apfelverkäufer, die 1,38 verlangen, ihre Ware als Erste verkauft haben. Erst wenn es keine Äpfel zu 1,38 mehr gibt, wenden sich die Käufer dem Stand mit den nächstbilligen Preisen zu. Nach wenigen Stunden haben sechs Apfelanbieter ihr Obst verkauft, nur die vier teuersten sind auf ihrer Ware sitzengeblieben. Sie haben nun die Wahl: Entweder sie warten weiter oder sie senken die Preise, um ihre Äpfel verkaufen zu können. Da sie auch Geld verdienen wollen, bieten sie das Obst nun ebenfalls für 1,40 oder sogar für 1,38 an.
Am nächsten Tag sind wieder zehn Apfelhändler auf dem Markt, die alle 1,38 für ihre Ware verlangen. Plötzlich taucht ein neuer Verkäufer auf, der Bananen anbietet. Und zwar für 2 Euro das Kilo. Da die Käufer Äpfel schon etwas langweilig finden, stürzen sie sich auf die Bananen, obwohl sie teurer sind als die Äpfel. Im Handumdrehen ist der Tisch des Bananenverkäufers leer. Die Äpfelverkäufer sind frustriert, weil ihr Geschäft trotz einheitlicher Preise kaum in Gang kommt.
Schließlich senken sie ihre Preise auf 1 Euro, um doch noch Käufer anzulocken.

(Aus: Christiane Oppermann: Nachgefragt: Wirtschaft, Loewe Verlag, Bindlach 2006, S. 16 f.)

1. Niemand hat den Händlern vorgeschrieben, wie hoch der Preis für ihre Ware sein soll und ob sie lieber Äpfel oder Bananen anbieten. Das Geschehen am Markt hat das wie von selbst geregelt. Erkläre, warum das so ist.
2. Übernimm die folgende Tabelle in dein Heft und fülle sie aus:

Die Preise steigen, wenn	Die Preise fallen, wenn	Die Konkurrenz führt bei den Händlern dazu, dass	Der Wettbewerb unter den Händlern ist wichtig, weil
...	...	...	...

Marktwirtschaft

1. Erkläre die Zusammenhänge zwischen Markt, Angebot, Nachfrage und Preisbindung. Verwende dazu auch das Schaubild.
2. Welche Rolle spielen der Wettbewerb und die Freiheit der Produzenten und Konsumenten für das Funktionieren der Marktwirtschaft?

Begriffe für euer Fachwörterverzeichnis

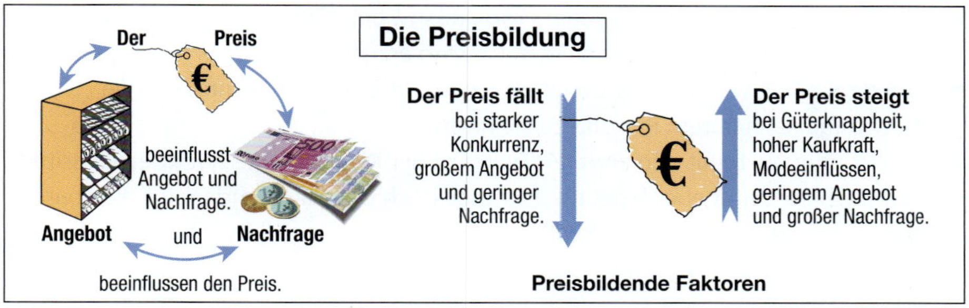

Märkte

Unter einem Markt stellen wir uns gerne einen Wochenmarkt oder einen Flohmarkt vor. Das Grundprinzip ist dabei immer gleich: Käufer und Verkäufer treffen sich, um wirtschaftliche Güter gegen Geld zu tauschen. In der Sprache der Wirtschaft wird jedes Zusammentreffen von Angebot und Nachfrage als Markt bezeichnet. Ein Markt muss kein konkreter Ort sein. Den Lehrstellenmarkt kann man zum Beispiel nicht sehen und trotzdem gibt es ihn, weil es ein Angebot und eine Nachfrage gibt.
Neben Waren werden auf Märkten auch Dienstleistungen angeboten, z. B. bei einem Friseur, einem Arzt, bei Handwerksbetrieben.

Preise

Für den Abschluss eines Geschäftes spielt der Preis eine entscheidende Rolle. Der Kunde prüft unterschiedliche Angebote auf dem Markt. Gekauft wird, wenn Preis und Gegenleistung übereinstimmen. Deshalb heißt es auch: Der Preis einer Ware regelt sich über Angebot und Nachfrage. Eine hohe Nachfrage und ein geringes Angebot haben nach diesem Prinzip einen hohen Preis zur Folge. Und umgekehrt ist ein niedriger Preis zu erwarten, wenn ein hohes Angebot einer geringen Nachfrage gegenübersteht. So waren zum Beispiel die ersten Taschenrechner sehr teuer. Es gab wenig von ihnen im Angebot und die Nachfrage war groß. Heute bekommt man Taschenrechner zum Teil geschenkt, weil es eine nur geringe Nachfrage nach diesem Produkt gibt.

Wettbewerb

Die Preisregulierung über Angebot und Nachfrage funktioniert nur, wenn es mehrere Anbieter für gleiche und ähnliche Produkte gibt, die miteinander über die Preise um die Kunden konkurrieren. Sie befinden sich dann in einem Wettbewerb und dieser ist für das Funktionieren der Marktwirtschaft elementar wichtig. Wettbewerb sorgt für günstigere Preise und treibt die Unternehmen dazu an, neue Produkte von besserer Qualität und innovativer Technik anzubieten.
Gäbe es keine Konkurrenz und nur einen Anbieter, so hätte dieser ein Monopol (das heißt Alleinverkauf) und er könnte die Preise für eine Ware nach Belieben nach oben treiben.

Marktwirtschaft

Unsere Wirtschaftsordnung wird als Marktwirtschaft bezeichnet, weil am Markt über den Verkauf von Waren und Dienstleistungen entschieden wird. Dahinter steckt die Überlegung, dass die wirtschaftliche Versorgung am besten funktioniert, wenn Käufer und Verkäufer frei miteinander Handel treiben können. Es gibt keine staatliche Behörde, die vorschreibt, welche Güter zu welchen Preisen produziert werden. Solche Behörden gab es im früheren Wirtschaftssystem in der DDR und in anderen Staaten Osteuropas. Dort bestimmten Beamte, welcher Betrieb welches Produkt zu welchem Preis herstellen sollte. Diese Wirtschaftsordnung nannte man Planwirtschaft. Es gibt sie nicht mehr, weil das System zu starr war und nicht funktioniert hat.
Eine Marktwirtschaft mit funktionierendem Wettbewerb gilt als die Wirtschaftsordnung, die am besten zu einer freiheitlichen Demokratie passt.

Trainingsplatz

S M U H

Marktsituationen
Wir legen die Höhe der Preise fest

Für diese Übung solltet ihr Teams bilden und einen, zwei oder alle drei Fälle zur Bearbeitung auswählen. Beachtet dabei, dass sich die Fälle im Schwierigkeitsgrad unterscheiden. Empfohlen werden Dreiergruppen.

Euer Auftrag:

- Überlegt euch einen Preis für euer Produkt bzw. eure Dienstleistung, mit dem ihr eure Kosten decken könnt und einen Gewinn erzielt.
- Überlegt auch, was ihr über den Preis hinaus unternehmen könnt, um die Nachfrage nach eurem Produkt zu steigern.
- Ihr befindet euch mit den anderen Teams in der Klasse in einer Wettbewerbssituation. Überarbeitet euer Ergebnis eventuell noch einmal, nachdem ihr die Preise eurer Konkurrenten erfahren habt.

Fall A Ticketpreise ☆

Ihr plant eine Konzertveranstaltung mit einer jungen Band, die zurzeit bei den Jugendlichen in eurer Region sehr beliebt ist. Der von euch gemietete Saal fasst maximal 320 Zuschauer. Eure fixen Kosten belaufen sich auf 4000 Euro. Darin sind enthalten: die Gage für die Band, GEMA-Gebühren*, die Saalmiete, Versicherung, Druck der Eintrittskarten, Plakate, eine Anzeige in der Lokalzeitung, Saalreinigung, Getränke für die Band und die Helfer. Ihr wollt natürlich nicht auf diesen Kosten sitzen bleiben, sondern möglichst auch einen schönen Gewinn erzielen.

- Zu welchem Preis werdet ihr die 320 Tickets anbieten?

Fall B Preise für Bio-Gurken ☆ ☆

Ihr seid eine Produktionsgemeinschaft biologisch produzierender Landwirte. Ihr habt 200 Salatgurken geerntet, die ihr auf dem Wochenmarkt anbieten möchtet. Eure Gurken habt ihr ohne jeden Zusatz von Chemie gezüchtet. Als ihr über den Markt schlendert, stellt ihr fest, dass mehrere Anbieter Salatgurken aus fremden Herkunftsländern für weniger als 50 Cent anbieten. 50 Cent kostet euch aber die Erzeugung einer einzigen Gurke. Mit diesem Preis könnt ihr nicht konkurrieren. Von einem anderen Biobauern erfahrt ihr, dass dieser seine Biogurken für 1,69 angeboten hat und daraufhin auf seiner Ware sitzen geblieben ist. Natürlich soll euch das nicht passieren. Ihr wollt einen Gewinn erzielen und hofft, dass die Kunden vom industriellen Produkt auf eure Biogurken umsteigen.

- Mit welchem Preis werdet ihr eure Biogurken auszeichnen?
- Wie hoch soll der Gesamtgewinn sein für den Fall, dass ihr alle 200 Gurken verkaufen könnt?

Fall C Preisgestaltung für Hotelzimmer ☆ ☆ ☆

Ihr führt gemeinsam ein Hotel mit 20 Zimmern in einer schönen Urlaubsgegend. Der Preis für ein Doppelzimmer beträgt bisher 80 Euro pro Nacht. Wenn über alle 365 Tage im Jahr verteilt 80 Prozent der Zimmer belegt sind, könnt ihr mit diesem Preis eure Kosten decken (= 360000 Euro pro Jahr) und einen Gewinn erzielen. In den Sommermonaten Juni, Juli, August und September ist bisher die Nachfrage nach euren Zimmern zu diesem Preis immer so groß, dass euer Hotel schon Wochen vor Beginn der Hochsaison ausgebucht ist, sodass ihr viele Gäste abweisen müsst. In den Monaten April, Mai und Oktober ist euer Hotel zu etwa 80 Prozent ausgebucht. In den Monaten November, Dezember, Januar, Februar und März ist die Nachfrage allerdings so gering, dass oft nur 4 der 20 Zimmer belegt sind. In eurer Umgebung gibt es Hotels, die teurer sind, und solche, die billiger sind.

- Sucht nach einer Preisgestaltung, die es euch ermöglicht, das Hotel besser auszulasten und die Gewinnerwartung zu steigern.
- Errechnet mithilfe des erwarteten Jahresumsatzes abzüglich der festen Kosten den zu erwartenden Jahresgewinn.

* GEMA-Gebühren müssen zum Schutz von Urheberrechten an die Gesellschaft für musikalische Aufführungsrechte überwiesen werden.

TEAM kontrovers: 
Sollen Angebot und Nachfrage auch für die Löhne auf dem Arbeitsmarkt gelten?

Angebot und Nachfrage regeln den Preis. So lautet eine der Grundlagen der Marktwirtschaft. Und für Erdbeeren gilt das auch uneingeschränkt. Aber darf das auch für den Arbeitsmarkt gelten? Der Preis für eine Arbeitsleistung ist der dafür gezahlte Lohn. Darf er immer niedriger werden, wenn das Angebot an Arbeitsplätzen gering ist und die Nachfrage groß, oder müssen nach unten Grenzen gezogen werden?
In allen Wirtschaftszweigen, in denen die Höhe der Löhne durch Tarifverträge geregelt sind, gibt es diese Grenzen nach unten. Aber es gibt auch Menschen, die ohne vertragliche Absicherung für Löhne arbeiten, die nicht ausreichen, um den eigenen Lebensunterhalt zu sichern. Stundenlöhne von 5 oder auch nur 4 Euro sind keine Seltenheit. Muss es ein Gesetz geben, das allen Menschen Mindestlöhne garantiert, die mit ihrer Arbeit ihren Lebensunterhalt bestreiten?
Über diese Frage wird in Deutschland kontrovers diskutiert und ihr könnt euch an dieser Diskussion beteiligen.

Für höhere Löhne: Arbeitnehmerinnen und Arbeitnehmer protestieren gegen Niedriglöhne und fordern 8,5 Euro Stundenlohn als Minimum.

Mindestlöhne auf dem Arbeitsmarkt: Ja oder nein?

Nein, Mindestlöhne sind schädlich!

Mindestlöhne steigern die Lohnkosten. Das führt dazu, dass Arbeitsplätze abgebaut werden. Vor allem für die schlecht ausgebildeten Arbeitssuchenden verringert sich so die Chance auf Beschäftigung.
Bei steigenden Arbeitskosten werden noch mehr Unternehmen als bisher ihren Standort ins Ausland verlagern, weil dort die Arbeitssuchenden gerne bereit sind, für vergleichsweise niedrige Löhne zu arbeiten.
Für viele Menschen ist es immer noch besser, eine schlecht bezahlte Arbeit zu haben, als gar keine. Wenn überall höhere Löhne gezahlt werden müssen, werden die jetzt noch bezahlbaren Arbeitsplätze gestrichen. Das hilft niemandem.
Was gut gemeint ist, muss nicht auch hilfreich sein.
Deshalb: Nein zu Mindestlöhnen!

Ja, Mindestlöhne müssen sein!

Wer den ganzen Tag arbeitet, muss von dem Lohn seinen Lebensunterhalt bestreiten können. Viele können es nicht. Man bezeichnet sie als „working poor", als Menschen, die für ihre sehr harte Arbeit nur Hungerlöhne erhalten. Das ist ein unerträglicher Verstoß gegen die Menschenwürde.
Mindestlöhne garantieren Männern und Frauen ein existenzsicherndes Einkommen. Sie wirken sich positiv auf die Motivation und die Arbeitsleistung aus und sind daher keineswegs nur ein Schaden für die Arbeitgeber.
Viele Dienstleistungsunternehmen können gar nicht ins Ausland abwandern, weil zum Beispiel die Arbeit von Putzkolonnen und Paketzustellern nur hier gebraucht wird.
Mindestlöhne sind das Markenzeichen einer Gesellschaft, in der soziale Gerechtigkeit kein leeres Versprechen ist.
Deshalb: Ja zu Mindestlöhnen!

1. Fasst die Pro- und Kontra-Argumente jeweils kurz zusammen. Fallen euch weitere Argumente ein?
2. Egal, ob man sich für oder gegen Mindestlöhne ausspricht: Alle Lösungen haben Vor- und Nachteile. Worin bestehen diese?
3. In der Diskussion tauchen stets die Begriffe „Sicherheit der Arbeitsplätze", „Menschenwürde" und „soziale Gerechtigkeit" auf. Worin bestehen die Zusammenhänge? 

2 Warum haben wir statt der freien eine soziale Marktwirtschaft?

„Freie Marktwirtschaft": Das hört sich sehr positiv an. Wie es in Wirklichkeit mit dieser Freiheit aussah, wird deutlich, wenn wir einen Blick in die Vergangenheit werfen. Stellt euch einen Tag in Deutschland um 1880 vor. Wir befinden uns in der Zeit der Industrialisierung. Große Fabriken entstehen. Von England ausgehend hat die Wirtschaftsordnung der *freien Marktwirtschaft* auch Deutschland erfasst. Was bedeutete Freiheit in der Zeit dieser Wirtschaftsordnung?

Ein Tag in Deutschland um 1880 ...

A Zur Situation der Fabrikarbeiter

Der Arbeiterführer Julius Wahlsieg berichtet über die Zeit in seinen Lebenserinnerungen:

„Es war nur ein sehr kleiner Teil der Arbeiter, welcher die allernotwendigsten Lebensbedürfnisse einigermaßen befriedigen konnte, die ungeheure Mehrzahl war tatsächlich auf das Niveau der Arbeitstiere herabgedrückt. In den Fabriken wurde in der Regel von früh sechs bis abends acht Uhr gearbeitet. Es gab eine Mittagspause von einer halben Stunde und halbstündige Pausen für Frühstück und Vesper. Der Lohn reichte für den geschicktesten, bestbezahlten Arbeiter nicht aus, um, sofern er unverheiratet war, ein eigenes Zimmer zu mieten. [...]

(Nach: Franz Josef Furtwängler: Die Gewerkschaften, Rowohlt Verlag, Reinbek 1956)

Die „Rauchplage" wird zum allgemeinen Übel der Industrielandschaft. Aus London erfahren wir, dass dort in einer Woche im Februar 1880 allein 1 557 Menschen an einer Erkrankung der Atemwege starben.

B Zur Situation der Kinder

Eltern berichten: „Kaum sind die Kinder so weit herangewachsen, dass ihre Kräfte zur Verrichtung einer Arbeit auszureichen scheinen, so werden sie von den Eltern in die Fabriken gesandt, oder sie sitzen neben dem Webstuhl, den ganzen Tag mit Spulen beschäftigt. Die Stunden, welche die Kinder nicht dem Schulunterricht zu widmen haben, sind sie genötigt, in den Wohnungen ihrer Eltern zu verbringen; diese zwingen sie, die Zeit mit Arbeiten jeder Art, die einen Gewinn abwerfen, auszufüllen und sind leider auch durch den Drang der Umstände darauf angewiesen, streng darauf zu halten, weil es dem Haupt der Familie höchst selten möglich ist, allein den Lebensunterhalt für die ganze Familie zu erwerben ..."

(Aus: Ruth Hoppe: Dokumente zur Geschichte der Lage des arbeitenden Kindes in Deutschland von 1700 bis zur Gegenwart. Berlin 1969, S. 57ff.)

C Zur Situation der Frauen

Die Fabrikarbeiterin Ottilie Baader berichtet:
„Die wirtschaftliche Entwicklung brachte es mit sich, dass immer mehr Frauen aus der Familie gerissen und in die Fabriken, Werkstätten, auf die Bauten, in die Landarbeit, die Kohlengruben gedrängt wurden. [...] Sie arbeiteten für viel geringeren Lohn als die Männer und beeinflussten so die Lebenshaltung der Arbeiterklasse auf das Allerschlimmste. Das Unternehmertum aber begriff sehr schnell, dass trotz der niedrigen Löhne die weibliche Arbeitskraft meist nicht geringer als die der männlichen Arbeiter war, der Profit dadurch also deutlich erhöht wurde.

(Aus: Ottilie Baader – Ein steiniger Weg (1921), zitiert nach: Wolfgang Emmerich (Hg.): Proletarische Lebensläufe, Bd. 1, Reinbeck 1974, S. 268f.)

1. Sucht nach Gründen, warum die damalige Wirtschaftsordnung der freien Marktwirtschaft kein Modell für die Gegenwart sein kann.

Von der freien zur sozialen Marktwirtschaft

1. Worin bestehen Gemeinsamkeiten und Unterschiede zwischen der freien und der sozialen Marktwirtschaft? Stellt sie einander gegenüber.
2. Warum wurde die freie von der sozialen Marktwirtschaft abgelöst? Erklärt die Zusammenhänge.
3. Warum sind soziale Marktwirtschaft und Sozialstaat untrennbar miteinander verbunden? Erläutert den Zusammenhang mithilfe von Beispielen.

Die Situation in der Zeit der freien Marktwirtschaft

In der Zeit des Wandels von der bäuerlichen Gesellschaft zur Industriegesellschaft im 19. Jahrhundert bildete sich in Deutschland und in anderen europäischen Ländern die Wirtschaftsordnung der freien Marktwirtschaft heraus. Die theoretische Begründung dazu lieferte der schottische Ökonom Adam Smith (1723–1790). Er ging davon aus, dass die Wirtschaft am besten funktioniert, wenn man das Marktgeschehen sich selbst überlässt. Der Staat habe lediglich die Aufgabe, die Rahmenbedingungen so zu gestalten, dass sich die unternehmerische Freiheit möglichst ungehindert entfalten könne.
Tatsächlich hielt sich der Staat in dieser Zeit weitgehend aus dem Wirtschaftsgeschehen heraus. Die Folge waren große soziale Ungerechtigkeiten. Ein Fabrikbesitzer konnte in seinem Unternehmen frei schalten und walten. Er bestimmte alleine über die Arbeitszeiten, Arbeitsbedingungen und die Höhe der Löhne. Sein Einfluss ging so weit, dass Arbeiterinnen und Arbeiter seine Erlaubnis einholen mussten, wenn sie heiraten wollten.

Entstehung der sozialen Marktwirtschaft

In der Zeit nach dem Zweiten Weltkrieg wurde in der Bundesrepublik Deutschland das System der sozialen Marktwirtschaft eingeführt. Das theoretische Konzept dazu lieferte der deutsche Wirtschaftswissenschaftler Alfred Müller-Armack. Seine Grundthese lautete: „Sinn der sozialen Marktwirtschaft ist es, das Prinzip der Freiheit des Marktes mit dem des sozialen Ausgleichs zu verbinden." Freiheit muss mit sozialer Gerechtigkeit verbunden werden. Sozial verantwortliches Handeln soll sowohl Grundlage für die Politik als auch für das unternehmerische Handeln sein. Ludwig Erhard, der erste Wirtschaftsminister der neu gegründeten Bundesrepublik, setzte das Konzept in die Praxis um.

Merkmale

In der sozialen Marktwirtschaft bleibt der freie Wettbewerb und das Recht auf Privateigentum an Produktionsmitteln (= Fabriken, Maschinen etc.) erhalten. Der Staat greift aber mit gesetzlichen Regelungen in das Wirtschaftsgeschehen ein. Insbesondere übernimmt er eine Schutzfunktion gegenüber den Bürgern und besonders gegenüber den sozial schwach gestellten Menschen. Die Verwirklichung des Sozialstaates ist untrennbar mit der Wirtschaftsordnung der sozialen Marktwirtschaft verbunden. Für die Gestaltung der Arbeitswelt wurde eine Fülle gesetzlicher Regelungen geschaffen mit der Funktion, die Arbeitnehmerinnen und Arbeitnehmer zu schützen und den sozialen Frieden zu bewahren. Wichtige Regelungen sind: die gesetzlichen Sozialversicherungen, der Kündigungsschutz, die Mitbestimmung der Arbeitnehmer, Mutterschutz, Jugendarbeitsschutz und das Verbot von Kinderarbeit.

Gegenmodell Planwirtschaft

Das Gegenmodell zur sozialen Marktwirtschaft war in den ehemaligen Staaten des Ostblocks und in der früheren DDR das Wirtschaftssystem der zentralen Planwirtschaft. Hier entschied die politischen Führung in einer staatlichen Planungsbehörde, welche Güter wann und wie hergestellt wurden. Fabriken waren verstaatlicht. Es gab keinen freien Wettbewerb und keine Konkurrenz. Einige planwirtschaftliche Elemente finden wir heute noch in verschiedenen Wirtschaftssystemen. Insgesamt gilt die zentrale Planwirtschaft als überholt.

Was sind die besonderen Merkmale der sozialen Marktwirtschaft?

Auf dieser Doppelseite sind grundlegende Merkmale der sozialen Marktwirtschaft mithilfe von Fotos visualisiert. Ihr könnt sie und die erläuternden Texte für eine Sammlung der Merkmale benutzen. Empfohlen wird, sie in Form eines Clusters zu notieren. Dazu gruppiert ihr Stichworte oder kurze Erklärungen um das zentrale Thema herum. Den Cluster und die Fotos könnt ihr als Grundlage für eine mündliche Erklärung benutzen.

1

Niemand schreibt einem Unternehmen vor, welche Produkte es auf dem Markt anbietet – also welche Blumen, welche Jeans, welche Autos. Einschränkend gilt, dass Produkte in Fragen der Sicherheit, des Gesundheitsschutzes und der Umweltverträglichkeit zahlreiche gesetzliche Auflagen erfüllen müssen. Der Unternehmer hat die Chance des Gewinns, trägt aber auch das Risiko des Verlusts, wenn sein Angebot am Markt bzw. vom Verbraucher nicht angenommen wird. Unternehmerfreiheit, Unternehmensrisiko, Angebots- und Konsumfreiheit sind Grundpfeiler der sozialen Marktwirtschaft.

2

Das Foto zeigt die Arbeitnehmerschaft in einem Großbetrieb bei der Wahl ihres Betriebsrates. Betriebliche Mitbestimmung ist ein weiteres Merkmal der sozialen Marktwirtschaft. Gewerkschaften und die Arbeitgeberorganisationen können selbstständig Vereinbarungen zum Ausgleich ihrer unterschiedlichen Interessen treffen. Soziale Marktwirtschaft will mithilfe von gesetzlichen Regelungen die Beschäftigten in den Unternehmen vor Ausbeutung schützen. In diesem Merkmal unterscheidet sie sich grundlegend von der freien Marktwirtschaft in der Zeit der Industrialisierung.

3

Gewerbefreiheit gehört zu den Grundmerkmalen der sozialen Marktwirtschaft ebenso wie die Tatsache, dass die meisten Unternehmen in privater Hand sind. Das gilt auch für den „rollenden Fastfoodladen“ auf dem Foto. Der Betreiber des Ladens kann sich – wie alle anderen privaten Unternehmer auch – auf das im Grundgesetz garantierte Recht auf Privateigentum berufen. Einschränkend gilt, dass die Gründung zahlreicher gewerblicher Betriebe an bestimmte Voraussetzungen geknüpft ist.

4

Zu den Wesensmerkmalen der sozialen Marktwirtschaft gehören alle Maßnahmen, die einen Ausgleich schaffen zwischen der wirtschaftlichen Freiheit auf der einen Seite und dem Schutz der Menschen auf der anderen Seite. Gesetze gewähren Mutterschutz, Kinder- und Jugendschutz, Jugendarbeitsschutz, Elternzeit und Elterngeld, Kindergeld u. a.

Sozialpolitik soll sich in besonderer Weise auf Fördermaßnahmen für die sozial Schwachen konzentrieren. Dazu gehören oft Alleinerziehende, Frauen und Kinder. Über das System der gesetzlichen Sozialversicherung sind alte Menschen, Kranke, Pflegebedürftige und Arbeitslose vor allzu großer materieller Not geschützt. In der sozialen Marktwirtschaft stehen die Wirtschaftsordnung und der Sozialstaat in einer untrennbaren Verbindung zueinander.

1. Warum ist die Sicherung des Wettbewerbs eines der grundlegenden Merkmale in der sozialen Marktwirtschaft?

2. Worin besteht der Zusammenhang zwischen sozialer Marktwirtschaft und Sozialstaat? Erklärt ihn mithilfe eines Beispiels.

3. Denkt einmal an die Produktion von Kleidung oder von Lebensmitteln. Warum und für wen kann hier der Wettbewerb auch zu Nachteilen führen?

5

Die Sicherung des Wettbewerbs gehört zu den grundlegendsten Aufgaben des Staates in der sozialen Marktwirtschaft. Wettbewerb schafft Konkurrenz und diese belebt bekanntlich das Geschäft. Sie sorgt dafür, dass immer neue und bessere Produkte entwickelt werden, dass die Unternehmen ihre Serviceleistungen verbessern und dass die Preise niedrig sind. Wettbewerb gilt als Motor dafür, dass die Wirtschaft sich insgesamt dynamisch entwickelt und leistungsfähig bleibt. In der zunehmend globalisierten Wirtschaft sorgt er dafür, dass die heimischen Produkte auf den internationalen Märkten konkurrenzfähig sind. Problematisch wird der Wettbewerb, wenn der Kampf um das billigste Produkt durch unmenschliche Arbeitsbedingungen und Qualitätsverluste in der Produktion ermöglicht werden.

Unternehmen neigen dazu, Konkurrenz zu verhindern und den Wettbewerb auszuschalten. Sie tun das zum Beispiel, indem sie unangenehme Konkurrenten durch Dumpingpreise vom Markt vertreiben oder aufkaufen. Ein anderes Mittel besteht darin, geheime Preisabsprachen zu vereinbaren – sogenannte Kartelle.

Solche Aktionen zu verhindern, ist Aufgabe des Staates. In Deutschland gibt es Gesetze, die den Wettbewerb schützen sollen, und mehrere Einrichtungen, welche die Einhaltung der Gesetze überwachen, zum Beispiel das Kartellamt und die Monopolkommission. Das Kartellamt achtet darauf, dass keine verbotenen Preisabsprachen stattfinden und die Monopolkommission verbietet Unternehmenszusammenschlüsse, die einem einzelnen Unternehmen eine zu große Macht über die Märkte verschaffen.

3 Warum ist Wirtschaftspolitik für uns alle so bedeutsam?

A Beispiele aus der Praxis

Eingliederung in den Arbeitsmarkt

Weil die Chancen, einen betrieblichen Ausbildungsplatz zu bekommen, für viele junge Menschen mit Behinderung immer noch gering sind, führt das Ministerium für Arbeit, Integration und Soziales in Nordrhein-Westfalen besondere Fördermaßnahmen durch. Die Landespolitik will damit die Skepsis vieler Unternehmer bei der Einstellung von Jugendlichen mit Behinderungen überwinden und diesen die Eingliederung in den regulären Arbeitsmarkt erleichtern. Die politischen Maßnahmen werden von der Europäischen Union und von der Bundesanstalt für Arbeit finanziell unterstützt. Betroffene Jugendliche erhalten Unterstützung im Prozess der Bewerbung und Vermittlung und Hilfen bei der anschließenden Integration in den Arbeitsmarkt.

Luftverkehrsabgabe

Die Einführung einer Luftverkehrsabgabe hat zu einem Anstieg der Flugpreise in Deutschland geführt. Die Bundesregierung hat die Ticketabgabe im Rahmen ihres Milliarden-Sparprogramms beschlossen und will damit die Einnahmen des Staates verbessern. Ab Januar 2011 stiegen aufgrund der Abgabe die Preise für Kurzstreckenflüge um acht Euro, für Mittelstreckenflüge um 25 Euro und für Langstreckenflüge um 45 Euro. Während Umweltschutzverbände diese wirtschaftspolitische Maßnahme begrüßten, kritisierte der für die gesamte Luftfahrt zuständige Branchenverband IATA die Neuerung. Im Zusammenhang mit weiter steigenden Ölpreisen könne die Verteuerung des Fliegens die gesamte Flugbranche in eine Krise stürzen.

Eine Einstiegsübung für alle

„It's the economy!" – „Es ist die Wirtschaft!" So lautete die Antwort des ehemaligen amerikanischen Präsidenten Bill Clinton auf die Frage, welche Politik zum Erfolg einer Regierung und zur Zufriedenheit der Menschen im Land führt.
Warum gilt Wirtschaftspolitik für Gewählte und für Wähler als Schlüssel zum Erfolg? Sucht zu zweit nach Gründen dafür.

Abwrackprämie

2009 geriet die Wirtschaft weltweit in eine schwere Krisensituation, von der auch die Bundesrepublik Deutschland betroffen war. Die Menschen fürchteten um ihre Arbeitsplätze und um ihre Ersparnisse. Es drohten Firmenpleiten und ein Einbruch bei den Steuereinnahmen des Staates. Da beschloss der Bundestag ein Programm zur Ankurbelung des Wirtschaftsgeschehens. Eine der Maßnahmen war die Einführung einer Umweltprämie beim Kauf eines neuen Autos. Sie wurde unter dem Namen Abwrackprämie bekannt. Alle, die bereit waren, ihr mindestens neun Jahre altes Auto stillzulegen, um ein neues zu erwerben, erhielten vom Staat einen Zuschuss in Höhe von 2 500 Euro.
Fünf Milliarden Euro ließ sich der Staat diese Maßnahme kosten und löste damit einen regelrechten Kaufrausch aus. Zwei Millionen Anträge wurden in kurzer Zeit gestellt. Der Verkauf von Neuwagen schnellte in die Höhe. Autohersteller stellten zusätzliches Personal ein. Die für die Maßnahme verantwortliche Bundesregierung sah darin einen großen Erfolg ihrer wirtschaftspolitischen Arbeit. Kein anderes Land habe den Weg aus der internationalen Wirtschaftskrise so gut gefunden wie die Bundesrepublik Deutschland.
Viele Gebrauchtwagenhändler sahen sich allerdings zur Geschäftsaufgabe gezwungen, weil die Nachfrage dramatisch sank. Bei den Umweltverbänden löste die Abwrackprämie geteilte Reaktionen aus. Einerseits lobte man, dass der Schadstoffausstoß der neuen Autos um bis zu 90 Prozent geringer war als der der Altautos. Kritisiert wurde, dass der Kauf hochmotorisierter Autos genauso gefördert wurde wie der Kauf sparsamer Kleinwagen.

B Hintergründe

Wirtschaftspolitik geht uns alle an

Sie bestimmt unser Leben und unsere Zukunft. Sie diktiert, wie viel Bildung Kinder bekommen. Sie entscheidet, ob es genug Lehrstellen für Jugendliche und Arbeitsplätze für Erwachsene gibt. Sie legt fest, ob vom Lohn genug Geld zum Leben bleibt. Sie ist verantwortlich dafür, dass die Rente für die Älteren ausreicht und die Jüngeren doch nicht zu viel dafür bezahlen müssen. Und letztlich soll Wirtschaftspolitik auch dafür sorgen, dass mutige Menschen sich trauen, ihre eigene Firma zu gründen und etwas zu wagen. […]

Entwicklungen auf dem Arbeitsmarkt – Schlüssel zum Erfolg

Einmal im Monat gibt die Bundesanstalt für Arbeit die genaue Zahl der Arbeitslosen bekannt. Normalerweise sitzen dabei einige Herren in graublauen Anzügen vor einer blau-grauen Wand und lesen viele, viele Zahlen vor. Obwohl das nicht besonders spannend aussieht, quetschen sich jede Menge Journalisten und Kameraleute in den Raum, um über diese neuen Zahlen zu berichten. Vor allem deswegen ist der Bundeskanzler (die Bundeskanzlerin) in Berlin ein bisschen nervös.

Die Politiker haben nämlich ein paar Grundregeln: Wenn es nur wenige Arbeitslose gibt, dann gilt eine Regierung als erfolgreich und damit auch der Bundeskanzler.

Schließlich ist er der Chef. Der Kanzler (bzw. die Kanzlerin) wird sich also damit brüsten, dass er eine gute

Wirtschaftspolitik gemacht habe (auch wenn das vielleicht etwas anders war). Er kann sich fast sicher sein, dass bei der nächsten Wahl zum Bundestag, die alle vier Jahre stattfindet, wieder viele Menschen seiner Partei ihre Stimme geben werden. Wenn die Zahl der Arbeitslosen aber steigt, ist das für die Regierung schlecht. Die Menschen, die ihre Stelle verloren haben und keine neue finden, sind wütend. Bei der nächsten Wahl wollen sie den Politikern einen Denkzettel verpassen – vor allem der Partei des Bundeskanzlers. Deshalb wählen sie eine andere als dessen Partei. Außerdem gibt es viele Menschen, die zwar eine Arbeitsstelle haben, aber fürchten, diese zu verlieren. Auch sie geben ihre Stimme vielleicht einer anderen Partei. Weil sie Angst haben. […]

(Aus: Cornelia Schmergal: Wirtschaftspolitik – Was geht mich das an? Deutscher Taschenbuch Verlag, München 2006, S. 9 und 17–20 (weibliche Form in den Klammern durch den Autor)

1. Ermittelt aus den drei Beispielen die Gründe für die Durchführung der wirtschaftspolitischen Maßnahmen.
2. Wirtschaftspolitische Entscheidungen des Staates haben immer zum Ziel, das Wirtschaftsleben positiv zu beeinflussen. Es gibt aber nur sehr wenige Entscheidungen, die überall ungeteilte Zustimmung finden. Versucht herauszufinden, warum das so ist.
3. Worin besteht der Zusammenhang zwischen Wahlerfolgen und Wirtschaftspolitik? Erläutert ihn mithilfe der Entwicklungen auf dem Arbeitsmarkt.

Was noch interessant sein kann:

- einen Kommentar zur Zeichnung verfassen zum Thema *Hoffnungen und Sorgen in der Wirtschaftspolitik*,
- in einem Rollenspiel Dialoge planen zwischen Befürworten und Gegnern der Luftverkehrsabgabe und der Abwrackprämie.

A Wirtschaftspolitik

Tipp: Arbeitsteilung

1. Stelle die wirtschaftpolitischen Handlungsmöglichkeiten des Staates vor und erkläre dabei, was man unter Wettbewerbs-, Steuer- und Konjunkturpolitik versteht. (Verwende dazu auch das Schaubild.)
2. Erkläre, warum wirtschaftpolitische Entscheidungen zu den besonders schwierigen und umstrittenen Politikbereichen gehören.

Begriffe für euer Fachwörterverzeichnis

- *Monopol*
- *Konjunktur*

Definition

Unter Wirtschaftspolitik versteht man die Gesamtheit der Maßnahmen, mit denen der Staat in die Wirtschaft eingreift. Einmal geht es um die Festlegung von Spielregeln, innerhalb derer die weitgehend privat organisierte Wirtschaft sich mit all ihren verschiedenen Beteiligten entfalten kann. Zum anderen geht es darum, die Wirtschaft anzukurbeln, wenn Krisen drohen und gezielte Hilfen notwendig erscheinen.

Handlungsmöglichkeiten

Ein klassisches wirtschaftspolitisches Aufgabenfeld des Staates sind Maßnahmen zur Sicherung des Wettbewerbs. Gesetzliche Regelungen sollen dazu führen, dass die Konkurrenz unter den Unternehmen erhalten bleibt. Es dürfen keine Monopole entstehen. Das wäre der Fall, wenn ein Unternehmen die alleinige Marktmacht erreicht. Auch Kartelle sind per Gesetz verboten. Ein Kartell entsteht, wenn mehrere Unternehmen sich zusammenfinden, um geheime Absprachen über ihre Produktpreise zu vereinbaren.
Weitere politische Handlungsmöglichkeiten bietet die Steuerpolitik. Der Staat kann Steuern erhöhen oder senken. Weiterhin kann der Staat als Investor auftreten, indem er Aufträge zum Bau von Schulen, Straßen, Flughäfen etc. oder zur Einrichtung von Naturschutzgebieten vergibt. Er kann bestimmte Industriezweige, die aus eigener Kraft nicht überlebensfähig sind, mit staatlichen Hilfsgeldern unterstützen. Solche Zahlungen werden als Subventionen bezeichnet.
Ein wichtiges wirtschaftspolitisches Instrument ist die Konjunkturpolitik. Unter der Konjunktur versteht man den Verlauf des Wirtschaftsgeschehens, das einem ständigen Auf und Ab gleicht. Phasen des wirtschaftlichen Aufschwungs gehen immer wieder in Abschwungsphasen über und umgekehrt. In Krisenzeiten muss die Politik versuchen, die Konjunktur mit geeigneten Maßnahmen anzukurbeln. Mittel dazu können z. B. die Senkung der Unternehmenssteuern und die Einführung von Kurzarbeit sein.

Probleme

In der Wirtschaftspolitik sind Aussagen über die Wirkung von Maßnahmen schwieriger zu treffen als in anderen Bereichen der Politik. Der Grund: Der Staat hat nur wenig unmittelbaren Einfluss auf das wirtschaftliche Geschehen. Senkt er zum Beispiel die Steuern für Unternehmen, so kann er hoffen, dass diese finanzielle Entlastung zur Schaffung von neuen Arbeitsplätzen führt. Garantieren kann er diese Wirkung nicht. Wirtschaftspolitische Entscheidungen sind in der Regel mit heftigen politischen Auseinandersetzungen verbunden, weil sie die Menschen mal mehr oder weniger betreffen und weil es sehr unterschiedliche Interessen gibt.

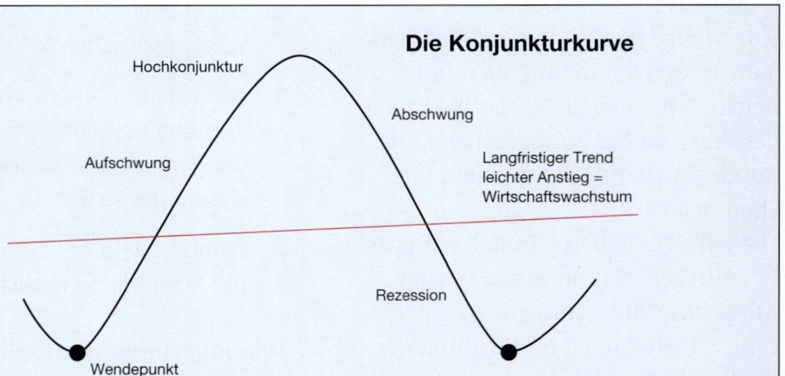

Mal läuft die Wirtschaft gut, mal weniger gut. Dieses Auf und Ab wird als Konjunktur bezeichnet und in einem Kurvenverlauf dargestellt. Gut läuft die Wirtschaft z. B., wenn die Nachfrage steigt und neue Arbeitsplätze entstehen. Man spricht dann von einer Aufstiegsphase oder einer Hochkonjunktur. Sinkt die Nachfrage, kommt es zu einem Abschwung, der sogenannten Rezession (= lat. zurückweichen). In den Phasen der Rezession versucht die Konjunkturpolitik, den Abschwung aufzuhalten und umzukehren.

B Das Magische Sechseck

3. Erläutere die vier klassischen Ziele staatlicher Wirtschaftspolitik und die beiden neu hinzugekommenen (auch mithilfe des Schaubildes).

4. Erkläre, warum das Wachstumsziel in die Kritik geriet und warum das Sechseck als „magisch“ bezeichnet wird.

Begriffe für euer Fachwörterverzeichnis

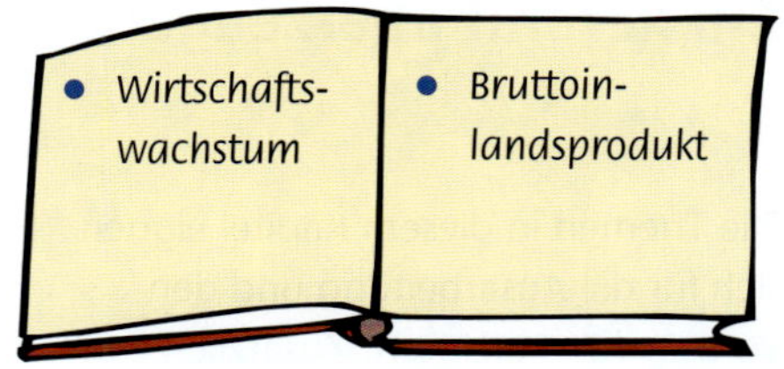

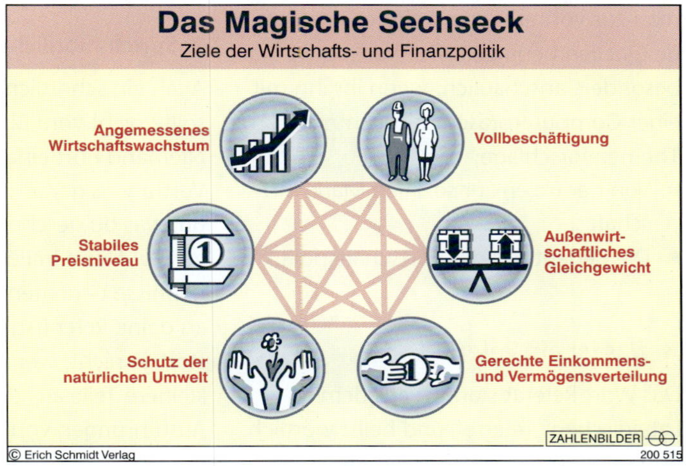

Wirtschaftspolitische Ziele

Die allgemeinen Ziele staatlicher Wirtschaftspolitik sind „im Gesetz zur Förderung der Stabilität des Wachstums in der Wirtschaft“ aus dem Jahr 1967 festgelegt, kurz „Stabilitätsgesetz“ genannt. Vier Ziele sind darin verbindlich formuliert:

- angemessenes und stetiges Wirtschaftswachstum,
- Sicherung eines hohen Beschäftigungsgrades,
- Stabilität des Preisniveaus,
- außenwirtschaftliches Gleichgewicht (siehe Schaubild).

Zum Zeitpunkt der Verabschiedung des Stabilitätsgesetzes war die Problematik des Umweltschutzes noch nicht im Bewusstsein der Menschen verankert. Mittlerweile gilt der Schutz der natürlichen Lebensgrundlagen als unverzichtbarer Bestandteil staatlicher Wirtschaftspolitik. Weil auch die Herstellung sozialer Gerechtigkeit in Form einer gerechten Einkommens- und Vermögensverteilung an Bedeutung gewinnt, wurden die Ziele von ursprünglich vier auf sechs erweitert.
Angemessenes Wirtschaftswachstum bedeutet, dass es von Jahr zu Jahr Zuwachsraten für den Wert der Volkswirtschaft geben soll. Dieser Wert wird als Bruttoinlandsprodukt bezeichnet und ist die Summe an Geld, die alle in einem Jahr von der gesamten Wirtschaft erzeugten Güter und Dienstleistungen umfasst. Steigt das Bruttoinlandsprodukt von einem zum anderen Jahr um ein, zwei oder noch mehr Prozent, so steht diese Prozentzahl für das Wirtschaftswachstum.
Geldwertstabilität drückt sich in einer möglichst geringen Inflationsrate aus.
Außenwirtschaftliches Gleichgewicht besteht, wenn die Ausgaben für den Import und die Einnahmen aus dem Export von Gütern in einem ausgeglichenen Verhältnis zueinander stehen.

Zielkonflikte

Bereits von 1970 an geriet das Wachstumsziel in die Kritik. Klar wurde, dass unkontrolliertes Wirtschaftswachstum (= quantitatives Wachstum) langfristig zu einem immer größeren Verbrauch von Ressourcen und damit zu einer Zerstörung der Umwelt führen muss. Heute gilt Wirtschaftswachstum nur dann als vertretbar, wenn es nicht auf Kosten von Umweltbelastungen erzielt wird (= qualitatives Wachstum).

Das Schaubild zu den Zielen staatlicher Wirtschaftspolitik ist mit der Überschrift „Magisches Sechseck“ versehen. Der Begriff „magisch“ soll ausdrücken, dass die Ziele oft miteinander in Konflikt stehen und dass es geradezu der Kunst eines Magiers bedarf, will man alle die Ziele gleichzeitig erreichen. Stets besteht die Gefahr, dass die Verbesserung des einen Zieles mit der Verschlechterung des anderen Ziels erkauft werden muss. Will z. B. die Bundesregierung das Wirtschaftswachstum durch Steuersenkungen ankurbeln, so führt dies leicht zu höheren Inflationsraten und damit zu einer Verringerung der Geldwertstabilität.
Je nach der Situation, in der sich ein Land befindet, muss die Politik entscheiden, welche Ziele man fördern will und welche vernachlässigt werden können.

Methodenkarte 10

Thema: Soziale Marktwirtschaft und Wirtschaftspolitik

Ein Referat überzeugend vortragen

Die Themen in diesem Kapitel eignen sich für die Ausarbeitung und den Vortrag von Referaten. Zusätzlich zum Materialangebot in diesem Buch sollte man zur Vorbereitung weitere vertiefende Quellen benutzen. Der Vortrag wird besonders anschaulich, wenn ihr ihn mit einer Computerpräsentation unterstützt. Themenvorschläge:

- Von der freien zur sozialen Marktwirtschaft
- Die Bedeutung der Wirtschaftspolitik

A Was ist ein Referat?

Das Wort Referat stammt aus dem Lateinischen „referre" und heißt wörtlich übersetzt „überbringen". Referate sind schriftliche Ausarbeitungen, die (im Unterschied zu einer Facharbeit) vor einem Publikum mündlich vorgetragen werden. Ein Referent überbringt einem Publikum einen Fachgegenstand, mit dem er sich intensiv auseinandergesetzt hat. Ob ein Referat gut beim Publikum ankommt, hängt nicht nur davon ab, *was* vorgetragen wird, sondern vor allem auch, *wie* etwas vorgetragen wird.

B Worauf kommt es an?

Fünf Regeln

1. Bereite dich gut vor

Das Publikum merkt sehr schnell, ob eine Referentin oder ein Referent gut vorbereitet ist und ob sie oder er von der Sache etwas versteht, über die gesprochen wird. Dem Vortragenden selbst gibt die gute Vorbereitung die notwendige Sicherheit für ein überzeugendes Auftreten.

2. Sprich möglichst frei

Auch ein schriftlich vorbereitetes Referat sollte nicht vom Blatt abgelesen werden. Niemand hört einer solchen Art des Vortragens gerne zu. Als Referent weißt du, was du geschrieben hast, und kannst vor Publikum frei über deine Arbeitsergebnisse berichten. Dabei kannst du dich an deine Referatsgliederung halten. Auch stört es nicht, wenn du hin und wieder kleinere Teile aus deinen schriftlichen Ausführungen vorliest.

3. Halte Kontakt zum Publikum

Man kann Referenten nur schlecht zuhören, wenn diese nur in ihre Unterlagen versunken sind und nicht zum Publikum hingewendet sprechen. Durch Blickkontakt zeigst du, dass das Publikum dir wichtig ist.

4. Präsentiere dich angemessen

Wer vor Publikum spricht, wird immer auch in seiner Person wahrgenommen. Deshalb ist die Art und Weise, wie man sich präsentiert, für die Wirkung des Vortrages von großer Bedeutung. Wer gelangweilt und undeutlich spricht, die Hände in die Hosentaschen steckt, wird auch in der Sache nicht überzeugen können. Auch sollte man – so gut es einem möglich ist – auf ein gepflegtes Erscheinungsbild achten.

5. Lasse Rückfragen zu

Ein guter Referent ermuntert seine Zuhörerinnen und Zuhörer dazu, Fragen zu stellen. Da niemand allwissend sein kann, kann man durchaus auch einmal zugeben, die Antwort auf eine Frage nicht zu wissen

Einige Literaturtipps zu den Themen Soziale Marktwirtschaft und Wirtschaftspolitik:

- Christiane Oppermann: Nachgefragt: Wirtschaft, Loewe Verlag, Bindlach 2006
- Cornelia Schmergal: Wirtschaftspolitik – Was geht mich das an? Deutscher Taschenbuchverlag, München 2006
- Schülerduden Wirtschaft, Dudenverlag, Mannheim 2005

Inselstaat Montego in der Wirtschaftskrise

Die Klasse sammelt Ideen zur Lösung der Probleme

Montego ist ein erfundener Staat. Stellt ihn euch wie ein europäisches Land vor – mit Demokratie und sozialer Marktwirtschaft. Seine wirtschaftlichen Probleme sind ganz realer Natur. Ihr sollt diesem Staat helfen, indem ihr möglichst viele Ideen zur Lösung der Probleme sammelt. Bei der Suche nach Lösungen solltet ihr kreativ und mutig sein. Risikobereitschaft gehört immer zur Lösung von Zukunftsproblemen. So ist es im Spiel, aber auch in der Wirklichkeit.

Montego ist ein Staat am Meer mit ausgedehnten und landschaftlich sehr reizvollen Küstenregionen. Das Land hat ca. 10 Millionen Einwohner. Die Hauptstadt Moncavri besitzt einen Seehafen, der früher einmal sehr bedeutend für den Im- und Export von Gütern war. Mittlerweile werden kaum noch Güter exportiert. Früher war Montego einmal weltweit führend in der Herstellung landwirtschaftlicher Maschinen. Mittlerweile sind die Industrieanlagen völlig veraltet und die hergestellten Maschinen auf dem Weltmarkt nicht mehr konkurrenzfähig. Wegen der landschaftlichen Schönheiten zahlte bis vor einiger Zeit auch der Tourismus zu den bedeutenden Wirtschaftssektoren. Seit mehreren Jahren geht die Zahl der Hotelbuchungen immer weiter zurück. Zunehmend gab es Klagen über verschmutzte Strände und schmutziges Wasser. Noch immer fließen die Abwässer der Ufergemeinden meist ungeklärt ins Meer. Insgesamt geht es mit der Wirtschaft gewaltig bergab. Traditionsreiche Unternehmen schließen ihre Pforten. Eine stetig ansteigende Arbeitslosenquote hat ein erschreckendes Ausmaß erreicht. Die Steuereinnahmen des Staates gehen Jahr für Jahr zurück.
Schon seit vielen Jahren kann der Staat seine Ausgaben nur noch über Kredite finanzieren und so hat Montego eine gewaltige Last von Staatsschulden aufgetürmt, welche die Höhe der jährlichen Steuereinnahmen übertreffen.
In Montego zahlen die Menschen bisher nur sehr geringe Steuern. Auch wohlhabenden Bürgern gelingt es häufig, sich völlig von ihren Steuerpflichten zu befreien – zum Beispiel indem sie ihre Einkünfte gegenüber den Finanzbehörden verschweigen.
Es gibt immer weniger Unternehmensgründungen. Junge Unternehmerinnen und Unternehmer mit innovativen Firmenkonzepten schrecken vor einer unüberschaubar großen Zahl unnötiger Vorschriften zurück und investieren lieber in einem anderen Land. Eine riesige Zahl von Staatsbeamten, die in guten Zeiten eingestellt wurden, macht Firmengründern das Leben schwer und muss aus den ohnehin geringen Steuereinnahmen finanziert werden.
In Montego gibt es keine zukunftsweisende Umweltpolitik. Staatliche Investitionen in ein zukunftsweisendes Verkehrssystem fehlen. Die Unternehmen müssten mehr zum Umweltschutz beitragen. Schließlich die Bildung: Ein Teil der Arbeitslosen ist nicht hinreichend qualifiziert, um den Anforderungen in den Firmen gerecht zu werden.

So könnt ihr vorgehen:

- Alleine überlegen: Alle lesen die Fallstudie und notieren die Probleme.
- Gemeinsam beraten: Ihr setzt euch in Kleingruppen zusammen, tauscht eure Ergebnisse aus und sucht nach Lösungen für die Wirtschaftskrise.
- In der Klasse entscheiden: Stellt eure Vorschläge vor und überlegt dann gemeinsam, welche drei, vier oder fünf Lösungen am ehesten geeignet sind, die Wirtschaftsprobleme Montegos zu lösen.

4 Wie können wir die Zusammenhänge im Wirtschaftsgeschehen verständlich darstellen?

Eine Einstiegsübung für alle

WIRTSCHAFTSWACHSTUM IN CHINA SICHERT ARBEITSPLÄTZE IN KÖLN

So und ähnlich finden wir häufig Schlagzeilen in der Tagespresse. Wie kann das eine mit dem anderen zusammenhängen? Suche nach einer möglichen Erklärung.

Familie Modus im Wirtschaftskreislauf

Hier sehen wir Familie Modus.

Herr Modus arbeitet bei einem großen Automobilhersteller in Köln. Von diesem **Unternehmen** bezieht die Familie ein monatliches Gehalt. Mit diesem Geld bestreitet die Familie ihren **Haushalt** und kauft bei anderen Unternehmen die Dinge des täglichen Bedarfs ein. Einen Teil ihres Einkommens zahlen die Modus' in Form von Steuern an den **Staat.** Im Gegenzug erhalten sie vom Staat auch etwas zurück – zum Beispiel das Kindergeld für die Tochter Mia. Die Familie spart für ein neues Auto und zahlt dafür monatlich eine feste Sparsumme auf ein Konto einer örtlichen **Bank** ein. Im Gegenzug zahlt die Bank Zinsen. Der Automobilkonzern, bei dem Herr Modus arbeitet, exportiert Autos ins **Ausland.** Die dafür gezahlten Preise tragen zum Umsatz und zum Gewinn des Unternehmens bei. Dass die Wirtschaft in China wächst, freut Familie Modus. Höchstwahrscheinlich werden dann mehr deutsche Autos nach China exportiert und der Arbeitsplatz von Herrn Modus bleibt sicher. Wenn in den USA Menschen ihren Arbeitsplatz verlieren, macht sich Herr Modus Sorgen, weil er dann Angst hat, dass es ihm ebenso ergehen könnte.

Das Modell des Wirtschaftskreislaufs

Im Wort Modell steckt der lateinische Begriff *Modulus*. Er bedeutet so viel wie Muster oder Abbild. Modelldarstellungen haben die Funktion, etwas abzubilden, was in der Wirklichkeit existiert. In den Lebensumständen der Familie Modus kann man erkennen, dass sich die Familie in einem Kreislaufsystem befindet. Weil dieses System in seiner grundlegenden Struktur auch auf viele Millionen andere Familien zutrifft, ist es sinnvoll, die Zusammenhänge und Abhängigkeiten in Form eines Modells darzustellen, dem Modell des Wirtschaftskreislaufs.
Zum Modell des Wirtschaftskreislaufs gehören fünf Sektoren (= Bestandteile):

- die Unternehmen,
- die privaten Haushalte,
- der Staat,
- die Banken,
- das Ausland.

1. Familie Modus befindet sich in einem globalen Netzwerk. Erkläre, warum das so ist.

Die Sektoren im Wirtschaftskreislauf

Sektor 1: Die Unternehmen

Sie versorgen über die Märkte die privaten Haushalte mit Gütern und Dienstleistungen und bieten Arbeitsplätze an. Sie erhalten Geld für ihre Leistungen und zahlen Geld in Form von Löhnen. An den Staat zahlen sie Geld in Form von Unternehmenssteuern und Sozialabgaben. Manchmal erhalten Unternehmen Geldleistungen vom Staat in Form von Subventionen. Unternehmen finanzieren ihre Investitionen oft über Bankkredite. In guten Zeiten legen sie Gewinne als Bankrücklagen an.

Sektor 2: Die Haushalte

Sie erwerben von den Unternehmen Güter und Dienstleistungen und bezahlen diese mit dem Geld, das sie in Form von Löhnen für ihre Arbeitsleistung erhalten. Sie zahlen Steuern an den Staat und erhalten im Bedarfsfall staatliche Sozialleistungen. Bei den Banken können sie ihre Ersparnisse anlegen und Kredite beantragen.

Sektor 3: Der Staat

Er beeinflusst den Wirtschaftskreislauf in mehrfacher Hinsicht. Von den Unternehmen und den privaten Haushalten kassiert er Steuern und Sozialabgaben. Diese werden allerdings nicht in Schatzkammern gehortet, sondern fließen in Form von Staatsausgaben wieder in den Kreislauf zurück. Der Staat erteilt Aufträge an Unternehmen zu Forschungszwecken und zum Bau von Straßen, Schulen etc. Er zahlt die Gehälter und Pensionen seiner Beamten und unterstützt Unternehmen mit Subventionszahlungen. Den größten Anteil der Staatsausgaben machen die Kosten für Sozialausgaben aus, die an die privaten Haushalte fließen. Da Staaten Schulden machen, um ihre Aufgaben zu finanzieren, fließt ein erheblicher Teil der Staatseinnahmen in Form von Schuldentilgungen an die Banken in den Wirtschaftskreislauf zurück.

Sektor 4: Die Banken

Eine Bank ist ein Unternehmen, das mit Geld handelt. Sie kauft Geld in Form von Spareinlagen ein. Als Gegenleistung zahlt sie den Anlegern Zinsen aus. Sie verwendet die Einlagen, indem sie Kredite verkauft. Der Gewinn entsteht dabei aus der Differenz zwischen dem höheren Kreditzins und dem niedrigeren Spareinlagenzins. Banken treten selbst als Kunden anderer Unternehmen auf, indem sie Wertpapiere erwerben, von denen sie sich eine Wertsteigerung erwarten. Bankenkrisen entstehen, wenn eine Bank sich mit diesen Geldgeschäften verspekuliert, weil sich die gekauften Papiere als wertlos erweisen. Käme es zum schlimmsten Fall, könnte dann die Bank die Spareinlagen nicht mehr zurückzahlen.

Sektor 5: Das Ausland

Äpfel aus Neuseeland, Sportartikel aus Vietnam, Computer aus Taiwan, Spielzeug aus China, Unterhaltungselektronik aus Japan – einen Großteil der Waren des täglichen Ge- und Verbrauchs beziehen wir aus dem Ausland. In umgekehrter Richtung wird der größte Teil der in Deutschland produzierten Güter als Exportware verkauft. Die internationalen Handelsbeziehungen bilden im Wirtschaftskreislauf einen wichtigen eigenen Sektor und dieser hat für Deutschland eine größere Bedeutung als für jedes andere Land in der Welt. Geldströme in kaum vorstellbarer Höhe fließen für den Import von Waren aus dem nationalen Wirtschaftskreislauf ab und im Gegenzug für Exporte wieder in den Wirtschaftskreislauf hinein.

2. Wähle eine der folgenden Aufgaben aus. Formuliere die Antworten und tausche dich darüber mit anderen Schülern aus.

Tipp: Ihr könnt auch Dreiergruppen bilden und euch so die Arbeit teilen.

- „Ich erkläre die Rolle der Unternehmen und der privaten Haushalte im Wirtschaftskreislauf und erläutere, wie diese beiden Sektoren miteinander zusammenhängen."
- „Ich erkläre die Rolle des Staates im Wirtschaftskreislauf und stelle vor, wie der Staat mit den übrigen Sektoren in Verbindung steht."
- „Ich stelle vor, wie Banken Gewinn erwirtschaften und warum sie so wichtig für die anderen Sektoren sind. Außerdem erläutere ich, warum der Sektor Ausland für die deutsche Wirtschaft besonders bedeutsam ist."

Methodenkarte 11

S M U H

Ein Modell als Erklärungshilfe benutzen

Thema: Wirtschaftskreislauf

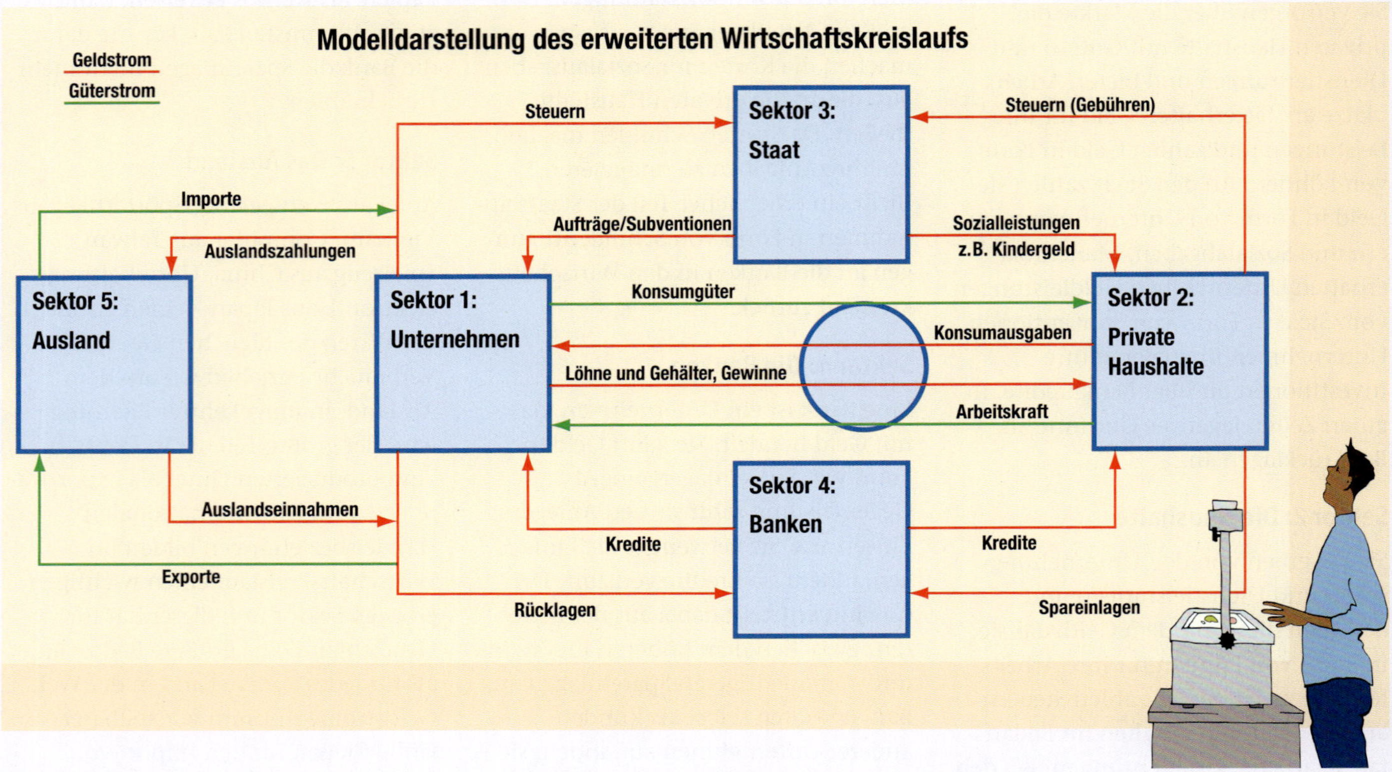

A Worum geht es?

Modelle müssen erklärt werden, damit man sie versteht. Sie lassen ja ganz bewusst einen Teil der notwendigen Informationen weg, die der Erklärende dann wieder hinzufügen muss.
Wer z. B. in der Zeitung liest, dass die Europäische Zentralbank eine Zinssenkung beschlossen hat, um die Wirtschaft in Europa anzukurbeln, kann diese Information in sein Modell vom Wirtschaftskreislauf einordnen. So kann er viel leichter die Folgen für die Unternehmen, die Haushalte, den Staat, den Handel mit dem Ausland ableiten als jemand, der das Modell des Wirtschaftskreislaufes nicht kennt.

B Wie kannst du bei der Erklärung vorgehen?

- Wähle einen Ausgangspunkt im Modell, von dem aus du mit deiner Erklärung beginnst. Willst du zum Beispiel erklären, welche Auswirkung eine Erhöhung des Kindergeldes hat, solltest du vom Sektor *Staat* ausgehen. Geht es um eine Preiserhöhung für Wirtschaftsgüter, nimmst du den Sektor *Unternehmen* als Ausgangspunkt.
- Veranschauliche deinen Zuhörern immer, an welcher Stelle des Modells du dich gerade befindest.
- Denke daran, dass die Folgen eines Ereignisses in der Wirtschaft nicht mit hundertprozentiger Sicherheit vorausgesagt werden können. Werden zum Beispiel die Steuern gesenkt, ist es wahrscheinlich, dass die Nachfrage nach Gütern steigt, weil die Haushalte mehr Geld zur Verfügung haben. Sicher ist diese Folge nicht. Wer Geld übrig hat, muss es ja nicht zwingend auch ausgeben. Betone bei deiner Erklärung, dass es sich bei der Darstellung der Folgen eines Ereignisses um eine Erwartung und nicht um eine sichere Feststellung handelt.
- Vergleicht mehrere Erklärungen und überlegt dann gemeinsam, welche die wahrscheinlichste ist.

Wir erklären die Folgen wirtschaftlich bedeutsamer Ereignisse

Euer Auftrag:
Hier erhaltet ihr eine Liste wirtschaftlich bedeutsamer Ereignisse. Überlegt, welche Folgen diese für die fünf Sektoren im Wirtschaftskreislauf haben können. Beschreibt dazu die von euch erwarteten Folgen für jeden der Sektoren in kurzen Sätzen. Entscheidet, ob die Folge eher positiv ☺ oder eher negativ ☹ zu bewerten ist. Benutzt das ausgearbeitete Beispiel zum Ereignis Steuersenkungen als Orientierung.

So könnt ihr vorgehen:
- Einzelarbeit:
  Skizziert die fünf Sektoren auf einem Blatt. Wählt zwei der vier Beispiele aus. Beschreibt die möglichen Folgen.
- Gruppenarbeit:
  Stellt eure Überlegungen in Kleingruppen vor. Einigt euch auf gemeinsame Lösungen.
- Präsentation:
  Stellt eure Annahmen in der Klasse vor. Vergleicht mehrere Vorschläge.

Ereignis	1 Unternehmen	2 Haushalte	3 Staat	4 Banken	5 Ausland
Beispiel 1: Der Staat beschließt eine Steuersenkung für Löhne und Gehälter.	☺ *profitieren, weil die privaten Haushalte mehr Geld zur Verfügung haben und daher mehr einkaufen können.*	☺ *profitieren, weil sie weniger Steuern zahlen müssen und daher mehr Geld zur Verfügung haben.*	☹ *verzichtet auf einen Teil seiner Staatseinnahmen und muss eventuell Leistungen kürzen oder noch mehr Schulden aufnehmen.*	☺ *profitieren, wenn die Haushalte mehr Geld haben. Es wird mehr gespart und es werden größere Anschaffungen ins Auge gefasst.*	☺ *profitiert, weil auch Importgüter stärker nachgefragt werden.*

Angenommen, dass ...

Beispiel 1: Der deutsche Bundestag plant eine Erhöhung der Mehrwertsteuer. Das ist die Steuer, die bei jedem Kauf von Waren und Dienstleistungen fällig wird und daher einen Teil des Preises ausmacht (19 Prozent des Kaufpreises in Deutschland 2012).

Beispiel 2: Die deutschen Autohersteller starten eine Preisoffensive. Im Durchschnitt sinken die Preise für Neuwagen je nach Hersteller um 10 bis 25 Prozent.

Beispiel 3: Deutsche Windkraft- und Fotovoltaikanlagen werden zu einem Verkaufsschlager. Auch im Ausland ist man sehr am Kauf deutscher Produkte interessiert.

Beispiel 4: Die Europäische Zentralbank senkt den Leitzins. Das ist der Zins, den Banken bezahlen müssen, wenn sie sich zusätzliches Geld besorgen. Die Banken geben die niedrigeren Zinsen an ihre Kunden weiter. Sie senken sowohl die Zinsen für Kredite als auch die Zinsen für Spareinlagen.

5 Wie lassen sich Wirtschafts- und Umweltpolitik miteinander vereinbaren?

Eine Einstiegsübung für alle
Angenommen, du wärst Politiker und es lägen dir zwei Gesetze zur Abstimmung vor:
Nr. 1: Der Staat bestraft Unternehmen, welche die Höchstgrenzen des Schadstoffausstoßes überschreiten.
Nr. 2: Der Staat belohnt Unternehmen in dem Maße, in denen es ihnen gelingt, die Höchstgrenzen des Schadstoffausstoßes zu unterschreiten.
- Welches der beiden Gesetze findet eher deine Zustimmung?

A Der Fall: Handel mit sauberer Luft

Flugverkehr belastet die Luft in erheblichem Maße und trägt mit dem Ausstoß von CO_2 zur Klimaerwärmung bei. Andererseits ist die Luftfahrtindustrie eine Wachstumsbranche, welche Arbeitsplätze und materiellen Wohlstand schafft. In der Europäischen Union begannen die Politikerinnen und Politiker etwa ab dem Jahr 2005 zu überlegen, welche Maßnahmen zur Auflösung dieser Problematik beitragen könnten. Sie schufen einen Markt für saubere Luft und erklärten die Luft zum Gemeinschaftseigentum der Menschen. Zugleich legten sie fest, dass alle diejenigen, die diese saubere Luft verschmutzen, dafür bezahlen müssen – also auch die Fluggesellschaften.
Seit 2008 müssen Fluggesellschaften Gutscheine zur Luftverschmutzung kaufen. Je mehr die Flugzeuge einer Gesellschaft die Luft verschmutzen, desto mehr Gutscheine benötigt diese und desto höher sind ihre Kosten. Die Gutscheine werden nur in begrenzter Stückzahl ausgegeben. Hat eine Gesellschaft am Ende eines festgelegten Zeitraums erworbene Gutscheine übrig, kann sie diese an andere Gesellschaften verkaufen, die mehr Dreck produzieren. So sollen Anreize entstehen, den Schadstoffausstoß in die Luft kontinuierlich zu verringern, schadstoffarme Maschinen zu entwickeln und darüber hinaus auch noch Geld zu verdienen. Die Europäische Union beschloss, dass sich ab 2012 auch die nicht europäischen Fluggesellschaften an diesem Handel beteiligen müssen, wenn sie mit ihren Maschinen von europäischen Flughäfen starten und landen. Besonders die Fluggesellschaften aus den USA hatten das mit vielen Mitteln zu verhindern versucht. Und so gab es dicke Luft zwischen Europa und Amerika – verbunden mit der Hoffnung auf weniger dicke Luft am Himmel.

Emissionshandel*

Der Handel mit Emissionsgutscheinen ist Teil einer internationalen Vereinbarung, die 2005 in der japanischen Stadt Kyoto beschlossen wurde. 39 Industriestaaten verpflichteten sich in einem Abkommen, den Ausstoß von Klimagasen zu senken. Die Europäische Union hat diese Vereinbarung für ihre Mitgliedstaaten umgesetzt. Emissionsgutscheine werden auch als CO_2-Zertifikate bezeichnet und kommen nicht nur im Flugverkehr zum Einsatz. Eine besondere Rolle spielen sie auch im Handel mit Energie, besonders mit Strom. Kraftwerke, die umweltschonend arbeiten, können durch Emissionshandel Geld verdienen, während unsauber arbeitende Kraftwerksbetreiber zusätzliche Gutscheine erwerben müssen. In Deutschland wurde von der Bundesregierung eine Emissionshandelsstelle eingerichtet, welche die Gutscheine bereithält.
Expertinnen und Experten sehen im Handel mit Emissionspapieren auch eine Chance für die Entwicklungsländer. Da sie nur über wenige Industrieanlagen verfügen, können sie die ihnen zugeteilten Emissionsgutscheine mit Gewinn verkaufen.

* Zum Begriff Emissionshandel siehe auch im Glossar nach.

B Hintergründe: Brauchen wir ständiges Wirtschaftswachstum*?

Die Bäume können nicht in den Himmel wachsen – aber unsere Wirtschaft scheinbar schon. Seit Beginn der industriellen Revolution wächst die Wirtschaft mit einer durchschnittlichen Rate von etwa 1,5 Prozent. [...] Die Frage ist nur: Wie lange kann das so weitergehen angesichts steigender Umweltprobleme und Ressourcenknappheit? Und: Wollen wir das überhaupt? Uns geht's doch schon gut! Wozu brauchen wir also ein ständiges Wirtschaftswachstum? Professor Andreas Irmen von der Universität Heidelberg gehört zu den führenden Wachstumsexperten in Deutschland. Er glaubt: Deutschlands Volkswirtschaft, also der Wert unserer produzierten Güter und Dienstleistungen, muss gar nicht um jeden Preis weiter wachsen. Was aber wachsen müsse, sei die Arbeitsproduktivität. [...] Wir müssen Technologien entwickeln, die mit einem Bruchteil der bisherigen Energie auskommen oder mit nachwachsenden Rohstoffen betrieben werden können. Gelingt uns das besonders gut, ist darüber auch weiteres Wirtschaftswachstum möglich. Wer hätte schließlich vor 50 Jahren gedacht, dass nachwachsende Rohstoffe oder gar Windkraftanlagen einmal zu einem boomenden Markt würden?
Eine zweite Möglichkeit, trotz steigender Umweltprobleme weiter zu wachsen, ist der Dienstleistungssektor. „Hier brauchen wir in vielen Bereichen dringend Wachstum", sagt Professor Irmen. Man denke nur an den Bereich der Altenpflege oder Kinderbetreuung – hier würde wohl keiner ernsthaft fordern, dass wir aufhören sollen zu wachsen, denn hier bedeutet „mehr Angebot" nicht automatisch mehr Umweltverschmutzung, sondern einfach besseren Service.
Doch wie kann man es schaffen, Wachstum in diese sozialere, nachhaltige Richtung zu lenken? Andreas Irmen glaubt, dass der Markt einen Großteil selber lenkt: über „Knappheitspreise". Teurer werdende Rohstoffe zwingen, sich nach Alternativen umzuschauen. Dank steigender Benzinpreise tüfteln die Autobauer endlich verstärkt an Alternativen zum Benzinmotor. [...]

(Aus: Sonja Kolonko: Brauchen wir ein ständiges Wirtschaftswachstum? In: Westdeutscher Rundfunk, ein Sendebeitrag vom 19.05.2009, in: www.wdr.de, letzter Zugriff 02.11.2009)

Grüne Technik im Dienst von Wachstum und Vollbeschäftigung

Solaranlagen, effiziente Fabriken und sauberes Wasser: Mit grüner Technik erobert die deutsche Industrie schneller als erwartet neue Märkte und schafft eine Million Jobs. [...] Mit 16 Prozent Marktanteil ist Deutschland Weltmeister und liegt damit deutlich vor den USA und Japan. Angetrieben von rigiden Umweltgesetzen, gepäppelt von üppigen staatlichen Subventionen und umgesetzt mit deutschen Ingenieurtugenden ist hierzulande eine Industrie herangewachsen, die ihresgleichen sucht. 1,2 Millionen Menschen arbeiten inzwischen in der heimischen Umweltwirtschaft, von Experten auch Greentech-Industrie genannt. Weitgehend unbemerkt von der Öffentlichkeit hat sie die klassischen deutschen Leitbranchen – Maschinenbau und Automobilindustrie – hinter sich gelassen: Die Autobranche beschäftigt 760 000 Menschen, die Maschinenbauer rund eine Million. „Gemessen an den Jobs ist die Umweltindustrie schon heute die deutsche Leitindustrie", sagt RWE-Vorstand Fritz Vahrenholt.

(Aus: Wolfgang Augter, Stefanie Seiwert u. a.: Hart im Wind. Grün aus der Krise, in: Wirtschaftswoche Nr. 19 vom 04.05.2009, S. 94)

* Eine Definition von Wirtschaftswachstum findet ihr auch im Glossar dieses Buches.

1. Welchen grundlegenden Zielkonflikt hat der Zeichner in seiner Karikatur dargestellt? (Überlegt alleine.)
2. Wie funktioniert der Handel mit der Sauberhaltung der Luft? Erläutert das Verfahren mit den Emissionsgutscheinen. (Das geht zu zweit.)
3. Der Bundesverband für Umwelt- und Naturschutz (B.U.N.D) begrüßte 2012 den Handel mit Emissionsgutscheinen. Kritiker befürchten einen Anstieg der Ticketpreise. Wieder andere plädieren für generelle Flugverbote zum Schutz der Umwelt. Wie ist deine Position? (Diskutiert gemeinsam.)
4. Wie kann Wachstum umweltverträglich gestaltet werden? Formuliert dazu Antworten, in die ihr möglichst viele Ideen einbringt.

Planspiel: Arbeitsplätze kontra Naturschutz

Findet sich für den Flughafenausbau in Wahlhausen eine umweltverträgliche Lösung?

Fliegen ist ein Traum für viele. Aber der Ausbau von Großflughäfen gehört immer wieder zu den heiß umstrittenen Themen, bei denen Umweltschutz und Wirtschaftsinteressen scheinbar unversöhnlich aufeinanderstoßen. Oder ist doch ein vernünftiger Interessenausgleich möglich? Im Planspiel könnt ihr selbstständig auf die Suche nach Lösungen gehen. Die Fallstudie solltet alle zuerst alleine lesen. Danach kann jeder von euch eine Rolle in einer der beteiligten Gruppen übernehmen. Im Anschluss an das Spiel könnt ihr herausfinden, wo es aktuell tatsächlich Streit um Flughafenerweiterungen gibt.

Die Situation

Vielen Menschen in der Kleinstadt Wahlhausen (10 000 Einwohner) geht es besser. Der Grund: Der nahe gelegene ehemalige Militärflugplatz wurde in einen Passagierflughafen umgewandelt und seitdem boomen die Geschäfte. 2 000 Arbeitsplätze sind bereits entstanden und es können noch mehr werden. Nicht nur Wahlhausen profitiert davon. In zahlreichen Gemeinden in dieser ehemals wirtschaftlich strukturschwachen deutschen Landschaft nahe der Landesgrenze haben Menschen wieder Arbeit gefunden – und zwar vom Parkplatzwächter bis zum Flugüberwachungsspezialisten. Mehr Arbeitsplätze, das bedeutet auch: mehr wirtschaftliche Sicherheit in zahlreichen Familien, mehr Umsatz in den Geschäften, mehr Steuereinnahmen für die umliegenden Gemeinden und Verbesserung der kommunalen Leistungsfähigkeit. Hinzu kommt: Auf einen Arbeitsplatz, der innerhalb des Flughafenbetriebs entsteht, folgen zwei weitere außerhalb: in Taxi- und Busunternehmen, Gaststätten, Einzelhandelsgeschäften, Handwerksbetrieben.

Fast drei Millionen Passagiere starteten allein im vergangenen Jahr von Wahlhausen aus in die Urlaubsgebiete rund um das Mittelmeer. Unter den Kunden herrscht weitgehende Zufriedenheit, weil Billiganbieter hier kostengünstige Flugangebote machen, weil die Parkplätze für die mitgebrachten Autos nicht teuer sind und weil der Flughafen Wahlhausen noch überschaubar ist und kurze Wege hat. Zu allen Zeiten gab es auch kritische Stimmen gegenüber der Flughafenentwicklung. Weil aber die Vorteile für viele Menschen so offensichtlich waren, hielten sich die Proteste in Grenzen.

Der neue Plan

Das hat sich nun geändert. Die private Betreiberfirma des Flughafens **Proflug GmbH** will unbedingt eine zweite Start- und Landebahn errichten. Der Flughafen Wahlhausen soll zukünftig auch Interkontinentalflüge zu Zielen in Afrika und Asien anbieten. Auch will man sich verstärkt dem Luftfrachtverkehr öffnen. Hierin sieht Proflug ein erhebliches Wachstumspotenzial,

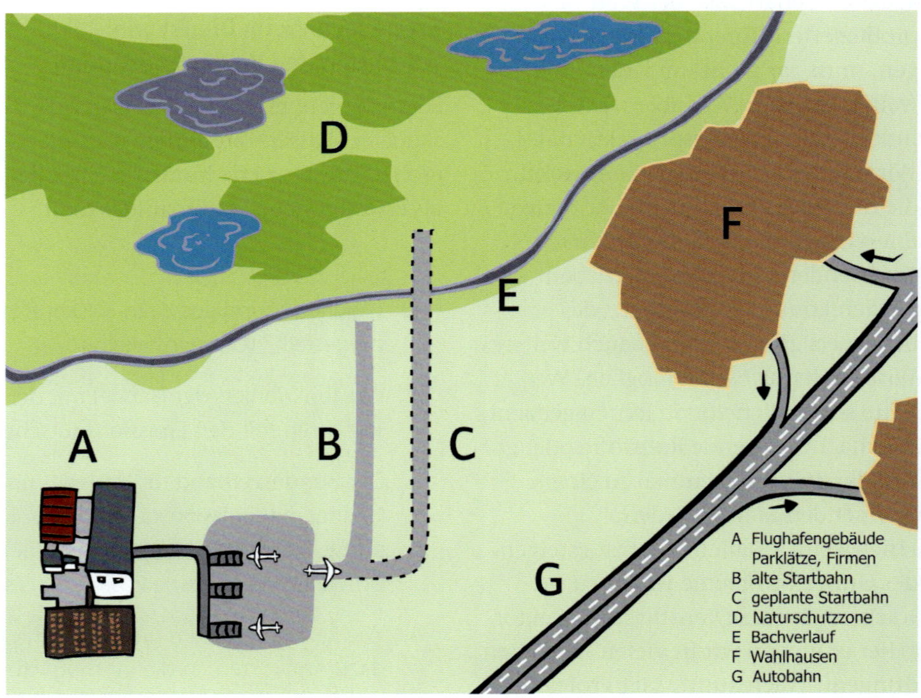

das den Flughafenbetrieb auch in der Zukunft sichert und von dem das Land und die Menschen profitieren können. Für den Frachtbetrieb reicht die bisher vorhandene 2500 Meter lange Startbahn nicht aus. Große Frachtflugzeuge benötigen längere Wege. Geplant ist daher eine zweite Startbahn von 3800 Metern Länge. Nach Ansicht der Betreibergesellschaft ist im weitgehend naturbelassenen Raum, in dem sich der Flugplatz befindet, genügend Platz für diese Erweiterung vorhanden.
Im Vergleich zu anderen dicht besiedelten Gebieten in Deutschland wird auch die Umweltbelastung äußerst gering bleiben, zumal sich Proflug und die für sie arbeitenden Unternehmen der innovativsten und umweltfreundlichsten Technik bedienen werden. Unterstützt werden die Pläne von Proflug durch eine Initiativgruppe, die sich **Jobs durch Fliegen** nennt. Im Umkreis von 70 Kilometern rund um den Flughafen herum haben sich in Wahlhausen und in den umliegenden Gemeinden in dieser Initiative viele Menschen zusammengefunden, die sich von dem geplanten Vorhaben eine Verbesserung ihrer wirtschaftlichen Situation versprechen. Dazu gehören zahlreiche Arbeitslose, aber auch Inhaber von Handwerksbetrieben und Zulieferfirmen. Sie alle weisen darauf hin, dass der Ausbau des Flughafens für sie die einzige Chance sei, neue Arbeitsplätze zu finden und vorhandene zu sichern. Wenn das nicht geschehe, käme es zu Betriebsschließungen rund um Wahlhausen und zur Abwanderung vieler junger Leute, weil sich ihnen hier keine Zukunftsperspektive bietet.

Der organisierte Protest

Die Proflugpläne finden nicht nur Zustimmung. Im Gegenteil: Eine Welle von Protesten erhebt sich zum einem innerhalb des unmittelbar betroffenen Raumes, zum anderen weit darüber hinaus bis an die Grenzen Deutschlands. Der Bau einer zweiten Startbahn stellt nach Ansicht aller Gegner einen Eingriff in die Natur dar, den diese nicht verkraften kann. Mindestens dreihundert Hektar Wald- und Wiesenflächen müssten geopfert werden. Ist der erweiterte Flugbetrieb erst einmal aufgenommen, werden Boden, Luft und Grundwasser Belastungen ausgesetzt sein, die zu Schäden an Pflanzen, Tieren und Menschen führen müssen. Mehrere lokale Bürgerinitiativen sind entstanden. Gebündelt und aktiv vertreten werden ihre Interessen im Verband für Umwelt- und Naturschutz mit dem Namen **Natbund**.
Natbund führt noch weitere Gründe gegen den Flughafenausbau an und kann dabei sogar auf die Unterstützung der EU in Brüssel rechnen. Beim Bau einer zweiten Startbahn würde diese zu einem Teil in ein sogenanntes *FFH-Gebiet* hineinreichen. Das sind Schutzgebiete für die Fauna und Flora, die in einem Verzeichnis der Europäischen Union aufgelistet sind. Insgesamt gibt es in Deutschland knapp 800 solcher Gebiete und europaweit über 4000. Das Verzeichnis beruht auf einer von den zuständigen Ministern aller Mitgliedstaaten der Europäischen Union und vom Europäischen Parlament verabschiedeten Richtlinie, welche Gesetzeskraft hat. Sie legt fest, dass Eingriffe in die Natur in diesen Gebieten nur unter strengsten Auflagen erfolgen dürfen, und verpflichtet die Mitgliedstaaten dazu, besondere Maßnahmen für den Schutz seltener Tierarten zu ergreifen. Das FFH-Gebiet in der Nähe Wahlhausens bietet noch einen Lebensraum für die in ihrer Art bedrohte Mopsfledermaus und aufgrund seines Wasserreichtums auch für seltene Vogelarten wie Reiherenten, Teichhühner und Haubentaucher. Die geplante Erweiterung würde zudem die Umleitung eines noch vorhandenen Wildbaches erforderlich machen, an dessen Ufern Eisvögel leben und bedrohte Pflanzen wachsen wie zum Beispiel Wasserschwertlilien. In diesen Tatsachen allein steckt nach Überzeugung von Natbund schon die hinreichende Begründung dafür, dieses Stück Natur zu bewahren. Hinzu kämen weitere Umwelt- und Lärmbelästigungen, welche auch eine Einschränkung der Lebensqualität für die Menschen bedeute.
Unterstützt wird Natbund von einer Gruppe, die sich **„Gesundheit statt Flugzeuge“** nennt. Zahlreiche Menschen aus den Gemeinden im Einflussbereich des Flughafens haben sich darin zusammengeschlossen, weil sie schon jetzt unter der zunehmenden Lärmbelästigung eine erhebliche Einbuße ihres gesundheitlichen Wohlbefindens sehen. Eine weitere Zunahme des Flugverkehrs halten sie für unerträglich. Dies gilt ihrer Ansicht nach ganz besonders für die Nachtflüge, welche den Menschen den Schlaf rauben. Zudem habe Deutschland mittlerweile ein so dichtes Netz an Großflughäfen, das jeder weitere Ausbau überflüssig sei.

Zufriedene Kunden …

In dieser Gruppe arbeiten auch Mediziner mit, besonders Kinderärzte, die ihre Praxen in Wahlhausen haben. Sie weisen darauf hin, dass besonders bei Kleinkindern Nervosität und Stresssymptome in Folge von krank machendem Fluglärm zunähmen.

Die Suche nach Lösungen

Proflug hat mehrfach Verständnis für die Sorgen der Umweltschützer und besorgten Eltern geäußert und versichert, man werde alles tun, um die Umwelt und die Menschen so wenig wie möglich zu belasten. Über ein Nachtflugverbot zwischen 1.00 und 5.00 Uhr könne man verhandeln. Auch könne man für den bebauten Raum Ersatzflächen zur Verfügung stellen, welche durch Ankäufe zu finanzieren seien, woran sich auch die Politik beteiligen müsse. Allerdings dürfe es nicht so weit kommen, dass für den Luftverkehr in Deutschland kein Fortschritt möglich sei. Schon jetzt habe man aufgrund einer strengen Umweltgesetzgebung hierzulande strengere Auflagen zu erfüllen als in den meisten anderen Ländern.

Die Entscheidung

Ob Wahlhausen ausgebaut wird oder nicht, wird von der zuständigen Landesregierung entschieden werden. Die Rechtsgrundlage dafür bietet das Luftverkehrsgesetz, das vom Bund verabschiedet wurde und das den Bundesländern das Recht einräumt, die erforderlichen Baugenehmigungen unter Berücksichtigung strenger Sicherheits- und Umweltauflagen zu erteilen. Für den Fall, dass am Konflikt Beteiligte eine Verletzung dieses Gesetzes sehen, kann vor einem zuständigen Verwaltungsgericht Klage eingereicht werden.
So weit möchte es die Landesregierung aber nicht kommen lassen. Vielmehr möchte sie eine Lösung finden, welche die Anforderungen des Naturschutzes mit dem wirtschaftlich Wünschenswerten verbindet. In einem Interview sagte der zuständige Umwelt- und Verkehrsminister: „Meine Regierung hat sich das Ziel gesetzt, ein sinnvolles Miteinander von ökonomisch Notwendigem und ökologischen Zielen zu erreichen. Dazu müssen alle Forderungen bzw. Interessen auf den Tisch kommen. Wir müssen fair miteinander streiten und dann entscheiden, entweder für oder gegen die Baugenehmigung. Vielleicht, und das ist meine Hoffnung, finden wir aber auch zu einem für alle akzeptablen Kompromiss."

… wütende Gegner

Das Planspiel

Das zuständige Umwelt- und Verkehrsministerium hat die beteiligten Gruppen zu einer gemeinsamen Verhandlungsrunde in einen Sitzungssaal der Landesregierung eingeladen. Eure Klasse wird dieser Sitzungssaal sein. Im Planspiel werdet ihr in Gruppen diese Verhandlungsrunde vorbereiten und bis zur Entscheidung durchspielen.

- Welche Gruppe vertritt ihre Interessen am wirkungsvollsten?
- Wie vorbildlich wird eure Art der Diskussion für politische Auseinandersetzungen in der Wirklichkeit sein?
- Welche Verhandlungsrunde findet die klügste Entscheidung?

Darauf wird es in diesem Lernspiel ankommen. Und das sind auch die Kriterien zur Bewertung der Spielqualität am Ende.

So verläuft das Planspiel

Phase 1

A Gruppenbildung
Bildet in der Klasse die fünf beteiligten Gruppen.

B Lesephase
Lest die Problembeschreibung noch einmal aufmerksam durch. Achtet dabei besonders auf die Aussagen, die für eure Gruppe von besonderer Bedeutung sind.

Phase 2

C Gruppenarbeit
Bereitet euch in Gruppen auf die Verhandlungsrunde vor. Sammelt dazu möglichst viele und überzeugende Argumente und schreibt sie auf. Einigt euch gemeinsam darauf, wer von euch welche Argumente in der Versammlung vortragen wird. Entwerft einen Kurzvortrag, mit dem ihr in die Versammlung einsteigen werdet. Ihr könnt ein Flugblatt entwerfen, das ihr an die übrigen Gruppen verteilen werdet.

D Kontaktaufnahme
Während der Gruppenarbeit können die Gruppen untereinander Kontakt aufnehmen und – wie im richtigen Leben – Absprachen über ein gemeinsames Vorgehen treffen.

Phase 3

E Spiel der Versammlung
Die Versammlung beginnt mit dem Vortrag der Standpunkte aus den Gruppen.
Die Vertreter des Umwelt- und Verkehrsministeriums sprechen zum Schluss. Sie tragen alle Argumente vor, die gegen und für den Ausbau sprechen.
Sie laden dazu ein, dass man gemeinsam in der Diskussion um eine gute Lösung ringen sollte.
Zum fortgesetzten Zeitpunkt der Diskussion kann versucht werden, nach Kompromissmöglichkeiten zu suchen.

F Entscheidung
Nach der Versammlung ziehen sich die Vertreter des Ministeriums zur Beratung zurück. Dann verkündet und begründen sie, welche Lösung sie der Landesregierung vorschlagen werden.

Phase 4

Spielauswertung
Wie bewertet ihr die unterschiedlichen Lösungsvorschläge? Welche Gruppe(n) hatte(n) die überzeugendsten Argumente etc.? Recherchiert im Internet mithilfe des Suchbegriffs *Flughafenerweiterung* über tatsächliche Bauplanungen und Kontroversen. Findet heraus, wie in der Wirklichkeit Konflikte zwischen Umweltschutz und Arbeitsplatzsicherung gelöst werden.

Gruppe „Proflug“
Sammelt alle Vorteile, welche der Ausbau des Flughafens für die Menschen in der Region bringt. Sucht nach Argumenten, mit denen ihr nachweisen könnt, dass der Ausbau umweltverträglich gestaltet wird und dass der Flugverkehr insgesamt umweltschonender wird. Versucht zu beweisen, dass seltene Tier- und Pflanzenarten auch nach der Erweiterung noch in dieser dünn besiedelten Gegend leben können.

Gruppe „Jobs durch Fliegen“
Sammelt möglichst viele Gründe, warum der Flughafenausbau für die Wirtschaft und die Menschen enorme Fortschritte mit sich bringen wird. Verdeutlicht mit guten Argumenten, dass der Ausbau für zahlreiche Arbeitslose die einzige Chance zur Sicherung ihrer Zukunft sein wird. Versucht auch, die Argumente der Umweltschützer zu entkräften. Sucht die Unterstützung von Proflug.

Gruppe Umwelt- und Verkehrsministerium
Ihr habt eine besondere Rolle. Ihr müsst der Versammlung zeigen, dass ihr noch offen für die verschiedenen Vorschläge seid. Um gut vorbereitet zu sein, sammelt ihr schriftlich alle Gründe, die für und die gegen den Ausbau sprechen. Diskutiert dann miteinander über die Vor- und Nachteile. Denkt daran, dass ihr wiedergewählt werden wollt! Sucht im Gruppengespräch nach einem Weg, der einerseits die Umwelt schützt und andererseits Arbeitsplätze sichert. Stellt eure Vorschläge gegen Ende der Versammlung zur Diskussion.

Gruppe „Gesundheit statt Flugzeuge“
Stellt mit guten Argumenten dar, wie sehr der Ausbau des Flughafens die Gesundheit der Menschen und die Situation der Umwelt belastet. Zeigt auf, warum Nachtflüge eine besondere Gefährdung darstellen. Sucht die Unterstützung der Gruppe Natbund und des Umweltministeriums im Vorfeld der Verhandlungen. Überlegt auch, ob eine Kompromisslösung denkbar ist, z. B. durch einen Teilausbau.

Gruppe „Natbund“
Erklärt mit guten Argumenten, warum der Mensch nicht das Recht hat, zu seinem eigenen Vorteil Naturräume und seltene Tierarten zu vernichten. Erklärt, wie europäisches Recht eure Ansicht stützt. Arbeitet heraus, wie sehr der Ausbau die Umwelt gefährdet und die Lebensqualität der Menschen, Tiere und Pflanzen beeinträchtigen wird. Zeigt aber auch Verständnis für die Situation arbeitsloser Menschen.

Seite 1

Informationszeitung

Hinweis für alle Gruppen: Diese Informationszeitung sollte von jedem Gruppenmitglied gelesen werden. Sucht während des Lesens darin nach Informationen, mit denen ihr eure Position zum geplanten Flughafenausbau unterstützen könnt. Notiert sie, um sie dann in der Verhandlung verwenden zu können.

Bürgerproteste gegen Fluglärm – für Nachtflugverbote

Fliegen und Umwelt

Fliegen ist die energieintensivste Art, sich fortzubewegen. So wird bei einer Bus- oder Bahnreise, verglichen mit einer Flugreise, im Durchschnitt nur ein Drittel der Energie benötigt. Obwohl die Flugzeuge aus Gründen der Kosteneinsparung heute weniger Treibstoff verbrauchen als noch vor zehn Jahren, ist die Werbung für „3,7-Liter-Flugzeuge" irreführend. Denn bei einem Urlaubsflug nach Mallorca oder Teneriffa wird das Klima mindestens gleich stark geschädigt wie durch ein Jahr Autofahren – selbst wenn man günstige Verbräuche für das Flugzeug von nur 4 Litern pro 100 Personenkilometer und für den PKW von 5,5 Litern Benzin pro 100 Fahrzeug-km ansetzt.

Fluglärm macht krank

Fast 40 Prozent der deutschen Bevölkerung leiden unter Fluglärm. Dauernder Fluglärm erhöht das Risiko für Herz-Kreislauf-Erkrankungen und Herzinfarkt. Bei Kindern im Umkreis von Flughäfen wurden Konzentrations- und Lernschwierigkeiten festgestellt. Zwar sind die Flugzeugtriebwerke in den letzten Jahren leiser geworden, aber der wachsende Flugverkehr macht alle Verbesserungen zunichte. Außerdem werden Nachtflugbeschränkungen immer mehr ausgehöhlt, und das Netz neuer Flughäfen und Flugrouten wird immer dichter. Die Folgekosten von Lärm und Wertverfall von Häusern und Grundstücken, Behandlungskosten und Arbeitsausfälle durch lärmbedingte Krankheiten sowie Umsatzeinbußen im Tourismus werden in keiner Bilanz ausgewiesen.
Deshalb müssen jetzt dringend die Grenzwerte des Fluglärmgesetzes so verschärft werden, dass die Gesundheit der Anwohner geschützt und das Flughafenwachstum gebremst wird.

(Aus: Monika Lege, Dr. Werner Reh u. a.: „Der Traum vom Fliegen", Flyer vom Arbeitskreis Flugverkehr, © fairkehr GmbH, Bonn, letzter Zugriff 01.02.2012; vollständiger Flyer zum Download im Internet)

Deutlich mehr Flugpassagiere

Frankfurt (dpa) – Ungeachtet der neuen Luftverkehrssteuer haben in der vergangenen Sommersaison (2010) deutlich mehr Menschen den Flieger genutzt als im vergangenen Jahr.
Von April bis Oktober hoben rund 65 Millionen Passagiere von den deutschen Airports ab, ein Plus von 3,4 Millionen oder 5,5 Prozent im Vergleich zum Vorjahreszeitraum. Wie das Statistische Bundesamt in Wiesbaden berichtete, hat es in den vergangenen 20 Jahren nur 2004 und 2005 größere Zuwächse bei den absoluten Passagierzahlen während des Sommerflugplans gegeben.

(dpa-Meldung vom 30.12.2011 nach Angaben des Statistischen Bundesamtes)

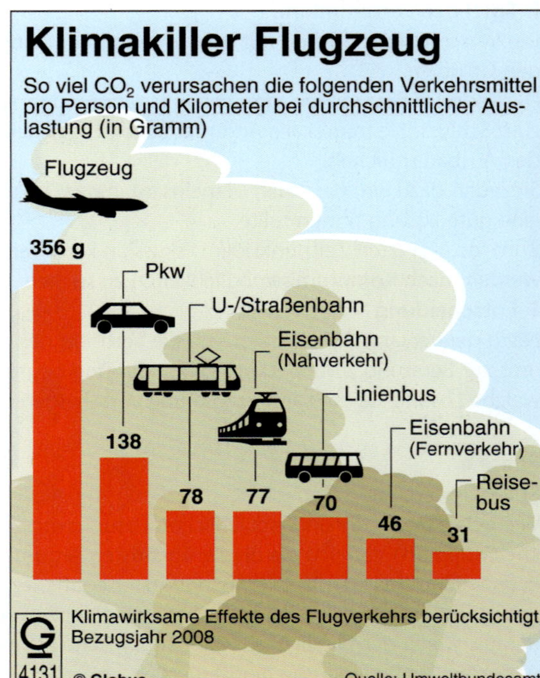

Haubentaucher, Eisvögel, Wasserschwertlilien und Fledermäuse finden noch eine Heimat in der Umgebung des Flughafens Wahlhausen.

Umweltfreundliche Flugzeuge: Sprit sparen über den Wolken

MÜNCHEN. Das Ziel ist ambitioniert, aber kaum bekannt. Die europäische Luftfahrtindustrie will bis 2020 in ersten Flugzeug-Prototypen den Ausstoß von Kohlendioxid pro Fluggast um fünfzig Prozent senken. Leichter, effizienter und damit spritsparender sollen die Maschinen werden. Die „Vision 2020" hat der europäische Forschungsverbund Acare unabhängig von der aktuellen Klimadiskussion bereits 2001 formuliert. „Neue Techniken machen es möglich, dass wir einen Großteil des Zieles erreichen können", sagt Klaus Broichhausen und verweist auf bereits Erreichtes in der Vergangenheit. „Allein im Triebwerksbau haben wir in den vergangenen 30 Jahren den Treibstoffverbrauch um 50 Prozent gesenkt." […]
So setzt der neue Boeing-Dream-Liner, der bereits im nächsten Jahr fliegen soll, Maßstäbe. 20 Prozent weniger Sprit soll der Langstreckenflieger im Vergleich zum Vorgängermodell brauchen, verspricht Boeing. Die Antwort von Airbus, die neue A 350 XWB soll noch wirtschaftlicher werden. Der niedrigere Spritverbrauch wird bei beiden Flugzeugen in erster Linie durch die Verwendung von leichten Verbundwerkstoffen im Rumpfbau erzielt. Auch die Aerodynamik der Tragflächen hat sich erheblich verbessert. Leichtbau und bessere Flügel, die nächste Generation bei den Mittelstreckenflugzeugen baut auf diese Techniken.

(Aus: Markus Fasse: Sprit sparen über den Wolken, Handelsblatt vom 30.04.2007, © 2011, im Internet unter www.wiwo.de, letzter Zugriff 01.02.2012)

Weitere Informationen zum Thema findet ihr im Internet unter:
www.bundesumweltamt.de
www.fluglaerm.de
www.airliners.de

Empfehlungen für Lärmminderung im Flugverkehr

Das Deutsche Zentrum für Luft- und Raumfahrt (DLR) hat das Forschungsprojekt „Leiser Flugverkehr II" abgeschlossen und die Ergebnisse Gästen aus Luftfahrt, Politik und Umweltverbänden in Göttingen präsentiert. Das Projekt liefert Lösungsvorschläge für technische, operationelle und planerische Maßnahmen zur Lärmminderung im Umfeld von Flughäfen. […] Im Vergleich zu Flugzeugen heutiger Technologie und Konfiguration sowie den standardmäßig angewendeten Flugverfahren könnte bei konsequenter Nutzung aller Potenziale bei neuen Flugzeugkonfigurationen weiterhin eine Lärmminderung in der Größenordnung von bis zu 10 dB erreichbar sein.

(Aus: www.airliners.de, Hans-Leo Richter (verantwortlich für den Inhalt), letzter Zugriff 01.02.2012)

Großflugplätze in NRW

Kompetenzstationen

Wirtschaft und Wirtschaftspolitik verstehen

Station 1 Markt und Marktwirtschaft

S M U H

Herr Kleinschmidt beklagt sich: „Ich will im Sommer eine Urlaubsreise machen und habe im Katalog eine schöne 14-tägige Pauschalreise nach Mallorca entdeckt. Im März kostete sie 590 Euro und im August, in dem Monat, in dem ich reisen will, 1180 Euro. Gleiches Hotel, gleiche Leistung. Diese Preisunterschiede verstehe ich nicht."

- Erkläre Herrn Kleinschmidt die Preisunterschiede. Verwende dabei die Begriffe Markt, Angebot, Nachfrage und Preisbildung so, dass Herr Kleinschmidt die Zusammenhänge versteht.

Station 2 Von der freien zur sozialen Marktwirtschaft

S M U H

Ein Schüler sollte wichtige Merkmale der **sozialen Marktwirtschaft** notieren. Er wollte so viele Merkmale wie möglich sammeln. Dabei sind ihm einige in die Aufzählung hineingeraten, die da nicht hingehören. Schreibe seine Liste fehlerbereinigt neu.

1. Der Staat greift mit Gesetzen in die Wirtschaft ein.
2. Die Betriebe sind verstaatlicht.
3. Der Staat übernimmt eine Schutzfunktion gegenüber den sozial schwachen Bürgern.
4. Der freie Wettbewerb soll erhalten bleiben.
5. Die Arbeitswelt wird mit Gesetzen geordnet.
6. Es gibt keine Konkurrenz unter den Wirtschaftsbetrieben.
7. Der Staat betreibt eine aktive Wirtschaftspolitik.
8. Die Unternehmer bestimmen alleine die Höhe der Löhne.
9. Ein Versicherungssystem für Krankheit, Arbeitslosigkeit, Gesundheit, Pflege und Rente schützt die Arbeitnehmer.
10. Eine staatliche Planungsbehörde entscheidet, welche Güter hergestellt werden.

Tipp: Aus zehn werden sechs.

Station 3 Wirtschaftspolitik

S M U H

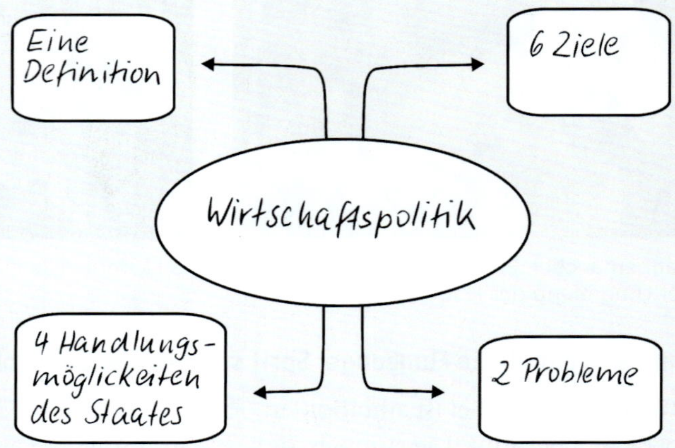

Übernimm das Muster der Mindmap in dein Heft.

1. Vervollständige das erste Feld mit einer treffenden Definition.
2. Fülle die übrigen Felder, indem du die folgenden Begriffe zutreffend verwendest und richtig platzierst.

Gesetze zum Schutz des Wettbewerbs – angemessenes Wirtschaftswachstum – Verhinderung von Monopolen und Kartellen – Vollbeschäftigung – stabiles Preisniveau – Umweltschutz – Unvereinbarkeit der sechs Ziele – außenwirtschaftliches Gleichgewicht – Steuererhöhungen oder Steuersenkungen – gerechte Einkommensverteilung – Konjunkturpolitik – Zielkonflikt zwischen Wirtschaftswachstum und Umweltschutz

Station 4 Das Modell des Wirtschaftskreislaufs

S M U H

1. Wähle eines der folgenden Ereignisse zur Bearbeitung aus.
2. Beschreibe dann die Auswirkungen, welche dieses Ereignis aller Wahrscheinlichkeit nach auf die fünf Sektoren im Wirtschaftskreislauf haben wird.

Möglichkeit 1: Der Staat erhöht die Einkommenssteuer.
Möglichkeit 2: Die Autohersteller in Japan senken die Preise aller Marken.
Möglichkeit 3: Die Banken in Deutschland senken die Kreditzinsen für ihre Kunden.

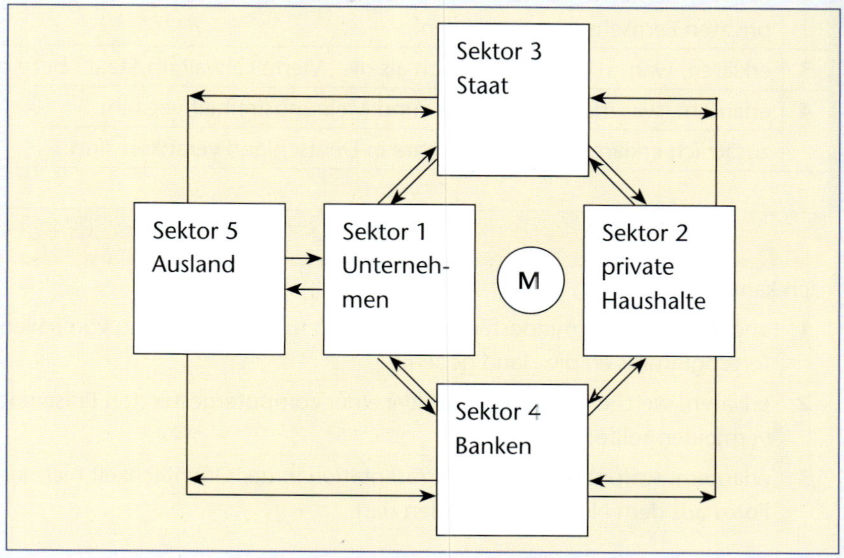

Station 5 Vereinbarkeit von Wirtschaftswachstum und Umweltpolitik

S M U H

Die Karikatur wurde von dem dreizehnjährigen Schüler Nikolaus Schlage angefertigt. Er gewann damit den 1. Preis in einem Karikaturenwettbewerb zum Thema Umwelt.

- Beschreibe in einem Text, wie Nikolaus den Zielkonflikt zwischen Umweltschutz und Wirtschaftswachstum darstellt.

Persönlicher Lerncheck Kapitel 6: Die Bedeutung der Medien

A Sachkompetenz – Was ich weiß

	Ich kann …	Punkte
1	an jeweils einem Beispiel erklären, wie die neuen Medien a) den Alltag, b) die Wirtschaft und c) die Politik verändern.	2
2	einen wesentlichen Unterschied zwischen den öffentlich-rechtlichen Fernsehanstalten und den privaten Fernsehsendern erklären.	2
3	erklären, warum die Medien auch als die „Vierte Gewalt im Staat“ bezeichnet werden.	2
4	erläutern, was man unter Presse- und Meinungsfreiheit versteht.	2
	zusätzlich erklären, wo diese Rechte in Deutschland verankert sind.	1
		maximal 9

B Methodenkompetenz – Was ich methodisch gelernt habe

	Ich kann …	Punkte
1	anderen Schülern mindestens drei Kriterien für die Gestaltung von Folien mithilfe eines Computerprogramms an die Hand geben.	3
2	erklären, welche drei Fehler man bei einer computergestützten Präsentation vor Publikum vermeiden sollte.	3
3	erläutern, warum man für eine Präsentation in der Öffentlichkeit nicht unbedacht Bilder und Fotos aus dem Netz herunterladen darf.	3
		maximal 9

C Urteilskompetenz – Wozu ich Stellung nehmen kann

	Ich kann …	Punkte
1	zwei und mehr Tipps geben, wie es einem gelingen kann, die Glaubwürdigkeit von Nachrichten und Berichten in den Medien zu überprüfen.	3
2	zur Frage „Soll man schon Kindern den Zugang zu Facebook erlauben?“ mindestens ein Pro- und ein Kontra-Argument formulieren.	3
3	anhand eines Beispiels erläutern, warum es in einem Staat ohne Pressefreiheit auch keine allgemeine Freiheit geben kann.	3
		maximal 9

D Handlungskompetenz – Meine Fähigkeiten im Umgang mit dem Thema „Die Bedeutung der Medien“

	Vertreter der politischen Parteien und anderer Organisationen haben in deiner Stadt zu einer öffentlichen Veranstaltung eingeladen. Thema: „Sind die Jugendlichen von heute zu sorglos und zu uninformiert im Umgang mit den Medien?“ Zu dieser Veranstaltung sollen auch medienkompetente Jugendliche eingeladen werden und ihre Statements abgeben. Würdest du dich fit genug fühlen, einer Einladung zu folgen? Ich fühle mich ziemlich fit (= 3 Punkte), teilweise fit (= 2 Punkte), eher nur ein wenig fit (= 1 Punkt).	maximal 3

Maximal 30 Punkte

Persönlicher Lerncheck Kapitel 7: Wirtschaft und Wirtschaftspolitik verstehen

A Sachkompetenz – Was ich weiß

Ich kann …		Punkte
1	am Beispiel von Erdbeeren erklären, aus welchen Gründen die Preise mal hoch und mal niedrig sind.	2
2	zwei bedeutsame Unterschiede zwischen der freien Marktwirtschaft und der sozialen Marktwirtschaft verdeutlichen.	2
3	von den sechs Zielen der Wirtschaftspolitik im Magischen Sechseck mindestens vier benennen.	3
4	erklären, was es bedeutet, wenn es in den Nachrichten heißt, das Wirtschaftswachstum habe im vergangenen Jahr 1,6 Prozent betragen.	2
		maximal 9

B Methodenkompetenz – Was ich methodisch gelernt habe

Ich kann …		Punkte
1	einem Referenten mindestens 3 Tipps geben, wie er seinen Vortrag so gestalten kann, dass er gut beim Publikum ankommt.	3
2	ein Modell vom Wirtschaftskreislauf skizzieren, in das ich mindestens vier Sektoren einzeichne.	3
3	am Beispiel von Steuererhöhungen oder -senkungen mithilfe des Modells vom Wirtschaftskreislauf aufzeigen, wie sich diese Maßnahme auf die Geldströme zwischen den Sektoren im Wirtschaftskreislauf auswirkt.	3
		maximal 9

C Urteilskompetenz – Wozu ich Stellung nehmen kann

Ich kann …		Punkte
1	zur Frage, ob es auf dem Arbeitsmarkt Mindestlöhne geben soll, wenigstes ein Pro- und ein Kontra-Argument formulieren.	3
2	einem Mitschüler, der behauptet, er habe mit Wirtschaftspolitik nichts zu tun, an einem Beispiel deutlich machen, dass er sehr wohl davon betroffen ist.	3
3	beurteilen, warum qualitatives Wirtschaftswachstum wünschenswert und quantitatives Wirtschaftswachstum problematisch für die Umwelt ist.	3
		maximal 9

D Handlungskompetenz – Meine Fähigkeiten im Umgang mit dem Thema „Wirtschaftspolitik verstehen"

Angenommen, es gäbe einen Staat mit Namen Montego, der voller wirtschaftspolitischer Probleme steckt. Dazu gehören zum Beispiel hohe Arbeitslosigkeit, sinkende Staatseinnahmen, Staatsverschuldung, Firmenpleiten, Umweltzerstörung und anderes mehr. Du bekommst von der Regierung dieses Staates einen Zustandsbericht zugeschickt, versehen mit der Frage, ob du dich in der Lage siehst, dem Staat Montego Tipps für Auswege aus der Wirtschaftsmisere zu geben. Glaubst du, dass du viele gute Tipps geben kannst (= 3 Punkte), einige gute Tipps (= 2 Punkte), höchstens einen oder zwei (= 1 Punkt)?	maximal 3

Maximal 30 Punkte

8 Die ökologische Herausforderung

Worin bestehen Risiken und Chancen für einen nachhaltigen Schutz der Umwelt?

1. Allein nachdenken

Welche Gedanken löst das Foto zum Thema Ökologische Herausforderung in dir aus?

2. Zu zweit beraten

Welche Gefahren für das ökologische Gleichgewicht auf der Erde sind euch bekannt?

3. In der Klasse sammeln

Wie wird es sein, wenn ihr selbst einmal Eltern seid: Welche Umwelt wünscht ihr euch für eure Kinder?

Bei der Arbeit an diesem Kapitel könnt ihr …

- die Erderwärmung und ihre Folgen für das Leben der Menschen beschreiben,
- erklären, warum wirtschaftliches Handeln und Umweltschutz keinen Widerspruch darstellen müssen,
- euren Mitschülern verdeutlichen, wie sowohl Kommunen, das Bundesland Nordrhein-Westfalen, die Bundespolitik als auch die internationale Staatengemeinschaft die ökologische Herausforderung annehmen,
- darüber diskutieren, wie mithilfe internationaler Umweltpolitik Klimaschutzziele erreicht werden können.

Eigene Schwerpunkte könnt ihr setzen, indem ihr …

- mithilfe einer Internetrecherche die Folgen der Klimaerwärmung an den Inseln der Südsee beschreibt,
- versucht, ein Unternehmen von der Teilnahme an dem EMAS-Verfahren zu überzeugen,
- als Vertreter eines Staates an einer internationalen Klimakonferenz teilnehmt.

1 Worunter leidet der Patient Erde?

Inselstaat Malediven 2010:

Ministerpräsident Nasheed und seine Regierung haben das Krankheitsbild des Patienten Erde klar erkannt. Weil sie um die Existenz ihres aus tausend Inseln bestehenden Staates fürchten, entschieden sie sich 2010 für eine dramatische Aktion. Die Regierung tagte drei Meter unter dem Meeresspiegel. Tische und Stühle waren dafür eigens auf dem Boden des Meeres installiert worden. Das Ziel dieser Aktion bestand darin, die Weltöffentlichkeit wachzurütteln und auf die verzweifelte Situation ihrer Heimat aufmerksam zu machen. Steigt der Meeresspiegel noch in diesem Jahrhundert um 60 Zentimeter an, werden die meisten der Malediveninseln überschwemmt und für immer verschwinden.

Vergleicht man die globale Umweltsituation mit dem Zustand eines Patienten, kommt man nicht umhin, eine ernsthafte Erkrankung zu diagnostizieren. Bevor man über geeignete Maßnahmen zur Heilung nachdenkt, sollte man dem Krankheitsbild genauer auf die Spur kommen.

Eine Einstiegsübung für alle

Natürlich ist die Erde keine Person, aber wir können sie uns als Patient vorstellen. Welche Diagnose würdet ihr als Arzt stellen?

Betrachtet dazu die Fotos.

Kenia, Afrika 2011: Dürre und Hungersnot

Überschwemmungen in Pakistan 2010

Fukushima Japan 2011: Zerstörung und Verseuchung rund um ein verunglücktes Atomkraftwerk

China 2012: Smog in Peking

Die Texte könnt ihr mithilfe eines Partnerbriefings bearbeiten. Jeder liest zwei Texte. Ordnet die Bilder zu und stellt die Beispiele der Partnerin/dem Partner vor. Zu zweit löst ihr die Arbeitsaufträge 1 und 2.

A) Horn von Afrika: Dürren hat es in Afrika immer schon gegeben und leider in der Folge auch Hungersnöte. Aber bei der Dürre, die sich 2011 am Horn von Afrika abspielte, verhielt es sich anders. So blieben in den letzten fünf Jahren die typischen Hauptregenfälle weitestgehend aus. Die Ursachen für die Katastrophe liegen neben der mangelnden Infrastruktur, wie beispielsweise einer unzureichenden Wasserversorgung, auch im Klimawandel. Für die Menschen am Horn von Afrika bedeutet die Dürre Hunger, Not und Tod. Neben diesen schrecklichen, unmittelbaren Folgen ist die ganze Kultur der Nomadenvölker gefährdet. Denn wenn die globale Erwärmung der Erde zu extremer Trockenheit in Ostafrika führt, finden die Hirten für ihre Herden in der Savanne kein Wasser mehr. Experten und Expertinnen sind sich darüber einig, dass die Zahl der Dürren weltweit ansteigen wird.

B) Japan: Das hohe Energieaufkommen Japans kann nicht durch nationale Rohstoffquellen befriedigt werden. Daher gewinnt Japan mithilfe von über 50 Atomkraftwerken Energie. Diese Methode der Energiegewinnung schont die Umwelt, da keine schädlichen Treibhausgase entstehen. Da es in Japan immer wieder zu Erdbeben kommen kann, muss jedes Atomkraftwerk strenge Sicherheitsauflagen erfüllen. Doch im März 2011 verursachte ein Seebeben der Stärke 9.0 einen Tsunami, in dessen Folge die Sicherheitssysteme des küstennahen Atomkraftwerkes Fukushima ausfielen. Es kam zu einer nuklearen Verseuchung des Bodens, der Luft und des Wassers. Die betroffenen Menschen der Region, ca. 100000 Einwohner, mussten ihre Heimat dauerhaft verlassen und hoffen, dass sie selbst nicht oder nur sehr gering kontaminiert wurden. Trotzdem steigt weltweit die Zahl neuer Atomkraftwerke.

C) Pakistan: Ein äußerst starker Monsunniederschlag verursachte in Pakistan ein Bild der Zerstörung. Viele Menschen verloren während der Katastrophe ihr Leben. Die Wassermassen zerstörten zudem die Lebensgrundlage der von Ackerbau und Viehzucht lebenden Bevölkerung. Häuser, Straßen und Brücken wurden beschädigt oder gar vernichtet. Ebenso wurden die Anbauflächen und deren Erträge zerstört. Auch die Viehbestände konnten großteils nicht gerettet werden. Eine weitere existenzielle Auswirkung der Überschwemmungen ist, dass das verdreckte Wasser das Trinkwasser verunreinigt. Weltweit treten seit einigen Jahrzehnten verstärkt solche Wetterveränderungen auf. Klimaforscher sehen in der globalen Erwärmung einen Grund für die Zunahme von Wetterextremen.

D) China: In Peking, der Hauptstadt Chinas, kann man den Smog nicht nur sehen. Man schmeckt und fühlt ihn auch. Der undurchdringliche Nebel legt sich wie eine Glocke über die Metropole. Was früher nur an wenigen Tagen im Jahr geschah, ist zum traurigen Alltag geworden. Ein Grund dafür ist der enorme Verkehr auf den Straßen der Millionenstadt. Innerhalb der Stadtgrenzen kann ein Stau über 100 Kilometer lang sein. Die Abgase des Straßenverkehrs beinhalten sowohl gesundheitsgefährdende als auch klimaschädliche Stoffe wie CO_2. Anhand der durchschnittlich ausgestoßenen Partikelmenge lässt sich messen, wie sehr die Luft verschmutzt ist. Die höchsten durchschnittlichen Jahreswerte für eine deutsche Stadt liegen bei 31 Mikrogramm Partikel pro Kubikmeter Luft. Peking erreicht hingegen Tageswerte um 300. Wissenschaftler warnen vor dem rasant wachsenden Verkehr.

1. Wissenschaftler diskutieren darüber, wie hoch der Beitrag der Menschen an diesen Krisen ist. Bei welchen der Beispiele ist das eindeutig und bei welchen ist das schwieriger nachzuweisen?
2. Stellt in der Rolle von Ärzten die von euch vermuteten Ursachen vor.

Herausforderung Klimawandel – Das Problem und die Folgen

A Das Problem: James Dunn kriegt nasse Füße

Im folgenden Text schildert der Inselbewohner James Dunn, wie seine Heimat vom Wasser verschluckt wird.

Wo er als Kind spielte, ist heute nur noch Wasser. Der Ozean verschlingt die Fidschi-Inseln. Er senkt den Kopf, er rafft seinen Wickelrock, dann tritt er ins Meer. Es ist flach hier und warm. Der Mann watet durch die Welt seiner Kindheit.

„Da draußen", sagt James Dunn, 65, und zeigt auf den weiten Ozean, „da draußen stand mein Elternhaus." Der Garten sei dort drüben gewesen, sagt er und zeichnet mit ausholender Gestik seine Heimat aufs Wasser. […] Der Mann sieht mit eigenen Augen, wovor seit Jahren Wissenschaftler mit immer neuen abstrakten Zahlenkolonnen und mathematischen Modellen warnen. Die aktuellsten Prognosen: Noch in diesem Jahrhundert werde sich der Ozean weltweit bis zu 1,60 Meter heben. Das hängt von der Klimaerwärmung ab, schaffen es die Industrienationen der Welt, die Zwei-Grad-Plus-Marke nicht zu übersteigen, ist es immer noch ein Meter. Die sich überall aufheizende Luft sorgt nicht nur dafür, dass die Eispanzer an den Polen auftauen und sich die Hälfte des Gletschereises der Alpen bereits über Flüsse in die Ozeane ergossen hat. Dass der Meeresspiegel steigt, lag in den vergangenen Jahrzehnten vor allem an der thermischen Ausdehnung: Wenn sich Wasser erwärmt, nehmen die Moleküle mehr Platz ein. Es verhält sich wie Mineralwasser in einer prallen Plastikflasche im Sonnenlicht. […] James Dunn fühlt sich nicht wie im Paradies, und er braucht auch keine Zahlen und Statistiken, er hat in seiner Hütte, die sich auf Pfählen gegen die Flut stemmt, noch nicht einmal Licht und Strom für einen Computer. Wie sich die globale Erwärmung wissenschaftlich erklärt, dass sie zum großen Teil menschengemacht ist, wer da alles politisch mitmischt auf der anderen Seite der Welt, das weiß er nicht. […] Und gegen das Meer und die Stürme helfen kein Damm, keine am Ufer hochgezogenen Steinwände, kein Steineaufschütten, wie sie es auf den Malediven versuchen. Das Wasser findet immer einen Weg. Es kriecht unterirdisch an die Lebensadern der Insulaner heran, zu den natürlichen Regenwasserspeichern im Boden, wo sich das Süßwasser in linsenförmigen Reservoirs staut. Wenn es dort einsickert und die Süßwasserspeicher versalzt, werden die Brunnen unbrauchbar.

(Aus: Annette Kögel: James Dunn kriegt nasse Füße, in: Der Tagesspiegel vom 19.07.2011)

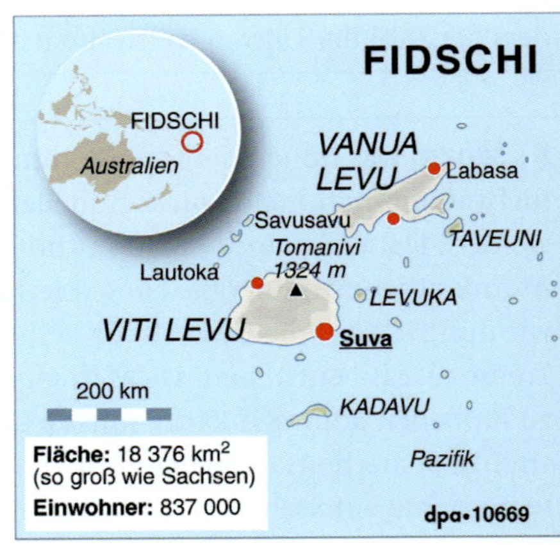

Was noch interessant sein kann: ein fiktives Interview mit James Dunn führen: Für die Befragung denkt ihr euch passende Fragen und wahrscheinliche Antworten aus. Schwerpunkte können beispielsweise die größten Sorgen und Wünsche von James Dunn sein.

B Folgen der Erderwärmung

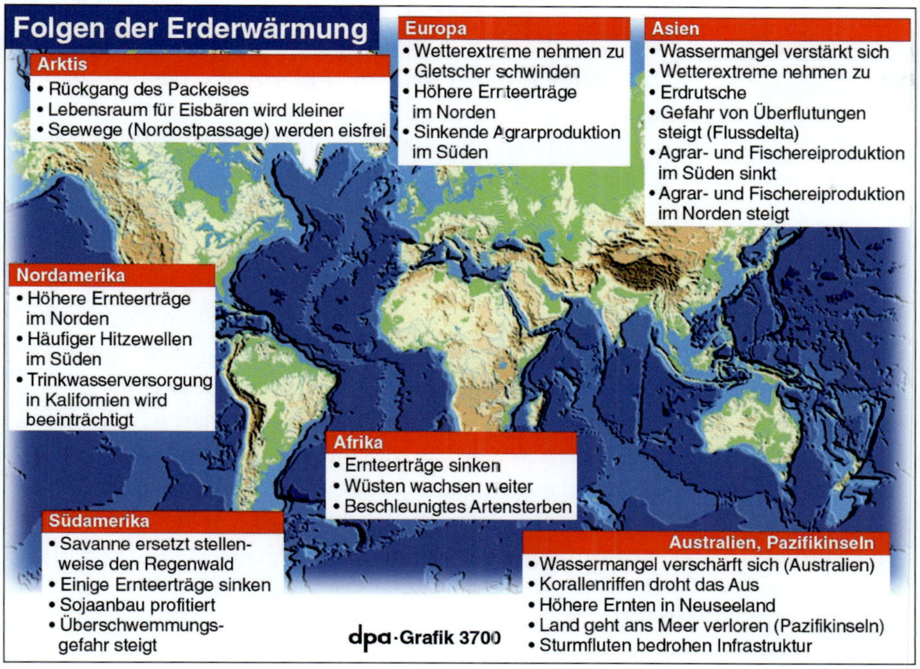

Wasser

Die Auswirkungen der globalen Erwärmung auf die Wasserversorgung sind dramatisch. Durch das Schmelzen der Gletscher in den Gebirgen drohen die Quellen großer Flüsse auszutrocknen. Das gefährdet die Wasserversorgung von Millionen von Menschen vor allem in Asien. Die zweite Folge der Erwärmung sind steigende Meeresspiegel, weil sich das warme Wasser ausdehnt und gleichzeitig vor allem in der Arktis schnell große Mengen Eis schmelzen. Nach Ansicht des Klimaexperten Herrmann Ott wird das Abschmelzen der Polkappen auf lange Sicht „Städte wie Rostock, Hamburg und Kiel unbewohnbar" machen. […] Und in Afrika drohen Megastädte wie das nigerianische Lagos vollständig im Meer zu versinken.

Luft

Die Erwärmung der Luft führt in Mitteleuropa vor allem zu einem zunehmenden Verlust von kalten Tagen und Nächten. Schneereiche Winter werden seltener. Auf der anderen Seite stehen mehr heiße Tage und Nächte sowie regelrechte Hitzewellen. In Deutschland werden vor allem im Osten des Landes die Sommer noch trockener.

Land

Bei ungebremstem Klimawandel wird es bis 2100 in Ostdeutschland eine Tendenz zur Versteppung geben. […] In der Mittelmeerregion werden Regenfälle noch seltener werden, im schlimmsten Fall kann es zur Wüstenbildung kommen. […] In Sibirien taut der Permafrost auf. […] Die Folgen können dramatisch sein, weil im Permafrost große Mengen klimaschädliches Methan gespeichert sind. […] In Afrika rechnen die Wissenschaftler damit, dass durch den Klimawandel 25 bis 40 Prozent der Lebensräume für Tiere verloren gehen.

(Nach: Dagmar Dehmer: Klimawandel. Narben dieser Erde, in: Der Tagesspiegel vom 04.02.2007)

1. Versetzt euch in die Situation von James Dunn. In welcher Form verändert der Klimawandel sein Leben?
2. Eine Südseeinsel droht unterzugehen. Ist das ein Schicksal, welches nur die Bewohner der Fidschi-Inseln etwas angeht oder auch uns in Deutschland?
3. Wasser, Luft und Land sind vom Klimawandel betroffen. Stellt die Veränderungen in einer Tabelle zusammen.
4. Welche der Folgen haltet ihr für besonders dramatisch? Begründet eure Auswahl anhand der Frage: Wie dringlich ist das Problem? Betrachtet dabei auch das Schaubild.

Was noch interessant sein kann:
im Internet recherchieren: Finde Inseln mit einem ähnlichen Schicksal.

C Die Verursacher der Erderwärmung

Eine Einstiegsübung für alle

Auf dieser Doppelseite werden einige wichtige Verursacher des Klimawandels vorgestellt. Welche sind euch bereits bekannt?

xxxxxxxxxxxxxx

Zum Treibhauseffekt, dem wichtigsten globalen Umweltproblem, trägt der Verkehr mit der Verbrennung von Kraftstoff und geringfügig über die Nutzung von Strom bei. Die direkten CO_2-Emissionen des Verkehrs machten im Jahr 2004 rund 20 % des gesamten CO_2 in Deutschland aus. Nimmt man den abgehenden Flugverkehr und auch die indirekten Emissionen hinzu, das sind die Emissionen der Raffinerieprozesse und des Bahnstroms, kommt der Verkehr auf einen Anteil von ca. 25 %. An den direkten CO_2-Emissionen des gesamten Verkehrsbereichs hat der Straßenverkehr einen Anteil von 85 %, der Pkw-Verkehr von 60 %.

xxxxxxxxxxxxxx

Der Luftverkehr ist zum einen aufgrund seiner hohen Zuwachsraten problematisch. Zum anderen ist neben den CO_2-Emissionen des Flugverkehrs die sehr treibhausrelevante Wirkung verschiedener Abgaskomponenten in Reiseflughöhe (Ozonbildung, Kondensstreifen, Cirruswolken) zu beachten. Deren Klimaeffekt ist im Durchschnitt noch einmal mindestens so hoch wie die der CO_2-Emissionen.

(Beide Texte aus: http://www.bmu.de, Zugriff vom 14.10.2011)

xxxxxxxxxxxxxx

Die Landwirtschaft trägt mit 14 Prozent erheblich zu dem von Menschen verursachten Klimawandel bei. Dies entspricht den Auswirkungen des Transportsektors auf unser Klima. Werden außerdem Landnutzungsänderungen wie die Umwandlung von Wald zu Ackerland berücksichtigt, trägt der Agrarsektor sogar zu mehr als einem Drittel zur globalen Erwärmung bei. In Deutschland verursacht die Landwirtschaft zwischen sechs und elf Prozent des gesamten nationalen vom Menschen verursachten Treibhauseffekts. In der Agrarwirtschaft sind es vor allem die Treibhausgase Methan (CH_4) und Lachgas (N_2O), die zur globalen Erwärmung beitragen. In Deutschland entstehen sie bei der Rinderhaltung zur Milch- und Fleischerzeugung sowie beim Düngen, wenn stickstoffhaltige synthetische Dünger sowie Wirtschaftsdünger wie zum Beispiel Mist, Jauche und Gülle zum Einsatz kommen.

(Nach: http://www.wwf.de, Zugriff vom 30.11.2011)

xxxxxxxxxxxxxx

Der Wald ist im globalen Kohlenstoffkreislauf ein wichtiger „Speicher“ von Kohlenstoff – die Bäume nehmen bei der Photosynthese das CO_2 aus der Luft auf und speichern es. Bei der Rodung von Wäldern wird das gespeicherte CO_2 freigesetzt, wodurch sich wiederum der Klimawandel beschleunigt. Brasiliens CO_2-Emissionen aus der Rodung von Wäldern des Amazonasgebiets beispielsweise sind etwa viermal so groß wie die energiebedingten Emissionen des Landes. Auch in Indonesien und weiteren südamerikanischen Staaten schreitet die Abholzung der Tropenwälder voran, wenn auch nicht im Ausmaß Brasiliens.

(Aus: http://www.bpb.de, Zugriff vom 05.02.2012, verf. von Christof Arens)

xxxxxxxxxxxxxx

Hauptquelle für Treibhausgase, insbesondere CO_2, ist die Erzeugung von Energie. Dazu werden auch heute noch in Kraftwerken die fossilen, sehr kohlenstoffintensiven Energieträger wie Stein- und Braunkohle, aber auch Erdöl und Erdgas verbrannt. Rund 40 Prozent der vom Menschen produzierten weltweiten CO_2-Emissionen fallen bei der Stromerzeugung an. Etwas mehr als 40 Prozent der weltweit erzeugten Energie basiert noch immer auf dem fossilen Brennstoff Kohle (Quelle: International Energy Agency, 2010). Zudem weisen die meisten weltweit betriebenen Kraftwerke eine enorm geringe Energieeffizienz auf. Oft bedeutet dies, dass nur ein Viertel bis ein Drittel der eingesetzten Energie wirklich genutzt wird.

(Aus: http://www.wwf.de, Zugriff vom 14.10.2011)

1. Findet die passenden Überschriften zu den Texten.
2. Erläutert, in welcher Weise die Verursacher zum Klimawandel beitragen.
3. Analysiert das Schaubild mithilfe der „Vier-Fragen-Deutung“.
   a) Wovon handelt das Schaubild?
   b) Welche Bedeutung haben die Zahlen?
   c) Welche Informationen will ich mir daraus langfristig merken?
   d) Warum ist das Schaubild gemacht worden?
4. Wo seht ihr Möglichkeiten der Problemlösung?
5. Erstellt eine Mindmap, die sowohl die Probleme, die Folgen als auch die Verursacher des Klimawandels thematisiert.

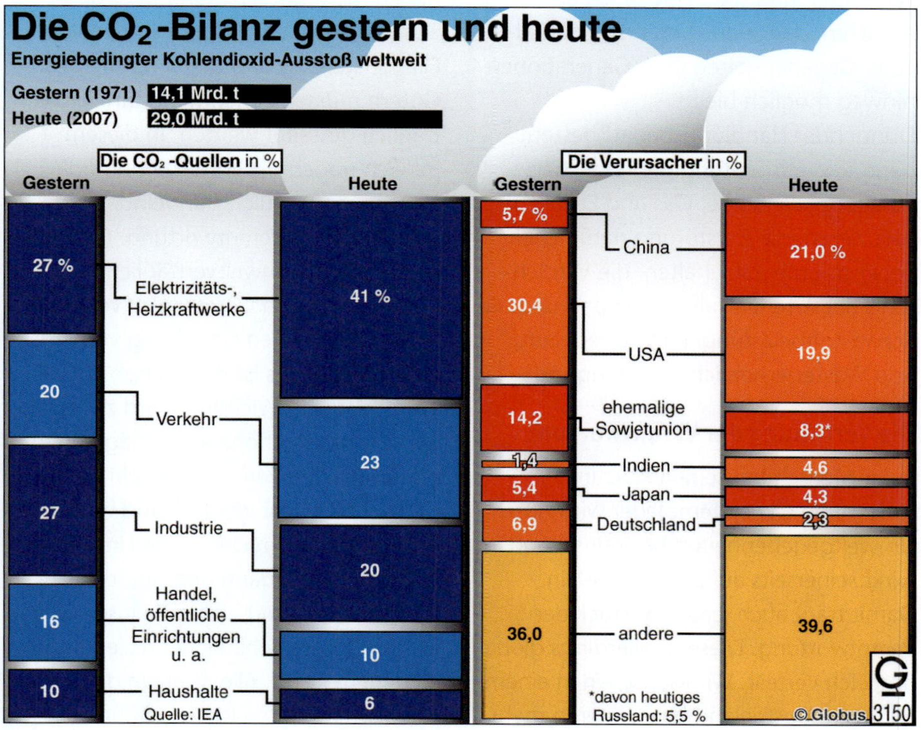

Ökologie

1. Warum ist die Wissenschaft von der Ökologie mit der Betrachtung eines Haushaltes vergleichbar? Erläutere den Vergleich.
2. Vor welchen Herausforderungen steht die Menschheit?
3. Ökologische Erkenntnisse bilden die Grundlage aller Maßnahmen für einen wirksamen Umweltschutz. Versuche zu erklären, warum das so ist.

Ökologie als Wissenschaft

Die Ökologie betrachtet die Erde als ein System, das einem Haushalt ähnelt. In diesem Haushalt gibt es die Umwelt, deren Bestandteile Boden, Luft und Wasser sind, und es gibt die Lebewesen: Pflanzen, Tiere und Menschen. Alle Bestandteile des Systems stehen in einer wechselseitigen Beziehung zueinander. Jede Veränderung in einem Bereich hat Auswirkungen auf alle anderen. Geht es den Pflanzen gut, profitieren davon die Menschen und die Tiere. Erkrankt ein Baustein im System, sind immer auch alle anderen betroffen.
Diese vielfältigen Wechselwirkungen zwischen den Lebewesen und der Umwelt im Haushalt der Natur sind der Gegenstand der Wissenschaft Ökologie. Die wörtliche Übersetzung des aus dem Griechischen stammenden Begriffs lautet Haus bzw. Haushalt.
Das ökologische System ist gesund, solange seine verschiedenen Bestandteile sich in einem relativ stabilen Gleichgewicht zueinander befinden. Das System ist krank, wenn dieses Gleichgewicht massiv gestört wird und wenn die Selbstheilungskräfte in der Natur wegen Überforderung nicht mehr ausreichen, das Gleichgewicht wiederherzustellen.

Herausforderungen

Neben den unvermeidlichen Naturkatastrophen werden alle schädlichen Eingriffe in das Ökosystem Erde von Menschen verursacht. Ein gewisses Maß an Eingriffen verkraftet das System. Summieren diese sich oder werden sie immer massiver, sind die Selbstheilungskräfte der Erde überfordert.
Es drohen irreparable Schädigungen bis zum Kollaps. Unstrittig ist mittlerweile, dass ein kritischer Überlastungszustand des Ökosystems Erde erreicht ist. Die Menschen stehen vor den Herausforderungen, den Kollaps des Systems zu vermeiden und die Umwelt so zu schützen, dass ein Leben unter natürlichen Gegebenheiten über Generationen hinweg möglich bleibt.
Dringender Handlungsbedarf besteht darin, die Ausbeutung der endlichen Rohstoffe wie Kohle, Gas und Erdöl zu reduzieren, die Zerstörung natürlicher Lebensräume aufzuhalten, die Vernichtung der Artenvielfalt zu stoppen und die Schadstoffbelastungen in Böden, Luft und Wasser erheblich zu verringern.

Die Verteilung der Verantwortung

Jeder Mensch hat seinen Platz im weltweiten Ökosystem. Jeder wird durch Umweltgegebenheiten beeinflusst und wirkt seinerseits auf die Umwelt ein. Damit trägt auch jeder ein Stück der Verantwortung. Diese ist allerdings global ungleich verteilt. Wir Menschen in einem reichen Industrieland konsumieren mehr und haben einen wesentlich höheren Ressourcenverbrauch als die große Zahl derjenigen, die weltweit in Armut leben und darüber hinaus keine Möglichkeit haben, sich durch Bildung über den Zustand der Welt in Kenntnis zu setzen.
Die Herstellung und der Verbrauch von Gütern müssen zunehmend umweltverträglich gestaltet werden. In diesem Bereich tragen die Wirtschaft und die darin verantwortlich Handelnden ein hohes Maß an Verantwortung. Die Politik ist gefordert, Umweltverträglichkeitsregeln in Form von Gesetzen zu verabschieden und auf deren Einhaltung verbindlich zu achten. Vieles ist dazu schon auf den Weg gebracht. Wichtiges wird zunehmend in internationalen Verträgen und Abkommen zu vereinbaren sein.
Politische Entscheidungen und wirtschaftliches Handeln im Dienst des Umweltschutzes haben dann besondere Chancen zur Verwirklichung, wenn sie insgesamt in ein Klima gesellschaftlicher Akzeptanz eingebettet sind. Alle Kräfte in der Gesellschaft sollten lernen, dafür einzustehen, und zwar sowohl jeder Einzelne von uns als auch alle einflussreichen Gruppen.

Begriffe für euer Fachwörterverzeichnis

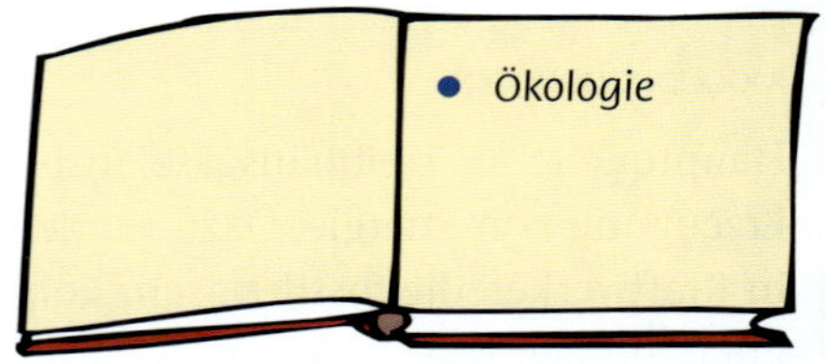

Ökologie = Verantwortung für alle?

Trainingsplatz

Wir entwickeln eine Wirkungskette zum Klimawandel

Auf dieser Seite wird der Zusammenhang zwischen den privaten Haushalten und dem Klimawandel in der Form einer Wirkungskette dargestellt. Sie besteht aus neun Karten mit kurzen Texten.

Euer Auftrag:

- Bildet Partnerschaften und bringt zu zweit die Kästen und Texte in eine sinnvolle Reihenfolge. Diese Aufgabe ist gelöst, wenn sich aus den Buchstaben zu den Kästen ein Lösungswort ergibt.
- Verwendet eure Notizen, um euch gegenseitig den Zusammenhang zwischen den privaten Haushalten und ihrem Beitrag zum Klimawandel zu erläutern.
- Was tragen die privaten Haushalte zur Erderwärmung bei? Stellt zu dieser Frage die ermittelte Wirkungskette mündlich vor.

Tipp: Ihr könnt auch zu anderen Themen (Straßenverkehr, Luftverkehr, Windenergie oder Solarenergie) eine eigene Wirkungskette erstellen.

Über Kamine und Schornsteine gelangen die Abgase an die Luft (= Emission). **B**

Der fossile und endliche Rohstoff Öl wird in den Heizanlagen der 40 Millionen deutschen Haushalte verbrannt. **E**

Das freigesetzte CO_2 trägt zur Erderwärmung bei. **A**

Bei einer Erderwärmung um 2 Grad rechnen die Experten mit einem Anstieg des Meeresspiegels um 40 cm. **S**

Dank der Verbrennung können die Heizkörper in den Haushalten Wärme erzeugen. **I**

Experten befürchten einen Temperaturanstieg von 1,1 bis 6,4 °C bis zum Jahr 2100. **U**

Ein Einfamilienhaus verbraucht beim Heizen mehr als 6 000 kg CO_2 pro Jahr. Diese Menge gelangt in die Atmosphäre. **H**

Der Winter beginnt und die Temperaturen sinken. **T**

Die Haushalte füllen ihre Öltanks. Im Schnitt verbraucht ein Einfamilienhaus circa 2 200 Liter Heizöl im Jahr. **R**

2 Der Beitrag der Wirtschaft

A Wie können Unternehmen ökonomisch erfolgreich und ökologisch verantwortungsbewusst arbeiten?

Wenn man sich Fabriken oder Industrieanlagen vorstellt, denkt man vielleicht zunächst an rauchende Schornsteine, von Giftstoffen belastete Abwässer, belastete Umwelt. Dass die Produktion von Gütern auch ganz anders aussehen kann, beweisen immer mehr Unternehmen. Solche Unternehmen werden in diesem Unterkapitel vorgestellt und ihr könnt selbst entscheiden, welche davon einen Preis für den besten Beitrag zum Umweltschutz erhalten sollen.

Der Preis der Bundesstiftung Umwelt

Die Deutsche Bundesstiftung Umwelt vergibt jährlich Ende Oktober die höchstdotierte Umweltauszeichnung Europas. Seit 1993 ehrt die DBU mit dem Deutschen Umweltpreis Persönlichkeiten für ihre herausragenden Leistungen und den Einsatz im Umweltschutz, so den deutschen Mittelstand für seine innovative und kreative Umwelttechnik oder Wissenschaftler für das Weitertragen ihrer nachhaltigen Ideen und Ergebnisse in Politik und Gesellschaft. Die DBU will mit dem Deutschen Umweltpreis nicht nur ehren, sondern vor allem motivieren: Einzelpersonen genauso wie Kooperationen.
Denn vielfach bieten heute nur noch branchenübergreifende Lösungsansätze Antworten für die großen Herausforderungen: Klima- und Umweltschutz, Ressourcenschonung, Effizienzsteigerung, nachhaltige Entwicklung.
(Aus: www.dbu.de, letzter Zugriff 02.11.2011)

Folgende Kriterien charakterisieren die Leitidee des Preises

1. Besitzt die Leistung eine Vorbildfunktion für andere Unternehmen?
2. Ist die Idee so vorbildlich, dass sie auch in anderen Wirtschaftsbereichen Nachahmer finden könnte?
3. Trägt die Idee aktiv zum Umweltschutz bei?
4. Trägt die Leistung dazu bei, Umweltprobleme zu verhindern, bevor sie überhaupt erst entstehen?
5. Stammt die Leistung aus unterschiedlichen Wissenschafts- und/ oder Wirtschaftsbereichen, sodass sie besonders erfindungsreich ist?

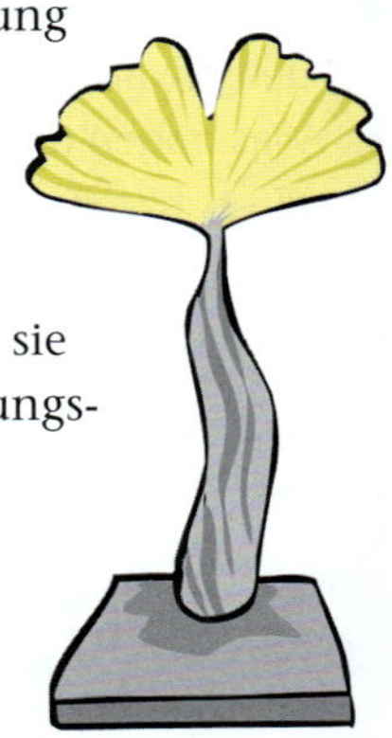

So könnt ihr bei der Preisvergabe vorgehen:

- Bildet Gruppen, die aus drei Jurymitgliedern bestehen. Jedes Gruppenmitglied schlüpft in die Rolle eines Jurors und widmet sich einem Nominierten. Mithilfe von Notizen wird den anderen Jurymitgliedern dessen unternehmerisches Konzept vorgestellt.
- Gemeinsam entscheidet ihr euch dann für einen Preisträger und formuliert, warum gerade dieses Unternehmen den Preis verdient. Beachtet dabei die Zielkriterien.
- Präsentiert euer Ergebnis in der Klasse.

Die Nominierten

WS Wärmeprozesstechnik GmbH

Dank der aufwendigen und jahrelangen Forschungsarbeit des mittelständischen Unternehmens der WS Wärmeprozesstechnik GmbH konnte ein neues Brennverfahren entwickelt werden. Die Erfindung hilft vor allem der Schwerindustrie, die zu den größten Verursachern des Klimawandels zählt. Um in den Brennöfen die erforderliche Hochtemperatur zu beispielsweise der Stahlerzeugung zu erreichen, ist ein enormer Energieverbrauch an fossilen Energieträgern nötig. Dies hat wiederum einen hohen Ausstoß an klimafeindlichen Gasen zur Folge. Zudem bildet sich während des Verbrennungsvorgangs in einem Hochofen das umweltschädliche Stickoxid, welches für den sauren Regen, die Smog- und Ozonbildung verantwortlich ist.
Die bahnbrechende Entwicklung des sogenannten FLOX-Verfahrens bis hin zur Marktreife ermöglicht eine flammenlose Verbrennung. Dies hat folgende Vorteile:

- Der Brennstoffbedarf sinkt um bis zu 50 %.
- Der Stickoxidausstoß sinkt auf bis zu 0 %.
- Der Brennraum im Hochofen entwickelt eine gleichmäßige Temperaturverteilung und arbeitet somit qualitativ besser.
- Die Brenner sind oft zuverlässiger.

Die FLOX-Technologie kann zudem noch weiterentwickelt werden, sodass neue Einsatzgebiete entstehen können.

memo AG

Wer bei diesem Großhändler einkauft, weiß, dass er ökologische Produkte zum fairen Preis erhält. Unternehmen sowie private Haushalte sind zunehmend dazu angehalten, beim Kauf von Waren ökologisch zu denken. Die memo AG hilft ihnen dabei, indem sie über 10 000 umweltverträgliche Produkte für Haushalte, Büros oder Schulen anbietet. So finden sich in ihrem Sortiment Druck- und Kopierpapiere genauso wie Büromöbel. Man findet so ziemlich alles, was man zum Arbeiten benötigt. Aber auch Produkte wie ein Poloshirt oder einen Rührlöffel für die Küche können über die Homepage erworben werden. Alle im Sortiment aufgeführten Waren erfüllen dabei die folgenden Eigenschaften:

- ökologischer Herstellungsprozess
- Langlebigkeit der Produkte
- geringer Energieverbrauch
- ökologisch sinnvolle Materialverwendung
- Recyclingfähigkeit

Des Weiteren legt die memo AG größten Wert auf eine effiziente und umweltgerechte Unternehmensführung. Dabei achtet das Unternehmen bei allen Entscheidungen auf soziale und ökologische Kriterien wie beispielsweise der Energieeffizienz.

LimnoTec Abwasseranlagen GmbH

Eine weitreichende und umfassende Leistung ist der LimnoTec Abwasseranlagen GmbH gelungen. Ihre komplexe Aufbereitungsanlage mit einem eigenen Blockheizkraftwerk hilft der immer intensiver arbeitenden Landwirtschaft. Damit Unternehmen im Gemüseanbau auf dem Markt erfolgreich sein können, werden große Mengen an Gemüse kostengünstig angebaut und weiterverarbeitet. Während des Anbaus und der Verarbeitung produzieren die Unternehmen hohe Mengen an Abwasser und organischem Müll.
Dank dieser Erfindung entsteht ein eigenständiges Energie-, Wasser- und Stoffkreislaufmanagement. Die ökonomischen als auch ökologischen Vorteile liegen auf der Hand:

- Abwasser werden vor Ort aufgearbeitet und belasten demnach nicht mehr die kommunalen Kläranlagen.
- Das aufgearbeitete Wasser verringert den Einsatz von Frischwasser.
- Das aus Gemüseresten erzeugte Biogas wird im eigenen Blockheizkraftwerk genutzt.
- Die Bioreaktoren heizen die Produktionshallen.

B Jobmotor Umweltschutz?

Wie deutsche Firmen Amerika grüner machen

In den USA startet die Ökowende, und Deutschlands Firmen profitieren davon: Mit Hochdruck exportieren sie Wind-, Solar- und Biotechnologie in die neue Welt. Sie hoffen auf Milliardengewinne und treiben Amerikas grüne Revolution voran.
Viehherden und Ölpumpen haben lange Zeit das Bild von Texas geprägt. Doch wer den Weg zur Kleinstadt Roscoe einschlägt, dem eröffnet sich ein ganz anderes Panorama: 627 Windräder drehen sich dort, installiert vom deutschen Energieriesen E.on. Mit einer Leistung von rund 780 Megawatt erzeugen sie Strom für gut 230000 Haushalte. Trotz Erdöl gehört Texas mittlerweile zu den weltweit wichtigsten Standorten für Windenergie. Der Wandel in Texas verdeutlicht einen Megatrend: Amerika erlebt die grüne Revolution – und Deutschland profitiert davon. [...] Die deutsche Windenergiebranche profitiert schon jetzt vom US-Boom. Deutsche Zulieferer haben einen Marktanteil von etwa 60 Prozent bei Windanlagenkomponenten in den USA. Auch in der Solarbranche sind die Zuwachszahlen beachtlich. Die Nachfrage nach Photovoltaikanlagen stieg [...] zwischen 2000 und 2008 um jährlich 71 Prozent.

(Aus: Henning Zander: Wie deutsche Firmen Amerika grüner machen, www.spiegel.de, Artikel vom 18.04.2010 Zugriff vom 05.11.2011)

Arbeitsplätze durch Innovation

Durch ökologische Innovationen könnte die Zahl von heute 1,5 Millionen Beschäftigten im Umweltbereich bis 2020 verdoppelt werden. Das ist das Ergebnis einer Studie, die nun gemeinsam vom Bund für Umwelt und Naturschutz Deutschland (BUND), dem Deutschen Naturschutzring (DNR) und dem Naturschutzbund NABU vorgelegt wurde. „Der Umweltschutz ist ein bedeutender und stabilisierender Faktor für den deutschen Arbeitsmarkt geworden", erklärt die BUND-Vorsitzende Angelika Zahrnt. „Rund vier Prozent aller Beschäftigten arbeiten heute in diesem Bereich. Das ist mehr als zum Beispiel in der Automobilindustrie. Und das Potenzial ist längst nicht ausgeschöpft", so Zahrnt. „Unsere Studie zeigt: Wenn die Bundesregierung zum ökologischen Innovationsmotor wird, werden im Jahr 2020 drei Millionen Menschen im Umweltschutz arbeiten können."

(Nach: http://www.g-o.de, Zugriff vom 24.11.2011)

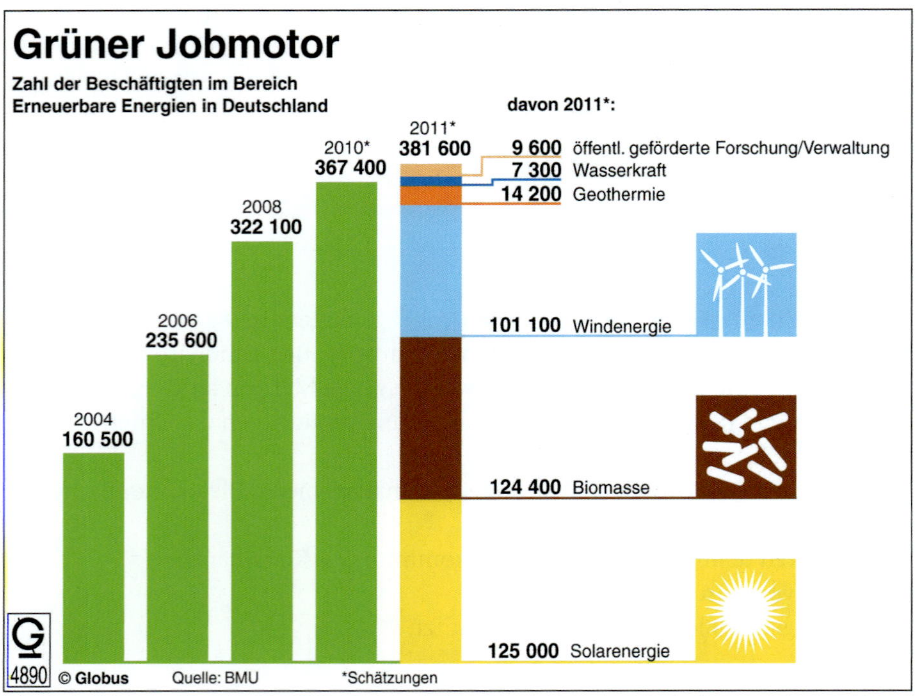

1. Welche Zweige der alternativen Energiegewinnung sind in Texas besonders erfolgreich?
2. Warum lässt sich mit alternativen Energietechnologien auch im Ausland Gewinn erwirtschaften?
3. Wie entwickelt sich voraussichtlich die Zahl der Beschäftigten im Bereich der erneuerbaren Energien und welche Perspektive besitzt die Wirtschaftsbranche Umweltschutz? Nutze dazu auch das Schaubild.
4. Könntest du dir vorstellen, in einem Unternehmen der Umweltschutzbranche zu arbeiten? Welche Ausbildungsberufe werden innerhalb des Arbeitsgebietes wohl am meisten gesucht?

Ökologische Unternehmensführung

1. Beschreibe, worin die Aufgaben und Ziele einer Unternehmensführung liegen.
2. Veranschauliche den Weg zu einem EMAS-Logo mithilfe eines Schaubildes.
3. Versuche, ein Unternehmen zu überzeugen, warum es sich diesem Verfahren unterziehen sollte.

Begriffe für euer Fachwörterverzeichnis

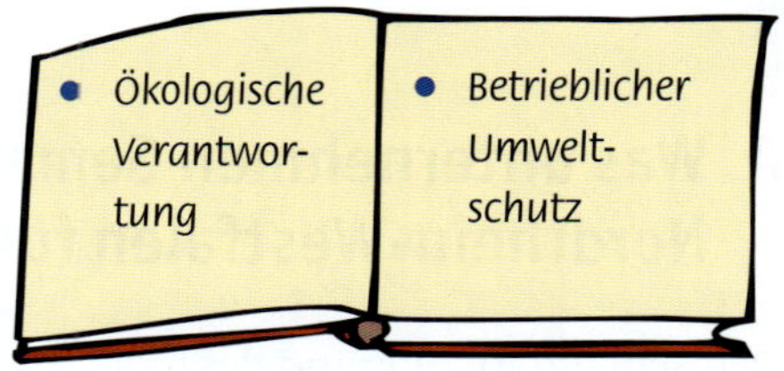

Ökologische Verantwortung als Aufgabe der Unternehmensführung

Die Führung eines Unternehmens ist eine sehr verantwortungsvolle und komplexe Aufgabe. Ihr Handeln richtet sich meist danach, Kosten zu senken und Gewinne zu maximieren. Wie gut diese Ziele erreicht werden, ist abhängig von der Unternehmensplanung, den Arbeitsschritten im Unternehmen als auch der Arbeitskontrolle. Somit steuert die Unternehmensführung direkt oder indirekt das gesamte Unternehmen. In modernen Unternehmensführungen setzt sich dabei immer mehr die Erkenntnis durch, dass ein betrieblicher Umweltschutz nicht als Kostenfaktor, sondern als Chance verstanden werden muss. Die ökologische Verantwortung nimmt somit innerhalb des Unternehmens eine immer wichtigere Stellung ein. Energiesparmaßnahmen und effizientere Produktionsabläufe dienen einerseits dem Umweltschutz und andererseits dem verbesserten Ansehen des Unternehmens in der Öffentlichkeit. Zudem entstehen geringere Betriebskosten.

Das EMAS-Logo: ein Beweis für ökologische Unternehmensführung

Unternehmen, die freiwillig ihre Umweltleistung verbessern wollen, können sich für den Erwerb des EMAS-Logos bewerben. Eine EU-Verordnung regelt dabei die Teilnahmebedingungen und den Ablauf.

1. Vorbereitungen zur Einführung des Systems

Bei der Vorbereitung sollte gewährleistet werden, dass die Mitarbeiter das ökologische Bewusstsein des Unternehmens unterstützen. Entscheidungen der Unternehmensführung müssen transparent getroffen werden.

2. System und Prüfung

Das Unternehmen durchläuft eine Umweltüberprüfung. Im Anschluss wird eine eigene Umweltpolitik mit einem darauf abgestimmten Umweltprogramm entwickelt.

3. Externe Begutachtung

Jedes Unternehmen muss eine eigene auf das Unternehmen abgestimmte Umwelterklärung der Öffentlichkeit präsentieren. Gutachter überprüfen die Richtigkeit der Erklärung als auch die Umsetzung und Fortschritte.

4. Registrierung

Hat der Gutachter die Erklärung akzeptiert, kann sich das Unternehmen in das EMAS-Register eintragen.

EMAS
GEPRÜFTES UMWELTMANAGEMENT

Vorteile für Umwelt und Unternehmen

Die Vorteile für die Umwelt liegen auf der Hand. Egal, in welcher Wirtschaftsbranche das Unternehmen arbeitet, die Umwelt profitiert. Weniger Emissionen, geringerer Energieeinsatz, weniger Abfall und Abwasser, eine bessere Recyclingquote und vieles mehr.
Aber auch die Unternehmen profitieren:
- Ein geringerer Energiebedarf führt zu niedrigeren Energiekosten.
- Kostenreduktionen innerhalb der Produktion dank effizienten Arbeitens.
- Höhere Absatzchancen dank gutem Image.
- Vorteile bei der Beschaffung von Aufträgen, da Kunden von der geprüften technischen Leistungsfähigkeit überzeugt sind.
- Werbung mit dem EMAS-Symbol.
- In einigen Bundesländern genießen zertifizierte Unternehmen Privilegien, wie z. B. geringere Gebühren.

3 Der Beitrag der Politik

A Was unternehmen Gemeinden und das Bundesland Nordrhein-Westfalen für den Klimaschutz?

Deutschland ist aufgrund des föderativen Aufbaus in 16 Bundesländer und viele Kommunen (Gemeinden) unterteilt. Dank diesem bundesstaatlichen Charakter kann Nordrhein-Westfalen ein eigenes Umweltministerium führen, welches einen kommunalen Wettbewerb zum Klimaschutz mit einem Fördervolumen von 3,3 Millionen Euro ins Leben gerufen hat. Bei der Aktion Klima*plus* bewerben sich Kommunen aus Nordrhein-Westfalen mit ihren Konzepten zum Klimaschutz und zur Klimaanpassung. Auch Bocholt hat sich für die Fördermaßnahme beworben.

Die NRW-Klimakommune Bocholt stellt sich vor

Bocholt liegt im Nordwesten von Nordrhein-Westfalen an der niederländischen Grenze. Die Stadt im Münsterland zählt ca. 74000 Einwohner. Die 800-jährige Innenstadt mit einem historischen Rathaus lädt zum Verweilen auf dem Markt und in den Straßen ein. Bocholt hat für die Menschen im Umland eine besondere Bedeutung. Hier gibt es Arbeitsplätze, kulturelle und medizinische Einrichtungen, jede Menge Geschäfte und vieles mehr, was eine Stadt dieser Größe auszeichnet.

Die Ziele von Bocholt

Um bei der Aktion Klima*plus* erfolgreich zu sein, hat Bocholt Ziele formuliert, die dazu beitragen, Treibhausgase zu vermeiden. Drei dieser Ziele werden hier genannt:

- energetische Verbesserung des Gebäudebestands
- Senkung des Energieverbrauchs in der Stadt
- Förderung des Radverkehrs

Ebenso versucht die Gemeinde, weitere Klimaschutzziele zu erfüllen.

Wie möchte Bocholt die Ziele erreichen?

Die Altbauten der Stadt sind größtenteils schlecht isoliert, sodass die Bewohner unnötig viel Energie verbrauchen müssen. Die Förderung der energetischen Gebäudesanierung soll dazu beitragen, diesen Missstand aufzuheben. Ebenso sollen alte verbrauchsintensive Heizanlagen aus den Wohneinheiten verschwinden und durch moderne effizientere Modelle ausgetauscht werden. Auf den Dächern vornehmlich großer Industriehallen können Photovoltaik-Anlagen dazu beitragen, klimaschonend Energie zu gewinnen. Die großartige Infrastruktur für Radfahrer gehört zum Stadtbild von Bocholt. Das klimafreundliche Radfahren soll weiter gefördert werden. So nutzen schon jetzt ca. 30% der Verkehrsteilnehmer das Rad als Verkehrsmittel. Dieser Anteil soll auf 50% anwachsen. Noch besser ausgebaute Fahrradwege, Fahrradmessen, bessere Abstellplätze und Fahrradstationen sollen dazu beitragen, diesen hohen Wert zu erreichen.

Bocholt passt sich dem Klima an

Der Klimawandel macht sich auch in Nordrhein-Westfalen bemerkbar. Längere Trockenperioden und häufigere Starkniederschläge sind die ersten Vorboten des Klimawandels. Die

Kommune Bocholt möchte sich diesen Veränderungen anpassen, indem das Kanalnetz den neuen Bedingungen angepasst wird. Ebenso können Bürger Zuschüsse beantragen, um ihre Gebäude gegen Hochwasser zu schützen. Neu zu errichtende Überschwemmungsgebiete sollen dafür Sorge tragen, dass das Hochwasser erst gar nicht in die Stadt eindringt.

Energieland NRW wird Klimaschutzland Nr. 1

Nordrhein-Westfalen ist mit rund einem Drittel der deutschen Energieproduktion das größte Energieland der Bundesrepublik. Vorherrschende Energieträger sind Braun- und Steinkohle – der Ausstoß von Treibhausgasen ist entsprechend hoch: Mehr als ein Drittel der in Deutschland ausgestoßenen klimaschädlichen Gase gehen auf das Konto von Nordrhein-Westfalen. Unser Bundesland trägt daher bei der Erreichung der deutschen und europäischen Klimaschutzziele eine besondere Verantwortung. Ziel der Landesregierung ist es, Nordrhein-Westfalen zum Vorreiter beim Klimaschutz zu machen. Im Juni 2011 hat sie beschlossen, die Treibhausgasemissionen in Nordrhein-Westfalen bis 2020 um mindestens 25 Prozent und bis 2050 um mindestens 80 Prozent gegenüber 1990 zu reduzieren.

Im Mittelpunkt der Neuausrichtung der Klimaschutzpolitik steht ein Klimaschutzgesetz für Nordrhein-Westfalen, in dem diese CO_2-Minderungsziele verbindlich festgelegt werden. Erreicht werden die Ziele vor allem durch gezieltes Energiesparen, eine Steigerung der Energieeffizienz sowie den Ausbau der Erneuerbaren Energien.

Neben dem Klimaschutz ist die Anpassung an den Klimawandel die zweite wichtige Säule der nordrhein-westfälischen Klimapolitik. Denn sicher ist:

Trotz der weltweiten Anstrengungen für eine Reduktion der Treibhausgasemissionen wird die Klimaerwärmung weiter voranschreiten. Aufgabe der Landesregierung ist es deshalb, die politischen Bedingungen zu schaffen, die es Mensch und Umwelt in NRW ermöglichen, sich frühzeitig und vorausschauend an die Klimaerwärmung anzupassen.

NRW-Kabinett beschließt Klimaschutz-Start-Programm

Die NRW-Landesregierung hat einen weiteren Baustein ihrer Klimaschutzpolitik verabschiedet. [...] Das Maßnahmenpaket enthält insgesamt 22 Einzelmaßnahmen in zehn Themenfeldern und hat ein Volumen von mehreren Hundert Millionen Euro an Fördergeldern und Krediten. [...] Es umfasst unter anderem folgende Maßnahmen:

- Klimaschutzpaket für Kommunen
- Klimaschützend bauen und wohnen (energetische Sanierung)
- Stromsparinitiative für einkommensschwache Haushalte
- Neue Impulse für die Energiestruktur der Zukunft: 250 Millionen Euro für Kraft-Wärme-Kopplungsprogramm
- Meine Energiewende: Informationsoffensive mit der Verbraucherzentrale für private Haushalte
- Neuer Windenergieerlass
- Energie- und Ressourceneffizienz in Unternehmen: Kreditprogramm der NRW.Bank [...]
- Netze/Speicher: Aufbau eines virtuellen Institutes zum Thema Energienetze und Stärkung der Themenfelder bei der EnergieAgentur.NRW
- Erste Schritte zur klimaneutralen Landesverwaltung, wie etwa Umstellung der Landesministerien auf Ökostrom

(Aus: http://www.umwelt.nrw.de, Pressemitteilung vom 04.10.2011, Zugriff vom 07.01.2012)

1. Angenommen, ihr müsstet darüber entscheiden, ob Bocholt Fördergelder erhält. Informiert euch über die Bewerbung, die Zielformulierungen, die Maßnahmen und Anpassungsmethoden.
2. Erfüllt die Aktion Klima^{plus} die Ziele der neu ausgerichteten Klimaschutzpolitik des Landes?
3. Welche Maßnahmen des Klimaschutz-Start-Programms findest du besonders sinnvoll? Begründe deine Wahl.

B Wie fördert die Bundesregierung den Klimaschutz?

Ziel der Politik muss es sein, für die Wirtschaft gute Rahmenbedingungen zur Sicherung des Wohlstands zu schaffen. So soll die Nachfrage nach ökologischen Produkten und Dienstleistungen gesteigert werden, um die Wirtschaft zu fördern und die Umwelt zu schonen.

Eine Einstiegsübung für alle

Stell dir vor, dass für deinen privaten Haushalt das Heizöl unerschwinglich teuer werden würde.
Wie beeinflusst dies deinen Alltag?

Die deutsche Bundesregierung hat ein umfassendes Konzept zur Vereinbarkeit von Wirtschaft und Umwelt veranlasst. Alle staatlichen Maßnahmen müssen dabei wirksam, wirtschaftlich und verursachergerecht sein, um Verbraucher und Unternehmen nicht zu überfordern. Eines der weitreichendsten Förderprogramme ist dabei die energetische Gebäudesanierung.

Wo kann Energie gespart werden?

Der hohe Energieverbrauch ist eine der größten Ursachen für den Klimawandel. Sowohl private Haushalte als auch Unternehmen verbrauchen tagtäglich Energie für Heizung, warmes Wasser, strombetriebene Geräte und Maschinen. Diese Energienutzung, die ca. 20 % des gesamten CO_2-Ausstoßes ausmacht, erfolgt nicht effizient genug. Ein noch viel zu hoher Anteil der erbrachten Energie wird nur unzureichend genutzt. Ein Großteil der erzeugten Wärme verschwindet beispielsweise ungenutzt durch nur unzureichend isolierte Wände. Deshalb wird bei Neubauten von Industrieanlagen und Wohngebäuden bereits auf eine energieeffiziente Bauweise geachtet. Doch vor allem bei den ca. 20 Mio. Altbauten kann eine sogenannte energetische Sanierung den Energieverbrauch drastisch senken. Hier werden Wände mit Dämmplatten versehen und/oder neue Fenster gegen alte Fenster ausgetauscht.

Welchen Anteil hat dabei die Bundespolitik?

Die größte Einflussmöglichkeit, mit politischen Reformen die Vereinbarkeit von Umwelt und Wirtschaft zu verbessern, hat in Deutschland die ausführende Gewalt, die Bundesregierung.
Mit den Beschlüssen zur Energiewende hat sie ein Maßnahmenprogramm verabschiedet, welches finanzielle Anreize zur energetischen Gebäudesanierung setzt. Seit dem Start des Gebäudesanierungsprogramms 2006 wurden bereits rund 6,8 Milliarden Euro investiert. Und für die Jahre 2012 bis 2014 wurden jährlich 1,5 Mrd. Euro an Fördergeldern festgelegt.

Was bringt die energetische Gebäudesanierung?

Die Maßnahmen zur Sanierung sind sowohl für die Umwelt als auch für die privaten Haushalte und die Wirtschaft ein Gewinn.

- Der CO_2-Ausstoß verringert sich pro saniertem Gebäudebestand um bis zu 80 %.
- Nachdem Geld für die Sanierung ausgegeben wurde, macht sich diese Investition aufgrund der sinkenden Energiekosten jedoch schnell bezahlt.
- Die Mieter und Eigentümer werden von den schwankenden und oftmals steigenden Energiepreisen unabhängiger.
- Der Mittelstand unserer Wirtschaft bekommt zahlreiche Aufträge. So können Arbeitsplätze erhalten und neu geschaffen werden.

Alle Maßnahmen zur Sicherung des Wohlstandes, der Schaffung von Arbeitsplätzen und dem Schutze der Umwelt erfolgen nach dem Leitbild der Nachhaltigkeit.

Was ist nachhaltige Entwicklung?

Nachhaltige Entwicklung heißt: Erhaltung der natürlichen Lebensgrundlagen, Wahrung der Lebenschancen heutiger und zukünftiger Generationen weltweit sowie Integration ökologischer, ökonomischer und sozialer Belange. Das Leitbild der nachhaltigen Entwicklung zielt im gleichen Maße auf angemessenes Wirtschaftswachstum, soziale Sicherung und ökologisches Gleichgewicht. Dabei sind die Akteure aus Wirtschaft, Wissenschaft und Politik gemeinsam gefordert.

Was ist die Rolle der Wirtschaftspolitik?

In der Wirtschaftspolitik geht es primär darum, die Voraussetzung für Wohlstand zu verbessern, d. h. die Grundlagen für mehr Wachstum und Beschäftigung zu schaffen und effizientes, kostengünstiges Wirtschaften zu ermöglichen sowie den Wettbewerb und Offenheit auf den Märkten zu sichern. Demgegenüber will die Umweltpolitik vorrangig Umweltbelastungen verringern. Eine Politik für soziale Belange zielt vor allem auf den gesellschaftlichen Zusammenhalt.
Die gegenseitige Abhängigkeit dieser Politikbereiche ist offensichtlich: Ein hohes Maß an Umweltschutz ist dauerhaft nur mithilfe einer leistungsstarken und wettbewerbsfähigen Wirtschaft, zu der Unternehmen und Arbeitnehmer gehören, zu erreichen und zu finanzieren. Andererseits sichert nur ein hinreichendes Maß an Umweltschutz die langfristigen natürlichen Grundlagen einer Volkswirtschaft.
Neben wirtschaftlichem Wohlstand trägt eine lebensfreundliche Umwelt dazu bei, gute Bedingungen für das soziale Zusammenleben zu schaffen.
Die Nachhaltigkeit ist damit integraler Bestandteil einer Wirtschaftspolitik, die ökologische und soziale Belange berücksichtigt. Eine nachhaltige Wirtschaftspolitik zielt auf einen effizienten Einsatz von Energie und Rohstoffen. Das bedeutet, Energie- und Ressourcenverbrauch sowie Verkehrsleistung sind mehr und mehr vom Wirtschaftswachstum zu entkoppeln. Erneuerbare Naturgüter sind langfristig nur im Rahmen ihrer Fähigkeit zur Regeneration zu nutzen. Mit nicht erneuerbaren Naturgütern müssen wir sparsam umgehen und einer absehbaren Knappheit mit Innovationen begegnen.
Die weltwirtschaftlichen Rahmenbedingungen sind so zu gestalten, dass sie den Menschen in allen Ländern die aktive Teilnahme am Wirtschaftsprozess ermöglicht; zentrale Voraussetzung dafür ist die auf die weitere Öffnung der Märkte gerichtete Fortentwicklung des Welthandelssystems.

(Aus http://www.bmwi.de, Zugriff vom 21.11.2011)

1. Warum macht gerade die energetische Sanierung von Altbauten Sinn?
2. Nenne umweltpolitische Gründe, die für eine staatliche Förderung der Gebäudesanierung sprechen.
3. Nicht nur die Umwelt profitiert von der Gebäudesanierung. Wem nutzt die Sanierung noch? Erkläre.
4. Was kennzeichnet eine nachhaltige Wirtschaftspolitik und wie bewertest du diese Art der Wirtschaftspolitik?
5. Erfüllt die Förderung der Gebäudesanierungen das Prinzip der Nachhaltigkeit?

4 Der Beitrag der internationalen Politik: Warum sind globale Klimaschutzziele schwierig zu erreichen?

Der Klimawandel ist eine Herausforderung, der sich alle Nationen der Erde stellen müssen. Einige Staaten zählen zu den Hauptverursachern, andere wiederum zu den Hauptleidtragenden. Es gibt Staaten, die Verursacher und Betroffene zugleich sind, und Länder, die den Klimawandel als Chance zu einer Wende verstehen. Eines haben jedoch alle Staaten gemeinsam. Sie sitzen im gleichen Boot. Doch es gibt unterschiedliche Auffassungen darüber, in welche Richtung und mit welcher Geschwindigkeit das Boot beim Thema Klimaschutz gesteuert werden soll.

Der weite Weg zu einem internationalen Klimaschutz

Die UN-Klimakonferenz ist das wichtigste internationale Treffen zum Schutze des Klimas. Hier debattieren jährlich die Vertreter einzelner Nationalstaaten darüber, welche internationalen Klimaschutzvereinbarungen getroffen werden und wie verbindlich diese für die einzelnen Staaten sein sollen. Grundlage des Treffens ist die Klimarahmenkonvention, ein internationales Umweltabkommen, welches 1992 in Rio de Janeiro von 178 Staaten der Erde ins Leben gerufen wurde.
Nachdem zunächst Grundsätze für eine nachhaltige Entwicklung erarbeitet wurden, stieß das Treffen von 1997 in der japanischen Stadt Kyoto auf ein großes öffentliches Interesse. Zum ersten Mal wurde mit dem sogenannten „Kyoto-Protokoll" ein internationaler Vertrag von über 158 Staaten verabschiedet. Die Industrienationen verpflichteten sich darin, den jährlichen Treibhausgas-Ausstoß bis zum Jahr 2012 um durchschnittlich 5,2 Prozent gegenüber dem Stand von 1990 zu reduzieren. Nur wenige Staaten, wie beispielsweise die USA, China und Indien, unterzeichneten das Protokoll nicht. Bei den Mitgliedsstaaten variierten die vertraglich festgelegten Reduktionswerte von Land zu Land. Das Kyoto-Protokoll beinhaltete zudem weitere Klimaschutzabkommen. Eine Regelung ermöglichte es beispielshalber den Staaten, Emissionsrechte* von anderen Staaten zu kaufen oder an andere zu verkaufen. Seit dem Kyoto-Protokoll dienten die Treffen hauptsächlich dazu, die bisherigen Vereinbarungen weiter auszugestalten. 2009 trafen sich die Vertreter in Kopenhagen, um ein verbindliches Nachfolgeabkommen zu beschließen. Dies gelang den Mitgliedstaaten jedoch nicht.

UN-Klimakonferenz in Durban 2011 – ein Durchbruch?

2011 gelang ein entscheidender Fortschritt. Die Mitgliedstaaten verlängerten im südafrikanischen Durban das Kyoto-Protokoll. Man verständigte sich zudem darauf, bis 2015 einen Weltklimavertrag zur Begrenzung der Erderwärmung zu erarbeiten, welcher dann ab 2020 in Kraft treten soll. Die EU-Mitgliedstaaten, einige afrikanische Länder, die Inselstaaten und viele Entwicklungsländer befürworten ein solch weitreichendes Abkommen. Sie finden, dass auch Nicht-Kyoto-Staaten Emissionsziele erreichen sollen. Dies wäre aus ihrer Perspektive enorm wichtig, da die wirtschaftlich aufsteigenden Schwellenländer große Treibhausgasemittenten darstellen. Doch von diesem Vertrag ist man noch weit entfernt, wenn man bedenkt, dass die Wirtschaftsmacht USA einen Beitritt zum Kyoto-Protokoll weiterhin ablehnt. Ebenso hat Kanada die Verlängerung des Kyoto-Protokolls verweigert und ist aus dem Protokoll ausgetreten. Japan, Russland und Neuseeland wollen ebenso aussteigen.

* Siehe Glossar.

Simulation einer internationalen Konferenz

Wichtige internationale Klimaschutzmaßnahmen müssen getroffen werden, um die ökologische Herausforderung des Klimawandels annehmen zu können. Das sollt ihr nun als Vertreter eines Staates tun. Die Ausgangslage auf der UN-Klimakonferenz erweist sich jedoch als schwierig, da viele Staaten unterschiedliche nationale Interessen verfolgen. Eure Aufgabe ist es, die Interessen eures Staates bestmöglich zu vertreten.

Der Konferenzablauf

A Vorbereitung

Ihr lest alle Rollenkarten auf der folgenden Doppelseite durch und entscheidet im Anschluss, welchen Staat ihr vertreten wollt. Notiert dann:

- Was wollt ihr erreichen?
- Was müsst ihr in der Gruppe leisten?
- Wie geht ihr mit den Interessen der anderen Staaten um?
- Wo seht ihr einen Verhandlungsspielraum?

B Gruppenarbeit

Erarbeitet einen Plan für die kommende Konferenz.

- Formuliert eure Argumente und bedenkt, wie ihr Gegenargumente entkräften könnt. Denkt „über den Tellerrand" hinaus.
- Wenn es die Zeit zulässt, recherchiert im Internet. Vielleicht findet ihr weitere gute Verhandlungspositionen.
- Nehmt Kontakt zu anderen Staaten auf.
- Plant eure Vorgehensweise während der Konferenz.
- Notiert eine kurze Stellungnahme, die zu Anfang der Konferenz verlesen wird.
- Visualisiert gegebenenfalls eure Standpunkte.

C Ablauf der Konferenz und Ergebnis

- Die Konferenz beginnt, indem jeweils ein Vertreter der Gruppen die nationale Stellungnahme vorliest.
- Im Anschluss beginnt die Diskussion. Die Argumente werden ausgetauscht. Notiert, welche Vorschläge akzeptabel und welche zu kritisieren sind.

Nachdem alle Interessen ausgiebig beleuchtet wurden, werden Ziele und mögliche Sanktionen für Klimasünder verfasst. Im Anschluss findet eine Abstimmung statt. Versucht, mindestens drei Ziele und zwei mögliche Sanktionsmaßnahmen zu formulieren. Die Abstimmung über die Vereinbarung sollte, muss jedoch nicht einstimmig verlaufen.

D Reflexion

Die Abstimmung ist vorüber. Schlüpft nun aus eurer Rolle und stellt euch als Schüler folgende zwei Fragen:

- Welche Lösung überzeugte inhaltlich am meisten?
- Welche Staaten überzeugten während der Konferenz besonders durch ihre Gesprächs- und Argumentationstechnik?
- Welche Interessen sorgen für die größten Schwierigkeiten?
- Sind die Meinungsverschiedenheiten zum Teil unüberwindbar?
- Wo liegen Chancen zum Kompromiss?

E Eigene Meinung

- Welche Klimaschutzziele würdest du persönlich gut finden?
- Glaubst du an eine internationale Lösung?
- Findet ihr ein solches Rollenspiel im Allgemeinen gut?
- Wie bewertet ihr die Umsetzung eures Rollenspiels?

Die Fidschi Inseln

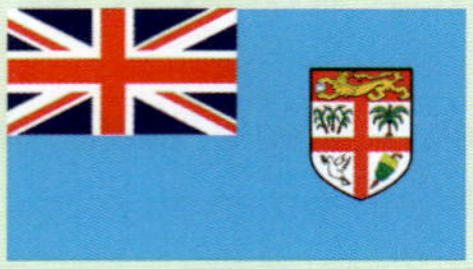

In eurer Heimat, einer Inselgruppe im Südwestpazifik, leben 840 000 Einwohner. Die Menschen auf den Fidschi-Inseln leben hauptsächlich von der Landwirtschaft und dem Fischfang. Touristen aus Australien und Neuseeland sorgen für frisches Geld in den Staatskassen der Fidschi-Inseln.
Schon jetzt kämpfen die Inseln der Südsee mit den Folgen des Klimawandels. Der Temperaturanstieg des Pazifiks zerstört Korallenriffe und somit ein intaktes und einzigartiges Ökosystem vor den Küsten der Fidschi-Inseln. Die Erwärmung der Meere zerstört zudem die Lebensgrundlage der Fischbestände, sodass der Fischfang rückläufige Fangquoten aufweist. Doch eure größte Sorge ist der Anstieg des Meeresspiegels. Durch den Anstieg drohen die Inseln unterzugehen. Mit gerade einmal 1,9 Tonnen CO_2-Emissionen pro Kopf und Jahr versteht ihr euch als unverschuldetes Opfer des Klimawandels und fordert daher eine radikale Senkung des CO_2-Ausstoßes der gegenwärtigen aber auch der zukünftigen Hauptemittenten. Ein Bekenntnis zum Klimaschutz und verpflichtende Ziele für die USA und Indien haltet ihr für unbedingt notwendig. Maßnahmen zur Klimaanpassung bekämpfen nur die Symptome, aber nicht die Ursachen des Klimawandels und sollten daher während der Konferenz weniger stark thematisiert werden.

Die USA

Ihr vertretet mit den Vereinigten Staaten von Amerika die größte Volkswirtschaft der Welt. Der Wohlstand eurer Nation basiert zu einem großen Teil aus energieintensiven Wirtschaftsbereichen. Dies wird wohl mit ein Grund gewesen sein, 1997 dem Kyoto-Protokoll als einzige Industrienation eine Absage erteilt zu haben. Fast ein Fünftel (17,91 %) aller Treibhausgasemissionen stammten 2011 aus den USA. Der jährliche CO_2-Ausstoß pro Kopf und Jahr betrug ca. 18,6 Tonnen. Damit lag die USA auf Rang 11. Trotz dieser Zahlen weigert ihr euch weiterhin, die verpflichtenden Emissionsziele mitzutragen. Angesichts anderer aufstrebender Wirtschaftsnationen möchtet ihr eure wirtschaftliche Spitzenposition behaupten. Die Reduzierung des CO_2-Ausstoßes ist daher unzweckmäßig. Zudem besitzt ihr ausreichend große Ölquellen und mit Exxon Mobil ist auch der größte private Mineralölkonzern in den USA beheimatet. Diese wichtigen wirtschaftlichen Verhältnisse sorgen für Arbeitsplätze und Wohlstand. Kleinere Programme zur Klimaanpassung können während der Konferenz allerdings mitgetragen werden. Denn die Zunahme der schweren Hurrikan-Katastrophen in den USA zeigen, dass der Klimawandel auch Wirtschaftsmächte treffen kann.

Namibia

Namibia liegt im Süden Afrikas und euer Staat ist reich an Bodenschätzen. Infolgedessen gibt es bedeutsame Diamanten-, Zinn- und Kupferabbaustätten. Der Tourismus spielt dank der unberührten Natur eine immer bedeutsamere Rolle. Dank der Rohstoffvorkommen und der wachsenden Tourismusbranche zählt eure Heimat zu den reicheren afrikanischen Staaten. Doch auch nirgendwo sonst auf der Erde ist die Schere zwischen Arm und Reich so groß. Namibia emittiert gerade einmal 1,4 Tonnen CO_2 pro Person und Jahr und ihr empfindet generelle Reduktionswerte als nicht fair. Vielmehr müssten die bestehenden Werte in die Zielvorgaben mit einfließen. Wer wenig emittiert, sollte seinen Ausstoß nicht verringern müssen. Die Emissionsreduktion liegt in der Verantwortlichkeit der Klimasünder. Zudem sollte der Fokus der Konferenz eher an den Maßnahmen zur Klimaanpassung liegen. Die immer länger werdenden Trockenzeiten setzen den Menschen, der Vegetation und der Tierwelt immer mehr zu. Die reichen Staaten, die ihr Geld einem hohen Energieverbrauch verdanken, sollen die Klimaanpassungstechnologien für die vom Klimawandel betroffenen Staaten bezahlen. Nur durch Entwicklungshilfen kann den Opfern des Klimawandels geholfen werden.

Deutschland

Mit gegenwärtig 81,7 Mio. Einwohnern ist euer Heimatland zwar innerhalb der Europäischen Union ein Bevölkerungsriese, aber im internationalen Vergleich rangiert dieser Wert gerade einmal auf Platz 15. Dennoch zählt Deutschland zu den stärksten Wirtschaftsmächten weltweit. Nur vier Staaten der Erde besitzen ein höheres Bruttoinlandsprodukt. Die deutsche Wirtschaft zeichnet sich durch eine hohe Exportquote aus.
In Zukunft sollen auch grüne Technologien „Made in Germany" in das Ausland verkauft werden, um so den Wohlstand im eigenen Land zu vergrößern. Die ökologische Herausforderung wird von vielen deutschen Unternehmen als Chance verstanden, Kosten zu senken und neue Märkte zu erschließen. Als Vertreter der deutschen Politik versteht ihr euch als Vorreiter im internationalen Klimaschutz und akzeptiert nicht nur die Emissionsziele des Kyoto-Protokolls, sondern kämpft auch für ein weiterreichendes Konzept, indem sich auch die USA und die Schwellenländer zu einem verpflichtenden Emissionsziel bekennen sollen. Ihr fordert jedoch nicht nur ein, sondern möchtet beweisen, dass man auch als erfolgreiche Wirtschaftsnation ehrgeizige Klimaziele erreichen kann. So wird versucht, bis 2020 die Emissionen um 40 Prozent gegenüber 1990 zu senken.

Indien

Indien liegt auf einem Subkontinent im Indischen Ozean und wird nach Schätzungen der Vereinten Nationen bis zum Jahr 2045 das bevölkerungsreichste Land der Erde sein. Gegenwärtig besitzt eure Heimat die größte Demokratie der Welt und erreicht sogar in einigen Wirtschaftsdisziplinen internationales Spitzenniveau. Gegenwärtig liegt Indien bei Berechnungen zum CO_2-Verbrauch pro Person und Jahr weit abgeschlagen auf Rang 139. Deutschland verbraucht pro Einwohner ungefähr das Neunfache. Weitreichende Klimaziele würden für euch bedeuten, dass weiterhin ca. 44 Prozent der Haushalte keinerlei Zugang zum Stromnetz besitzen werden und der Weg zum Wohlstand verwehrt bleibt. Auch der durchschnittliche Stromverbrauch pro Kopf liegt ca. 19-mal niedriger als in den USA. Ihr findet es daher von den Industriestaaten wie Deutschland scheinheilig, sich für eine Erweiterung des Klimaschutzes auszusprechen. Basiert doch der Wohlstand dieser Nationen auf viel höheren Emissionswerten der Gegenwart und der Vergangenheit. Bei fortbleibender Entwicklung wird Indien im Jahr 2030 mit seinen Pro-Kopf- Emissionen noch immer weit hinter vielen Industriestaaten rangieren. Ihr erwartet von der Staatengemeinschaft Fördergelder für Anpassungsmaßnahmen an den Klimawandel. Die moralische Verpflichtung habt nicht ihr, sondern die reichen Industriestaaten.

Norwegen

In Nordeuropa liegt auf der skandinavischen Halbinsel eure dünn besiedelte Heimat. Laut dem Human Development Index genießen die fünf Mio. Norweger den höchsten Lebensstandard weltweit. Ihr seid bei der Energiegewinnung nicht auf andere Staaten angewiesen. Fast die gesamte Energie stammt aus umweltfreundlichen Wasserkraftwerken. Ein Großteil des Reichtums verdient ihr jedoch mit klimaschädlichen Rohstoffen.
Es gibt keinen westeuropäischen Staat, der mehr Erdöl fördert. Bei der Erdgasförderung belegt Norwegen gar den sechsten Platz der förderstärksten Nationen weltweit. Sowohl Erdöl als auch Erdgas werden an das Ausland geliefert. Die Gewinne, die dabei erzielt werden, tragen wesentlich zum Wohlstand der Nation bei. Ihr befindet euch daher in einer komfortablen Situation, da man zwar mit den klimaschädlichen Exportprodukten Gewinn erzielt, diese jedoch nicht selbst emittieren muss.
Ihr fordert daher ein weiterreichendes Abkommen, bei dem weiterhin nur die Emissionswerte als Zielkriterien definiert werden. Zudem fordert ihr die Schwellenländer dazu auf, verpflichtende Ziele mitzutragen. Neuregelungen, die auch die Förderleistung von beispielsweise Erdöl in die CO_2-Bilanz miteinberechnen würden, werden abgelehnt.

5 Welche Zukunft wollen wir? Ein Szenario zum Klimawandel

Probleme, die von Menschen verursacht wurden, müssen auch von diesen gelöst werden. Diese Erkenntnis trifft auch auf den Klimawandel zu. Doch wie kann die Lösung für ein solch kompliziertes und vielschichtiges Problem, wie es der Klimawandel bzw. die Klimaerwärmung darstellt, aussehen? Nach Antworten auf diese schwierige Frage kann man suchen, indem man Bilder von der Zukunft entwirft. Solche Zukunftsbilder werden als Szenarien bezeichnet. Einige Ausschnitte aus Zukunftsszenarien werden hier vorgestellt.

A Beispiel für ein *Worst-Case-Szenario*

Sydney, Australien

Forscher sagen der Metropole Sydney heiße Zeiten voraus. Der heute veröffentlichten Regierungsstudie zufolge wird die Durchschnittstemperatur in der Stadt bis 2030 um 1,6 Grad und bis 2070 um 4,8 Grad Celsius steigen – von derzeit 26 auf dann 31 Grad. Im Sommer, in dem derzeit oft mehr als 35 Grad erreicht werden, könne es bis zu sieben Grad heißer werden. [...]
Ohnehin bereits gefährdete Pflanzen und Tiere im Umland könnten aussterben; in neun von zehn Jahren werde Trockenheit herrschen – bisher gibt es im Schnitt alle drei Jahre eine Dürre.
Zugleich werden der Studie zufolge die mittleren Niederschlagsmengen bis 2070 um 40 Prozent fallen und der Meeresspiegel um 20 Zentimeter steigen. Die Folgen: Gewaltige Wellen von mehr als 20 Metern Höhe werden über die Küsten des Bundesstaats New South Wales hereinbrechen, die Strände abtragen und Luxusvillen am Strand zerstören. Die Erwärmung bringe zudem mehr Stürme mit sich, die unter anderem die alljährlich auftretenden Buschfeuer kräftig anfachen und stärker als bisher in die Vorstädte treiben würden.

(Aus: Forscher sagen für Sydney Klimakatastrophe voraus, in: Spiegel online, Artikel vom 31.01.2007 (mbe/AFP/AP), letzter Zugriff 24.01.2012)

2 500 Menschen einer Bürgerinitiative stehen im australischen Melbourne am Strand und fordern von ihrer Regierung konsequente Maßnahmen gegen die drohende Klimakatastrophe.

Die Reaktion – Beispiel für einen positiven Trend

Klimaschutz in Australien: CO_2-Abgabe eingeführt

CANBERRA Nach Jahren der Polemik, bitterer politischer Grabenkämpfe und sogar Todesdrohungen gegen Klimawissenschaftler erreichte die Labor-Regierung von Premierministerin Julia Gillard in der Frage des Klimaschutzes am Wochenende eine Kompromisslösung. Mit der nun garantierten Unterstützung der Grünen und mehrerer Unabhängiger im Parlament soll ein ab 2012 geltendes Gesetz eingeführt werden. Danach müssten 500 Unternehmen eine Steuer in Höhe von etwa 23 australischen Dollar – rund 17 Euro – pro Tonne CO_2-Emissionen entrichten. [...] Bis 2020 würden auf diese Weise 159 Millionen Tonnen Emissionen verhindert. Im Vergleich zum Jahr 2000 sei dies ein Rückgang um 5 Prozent.
Laut Gillard wollten „die Australier das Richtige für die Umwelt tun“. In der Tat wird das Gesetz von Kommentatoren als bedeutender Durchbruch gefeiert in einem Land, das wegen seiner Abhängigkeit vom Brennstoff Kohle im Pro-Kopf-Vergleich einer der größten Treibhausgas-Emittenten der Welt ist.
Was Umweltschutz angeht, liegt Australien dagegen weit hinter vergleichbaren Ländern.

(Artikel vom 11.07.2011 in der Tageszeitung taz, im Internet unter www.taz.de, letzter Zugriff 24.01.2012, verf. von Urs Wälterlin)

B Beispiele für positive Szenarien

Das „Vision Scenario“ des Öko-Instituts – Klimaschutz für die Europäische Union bis 2050

Das „Vision Scenario“ des Öko-Instituts stellt einen Weg vor, der konsequent kurz- und mittelfristig Klimaschutzziele mit den langfristigen Zielen verknüpft. Es beschreibt, wie die EU diese Ziele erreichen kann und gleichzeitig Wachstum und Wohlstand in der EU gesichert werden.
Die Verbesserung der Energieeffizienz führt zu deutlichen Einsparungen von Energie und damit Treibhausgasen. [...] Besondere Anforderungen werden dabei an die Bereiche mit langlebigen Investitionsgütern wie den Bausektor gestellt. Aber auch im Verkehrsbereich müssen Effizienzpotenziale ausgeschöpft werden: Dafür muss die Verkehrsnachfrage sinken und der Verkehr von der Straße oder der Luft auf die Schiene verlagert werden. [...] Zweite wichtige Säule ist die Nutzung CO_2-freier Energiequellen aus Wind, Sonne, Wasser etc. anstelle von Kohle und Uran für die Stromerzeugung. [...] Laut der Berechnungen des Öko-Instituts können die erneuerbaren Energien im Jahr 2030 in der EU einen Anteil von 60 Prozent und Erdgas fast 30 Prozent an der gesamten Stromerzeugung haben.
Schließlich wird eine breite Palette von weiteren Maßnahmen nötig sein, um die Treibhausgasemissionen um mehr als 90 Prozent zu senken. Dazu müssen weitere Bereiche ihren Beitrag leisten: Industrie, Abfallwirtschaft und Landwirtschaft.

(Aus: www.energiewende.de, letzter Zugriff 21.05.12)

1. Was geschieht, wenn nichts geschieht? Veranschaulicht den Blick in die Zukunft am Beispiel Australiens.

2. Welche Maßnahmen werden in den drei positiven Zukunftsszenarien vorgeschlagen? Notiert sie.

3. „Wir wollen das Richtige für die Umwelt tun“, sagte die australische Premierministerin Julia Gillard. Wie stellst du dir das Richtige vor? Verfasse deine persönliche Antwort.

WWF Deutschland
So kann man den Klimaschutz anpacken

Wer ernsthaft Klimaschutz betreibt, muss vom Ziel her denken. Das Ziel ist klar: Ein Anstieg der globalen Durchschnittstemperatur um mehr als zwei Grad Celsius gegenüber vorindustriellen Werten muss verhindert werden. Das bedeutet für Deutschland, dass der Ausstoß von Treibhausgasen bis zum Jahr 2050 um etwa 95 Prozent im Vergleich zu 1990 sinken muss. [...] Der WWF zeigt, dass diese Vision machbar ist. Mit der Studie „Modell Deutschland – Klimaschutz bis 2050. [...]
Alle vorgeschlagenen Maßnahmen werden technisch machbar und auch finanzierbar sein: Die Kosten einer Emissionsminderung von 95 Prozent bis 2050 liegen im Durchschnitt zwischen 0,3 Prozent und maximal 0,6 Prozent des Bruttoinlandsproduktes (BIP). [...]
Eine Schlüsselrolle spielen die erneuerbaren Energien. Ihnen kommt eine herausragende Bedeutung bei der Stromerzeugung und im Verkehrssektor zu.

(Aus: WWF: Modell Deutschland – Klimaschutz bis 2050, im Internet unter www.wwf.de, letzter Zugriff 24.01.2012)

Klimaschutz selber machen
Empfehlungen des Öko-Instituts

Sie möchten die Umwelt und das Klima schonen? Hier kommen fünf hilfreiche Energiespar-Tipps:

1. Standby-Betrieb abschalten
   Einsparpotenzial 400 Kilowattstunden Strom
2. Energiesparlampen kaufen
   Einsparpotenzial 80 Prozent des Stroms pro Jahr
3. Sparsame Geräte anschaffen
   Beim Kauf energieeffiziender Geräte auf die Energieeffiziensklasse achten
4. Ökostrom bestellen
   Die Umweltentlastung durch Ökostrom ist sehr groß und der Wechsel einfach.
5. Öfter mal Fahrrad fahren.

(Empfehlungen des Öko-Instituts Freiburg, nähere Informationen dazu unter www.ecotopten.de)

Szenariomethode

Thema: Klimawandel

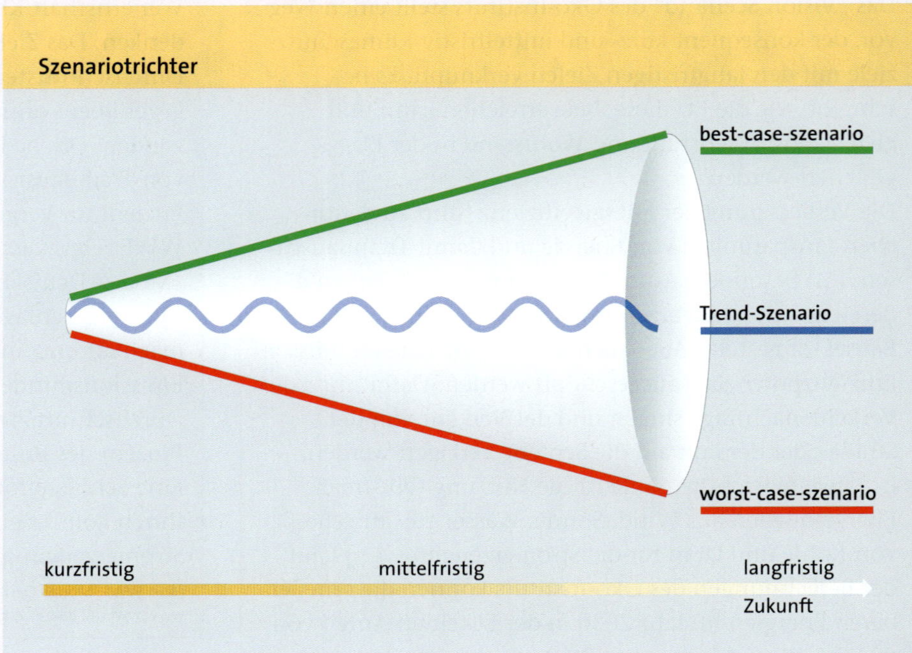

A Worum geht es?

Die Szenariomethode benutzen Wissenschaftler, Unternehmer und Politiker, um sich ein Bild von der Zukunft zu machen. Dabei geht es ihnen nicht um irgendwelche Traumvisionen, sondern um möglichst realistische Vorhersagen. Der besondere Wert der Methode besteht darin, dass man sich nicht nur über Ziele verständigt, sondern auch die konkreten Maßnahmen plant, die dazu geeignet sind, die Ziele zu erreichen.

Zum Thema Klimawandel könnt ihr selbst in Gruppenarbeit ein Zukunftsszenario entwickeln. Dabei helfen euch die Kenntnisse, die ihr bisher erworben habt.

Häufig werden mit dieser Methode drei Arten von Zukunftsbildern entworfen:

a) das positive Szenario (Best-Case Szenario): Wie wird die Zukunft im besten Fall aussehen?

b) das negative Szenario (Worst-Case Szenario): Wie wird die Zukunft im schlimmsten Fall aussehen?

c) das Trend-Szenario: Wie wird die Zukunft aussehen, wenn das Problem weiter so behandelt wird wie bisher?

Zwischen diesen drei Lösungen sind auch Zwischenlösungen denkbar.

Zur Darstellung benutzt man den **Szenariotrichter**.

Er beginnt am engsten Punkt links mit der aktuellen Situation, in der wir uns befinden. Dann öffnet er sich und zeigt in seiner Gesamtlänge eine Zeitschiene. Das weit geöffnete Trichterende zeigt den Zeitpunkt, bis zu dem wir unser Zukunftsbild entwerfen. Die beiden gegenüberliegenden Enden stehen oben für das positive und unten für das negative Szenario. Der Punkt in der Mitte zeigt das Trend-Szenario an.

B Wie macht man das?

Szenarios werden in der Regel in Gruppenarbeit entworfen. Die Planung im Team kann in drei Schritten erfolgen.

1. Darstellung der aktuellen Situation,
2. Untersuchung der Faktoren, welche die zukünftige Entwicklung beeinflussen können,
3. Beschreibung der Zukunft.

Bei der Erstellung eines Szenarios zum Thema Klimawandel hilft euch die Übersicht auf der folgenden Seite. Am Ende könnt ihr euch entscheiden, ob ihr ein Best-Case-Szenario entwickeln und vorstellen wollt oder auch die anderen Formen.

Nach der Gruppenarbeitsphase können alle für sich individuell ihr eigenes Zukunftsszenario verfassen (oder auch zu zweit). Dazu könnt ihr Texte schreiben und mit Zeichnungen versehen, Bilder malen oder auch gemeinsam eine Theaterszene einüben.

Die Szenariomethode eignet sich für alle Themen, bei denen es um einen Blick in die Zukunft geht. Beispiele:

- Mein Leben in 30 Jahren
- Die Stadt der Zukunft
- Europa in 50 Jahren etc.

Verlaufsplan für unser Szenario zum Thema Klimawandel

Besonders gut gelingt die Planung, wenn in möglichst kleinen Gruppen gearbeitet wird. Für die Gruppenarbeit solltet ihr mindestens eine Schulstunde einplanen. Die Arbeit an Phase 4 kann außerhalb der Unterrichtszeit erfolgen.

Phase 1: Ausgangspunkt: Wie ist die aktuelle Situation?

Überlegt, was ihr bisher gelernt habt. Blättert in euren Unterlagen nach.
Schaut euch noch einmal die bisherigen Unterkapitel zum Thema *Ökologische Herausforderung* an.

Worunter leidet der Patient Erde?	Sammlung der Krankheitssymptome • Folgen des Klimawandels für Wasser, Luft und Land • Besonders gefährdete Gebiete auf der Erde • Die wichtigsten Verursacher	Arbeit erledigt ☑ Dafür ist folgendes Gruppenmitglied besonders verantwortlich:

Phase 2: Einflussfaktoren: Was wird bisher von wem unternommen?

Der Beitrag der Wirtschaft, der Kommunal- und der Landespolitik, der Bundespolitik, der internationalen Politik	• Beispiel für ökologische Unternehmensführung • Beispiel für kommunale Klimapolitik (Bocholt) • Beispiel für Klimaschutz in der Landespolitik (NRW) • Konzept der Bundesregierung, geplante Maßnahmen • Beispiele für internationale Konferenzen und Vereinbarungen	Arbeit erledigt ☑ Dafür ist folgendes Gruppenmitglied besonders verantwortlich:
Warum sind Lösungen so schwierig?	• Unterschiedliche Interessen • Widerstände gegenüber Vereinbarungen	Arbeit erledigt ☑ Dafür ist folgendes Gruppenmitglied besonders verantwortlich:

Phase 3: Beschreibung der Zukunft

Was passiert, wenn sich alle Akteure … – auf einen effektiven Klimaschutz einigen können? – auf keinen effektiven Klimaschutz einigen können? – einen Mittelweg finden?	• Wirtschaftliche Auswirkungen beschreiben • Umweltschäden darstellen • Gesellschaftliche Folgen skizzieren • Politische Verhältnisse umschreiben	Dafür sind alle Gruppenmitglieder verantwortlich!
Was kann jeder Einzelne zum Klimaschutz beitragen?	• Kreativphase – Sammlung eigener Ideen	

Ende der Gruppenarbeit

Phase 4: Abschluss: Wie sieht eurer Meinung nach die Zukunft aus?

Texte, Zeichnungen, Bilder, gemeinsame Theaterszenen und vieles mehr

Die ökologische Herausforderung

Station 1 – Worunter leidet der Patient Erde?

S M U H

Übertrage die Mindmap in dein Heft und vervollständige sie.

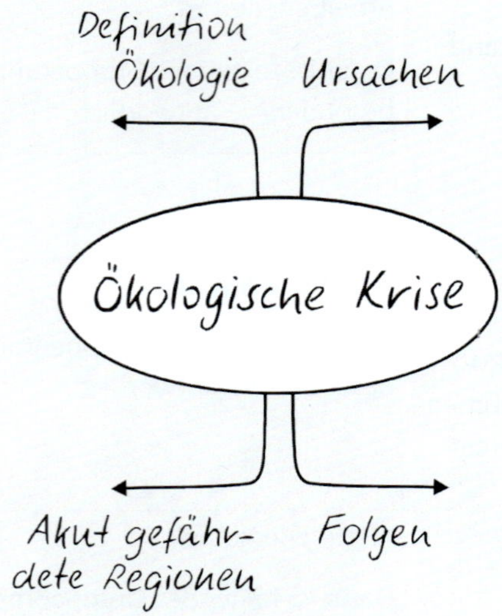

Station 3 – Was unternimmt die nationale Politik für den Klimaschutz?

S M U H

Deutschland ist ein föderativer Bundesstaat. Wie können Kommunen, Bundesländer und Bund einen Beitrag zum Klimaschutz leisten? Ergänze das Bild und übertrage es in dein Heft.

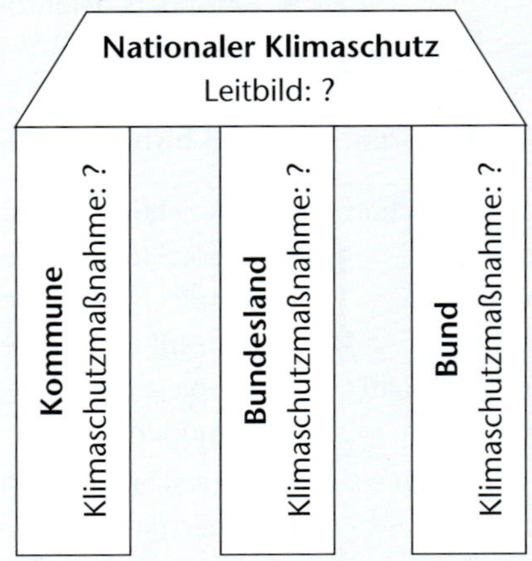

Station 2 – Wie können Unternehmen ökonomisch erfolgreich und ökologisch verantwortungsbewusst arbeiten?

S M U H

A) EDEKA Aktiv Markt – Der CO_2-neutrale Supermarkt
Die teilnehmende Filiale der EDEKA Kette wird dank einer ausgeklügelten Klimatisierungstechnik CO_2-neutral betrieben. Zudem sorgen Photovoltaik-Module auf dem Dach des Supermarktes für eine Reduzierung von über 60 Tonnen CO_2 im Jahr. Bei der Auswahl der Frischprodukte achten die Inhaber auf nachhaltig produzierte Ware.

B) Stadtwerke Karlsruhe – 100 % ökologisch
Den Stadtwerken gelang es dank zahlreicher Energiesparmaßnahmen, Ressourcen effektiv zu schonen. Zudem stammt der Stromeigenverbrauch zu 100 % aus regenerativen Energiequellen. Die Stadtwerke beteiligen sich an ökologischen Forschungsvorhaben und entwickelten ein eigenes Umweltmanagement.

Angenommen, du befindest dich in einer Jury: Zwei Unternehmen stehen noch zur Diskussion für den Preis der Bundesstiftung Umwelt.
a) Wie entscheidest du dich?
b) Welche Kriterien legst du deiner Entscheidung zugrunde? Formuliere zwei Kriterien.

Station 4 Warum sind globale Klimaschutzziele schwierig zu erreichen?

S M U H

Jährlich findet auf der Grundlage der Klimarahmenkonvention eine UN-Klimakonferenz statt. Hier debattieren Regierungsdelegierte über zukünftige internationale Klimaschutzvereinbarungen.

a) Begründe, warum es für die Beteiligten schwierig ist, sich auf gemeinsame Ziele zu einigen.

b) Nenne eine wichtige Vereinbarung, die im Rahmen einer UN-Klimakonferenz verabschiedet wurde, und erkläre ihre Bedeutsamkeit.

Station 5 Welche Zukunft wollen wir?

S M U H

Erkläre die Karikatur, indem du die folgenden Fragen beantwortest:

1. Auf welche Einzelheiten in dieser Karikatur sollte der Betrachter besonders achten?
2. Welche Aussage macht der Karikaturist über das Verhalten der Menschen?
3. Mit welchen Mitteln wird die Problematik der Erderwärmung verdeutlicht?
4. Welche Möglichkeiten, den Klimawandel aufzuhalten, kannst du vorschlagen?

9 Globalisierung

Wie verändert sie unser Leben?

1. Allein nachdenken

Welche Gedanken über Globalisierung löst das Foto in dir aus?

2. Zu zweit beraten

Wie denkt ihr über Globalisierung: eher positiv oder eher negativ?

3. In der Klasse sammeln

Globalisierung gehört längst zu unserem Alltag. Wie beeinflusst sie euer Leben?

Im Verlauf dieses Kapitels könnt ihr …

- anhand von Beispielen wirtschaftliche, politische und kulturelle Merkmale der Globalisierung beschreiben und die Folgen des Prozesses erklären,
- die Rolle der Global Player in der globalisierten Wirtschaft erläutern und dazu Stellung nehmen,
- am Beispiel der Ausbeutung von Arbeitskräften in Entwicklungsländern Probleme der Globalisierung beschreiben und Lösungsmöglichkeiten aufzeigen.

Eigene Schwerpunkte könnt ihr setzen, indem ihr …

- im World Café über Risiken und Chancen der Globalisierung diskutiert,
- in einem Planspiel eine Standortentscheidung für ein Industrieunternehmen simuliert und die Bedeutung der Globalisierung für Beschäftigte in Deutschland bewertet.

1 Wie erleben wir die Globalisierung im Alltag?

Auf dieser und der nächsten Doppelseite findet ihr Beispiele aus vier Bereichen. Ihr könnt die Materialien arbeitsteilig in Gruppen bearbeiten: Lest zunächst in Einzelarbeit ein Material und formuliert Antworten auf die Arbeitshinweise.

- Bildet Gruppen, die sich aus je einem Bearbeiter der Beispiele 1 bis 4 zusammensetzen.
- Stellt der Reihe nach den Inhalt eures Materials und die Antworten auf die Arbeitsaufträge vor.
- Eine gemeinsam erstellte Mindmap eignet sich besonders gut zur Visualisierung eurer Arbeitsergebnisse. Präsentiert die Mindmap vor der Klasse.

Beispiel 1: Vernetzte Welt

Geschwindigkeit ist das markanteste Zeichen der Globalisierung – Zeit ist Geld. Dabei hilft die moderne Technik. Schüler und Studenten treffen sich, wenn sie miteinander reden wollen, oft nicht mehr persönlich, sondern über PC und Breitbandanschluss. Sie brauchen ihr Zimmer nicht mehr zu verlassen, um Mitglied eines sogenannten sozialen Netzwerkes zu sein. […] Bei *Facebook* treffen sich Freunde und Bekannte, reden miteinander, pflegen ihre neuen Kontakte, bilden neue Freundeskreise. Wer heute über einen Anschluss verfügt, ist an keinen Standort mehr gebunden, kann mit Leuten in der ganzen Welt reden und, wie die Befürworter dieser Entwicklung begeistert feststellen, zur Völkerverständigung beitragen. Kritiker nennen diese Art des Kommunizierens allerdings eher oberflächlich und sehen darin keinen Ersatz für die persönliche Begegnung.

(Aus: Gerd Schneider: Globalisierung, Arena Verlag, Würzburg 2008, S. 36 f.)

Nachhilfe aus dem Netz

Menschen sind heute auf eine Weise verbunden, die noch vor zehn Jahren niemand für möglich gehalten hätte. Zum Beispiel Yasmeen aus Richmond im amerikanischen Bundesstaat Virginia braucht wie viele Kinder Hilfe bei den Hausaufgaben, besonders in Mathe. Die bekommt sie von Dixie. „Sie ist meine Lieblingsnachhilfelehrerin", sagt Yasmeen. Das Besondere: Die beiden haben sich noch nie gesehen. Dixie sitzt nicht mit Yasmeen am Schreibtisch, sondern am anderen Ende einer Internetverbindung, die durch Ozeane zur indischen Stadt Bangalore führt. […]

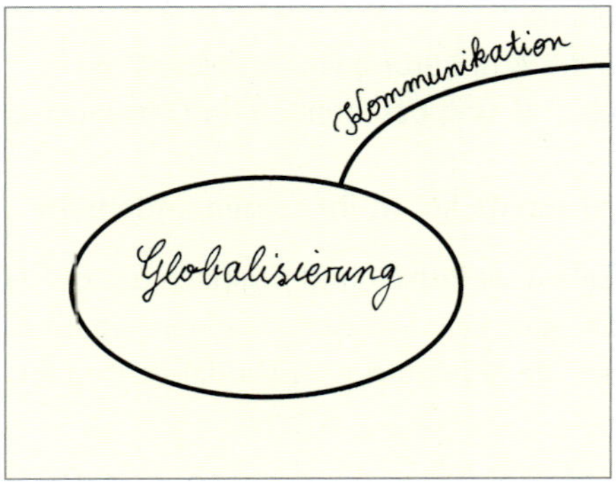

Allein zu Hause und doch unter Freunden – dank sozialer Netzwerke im Internet

Früher hatte die Schülerin einen Nachhilfelehrer, der tatsächlich mit ihr am Tisch saß. Doch der Unterricht bei Dixie ist genauso gut, nur eben viel günstiger, weil in Indien Miete, Essen und alles andere weniger kosten als in Amerika.

(Aus: Anette Dowideit u. a.: Generation global, in: Welt der Wirtschaft kinderleicht, Globalisierung, Carl Hanser Verlag, München 2011, S. 9 f.)

1. Erläutere, wie sich die Kommunikation und der Umgang der Menschen miteinander durch die Globalisierung verändert haben.
2. Die meisten jüngeren Menschen empfinden diese Veränderungen als überwiegend positiv. Fallen dir auch negative Aspekte auf?

Beispiel 2: Wirtschaft – Weltbinnenmarkt

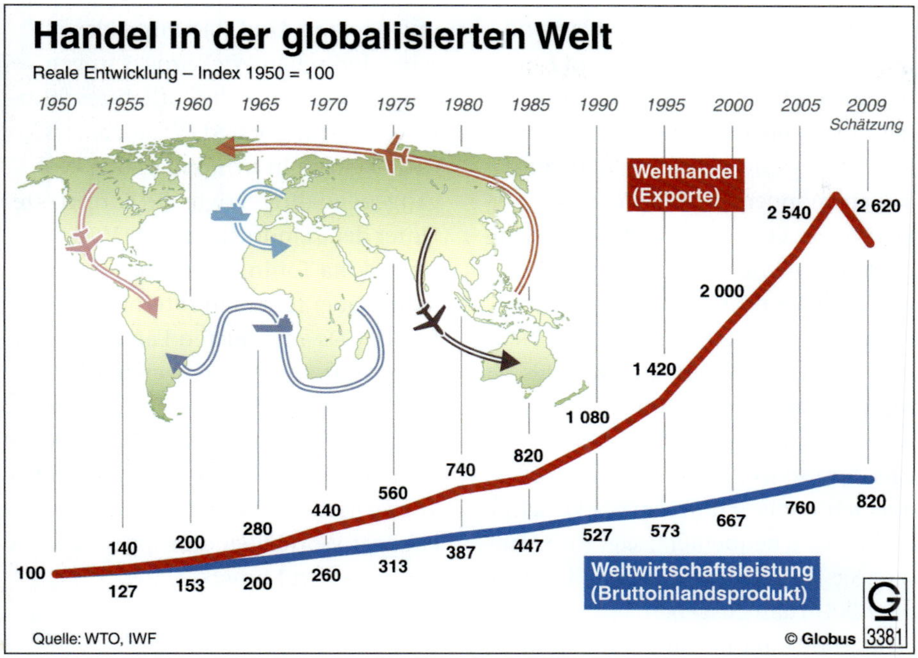

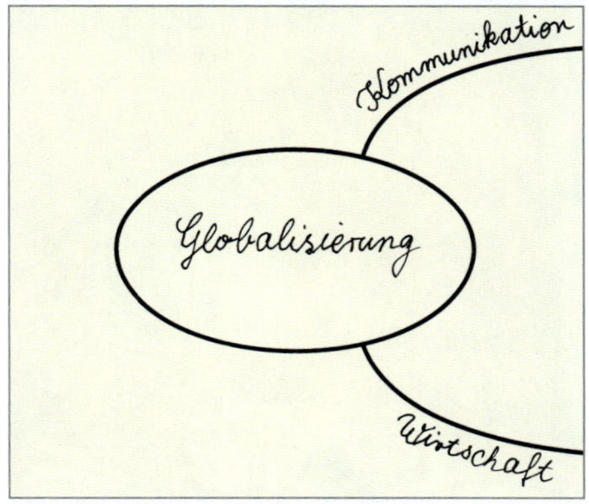

Woher kommt meine Tiefkühlpizza? Diese Frage ist gar nicht so banal, wie sie klingt. Sicher ist nur eins: An dem Ort, der auf der Verpackung steht, wurde sie nur produziert. Die Einzelteile – Teig, Tomatensoße, Belag und die Gewürze – haben oft eine halbe Weltreise hinter sich, bevor sie im Supermarkt landen. […]

„Die Produktion unseres Essens ist eine globale Industrie", sagt Paul Trummer. Der österreichische Journalist und Autor hat für sein Buch „Pizza Globale" den Entstehungsprozess einer Salami Tiefkühlpizza quer durch die Welt begleitet. Der beginnt mit dem Weizen, der längst überall auf der Welt – etwa in Uganda oder Indien – angebaut und in Deutschland gemahlen wird. Dazu kommen Tomaten und Oliven aus Italien, Oregano aus Mexiko und Knoblauch aus China. Die Milch für den Käse und das Fleisch kommen meist aus Deutschland – oder zumindest aus den Nachbarländern. Möglich wird der globale Handel durch politische Abkommen und vor allem die Containerschifffahrt, die weltweiten Warenverkehr günstig, schnell und planbar macht: So lohnt sich für Produzenten auch der Import von Knoblauch aus China. Und niedrige Preise spielen im Lebensmittelhandel eine große Rolle, sagt Trummer: „Konsumenten geben heute sehr viel weniger Geld für Lebensmittel aus als vor 20 Jahren." […] Das führe gerade in Deutschland mit seinen vielen Discountern zu einem gnadenlosen Preiskampf.

Das Problem ist für Trummer, dass er auf dem Rücken anderer Menschen ausgetragen wird. Erntehelfer müssten oft unter menschenunwürdigen Bedingungen arbeiten. […] Auch Verbraucherschützer sehen das „globale Essen" kritisch – besonders Klima und Umwelt leiden nach ihren Angaben unter dem weltweiten Nahrungsmitteltransport.

(Nach: Tobias Hanraths: Warum in einer deutschen Pizza Knoblauch aus China steckt, in: www.spiegel.de, 21.11.2010, Zugriff: 25.01.2012)

1. Erkläre am Beispiel der Tiefkühlpizza, warum die Lebensmittelproduktion heute eine globale Industrie ist.
2. Erläutere die Folgen der wirtschaftlichen Globalisierung für Verbraucher, Handel, Beschäftigte in der Landwirtschaft, Klima und Umwelt. Beachte dabei auch das Schaubild.

Beispiel 3: Kultur – die Welt als globales Dorf

Traditionen verblassen

Das rosa gestrichene Zimmer der 13-jährigen Jiang Yufei in Shanghai hängt voller Poster taiwanesischer Popstars und ihrer Lieblingssängerin Avril Lavigne, sie hat einen iPod und mag Pizza und Burger. Aus dem Fenster im 15. Stock sieht sie auf die Türme der Megametropole. „Ich liebe große Städte“, sagt sie. „Da kann man am besten shoppen.“ Nur 35 Yuan – knapp vier Euro bekommt sie Taschengeld pro Woche, aber dafür von Verwandten ein paar Tausend an hohen Feiertagen wie dem chinesischen Neujahrsfest. Jiang ist ein aufgewecktes Mädchen mit runder Brille, Pferdeschwanz und Nike-Turnschuhen. „Sie ist schon so weit, dass sie sagt: Adidas mag ich nicht. Ich möchte Nike-Schuhe, die sind bequemer“, sagt ihre Mutter. „Sie kann leicht an einem Tag 100 oder 200 Yuan ausgeben.“ […] Seit Geld und Güter fast ungehindert und in immer schnellerem Tempo um den Erdball jagen, breitet sich der westliche Lebensstil in immer mehr Ländern und Kulturen aus. Die Menschen vergessen althergebrachte Traditionen, sagen Kritiker. Stattdessen huldigen sie Coca-Cola, Sony oder Nike. […]

Musik verbindet

Für den 31-jährigen Aniruddha Shanbhag lässt sich die Globalisierung in drei Buchstaben zusammenfassen: MTV. Anfang der 90er-Jahre bekam er in seiner Heimat in Indien erstmals den amerikanischen Musiksender zu sehen. Und die Videos amerikanischer und europäischer Bands haben das südasiatische Land ebenso verändert wie viele andere Regionen der Welt: Statt für die traditionelle Musik ihres Landes interessierten sich Jugendliche wie Aniruddha plötzlich für Bands wie Metallica und Nirvana. Und statt eines klassischen indischen Wickelrocks trugen junge Leute lieber absichtlich geschlitzte Jeans. Kurz nach MTV kam auch Coca-Cola nach Indien und in den vergangenen Jahren folgte die Burgerkette. Unter dem Eindruck von MTV ist Aniruddha Toningenieur geworden, dann hat er für einen Internetshop Musik-CDs aus anderen Ländern eingekauft. Inzwischen verkauft er Versicherungen für eine Tochterfirma des deutschen Allianz-Konzerns. Sieben Sprachen hat sich Aniruddha nebenbei angeeignet. Auf Deutsch bringt er nur ein paar Worte über die Lippen, aber er kennt Bayern München.

(Aus: Anette Dowideit u. a.: Generation global, in: Welt der Wirtschaft kinderleicht, Globalisierung, Carl Hanser Verlag, München 2011, S. 8 und 10)

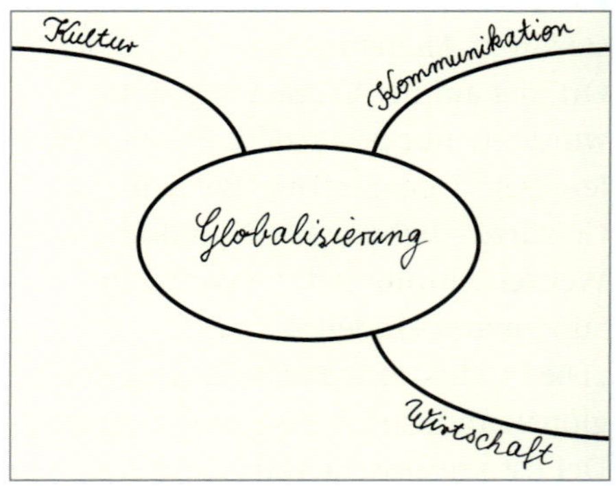

1. Erläutere am Beispiel Jiang Yufeis und Aniruddhas, welchen Einfluss die Globalisierung auf ihren Lebensstil hat.
2. Wie haben sich die Einstellungen zu den Traditionen verändert? Ermittle Hinweise dazu.

Beispiel 4: Umwelt – die Welt als Risikogemeinschaft

Sauberes Wasser – in einigen Regionen der Welt im Überfluss vorhanden, in anderen Gegenden äußerst knapp, wie hier in Indien, wo die Menschen in langen Schlangen um Trinkwasser anstehen.

Die eine Hälfte der Menschheit hat kein oder kaum sauberes Wasser. Die anderen Milliarden Menschen verbrauchen inzwischen offenbar mehr als nachfließt.
Wo viele Menschen wohnen, ist Wasser fast immer knapp. Insgesamt übersteigt die Nachfrage weltweit inzwischen deutlich die Menge, die aus sich natürlich erneuernden Quellen gedeckt werden kann. […]
Im Norden Chinas verbrauchen die intensivierte Landwirtschaft, die florierende Industrie und eine Bevölkerung, deren wachsender Wohlstand die Ansprüche steigert, mehr Wasser, als die Natur nachliefern kann. In Indien werden gigantische Kanalprojekte diskutiert, um die Knappheit in weiten Teilen des Landes zu bekämpfen. In Spanien stellt man sich auf die Verwüstung weiter Gebiete ein. Ohnehin eher trockene Länder wie Australien oder Äthiopien litten im vergangenen Jahr unter extremer Dürre. Und die Prognosen sehen dort weiter sinkende Niederschläge voraus. Wie genau sich das Klima und damit die Wassersituation auf der Erde entwickelt, weiß niemand, sagt Maim Falkenmark, Hydrologin am Stockholm International Water Institute. […]
Bereits heute ist Wasser Ursache unzähliger politischer, sozialer und wirtschaftlicher Konflikte. Wie Bodenschätze und fruchtbares Land ist es sehr ungleich verteilt. Die Hälfte des nutzbaren Süßwassers ist im Besitz von einem halben Dutzend Ländern. Ähnlich ungleich verteilt ist auch die Trinkwasserqualität. Eine Milliarde Menschen hat keinen Zugang zu sauberem Wasser, 2,5 Milliarden leiden unter ungenügenden Hygienestandards – zusammen macht das mehr als die Hälfte der Menschen auf dem Planeten Erde. […]
Es muss darum gehen, Wasser effizienter zu gebrauchen, „anstatt zu versuchen, ein unerschöpfliches Wasserangebot zu garantieren“. Dezentral ließen sich zum Beispiel Regenwasserreservoire einrichten, und Effizienz bedeutet, zum Beispiel weniger Trinkwasser als bisher zum Wegspülen von Abfällen zu nutzen. […]
Für die Zukunft ist die Frage, wie Staaten, internationale Organisationen und Unternehmen die Wasserprobleme bewältigen, zumindest ebenso wichtig wie der Umgang mit schwindenden Ölreserven und dem Klimawandel. „Wasser ist selten per se knapp“, sagt Christian Leibundgut, bis vor Kurzem Leiter des Instituts für Hydrologie der Universität Freiburg. „Wasserkrisen sind eigentlich immer eine Folge falschen Managements.“

(Nach: Richard Friebe: Der erschöpfte Planet, in: www.sueddeutsche.de, Zugriff: 23.03.2009)

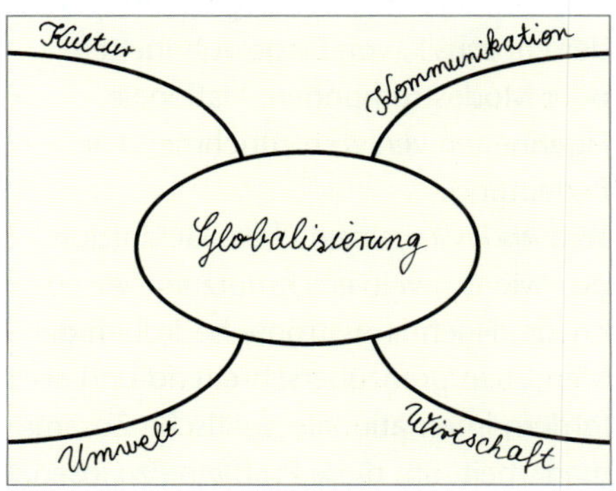

1. Warum ist Wasserknappheit ein Problem, das global gelöst werden muss?
2. Im Text steht, dass Wasser zu unzähligen politischen, sozialen und wirtschaftlichen Konflikten führen kann. Versuche zu erklären, warum das so ist.

Globalisierung

1. Erkläre die vier im Text genannten Aspekte der Globalisierung in jeweils einem Satz.
2. Erläutere die Ursachen für Globalisierung.
3. Die meisten von euch planen zurzeit ihre berufliche Zukunft. Überlege, welche Kompetenzen global tätige Unternehmen von Bewerbern um Ausbildungsplätze erwarten.

Was ist das?

Seit Anfang der Neunzigerjahre spricht man von Globalisierung. Man bezeichnet damit den weltweiten Prozess des wirtschaftlichen Zusammenwachsens, bei dem Produktion und Handel in den verschiedenen Ländern immer stärker voneinander abhängig werden. Nationale Grenzen spielen für die Wirtschaft eine zunehmend geringere Rolle. In diesem Zusammenhang fällt häufig auch das Schlagwort *„Weltbinnenmarkt"*. Damit möchte man zum Ausdruck bringen, dass durch die engen wirtschaftlichen Verflechtungen die ganze Welt ein einziger, beinahe grenzenloser Markt geworden ist.

Ursachen

Produktion und Handel weit über die Grenzen von Staaten hinweg ist nichts Neues. Das gab es schon zu Zeiten von Kolumbus. Neu an der Globalisierung ist, dass nicht nur Waren und Dienstleistungen in bisher unbekanntem Ausmaß weltweit produziert und verkauft werden, sondern auch Geldströme frei von allen Beschränkungen dorthin fließen, wo sie den höchsten Profit erzielen. Ermöglicht wurde diese Entwicklung durch eine Reihe technischer Neuerungen. So hat zum Beispiel die Entwicklung des Internets den weltweiten Austausch von Informationen erheblich vereinfacht: Per E-Mail und in firmeneigenen Computernetzen (Intranet) können heute auch weit entfernte Gesprächspartner schnell und unkompliziert miteinander kommunizieren. Durch die Verbreitung des Mobilfunks sind immer mehr Menschen rund um die Uhr erreichbar. Diese Entwicklungen meint man, wenn von der *„vernetzten Welt"* die Rede ist.
Neuerungen auf dem Gebiet des Transport- und Verkehrswesens erleichterten den Warentransport und senkten die Transportkosten. Zur gleichen Zeit wurde der Außenhandel in vielen Staaten vereinfacht, indem man Handelshemmnisse wie Zölle und Einfuhrbeschränkungen abbaute.

Weitere Dimensionen

Im weiteren Sinn umfasst der Begriff Globalisierung auch folgende Entwicklungen:
Welt als globales Dorf:
Dieses Schlagwort benutzt man, um weltweite gesellschaftliche Trends zu charakterisieren: etwa die globale Verbreitung von Konsumgewohnheiten, der Popmusik, von Essgewohnheiten oder Modeströmungen. Nationale Eigenheiten verlieren zunehmend an Bedeutung.
Welt als Risikogemeinschaft: Gefährdungen wie Umweltverschmutzung, Armut, Kriege, Flüchtlingsströme bedrohen die Menschen grenzüberschreitend und erfordern internationale politische Zusammenarbeit, um diese Probleme zu lösen.

Begriffe für euer Fachwörterverzeichnis

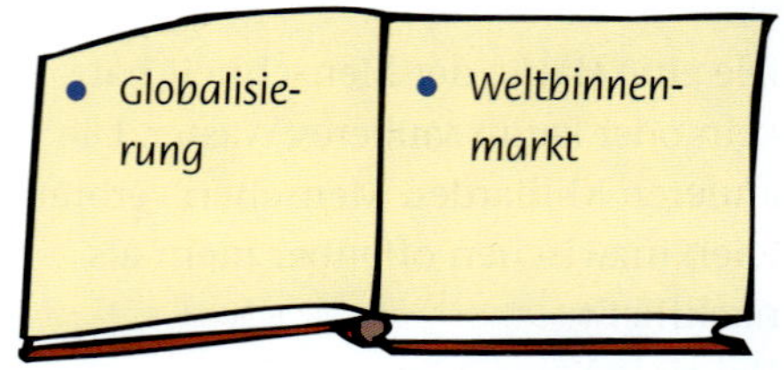

Reaktionen

Anfang der Neunzigerjahre löste die Globalisierung eine weltweite Aufbruchstimmung aus. Viele sahen ein neues Zeitalter heraufziehen, das für viele Menschen neue Arbeitschancen und Wohlstand bringen könne. Inzwischen haben viele Menschen in der Weltwirtschaftskrise ab 2008 auch negative Auswirkungen der weltweiten Verflechtung zu spüren bekommen. Doch ist klar, dass sich die Globalisierung nicht mehr rückgängig machen lässt. Es geht vielmehr darum, den Prozess der Globalisierung politisch und wirtschaftlich so zu gestalten, dass möglichst viele Menschen auf der Erde davon profitieren.

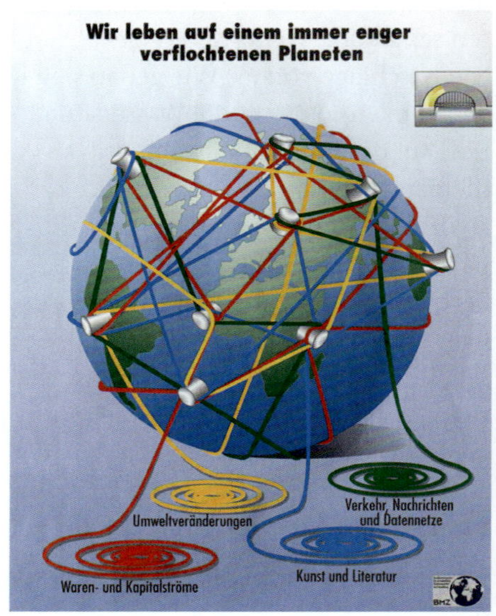

Wir ermitteln Chancen und Risiken der Globalisierung

Wenn eine neue Entwicklung die gesamte Gesellschaft erfasst, bieten sich für viele Menschen neue Chancen, es gibt jedoch auch Risiken. Bei der Globalisierung ist das nicht anders. Auf dieser Seite werden einige Auswirkungen der Globalisierung dargestellt. Ihr sollt selbst entscheiden, ob dabei das Positive oder Negative überwiegt.

So könnt ihr vorgehen:
- Einzelarbeit: Überlege zunächst allein, welche Entwicklungen du positiv oder negativ siehst.
- Gruppenarbeit: Stellt in der Gruppe der Reihe nach eure Bewertungen vor. Trefft dann gemeinsam die Entscheidungen. Präsentiert eure Ergebnisse vor der Klasse.

1 Wer heute über einen Internetanschluss verfügt, dem steht als Kunde die ganze Welt zur Verfügung. Kaufen und Verkaufen ist an keinen Standort mehr gebunden. Kunden können weltweit Produkte bestellen und Preise vergleichen. Die Zahl der Internetfirmen wächst. Das schafft mehr Konkurrenz, aber auch Chancen für hoch qualifizierte Arbeitskräfte auf der ganzen Welt.

2 Im weltweiten Warenverkehr wird das Angebot an attraktiven und qualitativ hochwertigen Produkten immer größer. Dabei hat sich eine internationale Arbeitsteilung herausgebildet, bei der die einen billige Produkte kaufen, die von anderen unter oft sklavenähnlichen Bedingungen produziert werden. Trendige Modeartikel können in Deutschland und anderswo zu Niedrigstpreisen verkauft werden, weil Frauen und Kinder für Niedrigstlöhne produzieren, die nicht einmal im eigenen Land zum Leben reichen.

3 Die Deutschen sind nach wie vor Reiseweltmeister. Flugreisen sind durch die Konkurrenz ausländischer Anbieter auf dem deutschen Markt so billig geworden, dass sich immer mehr Menschen die Flüge leisten können. So können sie andere Länder bereisen – das erweitert den geistigen Horizont und fördert das Verständnis für andere Kulturen. Durch die starke Zunahme der Flugreisen wird die Atmosphäre zusätzlich mit Abgasen belastet.

4 Mitarbeiter weltweit tätiger Unternehmen haben die Möglichkeit, in viele Länder zu reisen, dort neue Kontakte zu knüpfen und fremde Kulturen kennenzulernen. Wer beruflich erfolgreich sein möchte, muss mobil und flexibel sein. Zunehmend haben Menschen das Gefühl, mit dem Tempo der Entwicklung nicht mehr mithalten zu können. Sie leiden unter Stress und Überforderung und klagen über psychische Beschwerden.

5 Die armen Länder in Afrika, Asien und in Südamerika haben einen riesigen Nachholbedarf an technologischen Gütern. So verkauft die Firma Siemens seine Hightech-Kommunikationsprodukte mittlerweile in über 120 Staaten der Welt. Das Know-how liefern die deutschen Mitarbeiter, deren Arbeitsplätze so gesichert sind. Dabei ist Siemens nur ein Beispiel von vielen.

6 Auf der ganzen Welt hören die Menschen dieselbe Musik, sehen im Fernsehen die gleichen Sendungen. So ist zum Beispiel die Sendung „Wer wird Millionär?“ in über 60 Ländern verbreitet. Auch die Essgewohnheiten werden immer ähnlicher. Zunehmend geraten alte Traditionen in Vergessenheit, die heimische Kultur wird von einer globalen Weltkultur verdrängt.

Wir diskutieren im World Café über Globalisierung

Für die Dauer einer Unterrichtsstunde könnt ihr eure Klasse in ein World Café verwandeln. Das geht ohne großen Aufwand. Man benötigt Gruppentische, einige Bögen Papier und einige dicke farbige Stifte. In einem World Café sitzt man an Tischen zusammen, um über wichtige Weltfragen zu sprechen und miteinander zu diskutieren. Überall auf der Welt veranstalten Schülerinnen und Schüler mittlerweile solche Caférunden. Die Methode ist beliebt, weil man so in angenehmer Atmosphäre seine Gedanken äußern kann.
In eurem World Café sollt ihr euch darüber austauschen, wie die Globalisierung Kommunikation, Wirtschaft und Kultur verändert hat und wie diese Veränderungen zu bewerten sind.
Anregungen für eure Diskussion findet ihr auf der folgenden Seite. Wenn euch nur eine Unterrichtsstunde zur Verfügung steht, müsst ihr vielleicht die Gesprächsrunden verkürzen und in der Folgestunde fortsetzen.

So organisiert man das World Café:

1 Stellt eure Schultische zusammen und gruppiert sie so im Raum, dass eine angenehme Kaffeehausatmosphäre entsteht. Der Erfolg eures World Cafés hängt auch davon ab, dass ihr ein Klima schafft, in dem sich jeder wohlfühlt.

2 Legt große Papierbögen auf den Tischen aus (am besten Packpapier). Die Tischflächen sollten möglichst vollständig bedeckt sein. Legt farbige dicke Stifte bereit.

3 Bildet Gruppen mit vier bis fünf Teilnehmern. Jede Gruppe bestimmt eine Gastgeberin oder einen Gastgeber. Sie haben die Aufgabe, die Gäste zu begrüßen, das Gespräch zu leiten und die Beiträge zusammenzufassen.

4 Die Gastgeberin oder der Gastgeber gibt das erste der Themen vor und liest dazu die Diskussionsthesen vor (siehe nächste Seite). Die Gäste notieren in zwei bis drei Minuten ihre Gedanken dazu auf dem Papier. Anschließend reden und diskutieren sie miteinander. Der Gastgeber übernimmt die Gesprächsleitung. Nach einer vorher bestimmten Zeit (zum Beispiel 8 bis 10 Minuten) fasst der Gastgeber die Diskussion mündlich zusammen und verabschiedet die Gäste. Damit endet die erste Runde.

5 Nun wechseln die Gruppen die Tische. Nur die Gastgeber bleiben sitzen. Sie begrüßen die neuen Gruppen an ihrem Tisch und stellen vor, was die „Caféhausgäste“ in der ersten Runde gesagt haben. Mit dem Thema 2 und dem Verlesen der Thesen dazu beginnt eine neue Runde nach dem gleichen Muster wie beim Thema 1. Zum dritten Thema wird wieder gewechselt.

6 Nach dem Durchlaufen von drei oder vier Runden könnt ihr im Plenum die Einzelergebnisse auswerten und zusammenfassen:
Was war besonders interessant?
In welchen Punkten waren sich die Gruppen einig, wo gab es besonders große Unterschiede?
Was war überraschend?

(Nach einer Idee von teamGlobal, Bundeszentrale für politische Bildung und www.theworldcafe.com)

Darüber könnt ihr im World Café diskutieren

Auf dieser Seite findet ihr Diskussionsvorschläge für vier Runden. In den Sprechblasen sind jeweils zwei gegensätzliche Meinungen dargestellt. Schreibt auf, wie ihr darüber denkt, und begründet eure Meinung.

1. Runde: Thema „Vernetzte Welt"

Toll, dass man über das Internet Menschen auf der ganzen Welt kennenlernen kann. Das fördert weltweite Freundschaften und baut Vorurteile ab.

Das sind doch nur ganz oberflächliche Kontakte. Echte Freundschaften kann man nur in der persönlichen Begegnung finden.

2. Runde: Thema „Weltbinnenmarkt"

Von der internationalen Arbeitsteilung profitieren alle – besonders die Verbraucher.

Die Umwelt profitiert nicht. Im Gegenteil, sie wird sogar massiv geschädigt. Schuld daran sind die langen Transportwege.

3. Runde: Thema „Die Welt als globales Dorf"

Die Globalisierung hat zu einem ähnlichen Lebensstil von Jugendlichen in aller Welt geführt. Das fördert Freundschaften.

Die Globalisierung zerstört regionale Lebensweisen. Viele Jugendliche kennen nicht einmal mehr wichtige Traditionen ihrer Heimat.

4. Runde: Thema „Die Welt als Risikogemeinschaft"

Wasser ist ein globales Problem, das nur durch internationale Zusammenarbeit gelöst werden kann.

Für die Wasserversorgung ist jeder Staat selbst verantwortlich. Dazu braucht man keine internationale Zusammenarbeit.

2 Die ganze Welt ein einziger Markt: Wie funktioniert die globalisierte Wirtschaft?

Die Rolle der Global Player

Als Global Player bezeichnet man Konzerne, die in vielen Ländern der Welt Waren oder Dienstleistungen produzieren und verkaufen. Sie gelten als das Herz der globalisierten Wirtschaft. Die typischen Merkmale eines Global Players könnt ihr euch am Beispiel des schwedischen Modekonzerns Hennes & Mauritz erarbeiten.

Eröffnungsjahr der jeweiligs ersten Filiale des Modeunternehmens H&M, nach Staaten, Stand: September 2009

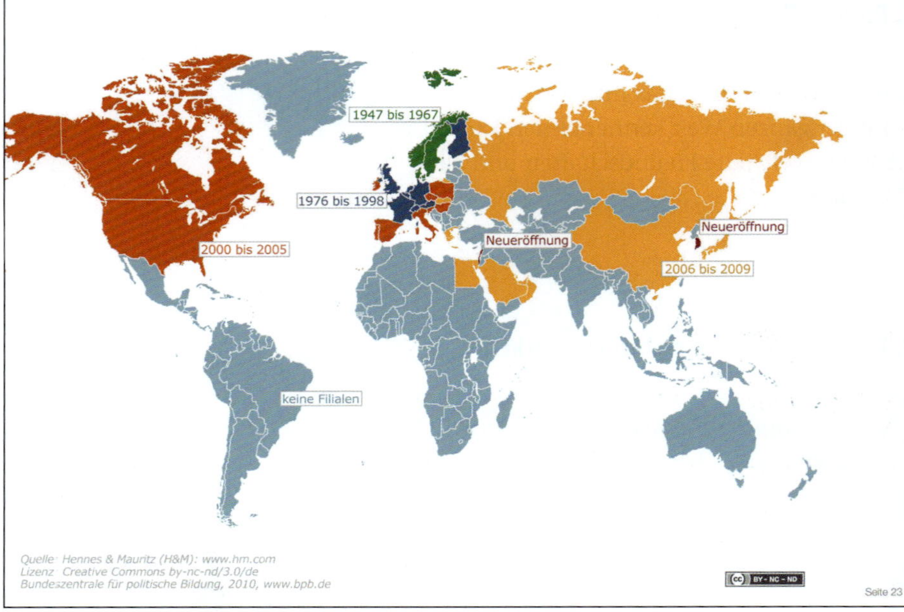

Das Beispiel H&M

Das T-Shirt liegt auf dem Tisch. Am Kragen sind ein H und ein M in den Stoff geprägt. Die beiden Buchstaben sind das Zeichen eines Weltreichs. Es umfasst 38 Länder, 2078 Geschäfte und 76000 Menschen im Moment. Müsste man die Kleidung von H&M in einem Satz beschreiben, würde man sagen: Sieht gut aus und kostet fast nichts. Am günstigsten ist das T-Shirt. Es kostet 4,95 Euro.

Baumwolle aus Texas

Die Spur des billigen T-Shirts beginnt im Westen, in Texas. Dort wird in riesigen Farmen Baumwolle angebaut. Geerntet wird die Baumwolle von neu entwickelten Erntemaschinen, die die Arbeit von 300 Baumwollpflückern übernehmen können. In Amerika leben 19000 Baumwollbauern. In den vergangenen zehn Jahren erhielten sie 25 Milliarden Dollar vom Staat. Angelockt von diesem Geld, bauten sie jedes Jahr genug Baumwolle für zehn Milliarden T-Shirts an. Die Baumwolle wurde billiger. Die Bedrohung lebt in Indien, in Westafrika, in armen Ländern wie Mali oder Burkina Faso. Dort gibt es Bauern, die ihre Baumwolle halb so teuer produzieren wie die Amerikaner. Denn billiger als die modernste Maschine ist ein Mensch, der nichts zum Leben braucht als ein paar Schalen Reis am Tag.

Fabriken in Bangladesch

Nach der Ernte wird die Baumwolle auf ein Schiff verfrachtet. In Asien wird sie ausgeladen. H&M besitzt hier keine eigenen Fabriken. H&M bestellt die Ware dort, wo sie am günstigsten ist, in China, Kambodscha oder in Bangladesch. 3000 Textilfabriken gibt es in Dhaka. Dulal Brothers Limited zum Beispiel verarbeitet am Tag 50 Tonnen amerikanische Baumwolle, das entspricht 125000 T-Shirts. Fast die Hälfte verkauft man an H&M. Seit Monaten produzieren sie das T-Shirt, seit Monaten arbeiten die Näherinnen zehn, zwölf Stunden am Tag, sechs, sieben Tage die Woche. Das T-Shirt scheint sich gut zu verkaufen in den H&M-Filialen in New York, Hamburg, Hongkong. 3500 bangladeschische Taka im Monat bekommt eine Näherin im Monat, umgerechnet 36 Euro, die Überstunden sind schon drin. Macht 1,18 Euro am Tag. Davon kann man auch in Bangladesch nicht leben.

Transport in Container-Schiffen

Jetzt geht es darum, das T-Shirt möglichst günstig nach Europa zu bringen, von Dhaka nach Deutschland. 7 300 Kilometer Luftlinie. Ein T-Shirt übers Meer zu schicken war früher teuer. Heute kostet die Strecke von Bangladesch nach Deutschland rund 2 800 Euro pro Container. Große Kunden bekommen Rabatt. Knapp 34 000 T-Shirts passen hinein. Der Container hält den Preis niedrig. Das ist ein weiteres Geheimnis des billigen T-Shirts. Wenn das T-Shirt nach drei Wochen auf See in Deutschland ankommt, wird H&M für Rohstoff, Herstellung und Transport insgesamt nur etwas mehr als 1,40 Euro bezahlt haben.

Auf dem Etikett des T-Shirts steht „Made in Bangladesch", der Großteil des Geldes aber wird in Deutschland bleiben. Am Ende steht ein Gewinn von etwa 60 Cent pro T-Shirt. Bedenkt man, dass H&M weltweit viele Millionen davon verkauft, bedeutet das: Man kann mit billigen T-Shirts viel Geld verdienen. Allein 2010 hat H&M weltweit 220 neue Läden eröffnet. Man kann das T-Shirt jetzt in Moskau und Istanbul kaufen, in Shanghai und Seoul.

(Zusammengefasst nach: Wolfgang Uchatius: Das Welthemd, in: Die ZEIT, 16.12.2010, S. 23–25)

Warum sind Global Player umstritten?

Die globalsten von ihnen sind fast so international wie die Vereinten Nationen. Siemens etwa ist in 190 Ländern vertreten, der UNO gehören nur drei Staaten mehr an. Volkswagen verkauft Autos in mehr als 150 Ländern und hat Fabriken in 18 Ländern. Und die größten von ihnen beschäftigen mehr als 200 000 Menschen und setzen pro Jahr mehr als 100 Milliarden um.

So groß sie sind, so umstritten sind die multinationalen Konzerne auch. Politiker werfen ihnen vor, ihre Gewinne mit Finanztricks in Länder zu verlagern, in denen besonders niedrige Steuern fällig werden; Gewerkschafter werfen ihnen vor, höher bezahlte Arbeitsplätze in den Industrieländern zu vernichten und die Produktion in Billiglohnländer zu verlagern. Umweltschützer werfen ihnen vor, ihre Fabriken dort aufzubauen, wo laxe Umweltschutzgesetze gelten. Und Globalisierungsgegner werfen ihnen vor, die armen Länder auszubeuten und die Gewinne an ihre Aktionäre auszuschütten. Hinter all diesen Vorwürfen steht die Tatsache, dass nationale Gesetze und Regelungen von global agierenden Konzernen umgangen werden können.

(Aus: Detlef Gürtler: Die Tagesschau erklärt die Wirtschaft, Rowohlt Verlag, Berlin 2008, S. 256 f.)

Begriffe für euer Fachwörterverzeichnis

Wirtschaftskundeunterricht im Jahr 2020

1. Stelle dar, warum ein T-Shirt so billig verkauft werden kann.
2. Erkläre am Beispiel von H&M die typischen Merkmale eines Global Players. Verwende dazu die Begriffe Arbeitsteilung, Produktionsstätten, Filialen, Transport und Preisgestaltung.
3. Warum sind Konzerne wie H&M trotzdem umstritten? Wie denkt ihr über die Kritik?

Was noch interessant sein kann:

- die komplette Reportage über das „Welthemd" in der Wochenzeitschrift „Die ZEIT" lesen und dazu einen Kommentar verfassen (www.zeit.de, Suchfunktion nutzen),
- nach einem Global Player in eurer Region recherchieren und das Unternehmen in einem Kurzporträt vorstellen.

Deutschland, China oder Rumänien – Wo soll das neue Werk der Klimex AG gebaut werden?

Ein Planspiel

Um welches Problem geht es?

Bei der Betriebsversammlung der Klimex AG in der Kleinstadt Aumühle herrscht große Aufregung. Alle reden durcheinander und diskutieren. Soeben hat der Vorstand einen Überblick über die Geschäftsentwicklung des letzten Jahres gegeben: Das Unternehmen steht weltweit in hartem Wettbewerb mit der Konkurrenz. Es will seinen Marktanteil vergrößern, um die Zukunft des Unternehmens zu sichern. Deshalb soll ein weiteres Werk gebaut werden, das 800 neue Arbeitsplatze schaffen wird – möglicherweise im Ausland. Ohne Wissen der Beschäftigten hat der Vorstand in den letzten Monaten mehrere Standorte im Ausland besichtigt und mit den Vertretern der Städte verhandelt. Besonders beeindruckt war er von den Standortbedingungen in der rumänischen Stadt *Tebiu* sowie im chinesischen *Hwengwu*. Vor allem aber könnte das Unternehmen Lohnkosten sparen, denn die Löhne betragen nur einen Bruchteil der in Deutschland üblichen.

Die Klimex AG hat insgesamt 3480 Beschäftigte. Neben dem Werk in Aumühle (880 Beschäftigte) hat das Werk weitere Niederlassungen in Deutschland, den USA und Brasilien. Der Hauptsitz des Unternehmens befindet sich in Aumühle.

Die Klimex AG gehört zu den alteingesessenen Familienunternehmen der Kleinstadt Aumühle. Sie wurde 1958 von dem Ingenieur Lutz Peters gegründet, dessen Kinder heute das Unternehmen führen. Zusammen mit weiteren leitenden Angestellten bilden sie den Vorstand.

Die Klimex AG produziert heute vor allem Klimageräte. Diese verkauft sie in der ganzen Welt. Im letzten Jahr ist der Forschungsabteilung eine vielversprechende Neuentwicklung gelungen – ein energiesparendes Klimagerät, das einen um 30 % reduzierten Energieverbrauch gegenüber herkömmlichen Modellen aufweist. Von diesem neuen Modell verspricht sich die Geschäftsleitung große Absatzchancen in Europa, Amerika und Asien. Es ist damit zu rechnen, dass die Nachfrage nach älteren Modellen bald sinken wird und Arbeitsplätze im alten Werk Aumühle gefährdet sind.

Diese Gefahr sieht auch die Interessenvertretung der Arbeitnehmer, der *Betriebsrat*. Er will mit allen Mitteln dafür kämpfen, dass das neue Werk in Aumühle gebaut wird und die Arbeitsplätze für die Mitarbeiter gesichert werden.

Auch der Bürgermeister und der Stadtrat reagieren besorgt auf die Neuigkeiten aus der Klimex AG, denn schließlich ist das Unternehmen der größte Steuerzahler der Stadt. Kaum auszudenken, wenn diese Einnahmen wegfallen würden! Gemeinsam wollen Bürgermeister und Stadtrat die Geschäftsleitung überzeugen, dass Aumühle der ideale Standort für das neue Werk sei. Was tun? Diese Frage soll im Planspiel geklärt werden.

S M U H

So verläuft das Planspiel

Die Geschäftsführung hat alle Beteiligten zu einer gemeinsamen Sitzung eingeladen. Euer Klassenraum wird der Sitzungssaal sein. In Gruppen bereitet ihr diese Verhandlung vor und spielt sie bis zu einer Entscheidung durch.

1. Gruppenbildung

Bildet in der Klasse fünf etwa gleich große Gruppen: Vorstand, Betriebsrat, Stadtrat von Aumühle, Vertreter von Tebiu, Vertreter der Stadt Hwengwu.

2. Lesephase

Lest die Problembeschreibung nochmals aufmerksam durch. Achtet dabei besonders auf Aussagen, die eure Gruppe betreffen. Informiert euch auf der Rollenkarte (S. 262) über die Rolle, die ihr spielen sollt. Alle Gruppen müssen sich an diese Anweisungen halten. Anschließend bearbeitet jedes Gruppenmitglied in Stillarbeit die Spielmaterialien auf den Seiten 263 – 265 und notiert wichtige Informationen. Tipp: Ihr könnt euch die Arbeit teilen.

3. Gruppenarbeit

Bereitet euch in Gruppen auf die Verhandlung vor. Diskutiert eure Situation und klärt eure Interessen und Ziele. Sammelt Argumente, die euren Standpunkt begründen. Überlegt auch, wie eine Lösung aussehen könnte und zu welchen Zugeständnissen eure Gruppe bereit ist. Bereitet einen Kurzvortrag vor, in dem ihr zu Beginn der Konferenz euren Standpunkt und eure Forderungen darstellt. Bestimmt einen Gruppensprecher, der den Vortrag hält.

4. Kontakt zu anderen Gruppen

Während der Gruppenarbeitsphase können die Gruppen untereinander Kontakt aufnehmen und – wie im richtigen Leben – Absprachen über das gemeinsame Vorgehen in der Verhandlung treffen.

5. Spiel der Verhandlung

Zu Beginn der Verhandlung tragen alle Gruppen in einem 3- bis 5-minütigen Kurzvortrag ihre Standpunkte vor. Dann diskutieren alle Gruppen diese Vorschläge. Ziel ist, die unterschiedlichen Vorstellungen anzunähern und vielleicht eine Kompromisslösung zu erreichen.

6. Entscheidung

Die Geschäftsleitung zieht sich zurück und berät, wo das neue Werk gebaut werden soll. Währenddessen bereiten die anderen Gruppen eine Stellungnahme zu verschiedenen möglichen Entscheidungen vor. Anschließend präsentiert die Geschäftsleitung ihre Entscheidung und begründet sie. Die Vertreter der anderen Gruppen nehmen dazu Stellung.

7. Auswertung des Spiels

Diskutiert nach dem Spiel folgende Fragen:

- Wie wirkungsvoll haben die Gruppen ihre Interessen vertreten?
- Wie sind sie mit den anderen Gruppen umgegangen: Haben sie auch andere Meinungen respektiert? Sind sie auf Vorschläge anderer Gruppen eingegangen?
- Wie bewertet ihr die gefundene Lösung?

Rollenkarten

Vorstand

Ihr seid für das gesamte Unternehmen verantwortlich, also nicht nur für das Werk in Aumühle. Euer Ziel ist es, möglichst viele Klimageräte zu produzieren, zu verkaufen und dabei einen hohen Gewinn zu erzielen. Ihr seid entschlossen, das neue Werk in Rumänien oder China zu bauen. Allerdings ist euch bewusst, dass die Beschäftigten das nicht ohne Weiteres hinnehmen werden. Ihr werdet den Betriebsrat vertrösten, dass auf jeden Fall die 320 Arbeitsplätze in der Verwaltung erhalten bleiben. Allerdings befürchtet ihr, dass durch die Proteste und die Medien das Unternehmen ein schlechtes Bild in der Öffentlichkeit abgeben wird. Deshalb seid ihr bereit, mit dem Betriebsrat zu verhandeln, um den Beschäftigungsabbau möglichst sozialverträglich zu gestalten.

Betriebsrat

Ihr vertretet die Interessen der Beschäftigten der Klimex AG. Setzt alle Hebel in Bewegung, damit das neue Werk in Aumühle gebaut wird. Für dieses Ziel seid ihr bereit, der Geschäftsleitung Zugeständnisse zu machen, zum Beispiel auf Urlaubstage oder Weihnachtsgeld zu verzichten oder auch einem 2-jährigen Lohnstopp zuzustimmen. Eine denkbare Lösung könnte auch sein, Teile der Klimageräte im Ausland herzustellen und diese in Aumühle zu montieren. Außerdem verhandelt ihr mit der Stadt und versucht, sie zu überzeugen, wenigstens auf einen Teil der Gewerbesteuer zu verzichten. Mit einem Flugblatt informiert ihr die Öffentlichkeit über die Problematik und begründet, warum das neue Werk in Aumühle gebaut werden soll. Dieses Flugblatt verteilt ihr an den Vorstand und die Vertreter der Städte.

Stadtrat

Als gewählte Volksvertreter setzt ihr euch natürlich dafür ein, dass das neue Werk in Aumühle gebaut wird. Ihr betont bei euren Verhandlungen mit dem Vorstand, dass die Stadt in der Vergangenheit das Unternehmen stets unterstützt hat, zum Beispiel bei der Suche nach einem geeigneten Baugrundstück für die erste Werkserweiterung. Ihr signalisiert, dass die Stadt bereit ist, für fünf Jahre die Gewerbesteuer zu senken. Da Aumühle in einer wirtschaftlich schwachen Region liegt, setzt ihr euch dafür ein, dass das Unternehmen auch vom Land zinsvergünstigte Kredite für den Bau des neuen Werkes bekommen kann.

Vertreter von Tebiu

Ihr seid Abgesandte der Stadt und versucht, mit euren Argumenten den Vorstand zu überzeugen, dass das neue Werk in Tebiu gebaut wird. Ihr betont die positive wirtschaftliche Entwicklung eurer Stadt und dass die Zukunftschancen von Experten sehr positiv beurteilt werden. Ihr präsentiert der Geschäftsleitung eine Folie, auf der ihr übersichtlich die Vorteile Tebius gegenüber anderen Standorten auflistet. Diese Folie kann auch die Grundlage für eure Präsentation auf der Konferenz sein.

Vertreter von Hwengwu

Als Vertreter der Stadt setzt ihr alles daran, dass das Unternehmen sein neues Werk in Hwengwu baut. Ihr seid alle Mitglieder in der Kommunistischen Partei Chinas, die in China die Macht hat. Deshalb könnt ihr dem Vorstand auch versprechen, dass er sehr schnell alle notwendigen Genehmigungen bekommen wird. Ihr weist auch darauf hin, dass China für Klimageräte einen riesigen Markt bildet und das Unternehmen seine Geräte auch in China sehr gut verkaufen kann. Ihr bereitet euch vor, indem ihr auf einer Folie übersichtlich die Vorteile Hwengwus gegenüber dem deutschen Standort auflistet. Diese Folie könnt ihr für euren Kurzvortrag auf der Konferenz verwenden.

Spielmaterialien zum Planspiel

M 1 Informationen zu den Standorten

a) Standort Aumühle

Viele Beschäftigte der Klimex AG arbeiten seit Jahrzehnten für das Unternehmen und haben das Unternehmen mit aufgebaut. Sie sind hoch motiviert und außerordentlich qualifiziert. Bei besonders hoher Nachfrage waren sie in der Vergangenheit immer wieder bereit, eine Sonderschicht einzulegen. Die Abläufe bei der Produktion von Klimageräten sind ihnen bestens vertraut, der Aufwand für eine Schulung wäre bei der Produktion der neuen Geräte sehr gering. Anders als bei der Produktion in anderen Ländern weisen die in Aumühle produzierten Geräte nur selten Qualitätsmängel auf, nur ein geringer Teil ist Ausschuss. Die Kunden sind mit diesen Geräten überdurchschnittlich zufrieden, nur selten kommt es zu Reklamationen. In Aumühle werden zwar im internationalen Vergleich sehr hohe Löhne gezahlt, doch in den letzten Jahren gab es kaum noch Lohnzuwächse. Aumühle liegt in einer ländlich geprägten Region in Nordrhein-Westfalen und hat 13000 Einwohner. Die Infrastruktur ist sehr gut, über die nur 3 km entfernte Autobahn ist der Ort in das europäische Fernstraßennetz eingebunden.

b) Standort Hwengwu

Wie viele Städte in China hat auch Hwengwu in den letzten Jahren einen ungeheuren Wirtschaftsaufschwung erlebt. Hwengwu liegt in einer Freihandelszone. Das bedeutet, dass Unternehmen hier keine Steuern und auch keine Zölle zahlen müssen. Zahlreiche ausländische Firmen haben sich inzwischen niedergelassen. Ihnen steht eine schier unbegrenzte Anzahl von sehr billigen, motivierten Arbeitskräften zur Verfügung, die bereit sind, unter harten, teilweise sogar menschenunwürdigen Bedingungen zu arbeiten. Menschenrechtsorganisationen kritisieren seit Langem die Ausbeutung chinesischer Arbeitskräfte in den Fabriken. In Hwengwu gibt es keine Facharbeiter, die eine mit deutschen Kollegen vergleichbare Ausbildung haben. Die Klimex AG müsste also die Arbeitskräfte vor Ort qualifizieren. Auch dann ist nicht sicher, ob die neu ausgebildeten Fachkräfte im Unternehmen bleiben, denn chinesische Arbeitnehmer sind sehr schnell bereit, den Arbeitgeber zu wechseln, wenn sie dadurch Vorteile haben. Ausländische Unternehmen müssen für die Genehmigung ihrer Fabriken den Behörden die Pläne ihrer Anlagen vorlegen. Immer wieder sind Fälle bekannt geworden, wo die Behörden solche Pläne an chinesische Unternehmen weitergereicht haben, die diese Maschinen dann kopierten und wesentlich billiger verkauften (Produktpiraterie).

Die chinesische Regierung unterstützt die Ansiedlung ausländischer Unternehmen sehr, denn sie fördern die wirtschaftliche Entwicklung des Landes. China hat keine demokratisch gewählte Regierung, die wichtigste Macht im Land ist die kommunistische Partei, die alle Bereiche des Lebens kontrolliert. Ohne ihre Zustimmung kann kein Unternehmer tätig werden. Auch die Medien werden staatlich gelenkt. Menschen, die politisch eine andere Meinung als die Partei vertreten, riskieren, verfolgt und inhaftiert zu werden.

Hwengwu hat 2 Millionen Einwohner und liegt im Landesinneren. Die Bevölkerung wächst rasch, weil sehr viele Menschen vom Land zuziehen. Die Stadt liegt in einer erdbebengefährdeten Region: Im letzten Jahr hat es ein großes Erdbeben der Stärke 6 gegeben, bei dem Hunderte Menschen ums Leben gekommen sind. Das Straßennetz rund um Hwengwu ist in schlechtem Zustand, die Regionalverwaltung will aber in den nächsten Jahren sehr viel Geld in den Ausbau des Straßennetzes und des öffentlichen Verkehrs investieren.

c) Standort Tebiu

Tebiu ist bekannt für seine Textilproduktion, in den letzten Jahren wurden jedoch bereits einige Fabriken geschlossen. Sehr erfolgreich hat die Stadt daher neue Industrien angesiedelt und profitierte auch von dem hohen Wirtschaftswachstum des Landes. Die Grundstücke stellt sie den Unternehmen kostenlos zur Verfügung. Noch sind die Löhne überall in Rumänien sehr niedrig, steigen allerdings stark. Es gibt genügend ausgebildete Facharbeiter, doch für die speziellen Anforderungen bei der Produktion von Klimageräten müsste die Klimex AG Fachkräfte schulen. Rumänien hat eine demokratische Regierungsform und ist seit 2007 Mitglied der EU. Die EU unterstützt die wirtschaftliche Entwicklung des Landes mit vielen Milliarden Euro, dennoch gehört der Staat zu den wirtschaftlich am wenigsten entwickelten Ländern der EU. Die Mitgliedschaft in der EU erleichtert auch den Handel mit Deutschland, das seit vielen Jahren zu den wichtigsten Wirtschaftspartnern des Landes gehört. Ein großes Problem ist allerdings immer noch die Bestechlichkeit (Korruption) der Behörden, sie behindert die Tätigkeit der Unternehmer. Tebiu liegt im Landesinneren nahe der ungarischen Grenze und hat 200 000 Einwohner. Das Straßennetz ist in den letzten Jahren mit EU-Fördermitteln ausgebaut worden. Die Infrastruktur ist jedoch immer noch erheblich schlechter als in Deutschland.

M 2 Die Rechte des Betriebsrats

Der Betriebsrat vertritt die Interessen der Arbeitnehmer. Da in Aumühle 880 Mitarbeiter beschäftigt sind, gehören ihm 11 Mitglieder an. So regelt es das Betriebsverfassungsgesetz. Wenn in einem Betrieb Arbeitsplätze abgebaut werden, hat der Betriebsrat nur wenige Einflussmöglichkeiten. Natürlich wird er versuchen, in Verhandlungen, mit Demonstrationen und Kundgebungen Druck auf die Geschäftsleitung auszuüben. Doch bleibt ihm in der Praxis häufig nichts anderes übrig, als einen Sozialplan auszuhandeln, der die Mitarbeiter für den Verlust des Arbeitsplatzes entschädigt. Sozialpläne berücksichtigen meist die Dauer der Betriebszugehörigkeit und das Alter der Betroffenen. Die Entschädigungen liegen zwischen 12 und 18 Monatsgehältern. Außerdem werden häufig Fortbildungs- und Umschulungsmaßnahmen finanziert, die den Betroffenen helfen sollen, eine neue Arbeitsstelle zu finden.

M 3 Was ist bei der Standortwahl wichtig?

Im Zeitalter fast grenzenloser Mobilität muss eine Region viele Kriterien erfüllen, um als Produktionsstandort ausgewählt zu werden.

Kosten: Als wichtigstes Kriterium nennen Unternehmen in Umfragen die Kosten. Dazu zählen vor allem Personalkosten, aber auch Kosten für Energie und Maschinen.

Neue Absatzgebiete: Die Nähe zum Kunden spielt eine zunehmend wichtige Rolle. Indem die Unternehmen direkt in den Absatzgebieten produzieren, können sie sich besser auf die jeweilige Nachfrage im Land einstellen und rasch auf Schwankungen reagieren.

Infrastruktur: Im Bereich der Infrastruktur zählen vor allem die Qualität des Straßennetzes, die Nähe zu Häfen sowie gut erschlossene Gewerbegebiete.

M 4

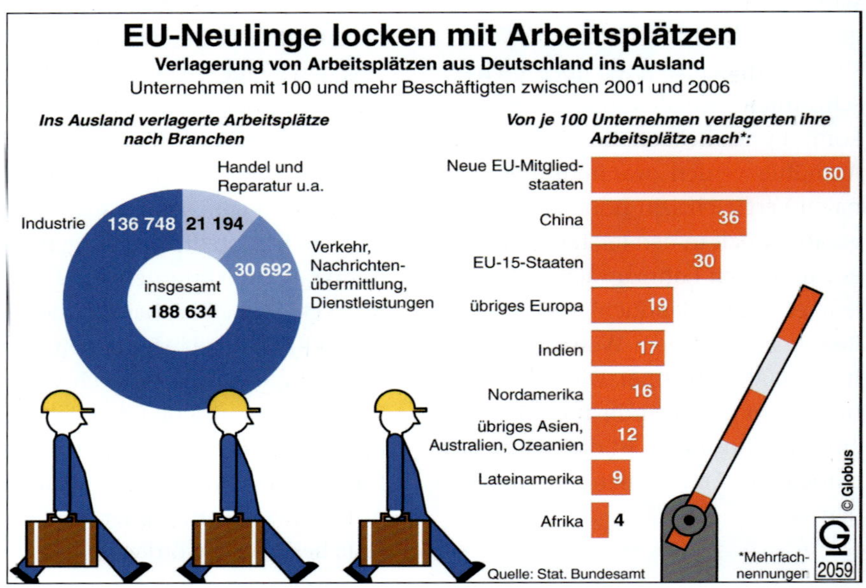

M 5 Wie viel Arbeit kostet

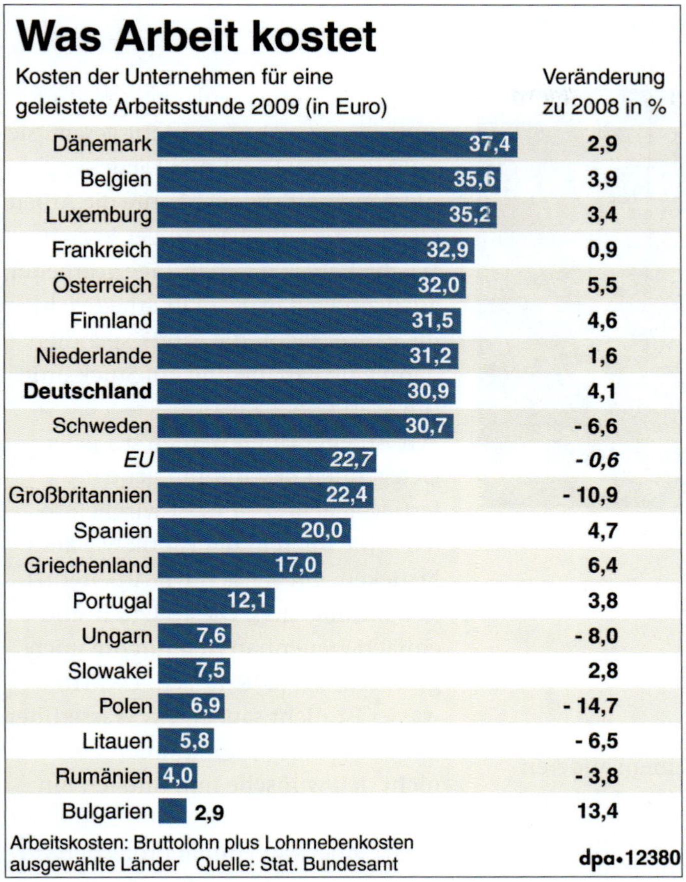

M 7 Produktivität

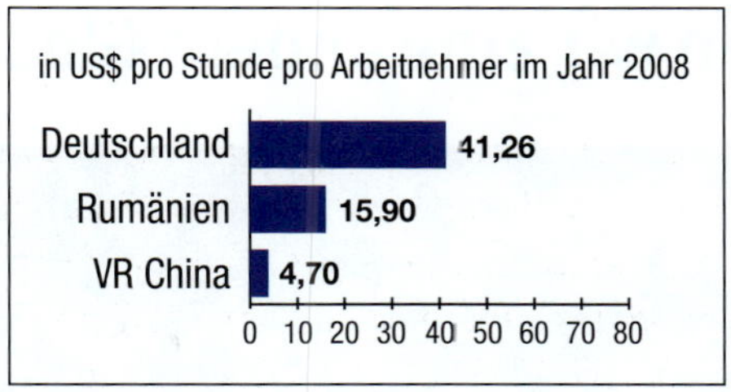

(Aus: MD World Competitiveness Yearbook 2009, Lausanne, S. 395, www.imd.ch/wcy)

Lesehilfe: Ein Arbeitnehmer in Deutschland produziert pro Stunde Waren im Wert von 41,26 $.

M 8 Motivation

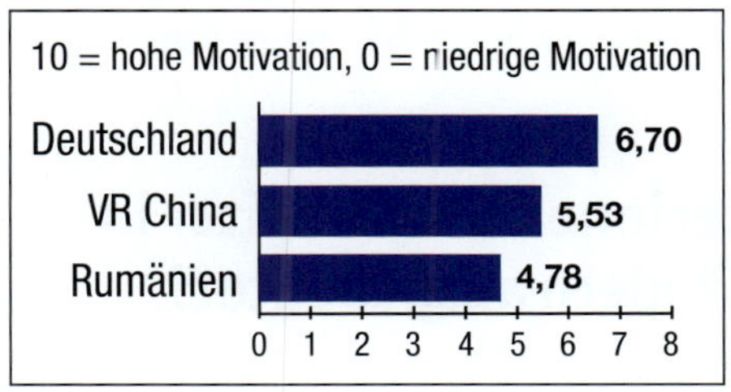

(Aus: IMD World Competitiveness Yearbook 2009, Lausanne, S. 404, ww.imd.ch/wcy)

M 6 Lohnkostenvergleich

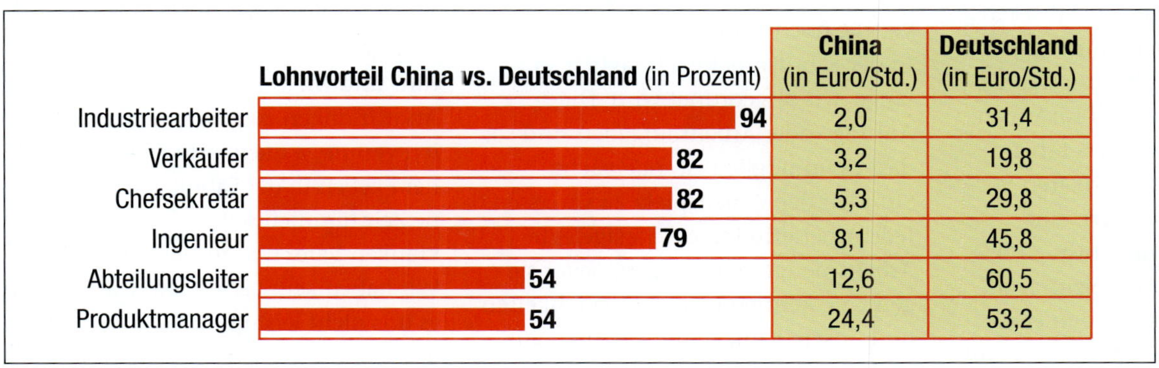

3 Die Schattenseiten: Brauchen wir eine andere Globalisierung?

Wie Rekha arbeiten zahllose Frauen in asiatischen Textilfabriken, wie hier bei der Schuhproduktion für Nike in Vietnam.

Werden Arbeiterinnen und Arbeiter in Entwicklungsländern ausgebeutet?

Der folgende Text schildert den Arbeitsalltag der jungen Näherin Rekha in Bangladesch, die für einen Zulieferer der Discount-Kette Lidl arbeitet. Welche Gefühle löst das Beispiel bei euch aus?

„Ich bin gerade 19 Jahre alt. Aber ich habe schon drei Jahre Erfahrung mit der Arbeit in einer Bekleidungsfabrik. Ich komme aus einem Dorf im Süden. Die Krankheit meines Vaters führte dazu, dass er nicht mehr arbeiten konnte. Ich war gezwungen, eine Arbeit anzunehmen, um etwas zum Einkommen der Familie beizutragen. Ich bekam eine Arbeitsstelle in einer Bekleidungsfabrik. Die Fabrik liegt eine Stunde Fußmarsch weg von meinem Elternhaus. Eine Rikscha würde 15 Taka kosten, also musste ich laufen, hin und zurück, mit einem anderen Mädchen aus meinem Dorf. Ich fing an als Hilfe mit monatlich 930 Taka (9,30 EUR). Jetzt bin ich Näherin und kriege 1800 Taka (18 EUR) monatlich. In der Fabrik bekam ich weder einen Arbeitsvertrag noch ein Einstellungsschreiben. In der Fabrik arbeite ich täglich so lange, wie angeordnet wird. Die Aufträge oder Arbeitsaufgaben sind so, dass es unmöglich ist, nach acht Stunden den Arbeitsplatz zu verlassen. Jede Arbeiterin hat eine festgelegte Arbeitsmenge zu erledigen, bevor sie geht. Sie kennen unsere Möglichkeiten und unsere Fähigkeiten ziemlich gut, und mit Absicht verlangen sie mehr von uns, sodass wir über unsere Kräfte hinausgehen müssen, um mit der Arbeit fertig zu werden. Wenn eine Arbeiterin früher gehen will, weil sie zu weit weg wohnt, wird ihr gesagt, sie müsste ja die Arbeit nicht machen, niemand hält sie, sie könnte die Arbeit gleich ganz aufgeben. In der letzten Woche habe ich sieben Tage gearbeitet, auch am Freitag. […] Oft arbeite ich die ganze Nacht, die Fabrik spendiert dann eine Banane und ein Stück Brot (im Wert von 2 Taka).

Wir Arbeiterinnen werden bei jeder Gelegenheit beschimpft, gequält, fertiggemacht. […] Es ist wirklich so, ich fühle mich in der Fabrik wie am Ersticken. Oft werden wir Arbeiterinnen ohnmächtig. Die Toiletten sind einfach grauenhaft. Ich fürchte mich geradezu, sie zu benutzen. Das Trinkwasser ist nicht sauber, ein Wasserfilter wurde installiert, funktioniert aber nicht. Ich wünsche mir, und ich bin nicht allein, wir hätten eine Gewerkschaft. Aber wer einmal protestiert, verliert sofort seine Arbeit. […] In unserer Fabrik haben wir keine Möglichkeit, gegen die Oberen etwas zu sagen, sogar wenn sie Schlimmes tun, sind wir verpflichtet, ihren Anordnungen zu gehorchen.

Ich verbringe die meiste Zeit in meinem Leben in der Fabrik, ich habe keine Zeit für mich selber, für meinen kranken Vater und für meine Familie. Wir haben kein Fernsehen, wir können es uns nicht leisten. […] Ich weiß nicht, was ich tun werde oder was mit mir wird."

(Nach: Korshed Alam u. a.: Wer bezahlt unsere Kleidung bei Lidl und Kik? Hg.: Clean Clothes u. a., 2008, S. 34f.)

Wohltat oder Ausbeutung?

In Mexiko, Thailand, Korea und vielen anderen Ländern schuften Menschen für winzigste Löhne unter oft unwürdigen Bedingungen; Urlaub, Kranken- und Arbeitslosenversicherung sind Fremdwörter für sie. Die Produkte ihrer Arbeit verkaufen die westlichen Firmen mit großem Gewinn.
Nutzen Konzerne der Textil- und Sportartikelindustrie die Menschen, die für sie in Entwicklungs- und Schwellenländern arbeiten, schamlos aus? Diese Frage kann man ziemlich eindeutig mit Ja beantworten. Andererseits argumentieren Befürworter der Globalisierung immer wieder, dass in einheimischen Betrieben in Asien und Lateinamerika die Arbeitsbedingungen oft noch entsetzlicher sind als in den Filialen europäischer Firmen. [...]
Das ist keine Entschuldigung, sagen wiederum viele Globalisierungsgegner. Dass es anderswo gleich schlecht oder noch schlechter ist, ist noch kein Grund, sich bei den Ausbeutern einzureihen. Die Multis seien verpflichtet, die Arbeitsbedingungen in Zulieferbetrieben zu überprüfen und jenen, in denen die Verhältnisse inakzeptabel sind, die Zusammenarbeit aufzukündigen. Doch was passiert dann wiederum mit den Arbeitern dort, die dann vielleicht entlassen werden? Auf diese Probleme gibt es keine einfachen Antworten. Immerhin sind aber die Bedingungen, unter denen die Arbeiter und Arbeiterinnen in vielen Schwellenländern für ausländische Firmen arbeiten müssen, inzwischen in vielen Publikationen öffentlich gemacht worden. Es gibt Selbstverpflichtungen der Industrie, auf menschenwürdige Arbeitsbedingungen zu achten. Ein Denkprozess hat sich in Gang gesetzt.

(Aus: Gerd Schneider: Globalisierung, Arena Verlag, Würzburg 2008, S. 98 f.)

Die weltweite Kampagne „Clean Clothes", die in Deutschland von Kirchen, Gewerkschaften und anderen Organisationen unterstützt wird, setzt sich für fairen Handel in der Textilindustrie ein. In ihrer Charta fordert sie angemessene Löhne, Reduzierung der Überstunden, Recht auf Bildung von Gewerkschaften, sichere und gesunde Arbeitsbedingungen sowie Verzicht auf Kinderarbeit.

1. Welche Gefühle löst das Beispiel von Rekha bei dir aus?
2. Tausche dich mit einem Partner aus und sammelt gemeinsam Vorschläge, wie man die Situation in den Fabriken verbessern könnte. Präsentiert dann eure Ergebnisse in der Klasse und bewertet die Vorschläge.
3. Sind auch Verbraucher in den Industrieländern für die Arbeitsbedingungen in den asiatischen Textilfabriken verantwortlich? Diskutiert darüber in der Klasse. Bezieht euch dabei auch auf die Abbildung auf dieser Seite.

Was noch interessant sein kann:

- eine Talkrunde in der Klasse zum Thema „Billige Kleidung – zu welchem Preis?" veranstalten. Materialien zum Download findet ihr unter www.eine-welt.netz.de/coremedia/generator/ewik/de/Downloads/Unterrichtsmaterialien.

Braucht die globalisierte Wirtschaft neue Regeln?

Weltweit hat sich eine Protestbewegung gebildet. Sie wird getragen von Bürgerbewegungen, Gewerkschaften, Bauernverbänden, Verbraucherorganisationen und Umweltschützern. Die meisten sind nicht grundsätzlich gegen Globalisierung, sondern sie fordern eine „andere Globalisierung" mit gerechteren und sozialeren Regeln. Auch die Politik hat inzwischen erkannt, dass sie eingreifen muss, um Missstände zu beseitigen. Die Inhalte der Texte könnt ihr mithilfe einer Mindmap visualisieren.
Tipp: Partnerarbeit.

A Was fordern Globalisierungskritiker?

Die Forderungen der Globalisierungskritiker ähneln sich bei allen Protestaktionen.

Schluss mit der Ausbeutung der Entwicklungsländer!

Die Welt befindet sich immer stärker im Würgegriff des Kapitals: Der ungebremste Wettbewerb dient nur den Reichen, die armen Länder haben keine Chance; ausschließlich die Macht der großen Unternehmen wird gestärkt, die Entwicklungsländer sind die absoluten Verlierer; die reichen Länder beuten die Rohstoffe der Welt aus, ohne diejenigen, denen sie gehören, daran zu beteiligen, wie zum Beispiel die afrikanischen Länder; dies muss sich ändern.

Schärfere Gesetze zum Schutz der Umwelt!

Es wird wegen des alleinigen Ziels der Gewinnmaximierung keinen Schutz der Umwelt mehr geben; für diesen Schutz müssen schärfere Gesetze geschaffen werden.

Mehr Einfluss für Regierungen!

Die einzelnen Staaten und ihre Regierungen haben bald nichts mehr zu sagen und müssen sich dem Willen der großen Konzerne unterordnen; dem muss entgegengewirkt werden.

Verbindliche Regeln für Finanzmärkte!

Es müssen Regeln her, zum Beispiel höhere Steuern für die internationalen Kapitalströme, die wie Heuschrecken über die Länder herfallen und alles aufkaufen.

Stärkere Verantwortung für Unternehmen!

Die Unternehmen und Finanzinvestoren müssen stärker zur Verantwortung gezogen werden können, wenn sie sich auf Kosten anderer bereichern.

(Nach: Gerd Schneider: Globalisierung, Arena Verlag, Würzburg 2008, S. 119f.)

B Welchen Beitrag leisten Nichtregierungsorganisationen?

Das Beispiel Attac

Die Geschichte der Organisation Attac ist eng mit der wirtschaftlichen Globalisierung verknüpft: Nachdem 1997 internationale Kapital-Spekulationen eine Wirtschaftskrise in Südostasien ausgelöst haben, rief der Chefredakteur von „Le Monde diplomatique“, Ignacio Ramonet, zur Gründung einer Organisation auf, die eine Kontrolle der internationalen Finanzmärkte vorantreiben sollte. […] Inzwischen ist aus der Organisation Attac so etwas wie eine globale Bewegung geworden, die nach eigener Definition nicht gegen die Globalisierung, sondern für eine soziale und gerechtere Gestaltung der Globalisierung kämpft. Attac ist mittlerweile in über 50 Ländern aktiv und gemeinsam mit anderen internationalen NGOs regelmäßige Teilnehmerin am Weltsozialforum.[…]

(Aus: Wolfgang Böhm/Otmar Lahodynsky: Globalisierung, So funktioniert die weltweite Vernetzung, Veritas Verlag, Linz 2008, S. 86, 108f.)

C Wie sollte die Politik auf Probleme der Globalisierung reagieren?

Der ehemalige Bundespräsident Horst Köhler ruft in seiner Berliner Rede zu einer gerechteren Gestaltung der Globalisierung auf:

„Noch immer lebt ein großer Teil der Menschheit in tiefer Armut. Diese Armut und Schwäche hat vor allem zwei Ursachen: unzureichende Teilhabe an der Globalisierung – meist mangels Wirtschaftskraft und mangels guter Regierungsführung – und Benachteiligung durch Staaten und private Akteure, die ihre eigenen Interessen ohne jede Rücksicht verfolgen. Das ist die hässliche Seite der Globalisierung, die Rücksichtslosigkeit des Stärkeren, und leider ist daran auch Europa beteiligt. Auch Europa errichtet Handelsbarrieren gegen die Entwicklungsländer und überschwemmt sie mit Lebensmitteln zu Dumpingpreisen und zerstört damit die Erwerbs- und Lebensgrundlagen der bäuerlichen Gesellschaften. Lasst uns bei allen Interessenkonflikten nicht übersehen, dass wir in einer Welt leben und dass wir Fairplay brauchen statt Gemeinheit, Brot und Bücher statt Aufrüstung, Respekt statt Überheblichkeit. Für die Entwicklungsländer wäre ein verbesserter Zugang zu den Märkten der Industriestaaten die beste Hilfe zur Selbsthilfe.

Die Globalisierung zum Nutzen aller zu gestalten, das verlangt eine Stärkung der Vereinten Nationen. Und es ist an der Zeit, auch die Arbeit der Internationalen Finanzorganisationen, der Internationalen Arbeitsorganisation und der Welthandelsorganisation stärker an die Vereinten Nationen heranzuführen.

Ich freue mich, dass im sogenannten Global Compact schon jetzt 3 500 Unternehmen freiwillig mit den Vereinten Nationen zusammenarbeiten, um die Achtung der Menschenrechte, den Umweltschutz, die Einhaltung von Arbeits- und Sozialstandards und den Kampf gegen die Korruption voranzubringen. Wichtig ist auch der Beitrag der Nichtregierungsorganisationen. Ich kann alle nur ermutigen und bitten, solche Initiativen zu unterstützen. Gerade uns Deutschen ist die Globalisierung besonders zugutegekommen. Wahr ist allerdings auch: Die Ungleichheit der Einkommensverteilung hat zugenommen. Die Arbeitnehmer sollten stärker als bisher an den Erträgen und am Kapital der Unternehmer beteiligt werden.

Und nun aber jede und jeder Einzelne? Was können wir tun, um mit all dem zurechtzukommen? – Viel. […] lernen und wissen, denn wer nichts weiß, muss alles glauben. Verbrauchermacht ausüben, gute und fair gehandelte Produkte wählen. Wechselnden Moden, vermeintlichen Sachzwängen und geheimen Verführern Eigensinn entgegensetzen und nicht nur von allem den Preis kennen, sondern auch den Wert.“

(Gekürzt aus: Horst Köhler: „Das Streben der Menschen nach Glück verändert die Welt“, Berliner Rede 2007, in: www.bundespraesident.de, Zugriff: 05.02.2012)

1. Erkläre, welche Forderungen die Globalisierungskritiker erheben.
2. Erläutere, für welche Ziele sich Attac einsetzt.
3. Welche Zukunftsaufgaben beschreibt Horst Köhler für internationale Organisationen, für die deutsche Politik und für jeden Einzelnen?
4. Haltet ihr die Forderungen der Globalisierungskritiker für berechtigt? Diskutiert darüber abschließend in der Klasse und bezieht auch eure Arbeitsergebnisse in diesem Unterkapitel mit ein.

S M U H

Wir interpretieren Karikaturen zur Globalisierung

Auf dieser Seite findet ihr Karikaturen, die Probleme und Risiken der Globalisierung thematisieren. Ihr könnt auch hier fragen: Wer sind die Gewinner, wer die Verlierer? Wählt eine Karikatur aus, die euch besonders anspricht. Interpretiert sie mithilfe der 3-Fragen-Methode und stellt euren Text der Klasse vor.

EXPORTSPEZIALISTEN

Unser ganz normales Konsumentenverhalten ...

Globalisierung

Station 1 Globalisierung im Alltag

S M U H

Das Schaubild zeigt die vier wichtigen Aspekte der Globalisierung.

1. Nenne zu jeder Farbe ein Beispiel und erläutere anhand des Beispiels, was sich durch die Globalisierung verändert hat.
2. Veränderungen bieten Chancen, aber auch Risiken. Nenne für jeden Aspekt eine Chance und ein Risiko.
3. Wie denkst du über Globalisierung? Eher positiv oder eher negativ? Begründe deine Beurteilung.

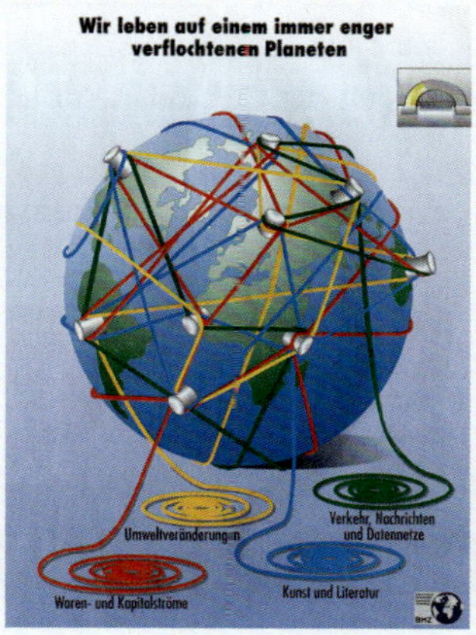

Station 2 Wie funktioniert die globalisierte Wirtschaft?

S M U H

Auf den ersten Blick haben folgende Schlagzeilen nichts miteinander zu tun.
Formuliere einen kurzen Text, in dem du einen möglichen Zusammenhang zwischen den Meldungen herstellst.

Multi-Markt senkt zum vierten Mal in diesem Jahr die Preise für Handys.

Tausende Beschäftigte sitzen nach der Schließung ihres Betriebs in Deutschland auf der Straße.

Global Player Siemens beschäftigt seit 1997 mehr Mitarbeiter im Ausland als in Deutschland.

Wer hoch qualifiziert ist, braucht die globale Konkurrenz nicht zu fürchten.

Station 3 Brauchen wir ein andere Globalisierung?

S M U H

Ergänze die Satzanfänge.

1. Das Poster kritisiert …
2. Die Organisation „Saubere Kleidung" fordert …
3. Die Politik kann das Los der Textilarbeiterinnen verbessern, indem sie …
4. Auch die Verbraucher tragen zur Ausbeutung von Arbeitskräften bei, weil …
5. Ich selbst kann auch etwas zur Verbesserung der Arbeitsbedingungen in Entwicklungsländern beitragen, indem ich …

Persönlicher Lerncheck Kapitel 8: Die ökologische Herausforderung

Sachkompetenz – Was ich weiß

		Ich kann …	Punkte
A	1	definieren, was Ökologie bedeutet.	2
	2	erklären, welche Chancen neue Technologien hinsichtlich des Klimaschutzes und der Wirtschaft besitzen.	2
		zusätzlich erläutern, worin die Ziele einer ökologischen Unternehmensführung liegen.	2
	3	zwei nationale Förderprogramme zum Klimaschutz erklären.	2
		ein wichtiges internationales Klimaschutzabkommen nennen.	1
			maximal 9

Methodenkompetenz – Was ich methodisch gelernt habe

		Ich kann …	Punkte
B	1	mithilfe eines entsprechenden Schaubildes verdeutlichen, wie sich die CO_2-Bilanz über die letzten Jahrzehnte veränderte.	3
	2	in der Rolle eines Regierungsdelegierten Stellung nehmen, wie seine Heimat zu einem internationalen Klimaschutzabkommen steht.	3
	3	ein Szenario zum Thema Klimawandel entwickeln, bei dem ein möglichst positives Bild der Zukunft beschrieben wird.	3
			maximal 9

Urteilskompetenz – Wozu ich Stellung nehmen kann

			Punkte
C	1	Wissenschaftler diskutieren darüber, wie hoch der Beitrag des Menschen am Klimawandel ist. Zu dieser Diskussion kann ich eine eigene begründete Meinung formulieren.	3
	2	Mir gelingt es, mit einer eigenen Stellungnahme zu erläutern, wie sehr die Südseeinseln vom Untergang bedroht sind.	3
	3	Hältst du eine ökologische Unternehmensführung für sinnvoll? Ich kann mir zu dieser Frage ein begründetes Urteil bilden.	3
			maximal 9

Handlungskompetenz – Meine Fähigkeiten im Umgang mit dem Thema „Die ökologische Herausforderung"

D		Außerhalb des Unterrichts begegnet dir das Thema „Die ökologische Herausforderung" tagtäglich. So kannst du mit deinem eigenen Verhalten deinen CO_2-Ausstoß reduzierend beeinflussen. Dies wird mir in der Zukunft sehr gut gelingen (= 3 Punkte), einigermaßen gelingen (= 2 Punkte), kaum gelingen (= 1 Punkt), gar nicht gelingen (= 0 Punkte).	maximal 3

Maximal 30 Punkte

Persönlicher Lerncheck Kapitel 9: Globalisierung

Sachkompetenz – Was ich weiß

		Ich kann …	Punkte
A	1	vier Bereiche der Globalisierung nennen, auf die sich die Globalisierung im Alltag auswirkt.	2
		davon einen Bereich an einem Beispiel erläutern.	1
	2	mit eigenen Worten die Ursachen für die Globalisierung erläutern.	2
		dabei besonders auf das Schlagwort „vernetzte Welt“ eingehen.	1
	3	darlegen, was man unter einem Global Player versteht.	2
		erklären, warum diese umstritten sind.	1
			maximal 9

Methodenkompetenz – Was ich methodisch gelernt habe

		Ich kann …	Punkte
B	1	meinen Eltern erklären, was ein World Café ist.	2
		drei der fünf Schritte zur Durchführung eines World Cafés nennen.	1
	2	in einem Planspiel selbstständig aus den Materialien Informationen erarbeiten, die für meine Rolle im Planspiel wichtig sind.	3
	3	in dem Planspiel ein begründetes Feedback zum Verlauf des Spiels formulieren.	3
			maximal 9

Urteilskompetenz – Wozu ich Stellung nehmen kann

		Ich kann …	Punkte
C	1	Chancen und Risiken der Globalisierung an mindestens einem Beispiel aufzeigen und beurteilen.	3
	2	begründen, warum unser Verbraucherverhalten in Europa Auswirkungen auf die Arbeitssituation in Entwicklungsländern hat, und dazu einen persönlichen Standpunkt formulieren.	3
	3	zu mindestens einer Forderung von Globalisierungskritikern Stellung nehmen.	3
			maximal 9

Handlungskompetenz – Meine Fähigkeiten im Umgang mit dem Thema „Globalisierung“

D		Einmal angenommen, die Landeszentrale für politische Bildung hat zu einem Workshop mit dem Thema „Zukunft der Globalisierung“ eingeladen. Du sollst deine Schule auf dem Workshop vertreten. Fühlst du dich dafür sehr fit (= 3 Punkte), fit (= 2 Punkte), weniger fit (= 1 Punkt) oder nicht fit (= 0 Punkte)?	maximal 3

Maximal 30 Punkte

Die Europäische Union:

Erfolge, Krisen und Herausforderungen

10

Warum brauchen wir das vereinte Europa?

1. Allein nachdenken

Leben im vereinten Europa ohne Grenzen mit gemeinsamer Währung: Welche Vorteile und welche Probleme siehst du darin?

2. Zu zweit beraten

Betrachtet die Fotos: Was können Gründe dafür sein, dass die einen sich über die EU freuen und die anderen protestieren?

3. In der Klasse sammeln

Warum ist es wichtig, in einem vereinten Europa zu leben? Mit welchen Problemen hat Europa zu kämpfen?

Bei der Arbeit an diesem Kapitel könnt ihr …

- beschreiben, wie die EU in unseren Alltag hineinwirkt,
- am Beispiel der Euro-Finanzkrise herausfinden, wie eine solche Krise entsteht und welche Wege hinausführen können,
- darstellen, wie in der EU Entscheidungen getroffen werden, und dabei die wichtigen EU-Institutionen vorstellen,
- euch über wichtige Herausforderungen für die Zukunft der EU ein eigenes Urteil bilden und miteinander diskutieren.

Eigene Schwerpunkte könnt ihr setzen, indem ihr …

- euer eigenes Portfolio über die EU erstellt und darin all das dokumentiert, was euch persönlich wichtig erscheint.
- dem Ursprung des Namens Europa auf den Grund geht, indem ihr eine alte Sage erzählt.

Zustimmung einerseits: Junge Leute in Rumänien freuen sich, dass ihr Land Mitgliedstaat der EU wird. Proteste andererseits: In Athen protestieren Menschen gegen die Politik der Europäischen Union.

1 Wie erleben wir Europa im Alltag?

Hier lernt ihr Herrn Kleinschmidt kennen. Er ist einer von denen, die denken, dass sie mit Europa und der Europäischen Union nichts zu tun haben. Wenn ihr den Text gelesen habt, könnt ihr erklären, warum das nicht stimmt.

Mit der Europäischen Union habe ich als einfacher Bürger nichts zu tun.

Wenn Herr Kleinschmidt morgens das Licht anknipst, denkt er nicht an Europa, aber Europa kümmert sich um ihn. Eine Energiesparlampe erleuchtet ihm den Weg ins Bad, weil die EU das für alle Mitgliedstaaten ab 2009 so beschlossen hat. Im Bad scheint Europa weit weg zu sein. Aber das Wasser, mit dem er sich die Zähne putzt, muss der von der EU vorgeschriebenen „Qualität von Wasser für den menschlichen Gebrauch" entsprechen. So legt es die EU-Richtlinie fest, die seit dem 1. Januar 2003 in Deutschland Gesetz ist.

Daran denkt Herr Kleinschmidt beim Duschen natürlich nicht, auch nicht daran, was mit dem Wasser geschieht, das in den Abfluss läuft. Eine EU-Richtlinie über die Behandlung kommunalen Abwassers schreibt vor, dass die Gemeinde, in der Herr Kleinschmidt lebt, an eine Kläranlage auf dem neuesten Stand der Technik angeschlossen sein muss.

Herr Kleinschmidt mag Cornflakes zum Frühstück. Würde er sich die Mühe machen, das Kleingedruckte auf den Verpackungen zu lesen, käme er direkt mit Europa in Kontakt. E-Stoffe müssen mit einer Nummer versehen auf den Packungen vermerkt sein. Das sind Konservierungs- und Beimischungsstoffe, die nicht typisch für ein Lebensmittel sind. Herr Kleinschmidt weiß nicht, dass das „E" in den 305 kennzeichnungspflichtigen Zusatzstoffen für „Europa" steht.

Die EU ist ein Thema, das nur die Politiker verstehen.

Auch die Kennzeichnungszahl auf Herrn Kleinschmidts Frühstücksei ist das Ergebnis eines europaweiten Beschlusses und verrät den Kennern, ob das Huhn, das es gelegt hat, ein Freilandhuhn war. Orangensaft aus Portugal, Butter aus Österreich, Tomaten aus Spanien und Salami aus Tschechien gehören für Herrn Kleinschmidt zum selbstverständlichen täglichen Warenangebot.

Da es den europäischen Binnenmarkt gibt, gibt es keine Handelshemmnisse und keine zeitlichen Verzögerungen an den Grenzen. So dauert es oft weniger als 24 Stunden, bis Waren aus allen Ländern der Union hier frisch angeboten werden können. Der unkomplizierte Warenverkehr wirkt sich auch auf die Preise aus. Wenn Herr Kleinschmidt Obst und Gemüse im Wert von 6 Euro einkauft, so müsste er – nach Berechnungen der Europäischen Kommission – im Nicht-EU-Land Schweiz für die gleiche Menge bis zu zehn Euro bezahlen, für Fleisch sogar das Doppelte.

Dass Herrn Kleinschmidts neuer Kühlschrank eine Garantiezeit von zwei Jahren hat und dass dieser keine giftigen Stoffe an die Umwelt abgeben darf, hat auch die Europäische Union beschlossen.

Steigt Herr Kleinschmidt in sein Auto ein, wird's ebenfalls europäisch. Europäisches Recht zwingt alle Automobilhersteller zum Katalysatoreinbau. Sollte Herr Kleinschmidt doch einmal ins europäische Ausland fahren, kann er sein neues Auto überall da kaufen, wo es am billigsten ist, und nach Hause mitnehmen. Der Automobilhersteller muss sein Altauto kostenfrei zurücknehmen und recyclen. Aus dem Ausland nach Hause telefonieren kann er auch günstiger als in früheren Zeiten. Seit dem 1. Juli 2009 ist nämlich eine EU-Verordnung in Kraft, welche die Mobiltelefonanbieter zwingt, Handy- und SMS-Gebühren um bis zu 60 Prozent zu reduzieren.

Außerdem gibt es über die EU nur Negatives zu berichten.

1. Fasst zusammen, welche europäischen Regelungen in den Alltag von Herrn Kleinschmidt eingreifen.
2. Bewertet die Äußerungen von Herrn Kleinschmidt, indem ihr sie mit den Textaussagen vergleicht.

Worin sehen wir den Wert der Europäischen Union?

Euer Auftrag:

- Geht den Fragebogen zunächst alleine durch. Notiert mithilfe der Ziffern die Möglichkeiten, die ihr für wichtig haltet.
- Tauscht euch in Kleingruppen darüber aus. Versucht gemeinsam, euch auf eine Liste besonders wichtiger Möglichkeiten zu einigen. Dabei sollte es keine Begrenzung in der Anzahl geben.
- Entscheidet euch für einige wichtige Möglichkeiten, über die ihr gerne in der gesamten Klasse miteinander reden möchtet.

Nr.	Möglichkeiten der EU-Bürger	ist für mich wichtig	ist eher unwichtig
1	Durch Europa reisen können, ohne an Grenzen anhalten zu müssen und kontrolliert zu werden		
2	Mit dem Euro als gemeinsame Währung in vielen Ländern bezahlen zu können		
3	Andere Jugendliche in anderen Ländern Europas zu treffen und kennenzulernen		
4	In Frieden und freundschaftlichen Beziehungen mit allen anderen Staaten in Europa zu leben		
5	Die Probleme des Umweltschutzes gemeinsam bewältigen zu können		
6	An den Wahlen zum Europäischen Parlament teilnehmen zu können		
7	Gesetze zu haben, die in allen Mitgliedstaaten der EU in gleicher Weise gelten		
8	Im außereuropäischen Ausland als Europäer angesehen zu werden		
9	Meinen späteren Beruf in jedem anderen Land der Europäischen Union ausüben zu können		
10	Sich gegenseitig zu helfen, wenn eines oder wenn mehrere der Mitgliedstaaten in Schwierigkeiten geraten		
11	Menschen aus allen Mitgliedstaaten das Recht zu geben, in Deutschland leben und arbeiten zu können		
12	Lebensmittel und andere Waren ohne Preisaufschläge zu kaufen, die aus allen Ländern der EU kommen		
13	Werte und Einstellungen zum Zusammenleben der Menschen zu haben, die in allen Mitgliedstaaten in gleicher Weise gelten		
14	Sicher zu sein, dass der Weg zur Integration der Staaten Europas immer weiter fortschreitet		

Methodenkarte 13

S M U H

Ein persönliches Portfolio erstellen

Thema: Europa

A Worum geht es?

In einem Portfolio erstellst du deine ganz persönliche Mappe zu einem Thema, über das ihr euch im Unterricht verständigt habt – in diesem Fall zum Thema Europa. Du kannst dann deine Arbeiten dokumentieren und beschreiben, was du für besonders wichtig an diesem Thema hältst und was du dir langfristig merken möchtest.

Der Begriff wurde aus den lateinischen Wörtern *folion* (= Blatt) und *portare* (= tragen) zusammengesetzt. Ursprünglich verstand man darunter eine Mappe aus Arbeiten, mit denen sich Künstler und Architekten im Mittelalter um Aufträge bewarben. Diese Grundidee gilt auch heute noch. In einem Portfolio kannst du zeigen, was du kannst und was du gelernt hast. Wenn du die fertige Mappe vorstellst, geht es auch darum, dein Können und deinen Fleiß unter Beweis zu stellen.

B Was sind die Vorteile?

Drei besondere Vorteile hat die Portfolioarbeit: Du kannst

- dich mit Themen beschäftigen, die du selbst ausgewählt hast,
- deine Mappe nach deinen individuellen Vorstellungen gestalten,
- über einen längeren Zeitraum selbstständig arbeiten.

C Schritte zur Vorgehensweise

1. Verschaffe dir zunächst einen Überblick über das gesamte Kapitel Europäische Union.
2. Triff deine Entscheidung für die Pflicht- und Wahlthemen.
3. Zu Hause (z. B. im Internet) kannst du zu den Themen deiner Arbeit auf die Suche nach weiteren Materialien gehen. Wähle aus den gesammelten Materialien einige wenige aus, die du in deine Mappe aufnimmst und die du deinen Lesern mit eigenen Worten vorstellen wirst.
4. Entscheide dich für eine ansprechende Form bzw. ein ansprechendes Design. Mit einem Portfolio verhält es sich so wie mit einer Bewerbungsmappe. Die Form ist ebenso bedeutsam wie der Inhalt.
5. Fertige am Ende der Arbeit ein Inhaltsverzeichnis an, das du an den Anfang deines Portfolios setzt.

Lege dein fertiges Portfolio zum vereinbarten Termin vor.

A Mögliche Pflichtthemen

1. Wie erleben wir die EU im Alltag?
2. Was ist die EU?
3. Was waren wichtige Etappen auf dem Weg zur EU?
4. Was ist der europäische Binnenmarkt?
5. Wie funktioniert die Europäische Währungsunion?
6. Wie wird in der EU Politik gemacht?
7. Welche Aufgaben haben die europäischen Institutionen?
8. Was sind die Neuerungen im Vertrag von Lissabon?

Einigt euch in der Klasse auf eine bestimmte Anzahl von Pflichtthemen (z. B. 4 aus 8).

B Mögliche Wahlthemen

Wählt eines (oder zwei) aus der Liste zur Bearbeitung aus.

Erzählung: Wie Europa zu seinem Namen kam – Die Sage von der Prinzessin Europa mit eigenen Bildern oder als Comic

Zukunftsvision: Wie ich mir Europa in zehn, zwanzig oder dreißig Jahren vorstelle

Interview: „Was halten Sie von der EU?"

Argumentation: Sollen die Europäer Armutsflüchtlinge aus Afrika aufnehmen oder abweisen? Pro und Kontra und meine Argumentation zu einem umstrittenen Thema

Dokumentation: Ein Mitgliedsland der EU meiner Wahl, dokumentiert in Bildern und Texten

Beispiel 1

zeigt zwei Blätter aus einem Portfolio der Schülerin Julia (16 Jahre). Sie hatte vier Wochen Zeit für die Bearbeitung und hat die meisten Arbeiten außerhalb der Unterrichtszeit erledigt. Zwei der Unterrichtsstunden zum Thema Europa hat sie darin in Protokollform dokumentiert.

Liebe Tamina,

in der Schule sprechen wir im Moment über das Thema Europäische Union (EU).
In meinem Portfolio werde ich mich mit folgenden Themen beschäftigen:
1. Die Sage von Europa.
2. Was ist die EU und welche Funktionen hat sie.
3. Die wichtigsten Etappen auf dem Weg zur Europäischen Union.
4. Wie funktioniert die Europäische Währungsunion.
5. Welche Aufgaben haben die europäischen Institutionen.
6. Alle Mitgliedsstaaten.
7. Mein Land - Großbritannien.
8. Europäische Problemzone: Der Türkei-Beitritt

Ich habe mich für diese Bereiche entschieden, weil ich wissen möchte, woher der Name "Europa" stammt, warum die EU gegründet wurde und welche Aufgaben die Organe/Institutionen der EU haben. Im Alltag werden zwar immer die Institutionen genannt, aber ich kann mit den Begriffen nichts anfangen. Außerdem interessiert mich, warum der Euro eingeführt wurde.
Als Land, was ich vorstellen möchte, habe ich mich für Großbritannien ausgesucht. Da ich die Sprache im Unterricht lerne, habe ich schon einiges über das Land erfahren. Dieses Wissen möchte ich noch erweitern, da ich mir vorgenommen habe, irgendwann mal dort Urlaub zu machen.
Zur Beantwortung meiner Fragen werde ich erst alle Seiten in meinem Sozialkundebuch lesen. Danach werde ich im Lexikon nach entsprechenden Infos suchen und das Internet zur Hilfe nehmen.

Liebe Tamina,
ich wünsche dir viel Spaß beim Lesen und hoffe, dass du am Ende viel über die EU erfahren hast.
Julia ☺

Die Sage Europas

Liebe Tamina,
über die Entstehung "Europas" gibt es eine griechische Sage:

"Vor etwa 3000 Jahren wohnte eine sehr schöne phönizische Prinzessin, namens Europa, mit ihren Eltern in einem großen Palast.
Sie liebte es im Wald spazieren zu gehen, und Tiere zu beobachten."
Als der Göttervater Zeus Europa erblickte, verliebte er sich Hals über Kopf in sie und wollte das Mädchen unbedingt kennen lernen. Da er wusste, dass das die Prinzessin Tiere liebte, verwandelte er sich in einen wunderschönen weißen Stier. Als Europa den schönen und sanften Stier sah, wurde sie natürlich aufmerksam und näherte sich ihm vertrauensvoll. Der Stier legte sich unbeweglich hin, und wartete auf Europa, damit sie näher kam. Als die Prinzessin sich auf seinen Rücken gesetzt hatte, sprang der Stier - der eigentlich Zeus war - auf und lief mit dem überraschten Mädchen auf seinem Rücken davon. Europa schrie, und verstand nicht, warum sie von diesem Stier entführt wurde. Schnell ergriff sie die Hörner des Stiers und bemerkte, dass sie keine Angst mehr hatte.
Am nächsten Tag fanden sie sich an einem Strand wieder, der zur heutigen Insel Kreta gehört. Dort entschied sich Zeus, sich wieder in einen Menschen zu verwandeln. Als Europa den Göttervater erblickte, verliebte sie sich unsterblich in ihn. So bekamen sie drei Söhne: Minos, Rhadamanthys und Sarpedon.
Diesen Erdteil, auf dem sich Zeus und Europa niederließen, nannte man später Europa, nach dem Namen der schönen Prinzessin.

Foto: Europa Spiel, Europäische Kommission - Deutschland
Quelle: http://www.infopoint-europa.de/halloeuropa/Europa%20Sage.htm

Beispiel 2

Hier zeigen die beiden Zehntklässler Markus und Björn ihr in Partnerarbeit erstelltes Portfolio zum Thema Europa. Sie haben ein adressatenorientiertes Portfolio verfasst, indem sie es für einen Freund geschrieben haben. Vielleicht habt ihr es schon einmal gemerkt: Man lernt sehr gut, indem man etwas einer anderen Person erklärt.
Auch ihr könnt eure Mappe Personen oder Personengruppen widmen, die ihr kennt, z. B. den Eltern, Verwandten oder Freunden.

Hallo Horst!
Wie dir ganz sicher bewusst ist, liegt unser Land im Kontinent Europa. Sicherlich weißt du auch einiges über Europa, aber weißt du auch, was der europäische Binnenmarkt ist oder die Europäische Währungsunion? Um dir ganz genau zu erklären, was Europa eigentlich ist und welche Aufgaben es hat, haben wir diese und viele andere Punkte in einem wunderschönen und leicht verständlichen Portfolio erläutert. Wir hoffen, dir gefällt unser mit Mühe zusammengestelltes Portfolio und dass wir alle Fragen, die dir zum Thema Europa einfallen, beantworten können.
Zum Schluss gibt es ein Quiz!
Also Horst, wir wünschen dir viel Spaß bei deiner Wissenserweiterung.
Mit Grüßen
Deine Freunde Björn Müller und Markus Großmann

2 Die Europäische Union: Was ist das eigentlich?

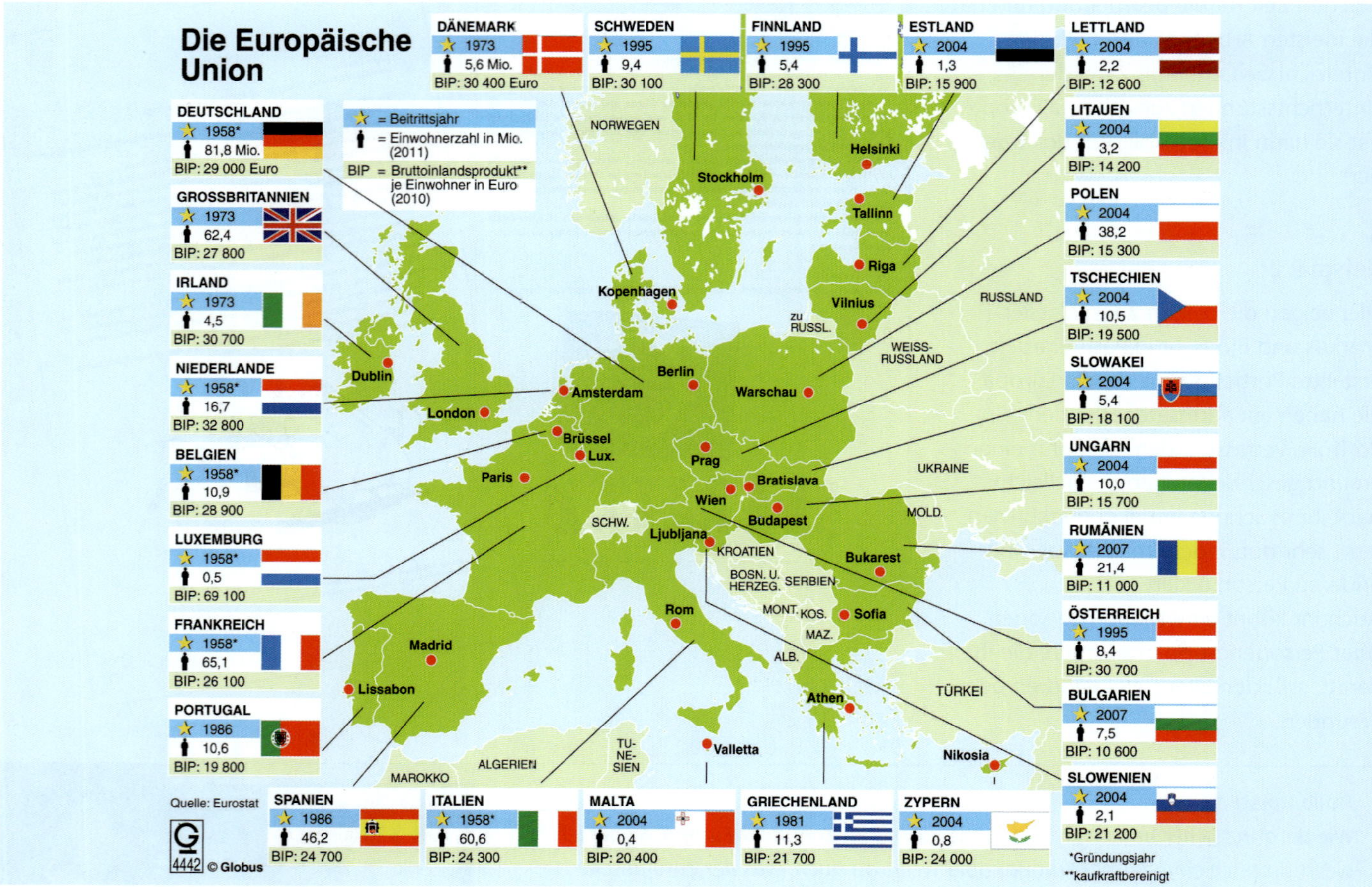

Tipp: Thema auswählen

Auf den folgenden Seiten werden in drei Teilthemen grundlegende Informationen zum Gesamtthema Europäische Union vorgestellt. Ihr könnt zum Beispiel vereinbaren, dass jede/jeder von euch mindestens eine oder zwei der Stationen A, B, C als Pflichtstationen bearbeitet und eventuell die freiwillige Station D. Jeder von euch sollte zumindest zu einer Station einen Kurzvortrag vorbereiten. In gemeinsamen Präsentationen können mehrere Stationen in Teams vorgestellt werden. Mit den Internetadressen in Lernstation D könnt ihr euch zu allen Themenbereichen weitere Informationen beschaffen.

Falls ihr euch für die Gestaltung eines persönlichen Portfolios entschieden habt, kann die von euch gewählte Thematik darin einen Schwerpunkt bilden.

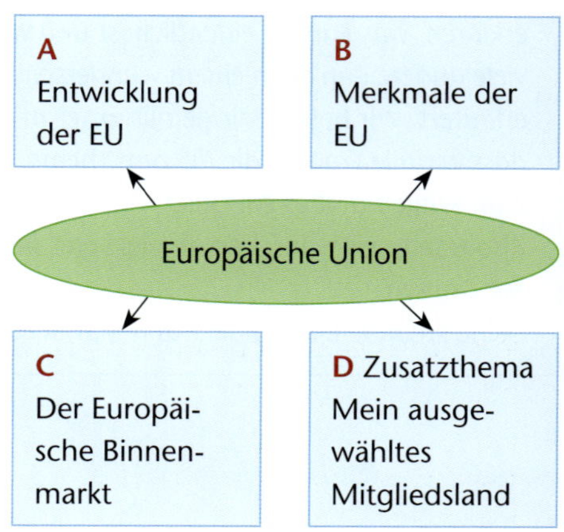

A Was waren wichtige Etappen auf dem Weg zur EU?

Sehnsucht nach Frieden

Nach dem Ende des Zweiten Weltkrieges 1945 gab es überall in Europa eine große Sehnsucht nach Frieden. Es entstand eine „Europabewegung“, die den friedlichen Zusammenschluss der Völker Europas forderte.
Kurz nach Kriegsende legte der französische Außenminister Robert Schuman einen Plan vor, der die Europäer in einem Bündnis zusammenschließen sollte. Die Idee war, dass Nationen, die in einem Bündnis zusammenarbeiten, nicht mehr aufeinander schießen werden. 1951 gründeten Frankreich, Italien, Belgien, Luxemburg, die Niederlande und die Bundesrepublik Deutschland die *Europäische Gemeinschaft für Kohle und Stahl (EGKS)*. Schon sechs Jahre nach Kriegsende war damit ein erster Schritt zur Einigung Europas vollbracht.

Von der EWG 1957 ...

Das Gründungsdatum der *Europäischen Gemeinschaft* ist der 25. März 1957. Mit der Unterzeichnung der „Römischen Verträge“ schlossen sich sechs Gründernationen in der Hauptstadt Italiens zur Europäischen Wirtschaftsgemeinschaft zusammen (EWG).
Von der Gründung an erlebte das Europa der Sechs einen starken wirtschaftlichen Aufschwung und wurde zunehmend für weitere Staaten attraktiv. Zwischen 1973 und 1995 traten weitere neun Staaten der Gemeinschaft bei.

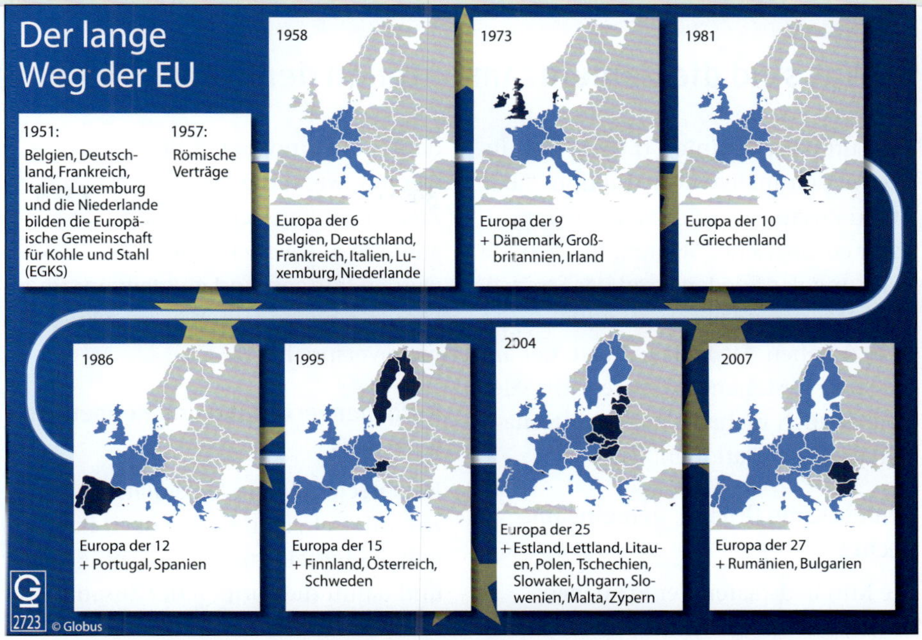

... zur EU 1993

1993 war ein wichtiges Jahr auf dem Weg zur Integration. Der Europäische Binnenmarkt begann und der Vertrag von Maastricht trat in Kraft. Durch diesen Vertrag wurde die Bezeichnung EG durch EU (= Europäische Union) ersetzt. Die Einführung der Unionsbürgerschaft ist darin festgelegt, die Schaffung einer Währungsunion und die Festschreibung all der Politikbereiche, die von diesem Datum an gemeinsam geregelt werden.
Am 1. Januar 2002 wurde der Euro als Bargeld eingeführt. 2004 vollzog die EU ihre größte Erweiterung, indem sie zehn neue Mitgliedstaaten aufnahm. 2007 erweiterten Bulgarien und Rumänien die EU auf 27 Mitgliedstaaten. Mit der Aufnahme Kroatiens 2013 werden es 28 sein.

Rückschläge

Im Prozess der Einigung Europas hat es immer wieder Rückschläge gegeben. Hauptgrund dafür ist der ständige Konflikt zwischen Einzelinteressen und Gemeinschaftsinteressen. Immer wieder kommt es vor, dass Mitgliedstaaten ihren eigenen Interessen den Vorzug geben vor den Interessen der Gemeinschaft.
Zu den Rückschlägen gehört die Ablehnung der Europäischen Verfassung im Jahr 2005 durch Volksabstimmungen in Frankreich und den Niederlanden. Auch zählt dazu die Krise des Euro bzw. der hohen Staatsverschuldung vieler EU-Staaten, welche die Union seit 2010 in Atem hält.

So kannst du deine Ergebnisse präsentieren:

1. Gib einen Überblick über die wichtigsten Ereignisse auf dem Weg zur heutigen EU.
2. Wähle von den Daten drei aus, die dir besonders wichtig erscheinen, und begründe, warum.

B Was sind die Gemeinsamkeiten in der Europäischen Union?

Die Europäische Union (EU) ist eine in der Welt einmalige Konstruktion: Sie ist ein Zusammenschluss demokratischer europäischer Staaten, die sich die Wahrung des Friedens und das Streben nach Wohlstand als oberstes Ziel gesetzt haben. Sie ist kein Staat, der an die Stelle bestehender Staaten tritt. Sie ist aber auch mehr als andere internationale Organisationen. […]

Gemeinsame Organe, gemeinsame Rechte

Die Mitgliedstaaten der EU haben gemeinsame Organe und Institutionen geschaffen. Teile ihrer einzelstaatlichen Souveränität haben sie diesen Organen übertragen, damit in bestimmten Angelegenheiten von gemeinsamem Interesse auf europäischer Ebene demokratische Entscheidungen getroffen werden können. Zentrale Grundlage des Verhältnisses zwischen den Bürgerinnen und Bürgern der Union und ihren Organen sind die Grund- und Bürgerrechte. Seit 1993 gibt es die Unionsbürgerschaft, die die Staatsbürgerschaft der Mitgliedstaaten ergänzt und eine Reihe von grenzüberschreitenden Rechten garantiert. […]

Das Grundprinzip der Subsidiarität

Die Europäische Union basiert auf dem Grundsatz der Subsidiarität: Subsidiarität ist ein politisches und gesellschaftliches Prinzip, nach dem Aufgaben und Entscheidungen auf die niedrigstmögliche administrative und politische Ebene verlagert werden sollen. […] Gesetze und Regeln dürfen nur dann auf europäischer Ebene erlassen werden, wenn die damit verbundenen Ziele nicht von den Mitgliedstaaten allein in ausreichendem Maße erreicht werden können und ein gemeinsames Handeln nachweislich bessere Ergebnisse verspricht.

Aufgabenverteilung und Kooperation nach Maß

Entsprechend dem Subsidiaritätsprinzip unterscheiden sich je nach Politikfeld die Verteilung der Zuständigkeit und damit die Formen der Zusammenarbeit zwischen den Mitgliedstaaten und der EU. […] Alle Aufgaben und Verfahren der EU sind in Verträgen festgelegt, die von den Mitgliedstaaten freiwillig und demokratisch vereinbart wurden. Aus den Verträgen leitet sich ab, in welchen Politikfeldern die Organe der Gemeinschaft allein tätig werden können, in welchen die Gemeinschaft und die Regierungen der Mitgliedstaaten gemeinsam zuständig sind und in welchen die Staaten nach wie vor für sich allein Politik machen oder nur auf Regierungsebene zusammenarbeiten:

In einigen Bereichen (wie z. B. Agrarpolitik, Außenhandel, Zollpolitik) sind die Organe der EU ganz oder weitgehend allein zuständig. Sie erlassen Gesetze, die in allen Mitgliedstaaten gelten. Die Mitgliedstaaten können allein nicht mehr tätig werden.

In anderen Politikbereichen (wie z. B. Umwelt, Verbraucherschutz, Entwicklungspolitik) liegt die Zuständigkeit zu Teilen bei der Union, zu Teilen bei den Mitgliedstaaten. […]

In einigen Politikbereichen (wie Wirtschaftspolitik und Beschäftigungspolitik) handeln die Mitgliedstaaten in der Regel allein für sich, stimmen sich aber gegenseitig ab, koordinieren also ihre Politik untereinander. […]

(Aus: Die Europäische Union, hg. vom Informationsbüro des Europäischen Parlaments für Deutschland, veröffentlicht unter www.europarl.de, Text von 2009, Zugriff 17.01.2012)

Die EU-Flagge zeigt einen Kreis aus zwölf Sternen vor nachtblauem Himmel. Die Flagge symbolisiert die Zusammengehörigkeit der Völker Europas. Die Zahl steht nicht für die Zahl der Mitgliedstaaten, sondern als Zeichen für Harmonie und Einheit.

So kannst du deine Ergebnisse präsentieren:

1. Erkläre, was die EU ist und welches oberste Ziel sie sich gesteckt hat.
2. Was bedeutet der Begriff Subsidiarität? Formuliere eine anschauliche Erklärung.
3. Erläutere, für welche Politikbereiche die EU allein zuständig ist, für welche zum Teil und für welche die Zuständigkeit weitgehend bei den nationalen Parlamenten verbleibt.

C Was ist der europäische Binnenmarkt?

Ein grenzenloser Raum für 495 Millionen Europäer – der Binnenmarkt ist Europas ehrgeizigstes Projekt und gleichzeitig das Kernstück der wirtschaftlichen Integration der Mitgliedstaaten. […]
Der freie Verkehr von Waren, Personen, Dienstleistungen und Kapital zwischen den Mitgliedstaaten bildet die Basis des Binnenmarktes.
Waren, die in einem EU-Land nach dort gültigem Recht hergestellt und verkauft werden dürfen, können überall im Binnenmarkt angeboten werden; berufliche Befähigungsnachweise werden heute überall im Binnenmarkt anerkannt.
Der europäische Binnenmarkt ist 1993 in Kraft getreten. Das Warenangebot ist seitdem bunter und vielfältiger geworden, Wettbewerb und das Ende nationaler Monopole haben die Preise vieler Güter und Dienstleistungen gesenkt, beispielsweise bei Telekommunikation, Energie oder Flugreisen. Auch die Möglichkeit für Studierende, innerhalb der EU ohne aufenthaltsrechtliche Probleme den Studienort wechseln zu können, ist dem Binnenmarkt zu verdanken. Ein wesentliches Prinzip des Binnenmarktes ist, dass alle EU-Bürger innerhalb der gesamten EU wie Inländer behandelt werden müssen; jede Diskriminierung aus Gründen der Staatsangehörigkeit ist also EU-weit verboten. […] Dass der europäische Binnenmarkt kein Markt „um jeden Preis" ist, beweist das hohe Niveau im Verbraucher- und Umweltschutz in der EU, denn grenzenlos bedeutet keineswegs, den Raum dem freien Markt zu überlassen: Vielmehr sind die europäischen Institutionen bei der Gesetzgebung vertraglich dazu verpflichtet, ein hohes Schutzniveau in den Bereichen Gesundheit, Sicherheit, Umweltschutz und Verbraucherschutz zu gewährleisten. So hat die EU beispielsweise Richtlinien zu folgenden Bereichen erlassen: Etikettierung gentechnisch veränderter Lebensmittel („Novel Food"), Sicherheit von Kosmetika, Schutz der Verbraucher vor irreführender Werbung oder bei Haustürgeschäften, Fahrgastrechte. Mitte 2011 wurde vom Europäischen Parlament eine Verordnung zur Lebensmittelkennzeichnung verabschiedet.

(Aus: Europa ohne Grenzen: Binnenmarkt und Verbraucherschutz, Hg. Europäisches Parlament, Informationsbüro für Deutschland, www.europarl.de, letzter Zugriff 17.01.2012)

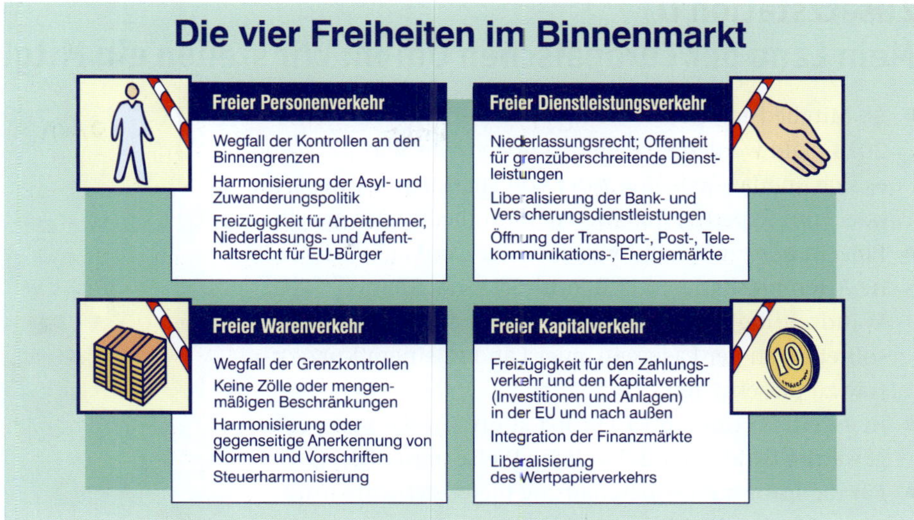

Verschärfter Wettbewerb

Eine Marktöffnung, wie sie durch den europäischen Binnenmarkt geschaffen wurde, hat natürlich zur Folge, dass der Wettbewerb und die Konkurrenzsituation zunehmen. So gibt es bei den Unternehmen Gewinner und Verlierer. Nicht wettbewerbsfähige Firmen bleiben auf der Strecke. Auch gibt es eine spürbare Tendenz zu einer verstärkten Unternehmenskonzentration in Europa.

So kannst du deine Ergebnisse präsentieren:

1. Erkläre, was ein Binnenmarkt ist, und erläutere die vier Freiheiten mithilfe des Schaubildes.
2. Was sind wichtige Regelungen für die Menschen in der EU, die bisher im Rahmen des Binnenmarktes in Kraft gesetzt wurden?
3. Bietet der europäische Binnenmarkt mehr Chancen als Risiken? Nimm dazu Stellung und sprich mit deinen Mitschülerinnen und Mitschülern darüber.

Zusatzstation D
Mein Land der Europäischen Union: Wir stellen ein Mitgliedsland der EU vor

- 28 Mitgliedstaaten hat die Europäische Union ab dem Juli 2013. Bald werden es vielleicht noch mehr sein. Da bietet es sich an, dass jede und jeder von euch sich zur Expertin oder zum Experten für einen der Mitgliedstaaten macht.
- Einzeln oder zu zweit könnt ihr euer Land auf verschiedene Arten präsentieren, z. B. mithilfe einer kleinen Wandzeitung, die in der Klasse aufgehängt wird. Auch solltet ihr in der Lage sein, euer Land in einem Kurzvortrag zu präsentieren.
- In eurem Portfolio über Europa könnt ihr das von euch gewählte Land auf anschauliche Weise präsentieren.
- Für die Informationsbeschaffung bietet sich eine Internetrecherche (WebQuest-Methode) an. Über die angegebenen Adressen findet ihr aktuelle Länderberichte zu allen Ländern der Europäischen Union. Ihr könnt aber auch Lexika und andere aktuelle Veröffentlichungen benutzen.
- Gliedert eure Länderpräsentation mithilfe der Übersicht.

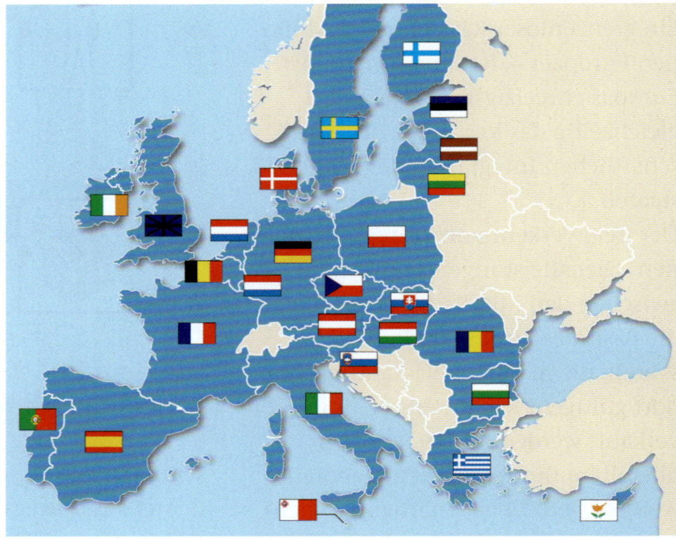

WebQuest

Rechercheauftrag: Mein Mitgliedsland in der EU

Unter den folgenden Internetadressen findet ihr Länderberichte über alle Mitgliedstaaten der EU:

www.auswaertiges-amt.de • www.aktuell-lexikon.de • www.weltalmanach.de • www.europa.eu

Jeder Mitgliedstaat verfügt über eine eigene Homepage. Dort findet ihr auch Fotomaterial. Die Informationen sind aber oft nicht so klar strukturiert wie bei den Adressen oben.

Allgemeines Informationsmaterial zu allen Themen der EU findet ihr unter den folgenden Internetadressen:

www.europa.eu • www.europarl.de • www.europa-digital.de • www.auswaertigesamt.de • www.bpb.de • www.eu-kommission.de • www.jugendfuereuropa.de • www.etwinning.de (Etwinning informiert über Schulpartnerschaften in Europa)

Ich bin Expertin/Experte für das EU-Land: ...

A Allgemeines

1. Hauptstadt des Landes
2. Lage in Europa, Nachbarstaaten
3. Einwohnerzahl
4. Sprache(n), Religion(en)
5. Landesflagge
6. Angaben zur Geschichte des Landes
7. Besondere Sehenswürdigkeiten
8. Tourismus
9. Empfehlenswerte Besuchsziele

???

B Politik

10. Mitglied der EU, der Europäischen Währungsunion seit ...
11. Staatsform
12. Regierungschef(in)
13. Staatsoberhaupt
14. Parlament, Zahl der Parlamentssitze, Wahlen

???

C Wirtschaft

15. Pro-Kopf-Einkommen
16. Arbeitslosenquote
17. Inflationsrate
18. Wirtschaftswachstum in Prozent
19. Besondere Leistungen und Probleme

???

Warum sind immer eine junge Frau und ein Stier im Spiel, wenn es um Europa geht?

In nahezu jeder Karikatur über die Europäische Union ist ein Stier zu sehen. Um diese Symbolik zu verstehen, müssen wir an die Ursprünge des Namens Europa zurückdenken und uns mit einer alten Sage beschäftigen. Lest diese Seite und erzählt die Geschichte „Wie der Kontinent zu seinem Namen kam".

Die Ursprünge: Ein Name voller Geheimnisse

Wohin will Europa?

„Fern von Griechenland, in Phönikien, wo König Agenor über die Städte Tyros und Sidon herrschte, wuchs die wunderschöne Europa heran. Niemand, so sagten die Leute, war der Jungfrau an Schönheit gleich, und im Lande ringsum rühmte man die liebreiche Art, mit der sie jedermann begegnete. Wenn sie mit den Gespielinnen am Strand einher wandelte oder blumenbekränzt den Reigentanz der Mädchen anführte – stets war sie die Schönste, der sich alle willig unterordneten. Eines Tages schritt Europa wieder zum Spiel aus dem Palast des Vaters …"

So beginnt die antike Sage der Königstochter Europa. Göttervater Zeus hatte sich in das Mädchen verliebt und er wendete einen Trick an, um sie für sich zu gewinnen. In der Gestalt eines weißen Stieres landete Zeus am Strand Phönikiens und entführte die schöne Prinzessin auf die Mittelmeerinsel Kreta. Dort nahm er seine Göttergestalt wieder an, vermählte sich mit Europa und zeugte im Laufe der Zeit drei Söhne mit ihr. Europas Sohn Minos begründete auf Kreta eine der ersten blühenden Hochkulturen in Europa. Von diesem Ort im Mittelmeer ausgehend nahm die kulturelle Entwicklung in Europa ihren Ausgang.

Die alte Sage berichtet so von der Entstehung der abendländischen Kultur und der Namensgebung für den Kontinent Europa.

Tipp: Die Sage von der Prinzessin Europa kann man zu Ende lesen in: Gustav Schwab/Richard Carstensen: Griechische Sagen: Die schönsten Sagen des klassischen Altertums, dtv junior, 17. Aufl. 1993, S. 23 ff., Ensslin und Laiblin Verlag.
Bereitet euch darauf vor, die Sage von der Prinzessin Europa zu erzählen, und tragt sie vor der Klasse vor.

3 Wie wird in Europa für Europa Politik gemacht?

Drei Beispiele für die Arbeit der Abgeordneten im Europäischen Parlament

A Schutz für Kinder vor gefährlichem Spielzeug

Das EP hat die neue Richtlinie über die Sicherheit von Spielzeug verabschiedet. Die Richtlinie sieht strengere Sicherheitsauflagen bei der Herstellung von Kinderspielzeug vor. Die Sicherheitsanforderungen betreffen etwa enthaltene chemische Stoffe, physikalische und mechanische Eigenschaften, Entzündbarkeit sowie elektrische Eigenschaften.
Die Richtlinie legt fest, welchen Sicherheitsanforderungen Spielzeug entsprechen muss, wenn es in der EU hergestellt und/oder verkauft werden soll. Sie gilt „für Produkte, die offensichtlich dazu bestimmt oder gestaltet sind, von Kindern unter 14 Jahren zum Spielen verwendet zu werden".

Abstimmung im EP am 18. Dezember 2008, Richtlinie angenommen mit 480 Stimmen, 73 Gegenstimmen, 40 Enthaltungen.

(Texte im Originalwortlaut der Veröffentlichung des Europäischen Parlaments (gekürzt), Quellen: Text A: Armin Czysz, www.eu-info.de, Texte B und C: www.europarl.eu; letzter Zugriff 02.11.2010)

B Autos sollen sicherer und umweltfreundlicher werden

Das EP hat eine neue Verordnung verabschiedet, mit der die Sicherheit und Umweltverträglichkeit von Autos verbessert werden soll. Als europaweite Serienausstattung wird die Einführung zusätzlicher Sicherheitssysteme bei Neuwagen, wie das Antiblockiersystem ESP, verbindlich vorgeschrieben.
„Diese Verordnung ist ein Beispiel dafür, dass man Umwelt- und Verbraucherschutz miteinander vereinbaren kann", kommentierte Andreas Schwab (CDU), Berichterstatter des Europäischen Parlaments. Die geplanten Verbesserungen gingen zugunsten der Umwelt, verursachten aber keine höheren Kosten.

Abstimmung im EP am 10. März 2009, 610 Abgeordnete stimmten für die Verordnung, 34 dagegen, 20 enthielten sich der Stimme.

C Tierschutz: Verbot von Robbenerzeugnissen

Der Handel mit Robbenerzeugnissen in der EU wird verboten. Robben werden innerhalb und auch außerhalb der EU gejagt, um aus ihnen eine große Bandbreite an Erzeugnissen zu gewinnen: Fleisch, Öl, Organe und Felle. Die daraus hergestellten Produkte, wie unter anderem Textilien aus verarbeiteten Robbenhäuten und -fellen sowie Omega-3-Kapseln, wurden auch auf dem Gemeinschaftsmarkt gehandelt, wobei es für Verbraucher schwierig oder gar unmöglich ist, sie von ähnlichen, nicht von Robben stammenden Produkten zu unterscheiden. Sofern gegen Vorschriften dieser Verordnung verstoßen wird, sollen Sanktionen verhängt werden, die wirksam, verhältnismäßig und abschreckend sind.

Abstimmung im EP am 5. Mai 2009, 550 Abgeordnete stimmten für die Verordnung, 49 dagegen, 41 enthielten sich der Stimme.

Blick auf das Parlamentsgebäude des Europäischen Parlaments in Straßburg. Mit der Architektur des Rundgebäudes wollten die Architekten andeuten, dass die EU noch kein endgültig fertiges Gebilde ist.

1. Wie sinnvoll sind die getroffenen Entscheidungen für die Menschen in Europa? Sehr sinnvoll, teilweise oder gar nicht sinnvoll?
2. Bei den Entscheidungen für die vielen Mitgliedstaaten muss man Kompromisse finden. Ein einzelnes Mitgliedsland hätte vielleicht noch strengere Regeln erlassen können. Was ist besser: ein weniger strenges Gesetz, das alle Mitgliedstaaten zu gemeinsamem Handeln zwingt, oder ein strenges Gesetz, das aber nur in einem einzelnen Mitgliedstaat gilt? Wägt die Vor- und Nachteile ab und diskutiert dann miteinander.

Das Entscheidungsverfahren in der EU

1. Welche Rolle spielt das Europäische Parlament im Gesetzgebungsprozess der EU?
2. Erkläre den Unterschied zwischen einer Verordnung (europäisches Gesetz) und einer Richtlinie (europäisches Rahmengesetz).
3. Immer wieder suchen Menschen nach Erklärungen für die geringe Wahlbeteiligung bei EU-Wahlen. Welche Erklärung hast du?

Arten von EU-Gesetzen

Die Mitgliedstaaten haben der Europäischen Union das Recht übertragen, in vielen Politikbereichen Entscheidungen zu treffen, die für alle Unionsbürger Gesetzeskraft haben. Dabei muss zwischen zwei Arten von EU-Gesetzen unterschieden werden, *Richtlinien* und *Verordnungen*. Verordnungen sind EU-Gesetze, die unmittelbar nach ihrer Verabschiedung in allen Mitgliedstaaten geltendes Recht sind. Sie gelten, ohne dass die nationalen Parlamente einzelner Staaten noch einen Beitrag dazu leisten müssen. Das kann zum Beispiel eine Verordnung über die Höchstgrenzen von Schadstoffen im Benzin oder dergleichen sein. Verordnungen stehen im Rang über nationalen Gesetzen. Sie werden auch als *europäische Gesetze* bezeichnet.
Richtlinien sind Gesetzesentscheidungen, die bestimmte Forderungen an die Mitgliedstaaten stellen. Sie sind nicht unmittelbar geltendes Recht, sondern müssen erst innerhalb einer vorgegebenen Frist von den nationalen Parlamenten der Mitgliedstaaten in ein Gesetz umgewandelt werden. Weil sie einen Rahmen bilden, in dem alle Mitgliedstaaten noch selbst gesetzgeberisch aktiv werden müssen, bezeichnet man sie auch als *europäische Rahmengesetze*.

Das Europäische Parlament

ist die gewählte Volksvertretung der Bürgerinnen und Bürger in der EU. Im Zuge mehrerer Reformen hat es seine Rechte nach und nach erweitern können. Es hat nicht das Initiativrecht, das bedeutet, es darf keine Vorschläge für neue Gesetze einbringen. Dieses Recht hat nur die Europäische Kommission, die oft auch als die Regierung der EU bezeichnet wird.
Im Gesetzgebungsverfahren der EU hat das Parlament das sogenannte Mitentscheidungsrecht. Das heißt, es spielt eine wichtige Rolle im Entscheidungsverfahren, muss sich aber die Aufgabe mit anderen Institutionen der EU teilen.
Ein großes Problem für das Europäische Parlament ist die geringe Wahlbeteiligung der wahlberechtigten Bürgerinnen und Bürger. Bei den ersten Wahlen 1979 lag die Wahlbeteiligung in Deutschland noch bei 65,7 Prozent (gesamt 63 Prozent). Danach nahm sie von Wahl zu Wahl kontinuierlich ab bis auf 43,3 Prozent in Deutschland bei der Wahl 2009 (gesamt 43,0 Prozent).
Zu den Politikbereichen, über die das Europäische Parlament mitentscheidet, zählen zum Beispiel alle Fragen, die den Handel im Binnenmarkt betreffen, Umweltschutz, Verbraucherschutz, Datenschutz und Verkehrspolitik.

Begriffe für euer Fachwörterverzeichnis

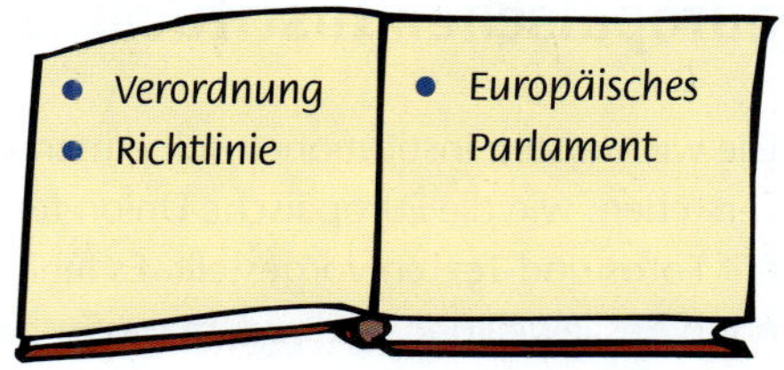

Entstehung eines Gesetzes

Am Gesetzgebungsverfahren der EU sind immer drei Institutionen beteiligt: (1) die Europäische Kommission, weil sie allein das Vorschlagsrecht für Gesetze hat, (2) der Rat der Minister, dem letztlich das Entscheidungsrecht zusteht, und (3) das Europäische Parlament.
In der Regel erarbeitet die Kommission einen Vorschlag, der dann dem Parlament und dem Ministerrat zugeleitet wird. Auch den Parlamenten der einzelnen Mitgliedstaaten werden die Entwürfe zur Stellungnahme zugeleitet. Stimmen das Europäische Parlament und der Ministerrat dem Gesetz zu, kann es in Kraft treten. Gibt es keine Einigung zwischen dem Ministerrat und dem Parlament, wird ein Vermittlungsausschuss gebildet, der in gleicher Zahl aus Abgeordneten des Parlaments und des Ministerrats besteht.
Die Kritik an der Art des Entscheidungsverfahrens in der EU lautet, es sei nicht demokratisch genug. Der Grund: Jedes EU-Gesetz hängt von der Zustimmung des Rates der Minister aus den einzelnen Ländern ab und diese haben ihr Amt durch Ernennung und nicht durch eine demokratische Wahl bekommen. Will man das Demokratiedefizit in der EU beseitigen, muss man den Einfluss der Landesminister auf die Gesetzesentscheidungen abbauen und dem Europäischen Parlament weitere Rechte übertragen.

Welche Aufgaben haben die europäischen Institutionen?

Die wichtigsten Institutionen sollte man kennen, um zu verstehen, wie die Europäische Union funktioniert. Sie sind hier mit Fotos und Texten vorgestellt. Es fehlt allerdings die Zuordnung des jeweiligen Textes zum passenden Bild.
Ordnet die Fotos den passenden Texten zu.

A

B

Neben den fünf hier abgebildeten Institutionen gibt es noch die Europäische Zentralbank und den Europäischen Rechnungshof.

C

D

E

1 Die Europäische Kommission

Zusammensetzung: Sie besteht aus 27 Kommissaren, die von den Regierungen der Mitgliedstaaten hierhin entsendet werden. Den Vorsitz führt der Kommissionspräsident, der auf Vorschlag der Staats- und Regierungschefs vom Europäischen Parlament für die Dauer von fünf Jahren gewählt wird.
Das Foto zeigt den mit Übersetzerkabinen ausgestatteten festen Tagungsort in Brüssel.
Funktion im Gesetzgebungsverfahren: Sie hat das alleinige Recht, Vorschläge für neue europäische Gesetze zu machen(= Initiativrecht). Wenn die Europäische Kommission einen Vorschlag für ein neues Gesetz ausgearbeitet hat, informiert sie das Europäische Parlament und den Ministerrat über ihr Vorhaben. Weiterhin sendet sie den nationalen Parlamenten der Mitgliedsstaaten den Entwurf zu und wartet deren Stellungnahmen ab.

2 Das Europäische Parlament

Zusammensetzung: Es wird alle fünf Jahre von den Bürgerinnen und Bürgern in der EU gewählt und ist die demokratische Vertretung der Bürgerinnen und Bürger Europas. Gemeinsam mit dem Rat entscheidet es (mit einigen Ausnahmen) über die europäischen Gesetze. Zukünftig wird es aus 750 Mitgliedern plus Parlamentspräsident bestehen. Die Anzahl der Sitze pro Land hängt von der Einwohnerzahl ab. Deutschland stehen 96 Sitze zu.
Das Foto zeigt den Plenarsaal des Parlaments in Straßburg.
Funktion im Gesetzgebungsverfahren: Der Vorschlag für ein neues Gesetz wird von der Kommission an das Parlament geleitet und dort beraten. Stimmt das Parlament mehrheitlich zu, wird es an den Rat weitergeleitet.

3 Der Rat

(oft auch Ministerrat genannt) ist zusammen mit dem Europäischen Parlament der Gesetzgeber der EU.
Zusammensetzung: Je nach anstehendem Thema treffen sich hier die Fachministerinnen und Minister eines jeden EU-Landes zur Beratung und Beschlussfassung. Seine Besetzung wechselt also. Seit 2009 werden die Treffen der Außenminister von dem Außenminister der EU geleitet. Er trägt den Titel Hoher Beauftragter für Außen- und Sicherheitspolitik und wird für die Dauer von fünf Jahren von den Regierungschefs bestellt.
Das Foto zeigt eine Sitzung des Ministerrates in Wien.
Funktion im Gesetzgebungsverfahren: Wenn der Rat und das Europäische Parlament mit dem neuen Gesetz einverstanden sind, ist es angenommen. Können sich Parlament und Rat nicht einigen, wird ein Vermittlungsausschuss einberufen.

4 Alle Staats- und Regierungschefs der Mitgliedstaaten bilden zusammen den **Europäischen Rat.** Man trifft sich hier mindestens zweimal im Jahr zu sogenannten Gipfeltreffen. Die Sitzungen werden von einem Präsidenten geleitet, der vom Rat für zweieinhalb Jahre gewählt wird. Im Europäischen Rat wird auf höchster Ebene über wichtige Zukunftsfragen der EU verhandelt.
Das Foto entstand bei einem Gipfeltreffen 2009 in Prag.

5 In den **Europäischen Gerichtshof** entsendet jedes Mitgliedsland je eine Richterin bzw. einen Richter. Sie entscheiden bei europäischen Rechtsstreitigkeiten und überprüfen die Rechtmäßigkeit von Beschlüssen der anderen EU-Organe.
Das Foto zeigt das Gericht bei einer Urteilsverkündung.

1. Der Gesetzgebungsprozess in der EU spielt sich in einem Zusammenwirken zwischen Kommission, Parlament und Ministerrat ab. Erklärt, wer in diesem Prozess welche Aufgabe übernimmt.

Tipp: Auf der folgenden Doppelseite findet ihr eine Merkhilfe, mit der es euch leichtfallen wird, die Aufgaben der Institutionen der EU auseinanderzuhalten und langfristig zu speichern.

Wir vergleichen die EU mit einem Bus

Durchblick ist gefragt

In einem Buch mit dem Titel „Das neue Europa" finden wir folgenden Text:

Konferenzen, Verträge, Gremien, Gesetze – das klingt alles furchtbar abstrakt: Will man es genauer wissen und fragt, wie die EU praktisch funktioniert und womit sich die verschiedenen Organe konkret befassen, ist zunächst ein wenig Geduld gefordert. Um ein Beispiel zu geben: Auf Wunsch von Tierschutz- und Umweltverbänden erarbeitet die EU-Kommission eine Verordnung oder Richtlinie, die den Schutz wild lebender Tiere europaweit verbessern soll. Dieser Entwurf wird dann dem Ministerrat und dem Parlament vorgelegt. Dort wird er geprüft, man berät sich, diskutiert und verlangt in vielen Fällen Veränderungen. Erst, wenn Ministerrat und Parlament der Verordnung oder Richtlinie zustimmen, ist sie angenommen. Dann wird sie im „Amtsblatt der Europäischen Gemeinschaften" veröffentlicht und ist von da an gültig. Aber Moment! Kommission, Ministerrat, Parlament? Verordnung oder Richtlinie? Wie soll man sich damit zurechtfinden?

(Aus: Ingke Brodersen, Rüdiger Dammann: Das neue Europa, Ravensburger Buchverlag 2007, S. 94)

Lernhilfe Bilder

Ihr werdet euch in Zukunft zurechtfinden und erklären können, welches die wichtigsten Aufgaben der verschiedenen EU-Organe sind. Dazu solltet ihr euch das folgende Bild einprägen und die abstrakt wirkenden Bezeichnungen für die Institutionen der EU mit konkreten Teilen des Bildes verbinden.

Um die Aufgaben und das Zusammenwirken der Kommission, des Ministerrates, des Parlaments, des Europäischen Rates und des Gerichtshofes besser zu verstehen, können wir uns die Europäische Union als einen Bus vorstellen, der, besetzt mit Vertreterinnen und Vertretern aus allen Ländern der EU, in Richtung vereintes Europa fährt.

Busfahrer | Motor

Fahrgäste

Wegweiser | Polizei

In jedem Bus muss es einen Motor geben. Er hat die Aufgabe, das Fahrzeug anzutreiben und zu beschleunigen. Diese Aufgabe übernimmt die Europäische Kommission, weil nur sie das *Initiativrecht* besitzt. Das ist das Recht, Gesetzesvorschläge zu machen. Der Vorschlag für ein europäisches Tierschutzgesetz kommt also – wie alle anderen europäischen Gesetzesvorschläge auch – aus der Europäischen Kommission. Sie besteht aus Kommissaren, die von den Mitgliedsländern für fünf Jahre entsendet werden, und dem Kommissionspräsidenten. Die Europäische Kommission entscheidet nicht, aber sie treibt den Bus wie ein Motor voran.

1. Merke: Der Motor der EU ist die Europäische Kommission.

In jedem Fahrzeug trifft die Fahrerin bzw. der Fahrer die wichtigen Entscheidungen. Diese Aufgabe übernimmt der Rat der Europäischen Union. Oft nennt man ihn Ministerrat, manchmal auch nur Rat. Dieses Gremium ist – neben dem Europäischen Parlament – das wichtigste gesetzgebende Organ der EU. Das heißt, zusammen mit dem Parlament beschließt der Rat die für das gesamte EU-Gebiet geltenden Gesetze, also auch das Gesetz zum europäischen Tierschutz. Der Rat besteht aus je einem Minister bzw. einer Ministerin aus den Mitgliedsländern. Je nach anstehender Entscheidung sind es immer die dafür zuständigen Fachminister, also mal die Landwirtschaftsminister, dann wieder die Umwelt- oder die Finanzminister.

2. Merke: Der Fahrer des Busses ist der Rat der Europäischen Union.

In unserem Bild übernimmt die Rolle der Fahrgäste das Europäische Parlament. Es repräsentiert mit seinen gewählten Abgeordneten die Bevölkerung der gesamten EU. Nach und nach wurden seine Rechte erweitert. Mittlerweile entscheidet es gleichberechtigt mit dem Rat über die europäischen Gesetze. So kann das europäische Tierschutzgesetz erst in Kraft treten, nachdem es mit Mehrheit im Parlament angenommen ist. Man kann sagen, Fahrer und Fahrgäste entscheiden gemeinsam, wohin die Reise geht. Die Fahrgäste im Bus haben noch weitere Rechte. Sie kontrollieren den Lauf des Motors und verwalten die Reisekasse. Das bedeutet konkret: Das Europäische Parlament besitzt das Haushaltsrecht und kontrolliert die Europäische Kommission. Mit einer Zweidrittelmehrheit kann es den Kommissionspräsidenten austauschen.

3. Merke: Die Fahrgäste im Bus sind die gewählten Mitglieder des Europäischen Parlaments.

In verschiedenen Städten finden vierteljährlich gemeinsame Treffen aller Staats- und Regierungschefs der EU statt. Hinzu kommen auch die Außenminister und der Präsident der Europäischen Kommission. Dieses Gremium hat den Namen Europäischer Rat. Seine Zusammenkünfte werden als europäische Gipfeltreffen bezeichnet. Die Staats- und Regierungschefs sind nicht direkt an der europäischen Gesetzgebung beteiligt. Sie geben aber die große Richtung an und legen die Ziele für die weitere Entwicklung der EU fest. Zum Beispiel hat man hier vor vielen Jahren die Einführung des Euro beschlossen und es wird auch hier darüber entschieden, ob neue Mitgliedstaaten in die EU aufgenommen werden oder nicht. Der Europäische Rat der Regierungschefs ist also der Wegweiser für die Fahrt des Busses in Richtung Europa.

4. Merke: Der Wegweiser nach Europa ist der Rat der Staats- und Regierungschefs.

Zuletzt fehlt noch eine Polizei, die aufpasst, dass auf dem Weg in das vereinte Europa die Regeln nicht verletzt werden. Diese Rolle übernimmt der Europäische Gerichtshof in Luxemburg. Er besteht aus je einer Richterin bzw. einem Richter pro Mitgliedsland, die von den jeweiligen Regierungen für sechs Jahre ernannt werden. Mit seinen Entscheidungen kann der Europäische Gerichtshof die Mitgliedsländer zur Einhaltung und zur einheitlichen Auslegung der europäischen Gesetze zwingen.

5. Merke: Die Rolle der Polizei übernimmt in unserem Bild der Europäische Gerichtshof.

1. Mithilfe des Bildvergleichs könnt ihr nun nach und nach die Rolle der fünf wichtigen EU-Institutionen vorstellen.

4 Problemfall Euro? Die Europäische Union in der Krise

Eine Geschichte von 17 Freunden zum Einstieg

Stelle dir eine Gemeinschaft von 17 Freunden vor. Sie haben sich zusammengeschlossen, weil sie gemeinsam zu mehr Wohlstand kommen wollen. Jeder will seinen Beitrag in seinem Haus dazu leisten. Dazu brauchen sie Geld. Eigentlich müsste das Geld reichen, das sie durch ihre Arbeit verdienen. Aber es reicht nicht, denn sie planen große Investitionen in ihren Häusern. So beschließen sie, Schulden zu machen. Jeder der Freunde leiht sich Geld bei einer Bank. Die Banken leihen ihnen gerne das Geld, weil sie zusätzlich zu den Rückzahlungen Zinsen erhalten. So wird das Schuldenmachen leicht gemacht. Einige der Freunde machen viel mehr Schulden als die anderen. Und als deren Banken das Geld zurückverlangen, können sie nicht bezahlen. Sie haben alles ausgegeben – sowohl ihre Einnahmen als auch das Geld aus den Bankkrediten. In ihrer Not leihen sich die hoch verschuldeten Freunde Geld bei anderen Banken, um damit ihre Schulden zu bezahlen. Sie bekommen das Geld, aber sie müssen höhere Zinsen als zuvor bezahlen. Kurze Zeit später haben fünf der 17 Freunde so viele Schulden angehäuft, dass sie nicht einmal mehr die Zinsen zurückzahlen können, geschweige denn, das geliehene Geld.

Verzweifelt wenden sich die fünf an die übrigen Freunde und sagen: „Bitte, helft uns! Wir sind doch eine Gemeinschaft." Die übrigen Freunde möchten gerne helfen. Das Problem ist aber, dass sie ebenfalls Schulden bei den Banken haben, zwar nicht so viele wie die um Hilfe Rufenden, aber auch sie müssten sich das Geld leihen, um es den besonders hilfsbedürftigen Freunden zu geben.

Was sollen die zwölf Freunde, denen es besser geht, deiner Ansicht nach tun?

- Sie sollen den hoch verschuldeten Freunden Geld leihen und darüber wachen, dass diese in Zukunft sparsam sind und ihre Schulden zurückzahlen.
- Sie sollen die Banken bitten, den Freunden die Schulden zu erlassen.
- Sie sollen die Freunde aus der Gemeinschaft ausschließen, auch wenn sie damit rechnen müssen, dass diese dann keine Schulden mehr zurückzahlen können und einige Banken pleitegehen.

Entscheidet euch für eine der Möglichkeiten, beratet darüber zu zweit oder zu dritt. Überlegt gemeinsam, welche Parallelen zur Euro-Schuldenkrise die Geschichte enthält.

Wie kam es zur Euro-Schuldenkrise? Wie kommt man heraus?

Wahrscheinlich habt ihr gemerkt, dass in der Geschichte von den 17 Freunden viele Parallelen zur Eurokrise stecken. Keine andere Krise hat die Menschen in Europa in der jüngsten Vergangenheit so sehr beschäftigt wie diese. Wenn man eine Krise meistert, kann man stärker daraus hervorgehen.

Wenn man sie nicht meistert, kann ein Projekt wie die friedliche Vereinigung Europas auch darüber in Gefahr geraten. Das ist sicher Grund genug, eigene Überlegungen zur Euro-Krise anzustellen.

Wir untersuchen unterschiedliche Szenarien

Mit den Materialien auf den folgenden Seiten könnt ihr herausfinden, welche Ereignisse die Europäische Union in eine ihrer größten Krisen geführt haben und welche Szenarien zur Krisenbewältigung diskutiert werden. Zur Vorgehensweise werden folgende Schritte empfohlen:

Alle erarbeiten sich das notwendige Grundwissen, indem sie die Infoseite zur Europäischen Währungsunion bearbeiten.
Zu zweit bearbeitet ihr die Stationen auf dem Weg in die Krise.
Die vier Szenarien zur Krisenbewältigung können in Gruppen bearbeitet werden.
Gemeinsam beratet ihr in der Klasse, welches Szenario zur Bewältigung einer Schuldenkrise geeignet sein kann.

Die Europäische Währungsunion

1. Erkläre, was man unter einer Währungsunion versteht und welche Aufgaben die Europäische Zentralbank hat.
2. Stelle dar, welche Bedingungen Länder erfüllen sollten, um Mitglied der Währungsunion zu werden.
3. Welche Strafen für das Schuldenmachen und welche Ausnahmen von Bestrafung sind vorgesehen? Versuche eine Erklärung mithilfe des Schaubildes.

Begriffe für euer Fachwörterverzeichnis

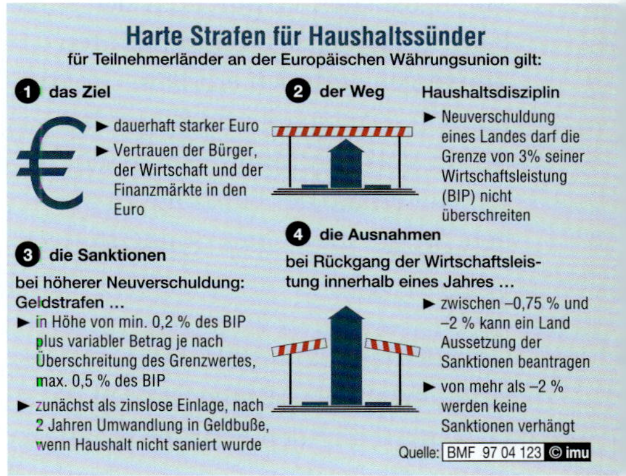

Grundlagen

Eine Währungsunion ist der freiwillige Zusammenschluss mehrerer Staaten mit dem Ziel, ihre unterschiedlichen Währungen abzuschaffen und einen gemeinsamen Währungsraum zu bilden. In der EU sollte die Währungsunion den Binnenmarkt vervollständigen. Die Grundidee war, dass es vernünftig ist, den gemeinsamen Markt ohne Zölle und Handelshemmnisse auch mit einer gemeinsamen Währung auszustatten. Die Währungsunion begann nach einer langen Vorbereitungszeit mit der Umstellung der nationalen Währungen auf den Euro am 1. Januar 1999. Als Bargeld kam der Euro am 1. Januar 2002 in Umlauf.

Die Konvergenzkriterien

Nicht alle Mitgliedstaaten der EU gehören automatisch der Währungsunion an. Voraussetzung ist die Erfüllung der sogenannten Konvergenzkriterien (Konvergenz = Übereinstimmung). Danach gelten folgende Bedingungen für die Aufnahme in die Eurozone:

- Die Geldentwertung darf nur gering und die Zinsen müssen stabil sein.
- Die Staatsverschuldung darf die Grenze von 60 Prozent des Bruttoinlandsproduktes nicht überschreiten.
  Beispiel: Erwirtschaftet ein Land im Laufe eines Jahres Güter und Dienstleistungen im Wert von 220 Milliarden Euro, so liegt demnach die Obergrenze für die Staatsverschuldung bei 132 Milliarden.
- Das Land darf sich jährlich nur um höchstens 3 Prozent seines Bruttoinlandsproduktes neu verschulden.
  Beispiel: Im oben genannten Fall dürfte die Neuverschuldung also höchstens 6,6 Milliarden Euro betragen.

Disziplin und „blaue Briefe“

Die Konvergenzkriterien sollen die Stabilität der neuen Währung garantieren. Hält ein Land die Kriterien nicht ein, droht zunächst eine Verwarnung in Form eines „blauen Briefes“ und dann eine Geldstrafe (siehe Schaubild). Expertinnen und Experten führen die Ursachen der Krise in der Währungsunion darauf zurück, dass die Konvergenzkriterien von der Mehrzahl der Euro-Staaten nicht mehr strikt genug eingehalten wurden.

Die Europäische Zentralbank – Hüterin des Euro

Die Europäische Zentralbank mit Sitz in Frankfurt am Main ist seit dem 1. Juni 1998 für die Geldpolitik der Euro-Mitgliedstaaten verantwortlich. Die Hauptaufgabe der EZB ist die Preisstabilität im Euro-Gebiet (Wahrung der Kaufkraft des Euro). Die EZB wird deshalb häufig als „Hüterin der Währung“ bezeichnet. Soweit es mit dem Ziel der Preisstabilität vereinbar ist, soll sie auch die allgemeine Wirtschaftspolitik der EU unterstützen. Nach der Definition der EZB ist Preisstabilität dann gegeben, wenn der Anstieg der Verbraucherpreise gegenüber dem Vorjahr unter 2 % liegt. Um Preisstabilität zu erreichen, beobachtet die EZB die Preisentwicklung (Inflation) und kontrolliert die Geldmenge. […] Der Maastrichter Vertrag garantiert die Unabhängigkeit der EZB, damit sie ihre geldpolitischen Entscheidungen ohne Rücksicht auf politische Einflussnahme fällen kann.

(Aus: Zandonella, Bruno: Pocket Europa. EU-Begriffe und Länderdaten. Bonn: Bundeszentrale für politische Bildung 2007, vom Autor gekürzt)

A Stationen auf dem Weg in die Krise

1999

Die Währungsunion startet mit den elf Mitgliedstaaten Belgien, Deutschland, Finnland, Frankreich, Irland, Italien, Luxemburg, Niederlande, Österreich, Portugal und Spanien. Alle anderen Mitgliedstaaten verpflichten sich zum Beitritt, sobald sie die sogenannten Konvergenzkriterien erfüllen. Großbritannien, Dänemark und Schweden haben in Volksabstimmungen beschlossen, außerhalb der Eurozone zu bleiben. Sie erhalten einen Sonderstatus.

2001

Griechenland kommt hinzu. Deutschland und andere Mitgliedstaaten der EU vertreten in den Beitrittsverhandlungen die Position, dass Griechenland als das Mutterland der Demokratie in Europa unbedingt zur Euro-Familie hinzugehören müsse. Später wird man feststellen, dass Griechenland die Konvergenzkriterien nicht wirklich erfüllt hat (siehe Infoseite Europäische Währungsunion).

2002

Ab dem 1. Januar kommen die Euromünzen und -scheine in Umlauf. In Deutschland und in anderen Ländern stößt das neue Geld zunächst auf wenig Gegenliebe. Deutsche Tageszeitungen kommentieren die Einführung mit der Schlagzeile:

> **„Tschüss Mark! Ja, es ist schade, dass du gehst!"**

Viele Menschen fürchten, die Gemeinschaftswährung sei nicht so stabil wie es die D-Mark zuvor war. Außerdem werden alle Preiserhöhungen dem Euro zur Last gelegt: „Euro = Teuro" lautet die Formel dafür. Während ältere Menschen oft größere Umstellungsschwierigkeiten haben, feiern viele junge Leute die neue Währung als Aufbruch in eine neue Zeit mit neuen Freiheiten.
Noch im gleichen Jahr setzen sich Deutschland und Frankreich dafür ein, die Konvergenzkriterien vorübergehend außer Kraft zu setzen und Ausnahmen von den strengen Regeln zu erlauben (siehe Infoseite Europäische Währungsunion). Deutschland führt an, dass die enormen Kosten der Wiedervereinigung es erforderlich machen, die Staatsverschuldung vorübergehend über die Grenze hinaus zu erhöhen. In der Folge machen auch die übrigen Mitgliedstaaten immer mehr Schulden. Niedrige Kreditzinsen in der Eurozone erleichtern das.

Ab 2007

Weitere Mitgliedsländer der EU treten nach und nach der Eurozone bei. Bis 2011 sind es Slowenien, Zypern, Malta, Slowakei und Estland.

2008

330 Millionen Menschen haben den Euro als eigene Währung in der Tasche. Die neue Währung hat sich als erstaunlich stabil erwiesen. In Deutschland verstummen die Kritiker, die lange Zeit der geliebten D-Mark hinterhertrauerten. Zu offensichtlich sind die Vorteile. Bei Auslandsreisen entfallen das lästige Geldumtauschen

Berlin 2002: Mit übergroßen Euroscheinen feiern Jugendliche in Berlin den Einstieg in die Währungsunion.

und die damit verbundenen Umtauschgebühren. Der Handel profitiert, der Einkauf von Waren aus dem Ausland wird einfacher. Unternehmen können besser als zuvor Waren und Dienstleistungen im europäischen Ausland anbieten. Deutschland wird zum Exportweltmeister.
Doch noch im gleichen Jahr macht eine globale Finanzkrise die Ruhe zunichte. Weltweit hatten sich viele Banken auf unsichere Geschäfte eingelassen und Kredite vergeben, die nicht zurückgezahlt wurden. Diese Krise trieb die Verschuldung vieler Euro-Staaten in die Höhe, weil sie einerseits ihre Banken finanziell unterstützten und andererseits mehr Geld benötigten, um die wachsenden Staatsaufgaben zu finanzieren.

2010

Griechenland bittet die EU wegen eines drohenden Staatsbankrotts um Hilfe. Das Land hat mehr ausgegeben, als seine Wirtschaftskraft erlaubt, und immer wieder neue Kredite aufgenommen. Wegen der ständig wachsenden Schuldenlast droht ihm die Zahlungsunfähigkeit. Die Staats- und Regierungschefs der EU erklären sich zur Hilfe bereit und verlangen im Gegenzug, dass die griechische Regierung ihre Wirtschaftspolitik verbessert und die Staatsausgaben drastisch kürzt. Ähnlich wie Griechenland ergeht es Irland, Portugal und Spanien. Auch um Italien macht man sich in der EU große Sorgen. Unterschiede zwischen diesen Ländern gibt es in den Ursachen für die Krise. Gemeinsam ist ihnen die drückende Schuldenlast. Für hoch verschuldete Staaten wird es immer schwieriger, sich Geld zu besorgen, weil den Banken das Risiko zu groß erscheint. Sie bekommen Geld allenfalls noch zu immens hohen Zinsen, die für sie kaum bezahlbar sind. Nach heftigen Diskussionen beschließen die Staats- und Regierungschefs der EU den Euro-Rettungsschirm.

2011

In Griechenland und den anderen Ländern, die zu verstärkten Sparmaßnahmen gezwungen werden, kommt es zu massiven Protesten gegen die Sparmaßnahmen der Regierungen.

Der Rettungsschirm

Der sogenannte Europäische Stabilitätsmechanismus (ESM) soll zukünftig die Stabilität in der Eurozone sichern. Es handelt sich dabei um einen Fonds, in den die Mitgliedstaaten der Währungsunion Geld einzahlen, mit dem dann den in Not geratenen Euroländern zinsgünstige Kredite zur Verfügung gestellt werden können. Als wirtschaftlich stärkstes Land hat Deutschland den größten Betrag in den Fonds einzuzahlen.

2012

Für die Zukunft Griechenlands sind zwei Szenarien denkbar.
Erstens: Die Regierung und die Mehrheit der Bevölkerung lehnen die von der EU geforderte Sparpolitik ab. Der Staat erhält als Folge keine finanziellen Hilfen mehr. Auf den unvermeidlichen Staatsbankrott* folgt der Austritt aus der Eurozone, allerdings nicht der Austritt aus der EU. Der Zwangsausschluss eines Landes aus der Eurozone ist nach den geltenden Verträgen nicht möglich.
Zweitens: Die griechische Regierung verpflichtet sich, die bestehende Schuldenlast konsequent abzubauen. Das Land wird dabei mit Finanzhilfen unterstützt. Zusätzlich fördert die EU Investitionen im Land, um die griechische Wirtschaft anzukurbeln. Griechenland erholt sich langsam und bleibt Euroland. Der EU-Handelskommissar Karel de Gucht sagt dazu in einem Interview: „Das Endspiel hat begonnen und niemand weiß, wie es ausgehen wird.“

B Der Kern der Krise

Einigkeit besteht darin, dass die immense Staatsverschuldung der entscheidende Grund für die Krise der EU ist. In 12 der 17 Euro-Staaten liegt die Staatsverschuldung weit über der in den Konvergenzkriterien vorgeschriebenen 60-Prozent-Grenze. Wenn Staaten nicht mehr in der Lage sind, ihre Schulden zu tilgen, erhalten die Banken kein Geld zurück. Bankenpleiten können internationale Auswirkungen haben und auch die Wirtschaft anderer Staaten massiv gefährden. Die Bewältigung der Krise gilt vielen Politikerinnen und Politikern als die größte Herausforderung für die EU seit ihrer Entstehung im Jahr 1957. Unterschiedliche Zukunftsszenarien werden diskutiert. Sie reichen von der Hoffnung auf eine noch stärkere Vereinigung der Länder Europas bis hin zum Ende des Euro und zum Scheitern der Europäischen Union.

* Weitere Informationen zum Thema Staatsbankrott findet ihr im Glossar.

1. Wann gab es erste Anzeichen für eine Krise? Wie hat sie sich entwickelt? Haltet die Stationen stichwortartig fest.
2. Welche Vor- und Nachteile des Euro werden auf dem Weg in die Krise deutlich?
3. Die Bekämpfung der Staatsverschuldung gilt vielen Europapolitikern als der wichtigste Schlüssel zur Krisenbewältigung. Erklärt, warum das so wichtig ist.

Was noch interessant sein kann:
den aktuellen Stand der Entwicklung recherchieren unter der Fragestellung: Ist die Euro-Schuldenkrise überwunden?

C Wie löst man eine Schuldenkrise? Vier Szenarien

Für den Weg aus der Euro-Schuldenkrise haben Wissenschaftler, Politiker, Journalisten und andere politisch interessierte Menschen unterschiedliche Zukunftsszenarien entwickelt. Die Autoren von TEAM haben vier von ihnen zusammengefasst.

- Welche Lösungen werden darin vorgeschlagen?

Tipp: Die Arbeit kann man zu viert aufteilen und den Auftrag 1 auf der folgenden Seite individuell bearbeiten.

1. Szenario: Die Europäische Zentralbank druckt mehr Geld

Der einfachste Weg aus der Schuldenfalle ist, mehr Geld in Umlauf zu bringen. Deutschland hat nach dem Ende des Ersten Weltkrieges schon einmal zu diesem Mittel gegriffen. Viel neues Geld kann so den unter der Schuldenlast stöhnenden Ländern zur Verfügung gestellt werden. Durchgeführt werden kann diese Maßnahme von der **Europäischen Zentralbank** mit Sitz in Frankfurt. Sie ist für die Geldpolitik in der Eurozone verantwortlich. Ihre wichtigsten Aufgaben bestehen darin, die Wirtschaft mit Geld zu versorgen und über die Stabilität des Euro zu wachen. Die EZB hat das alleinige Recht, über den Umlauf von Banknoten zu entscheiden.

Die Geldentwertung, die eine unausweichliche Folge dieser Maßnahme ist, kommt einem hoch verschuldeten Land kurzfristig zugute. Seine Schulden bleiben zwar bestehen, aber sie verlieren an Wert, ganz einfach, weil die Höhe der Schuld an Wert verliert. Experten haben errechnet, dass sich die Schuldenlast eines Staates bei einer Inflationsrate von sechs Prozent in nur neun Jahren halbieren lässt.

Von der Geldentwertung sind dann allerdings alle Länder in der Eurozone in gleicher Weise betroffen. Alles, was in diesen Ländern vorhanden ist, verliert aufgrund der Inflationsrate an Wert, also alle Fabriken, alle Häuser, aller Besitz. Parallel dazu muss für alle in den Euroraum importierten Waren mehr Geld hingelegt werden. Höchstwahrscheinlich würde die Geldentwertung immer weiter ansteigen und in absehbarer Zeit wäre das Geld fast gar nichts mehr wert. Nur mit Euro in der Tasche wären dann auch Reisen ins ferne Ausland nicht mehr finanzierbar. Auch würde die Europäische Zentralbank ihrer wichtigsten Aufgabe nicht mehr gerecht, nämlich für die Stabilität des Euro zu sorgen.

2. Szenario: Die Euro-Partnerländer betreiben eine Politik der kleinen Schritte

Nach dieser Politik wird einem Euroland immer dann Hilfe gewährt, wenn es selbst geliehenes Geld nicht mehr zurückzahlen kann und wenn die Banken nicht mehr bereit sind, neue Kredite zu vertretbaren Bedingungen zu gewähren. Die Partnerländer sorgen dafür, dass die Not leidenden Staaten neues Geld erhalten und so ihren Zahlungsverpflichtungen nachkommen können. Sie bürgen für viele Hundert Milliarden Euro bei den Banken für die Rückzahlung der Schulden. Gleichzeitig achten sie darauf, dass die Schuldnerländer ihre Hausaufgaben machen, nämlich ihre Politik reformieren, für mehr Steuereinnahmen sorgen und den Schuldenberg abtragen.

Diese Vorgehensweise entspricht dem Prinzip der Solidarität unter Partnern, weil die Länder hier dann einspringen, wenn einer oder mehrere Partner Hilfe benötigen. Gleichzeitig ist damit die Hoffnung verbunden, dass die Krisenländer die Zeit für notwendige Reformen nutzen und irgendwann wieder in der Lage sein werden, sich selbst zu helfen.

Die Vorgehensweise war das Leitmotiv in der Anfangsphase der Eurokrise. Dem hoch verschuldeten Euro-Partner Griechenland wurden so immer wieder neue Geldauszahlungen gewährt. Die Vorgehensweise droht allerdings zu einem Fass ohne Boden zu werden. Wollte man bevölkerungsreichen Ländern wie Italien oder Spanien oder anderen, die in Not sind, auf diese Weise helfen, wäre die Wirtschaftskraft der Partner bald völlig überfordert. Das Szenario wird von Experten auch als *Durchwurstelszenario* bezeichnet (so der Wirtschaftsprofessor Sebastian Dullien in der Wochenzeitschrift DIE ZEIT vom 19.12.2011). Zudem sind Teile der Bevölkerung in den Geberländern immer weniger bereit, andere Länder immer wieder neu mit Hilfsleistungen zu unterstützen.

3. Szenario: Hoch verschuldete Länder scheiden aus der Währungsunion aus

Nach derzeit geltendem Recht kann ein Staat nicht zum Austritt aus der Eurozone gezwungen werden. Er kann nur freiwillig seinen Austritt erklären. Griechenland zum Beispiel kann diesen Schritt gehen und so zu seiner früheren Währung, der Drachme, zurückkehren. Andere können sich Griechenland zum Beispiel nehmen und ebenfalls die Eurozone verlassen. Übrig bleibt so eine wesentlich kleinere Gruppe von Ländern, die wirtschaftlich stark sind und die auf den Euro nicht verzichten wollen.

Eine Rückkehr zu seiner alten Währung bringt einem Land einen Vorteil ein, der ihm mit der Einführung des Euro genommen wurde. Es kann seine Währung gegenüber dem Euro abwerten. Damit werden alle Produkte billiger, die im Land erzeugt werden. Die Wirtschaft in Griechenland erhielte einen Wachstumsschub, Fabriken wären wieder ausgelastet und der Staat erhielte vermehrte Steuereinnahmen.

Die Schuldenlast des Staates würde allerdings durch diese Maßnahme nicht geringer werden. Im Gegenteil: Weil das Land ärmer wird, hat es nun noch weniger Chancen als zuvor, seine Schulden zu tilgen. Ein Austritt aus der Eurozone wird daher mit hoher Wahrscheinlichkeit mit einem Staatsbankrott einhergehen, es sei denn, alle Gläubiger verzichten auf Kreditrückzahlungen. Weil die Banken verliehenes Geld nicht zurückbekommen, geraten sie in Schwierigkeiten. Aufgrund der internationalen Vernetzung wären davon auch Banken in anderen Ländern betroffen. Die große Furcht besteht darin, dass solche Austritte Dominoeffekte auslösen, die viele Länder Europas in die Krise stürzen. Deutsche Produkte könnten sich die betroffenen Länder nicht mehr leisten.

1. Erkläre das von dir bearbeitete Szenario mit eigenen Worten. Notiere die genannten Vor- und Nachteile und erläutere sie.

4. Szenario: Die Staaten Europas rücken noch näher zusammen

Die Mitgliedstaaten der europäischen Union nutzen die Krise als Chance. Sie führen Reformen durch, welche die Konstruktionsfehler beseitigen, die bei der Einführung des Euro gemacht wurden. Als Hauptfehler gilt, dass man zwar eine gemeinsame Währung eingeführt hat, aber dabei darauf verzichtet hat, auch die Wirtschaftspolitik in den Mitgliedstaaten gemeinsam zu koordinieren. Dieses Versäumnis wird nun nachgeholt. Es wird eine europäische Wirtschaftsregierung gebildet, welche die Kompetenz über bestimmte Steuerarten erhält. Sie hat dann auch das Recht, frühzeitig einzugreifen, wenn ein Staat Gefahr läuft, zahlungsunfähig zu werden. Die nationalen Regierungen erklären sich mit verschärften Kontrollmaßnahmen einverstanden. Es werden europaweit strenge Regeln für eine solide Wirtschaftspolitik vereinbart und die Wirtschaftsregierung achtet darauf, dass diese auch eingehalten werden. Darüber hinaus kann man sich auf die Einführung von **Eurobonds** verständigen. Das sind Kredite, für die alle Mitgliedsländer der Währungsunion gemeinsam haften. Weil sie vergleichsweise sicher sind, werden sie zu günstigen Zinsen vergeben. Davon profitieren die in Not geratenen Länder.

Dieses Szenario wird von denen vertreten, die den Weg in ein für die Zukunft gerüstetes Europa in einer verstärkten Integration sehen. In Deutschland sprechen sich Politikerinnen und Politiker aller großen Parteien für ein starkes Europa aus.

Andere Mitgliedstaaten, wie zum Beispiel Großbritannien, lehnen dieses Szenario ab. Sie wollen nicht noch mehr eigenes Recht auf die Gemeinschaft übertragen.

2. Worin seht ihr den schlechtesten Ausgang der Euro-Schuldenkrise (*worst case*), worin den besten (*best case*)?
Tipp: Beratet darüber in Gruppen und stellt eure Lösungsvorschläge vor.
3. Welches Szenario hilft Europa aus der Krise? Tauscht dazu eure Überlegungen aus.

TEAM kontrovers: 
Hängt die Existenz der Europäischen Union vom Euro ab: Ja oder nein?

Was würde passieren, wenn der schlimme Fall eintritt, dass die europäische Währungsunion scheitert? „Ein Scheitern des Euro führt zu einem Scheitern des gesamten europäischen Einigungsprozesses“, sagen die einen. Andere meinen: „Ein Scheitern des Euro wäre schlimm, aber die friedliche Vereinigung Europas hängt nicht davon ab.“

- Welche Position überzeugt mehr?

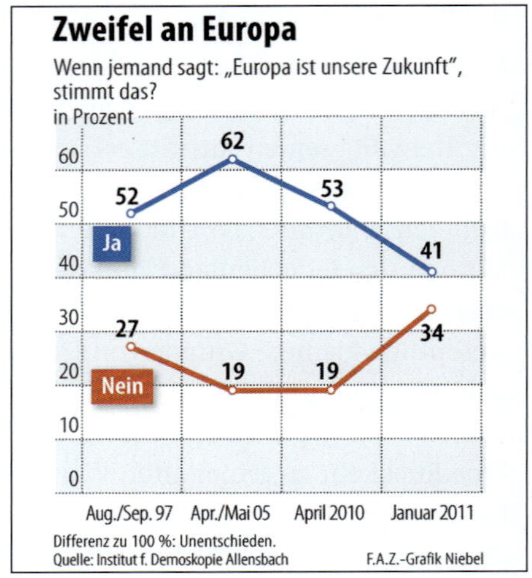

1. Warum wird in beiden Positionen das Scheitern des Euro negativ bewertet? Notiere die Begründungen.
2. Angenommen, der Fall der Abschaffung des Euro und der Wiedereinführung unterschiedlicher Währungen tritt ein. Welche Position zu diesem Szenario überzeugt dich eher?

Tipp: Sammelt die Argumente, bevor ihr miteinander diskutiert.

Ja, scheitert der Euro, dann scheitert Europa.

Die Geschichte zeigt, dass Staaten, die über eine gemeinsame Währung verfügen, niemals Krieg gegeneinander führen. Der Euro ist ein Friedens- und Wohlstandsgarant im Einigungsprozess der Europäer. Fällt er weg und führen die Staaten wieder ihre nationalen Währungen ein, bedeutet das zugleich ein Rückfall in das Verharren in nationale Interessen. Europäische Institutionen, auf die wir stolz sein können, wie zum Beispiel das gemeinsame Europäische Parlament, droht der Bedeutungsverlust. Es stehen dann auch die gemeinsame Umweltpolitik auf dem Spiel, der gemeinsame Kampf für Frieden und soziale Gerechtigkeit in der Welt und vieles andere mehr. Weltweit werden die Geldanleger ihre Eurokonten räumen und es kommt zu einer kaum vorstellbaren, lang anhaltenden Wirtschaftskrise. Alle werden wieder für sich darum kämpfen, in der Krise zu überleben. Im Verhältnis zu den globalen Machtzentren USA, China und Russland werden die zerstrittenen Europäer dann weder politisch noch wirtschaftlich eine Rolle spielen können.

Diese Position wird von vielen Europapolitikern und -experten vertreten.

Nein, die Zukunft der Europäischen Union hängt nicht am Euro.

Es stimmt: Ein Scheitern des Euro würde eine gewaltige Wirtschaftskrise auslösen. Banken würden hohe Verluste einfahren und kein Geld mehr verleihen. Unternehmen, die auf Kredite angewiesen sind, kämen in Schwierigkeiten. Das, was die Europäische Union bisher für die Menschen in Europa geleistet hat und was den Wert der Vereinigung ausmacht, wäre allerdings keinesfalls zum Scheitern verurteilt. Die Europäer haben es in der historisch kurzen Zeit seit dem Ende des Zweiten Weltkrieges geschafft, einen Raum des Friedens und der Achtung der Menschenrechte zu gestalten. Europa gilt überall auf der Welt als Modell für ein friedliches Zusammenleben unterschiedlicher Völker in Freiheit und Demokratie. Zudem gehört nur ein Teil der Mitgliedstaaten der Europäischen Union und der insgesamt 51 Staaten in Europa der Währungsunion an. Europa ist viel mehr als die Summe der Euro-Länder. Die Europäer haben ihre Zukunft gemeinsam gestaltet, bevor es den Euro gab, und sie werden es auch weiterhin tun, wenn es ihn nicht mehr geben sollte.

Diese Position wird zum Beispiel von dem deutschen Philosophen Jürgen Habermas in einem Aufsatz mit dem Titel „Zur Verfassung Europas“ vertreten.

5 Herausforderungen für die Zukunft der EU

Die EU in der globalisierten Welt

Es ist offensichtlich, dass die Volkswirtschaften der europäischen Staaten vor großen Herausforderungen stehen. Die entstehen zum einen durch die Globalisierung, d. h. die Ausweitung der Marktwirtschaft auf große Teile der Welt. Güter, Kapital, Ideen und Informationen wechseln sehr schnell über die Grenzen, sie sind überall verfügbar – und schaffen eine weltweite Konkurrenz. [...]
Europa steht heute vor neuen Herausforderungen – von der Abwehr des Klimawandels über die Mitgestaltung der Globalisierung bis zur Bekämpfung des internationalen Terrorismus.
Es ist völlig klar, dass kein einzelner Staat in Europa diese Aufgaben allein lösen kann. Aber zusammen sind wir fast eine halbe Milliarde Menschen mit einer starken Wirtschaft im Rücken und einer guten Bildung im Kopf. Gemeinsam können wir etwas ausrichten.

(Aus: Eckart D. Stratenschulte (verantwortlich für den Inhalt): Europa. Das Wissensmagazin für Jugendliche, hg. von der Bundeszentrale für politische Bildung, Bonn 2009, S. 43 ff.)

Gemeinsame Ziele

Im Vertrag von Lissabon, verabschiedet 2009, sind die Ziele formuliert, welche die Europäische Union anstrebt. Dazu zählen:

- die Förderung von Frieden, Werten und Wohlergehen der Völker der Union,
- die Bekämpfung des Terrorismus,
- die Weiterentwicklung der sozialen Marktwirtschaft, die auf Vollbeschäftigung und soziale Gerechtigkeit abzielt,
- der Umweltschutz,
- die Förderung sozialer Gerechtigkeit,
- die Herstellung tatsächlicher Gleichberechtigung zwischen den Geschlechtern,
- die Solidarität zwischen den Mitgliedstaaten.

Europas Schwachstellen

Natürlich ist die Europäische Union, trotz aller Erfolge, alles andere als perfekt. Vielen Menschen ist dieses große, unübersichtliche Gebilde irgendwie unheimlich. Die kleinen Länder haben Angst, von den großen erdrückt oder bevormundet zu werden, und die großen plagt die Sorge, dass die kleinen ihre Länder mit billigen Arbeitskräften überschwemmen. Das ist nur ein Beispiel. Und alle – kleine wie große – haben Angst, in der Einheit mit ihrer Besonderheit unterzugehen und von einer riesigen, anonymen Bürokratie bevormundet zu werden. [...]
Hinzu kommt der immer wieder erhobene Vorwurf, die EU sei nicht demokratisch genug. Der Rat der Europäischen Union beispielsweise, als wichtigstes Entscheidungsorgan der EU, wird ausschließlich von den nationalen Regierungen kontrolliert, ohne dass das Europäische Parlament oder die nationalen Parlamente ein ausreichendes Mitspracherecht haben. [...]
Ganz wichtig für die Demokratie ist darüber hinaus Transparenz. Aber die Sitzungen des Ministerrates finden hinter verschlossenen Türen statt. Auch die „Regierung" der EU, die Kommission, wird nicht von den Bürgern gewählt. Viele Entscheidungen zwischen Kommission, Ministerrat und Europaparlament sind von außen schwer nachvollziehbar. [...]
Andererseits sind die Zuständigkeiten des Parlaments in den letzten Jahren stetig erweitert worden, sodass man durchaus von einem Demokratisierungsprozess sprechen kann. Diesen Weg muss die EU konsequent fortsetzen. Denn eine Alternative zu einem demokratischen Europa, einem Europa der Bürger, gibt es nicht.

(Aus: Ingke Brodersen, Rüdiger Dammann: Das neue Europa, Ravensburger Buchverlag 2009, S. 104 f.)

1. Herausforderungen, Ziele und Schwachstellen: Sammelt sie stichwortartig und stellt sie einander gegenüber.
2. Wie steht ihr – nach allem, was ihr bis hierhin über die EU gelernt habt – zu der Aussage „Eine Alternative zu einem demokratischen Europa gibt es nicht"? Formuliert eure Stellungnahme.

A Herausforderung Erweiterung: Soll die Türkei in die EU aufgenommen werden?

- Ich bin für die möglichst schnelle Aufnahme der Türkei in die EU.
- Ich bin für die Aufnahme der Türkei zu einem späteren Zeitpunkt.
- Ich bin gegen die Aufnahme der Türkei.

A Die Situation

Mit der Aufnahme Kroatiens in die EU wird die Gemeinschaft aus 28 Staaten bestehen. Damit ist der Erweiterungsprozess aber noch nicht abgeschlossen. Grundsätzlich kann jedes europäische Land die Mitgliedschaft beantragen. Und es gibt eine ganze Reihe von Beitrittskandidaten: Albanien, Bosnien und Herzegowina, Mazedonien, Montenegro, Serbien. Auch Island hat 2009 einen Aufnahmeantrag gestellt. Seit 2005 finden Beitrittsverhandlungen mit der Türkei statt. Innerhalb und außerhalb der EU hat ihre Aufnahme viele Befürworter, aber auch viele Gegner.

Ihr sollt euch selbst ein Urteil bilden und eine Entscheidung treffen. Dabei muss es nicht nur um die Frage gehen, ob das Land prinzipiell aufgenommen werden soll oder nicht, sondern auch, unter welchen Bedingungen und zu welchem Zeitpunkt. Betrachtet dazu die Argumente, die für und gegen die Aufnahme der Türkei verwendet werden. Besonders interessant wird die Diskussion, wenn Schülerinnen und Schüler türkischer Herkunft in der Klasse sind. Vielleicht gelingt es so, die Frage aus unterschiedlichen Perspektiven zu beantworten.

B Die Voraussetzungen für die Aufnahme

In Kopenhagen hat der Europäische Rat 1993 die Kriterien für eine EU-Mitgliedschaft formuliert:

„Als Voraussetzung für die Mitgliedschaft muss der Beitrittskandidat eine institutionelle Stabilität als Garantie für demokratische und rechtsstaatliche Ordnung, für die Wahrung der Menschenrechte sowie die Achtung und den Schutz von Minderheiten verwirklicht haben; sie erfordert ferner eine funktionsfähige Marktwirtschaft sowie die Fähigkeit, dem Wettbewerbsdruck und den Marktkräften innerhalb der Union standzuhalten. Die Mitgliedschaft setzt ferner voraus, dass die einzelnen Beitrittskandidaten die aus einer Mitgliedschaft erwachsenen Verpflichtungen übernehmen und sich auch die Ziele der politischen Union sowie der Wirtschafts- und Währungsunion zu eigen machen können.“

(Aus: eu-info.de, Zugriff 3.11.2009)

Vertrag über die Europäische Union

Artikel 2

Die Werte, auf die sich die Union gründet, sind die Achtung der Menschenwürde, Freiheit, Demokratie, Gleichheit, Rechtsstaatlichkeit und die Wahrung der Menschenrechte einschließlich der Rechte der Personen, die Minderheiten angehören. Diese Werte sind allen Mitgliedstaaten in einer Gesellschaft gemeinsam, die sich durch Pluralismus, Nichtdiskriminierung, Toleranz, Gerechtigkeit, Solidarität und die Gleichheit von Frauen und Männern auszeichnet.

1. Notiert die Voraussetzungen für die Aufnahme neuer Mitgliedstaaten in die EU.
2. Prüft in den Positionen zum Aufnahmeantrag, mit welchen Argumenten die unterschiedlichen Positionen begründet werden, bevor ihr miteinander diskutiert.

S M U H

Positionen zum Aufnahmeantrag

A Darum soll die Türkei (noch) nicht Mitglied der EU werden

Führende Politikerinnen und Politiker der CDU und CSU haben geäußert, dass eine Aufnahme der Türkei zum jetzigen Zeitpunkt die Leistungsfähigkeit der EU überfordern würde, vor allem auch finanziell. Genannt wird auch, dass die kulturellen Unterschiede zu groß seien. Die große Mehrheit der Abgeordneten des Europäischen Parlaments sieht ohne tief greifende Reformen in der Türkei eine Aufnahme des Landes in die EU als „zurzeit nicht vorstellbar" an. Die christlichen Kirchen weisen darauf hin, dass für sie das Recht der freien Religionsausübung in der muslimischen Türkei bisher nur auf dem Papier bestünde.

Weitere Stimmen:

„Die Türkei war nicht Europa, ist es nicht und wird es nicht sein, weder geografisch, noch historisch, noch kulturell. In der Türkei wird immer noch gefoltert, und selbst schwerste Menschenrechtsverletzungen sind an der Tagesordnung. Was ist denn das für eine Gesellschaft, deren eine Hälfte, die weibliche, so gut wie keine Rechte hat? Wo Väter ihre Töchter töten, weil sie, selbst nach einer Vergewaltigung, angeblich die Familienehre verletzt haben?"
Ralph Giordano, Schriftsteller

„In Deutschland leben seit Jahrzehnten Millionen Türkinnen und Türken. [...] Längst sind wir mehr als Nachbarn. Immer öfter sind wir miteinander befreundet oder gar verheiratet. Trotzdem bin ich gegen einen Beitritt der Türkei zum jetzigen Zeitpunkt. Denn die zwischen Tradition und Moderne, zwischen Demokratie und Gottesstaat zerrissene Türkei muss sich zunächst einmal selber klarmachen, wohin sie tendiert ... Darum: Nein zum Beitritt – und Ja zur Freundschaft."
Alice Schwarzer, Journalistin

B Darum soll die Türkei Mitglied der EU werden:

Politikerinnen und Politiker der SPD und der Grünen begrüßen den Beitritt der Türkei und drücken ihre Hoffnung aus, dass die Verhandlungen zu einem erfolgreichen Abschluss kommen werden. Der Beitritt werde die Demokratie in der Türkei festigen und dabei helfen, die notwendigen Reformen mit Kraft voranzutreiben. Mit der Türkei als Mitglied habe die EU ein höheres Gewicht in der Weltpolitik. Ein islamisches Land, das sich zur Demokratie bekennt, sei ein stabilisierender Faktor in der Welt und könne sehr gut zur internationalen Friedenssicherung beitragen.

Weitere Stimmen:

„Der EU-Beitritt einer sich reformierenden und weiter demokratisierenden Türkei ist auch wichtig, um die Kluft zwischen ‚dem Westen' und der ‚muslimischen Welt' zu überwinden. Den Parolen islamischer Terroristen von einem islam-feindlichen Westen kann so entgegengewirkt werden. Dies bringt mehr Sicherheit in und für Europa. Eine fest in der EU verankerte Türkei ist gleichzeitig ein wichtiger Stabilitätsfaktor für die gesamte Nah-Mittelost-Region."
Claudia Roth, Bundestagsabgeordnete der GRÜNEN

„Die USA unterstützen nachdrücklich die Bemühungen der Türkei, Mitglied in der EU zu werden. Die Türkei ist mehr als nur mit einer Brücke über den Bosporus mit Europa verbunden.
Die Türkei teilt mit Europa seit Jahrhunderten eine gemeinsame Geschichte, Kultur und Wirtschaft. Europa wird mit der Vielfältigkeit der Völker, Religionen und Traditionen nur gewinnen, nicht verlieren." Allerdings müsse auch die Türkei politische Reformen vorantreiben und Anstrengungen im rechtsstaatlichen Bereich unternehmen.
US-Präsident Obama in einer Rede im April 2009 vor dem türkischen Parlament in Ankara

B Herausforderung Flüchtlinge: Sollen die Europäer Armutsflüchtlinge aus Afrika aufnehmen oder abweisen?

Gelobtes Land Europa

Für viele Menschen in Afrika gilt Europa als das Paradies. Hier leben die Menschen in Frieden, haben ein Dach über dem Kopf und müssen keinen Hunger leiden. Tausende riskieren ihr Leben, um nach Europa zu gelangen. Meist wählen sie den Fluchtweg über das Meer. Doch auf dem Meer lauert der Tod.

- Darf man Notleidende abweisen?
- Muss Europa seine Grenzen verschließen?

Das sind schwierige Fragen, auf die in der EU noch nach Antworten gesucht werden muss.

A Der Fall

Ausgelaugt und abgemagert: So wirkten die etwa 30 Passagiere, die die italienische Küstenwache nachts bei stürmischer See in einem Boot vor Sizilien entdeckte. Einige schienen so erschöpft zu sein, dass nicht einmal das grelle Scheinwerferlicht oder die lauten Rufe der Beamten sie aus dem Schlaf holen konnten.

Erst Seite an Seite mit dem seeuntüchtigen Boot entdeckten die Italiener, dass die vermeintlich völlig übermüdeten Schwarzen in Wahrheit Tote waren: 13 Leichen saßen in dem Boot, das vor der italienischen Ferieninsel Lampedusa gestrandet war. 70 weitere Tote, so berichteten die wenigen Überlebenden, hätten sie schon weiter draußen auf dem Meer über Bord geworfen. Nur 15 der fast hundert „Boatpeople", die sich im afrikanischen Libyen in die Hand von Schlepperbanden begeben hatten, überlebten die Überfahrt.

B Die Flüchtlingszahlen

18 Millionen Afrikaner sind auf dem Weg nach Europa, schätzen die Vereinten Nationen, manche sind bis zu zehn Jahre unterwegs. Sie kommen aus Mali, Kamerun oder Ghana, sind vor dem Bürgerkrieg im Kongo, vor der Hungersnot im Sudan oder vor dem Chaos in Nigeria geflüchtet; sie haben monatelang den Sahelgürtel durchwandert oder die Wüste Sahara, bis sie endlich in den Hafenstädten Tunesiens oder Marokkos nach Schleppern suchen können, die sie gegen Dollar oder Prostitutionsdienste über das Meer nach Europa zu bringen versprechen. Seit einiger Zeit sind die Kanarischen Inseln das bevorzugte Ziel; sie liegen vor der afrikanischen Küste, gehören aber zu Spanien, das unter den Afrikanern als das „toleranteste Land der Welt" gegenüber Ausländern gilt. 500 bis 600 illegale Immigranten landen täglich, beobachtet von den Urlaubern, auf den Kanarischen Inseln. [...]

C Die Grenzsicherung der EU

Mit dem Schengener Abkommen wurden 1985 die Binnengrenzen zwischen den EU-Staaten aufgehoben, zugleich entstand eine neue Außengrenze der EU, die im Süden an Afrika, im Osten an die Ukraine und Russland, im Südosten an die Türkei und die Balkanstaaten grenzt. Langfristig soll sie durch eine europäische Grenzpolizei gesichert werden. Bis es so weit ist, will man die nationalen Grenzschützer an den Außengrenzen der EU mit hochempfindlichen Bewegungsmeldern, Infrarotsuchgeräten, Hightech-Abwehrgeräten und vernetzten Datensystemen schlagkräftiger machen.

Bis zu zwei Millionen Menschen drängen jedes Jahr illegal in die Europäische Union ein. Die Schlepper raten den Flüchtlingen, ihre Personalpapiere vor der Reise zu vernichten, damit sie nicht identifizierbar sind.

(Nach: Ingke Brodersen, Rüdiger Dammann: Das neue Europa, Ravensburger Buchverlag 2007, S. 120ff.; vom Autor aktualisiert)

D Umstrittene Maßnahmen

Von den insgesamt 67 000 Menschen, die 2008 das Mittelmeer überquerten, um illegal nach Europa einzureisen, kamen alleine 37 000 (2007 waren es noch 19 000) nach Italien. Die rechte Regierung will kein „multi-ethnisches" Italien und betrachtet die Immigranten als „Bedrohung der öffentlichen Sicherheit". Vergangenen Juli verabschiedete das Parlament ein Gesetz, das Immigration zu einem kriminellen Delikt macht und mit Geldstrafen bis zu 10 000 Euro bestraft werden kann. Wer Immigranten Unterkunft gewährt, kann bis zu drei Jahren ins Gefängnis gehen. […]

Die EU will offensichtlich alle Immigrationsrouten nach Europa schließen. Diese Politik der Prävention scheint der Minimalkonsensus unter den Mitgliedstaaten zu sein. 2008 beschloss das EU-Parlament zwar eine Verlängerung der möglichen Internierung von illegalen Immigranten auf maximal 18 Monate, aber zu einem umfassenden, gemeinsamen Maßnahmenkatalog in Sachen Migration ist es noch ein weiter Weg.

(Aus: Alfred Hackensberger: Odyssee ins gelobte Land, in: Das Parlament, Ausgabe 32/33 vom 02.08.2009)

E Das Ziel

In der Europäischen Union sollen die Regeln im Umgang mit Asylsuchenden vereinheitlicht werden. Die sogenannte „Asyl-Lotterie", bei der die Flüchtlinge in verschiedenen Mitgliedstaaten auf höchst unterschiedliche Verfahren träfen, solle beendet werden, erklärte die EU-Kommission in Brüssel.

(Aus: Nachricht der Deutschen Welle, www.dw-world.de vom 21.10.2009, letzter Zugriff 2.11.2009)

Was tun? Drei Beiträge zur Diskussion

Die EU muss ihre Außengrenzen fest verschließen

Selbst wenn sie es wollte, die EU kann nicht alle Armutsflüchtlinge aus Afrika aufnehmen. Das überfordert angesichts der großen Zahl der Flüchtenden die Kraft der Regierungen und die Kraft der Menschen in der EU. Die Außengrenzen zur EU müssen geschlossen und von einer zahlenmäßig starken europäischen Polizei bewacht werden. Die lebensgefährlichen Fluchten aus Afrika werden dann zurückgehen. Das nützt auch den Afrikanern, weil es die Länder dort schwächt, wenn immer mehr junge Menschen ihre Heimat verlassen.

Die EU muss notleidende Menschen aufnehmen

Die EU sollte großzügig verfahren und Menschen, die versichern, sich an die Gesetze halten zu wollen, die Chance eines Aufenthaltsrechtes bieten. Die Flüchtlinge könnten zum Beispiel in den großen landwirtschaftlichen Betrieben im Süden Europas Arbeit finden. Das wäre zugleich die sinnvollste Form von Entwicklungshilfe für Afrika. Arbeitende Immigranten überweisen in der Regel einen großen Teil ihres Verdienstes an ihre Familien in der Heimat. Sie leisten so einen effektiven Beitrag zur länderübergreifenden Armutsbekämpfung.

Die EU muss die Armut in Afrika bekämpfen

Die EU kann nur solchen Menschen eine Aufnahme gewähren, denen in ihrer Heimat politische Verfolgung, Folter oder gar der Tod droht. Politisch verfolgt ist aber nur ein geringer Teil der Immigranten aus Afrika. Die meisten kommen, weil sie arm sind. Armut kann die EU bekämpfen, indem sie ihre Entwicklungshilfeleistungen aufstockt. Wenn sie ihre Anstrengungen zur Bekämpfung der Armut in Afrika weiter erhöht, wird sie dafür sorgen, dass Menschen aus Afrika es in Zukunft nicht mehr nötig haben, aus ihrer Heimat zu flüchten.

1. Aus welchen Gründen verlassen Menschen ihre Heimatländer in Afrika?
2. Welcher der Vorschläge zum Umgang mit den Flüchtlingen ist eurer Ansicht nach der sinnvollste? Unterscheidet in eurem Gespräch zwischen der Perspektive der Europäer und der Afrikaner.

Kompetenzstationen

Die Europäische Union: Erfolge, Krisen und Herausforderungen

Station 1 Europa im Alltag

S M U H

Fehlurteile korrigieren

Ich lebe hier in meiner Heimat. Europa ist für mich weit weg.

- Weise Herrn Kleinschmidt an mindestens fünf Merkmalen nach, dass die Europäische Union doch in sein Alltagsleben hineinwirkt.

Station 2 Die Europäische Union: Was ist das eigentlich?

S M U H

4 Aussagen – 3 Blöcke

Aus jedem der drei Blöcke musst du hier eine Teilaussage entnehmen und daraus vier Merksätze über die EU formen.

Block A

A Die Europäische Union ist …
B Der Europäische Binnenmarkt ist …
C Ein wichtiges Jahr zur Erweiterung der EU war …
D Gesetze und Regeln dürfen nur dann auf europäischer Ebene erlassen werden, wenn …

Block B

1. … das Jahr 2004, weil in diesem Jahr …
2. … die damit verbundenen Ziele nicht von den Mitgliedstaaten allein erreicht werden können und …
3. … ein Gebiet mit freiem Waren-, Dienstleistungs-, Personen- und Kapitalverkehr ohne Grenzen für alles, was …
4. … ein Zusammenschluss demokratischer europäischer Staaten, die …

Block C

5. … sich im wirtschaftlichen Geschehen von einem Ort zum anderen bewegen will.
6. … zehn neue Mitgliedstaaten in die Gemeinschaft aufgenommen wurden.
7. … ein gemeinsames Handeln nachweislich bessere Ergebnisse verspricht.
8. … sich der Wahrung des Friedens und dem Streben nach Wohlstand verschrieben haben.

Station 3 Wie wird in Europa für Europa Politik gemacht?

S M U H

5-mal richtig – 3-mal falsch.

Finde die richtigen Aussagen und notiere sie in dein Heft.

Das Europäische Parlament …

1. ist die demokratisch gewählte Volksvertretung der Bürgerinnen und Bürger in der EU.
2. hat das alleinige Recht, Gesetze vorzuschlagen.
3. wird alle fünf Jahre gewählt.
4. ist gemeinsam mit dem Ministerrat der Gesetzgeber der EU.
5. ist an die Aufträge und Weisungen der nationalen Parlamente in den Mitgliedstaaten gebunden.
6. besteht aus Abgeordneten aus den Mitgliedsländern, deren Anzahl von der Bevölkerungszahl des Landes abhängt.
7. hat seinen Sitz in Brüssel und in Straßburg.
8. wurde 2009 zum ersten Mal gewählt.

Station 4 Die Europäische Union in der Krise

S M U H

Ein unverständliches Schaubild verständlich erklären

Das abgebildete Schaubild wird denjenigen unverständlich bleiben, die sich nicht mit der Euro-Schuldenkrise und nicht mit den Konvergenzkriterien für die Währungsunion auskennen. Du kannst die Aufgabe der Erklärung übernehmen, indem du gut verständliche Antworten auf mindestens zwei der drei folgenden Fragen formulierst:

1. Was ist mit der „Maastricht-Grenze" und mit den Zahlen 3,0 % und 60 % gemeint?
2. Welche Probleme der EU werden in den orangen und den braunen Balken deutlich?
3. Warum hat das Bild den Titel „Die EU-Defizitsünder" und wer sind diese (laut dieses Schaubildes)?

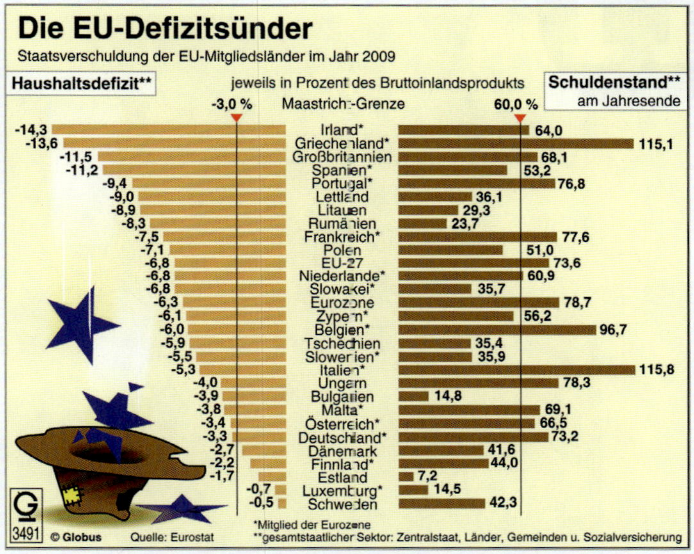

Station 5 Herausforderungen für die Zukunft der EU

S M U H

3 plus 3 plus 3 plus 3

Wähle aus den folgenden Aufgaben eine oder zwei zur Bearbeitung aus.

Europa in der globalisierten Welt	Die Aufnahme der Türkei in die EU	Das Schicksal der Armutsflüchtlinge aus Afrika
 Formuliere zwei Herausforderungen globalen Ausmaßes, denen sich die EU in der Zukunft stellen muss.	 Formuliere drei Kriterien, die ein Land erfüllen muss, um in die EU aufgenommen zu werden.	 Formuliere drei Antworten: • Warum wollen die Menschen in die EU? • Was ist das Problem für die Europäer? • Wie kannst du dir eine Lösung des Problems vorstellen?

11 Friedenssicherung als Aufgabe internationaler Politik

Gibt es Chancen für eine friedlichere Welt?

1. Allein nachdenken

Welche Gedanken löst die Skulptur auf dem Foto bei dir aus?

2. Zu zweit beraten

Zum Begriff „Frieden" fällt uns spontan ein: …

3. In der Klasse sammeln

Welche Gefahren bedrohen den Frieden?

Bei der Arbeit an diesem Kapitel könnt ihr …

- Gefahren für den Frieden auf der Welt beschreiben,
- am Beispiel Afghanistans einen aktuellen Konflikt untersuchen,
- Ursachen und Hintergründe des internationalen Terrorismus erläutern,
- den Beitrag der UNO zur Friedenssicherung in Kurzvorträgen darstellen und erörtern.

Eigene Schwerpunkte könnt ihr setzen, indem ihr …

- mithilfe der Konfliktanalyse einen weiteren aktuellen Konflikt analysiert,
- untersucht, warum auch Entwicklungshilfe zum Frieden beiträgt.

Diese Skulptur steht vor dem UN-Gebäude in New York.

1 Welche Gefahren bedrohen den Frieden?

Menschen im Gaza-Streifen hofften bisher vergeblich auf Frieden. Der israelisch-palästinensische Konflikt begann bereits kurz nach dem Zweiten Weltkrieg – eine Lösung ist noch nicht absehbar.

Zwar gibt es auf der Welt immer wieder ermutigende Friedenssignale, doch fast täglich erreichen uns auch bedrohliche Nachrichten aus vielen Gegenden, in denen der Frieden gefährdet ist oder sogar schon Menschen gegeneinander kämpfen. Sie stellen die internationale Staatengemeinschaft vor große Herausforderungen. Die folgenden Texte schildern einige Gefahren. Besonders dramatisch ist, dass sie selten alleine auftreten, sondern sich gegenseitig verstärken.

Bedrohung Nr. 1: Internationaler Terrorismus

Am Morgen des 7. Juli 2005 erschüttern vier Explosionen die englische Metropole London. „Rucksackbomber" zünden Sprengsätze in drei U-Bahn-Zügen sowie einem Doppeldeckerbus und reißen innerhalb weniger Stunden 56 Menschen in den Tod, mehr als 700 Menschen werden schwer verletzt. Dies ist der zweite schwere Terroranschlag in Europa nach dem Anschlag auf die Vorortzüge in der spanischen Hauptstadt Madrid am 11. März 2004. Der internationale Terror, der sich bisher weitab von unseren Grenzen abspielte, hat Europa erreicht. Mit solchen folgenschweren Attentaten, deren Opfer möglichst viele Zivilisten sein sollen, verbreiten Terroristen Furcht und Schrecken.

Bedrohung Nr. 2: Verbreitung von Massenvernichtungswaffen

Iran droht mit der Entwicklung eines eigenen Atomprogramms. Nordkorea ist bereits einen Schritt weiter und hat schon Atombomben. Der kommunistische Staat ist im Jahr 2003 aus dem Atomwaffensperrvertrag (ein Vertrag über die Nichtverbreitung von Kernwaffen) ausgetreten und lässt die Experten der Internationalen Atomenergie-Organisation (IAEO) nicht mehr ins Land. [...] Was geschieht, wenn Massenvernichtungswaffen dieser internationalen Kontrolle entzogen sind und das technische Know-how zu ihrer Herstellung ungehindert weitergegeben wird? Die unkontrollierte Verbreitung von atomaren, biologischen und chemischen Waffen in Verbindung mit weit reichenden Trägerraketen kann irgendwann auch die Bevölkerung Europas bedrohen.

Bedrohung Nr. 3: Zerfall staatlicher Ordnung

Nur Science-Fiction? Die Versorgung mit Gas und Elektrizität bricht zusammen. Beamte plündern ihre Büros, Lehrer erheben privat Schulgeld. Banden nisten sich ein und terrorisieren die Zivilbevölkerung oder vertreiben von ihnen zu Feinden erklärte Volksgruppen. In solch einem Umfeld wächst eine Generation von Straßenkindern heran, die sich in einem Teufelskreis von Arbeitslosigkeit, Hoffnungslosigkeit, Drogenabhängigkeit und Kriminalität wiederfindet und sich von Rebellengruppen zum Kriegsdienst rekrutieren lässt. Keine Science-Fiction, sondern bis 2003 Realität – im afrikanischen Staat Liberia: Militärputsch, diktatorische Herrschaft, Bürgerkriege mit mehreren Zehntausend Toten – mehr als 25 Jahre haben das Land ruiniert. Es gibt keine öffentliche Infrastruktur mehr, die landwirtschaftliche Produktion ist fast völlig eingestellt. Die Analphabetenrate liegt bei etwa 70 Prozent. Auch in der demokratischen Republik Kongo sind Sicherheit und staatliche Ordnung zusammengebrochen. In Somalia herrscht bereits seit Jahrzehnten Chaos. Der Versuch, in den betroffenen Ländern einheimische Kräfte beim Aufbau staatlicher Strukturen zu unterstützen, ist eine zentrale – wenn auch komplexe und schwierige – Herausforderung für die internationale Staatengemeinschaft.

(Nach: Arbeitsgemeinschaft Jugend und Bildung e.V., Berlin, Frieden und Sicherheit, Berlin 2007, S. 4 f.)

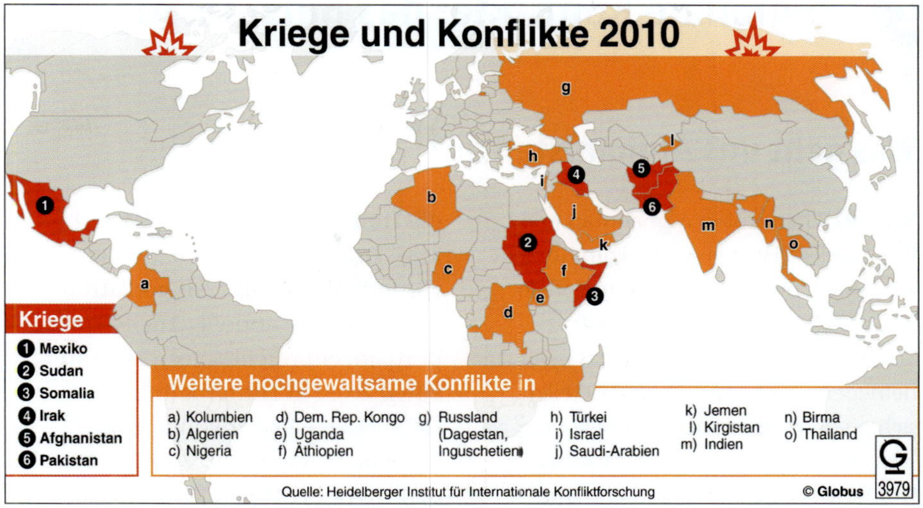

Bedrohung Nr. 4: Regionale Konflikte

Im Dezember 2010 verbrannte sich in Tunesien ein junger Mann, um gegen die politische Unterdrückung und Hoffnungslosigkeit in seinem Land zu protestieren. Die Selbstverbrennung löste in Tunesien massenhafte Proteste und Unruhen aus, die zum Sturz des diktatorischen Regimes führten. Rasch breitete sich die Protestwelle mit ihren Forderungen nach mehr politischen Freiheiten auf weitere arabische Staaten aus, die ebenfalls keine Demokratien waren. Auch in Ägypten und Libyen kam es zu einem Machtwechsel – in Libyen allerdings erst nach einem blutigen Bürgerkrieg. Weitere Gründe für regionale Konflikte sind oft Spannungen zwischen verschiedenen Bevölkerungsgruppen, Gebiets- und Machtansprüche, aber auch der Kampf um Wasser und Bodenschätze. Sie können deshalb so gefährlich werden, weil sie oft ganze Regionen destabilisieren.

(Autorentext)

1. Ist die Welt zu Beginn des 3. Jahrtausends friedlicher geworden? Begründet eure Antwort.
2. Nimm Stellung zu den beiden Ansichten:

Kriege hat es immer gegeben. Damit müssen wir auch in Zukunft leben. Ich glaube nicht, dass die Menschen einmal fähig sein werden, ihre Konflikte friedlich auszutragen.

Menschen können lernen, miteinander in Frieden zu leben. Das zeigt das Beispiel der Europäischen Union. In Mitteleuropa haben wir seit mehr als 60 Jahren Frieden.

2 Regionale Konflikte: das Beispiel Afghanistan

Was geht uns Afghanistan an?

Seit 1978 herrscht in Afghanistan Krieg. Das Land im Herzen Asiens kommt nicht zur Ruhe – obwohl eine internationale Allianz mit zeitweise über 60 000 Soldaten seit 2002 versucht, das Land zu befrieden. Auch Deutschland beteiligt sich an dem internationalen Militäreinsatz. Afghanistan liegt viele Tausend Kilometer von Deutschland entfernt – warum sollten dort deutsche Soldaten ihr Leben riskieren, um Frieden zu schaffen?

Ein lebensgefährlicher Einsatz für den Frieden

Die Patrouille hat einen langen Tag hinter sich. Im Großraum nördlich von Kundus in Nordafghanistan besuchten die 39 deutschen Soldaten mehrere Dörfer. Ihr Befehl: „Präsenz im Raum und Erkunden des Geländes."
Abends auf dem Rückweg, 17 Kilometer vor dem sicheren Feldlager, bricht die Hölle los: Schüsse mit Kalaschnikows und Panzerfäusten aus dem Hinterhalt. Die fünf Dingo-Patrouillen-Fahrzeuge und vier Fuchs-Transportpanzer preschen vorwärts – in einen zweiten Hinterhalt. [...] Ein Gefallener, vier Verwundete im Gefecht, weitere fünf Verletzte Stunden zuvor bei einem Selbstmordattentat südlich von Kundus. Für die deutsche Truppe war dieser Tag ein schwarzer Tag. Der Feind in Afghanistan wird zunehmend gefährlicher.

(Nach: Michael Jach, Thomas Wiegold: Bomben im Wahljahr, Focus Nr. 19/2009)

Gründe für den Afghanistan-Einsatz der Bundeswehr

Dass afghanische Frauen heute mehr Rechte als früher haben, dass Mädchen zur Schule gehen können, dass Straßen gebaut werden und dass vieles, vieles mehr geschafft wurde, ist das Ergebnis unseres Einsatzes in Afghanistan. [...] In Afghanistan geht es noch um etwas anderes. [...] Unsere Sicherheit, in einem freien Rechtsstaat leben zu können, wird heute von Entwicklungen gefährdet, die weit außerhalb unserer Grenzen entstehen können. Das ist an sich keine neue Entwicklung, aber in Zeiten der Globalisierung hat es eine neue Qualität erlangt. [...] Die Terrorangriffe des 11. September hatten ihre Wurzeln in den Ausbildungslagern der Al-Kaida im von den Taliban beherrschten Afghanistan. Aus ihnen sind die Attentäter von New York und Washington und später die von London und Madrid unerkannt hervorgegangen. Viele dieser Gruppen haben unerkannt unter uns gelebt. Ja, sie haben inzwischen auch bei uns in Deutschland verheerende Anschläge geplant. Wir hatten bisher lediglich das Glück, sie noch rechtzeitig verhindern zu können.

(Aus der Regierungserklärung von Bundeskanzlerin Angela Merkel, vom 22.04.2010, in: www.bundesregierung.de)

Bevor man einen solch komplizierten Konflikt beurteilen kann, sollte man versuchen, ihn zu verstehen. Die dazu geeignete Methode nennt man Konfliktanalyse. Um das Verständnis dieser und anderer internationaler Krisen mithilfe der Konfliktanalyse geht es auf den nächsten Seiten.

1. Erläutert, wie die deutsche Beteiligung an der internationalen Streitmacht begründet wird.
2. Warum ist der Militäreinsatz in Afghanistan für die Bundeswehr besonders gefährlich?

Konfliktanalyse

Thema: Afghanistan

Worum geht es?

Selbst für politisch interessierte Menschen ist es oft sehr schwierig zu erkennen, worum es bei einem Konflikt geht und welche Möglichkeiten zur Lösung infrage kommen. So besteht die Gefahr, dass man sich einfache Erklärungen zurechtlegt. Vorurteile und Feindbilder können verstärkt werden. Friedensforscher haben deshalb das Instrument der Konfliktanalyse entwickelt, das hilft, Konflikte besser zu verstehen und Lösungswege zu erkennen. Es ist grundsätzlich auf jeden Konflikt anwendbar. Dabei wird das Thema mithilfe von Leitfragen untersucht. Analyse bedeutet, dass man ein Thema in einzelne Aspekte zerlegt, diese zunächst getrennt untersucht und auswertet. Anschließend werden die Erkenntnisse zusammengefasst, geordnet und bewertet.

Vorbereitung und Durchführung

- Ihr könnt die Fragen arbeitsteilig in Gruppen bearbeiten: Jede Gruppe wählt einen Aspekt, den sie untersuchen möchte.
- Lest dann die Materialien auf den Seiten 312 bis 314 und notiert die Antworten auf die Fragen, zum Beispiel auf einer Folie.

Präsentation und Auswertung

Präsentiert eure Ergebnisse der Klasse. Versucht gemeinsam, das Ergebnis zu bewerten: Welche Erkenntnisse habt ihr durch die Analyse gewonnen? Wie könnte der Konflikt sich weiterentwickeln? Wie bewertet ihr die Lösungsansätze?

Leitfragen für die Konfliktanalyse:

1. Ausgangslage
- Wer sind die Konfliktgegner?
- Was löst den Konflikt aus?

2. Ursachen
- Welche Vorgeschichte hat der Konflikt?
- Welche Ursachen für den Konflikt sind erkennbar?

3. Ziele und Interessen
- Welche Ziele und Interessen haben die Beteiligten?
- Wie sind die Machtverhältnisse zwischen den Gegnern?

4. Konfliktverlauf
- Welche wichtigen Ereignisse kennzeichnen den Verlauf des Konflikts?
- Wie ist die aktuelle Situation?

5. Konfliktlösung
- Welche Lösungen streben die Beteiligten an?
- Welche Folgen hätten die Lösungen für die Konfliktgegner?
- Wie sind die Lösungen zu bewerten? Orientiert euch dabei an folgenden Kriterien: Beseitigung der Ursachen, Entspannung der Situation, Verbesserung des Verhältnisses zwischen den Beteiligten.

Vorgeschichte des Konflikts

Um den Konflikt zu verstehen, müssen wir in das Jahr 1978 zurückgehen. Zu diesem Zeitpunkt gab es eine Revolution in Afghanistan, an deren Ende afghanische Kommunisten die Macht im Staat übernahmen. Mit ihrer Politik stürzten sie das Land in ein Chaos. Schnell verloren sie die Unterstützung der Sowjetunion. Diese schickte im Dezember 1979 Truppen in das Land, die für Ordnung sorgen sollten. Der sowjetische Einmarsch stieß auf erheblichen Widerstand bei der afghanischen Bevölkerung. Die sogenannten Mujaheddin-Gruppen führten den Widerstandskampf gegen die sowjetischen Besatzer. Sie wurden von den USA mit Waffen unterstützt. Die USA wollten so den Einfluss der Sowjetunion in Asien zurückdrängen. Die Kämpfe in Afghanistan entwickelten sich zu einem „Stellvertreterkrieg“ der Supermächte auf fremdem Boden. Nach jahrelangem Bürgerkrieg siegten 1996 die Taliban. Sie wollten Afghanistan zu einem islamischen Gottesstaat machen. Musik, Tanz, Sport, Bilder, Kino und Fernseher wurden verboten. Die meisten Universitäten und Schulen wurden geschlossen. Frauen durften nicht mehr berufstätig sein und sich in der Öffentlichkeit nur mit männlicher Begleitung und in Ganzkörperverschleierung zeigen.

Ausgangslage

Dem internationalen Terrorismus boten die Taliban einen Unterschlupf: Die Anschläge vom 11. September wurden in Afghanistan geplant. Als Reaktion griffen im Oktober 2001 die USA und Großbritannien das Land an und stürzten gemeinsam mit der afghanischen Nordallianz das Taliban-Regime. Mehr als 40 Länder beteiligen sich seitdem am Wiederaufbau Afghanistans: Staatliche Strukturen sollen geschaffen, Schulen, Straßen und Krankenhäuser gebaut werden. Deutschland hat versprochen, vor allem beim Aufbau der afghanischen Polizei und Armee zu helfen. Mit 4800 Soldaten stellt Deutschland das drittgrößte Kontingent an der Internationalen Schutztruppe in Afghanistan (ISAF). Doch immer wieder erschüttern Anschläge der Taliban das Land. Mit ihrer Terror-Strategie des „Mordens und Zerstörens“ wollen sie die afghanische Bevölkerung einschüchtern, im Westen Zweifel am Sinn der Afghanistan-Mission schüren und die Macht im Land zurückerobern.

(Nach: Afghanistan spezial, in: www.bpb.de, Zugriff 06.07.09)

Vor Beginn des Truppenabzugs ab 2011 teilten sich die Streitkräfte die Verantwortung für die Sicherheit.

Konfliktverlauf

Seit Frühjahr 2006 hat sich die Sicherheitslage kontinuierlich verschlechtert. [...] Die Regierung unter Präsident Karzai erwies sich als zu schwach, ihre Amtsgewalt in alle Landesteile auszudehnen. Die Bevölkerung ist wegen des schleppenden Wiederaufbaus und der enttäuschenden Resultate bei der Armutsbekämpfung frustriert. Sie macht dafür sowohl die Regierung als auch die internationale Gemeinschaft verantwortlich. Letztere hatte unterschätzt, wie sehr das Land durch den langen Krieg zerstört war und wie wenige einheimische Arbeitskräfte nach kurzen Schulungen in die Lage versetzt werden konnten, Wirtschaft und Verwaltung wieder aufzubauen. Die zunehmende Unsicherheit im Land und die seit Ende 2005 rasch zunehmenden Anschläge haben je nach Region unterschiedliche Ursachen. Im Norden und Westen sind es hauptsächlich gewaltsame Auseinandersetzungen zwischen lokalen Rivalen oder zwischen diesen und der Kabuler Regierung. Im Süden und Osten kommt das Erstarken aufständischer Gruppen – sogenannte oppositioneller Kräfte (OMK) – hinzu. Dazu gehören Neo-Taliban, Drogenbarone, auf Autonomie bedachte Stammesälteste und Teile der bitterarmen Bevölkerung, die unter dem harten Vorgehen der ausländischen Truppen gelitten hatten. Da traditionell enge Stammesbeziehungen über die pakistanische Grenze hinweg bestehen, finden die OMK dort Unterstützung und Rückzugsmöglichkeiten. Eine wichtige Rolle spielen mächtige Drogenringe. Sie tragen zur Eskalation der Spannungen bei und schwächen die staatlichen Institutionen. Ihre Macht wurde durch eine neuerliche Rekordernte im Mohnanbau und die dadurch verbundenen Mehreinnahmen aus dem Drogenhandel noch gestärkt. Angesichts der schwierigen Gesamtlage, der Gewalteskalation im Süden und der gestiegenen Selbstmordanschläge beschränken sich die Handlungsmöglichkeiten der internationalen Gemeinschaft realistischerweise darauf, einer weiteren Verschlechterung der Lage entgegenzuwirken.

(Aus: Citha D. Maaß: Afghanistan, Konfliktporträts, Aktuelle Konfliktsituation, 07.03.2008, in: www.bpb.de, Zugriff 06.07.2009)

Mit „vertrauensbildenden Maßnahmen" versuchen die ausländischen Soldaten, mit der Bevölkerung Kontakt aufzunehmen.

Die wichtigsten Daten und Ereignisse

1978	Staatsstreich afghanischer Kommunisten
1979	Einmarsch sowjetischer Truppen
1988	Genfer Abkommen zwischen Afghanistan, Pakistan, der Sowjetunion und der USA über die Unabhängigkeit. Das Land versinkt im Chaos.
1996	Die Taliban übernehmen die Macht.
2001	Nach den Terroranschlägen vom 11. September verlangen die USA die Auslieferung des Terroristen-Führers Osama bin Laden.
2001	Die USA und Großbritannien greifen Afghanistan an und stürzen gemeinsam mit der Nordallianz die Taliban.
2001	Erste Petersberg-Konferenz beschließt Neuordnung des Landes. Die UNO entsendet die internationale Schutztruppe ISAF (= International Security Assistance Force), die unter deutscher Beteiligung das Land stabilisieren und den Wiederaufbau einleiten soll.
2003	Die NATO übernimmt des ISAF-Kommando.
2006	Die Sicherheitslage verschlechtert sich. Die Taliban und andere aufständische Gruppen beherrschen weite Teile des Landes. Starke Zunahme von Terroranschlägen
2006	Afghanistan Compact (London): Schrittweise Übergabe der Sicherheitsverantwortung an die afghanische Regierung geplant
2009/ 2010	Die Truppen werden aufgestockt. Mehr als 100000 Soldaten aus 44 Nationen sind in Afghanistan stationiert. Die Angriffe der Taliban weiten sich auch auf den bisher sicheren Norden aus. Allein im April 2010 sterben sieben deutsche Soldaten bei Angriffen der Taliban. Auch deutsche Politiker sprechen angesichts der Zustände in Afghanistan nun von Krieg.
2011– 2014	Schrittweiser Abzug ausländischer Truppen
2011	Internationale Afghanistan Konferenz in Bonn: 85 Staaten sagen zu, Afghanistan bis 2024 beim Wiederaufbau sowie in Sicherheitsfragen zu unterstützen.

Ansätze zur Konfliktlösung

Angesichts der drastischen Verschlechterung der Sicherheitslage und des Wiedererstarkens der Taliban hatte sich die internationale Gemeinschaft auf eine Neuausrichtung der Afghanistan-Strategie geeinigt. Die Ergebnisse sind zwiespältig. Einerseits konnten amerikanische Truppen mit gezielten Tötungen die Aufständischen schwächen. Andererseits ist nun die Situation insgesamt von mehr Gewalt geprägt. Die gestiegene Zahl von Anschlägen und die weiterhin hohe Todesrate unter Zivilisten bringen die afghanische Regierung und die internationale Gemeinschaft in Erklärungsnot. Teil der neuen Strategie ist die Einbindung der Taliban durch Gespräche auf höchster Ebene und Angebote zur gesellschaftlichen Wiedereingliederung niederer Ränge. […]
Obwohl es sichtbare Fortschritte im Wiederaufbauprozess – wie eine nahezu lückenlose Stromversorgung der Hauptstadt – gibt, bleiben die Ergebnisse weiter hinter den Bedürfnissen der Bevölkerung zurück. […}
Gleichzeitig wird immer offensichtlicher, wie sehr Korruption und Vetternwirtschaft den Staatsaufbau schwächen – was die Bevölkerung nicht nur der eigenen Regierung, sondern auch den internationalen Gebern anlastet.

(Aus: Bente Aika Scheller: Konfliktporträt Afghanistan, in: www.bpb.de, 1.11.2011, Zugriff: 04.01.2012)

TEAM kontrovers: Ist der Truppenabzug die angemessene Lösung?

Ja! Der Truppenabzug ist notwendig.

Unser Ziel war von Beginn an, dass Afghanistan nicht wieder Operationsbasis und Versteck des internationalen Terrorismus wird wie vor dem 11. September 2001. Das können wir im Moment sicherstellen. Das zweite Ziel ist ein angemessenes Maß von Sicherheit unter afghanischer Führung, also die Ausbildung und Aufstockung der afghanischen Armee. Da sind wir auf einem guten Weg. […]
Es war in Afghanistan aus meiner Sicht viel zu lange so, dass die zunächst zeitlich unbegrenzte Unterstützung durch internationale Soldaten fast einschläfernd bequem auf die Afghanen wirkte. Ohne einen klaren Abzugsplan […] aber hätte man die afghanische Regierung niemals bewegen können, endlich mehr für den Aufbau der eigenen Armee und eines funktionierenden Verwaltungsapparats zu tun.

(Bundesverteidigungsminister Thomas de Maizière zum Afghanistan-Einsatz, in: www.spiegel.de; 23.12.2011, Zugriff: 04.01.2012)

Nein! Der Truppenabzug kommt viel zu früh.

Natürlich ist es richtig, den Afghanen die Souveränität in ihrem eigenen Land wiederzugeben. Daran hat es ja 10 Jahre lang gemangelt. […] Ob das Tempo das richtige ist, das ist allerdings die große Frage. 2014 ist ja festgelegt worden wegen des Wahlkalenders in den USA, auch in Europa. Auch wegen des Drucks der Bevölkerungsmehrheit, die das militärische Engagement der eigenen Truppen mehrheitlich nicht mehr befürwortet. Aber afghanische Gegebenheiten werden eben dann nur in zweiter Linie in die Entscheidungsfindung einbezogen. Denn die afghanischen Institutionen, und darunter auch die Streitkräfte, sind einfach noch nicht so weit, dass sie allein das Land verteidigen können. […] Und die afghanische Bevölkerung denkt im Moment unterm Strich: Oh Gott, wenn die westlichen Truppen gehen, dann fängt hier eine neue Runde des Bürgerkriegs an. Es gibt ja schon einen Bürgerkrieg.

(Thomas Ruttig: Afghanistan Analysts Network, in einem Interview mit dem Norddeutschen Rundfunk, 03.12.2011, in: www.agfriedensforschung.de, Zugriff: 04.01.2012)

1. Führt eine Konfliktanalyse zum Afghanistan-Konflikt durch. Wie ihr dabei vorgehen könnt, erfahrt ihr auf der Methodenkarte „Konfliktanalyse", Seite 311.

Was noch interessant sein kann:

- im Internet nach aktuellen Informationen zum Afghanistan-Konflikt recherchieren,
- die Methode der Konfliktanalyse auf einen weiteren Konflikt anwenden.

Friedenssicherung

1. Die Vorstellungen von Frieden haben sich in den letzten Jahren gewandelt. Erläutere, was sich verändert hat.

2. Was gehört zum Frieden? Erkläre die sechs Merkmale von Frieden mit eigenen Worten.

3. Frieden kann nicht nur mit militärischen Mitteln gesichert werden. Zum Beispiel unterstützt Deutschland in Afghanistan den Bau von Mädchenschulen. Erkläre, warum es sich hier um eine friedenspolitische Maßnahme handelt.

Frieden – Was ist das eigentlich?

Die meisten Menschen haben eine sehr genaue Vorstellung davon, was Krieg heißt: Gewalt, Tod vieler, meist unschuldiger Menschen, Zerstörung, Vertreibung … Schließlich sehen wir fast täglich schreckliche Bilder im Fernsehen zu diesen Themen. Schwieriger wird es, wenn man beschreiben möchte, was Frieden bedeutet. Man könnte sagen, Frieden herrscht, wenn die Waffen schweigen. Und sicherlich ist es ein großer Fortschritt, wenn sich ehemals erbitterte Gegner einigen, auf Gewalt zu verzichten und einen Waffenstillstand zu beschließen. Doch ist das schon Frieden? Lange Zeit dachte man so. Doch dann kam man zu der Einsicht, dass Konflikte häufig soziale Ursachen haben, wenn zum Beispiel in einem Staat Minderheiten unterdrückt oder wirtschaftlich ausgebeutet werden. Darauf deutet auch die weltweit abnehmende Zahl von Kriegen zwischen Staaten und die zunehmende Zahl von Bürgerkriegen hin, in denen sich verfeindete Gruppen in einem Staat bekämpfen. In solchen Fällen wird die Gewalt nicht enden, bis die Ursachen beseitigt sind. Einige Forscher definieren deswegen Frieden als Zustand größtmöglicher sozialer Gerechtigkeit. Eine weitere wichtige Voraussetzung für Frieden ist, dass in einem Staat die Menschenrechte beachtet werden. Wo Menschen willkürlich verfolgt werden, wo gefoltert wird, wo keine Meinungsfreiheit garantiert wird, ist auch kein Frieden möglich. Rechtsstaatlichkeit und Demokratie sind weitere wichtige Bedingungen für einen stabilen Frieden. Tatsächlich hat die Geschichte gezeigt, dass demokratische Staaten seltener von Bürgerkriegen betroffen sind und auch weniger Kriege mit anderen Staaten führen.

Frieden als Prozess

Der Politikwissenschaftler Dieter Senghaas erweiterte diese Vorstellungen und entwickelte ein Friedensmodell mit sechs Merkmalen. Darin begreift er Frieden als Prozess, in dem nach und nach diese Ziele erreicht werden.

Aufgaben von Friedens- und Sicherheitspolitik

Wenn man Frieden umfassend versteht, wird deutlich, dass Frieden nicht nur mit militärischen Mitteln gesichert werden kann. Friedenspolitik ist demnach auch Sozialpolitik, die das Ziel verfolgt, allen Gruppen in der Bevölkerung einen gerechten Anteil am wirtschaftlichen Wohlstand zu ermöglichen. Bildungspolitik kann ebenfalls Friedenspolitik sein, indem sie allen den Zugang zu Schulen und Bildungseinrichtungen ermöglicht und jeder Bürger soziale Aufstiegschancen wahrnehmen kann. Auch Entwicklungspolitik kann einen wichtigen Beitrag zum Frieden leisten. Sie mindert soziale Spannungen in Entwicklungsländern und versucht, die Benachteiligung dieser Länder im Welthandel auszugleichen.
Friedenspolitik auf internationaler Ebene bedeutet, dass Staaten untereinander Kontakte pflegen, bei Problemen miteinander verhandeln und sich politisch zusammenschließen. Frieden besteht am wahrscheinlichsten da, wo man sich kennt und einander vertraut. Das zeigt auch das Beispiel der Europäischen Union, die den Staaten in Mitteleuropa die längste Friedensperiode in ihrer Geschichte beschert hat.

Begriffe für euer Fachwörterverzeichnis

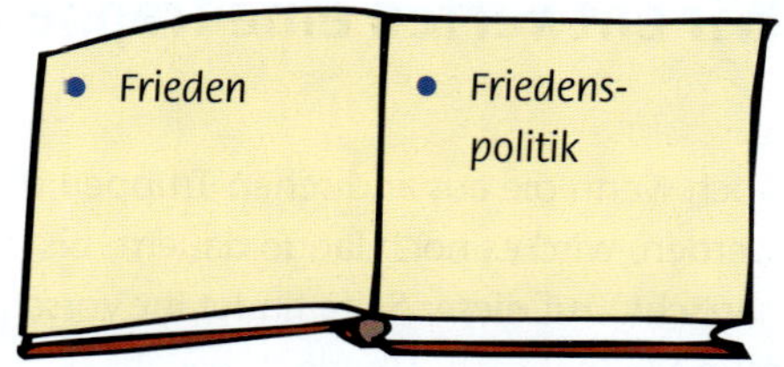

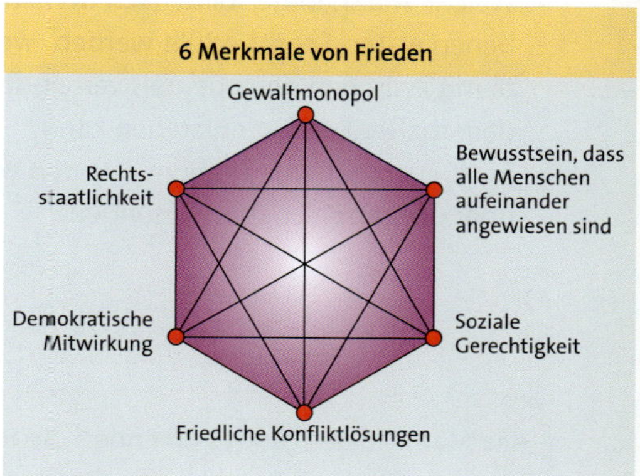

Gewaltmonopol: Nur der Staat darf Gewalt anwenden, um die Einhaltung von Gesetzen zu sichern.

Trainingsplatz

S M U H

Wir entwerfen eine Treppe zum Frieden in Afghanistan

Auch wenn die ausländischen Truppen bis 2014 abgezogen werden, wird es noch lange dauern, bis in Afghanistan Frieden herrscht. Auf dieser Seite findet ihr Vorschläge für friedenspolitische Maßnahmen. Überlegt, wie ihr sie in eine sinnvolle Reihenfolge bringen könnt.

– Welche Maßnahme sollte nach dem in der Treppe vorgegebenen ersten Schritt erfüllt werden, welche als zweite usw., damit zwischen den ehemals verfeindeten Parteien ein dauerhafter Frieden entstehen kann?
– Stellt euch gegenseitig eure Treppen vor und diskutiert über die verschiedenen Lösungen.

Alle Stämme des Landes erkennen die Regierung in Kabul an und erklären sich bereit, die Gesetze des Landes zu beachten.

Alle gesellschaftlichen Gruppen im Land verpflichten sich, sich zu respektieren und auch andere Lebensformen zu tolerieren.

Die Parteien erklären sich bereit, die Kampfhandlungen einzustellen und künftig auf Gewalt zu verzichten.

Der Staat ist selbst in der Lage, mit seiner Polizei und Armee für die Sicherheit des Landes zu sorgen.

Alle Stämme und gesellschaftlichen Gruppierungen werden an der politischen Macht in gerechter Weise beteiligt.

Die Regierung in Kabul verhandelt mit den Taliban über die Zukunft des Landes.

Wiederaufbaumaßnahmen und Entwicklungsprojekte können ungestört von Gewalt durchgeführt werden.

Es werden Wirtschaftsprogramme entwickelt, die Arbeitsplätze schaffen.

3 Internationaler Terrorismus – die neue Bedrohung für den Frieden?

Eine Einstiegsübung für alle
Die Terroranschläge vom 11. September 2001 auf das World Trade Center in New York wurden zum Symbol für die Bedrohung durch den internationalen Terrorismus. Sammelt in der Klasse, was ihr über diese Anschläge wisst.

Seit dem 11. September 2001 bedroht der internationale Terrorismus den Frieden in vielen Ländern der Welt. Zwar gab es auch schon früher terroristische Anschläge, neu an dieser Form des Terrorismus ist jedoch, dass Terrorgruppen frei über die Grenzen hinweg operieren und bei Terroranschlägen oft sehr viele unbeteiligte Opfer sterben.

Ein Mitglied der Sauerlandgruppe bei seiner Verhaftung. Die Gruppe plante Bombenanschläge auf amerikanische Einrichtungen in Deutschland.

Islamistische Anschläge auch in Deutschland?

Nach dem 11. September 2001 entwickelte sich auch Deutschland zum konkreten Anschlagsziel. In den vergangenen zehn Jahren gab es circa ein halbes Dutzend geplante Angriffe in Deutschland. Da waren die beiden libanesischen Kofferbomber, die glücklicherweise unfähig waren, eine funktionierende Bombe zu bauen. Die Sprengsätze, die bereits in zwei Regionalzügen deponiert waren, explodierten wegen eines Konstruktionsfehlers nicht. Und dann gab es die Sauerlandgruppe, die eine echte Gefahr war und einen infernalischen Plan hatte. Die Gruppe wollte mit Autobomben amerikanische Einrichtungen angreifen. In Düsseldorf flog eine Terrorgruppe auf, die eine Bombe bauen wollte. Die Fahnder hörten mit und griffen zu. Am Frankfurter Flughafen tötete ein 21-jähriger junger Islamist mit serbisch-montenegrinischem Pass Ende Februar 2011 zwei US-Soldaten mit gezielten Kopfschüssen. Sie sind die ersten Opfer eines Terroranschlags in Deutschland mit islamistischem Hintergrund. In zehn Jahren nur ein Anschlag eines Einzeltäters, das ist angesichts der Gefahr eine gute Bilanz. Die Sicherheitsbehörden haben gute Arbeit geleistet. Etwa eintausend Personen rechnen die Behörden zum islamistisch-terroristischen Spektrum. Jeder vierte islamistische Kämpfer soll an den Hindukusch gereist sein, um sich dort paramilitärisch ausbilden zu lassen. Etwa die Hälfte von ihnen ist zurückgekehrt, ein Dutzend sind in Haft.

(Nach: Hans Leyendecker: Angst vor dem Tag X, 03.08.2011, in: www.sueddeutsche.de, Zugriff: 05.01.2012)

1. Beschreibt, warum islamistischer Terror auch in Deutschland zu einer Gefahr geworden ist.
2. Wie schätzt ihr die persönliche Bedrohung der Menschen in unserem Land ein? Begründet eure Ansicht.

A Islamistischer Terrorismus: Hintergründe und Zusammenhänge

In den Texten A und B geht es zum Ersten um die Frage, was Terrorismus ist, und zum Zweiten darum, wie man islamistischen Terrorismus bekämpfen kann. Ihr könnt sie in Partnerarbeit arbeitsteilig bearbeiten.
- Jeder liest zunächst aufmerksam seinen Text, fertigt einen Stichwortzettel als Merkhilfe an und beantwortet die Fragen unter den Texten.
- Informiert euch anschließend gegenseitig über den Inhalt der Texte.
- Fasst eure Arbeitsergebnisse gemeinsam zusammen, zum Beispiel in einer Mindmap, und stellt sie in der Klasse vor.

Begriffe für euer Fachwörterverzeichnis

- Islamistischer Terrorismus

A Was ist Terrorismus?

„Terrorismus ist das ungezielte Töten unschuldiger Menschen mit der Absicht, eine um sich greifende Furcht zu erzeugen", so der Sozialwissenschaftler und Publizist Harald Welzer. Die Attentate vom 11. September gelten demnach – genau wie die Selbstmordattentate der Hamas und anderer radikaler palästinensischer Organisationen – eindeutig als Terrorismus. Sie waren und sind nicht gegen Bewaffnete gerichtet, und dass Zivilisten dabei umkommen würden, nahm man nicht etwa nur billigend in Kauf, es war beabsichtigt. […]

Islamistischer Terrorismus

Islamistische Attentate […] ereignen sich überwiegend in islamischen Ländern oder Ländern mit einer großen islamischen Bevölkerung (Irak, Jordanien, Ägypten, Saudi-Arabien, Türkei, Marokko oder Indonesien), die in den Augen der Islamisten „Büttel des Westens" [= Diener des Westens] sind. Die meisten Terroropfer waren Muslime.

(Nach: Sylke Tempel: Die Tagesschau erklärt die Welt, Wiesbaden 2007, S. 126ff.)

In den Augen islamistischer Fundamentalisten sind die USA ein „Hort des Satans" und westliche Staaten die „Lakaien" dieser Großmacht, die ihren „schädlichen" Einfluss auf die ganze Welt ausdehnen möchte. Die islamischen Staaten stellen nach Ansicht islamistischer Fundamentalisten das „Bollwerk Allahs" dar, das es zu verteidigen gilt. Bei vielen jungen, in materiell und sozial schwierigen Verhältnissen lebenden Menschen in der arabischen Welt zündet eine solche Argumentation. Sie fühlen sich durch die politische und wirtschaftliche Macht des Westens gedemütigt; gleichzeitig empfinden sie die westliche Kultur als moralisch verwerflich. Diese Stimmung nutzen terroristische Führer für ihre Zwecke. Die neueste Entwicklung zeigt, dass sich auch zum Islam übergetretene Deutsche zu Kämpfern ausbilden lassen.

(Aus: Arbeitsgemeinschaft Jugend und Bildung e. V., Frieden & Sicherheit, 2009/2010, Wiesbaden 2009, S. 5)

Palästinensische Terroristen demonstrieren im Libanon ihre Bereitschaft zu einem Selbstmordattentat. Auf ihren Stirnbändern steht: „Der Tod im Namen Gottes ist unser Wunsch." Doch der Islam rechtfertigt solche Anschläge mit unbeteiligten Opfern nicht.

1. Fasse mit eigenen Worten zusammen, was man unter Terrorismus versteht.
2. Erläutere die Merkmale von islamistischem Terrorismus. Gehe dabei besonders auf folgende Begriffe ein: Gegner, Ziele, Täter, Weltbild, Methoden.

B Wie kann man islamistischen Terrorismus bekämpfen?

Der Kampf gegen den Terrorismus

Seit dem 11. September 2001 haben die USA den „Globalen Krieg gegen Terror“ ausgerufen. Sie sind mit Unterstützung der NATO in Afghanistan einmarschiert und haben das Taliban-Regime gestürzt. Im Irak haben die USA einen zweiten Krieg angefangen, der mit 9/11 begründet wurde – fälschlicherweise, wie heute alle wissen.
Nicht nur in den USA, sondern fast überall auf der Welt hat ein völlig neues Sicherheitsdenken Einzug gehalten. Der globale Terrorismus, wie ihn die Al-Kaida praktiziert, kennt keine einfach zu identifizierenden Ziele: eine dänische Botschaft in Pakistan, ein Nachtclub auf Bali, Vorortzüge in London und Madrid, Hochzeitsgesellschaften in Jordanien, eine Synagoge in Tunesien, eine britische Bank in Istanbul.
Um sich zu schützen, haben westliche wie nicht westliche Staaten neue Gesetze erlassen – zum Teil drakonische. Die USA haben das Gefangenenlager in Guantanamo Bay eingerichtet. Die CIA hat Terrorverdächtige auf der ganzen Welt entführt – auch solche, die nicht besonders verdächtig waren und längst als unschuldig gelten. […]
Al-Kaida ist nicht besiegt. Es wurde zwar eine Reihe hochrangiger Terroristenführer getötet oder eingesperrt. Aber der Terror wurde nicht gestoppt. Im Irak musste Al-Kaida Rückschläge hinnehmen, in Pakistan aber gewinnt sie an Einfluss und Rückzugsräumen.

(Nach: Yassin Musharbash: Wie gefährlich Al-Kaida wirklich ist, in: www.spiegel-online.de, 11.09.2008, Zugriff: 20.07.2009)

Die Zukunft des islamistischen Terrorismus

Im Mai 2011 wurde Osama bin Laden, der Kopf des Terrornetzes Al-Kaida in Pakistan von US-Soldaten getötet. Al-Kaida ist für zahlreiche Terroranschläge, u. a. für die Anschläge in New York, verantwortlich. Ist damit die Gefahr von islamistischen Anschlägen gebannt? Experten rechnen zwar weiterhin mit Anschlägen, doch sieht zum Beispiel der ARD-Terrorexperte keine Zukunft für den islamistischen Terrorismus: „Ich gehe davon aus, dass es eine Phase ist, die langsam ihren Abschluss findet. Nicht so sehr, weil Osama bin Laden tot ist, sondern weil der arabische Frühling und der Sturz der arabischen Diktaturen gezeigt haben, dass die Menschen in der arabischen Welt ganz andere Probleme haben und dass es möglich ist, arabische Diktatoren ohne Al-Kaida zu stürzen. Das erschüttert die Selbstwahrnehmung und Rechtfertigung von Al-Kaida. Denn Al-Kaida hat ja immer gesagt, ohne Terror können wir die arabischen Diktatoren nicht vertreiben und auch den Westen nicht daran hindern, diese Diktaturen zu stürzen.“

(Aus einem Interview mit Joachim Hagen, in: www.tagesschau.de, 02.05.2011, Zugriff: 10.01.2012)

In der arabisch-islamischen Welt wird der islamistische Terrorismus wegen der zahlreichen unschuldigen Opfer zunehmend abgelehnt. Die Anschläge auf Touristenzentren nahmen vielen Händlern ihre Lebensgrundlagen.

1. Fasse zusammen, welche Schritte westliche Staaten zur Bekämpfung des internationalen Terrorismus unternommen haben.
2. Wie erfolgreich waren diese Maßnahmen?
3. Im „arabischen Frühling“ 2011 sind in mehreren Staaten diktatorische Regime von der Bevölkerung gestürzt worden. Viele Menschen hoffen nun dort auf eine Verbesserung der Lebensverhältnisse. Überlegt, welche Folgen das für die Zukunft des islamistischen Terrorismus haben kann. Bezieht dabei auch die Ansicht des Terrorismusexperten Joachim Hagen mit ein.

4 Welchen Beitrag zur Friedenssicherung leistet die UNO?

Das Beispiel Elfenbeinküste

Neben dem Engagement für Menschenrechte gehört Friedenssicherung zu den Hauptaufgaben der UNO. Welche Mittel die Weltorganisation dabei einsetzt, könnt ihr am Beispiel des westafrikanischen Staates Elfenbeinküste untersuchen.
Die Materialien in diesem Unterkapitel sind so aufgebaut, dass ihr sie selbstständig erarbeiten und in einem Kurzvortrag präsentieren könnt.

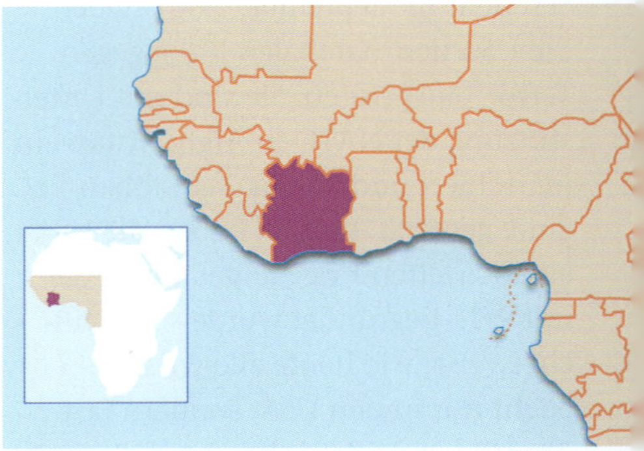

Beginn der UN-Friedensmission: Die UNO stationiert Blauhelm-Soldaten

Bis zur Jahrtausendwende galt die frühere französische Kolonie Elfenbeinküste als relativ wohlhabendes Land. Die Probleme begannen mit einer schweren Wirtschaftskrise, die durch den Verfall der Kakaopreise ausgelöst wurde. Dadurch verschärften sich die schon bestehenden Spannungen zwischen der Bevölkerung im Norden und dem Süden des Landes. 2000 wurde Laurent Gbagbo aus dem Süden des Landes zum Präsidenten gewählt. 2002 erhoben sich Teile der Armee im Norden des Landes gegen die Regierung. Der Bürgerkrieg führte zu einer Spaltung des Landes in einen Nord- und Südteil. Um den Frieden zu sichern, richtete die UNO eine neutrale Pufferzone ein und stationierte über 6000 Blauhelm-Soldaten in dem Land. Unterstützt wurden diese von französischen Truppen, da die Elfenbeinküste eine französische Kolonie war. In der folgenden Zeit flackerte der Bürgerkrieg immer wieder auf. Als es 2006 erneut zu Gewaltausbrüchen kommt, sperrt die UNO die Konten von drei Rebellenführern, um den Friedensprozess zu beschleunigen. 2007 schließen die verfeindeten Parteien Frieden. Fast zehn Jahre war Präsident Gbagbo schon mit Unterstützung der UNO im Amt, als 2010 die schon lange versprochenen Präsidentenwahlen abgehalten wurden. Diese gewann Gbagbos Konkurrent aus dem Norden des Landes, Alassane Ouattara. Obwohl die Wahl nach Aussagen der UN-Wahlbeobachter fair verlief, weigerte sich Gbagbo, seine Position für den international als Präsident anerkannten Ouattara zu räumen. Der Machtkampf zwischen den beiden führte zu einem erneuten Aufflammen des schon überwunden geglaubten Bürgerkriegs im Frühjahr 2011.

Der UN-Menschenrechtsrat wird aktiv

„Die Lage wird täglich schlimmer", warnte Corinne Dufka von der Menschenrechtsorganisation Human Rights Watch. Die 2000 zusätzlichen UN-Blauhelm-Soldaten, deren Entsendung bereits beschlossen war, müssten schnellstmöglich in der Krisenregion stationiert werden. […] Nach UN-Schätzungen sind bereits eine Million Menschen vor dem Konflikt geflohen […] Bei den erbitterten Kämpfen, die sich die Lager Gbagbos und Ouattaras

Auch UN-Blauhelmtruppen können nicht verhindern, dass über eine Million Menschen vor dem Konflikt fliehen.

„Gbagbo, wir wollen Frieden, wir sind müde", steht auf dem Plakat der Demonstrantinnen.

seit der Wahl liefern, wurden bisher mehrere Hundert Menschen getötet. Vor allem die Anhänger Gbagbos würden „übermäßige tödliche Gewalt“ einsetzen, beklagte UN-Menschenrechtskommissarin Navy Pillay. Der UN-Menschenrechtsrat machte den ersten Schritt zur Untersuchung von Menschenrechtsverletzungen und beschloss, eine unabhängige internationale Kommission einzusetzen.

(Nach: UNO plant härtere Gangart gegen Gbagbo, in: www.tagesschau.de, 26.03.2011, Zugriff: 14.01. 2012)

Die UNO beschließt Strafmaßnahmen

Als Reaktion auf die eskalierende Gewalt im westafrikanischen Staat Elfenbeinküste hat der Weltsicherheitsrat Sanktionen gegen Präsident Laurent Gbagbo und seine Vertrauten verhängt. In einer in New York einstimmig verabschiedeten Resolution [= Entscheidung] forderte das Gremium Gbagbo zudem zum Rücktritt auf. [...] Die Resolution richtet sich gegen fünf Einzelpersonen, darunter Gbagbo und seine Frau Simone. Sie werden demnach mit Reiseverboten belegt, ihre Einkommen werden eingefroren.

(Aus: UNO beschließt Sanktionen gegen Gbagbo, in: www.tagesschau.de, 31.03.2011, Zugriff: 13.01.2012)

Die UNO greift in den Kampf ein

UN-Militärhubschrauber fliegen Angriffe gegen Gbagbos Soldaten, unterstützt von französischen Truppen. [...] Generalsekretär Ban Ki-moon ordnete im Rahmen der UN-Mission in der Elfenbeinküste Angriffe der Blauhelme auf Stellungen Gbagbos an. „Ich habe die Mission angewiesen, die erforderlichen Maßnahmen zu ergreifen, um den Einsatz von schweren Geschützen gegen die Zivilbevölkerung zu verhindern“, teilte Ban mit. [...] Ban berief sich in seiner Stellungnahme auf die jüngste Resolution des Weltsicherheitsrates zu der Krise in dem westafrikanischen Land. Darin erlaubt das mächtige UN-Gremium den UNO-Soldaten den Schutz von Zivilisten durch Waffengewalt sowie zur Selbstverteidigung. Anhänger von Gbagbo hatten zuvor auch das UNO-Hauptquartier in Abidjan mit Raketen, Granaten und schweren Geschützen angegriffen und vier Friedenshüter verletzt. [...] Zuvor hatten die UN allerdings auch Ouattara kritisiert und dessen Truppen für zahlreiche Tote im Westen des Landes verantwortlich gemacht.

(Aus: dpa,Reuters, AFP: UN greifen in Schlacht um Abidjan ein, in: www.zeit.de, 05.04. 2011, Zugriff: 13.01.2012)

Laurent Gbagbo vor dem Internationalen Strafgerichtshof

Mitte April 2011 gibt Laurent Gbagbo auf und tritt zurück. Er wird verhaftet und an den Internationalen Strafgerichtshof in Den Haag ausgeliefert. Dort soll er wegen Verbrechen gegen die Menschlichkeit angeklagt werden. Alassane Ouattara tritt sein Amt an und verspricht, die verfeindeten Landesteile auszusöhnen. Nach Auskunft des Auswärtigen Amtes kam das Land in den folgenden Monaten tatsächlich zur Ruhe. Kritiker bemängeln, dass die Menschenrechtsverletzungen von Ouattaras Truppen nicht angeklagt werden. Die UN-Blauhelm-Truppen bleiben weiter im Land stationiert, da nicht ausgeschlossen werden kann, dass es wegen des Prozesses gegen Gbagbo erneut zu Unruhen kommt.

1. Stelle in einer Tabelle zusammen, was die UNO im Konflikt an der Elfenbeinküste unternommen hat, um den Frieden herbeizuführen.
2. Vergleicht eure Ergebnisse mit einem Partner. Bereitet dann gemeinsam einen Kurzvortrag vor: „Welchen Beitrag zum Frieden leistet die UNO an der Elfenbeinküste?“ Verwendet dazu auch die Infoseiten, Seite 322f., auf denen die Organe und Mittel zur Friedenssicherung dargestellt werden.
3. Präsentiert die Vorträge in der Klasse. Auswerten und beurteilen könnt ihr sie mithilfe der Methodenkarte auf Seite 324.
4. Diskutiert abschließend in der Klasse über die Frage: Wie erfolgreich war die UNO in der Elfenbeinküste? Geht dabei von folgenden Kriterien aus: dauerhafte Friedenssicherung, Schutz der Zivilisten, Aussöhnung der verfeindeten Landesteile.

Was noch interessant sein kann:

- die aktuelle Situation in der Elfenbeinküste im Internet recherchieren und in den Kurzvortrag aufnehmen.

Friedenssicherung durch die UNO

1. Erläutere, welche Verpflichtungen die Mitgliedstaaten mit dem Beitritt zur UNO eingegangen sind.
2. Erkläre, welche Aufgaben die Organe bei der Friedenssicherung jeweils wahrnehmen.
3. Der Sicherheitsrat kann verschiedene Arten von Blauhelm-Einsätzen anordnen. Erkläre, welche Möglichkeiten ihm zur Verfügung stehen.
4. In einem Mitgliedsland der UNO bricht ein Konflikt aus. Überlege, welche Folgen das Vetorecht im Sicherheitsrat auf die Handlungsfähigkeit der UNO haben könnte.

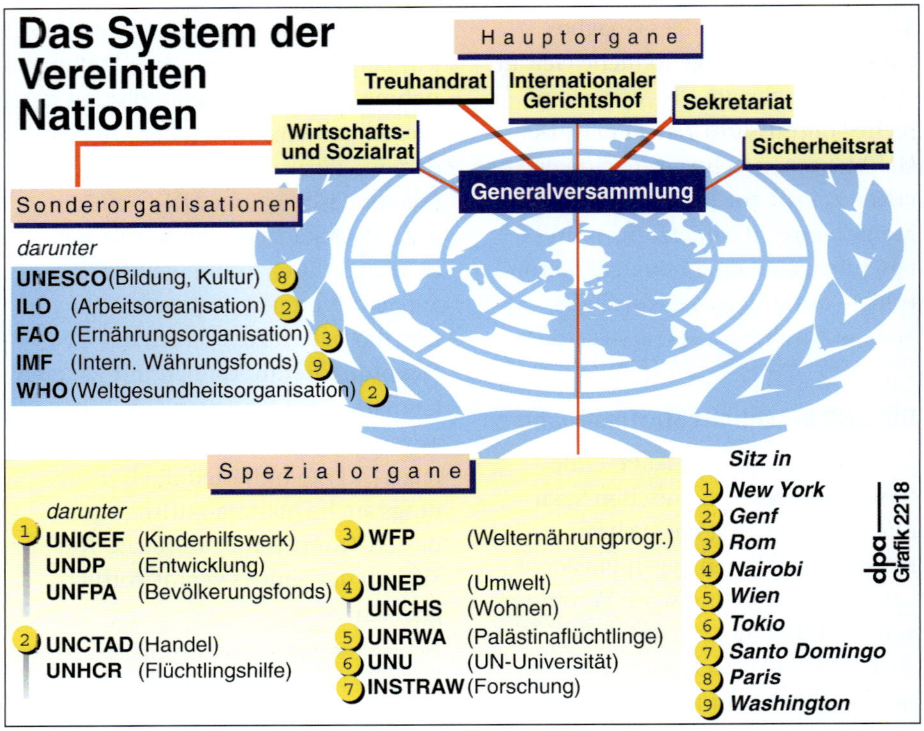

Aufgaben der UNO

Die UNO ist die größte und wichtigste internationale Organisation zur Sicherung des Friedens in der Welt. Ihr gehören heute 193 der 194 Staaten der Welt an.
Nach dem Zweiten Weltkrieg schlossen sich am 26. Juni 1945 51 Staaten zu den „United Nations Organization (UNO)" zusammen. Deutschland gehört der UNO seit 1973 an. Die UNO hat zum Ziel

- den Weltfrieden und die internationale Sicherheit zu wahren,
- weltweit die Achtung der Menschenrechte durchzusetzen,
- freundschaftliche Beziehungen zwischen den Nationen zu wahren und zu fördern. Es gilt dabei der Grundsatz der Gleichberechtigung.

Alle Mitglieder der UNO haben die „Charta der Vereinten Nationen" unterschrieben. Darin verpflichten sich diese,

- Streitigkeiten untereinander ausschließlich mit friedlichen Mitteln beizulegen,
- jede Androhung und Anwendung von Gewalt gegen die Unabhängigkeit oder das Territorium eines anderen Staates zu unterlassen,
- die Weltorganisation bei allen Maßnahmen zu unterstützen.

Die wichtigsten Organe der UNO

Die **Generalversammlung** besteht aus allen Mitgliedsländern der UNO. Jedes der 193 Länder hat eine Stimme. Auf der jährlichen Vollversammlung in New York, dem Hauptsitz der Weltorganisation, setzt sie sich für die Verwirklichung der Menschenrechte ein, lenkt die Aufmerksamkeit des Sicherheitsrats auf Situationen, die den Weltfrieden gefährden könnten, und erörtert Fragen der Abrüstung. Die Generalversammlung kann an Krisenherden Untersuchungen durchführen und Empfehlungen zur Konfliktregelung aussprechen Alle zwei Jahre wählt sie die zehn nicht ständigen Mitglieder des Sicherheitsrates.

Begriffe für euer Fachwörterverzeichnis

Alle fünf Jahre wählt die Vollversammlung auf Empfehlung des Sicherheitsrats den **Generalsekretär**, den obersten Verwaltungsbeamten der UNO. Er reist in Krisengebiete, führt Gespräche mit Regierungen und macht Vorschläge zur Beilegung von Konflikten. An den Sitzungen des Sicherheitsrats nimmt er teil und lenkt dort die Aufmerksamkeit auf die Probleme der Welt. Jährlich erstattet er der Generalversammlung Bericht. Seit 2007 bekleidet der Südkoreaner Ban Ki-moon dieses Amt.
Der **Sicherheitsrat** ist verantwortlich für die Wahrung des Weltfriedens und für die internationale Sicherheit. Er setzt sich aus fünf ständigen Mitgliedern (China, Frankreich, Großbritannien, Russland, USA) und zehn nicht ständigen Mitgliedern zusammen. Diese werden von der Generalversammlung auf zwei Jahre gewählt. Der Sicherheitsrat kann Empfehlungen aussprechen, wie die streitenden Länder ihre Konflikte friedlich beilegen können. Als einziges Organ der UNO kann er verbindliche Beschlüsse fassen und auch Zwangsmaßnahmen gegen ein Mitglied anordnen. Gegen die Beschlüsse des Sicherheitsrats können die fünf ständigen Mitglieder von ihrem Vetorecht Gebrauch machen und damit mit einer einzigen Stimme einen Beschluss verhindern.

Maßnahmen des Sicherheitsrats

Wenn sich ein Konflikt anbahnt oder die Sicherheit in einer Region gefährdet ist, wird der Sicherheitsrat zunächst versuchen, die verfeindeten Parteien mit friedlichen Mitteln, wie Untersuchungen und Verhandlungen, zum Einlenken zu bringen. Wenn diese Versuche erfolglos sind oder sich der Konflikt weiter verschärft, kann er Sanktionen (= Zwangsmaßnahmen) verhängen. Das können zum Beispiel Wirtschaftsembargos sein, bei denen der Handel mit den betroffenen Staaten untersagt wird, oder auch die Sperrung von Auslandskonten von Personen, um zum Beispiel uneinsichtige Konfliktparteien in finanzielle Schwierigkeiten zu bringen. Scheint kein anderer Ausweg möglich, kann der Sicherheitsrat den Einsatz militärischer Mittel anordnen. Dazu stehen ihm mehrere Möglichkeiten zur Verfügung.

Peacekeeping (Friedenssichernde Einsätze)

Diese Form von Friedenssicherungseinsätzen existiert seit dem Kalten Krieg. Im Auftrag der UNO werden leicht bewaffnete Truppen, aber auch zivile Helfer aus verschiedenen Mitgliedstaaten der UNO in Konfliktgebieten eingesetzt. Nach der Farbe ihrer Kopfbedeckung werden die UNO-Soldaten Blauhelme genannt. Peacekeeper wurden zunächst nur eingesetzt, um einen Waffenstillstand zu überwachen, und unter der Voraussetzung, dass alle Beteiligten damit einverstanden waren. Sie dürfen nur zur Selbstverteidigung zu den Waffen greifen. Häufig übernehmen UNO-Truppen in den betroffenen Staaten zusätzlich auch zivile Aufgaben. So überwachen sie zum Beispiel Wahlen, sorgen für die Einhaltung von Menschenrechten und helfen beim Wiederaufbau der zerstörten Länder mit.

Robustes Peacekeeping

In den 1990er-Jahren zeigte sich, dass die klassischen Blauhelm-Truppen an ihre Grenzen stießen: So konnten Friedenstruppen der UNO 1994 in Ruanda einen Völkermord mit über 800 000 Opfern nicht verhindern. Hilflos mussten Blauhelm-Soldaten auch zusehen, wie in Srebrenica Tausende bosnischer Männer niedergemetzelt wurden. Zunehmend wurden auch UN-Soldaten selbst zu Opfern von Gewalttaten. Daher erhielten Blauhelm-Truppen in der Folgezeit das Recht, ihren Auftrag notfalls auch mit Waffengewalt zu verfolgen. Das bezeichnet man als robustes Peace-Keeping. Diese Aufgaben können auch NATO-Truppen übertragen werden, wie dies zum Beispiel in Libyen 2011 der Fall war.

Methodenkarte 15

S M U H

Kurzvorträge und Präsentationen beurteilen

Themen: UNO/Entwicklungspolitik

A Worum geht es?

Wenn ihr im Politikunterricht einige Routine in der Präsentation von Kurzvorträgen gewonnen habt, könnt ihr darangehen, eure Kurzvorträge zur Friedenssicherung einer genaueren Beurteilung zu unterziehen und den Vortragenden Rückmeldung über die Wirkung ihrer Vorträge geben. Das nennt man Feedback.

B Wie könnt ihr vorgehen?

Den Fragebogen auf dieser Seite könnt ihr für alle Schülerinnen und Schüler kopieren, damit ihr eure Bewertungen eintragen könnt. Ihr vergebt Punkte für die einzelnen Bewertungsmerkmale und zählt am Ende eure Gesamtpunktzahl zusammen.

C Was solltet ihr noch beachten?

Während des Vortrags sollte sich das Publikum auf das Zuhören und Zuschauen konzentrieren. Den Fragebogen könnt ihr im Anschluss daran ausfüllen. In der Phase der Besprechung der Vorträge sollte die gegenseitige Hilfestellung vor der gegenseitigen Kritik im Vordergrund stehen. Später in der Berufsausbildung könnt ihr davon ausgehen, dass solche Beurteilungsbögen als Grundlage für eine Leistungsbewertung herangezogen werden. Der Fragebogen auf dieser Seite wurde von Lehrern und Schülern gemeinsam erarbeitet.

Beurteilungsbogen für Kurzvorträge

		maximale Punktzahl	erreichte Punktzahl	Vortragende von A bis Z				
				A	B	C	D	E
A	**Die Sache**							
1.	Wurde zu Beginn des Vortrags das Thema deutlich benannt und erklärt?	0–2						
2.	War der Vortrag anschaulich und gut gegliedert?	0–4						
3.	Wie gut verständlich und wie lehrreich war er für die Zuhörerinnen und Zuhörer?	0–4						
4.	Enthielt der Vortrag eine angemessene Menge an Informationen?	0–3						
5.	Gab es am Ende eine Zusammenfassung und einen gut nachvollziehbaren Abschluss?	0–2						
		15 Punkte						
B	**Die Personen**							
6.	Haben die Vortragenden die Aufmerksamkeit der Klasse abgewartet und in Ruhe eröffnet?	0–2						
7.	Wurde Blickkontakt zum Publikum hergestellt und gehalten?	0–1						
8.	Wurde klar, laut und deutlich, frei und in angemessenem Tempo gesprochen?	0–2						
9.	War erkennbar, dass die Vortragenden sich gut vorbereitet haben?	0–3						
10.	War das äußere Erscheinungsbild der Vortragenden der Situation angemessen (Art des Auftretens, Körperhaltung etc.)?	0–2						
		10 Punkte						
C	**Sonderpunkte**							
11.	Können ein oder mehrere Zusatzpunkte für besondere Einfälle und Leistungen gegeben werden?	0–2						

Die UNO im 21. Jahrhundert: Chancen und Grenzen der Weltorganisation

In den vergangenen Jahrzehnten hat die UNO erfolgreich geholfen, in vielen instabilen Regionen den Frieden wiederherzustellen: zum Beispiel in Angola, Guatemala und Zypern. Auf der anderen Seite konnte die UNO nicht verhindern, dass in Srebrenica im Bürgerkrieg Tausende bosnische Männer niedergemetzelt wurden. Im Syrienkonflikt konnte sich der Weltsicherheitsrat 2011/2012 wegen Meinungsverschiedenheiten nicht zu schnellem Handeln durchringen und sah tatenlos zu, wie zahllose Zivilisten sterben mussten. Seit über zehn Jahren wird über Reformen diskutiert – doch scheiterten fast alle Reformversuche an der Uneinigkeit der Mitglieder. Wie kann es weitergehen?

„Wir, die Völker der Vereinten Nationen ...“ – mit diesen Worten beginnt die Präambel der UN-Charta. Das klingt schön, ist aber nach Meinung vieler Beobachter pure Schönfärberei. Denn tatsächlich bestimmen Regierungen das Wohl und Wehe der Weltorganisation. [...] Diktatorische Regime fanden und finden sich selbst unter den Mächtigsten – den fünf ständigen Sicherheitsratsmitgliedern, die mit ihrem Vetorecht die UNO zur Untätigkeit verdammen können. [...] Der erste Satz der Präambel ist symptomatisch für die Widersprüche, unter denen die UNO seit ihrer Gründung leidet.
Während des Kalten Krieges hat der Sicherheitsrat selten die Aufgabe erfüllen können, die ihm zugedacht ist, nämlich für Frieden und Sicherheit in der Welt zu sorgen. Zwar haben Blauhelme sehr oft bei der Befriedung von Regionen nach einem bewaffneten Konflikt eine positive Rolle gespielt. Aber eben erst nachdem Konflikte bereits eskaliert waren.
Den Ausbruch von Kriegen konnte die UNO in den meisten Fällen nicht verhindern, weder in Korea noch in Vietnam. [...] Das Beispiel des Irak zeigt, dass das höchste UN-Gremium nur dann einen Waffengang verhindern kann, wenn das alle ständigen Mitglieder wirklich wollen.
Daran wird auch die Reform, die [der ehemalige] Generalsekretär Kofi Annan anstrebt, nichts ändern. Der Sicherheitsrat wird durch die geplante Erweiterung – egal, ob nun ständige Sitze hinzukommen oder nicht – keineswegs handlungsfähiger. Im Gegenteil: Beschlüsse zu fassen ist mit den derzeitigen 15 Mitgliedern sicher weitaus einfacher als, wie anvisiert, mit 24 oder 25. Denn das eigentlich entscheidende Problem ist das Vetorecht – und selbst die größten Reform-Optimisten glauben nicht, dass daran nur ein Komma geändert wird. [...]
Eine bescheidenere Sicht der Dinge käme der Wirklichkeit näher: Die UNO dient in Fragen des Weltfriedens in erster Linie als Forum zum Meinungsaustausch; in bestimmten Fällen werden dort konkrete Friedensmaßnahmen beschlossen; aber letztlich ist nicht die UNO dafür verantwortlich, dass Frieden in der Welt herrscht, sondern alle 193 Mitgliedstaaten.

(Nach: Klaus Dahmann: 60 Jahre UNO: Organisation der Widersprüche, www.dw-world.de, 26.05.2005)

1. Die Karikatur thematisiert ein grundlegendes Problem der UNO. Erkläre es.
2. Beurteilt auf der Grundlage des Textes Chancen und Grenzen der UNO bei der Friedenssicherung. Dabei könnt ihr euch an folgenden Kriterien orientieren: Machtverteilung innerhalb der UNO, Entscheidungsfindung, Erfolg bei der Friedenssicherung und Vorbeugung, Fähigkeit zur Reform des Sicherheitsrats.

Was noch interessant sein kann:

- auf www.youtube.com das Video „WissensWerte: Vereinte Nationen UNO“ anschauen,
- ein Quiz mit Multiple-Choice-Fragen zur UNO entwerfen.

5 Ist Entwicklungspolitik auch Friedenspolitik?

Auf dieser Doppelseite werden von A bis E ein von UNICEF gefördertes sowie Projekte privater und kirchlicher Organisationen vorgestellt. Können auch solche Projekte einen Beitrag zum Frieden leisten?

Kinderarbeit ist in Burkina Faso weitverbreitet. UNICEF, eine Unterorganisation der UNO, unterstützt Familien, damit ihre Kinder eine Schule besuchen können.

A UNICEF fördert Hilfsprogramme für Kinder in Burkina Faso

Über der Pissy-Goldmine außerhalb der Hauptstadt Ouagadougou in Burkina Faso liegt stechender gelblicher Rauch. Über kleinen Feuern erhitzen die Männer schwere Felsblöcke, um sie danach mit Äxten in Stücke zu schlagen. Auf dem Boden sitzen Frauen und zerkleinern die Felsstücke weiter. Der Lärm ist ohrenbetäubend. Ganz anders klingt es ein Stück weiter: In der von UNICEF eingerichteten Kinderkrippe, dem sogenannten „bisongo“, herrscht fröhliches Kinderlachen. „Wir mussten einfach etwas für unsere Kinder tun“, erzählt Mariam Sawadogo, die Initiatorin. Die 67-Jährige arbeitet seit über 50 Jahren in der Mine und hat nie Lesen und Schreiben gelernt. Doch es gelang ihr, die Frauen von der Idee einer Krippe zu überzeugen. Mittlerweile besuchen 50 Kinder das „bisongo“ – es gibt sogar schon eine Warteliste. […]
Burkina Faso ist eines der ärmsten Länder der Welt – doch in einigen Regionen wird Gold zutage gefördert. Viele ungelernte Arbeiter ziehen mit ihren Familien in die Nähe der Minen, um dort ihren Lebensunterhalt zu verdienen. Schon Fünfjährige helfen beim Transport der Steine und beim Goldwaschen mit. Viele verletzen sich oder werden krank – zur Schule geht kaum ein Kind. UNICEF unterstützt mit deutschen Spenden ein Hilfsprogramm für Kinder.

Familien werden unterstützt

Die Familien erhalten Unterstützung, um ihr Einkommen zu verbessern. So müssen die Kinder nicht mehr mitarbeiten und können stattdessen zur Schule gehen. Rund 200 Frauen und ältere Mädchen bekommen von UNICEF jeweils zwei Schafe, um eine kleine Tierzucht aufzubauen. UNICEF hilft aber auch, Frauen in der Herstellung von Seife oder kleinen Mahlzeiten zu schulen und sie mit den notwendigen Geräten auszustatten. Auch regelmäßige Besuche lokaler Gesundheitshelfer werden organisiert. […]

Schulen wird geholfen

UNICEF hilft außerdem in den Minenregionen bei der Einrichtung von Kinderkrippen und einfachen Schulen – häufig in Zelten. Für Kleinkinder stellt die Organisation Spielzeug und Essgeschirr bereit und schult die Betreuerinnen. Für die Grundschulkinder stellt UNICEF Tische, Bänke sowie Schulmaterial bereit. Rund 250 Jugendliche können eine Ausbildung zur Schneiderin, zum Mechaniker oder Tischler machen. Nach ihrem Abschluss erhalten sie die Grundausstattung für ihr Handwerk.

Aufklärungsarbeit

UNICEF setzt sich landesweit für die Abschaffung von Kinderarbeit in der Goldindustrie ein. Mit Theaterstücken sowie Radio- und Fernsehspots klärt die Organisation über die Gefahren auf.

(Aus: www.unicef.de, letzter Zugriff 19.03.2010)

B Medizinische Versorgung für Kinder in Afghanistan

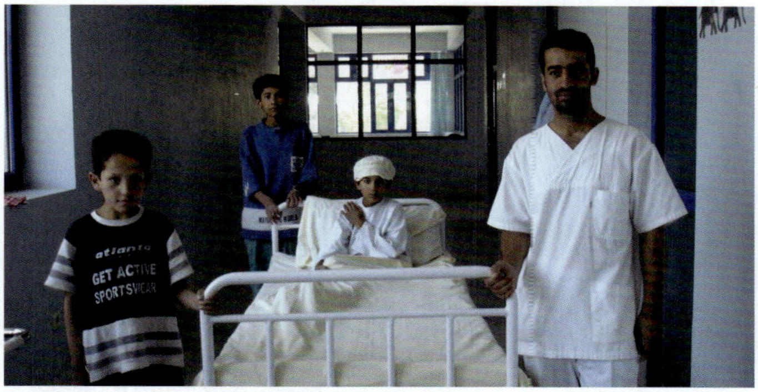

Viele Kinder in Afghanistan brauchen dringend medizinische Hilfe. Die kirchliche Hilfsorganisation Misereor unterstützt die Irene-Salimi-Kinderklinik in Kabul und übernimmt Operations- und Behandlungskosten für die Kinder. (www.misereor.de)

C Sauberes Trinkwasser für Mubimbi in Burundi

Das Hilfswerk Oxfam Deutschland baut eine neue Trinkwasseranlage in Burundi, da die Menschen wegen der unhygienischen Zustände krank wurden. (www.oxfam.de)

D Eine kostenlose Schulmahlzeit für Nomadenkinder in Mali

Jedes Kind erhält bei diesem Projekt der Welthungerhilfe eine Schulmahlzeit. Wegen der kostenlosen Mahlzeit schicken die teils bitterarmen Eltern auch Mädchen in die Schulen. Außerdem hat die Welthungerhilfe für die Nomaden mobile Schulen eingerichtet, die mit den Gruppen mitwandern. (www.welthungerhilfe.de)

E Patenschaften für Kinder in Entwicklungsländern

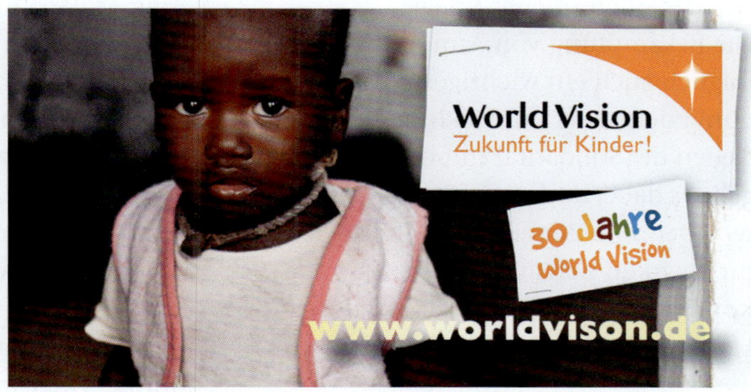

Im Rahmen ihres „Projekt 3000" vermittelt die Kinderhilfsorganisation Menschen, die mit einer Patenschaft ein Kind finanziell unterstützen, damit es ausreichend ernährt wird und zur Schule gehen kann. Mit dem Betrag werden auch seine Familie unterstützt und Entwicklungsprojekte vor Ort finanziert. (www.worldvision.de)

1. „Hilfe zur Selbsthilfe" will Entwicklungszusammenarbeit leisten. Erläutert anhand des Fallbeispiels A, inwieweit dieses Kriterium erfüllt ist.
2. Wählt ein Beispiel dieser Doppelseite aus und erklärt, welchen Beitrag zum Frieden dieses Projekt leistet. **Tipp:** Lest dazu nochmals auf der Infoseite „Friedenssicherung" (S. 315) den Abschnitt „Aufgaben von Friedens- und Sicherheitspolitik".

Was noch interessant sein kann:

- über die Arbeit von Nichtregierungsorganisationen im Internet recherchieren und sie in einem Kurzvortrag vorstellen. Die Adressen findet ihr unter den Fotos auf dieser Seite.

Entwicklungspolitik als Beitrag zum Frieden

Mehr als eine Milliarde Menschen leben von weniger als 1,25 Dollar am Tag. Zwischen den ärmsten und reichsten Ländern der Erde, aber auch innerhalb der ärmsten Länder klafft eine Wohlstandsschere, die sich in den letzten Jahren weiter geöffnet hat. Wo es am Nötigsten zum Leben fehlt, wo Menschenrechte ständig verletzt werden und Menschen keinerlei Lebensperspektiven haben, entsteht ein Nährboden für Gewalt. Die meisten bewaffneten Konflikte finden in Entwicklungsländern statt. Armut, die Zerstörung der Umwelt und der Kampf um Wasser gelten als wesentliche Ursachen solcher Kriege.
Die Bekämpfung von Armut ist folglich auch ein wichtiger Schwerpunkt deutscher Entwicklungspolitik. Neben der Solidarität mit den Ärmsten geht es dabei auch um eigene Interessen. Denn im Zeitalter der Globalisierung wirken sich auch weit entfernte Konflikte auf die Sicherheit unseres Landes aus.

Millenniumsziele

Auf dem Millenniumsgipfel im Jahr 2000 hat die UNO acht Entwicklungsziele festgeschrieben, die bis 2015 erreicht werden sollen:

1. Hunger und extreme Armut beseitigen. Die Zahl der Menschen, die mit weniger als einem Dollar pro Tag leben müssen, soll halbiert werden.
2. Grundschulbildung für alle Kinder. Alle Kinder sollen weltweit eine Grundschule besuchen können.
3. Gleichstellung und stärkere Beteiligung von Frauen. Die Benachteiligung von Frauen in der Bildung soll bis 2015 aufgehoben werden.
4. Kindersterblichkeit verringern. Die Kindersterblichkeit soll um zwei Drittel verringert werden.
5. Die Gesundheit von Müttern verbessern. Die Müttersterblichkeit soll bis 2015 um drei Viertel gesenkt werden.
6. Aids, Malaria und andere Krankheiten bekämpfen. Die Zunahme von Neuinfektionen und die Ausbildung von Malaria und anderen Krankheiten sollen gestoppt werden.
7. Nachhaltigen Umgang mit der Umwelt sichern. Zum Beispiel soll der Anteil der Weltbevölkerung, der keinen Zugang zu sauberem Trinkwasser hat, halbiert werden.
8. Aufbau einer weltweiten Partnerschaft für Entwicklung. Dazu gehören unter anderem ein Schuldenerlass für die ärmsten Länder, der Abbau von Zöllen und die Konzentration der Entwicklungszusammenarbeit auf Armutsbekämpfung.

Auch die deutsche Regierung hat sich dem Aktionsprogramm angeschlossen. Kritiker halten das Programm für zu ehrgeizig. Diese Ziele könnten nur erreicht werden, wenn die Industriestaaten wesentlich mehr Geld in Entwicklungspolitik investierten. Viele Länder haben dagegen wegen der schwierigen wirtschaftlichen Lage in den letzten Jahren die Ausgaben für Entwicklungshilfe gekürzt.

1. Beschreibe, welchen Beitrag zum Frieden Entwicklungspolitik leisten kann.

2. Wählt aus den Millenniumszielen drei Punkte aus, die ihr für besonders wichtig haltet. Erläutert sie mit eigenen Worten.

3. Erklärt die Aussage der Karikatur und nehmt dazu Stellung.

Was noch interessant sein kann:

- im Internet den aktuellen Stand der Umsetzung der Milleniumsziele recherchieren (www.un.org/depts/german/millenium/fs_millenium.html).

Trainingsplatz

Wir bewerten unsere Bereitschaft, uns entwicklungspolitisch zu engagieren

Nach einer Studie der Aktion „Deine Stimme gegen Armut" fordern 71 % aller Deutschen eine Verdoppelung der Entwicklungshilfe. In der Tabelle sind zehn Möglichkeiten dargestellt, wie man selbst einen persönlichen Beitrag zur Entwicklungspolitik leisten kann.

1. Entscheidet zunächst Punkt für Punkt, welche Aussage auf euch selbst zutrifft.
2. Setzt euch dann in Gruppen zusammen und tauscht eure Ergebnisse aus.
3. Sprecht darüber, ob es Vorschläge gibt, an deren Umsetzung ihr gerne mitarbeiten würdet. Wenn ja, stellt sie in der Klasse vor.

	Das habe ich schon gemacht.	Das könnte ich mir (später einmal) vorstellen, zu tun.	Das kommt für mich nicht infrage.
1. in Zeitungen oder im Internet über Projekte und Aktionen recherchieren			
2. mich über Entwicklungsprojekte von Schulen und privaten Trägern in unserer Region informieren			
3. mich in der Kirche, einer Partei oder einer entwicklungspolitischen Organisation engagieren			
4. einmalig einen Betrag für ein Projekt oder eine Aktion spenden			
5. in meiner Freizeit ehrenamtlich in einem Eine-Welt-Laden arbeiten			
6. ein Kind in einem Entwicklungsland durch eine Patenschaft unterstützen			
7. eine Veranstaltung, zum Beispiel einen Flohmarkt, organisieren, um Spenden für Entwicklungsprojekte zu sammeln			
8. bevorzugt fair gehandelte Waren kaufen			
9. in unserer Schule ein Projekt organisieren			
10. ein freiwilliges soziales Jahr in einem Entwicklungsland leisten			

Kompetenzstationen

Friedenssicherung

Station 1 – Welche Gefahren bedrohen den Frieden?

S M U H

Aufstand in Syrien

In Syrien im Nahen Osten brachen im Frühjahr 2011 Unruhen aus, als sich weite Teile der Bevölkerung gegen die Unterdrückung in ihrem Land erhoben. Der syrische Präsident versuchte, mit allen Mitteln an der Macht zu bleiben: Seine Soldaten ermordeten Tausende von Menschen. Die UNO musste tatenlos zuschauen, weil Russland und China mit ihrem Veto im Sicherheitsrat ein Eingreifen verhinderten.

1. Erkläre, um welche Art von Bedrohung es sich im vorliegenden Beispiel handelt. Warum ist sie besonders gefährlich?
2. Beschreibe mindestens eine weitere Bedrohung für den Frieden.
3. Können Menschen lernen, Konflikte friedlich zu lösen? Wie lautet deine Antwort auf diese Frage? Begründe.

Station 2 – Beispiel Afghanistan

S M U H

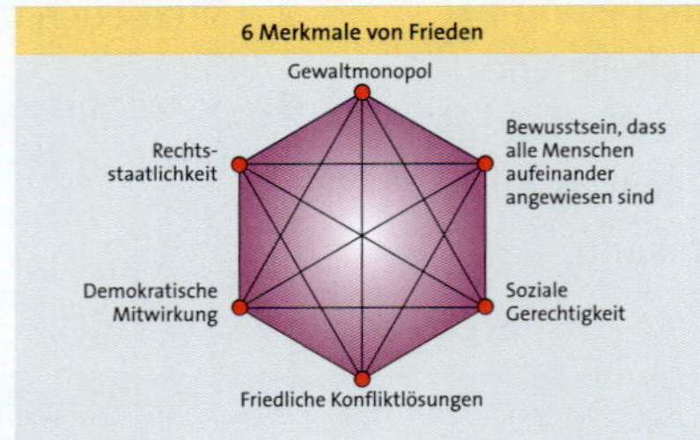

Bedingungen für Frieden erklären

Einmal angenommen, du arbeitest in einer Firma, die weltweit zahlreiche Niederlassungen hat. Gerade wird überlegt, ob man in einer gefährlichen Region eine Niederlassung gründen soll. Das Land hat einen jahrzehntelangen Bürgerkrieg hinter sich. Woran kann man erkennen, dass sich dort die Verhältnisse gebessert haben, dass sich das Land auf dem Weg zum Frieden befindet?

- Erkläre mithilfe des Schaubilds, welche Bedingungen in diesem Land nach und nach erfüllt werden müssen.

Station 3 – Internationaler Terrorismus

S M U H

Ein Kurzreferat vorbereiten

USA und der Westen	Islamistische Terroristen	Zukunft des islamistischen Terrorismus
Terrorismus	Al-Kaida	Maßnahmen gegen Terror
Terroranschläge in Deutschland	11. September 2001	Selbstmordattentate

Bereite ein Kurzreferat zum Thema „Internationaler Terrorismus" vor.
Bringe dafür die Kärtchen zunächst in eine sinnvolle Reihenfolge.
Formuliere dann unter Verwendung der Stichwörter auf den Kärtchen einen Text, in dem du folgende Aspekte berücksichtigst:

- Wer sind die Terroristen?
- Welche Ziele haben sie?
- Welche Maßnahmen wurden ergriffen, mit welchem Erfolg?

Station 4 Beitrag der UNO zur Friedenssicherung

S M U H

Einmal angenommen …

In einem kleinen Land irgendwo auf der Erde nehmen die Spannungen zwischen zwei Bevölkerungsgruppen so zu, dass ein Bürgerkrieg ausbricht. Es kommt zu schlimmen Gewalttaten auf beiden Seiten, bei denen unbeteiligte Zivilisten ermordet werden. Tausende Menschen sind auf der Flucht.

- Erkläre ausgehend von diesem Beispiel, welche Möglichkeiten die UNO hat, um den Frieden wiederherzustellen bzw. zu sichern.

Die Karikatur thematisiert die Rolle der UNO in der Friedenssicherung. Interpretiere sie mithilfe der Drei-Fragen-Deutung:

- Was ist dargestellt?
- Was will der Zeichner ausdrücken?
- Wie bewerte ich die Aussage?

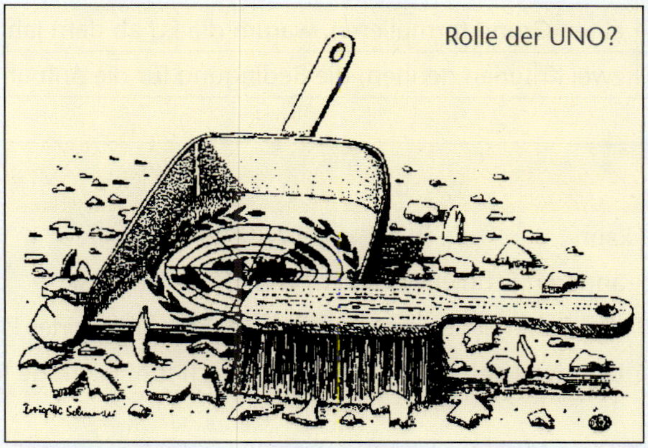

Station 5 Entwicklungspolitik

S M U H

Bei einer Internetrecherche ist Kira auf die Website einer entwicklungspolitischen Organisation gestoßen. Dort wirbt diese mit dem nebenstehenden Logo für die Teilnahme an einem weltweiten Aktionstag. Kira würde sich gerne beteiligen – doch kann sie mit den „Millenniumszielen" nichts anfangen.
Erkläre ihr in einem kurzen Text,
- was die UN-Millenniumsziele sind,
- welche Ziele sie haben (3 Beispiele),
- warum diese einen Beitrag zum Frieden leisten.

Persönlicher Lerncheck Kapitel 10:
Die Europäische Union

Sachkompetenz – Was ich weiß

A		Ich kann …	Punkte
	1	an mindestens drei Beispielen erklären, wie die Europäische Union in unseren Alltag hineinwirkt.	2
	2	zwei Ziele nennen, welche alle Staaten gemeinsam in der Europäischen Union anstreben.	1
	3	von allen Mitgliedstaaten mindestens die Hälfte aufzählen.	1
		die Aufzählung sogar vervollständigen (plus 2 Sonderpunkte!).	1 + 2
		erklären, was das Europäische Parlament ist und die Europäische Kommission und der Rat der Europäischen Union (Ministerrat).	2
	4	einen Grund formulieren, warum die EU ab dem Jahr 2010 in eine Euro-Schuldenkrise geriet.	1
	5	zwei Kriterien nennen, die Bedingung für die Aufnahme neuer Staaten in die EU sind.	1
			maximal 9

Methodenkompetenz – Was ich methodisch gelernt habe

B		Ich kann …	Punkte
	1	anderen Schülern erklären, was ein Portfolio ist.	3
	2	deutlich machen, wie man bei der Erstellung eines Portfolios Schritt für Schritt vorgehen kann.	3
	3	Lerntipps geben, mit denen man sich fünf wichtige Institutionen der EU besser einprägen kann.	3
			maximal 9

Urteilskompetenz – Wozu ich Stellung nehmen kann

C		Ich kann …	Punkte
	1	darlegen, warum die EU in der Vergangenheit bis heute den Menschen in Europa viel mehr Vorteile als Nachteile eingebracht hat.	3
	2	je mindestens ein Argument für und gegen die Aufnahme der Türkei in die EU formulieren und mein eigenes Urteil dazu begründen.	3
	3	in einem Vorstellungsgespräch um einen Ausbildungsplatz in einem Wirtschaftsunternehmen die Vorteile des Europäischen Binnenmarktes erläutern.	3
			maximal 9

Handlungskompetenz – Meine Fähigkeiten im Umgang mit dem Thema „Die Europäische Union"

D			
		Angenommen, du planst einen Auslandsaufenthalt in den USA und wirst dort eine Zeit lang die Schule besuchen. Die amerikanischen Schüler bitten dich, ihnen vorzustellen, was dieses aus ihrer Sicht merkwürdige Gebilde Europäische Union ist, was die Vorteile für die Bürger sind, wie dort Politik gemacht wird, warum es auch Krisen gibt und was die Herausforderungen für die Zukunft der EU sind. Könntest du einen einigermaßen umfangreichen Beitrag zu ihrer politischen Bildung leisten (= 3 Punkte), einen Beitrag in dem einen oder anderen Punkt (= 2 Punkte) oder immerhin einen ganz kleinen Beitrag (= 1 Punkt)?	maximal 3

Maximal 30 Punkte

Persönlicher Lerncheck Kapitel 11: Friedenssicherung als Aufgabe internationaler Politik

A Sachkompetenz – Was ich weiß

	Ich kann …	Punkte
1	mindestens zwei Gefahren für den Weltfrieden benennen.	2
	eine davon an einem Beispiel erläutern.	1
2	erläutern, wie sich die Friedensvorstellungen gewandelt haben.	2
	mindestens zwei Merkmale von Frieden beschreiben.	1
3	am Beispiel des Konflikts an der Elfenbeinküste darlegen, welche Mittel die UNO zur Friedenssicherung einsetzt.	2
	erklären, welche Aufgaben der Sicherheitsrat hat.	1
		maximal 9

B Methodenkompetenz – Was ich methodisch gelernt habe

	Ich kann …	Punkte
1	erläutern, welches Ziel eine Konfliktanalyse hat.	2
	erklären, wie man dabei vorgeht.	1
2	mindestens drei Leitfragen für die Konfliktanalyse beschreiben.	3
3	zu einer Präsentation den Vortragenden eine fundierte Rückmeldung geben.	3
		maximal 9

C Urteilskompetenz – Wozu ich Stellung nehmen kann

	Ich kann …	Punkte
1	die Erfolge bei der Bekämpfung des internationalen Terrorismus bewerten.	3
2	die Rolle der UNO im Konflikt an der Elfenbeinküste erörtern.	3
3	die Chancen und Risiken der UNO im 21. Jahrhundert nach den Kriterien Machtverteilung, Erfolg bei der Friedenssicherung und Reformfähigkeit beurteilen.	3
		maximal 9

D Handlungskompetenz – Meine Fähigkeiten im Umgang mit dem Thema „Friedenssicherung"

	Angenommen, in einer Diskussion vertritt eine Freundin die Meinung: „Kriege mit zahllosen unschuldigen Opfern hat es doch immer gegeben – daran kann auch die UNO nichts ändern." Du erklärst ihr, was die UNO zur Friedenssicherung unternimmt. Fühlst du dich dafür sehr fit (= 3 Punkte), fit (= 2 Punkte), weniger fit (= 1 Punkt) oder nicht fit (= 0 Punkte)?	maximal 3

Maximal 30 Punkte

Glossar

Arbeit
Darunter versteht man die Summe aller Tätigkeiten, die Menschen verrichten, um ihren Lebensunterhalt zu verdienen. Man kann zwischen bezahlter und unbezahlter Arbeit unterscheiden. Es fehlt hier und in anderen Ländern an bezahlter Arbeit. Die Beseitigung von Arbeitslosigkeit bzw. die Sicherung und Schaffung neuer Arbeitsplätze gilt als eine der wichtigsten Zukunftsaufgaben für die Politik.

Armut
Hier muss man zwischen absoluter und relativer Armut unterscheiden. Weltweit leben über eine Milliarde Menschen in absoluter Armut. Das bedeutet, dass sie nicht genug zu essen, keinen Zugang zu sauberem Trinkwasser und keine menschenwürdige Wohnung haben. Auch in Deutschland gibt es viele Menschen, denen wenig Geld zur Verfügung steht und die sich wenig leisten können. Im Vergleich zur absoluten Armut leben diese Menschen in relativer Armut. Als relativ arm gelten in Deutschland Familien, denen weniger als die Hälfte eines durchschnittlichen Familieneinkommens zur Verfügung steht.

Betrieb
In den Betrieben werden die Güter, die wir zum Leben brauchen, hergestellt und auf den Märkten angeboten. Das kann in einem Ein-Personen-Betrieb geschehen, aber auch in einem Unternehmen, in dem Tausende von Mitarbeitern mit der Herstellung eines Produktes beschäftigt sind. Neben der Größe unterscheiden sich die vielen Betriebe nach der Art der Güter, die dort hergestellt werden, und nach der Rechtsform. Zum Beispiel kann ein Betrieb eine Personengesellschaft sein mit einer Chefin oder einem Chef an der Spitze oder eine große Aktiengesellschaft. Zu einem Unternehmen können mehrere Betriebe gehören.

Betriebsrat
Er ist die gewählte Interessenvertretung der Arbeitnehmerinnen und Arbeitnehmer in einem Wirtschaftsbetrieb. Er kann in Betrieben mit einer Mindestzahl von fünf Personen alle vier Jahre gewählt werden. Die wichtigste Aufgabe des Betriebsrates besteht darin, alle Belange der Belegschaft gegenüber der Leitung des Betriebes zu vertreten. Seine Rechte sind im Betriebsverfassungsgesetz geregelt.

Bruttoinlandsprodukt
Den Wert aller in einer Volkswirtschaft erstellten Waren und Dienstleistungen in einem Jahr bezeichnet man als Bruttoinlandsprodukt. Dies wird in einer Geldsumme ausgedrückt. Die Höhe des BIP gilt als Maßstab für den Wohlstand und die wirtschaftliche Leistungsfähigkeit einer Gesellschaft. Nach wie vor ist eines der wichtigsten Ziele der Wirtschaftspolitik, ein hohes und gleichmäßiges Wachstum des Bruttoinlandsproduktes zu erreichen. Früher sprach man vom Bruttosozialprodukt. Der Unterschied besteht darin, dass das Bruttoinlandsprodukt den Wert aller Waren und Dienstleistungen ausdrückt, die im Land erzeugt werden. Dazu zählen auch die von Ausländern im Land erbrachten Leistungen. Das Bruttosozialprodukt berechnete auch die Leistungen, die Deutsche im Ausland erbringen. Mit dem BIP lassen sich Länder besser vergleichen.

Bundeskanzler
Er wird vom Bundestag gewählt und ist der mächtigste Politiker in der Bundesrepublik Deutschland. Der Bundeskanzler ist gegenüber dem Parlament für die Politik der gesamten Bundesregierung verantwortlich. Als Chef der Regierung bestimmt er die Richtlinien der Politik. Ihm steht das Recht zu, die Ministerinnen und Minister zu entlassen und neue zu berufen.

Bundespräsident
Er ist Staatsoberhaupt der Bundesrepublik Deutschland. Zu seinen Aufgaben gehört, dass er Deutschland bei Staatsbesuchen im In- und Ausland vertritt. Er empfängt die Staatsgäste, unterzeichnet Bundesgesetze und internationale Verträge. Er wird von der Bundesversammlung für einen Zeitraum von fünf Jahren gewählt und kann sich einmal zur Wiederwahl stellen. Im Vergleich zum Bundeskanzler hat der Bundespräsident wenig direkte Macht. Zu den wirkungsvollsten Mitteln, Einfluss auf die Politik zu nehmen, gehört die öffentliche Rede bei besonderen Anlässen.

Bundesrat
Er ist die politische Vertretung der 16 Bundesländer. Seine Mitglieder werden nicht vom Volk gewählt, sondern von den Landesregierungen der 16 Länder entsendet. Durch den Bundesrat wirken die Länder an der Gesetzgebung des Bundes mit. Alle Bundesgesetze, die die Interessen der Bundesländer betreffen, bedürfen der Zustimmung des Bundesrates, bevor sie in Kraft treten. Bundesrat und Bundestag bilden zusammen das Parlament der Bundesrepublik Deutschland.

Bundesregierung
Sie besteht aus dem Bundeskanzler und den Bundesministern. Die Bundesregierung übt für den Zeitraum zwischen zwei Wahlen die politische Herrschaft im Staate aus. Sie berät und entscheidet darüber, was im eigenen Land geschehen soll. Sie regelt die Beziehungen zu anderen Staaten. Bei ihren Entscheidungen muss sich die Regierung an die Gesetze halten. Sie hat das Recht, Gesetzesvorschläge vorzubereiten und beim Parlament einzureichen.

Bundesstaat (siehe auch Föderalismus)
Das ist ein Staat, der aus mehreren Teilstaaten besteht, die gemeinsam zu einem Bund zusammengeschlossen sind. Die Bundesrepublik Deutschland ist ein solcher Bundesstaat. Sie besteht aus 16 Bundesländern und hat in der Bundeshauptstadt Berlin ein gemeinsames Parlament und eine gemeinsame Regierung.

Bundestag
Der Bundestag ist die gewählte Volksvertretung der Bundesrepublik Deutschland. Er gilt als wichtigste Bundeseinrichtung und als „Herz der Demokratie". Die Abgeordneten zum Deutschen Bundestag werden alle vier Jahre in allgemeiner, unmittelbarer, freier, gleicher und geheimer Wahl gewählt. Zu den wichtigsten Aufgaben des Bundestags gehört die Wahl des Bundeskanzlers, die Überwachung der Bundesregierung, das Recht, über die Einnahmen und die Ausgaben des Bundes zu beschließen, und die Verabschiedung aller Bundesgesetze.

Bundestagswahl
Sie findet alle vier Jahre statt. Bei der Wahl haben die Wählerinnen und Wähler zwei Stimmen. Mit der Erststimme wählen sie nach dem Mehrheitswahlsystem die Abgeordneten in ihren Wahlkreisen. Mit der Zweitstimme wählen sie nach dem Verhältniswahlrecht eine Partei. Für die prozentuale Sitzverteilung der Parteien im Bundestag ist die Zweitstimme entscheidend, deswegen ist sie die wichtigere von beiden. Das Wahlsystem zur Bundestagswahl wird prozentuales Verhältniswahlrecht genannt.

Bundesverfassungsgericht
Es ist das oberste deutsche Gericht und hat die Aufgabe, zu überwachen, dass das Grundgesetz nicht verletzt wird. Das BVG wird als „Hüterin der Verfassung" bezeichnet. Es kann ein Gesetz, das nach seinem Urteil gegen das Grundgesetz verstößt, außer Kraft setzen. Jeder Bürger der Bundesrepublik Deutschland hat die Möglichkeit, Verfassungsbeschwerde zu erheben, wenn er oder sie sich in den im Grundgesetz festgelegten Grundrechten verletzt fühlt.

Bundesversammlung
Sie tritt in der Regel nur einmal alle fünf Jahre zusammen und hat nur eine Aufgabe: die Wahl des Bundespräsidenten. Sie setzt sich zur Hälfte ihrer Mitglieder aus allen Abgeordneten des Bundestages zusammen und zur anderen Hälfte aus Bürgerinnen und Bürgern, die von den Landtagen in den Bundesländern gewählt werden. Von der Mitgliederzahl her gesehen, ist die Bundesversammlung das größte Staatsorgan in Deutschland.

Bürgerbegehren/Bürgerentscheid
In den meisten Bundesländern in Deutschland sind Bürgerbegehren und Bürgerentscheide als eine Form direkter Demokratie auf der Ebene der Gemeindepolitik vorgesehen. Mit diesem Instrument können sich die Bürger für oder gegen ein Vorhaben einsetzen. Das Verfahren sieht immer zwei Stufen vor: Zunächst müssen die Bürger für ihr Vorhaben ein Begehren durchführen. Dazu müssen zwischen 6 und 10 Prozent der Stimmberechtigten unterschreiben. Lehnt der Rat das Begehren ab, kommt es zur zweiten Stufe: dem Bürgerentscheid. Er gilt als angenommen, wenn die Mehrheit dafür ist. In den meisten Bundesländern ist die Bedingung, dass ein bestimmter Prozentsatz der Stimmberechtigten an der Abstimmung teilgenommen hat (Entscheidungsquorum). (Siehe auch Volksinitiative, Volksbegehren, Volksentscheid auf Landesebene.)

Bürgerinitiative
Wenn man „initiativ" wird, unternimmt man etwas. Man wehrt sich zum Beispiel gegen eine politisch geplante Maßnahme. Eine Bürgerinitiative ist ein Zusammenschluss von Bürgerinnen und Bürgern, die sich gegen bestimmte Maßnahmen wehren – zum Beispiel gegen den Ausbau von Flughäfen, den Bau von Straßen, Kernkraftwerken, Fabriken etc. Bürgerinitiativen setzen sich meist für den Schutz der Umwelt, die Verbesserung der Lebens- und Wohnverhältnisse und für die Gleichberechtigung von Frauen und Männern ein. Sie üben mit vielfältigen Mitteln Druck auf die Politiker, Parteien, Verbände und Wirtschaftsunternehmen aus. Sie sind eine Form spontaner und direkter politischer Aktivität und gelten in einer lebendigen Demokratie als erwünscht.

Bürgermeister

Eine Bürgermeisterin oder ein Bürgermeister ist Leiterin bzw. Leiter einer Gemeinde, ob haupt- oder ehrenamtlich hängt von der Größe der Gemeinde ab. In kreisfreien Städten heißt der Bürgermeister Oberbürgermeister. Bürgermeister führen den Vorsitz in den Gemeinde- und Stadträten. Ihre Rechte und Pflichten sind in den Gemeindeordnungen festgeschrieben, die von Bundesland zu Bundesland unterschiedlich sind. Zum Beispiel werden die Bürgermeister in Nordrhein-Westfalen seit 1994 von der Bevölkerung direkt gewählt. In anderen Bundesländern gilt die Regelung, dass ein Bürgermeister vom Gemeinde- oder Stadtrat gewählt wird.

Demokratie

Wörtlich übersetzt heißt das aus der griechischen Sprache stammende Wort „Herrschaft des Volkes". Für unsere moderne Zeit bedeutet Demokratie, dass alle Herrschaft im Staat vom Volk ausgeht. Das Volk wählt seine Vertreter in die Gemeinderäte, die Landtage und in den Bundestag. Weil diese Vertreterinnen und Vertreter das Volk repräsentieren, nennt man unsere Demokratie auch repräsentative Demokratie. Der wichtigste Wert in einer Demokratie ist, dass die Menschen frei sind und gleiche Rechte haben.

Diktatur

Sie ist das Gegenteil einer Demokratie. Hier sind die Menschen nicht frei. An der Spitze einer Diktatur steht ein Alleinherrscher oder eine Gruppe von Herrschenden, die alle Macht in Händen hält. Die Bevölkerung hat den Befehlen der Mächtigen zu gehorchen. Politisch Andersdenkende werden häufig verfolgt.

Emanzipation

Das Wort stammt aus der lateinischen Sprache und bedeutet ursprünglich, dass man sich als Sklave von seinen Fesseln befreit und in die Selbstständigkeit entlassen wird. Heute versteht man unter dem Begriff den Kampf der Frauen um Gleichberechtigung bzw. um die Beseitigung vielfältiger Benachteiligungen gegenüber den Männern.

Emissionen

Das ist die Bezeichnung für die Abgabe von festen, flüssigen oder gasförmigen Schadstoffen (z. B. Gase, Stäube), die die Luft, das Wasser und den Boden verunreinigen, sowie für Geräusche, Erschütterungen und Strahlen, die die Umwelt belasten.

Emissionshandel

Das ist ein Instrument der Wirtschaftspolitik mit dem Ziel, den Ausstoß von Schadstoffen in die Atmosphäre zu verringern. Man legt dazu für ein bestimmtes Gebiet eine Obergrenze für den Ausstoß umweltschädigender Emissionen fest und erteilt den Unternehmen dafür die Erlaubnis in Form von Emissionsgutscheinen. Gelingt es einem Unternehmen, weniger Schadstoffe zu produzieren, als es ihm die zugeteilten Gutscheine (= Zertifikate) erlauben, kann es die nicht von ihm verwendeten an andere Unternehmen verkaufen. So werden Anreize geschaffen, mit geringerer Umweltbelastung Geld zu verdienen. Im Gebiet der Europäischen Union wurde 2005 der Emissionshandel für Kohlenstoffdioxid verbindlich eingeführt.

Entwicklungsländer

So werden die armen Länder der Erde genannt. Vor allem auf wirtschaftlichem Gebiet sind sie im Vergleich zu den hoch entwickelten Industrieländern „unterentwickelt". Mehr als drei Viertel der Menschen leben in diesen Staaten, die auch als Länder der „Dritten Welt" bezeichnet werden. Wichtige Merkmale der Armut sind: hohes Bevölkerungswachstum, mangelnde Ernährung, mangelhafte Infrastruktur und hohe Arbeitslosigkeit. Der Begriff „Entwicklungsländer" wird zunehmend als problematisch angesehen, weil er den Eindruck erweckt, als müssten sich alle Länder in Richtung der Ziele bewegen, die von den Wertvorstellungen und Kulturen der Industrieländer geprägt sind.

Europäische Union

Die EU ist ein Verbund europäischer Staaten, zu dessen wichtigsten Zielen die Sicherung des Friedens, der Freiheit und die Förderung des wirtschaftlichen Wohlergehens gehört. Seit 2004 gehören 25 Mitgliedstaaten der Europäischen Union (EU) an. Sie haben sich vertraglich verpflichtet, weite Bereiche der Politik gemeinsam zu gestalten und zu einem immer festeren wirtschaftlichen und politischen Bündnis zusammenzuwachsen. Dabei sollen die einzelnen Mitgliedstaaten ihre Selbstständigkeit behalten. Die EU verfügt über gemeinsame „europäische Organe", die in der Lage sind, verbindliche Entscheidungen für alle Menschen in der EU zu treffen. Dazu gehören das Europäische Parlament, die Europäische Kommission, der Rat der Minister sowie der Rechnungshof und der Europäische Gerichtshof. Mit dem Vertrag von Lissabon, der am 1. Dezember 2009 in Kraft trat, werden die Institutionen der EU modernisiert und ihre Arbeitsmethoden optimiert, um den Herausforderungen der Zukunft gewachsen zu sein.

Europäischer Binnenmarkt
Ein Binnenmarkt ist ein Gebiet ohne Grenzen für alles, was sich im wirtschaftlichen Geschehen von einem Ort zum anderen bewegen soll. Das gesamte wirtschaftliche Geschehen spielt sich im Binnenmarkt nach einheitlichen Regeln und gleichen Bedingungen ab. Der Europäische Binnenmarkt umfasst die Mitgliedstaaten der Europäischen Union (EU). Grundlegend gelten vier Freiheiten: 1. Waren können ungehindert in allen Mitgliedstaaten verkauft werden. 2. Personen eines Mitgliedslandes der EU können in jedem anderen EU-Land leben, arbeiten oder eine Ausbildung absolvieren. 3. Dienstleistungen können von jedem EU-Bürger über die nationalen Grenzen hinweg erbracht werden. 4. Geld und Kapital können von jedem Mitgliedsland in ein anderes frei bewegt werden. Zwischen den Mitgliedstaaten des Europäischen Binnenmarktes gibt es nur noch Innenhandel und keinen Außenhandel mehr.

Europarat
Er ist ein Zusammenschluss europäischer Staaten, der sich zum Ziel gesetzt hat, die Völker Europas dauerhaft zusammenzuschließen, den Gedanken der Demokratie zu fördern, die europäische Kultur zu pflegen und die Zusammenarbeit in wirtschaftlichen, sozialen, wissenschaftlichen und rechtlichen Angelegenheiten zu fördern. Vor dem Hintergrund der Schrecknisse des Zweiten Weltkrieges wurde er 1949 von zehn Staaten gegründet. 1990 erweiterten Ungarn und die Tschechoslowakei als erste Mitglieder des ehemaligen Ostblocks den Zusammenschluss auf 25 Mitglieder. Er hat seinen Sitz in Straßburg.

Europäisches Parlament
Das Europäische Parlament wird alle fünf Jahre von den Bürgerinnen und Bürgern in der EU gewählt. Es setzt sich zusammen aus 750 Abgeordneten aus den Mitgliedstaaten und dem Parlamentspräsidenten. Die Anzahl der Sitze hängt von der Einwohnerzahl des Landes ab. Deutschland stehen 96 Sitze zu. Das Parlament teilt sich die Aufgabe der Gesetzgebung mit dem Ministerrat. Es besitzt das Haushaltsrecht und entscheidet mit über die Aufnahme neuer Mitgliedstaaten in die EU.

Exekutive
Sie ist die ausführende Gewalt und damit eine der drei klassischen Staatsgewalten. Polizisten sind zum Beispiel Teil der staatlichen Exekutive, weil sie dafür sorgen, dass die Ordnung im Staat aufrechterhalten wird. Auf Bundesebene ist die Bundesregierung das oberste Organ der Exekutive.

Extremismus
Das lateinische Wort bedeutet „außerhalb". In der Politik sind Extremisten Menschen, die außerhalb der Demokratie stehen. Extremistisch ist eine politische Partei, welche die Demokratie ablehnt und das Ziel verfolgt, die Demokratie zu beseitigen. Das Grundgesetz sieht vor, dass extremistische Parteien verboten werden können.

Familie
Die Familie ist die erste und die wichtigste Gruppe, in die ein Mensch hineingeboren wird. Niemand kann sie sich aussuchen. Ihre Form kann sehr unterschiedlich sein. Oft verstehen wir darunter eine Gemeinschaft, die aus Eltern und einem oder mehreren Kindern besteht. Sie kann aber auch aus einer alleinerziehenden Mutter oder einem alleinerziehenden Vater bestehen. Die häufigste Form in Deutschland ist gegenwärtig das Ehepaar ohne Kinder.

Föderalismus
Das lateinische Wort „födus" heißt „Bund". Ein föderalistischer Staat ist ein Staat, in dem mehrere Teilstaaten zu einem Bund zusammengeschlossen sind. Dabei kann man zwischen einem Staatenbund und einem Bundesstaat unterscheiden. Die Bundesrepublik Deutschland ist ein föderalistischer Bundesstaat.

Fraktion
Eine Fraktion ist die Gruppe der Abgeordneten in einem Parlament, die der gleichen Partei angehören. Geleitet wird die Fraktion von einer Fraktionssprecherin bzw. einem Fraktionssprecher.

Gemeinde
Mit diesem Sammelbegriff kann ein Dorf oder auch eine Großstadt bezeichnet werden. Eine Gemeinde hat das Recht, sich selbst zu verwalten und ihre Angelegenheiten selbst zu regeln. Gemeinden sind sogenannte Gebietskörperschaften. Das heißt, sie sind für ihr Gebiet mit bestimmten Aufgaben, Rechten, Pflichten und Einrichtungen ausgestattet. Für Gemeinden verwendet man auch den Begriff Kommunen.

Gemeinderat
(siehe Stadtrat)

Gemeinwohl
Die Politik in einer Demokratie, ob in der Stadt, im Land oder im Bund, hat sich am Gemeinwohl zu orientieren, das bedeutet am allgemeinen Wohlergehen aller Menschen. Regierungen dürfen also nicht nur Gesetze beschließen, die bestimmten Gruppen nützen, sondern sie müssen versuchen, die Interessen und Bedürfnisse aller angemessen zu berücksichtigen. Die Orientierung am Gemeinwohl ist ein Ziel, das in politischen Auseinandersetzungen oft angezweifelt wird.

Gesellschaft
bedeutet dem Wortursprung nach eine Vereinigung mehrerer Gefährten oder ein freundliches Beisammensein. Wenn wir von unserer Gesellschaft sprechen, meinen wir damit in der Regel die Gesamtheit der Menschen, die in diesem Staat leben. Der Mensch braucht die Gesellschaft, weil er als soziales Wesen auf andere Menschen angewiesen ist. Man unterscheidet verschiedene Gesellschaftsformen. Die deutsche Gesellschaft wird – je nach Sichtweise – als eine demokratische, offene bezeichnet, die sich im Wandel von einer Industrie- zu einer Dienstleistungsgesellschaft befindet.

Gesetze
Gesetze sind die aufgeschriebenen und vom Parlament verabschiedeten Regeln, an die sich alle Menschen in einem Staat halten müssen. Damit die Gesetze eingehalten werden, gibt es Strafen für die Nichtbeachtung. In einem Rechtsstaat ist auch der Staat an die Einhaltung der Gesetze gebunden. Im Streitfall entscheiden die Gerichte frei und unabhängig im Rahmen der Gesetze.

Gewaltenteilung
Darunter versteht man die Aufteilung der Macht im Staat auf die drei Gewalten Legislative, Exekutive und Judikative. Die Legislative ist die gesetzgebende Gewalt. Sie wird vom Bundesparlament und den Landesparlamenten wahrgenommen. Die Exekutive ist die ausführende Gewalt, also diejenige, die die Politik für einen begrenzten Zeitraum bestimmt. Diese Aufgabe wird von den Regierungen ausgeübt. Die dritte Staatsgewalt ist die Judikative, also die Rechtsprechung. Sie wird ausgeführt von den unabhängigen Gerichten. Die Staatsgewalten sind geteilt, damit sie sich gegenseitig kontrollieren. Die Teilung soll verhindern, dass zu viel Macht in eine Hand zusammenkommt.

Gewerkschaften
sind Vereinigungen von Arbeitnehmern, um deren Interessen gegenüber den Arbeitgebern und dem Staat zu vertreten. Sie haben viele Aufgaben, vor allem kümmern sie sich um die Verbesserung der Arbeitsbedingungen, die Sicherung und Erhöhung der Löhne, den Schutz bestehender und die Schaffung neuer Arbeitsplätze und um die Mitbestimmung der Arbeitnehmer in den Betrieben. Die ersten Gewerkschaften entstanden als Arbeitervereine zu Beginn des 19. Jahrhunderts. Über ein Drittel aller Arbeitnehmer sind in den 16 Einzelgewerkschaften des Deutschen Gewerkschaftsbundes (DGB) organisiert.

Gleichberechtigung
(siehe Emanzipation)

Globalisierung
Sie ist ein Prozess der weltweiten Vernetzung der wirtschaftlichen Abläufe und Abhängigkeiten, der technischen Möglichkeiten, der wissenschaftlichen Forschung, der kulturellen Angleichung der Lebensumstände, der Auswirkungen des Lebens auf die Umwelt, der politischen Möglichkeiten, Chancen und Probleme. Der vielschichtige Begriff wird einmal zur Charakterisierung eines neuen Zeitalters nach dem Ende des Ost-West-Konfliktes verwendet und andererseits als Sammelbegriff für alle Megatrends, die in einem weltweiten Zusammenhang gesehen werden müssen.

Grundrechte
Sie sind die in der Verfassung niedergeschriebenen grundlegenden Menschenrechte. Zu ihnen zählen die Freiheits- und Gleichheitsrechte sowie soziale Grundrechte. Sie sind in erster Linie Schutzrechte des Einzelnen gegenüber dem Staat. In der Bundesrepublik Deutschland sind die Grundrechte im ersten Abschnitt des Grundgesetzes aufgeführt.

Inflation
heißt Geldentwertung. Von einer Inflation spricht man, wenn die Verbraucherinnen und Verbraucher für die gleiche Menge Geld weniger kaufen können, weil die Waren teurer geworden sind. Die Inflationsrate wird in der Regel mit einer Prozentzahl ausgedrückt. Diese Zahl drückt aus, wie sich die Waren im Vergleich zum Vorjahr durchschnittlich verteuert haben.

Interaktiv
Der Begriff wird häufig im Zusammenhang mit den neuen Medien verwendet (interaktives Fernsehen). Er bezeichnet die Fähigkeit, Sendungen der Massenmedien nicht nur passiv aufzunehmen,

sondern selbst aktiv zu beeinflussen und zu verändern.

Interessenverbände

Sie spielen in der parlamentarischen Demokratie eine große Rolle und sind auf die unterschiedlichsten Arten organisiert. Gemeinsam ist ihnen, dass sich Menschen zusammenschließen, um sich so wirkungsvoller gegenüber der Regierung oder gegenüber anderen Interessengruppen durchsetzen zu können. Interessengruppen versuchen, Druck auf die Politik auszuüben, um die Entscheidungen der Politiker in ihrem Sinne zu beeinflussen. Das ist rechtlich geregelt und legitim. Allerdings wird der Einfluss mächtiger Interessenverbände auf die politischen Entscheidungen auch häufig als zu groß kritisiert.

Internet

Auf Deutsch kann man Internet mit Verbundnetz übersetzen. Das Internet ist ein weltweiter elektronischer Verbund von vielen Millionen Computern. Vergleicht man es mit einem Netz, so ist jeder einzelne PC ein Knoten in diesem Netz. Das Verbundsystem ermöglicht es, Daten weltweit zu versenden und auszutauschen. Zum ersten Mal wurde das Internet im Jahr 1969 genutzt – damals noch ausschließlich zu militärischen Zwecken.

Judikative

Wenn jemand gegen die Gesetze verstoßen hat und sich dafür vor Gericht verantworten muss, dann ist er bei der Judikative gelandet Sie ist die rechtsprechende Gewalt und eine der drei klassischen Staatsgewalten. Sie wird von unabhängigen Gerichten bzw. Richtern ausgeübt, die nur den Gesetzen verpflichtet sind.

Jugendliche

Die Jugendphase ist die Zeit zwischen Kindheit und Erwachsensein, dazu gehört auch die Zeit der Ausbildung. Oft werden Leute bis zum Ende des zwanzigsten Lebensjahres als Jugendliche bezeichnet. Unter rechtlichen Gesichtspunkten ist man Jugendliche oder Jugendlicher im Alter zwischen 14 und 18 Jahren. Für diese Altersgruppe gelten in der Regel die Bestimmungen des Jugendrechts. Vor Gericht kann man auch bis 21 als Jugendlicher behandelt werden.

Jugendrecht

ist ein Sammelbegriff für alle Rechtsgrundsätze, die speziell für Jugendliche gelten. Dazu gehören das Jugendschutzgesetz, das Jugendarbeitsschutzgesetz und das Jugendstrafrecht. Die Gesetze zum Schutz der Jugend haben die Aufgabe, Jugendliche vor seelischen und körperlichen Gefährdungen zu bewahren und ihnen eine gesunde Entwicklung zu ermöglichen.

Koalition

Koalition bedeutet Bündnis oder Zusammenschluss. In der parlamentarischen Demokratie versteht man darunter einen Zusammenschluss von zwei oder mehreren Parteien in einem Parlament zum Zwecke der Regierungsbildung. Koalitionen werden gebildet, wenn keine der in einem Parlament vertretenen Parteien alleine in der Lage ist, eine Mehrheit zu bilden. Das gemeinsame Regierungsprogramm einer Koalitionsregierung wird in einem Koalitionsvertrag festgelegt.

Kommunalpolitik

Das ist die Politik, die in den Gemeinden gemacht wird, also in den Stadt- und Landgemeinden. Kommunal heißt die Gemeinde betreffend; eine Kommune ist eine Gemeinde. Neben der Bundes- und der Landespolitik ist die Kommunalpolitik die dritte Ebene der nationalen Politik.

Kompromiss

Das lateinische Wort bedeutet „Übereinkunft“ bzw. „Ausgleich“. Der Kompromiss ist eine Art der Entscheidung zwischen Personen oder Gruppen, die unterschiedliche Interessen vertreten und unterschiedlicher Meinung sind, die sich aber irgendwie einigen müssen. In der Demokratie spielen Kompromisse eine große Rolle, weil es fast immer darum geht, verschiedene Interessen so unter einen Hut zu bringen, dass alle Beteiligten eine Entscheidung akzeptieren können. Kompromissfähigkeit gilt als eine Qualifikation, über die jeder demokratische Mensch verfügen sollte.

Konflikt

Das Wort bedeutet „Zusammenstoß“. Es bezeichnet eine Auseinandersetzung, die entsteht, wenn Menschen oder Gruppen aufeinandertreffen, die unterschiedliche Interessen vertreten. Die streitenden Parteien versuchen dann mit Argumenten und mit Macht, den Streit siegreich zu beenden. Oft gelten Konflikte als unvermeidbar, zum Beispiel, wenn alljährlich die Vertreter der Arbeitgeber und Arbeitnehmer über die Höhe der Löhne streiten. In der Demokratie gilt der Konflikt nicht als etwas Schlechtes. Wichtig ist, dass die Konflikte mit friedlichen und fairen Mitteln zu einem vernünftigen Ausgleich gebracht werden.

Landtage
sind die von der wahlberechtigten Landesbevölkerung gewählten Parlamente in den Bundesländern. Ein Landtag beschließt die Landesgesetze, also diejenigen, die nur im eigenen Bundesland gelten. Dazu gehören zum Beispiel die Gesetze über das Schul- und das Polizeiwesen. Er wählt die Ministerpräsidentin oder den Ministerpräsidenten und hat die Aufgabe, die Landesregierung zu kontrollieren. Da Deutschland aus 16 Bundesländern besteht, gibt es 16 Landesparlamente.

Legislative
Sie ist die gesetzgebende Gewalt und damit eine der drei klassischen Staatsgewalten. In der Bundesrepublik Deutschland wird sie vom Bundesparlament, bestehend aus dem Bundestag und dem Bundesrat, ausgeübt. Auch die Länderparlamente in den Bundesländern gehören zur Legislative, weil auch sie das Recht haben, Gesetze zu erlassen.

Manipulation
Wörtlich übersetzt bedeutet der Begriff „geschickte Handhabung". Man versteht darunter die Beeinflussung von Menschen, ohne dass diese es merken. Wer andere manipuliert, will sie zu einem ganz bestimmten Fühlen, Denken und Handeln verführen. Der Vorwurf der Manipulation wird oft gegenüber der Werbung erhoben, wenn diese mit raffinierten Mitteln versucht, die Menschen zum Kauf eines bestimmen Produktes zu verführen. Auch Zeitungen und Zeitschriften und die übrigen Massenmedien haben die Macht, Menschen zu manipulieren. Vor Manipulation schützen kann man sich, indem man lernt, die Tricks und Absichten zu durchschauen.

Massenkommunikation
Das Wort „Kommunikation" von lateinisch „communicatio" bedeutet Mitteilung, Unterredung. Gemeint ist die Verständigung zwischen zwei oder mehreren Teilnehmern: Massenkommunikation ist die Form der Übertragung von Informationen und Meinungen, die sich an eine unbegrenzte Zahl von Personen wendet und die – zumindest theoretisch – jedermann zugänglich ist. Eine Zeitung kann sich theoretisch jeder kaufen, auch wenn sie in Amerika oder Asien erscheint. Das Wesen der Massenkommunikation besteht darin, dass sie in der Regel einseitig von einem Sender zu einem Empfänger verläuft.

Massenmedien
Presse, Rundfunk und Fernsehen werden unter dem Oberbegriff „Massenmedien" zusammengefasst. Auch die als „neue Medien" bezeichneten Computer, die in einem Netzwerk, zum Beispiel im Internet, miteinander verbunden sind, gehören dazu. Sie sind allesamt technische Verbreitungsmittel, mit denen man eine unbegrenzte Zahl von Menschen gleichzeitig erreichen kann. Sie prägen und verändern das Leben der meisten Menschen in den modernen Gesellschaften. Massenmedien gelten einerseits als unverzichtbar und hilfreich, andererseits können durch Missbrauch auch Gefährdungen von ihnen ausgehen.

Mehrheitswahl
Sie ist eine Form der politischen Wahl, bei der das Wahlgebiet in Wahlkreise eingeteilt wird. In den Wahlkreisen haben die Wähler die Möglichkeit, einen Kandidaten zu wählen. Gewählt ist, wer die Mehrheit der Stimmen bekommt. In der Regel genügt die relative Mehrheit, also auch weniger als 50 Prozent. Die Stimmen für die unterlegenen Kandidaten fallen bei diesem Wahlrecht unter den Tisch (siehe auch Verhältniswahl).

Menschenrechte
Das sind die grundlegenden Rechte, die jedem Menschen zustehen, und zwar unabhängig von seinem Geschlecht, seiner Sprache, seiner Heimat und Herkunft, seiner religiösen oder politischen Anschauung. Sie gehören sozusagen zur Natur des Menschen und können von niemandem aberkannt werden. Einige Herrschaftssysteme, Staaten und Kulturen zweifeln allerdings den universalen Gültigkeitsanspruch der Menschenrechte an (siehe auch Grundrechte).

Mitbestimmung
Für größere Wirtschaftsbetriebe bedeutet dieser Begriff, dass die Arbeitnehmerinnen und Arbeitnehmer an der Leitung des Betriebes mitbestimmend teilnehmen. Die Unternehmer können zum Beispiel nicht alleine darüber entscheiden, wer eingestellt und wer entlassen wird, wie der Betrieb gestaltet wird usw.

NATO
Das ist die Abkürzung für „North Atlantic Treaty Organization", auch Nordatlantikpakt genannt. Die NATO wurde 1949 gegründet und ist ein Verteidigungsbündnis. Die 28 Mitgliedstaaten des Bündnisses haben sich zu gegenseitiger Hilfe verpflichtet, falls einer von ihnen mit Waffengewalt angegriffen wird. Seit der Auflösung des Ostblocks hat sich das Aufgabengebiet der NATO verändert. Von 1999–2008 wurden 12 Mitgliedstaaten des ehemaligen Ostblocks in die NATO aufgenommen. Auf Bitten Albaniens griff die NATO 1999 im

jugoslawischen Kosovo zum Schutz der Kosovo-Albaner mit militärischen Luftangriffen ein. Die NATO versteht diese Militäraktion nicht als Kriegseinsatz, sondern als einen Akt humanitärer Hilfe.

Ökologie
Das Wort stammt aus dem Griechischen. Es bezeichnet die Lehre von den Wechselbeziehungen zwischen Mensch und Umwelt. Wichtigstes Ziel der Ökologie ist es, die Zerstörung der Umwelt zu verhindern und das Gleichgewicht der verschiedenen Kräfte in der Natur zu erhalten. Damit leistet diese Wissenschaft einen wichtigen Beitrag zur Bewahrung der Lebensgrundlagen für die Menschheit.

Ökonomie
(siehe Wirtschaft)

Opposition
Im Parlament besteht die Opposition aus allen Parteien, die nicht an der Regierung beteiligt sind. Das Wort bedeutet Widerspruch, Gegensatz. Die Opposition ist immer die Minderheit, die einer Mehrheit gegenübersteht und die darauf wartet, zum Beispiel bei der nächsten Wahl, die Mehrheit zu erlangen. In der Demokratie hat die Opposition zwei entscheidende Aufgaben: Sie soll die Regierung überwachen und kritisieren. Sie soll eigene politische Pläne entwickeln, die eine Alternative zu denen der regierenden Mehrheit darstellen.

Parteien
In den Parteien finden sich Menschen mit gleichen oder ähnlichen politischen Interessen zusammen. Jede Partei versucht, so groß und einflussreich wie möglich zu werden, um alleine oder in Zusammenarbeit mit anderen Parteien Macht auszuüben und ihre Ziele durchzusetzen. Nach dem Grundgesetz der Bundesrepublik Deutschland haben die Parteien die Aufgabe, an der politischen Willensbildung der Bevölkerung mitzuwirken (Artikel 21). Jeder Bürger kann Mitglied einer Partei werden. In der Regel werden Mitglieder von Parteien als Abgeordnete in die verschiedenen Parlamente geschickt. Die Parteien spielen im politischen Leben eine sehr große Rolle. Häufig werden der übergroße Einfluss der Parteien und die Art der Parteienfinanzierung kritisiert.

Politik
Dieser Begriff leitet sich von dem griechischen Wort „Polis" ab, das man mit „Gemeinschaft" übersetzen kann. Heute verstehen wir darunter alle Aufgaben und Zukunftsprobleme, die gelöst werden müssen, damit die Menschen im Staat friedlich, frei und in Sicherheit miteinander leben können. Politik wird von einzelnen Personen, vor allem aber auch von Parteien, Bürgerinitiativen und Interessenverbänden gemacht. Zum Wesen demokratischer Politik gehört, dass die Vorstellungen über die Lösung der Zukunftsaufgaben sehr unterschiedlich sein können.

Rechtsordnung
Darunter versteht man die Gesamtheit aller Regeln und Gesetze, die für die Menschen in einem Land verbindlich gelten. An die bestehende Rechtsordnung muss man sich halten, sonst droht Strafe. Grundlage der Rechtsordnung in der Bundesrepublik Deutschland ist das am 23. Mai 1949 verabschiedete Grundgesetz.

Rechtsstaat
Im Rechtsstaat ist alles staatliche Handeln an die bestehenden Gesetze gebunden. Der Rechtsstaat schützt so die Bürger vor willkürlichen Übergriffen der Staatsgewalt. Kein Gesetz, keine Verordnung, kein Richterspruch darf den in der Verfassung festgelegten Rechtsgrundsätzen widersprechen. Die Aufgaben von Regierung und Parlament sind durch die Verfassung vorgeschrieben. Zur Rechtsstaatlichkeit gehören auch die Garantie der Grundrechte und die Teilung der Staatsgewalt.

Repräsentative Demokratie
Die Bundesrepublik Deutschland ist eine repräsentative Demokratie. Das bedeutet, dass die Staatsgewalt vom Volk ausgeht, dass sie aber nicht direkt vom Volk ausgeübt wird. Zur Ausübung der Staatsgewalt wählt das Volk seine Repräsentanten, die dann für die Dauer einer Wahlperiode die politischen Entscheidungen treffen. Den Repräsentanten, die auch als Abgeordnete bezeichnet werden, wird ein Entscheidungsspielraum zugestanden. Nach dem Grundgesetz sind sie „an Aufträge und Weisungen nicht gebunden und nur ihrem Gewissen verantwortlich" (Artikel 38, Abs. 1).

Republik
Der Begriff stammt aus dem Lateinischen „res publica" und bedeutet, dass der Staat die Sache des Volkes ist. Von einer Republik sprechen wir, wenn die Macht im Staat vom Volk ausgeht. Die Bundesrepublik Deutschland ist eine Republik, weil das Volk durch Wahlen bestimmt, wer für die Zeit zwischen zwei Wahlen die politische Herrschaft ausüben darf. Republik bedeutet auch, dass es keinen König oder Kaiser geben kann.

Schlüsselqualifikationen
Dieser Begriff aus der Arbeitswelt ist in den vergangenen Jahren mehr und mehr in Mode gekommen. Er bezeichnet die Gesamtheit aller Fähigkeiten eines Menschen, die ihm wie ein Schlüssel die Tür zu einem erfolgreichen Berufs- und Privatleben öffnen können. Als wichtige Schlüsselqualifikationen unter vielen anderen gelten Selbstständigkeit, Teamgeist und die Fähigkeit, Verantwortung zu übernehmen.

Schülervertretung (SV)
Durch die SV wirken die Schülerinnen und Schüler an der Gestaltung des Schullebens mit. Sie hat die Aufgabe, die Interessen der Schüler zu vertreten. Sie besteht aus den gewählten Sprecherinnen und Sprechern der Klassen- und Jahrgangsstufen und der Schülersprecherin/dem Schülersprecher (plus Stellvertreter). Die zentrale Einrichtung zur Wahrnehmung der Mitwirkungsrechte ist in NRW der Schülerrat.

Solidarität
Das Wort Solidarität stammt aus dem Lateinischen. Man versteht darunter den engen Zusammenhalt einzelner Personen oder Gruppen. Diese bilden eine Solidargemeinschaft. Man unterstützt sich gegenseitig, kämpft für gemeinsame Interessen und hat gemeinsame Ziele. Das Wesen einer Solidargemeinschaft wird in dem Motto „Einer für alle, alle für einen" deutlich.

Soziale Marktwirtschaft
Nach dem Zweiten Weltkrieg wurde in der Bundesrepublik die soziale Marktwirtschaft eingeführt. In dieser Wirtschaftsordnung ist das Privateigentum auch an Produktionsmitteln garantiert. Die Preise bilden sich auf dem Markt nach Angebot und Nachfrage. Garantiert werden Produktions- und Berufsfreiheit sowie ein freier Kapitalverkehr. Neben diesen marktwirtschaftlichen Elementen erhält die soziale Marktwirtschaft auch sozialpolitische Elemente. Der Staat darf in das Wirtschaftsgeschehen eingreifen, um den Wettbewerb zu sichern. Er übernimmt aber auch eine Schutzfunktion gegenüber seinen Bürgern. Mit einer umfangreichen Sozialgesetzgebung schützt er die Arbeitnehmer und bewahrt den sozialen Frieden.

Soziale Netzwerke
In sozialen Netzwerken bilden Internetnutzer Gemeinschaften, um miteinander zu kommunizieren und Kontakte zu pflegen. Immer mehr Menschen nutzen so das Internet als ständigen Begleiter ihres Alltagslebens. Bei Jugendlichen zählen schülerVZ und Facebook zu den besonders beliebten Adressen. Besondere Vorteile bestehen in der Erweiterung der kommunikativen Möglichkeiten jedes einzelnen Menschen. Auf der Negativseite stehen die Gefahren des Datenmissbrauchs, Computersucht und die Verunglimpfung anderer durch Cyber-Mobbing.

Sozialhilfe
Im System der sozialen Sicherung ist in Deutschland die Sozialhilfe das letzte Auffangnetz für alle, die in Not geraten sind. Nach dem Bundessozialhilfegesetz (BSHG) soll die Sozialhilfe den Bedürftigen ein menschenwürdiges Leben ermöglichen und sie befähigen, bald wieder selbst ihren Lebensunterhalt zu verdienen. Die Sozialhilfe ist also in erster Linie als Hilfe zur Selbsthilfe gedacht. Sie umfasst die Hilfen zum Lebensunterhalt, mit der die Grundbedürfnisse (wie Ernährung, Kleidung, Wohnung und Heizung) abgedeckt werden sollen, und die Hilfen in besonderen Lebenslagen für Personen, deren Einkommen oder Vermögen nicht ausreicht, um außerordentliche Notsituationen (wie Krankheit, Behinderung oder Pflegebedürftigkeit) zu bewältigen.

Sozialstaat
Einen Staat, der in seiner Verfassung das Ziel soziale Gerechtigkeit anstrebt, bezeichnet man als Sozialstaat. Der Sozialstaat hat eine Fürsorgepflicht gegenüber den Schwachen in der Gesellschaft. Er setzt sich das Ziel, allen Bürgerinnen und Bürgern ein Leben zu ermöglichen, das mit der Würde des Menschen vereinbar ist. In der deutschen Geschichte wurde das Sozialstaatsprinzip erstmals im Grundgesetz für die Bundesrepublik Deutschland verankert. Nach Artikel 20 des Grundgesetzes ist die Bundesrepublik ein Sozialstaat. Erstmals haben damit die Bürger einen Rechtsanspruch auf eine soziale Mindestsicherung. Umgekehrt wird von den leistungsstarken Bürgern erwartet, dass sie durch das Bezahlen von Steuern und Sozialabgaben dazu beitragen, dass der Staat diese Aufgabe erfüllen kann.

Staat
Der Staat ist die Gesamtheit aller Bürgerinnen und Bürger, die zu einem Volk gehören. Wörtlich übersetzen kann man das Wort aus dem frühen Mittelalter mit „Lebensweise". Man versteht darunter auch die Organisation, die sich die Menschen in der Gesellschaft gegeben haben, damit sie geregelt und friedlich miteinander leben können. Der Staat fordert von den Menschen, dass sie

einen nicht unerheblichen Teil ihres Einkommens in Form von Steuern und Abgaben an ihn entrichten. Er verteilt dieses Geld dann wieder, zum Beispiel an Familien in Form von Kindergeld und zum Bau von Straßen, Schienen, Flugplätzen, Krankenhäusern, Schulen, für die Bundeswehr und für vieles andere mehr.

Staatsbankrott
Bankrott bedeutet Zusammenruch. Ein Staatsbankrott tritt ein, wenn die Regierung eines Staates erklären muss, dass der Staat seinen Zahlungsverpflichtungen entweder nicht mehr nachkommen kann oder nicht mehr nachkommen will. Die Staatsbediensteten erhalten dann keine Gehälter mehr, die Zahlung von Sozialleistungen und Subventionen wird eingestellt und der Staat zahlt dann weder seine Bankschulden noch die fälligen Zinsen zurück. In gleicher Bedeutung wird der Begriff der Staatsinsolvenz benutzt. Die Folgen eines Staatsbankrottes sind dramatisch. Es kommt zu einer schweren Wirtschaftskrise mit Firmenpleiten und hoher Arbeitslosigkeit und erheblichen sozialen Spannungen. 2001 erlebte Argentinien einen solchen Bankrott. Auch in Europa sind die besonders hoch verschuldeten Länder davon bedroht. Ein Staat braucht lange, um sich von einem Bankrott zu erholen.

Staatsgewalt
Wenn man von der Staatsgewalt spricht, versteht man Gewalt im Sinne von Macht. Der Staat, in dem wir leben, übt eine gewisse Macht über uns aus, weil er uns dazu zwingt, die Gesetze einzuhalten, und uns bestraft, wenn wir das nicht tun. In der Demokratie ist der Staat die einzige Macht, welche die politische Herrschaft ausüben darf und die das Recht hat, sie auch mit Gewalt aufrechtzuerhalten. Die Staatsmacht ist unterteilt in die Exekutive, die Legislative und die Judikative (siehe auch dort).

Staatsquote
Sie ist eine Zahl, die in Prozent angibt, wie hoch der Anteil der Staatseinnahmen in Form von Steuern und Abgaben am gesamten Bruttoinlandsprodukt ist. Im Jahr 2003 betrug diese Zahl z. B. in Deutschland 48,8 Prozent. Das bedeutet, dass der Staat knapp die Hälfte des Wertes aller erzeugten Güter und Dienstleistungen zur Erfüllung seiner Aufgaben in Anspruch nimmt. Alle großen Parteien haben sich zum Ziel gesetzt, die Staatsquote zu senken. Dies hat einerseits eine Verringerung der staatlichen Leistungen zur Folge, führt aber andererseits zu mehr privater Nachfrage, Wirtschaftswachstum und zu Arbeitsplätzen.

Stadtrat
Der Stadtrat, auch Gemeinderat genannt, ist die gewählte politische Vertretung der Bürgerinnen und Bürger in einer Gemeinde bzw. Stadt. Er übt das Recht auf Selbstverwaltung einer Gemeinde aus. Nach Artikel 28 des Grundgesetzes haben die Gemeinden das Recht, „alle Angelegenheiten der örtlichen Gemeinschaft im Rahmen der Gesetze in eigener Verantwortung zu regeln". Die hierzu notwendigen Beschlüsse werden per Mehrheitsentscheidung in den Stadt- und Gemeinderäten gefasst.

Steuern
Steuern sind Abgaben, die die Bürger an den Staat zahlen. Es besteht Steuerpflicht. Wer sie nicht bezahlt, macht sich strafbar. Mit den Steuern bestreitet der Staat seine Aufgaben. Man unterscheidet direkte und indirekte Steuern. Direkte Steuern werden vom Lohn und Einkommen und dem Besitz der Bürger bezahlt. Indirekte Steuern werden auf Waren und Dienstleistungen aufgeschlagen. Von der Summe, die die Bürger für diese Produkte zahlen, wird ein Teil als Steuer an die Staatskasse abgeführt.

Tarifautonomie
Darunter versteht man das Recht der Vertretungen der Arbeitgeber (Arbeitgeberverbände) und der Vertretungen der Arbeitnehmer (Gewerkschaften), die Löhne, Arbeitszeiten und die übrigen Arbeitsbedingungen selbst, also autonom, auszuhandeln und in einem Tarifvertrag für eine bestimmte Zeit festzulegen (Tarif = Vereinbarung). Die Regierung darf sich grundsätzlich nicht in Tarifverhandlungen einmischen. Die Tarifpartner sind frei in ihren Entscheidungen und selbst dafür verantwortlich.

Überhangmandate
Sie entstehen bei Bundestagswahlen und bedeuten, dass eine Partei mehr Sitze im Parlament erhält, als ihr nach der erreichten Prozentzahl der Stimmen eigentlich zusteht. Das ist der Fall, wenn in den Wahlkreisen eines Bundeslandes mehr Kandidaten einer Partei ihren Wahlkreis direkt gewinnen, als ihr nach den erreichten Zweitstimmen zustehen. Der Grund für Überhangmandate liegt in der Kombination des Wahlrechts von Mehrheits- und Verhältniswahl. Bei Überhangmandaten wird das Parlament vergrößert. 2008 hat das Bundesverfassungsgericht entschieden, dass Überhangmandate gegen das Prinzip der

Stimmengleichheit verstoßen und in der praktizierten Form abzuschaffen sind.

Umweltpolitik
Darunter versteht man die Summe aller Maßnahmen, die zum Ziel haben, a) bestehende Umweltschäden zu beseitigen und b) die Zukunft so zu gestalten, dass neue Belastungen für die Umwelt nicht entstehen können. Umweltpolitik wird vom Staat im Bund, in den Ländern und in den Gemeinden gestaltet. Zahlreiche Umweltbestimmungen werden mittlerweile auf europäischer Ebene innerhalb der Europäischen Union vereinbart. Umweltpolitik wird auch von zahlreichen Bürgerinitiativen und anderen nicht staatlichen Verbänden geleistet.

Vereinte Nationen (UNO)
Die englische Abkürzung bedeutet United Nations Organization. Die Vereinten Nationen wurden 1945 nach dem Ende des Zweiten Weltkrieges gegründet. Ihre wichtigsten Ziele, die Sicherung des Weltfriedens, die Förderung der wirtschaftlichen und sozialen Entwicklung in den armen Ländern der Erde und die Durchsetzung der Menschenrechte, sind in der „Charta der Vereinten Nationen" festgelegt. Neben der Generalversammlung ist der Weltsicherheitsrat die Einrichtung von großer weltpolitischer Bedeutung. Seine Hauptaufgabe besteht darin, Streitigkeiten zwischen den Staaten auf der Welt beizulegen. Im Jahr 2009 sind 192 Staaten Mitglied der Vereinten Nationen.

Verhältniswahl
Bei dieser Form der politischen Wahl erhalten die Parteien genau den Anteil an Sitzen im Parlament, der ihnen im Verhältnis zur erreichten Stimmenzahl zusteht. Alle Stimmen zählen gleich und haben den gleichen Erfolgswert. Bei Bundestagswahlen findet das System eine Einschränkung darin, dass eine Partei mindestens 5 Prozent der Stimmen erhalten muss, um überhaupt in das Parlament einziehen zu können (Fünf-Prozent-Hürde).

Volksinitiative
Mehrere Bundesländer sehen das Mittel der Volksinitiative als eine Möglichkeit direkter Demokratie in der Landespolitik vor. Die Bürgerinnen und Bürger können sich dabei mit einem politischen Vorschlag an ihr Landesparlament wenden, also initiativ werden. Das Landesparlament muss sich dann mit dieser Initiative befassen. Für eine Volksinitiative reicht meist schon eine geringe Prozentzahl der Wählerinnen und Wähler aus (z. B. 1 Prozent), welche die Initiative unterschreiben müssen.

Volksbegehren/Volksentscheid
Viele Landesverfassungen (vor allem auch in den neuen Bundesländern) haben das Mittel des Volksbegehrens und des Volksentscheids als Element direkter Demokratie aufgenommen. In einem Volksbegehren können die Bürgerinnen und Bürger eines Bundeslandes den Landtag dazu zwingen, einem bestimmten Gesetz innerhalb einer festgelegten Frist zuzustimmen. Das Begehren kommt zustande, wenn eine bestimmte Zahl der Wahlberechtigten (z. B. 15 Prozent) das Begehren unterschreibt. Lehnt der Landtag mit seiner Mehrheit dieses Volksbegehren ab, so kommt es zu einem Volksentscheid. Der Landtag stellt dann dem Volk das Gesetz zur Abstimmung. Wenn die Mehrheit der Abstimmenden (mindestens aber eine bestimmte Prozentzahl aller Wahlberechtigten, z. B. ein Drittel) dem Gesetz zustimmt, ist der Volksentscheid angenommen. Bestimmte Themenbereiche, wie z. B. finanzielle Angelegenheiten, sind allerdings von diesen Möglichkeiten ausgenommen.

Wertvorstellungen
Das sind Grundsätze und Zielvorstellungen, die ein einzelner Mensch oder die gesamte Gesellschaft als erstrebenswert ansieht. Werte beziehen sich oft auf die Art und Weise des Umgangs mit anderen Menschen, zum Beispiel die Gerechtigkeit und die Hilfsbereitschaft. In einer Partnerschaft spielen Werte wie Liebe und Treue eine große Rolle. Eine Gesellschaft braucht ein gewisses Maß von gemeinsamen Werten, die alle Menschen teilen, weil sie sonst nicht funktionieren kann. Dazu gehören zum Beispiel die Ablehnung von Gewalt, die Achtung vor den Gesetzen, die Toleranz gegenüber Andersdenkenden etc. Werte können sich im Laufe der Zeit verändern.

Wir-Gefühl
Das ist das Zusammengehörigkeitsgefühl, das zwischen den Mitgliedern einer Gruppe besteht. Das Wir-Gefühl führt dazu, dass man sich mit der eigenen Gruppe identifiziert, sich darin wohlfühlt usw. Es kann auch zur Folge haben, dass man sich ganz bewusst von anderen Gruppen abgrenzt. Das geschieht zum Beispiel zwischen verschiedenen Mannschaften im Sport, auch zwischen verschiedenen Schulklassen usw. Gefährlich wird das Wir-Gefühl, wenn es so weit geht, dass andere Gruppen als Feinde angesehen werden, zum Beispiel: „Wir Deutsche" gegen „die Ausländer".

Wirtschaft (auch Ökonomie)

Unter Wirtschaft versteht man die Gesamtheit aller menschlichen Tätigkeiten, die sich auf die Produktion und den Verbrauch von Gütern und Dienstleistungen beziehen. Die Wirtschaft versorgt uns mit diesen Gütern (z. B. Lebensmittel, Kleidung, Autos, Computer) und Dienstleistungen (z. B. ärztliche Versorgung, Haarpflege, Krankenpflege, öffentliche Verwaltungen). In der Wirtschaft sind wir nicht nur Käufer und Verbraucher. In der beruflichen Tätigkeit erbringen wir Leistungen, erzielen dafür Einkommen und erstellen die verschiedensten Güter und Dienstleistungen, die wir als Verbraucher wieder kaufen. Daher sind wir alle Teile in einem großen volkswirtschaftlichen Kreislauf.

Wirtschaftswachstum

Wirtschaftswachstum ist berechenbar und wird in einer Prozentzahl ausgedrückt. Beträgt das Wachstum der Wirtschaft 2 Prozent, so bedeutet dies, dass der Wert aller Güter und Dienstleistungen in diesem Jahr im Vergleich zum vorherigen Jahr um 2 Prozent gestiegen ist. Diese Zahl sagt jedoch nichts über eine sozial gerechte Verteilung des Wohlstands und erst recht nichts über die Umweltschäden aus. Deshalb ist das Ziel heute ein qualitatives Wirtschaftswachstum. Damit ist gemeint, dass Wachstum nur dann vertretbar ist, wenn es mit den Erfordernissen des Schutzes der Umwelt vereinbar ist.

Wirtschaftsordnungen

In einem großen Staatsgebilde muss es für den Bereich der Wirtschaft einen Ordnungsrahmen geben. Er hat die Aufgabe, die wirtschaftliche Versorgung der Menschen möglichst reibungslos zu garantieren. Dazu greift der Staat mithilfe von Gesetzen ordnend und gestaltend in das Wirtschaftsgeschehen ein. Die Wirtschaftsordnung in der Bundesrepublik Deutschland trägt die Bezeichnung soziale Marktwirtschaft.

Register

Bildquellenverzeichnis

action press: 230 – action press/Michael Wallrath: 152 r. – Amadeu Antonio Stiftung: 25 – © Amnesty International/Tilman Engel: 136 – AP Photo/The Oregonian, Paul Kitagaki Jr.: 266 – Yuri Arcurs - Fotolia.com: 131 u.l. – ARD: 180 – © argum/Falk Heller: 54 o. – Astrofoto: 305 u.l. – © Avenue Images GmbH: 256 m. – Baaske Cartoons/Erich Rauschenbach: 121 (1) – © Bergmoser + Höller Verlag: 118 u., 120, 154, 191, 201, 283 – Bildarchiv Preußischer Kulturbesitz (bpk), Berlin: 194 – © Bilderberg, Stefan Enders: 152 l. – © blickwinkel/McPHOTOs: 108, 174 r. – http://www.bpb.de/files/JYXS2J.pdf: 258 – bpk/Antikensammlung, SMB/Reinhard Saczewski: 285 l. – Bundesarbeitsgemeinschaft Berufswahlpass: 47 – Bundesbildstelle Berlin: 68 o., 86 o.r., 89 r., 91, 99 r. – Bundesministerium für wirtschaftliche Zusammenarbeit und Entwicklung (BMZ): 254, 271, 329 – © Bundesregierung: 312 – Bündnis für Toleranz: 25 – Bündnis 90/Die Grünen: 75 – CDU: 75 – © ddp images/AP: 140 – Die Linke: 75 – © dpa-Fotoreport/Michael Jung: 84, 86 u.l., 88 l. – Eichborn Verlag: 54 u.l. – epd/Stefan Trappe: 310 – ERL/toonpool.com: 160 (A) – Europäisches Parlament: 286 – © F.A.Z.-Grafik/Niebel: 298 – FDP: 75 – Fotex/Picture Partners: 197 l. – Fotostudio Henke, Salzkotten: 58 (beide), 59 (beide) – Freedom House: 17 – © Marcus Gottfried/Catprint Media GmbH: 160 (C) – Haitzinger/CCC, www.c5.net: 259 – Haufe Verlag: 54 u.r. – imu: 293 – © ISSOUF SANOGO/AFP/Getty Images: 320 u. – Jim-Studie 2011, Medienpädagogischer Forschungsverbund Südwest, 2011, www.mpfs.de: 169, 172 l., 173 – Karikaturenwettbewerb „Umwelt"/www.nachhilfe.de: 217 – © Kaufhold/Welthungerhilfe: 327 (D) – © Keystone/Andreas Splett: 82 l. – KJP Offenbach: 64 – © Marie Marcks, Heidelberg: 61 – Gerhard Mester/CCC, www.c5.net: 73, 208, 270 o.r. + u.r., 285 r., 300, 325 – © Jiri Miklo - Fotolia.com: 131 m. – © S. R. Miller - Fotolia.com: 215 o.r. – © MISEREOR/Gietmann: 327 (B) – © Monkey Business - Fotolia.com: 174 l. – Mut gegen rechte Gewalt: 25 – Nazis Rauslachen: 25 – NRWgegenDiskriminierung: 25 – © Werner Otto: 234 – © picture-alliance/ANP XTRA: 149, 188 – © picture-alliance/Arco Image GmbH: 237 – © picture-alliance/ausloeser-photographie: 146 – © picture-alliance/Bildagentur-online: 104 – © picture-alliance/chromorange: 112, 250 – © picture-alliance/DeFodi: 72 o.m. – © picture-alliance/dieKLEINERT.de/Martin Guhl: 199 – picture-alliance/dpa: 14, 34, 56 (beide), 62, 65, 68 u., 69, 70, 72 o.r. + untere Reihe, 86 o.l.+m., 88 r., 90 l., 122 u., 127, 135, 142, 144, 147, 150 r., 171 r., 176, 197 r., 214 l., 222 (alle), 242, 248, 252 (beide), 253, 268, 274 (beide), 288 (alle), 294, 295, 302, 305 u.m. + u.r., 313, 317, 318, 319, 323, 326 – picture-alliance/dpa/dpaweb: 166 – © picture-alliance/dpa-Fotoreport: 196 o.r. – © picture-alliance/dpa-infografik: 50, 51, 57, 77, 83, 107, 109, 115, 116 m. + u., 124, 125, 130, 133, 157, 174, 177, 214 r., 224, 225, 227, 232, 251, 165 o.r. + o.r., 280, 281, 305 o., 309, 322 – © picture-alliance/EB-Stock: 44 – © picture-alliance/Eibner-Pressefoto: 92 l.o. – © picture-alliance/HB-Verlag: 190 – © picture-alliance/Javed A. Jafferji/Impact Photos: 138 – © picture-alliance/Photo-Alto: 118 – © picture-alliance/Photoshot: 320 m. – © picture-alliance/Rainer Hackenberg: 92 r. – © picture-alliance/rtn – radio tele nord: 171 l. – © picture-alliance/SCHROEWIG/Caspar: 153 – © picture-alliance/Süddeutsche Zeitung Photo: 92 u.l. – © picture-alliance/Sven Simon: 72 o.l. – © picture-alliance/WILDLIFE: 139 – © picture-alliance/Yonhap: 238 – picture-alliance/ZB: 122 o., 220, 236 – © picture-alliance/ZB-Fotoreport: 193, 196 o.l. + u. – picture-alliance/ZB-Fotoreport/Stefan Sauer: 282 – © Michael Pettigrew - Fotolia.com: 215 u.r. – Piratenpartei: 75 – Thomas Plaßmann/CCC, www.C5.net: 270 o.r. – © Thomas Plaßmann: 121 (2) – © 2010 Platon for Human Rights Watch: 16 – © Annette Kögel: 224 – Erik Rauschenbach/CCC, www.c5.net: 121 (3) – REUTERS/Ibraheem Abu Mustafa: 308 – © Schellig - Fotolia.com: 215 o.l. – Foto: Nicole Schenda/Oxfam Deutschland: 327 (C) – © Brigitte Schneider: 331 o. – Schule ohne Rassismus: 25 – © Schwarwel/toonpool.com: 328 – © silent - Fotolia.com: 179 u. – SPD: 75 – Stadt Paderborn: 82 r., 102 r. – © Statistisches Bundesamt, Wiesbaden 2011: 116 o. – Stuttmann/CCC, www.c5.net: 33 o., 160 (D), 270 u.l. – © Klaus Stuttmann: 160 (B), 247 – SÜDWIND Institut für Ökonomie und Ökumene: 267 – SZ Photo/Melde Press: 306 – © The World Café: 256 o.r. – Foto: Thomas Thiel: 66 – © Sergey Tokarev - Fotolia.com: 215 u.l. – Tomicek/CCC, www.c5.net: 33 u., 78 – © TUBS: 215 u. – ullstein bild: 99 l. – Umweltgutachterausschuss beim Bundesministerium für Umwelt, Naturschutz und Reaktorsicherheit: 233 – Aus: Sozialpolitik Ausgabe 2001/2, hg. von der AG Jugend und Bildung, Universum Verlag Wiesbaden: 106 (alle) – © vario images: 228 – vario-press/Ulrich Baumgarten: 86 u.r., 89 l. – Verlagsarchiv Schöningh/Matthias Berghahn, Bielefeld: 263, 264 – Verlagsarchiv Schöningh/Wolfgang Mattes: 10, 21 m.u., 29 (beide), 31 u.l., 41, 101, 279 (alle) – Verlagsarchiv Schöningh/Günter Schlottmann: 21 (4 Bilder), 31 (3 Bilder), 46, 49, 131 (5 Bilder), 141, 172 r. (2 Bilder) – © wildworx - Fotolia.com: 115 l. – Foto: Tanja Wilker/© movie members filmproduktion GmbH: 150 l. – World Vision Deutschland e. V.: 327 (E) – www.media-learn.de: 170 – www.schoenfaerben-jetzt.de Kampagne für Saubere Kleidung: 271 – www.wan-ifra.org: 183 (beide) – © Alena Yakusheva - Fotolia.com: 204 – © Metin Yilmaz: 22 – ZDF: 180 – weitere: Verlagsarchiv Schöningh

Sollte trotz aller Bemühungen um korrekte Urheberangaben ein Irrtum unterlaufen sein, bitten wir darum, sich mit dem Verlag in Verbindung zu setzen, damit wir eventuell notwendige Korrekturen vornehmen können.

Lösungen zu den Kompetenzstationen

1. Jugendliche in der Demokratie S. 32 f.

Station 1: 1. In diesem Text geht es um grundlegende Elemente und unterschiedliche Formen von Demokratie. 2. Zur Gliederung in Abschnitte bieten sich an: Definition Demokratie, grundlegende Elemente, Unterschied zwischen direkter und indirekter Demokratie, unterschiedliche Demokratieformen. Zu erklärende Fachbegriffe: Volkssouveränität, Konventionen, Gewaltenteilung, direkte, indirekte, repräsentative und parlamentarische Demokratie. 3. Die Textbewertung kann erfolgen anhand der Kriterien: bedeutsame Informationen, Sach- und wertende Aussagen, Bedeutung für die eigene Urteilsbildung, ist der Text zum Lesen empfehlenswert oder nicht.

Station 2: Beschreibung: Ein Ehepaar liegt bei Mondschein (also nachts) und bei geöffnetem Fenster im Ehebett und hört zu, wie jemand draußen auf der Straße um Hilfe schreit. Die Schrift und die Symbole in einer Sprechblase zeigen, dass hier offensichtlich ein Gewaltverbrechen von Neonazis passiert. Die Frau erkennt die Situation. Der Mann reagiert mit der Bemerkung, dass sie ihre Verbrechen doch bitte auch ein bisschen leiser ausführen könnten. Analyse: Der Karikaturist kritisiert, dass viele Menschen die Verbrechen der Neonazis zwar zur Kenntnis nehmen, aber keinesfalls dazu bereit sind, sich in ihrer Ruhe stören zu lassen. Sie nehmen dafür in Kauf, dass die Opfer verletzt und sogar getötet werden. Die austretenden Schweißtropfen vom Kopf des Mannes deuten an, dass er ein schlechtes Gewissen bei seinem Verhalten hat. Es reicht aber nicht aus, um gegen Neonazis aktiv zu werden. Begründung: Neonazis stellen die eigene Nation über alle anderen, hassen Ausländer und Juden, leugnen die Rechte des Einzelnen, fordern Unterordnung, wollen die Demokratie abschaffen, treten für eine Diktatur ein, missachten den Rechtsstaat, wollen die Herrschaft des Rechts durch die Herrschaft des Stärkeren ersetzen, bekämpfen und missachten Andersdenkende, sie sind Rassisten.

Station 3: Ein Mann und eine Frau befinden sich auf einer Leiter, die offensichtlich zu beruflichem Erfolg und Karriere führt. Der Mann befindet sich oberhalb der Frau. Die Frau wird auf der Leiter nach unten gezogen, weil sie einen schweren Kinderwagen mit hochziehen muss und nur eine Hand frei hat. Wer den Ausspruch „Ungerecht!" von sich gibt, ist nicht genau zu sehen. Offensichtlich empfindet es der Mann als ungerecht, dass er von Frau und Kind auf dem Weg zum Erfolg gestört wird. Die Frau empfindet es als ungerecht, dass sie allein den schweren Kinderwagen ziehen muss. Die Schweißperlen um den Kopf der Frau zeigen, dass sie erheblich mehr belastet ist als der Mann.
Die Karikatur weist auf die aktuell noch vorhandenen Benachteiligungen der Frau hin. Beruf und Familie sind für sie nicht vereinbar. Die Erziehung der Kinder ist immer noch einseitig Frauensache.

2. Auf dem Weg zur Berufswahl S. 60 f.

Station 1: Hier muss deine Antwort ganz individuell ausfallen. Da alle aufgeführten Begriffe eine Bedeutung für die Durchführung des Betriebspraktikums haben, solltest du diejenigen für deine Erläuterung auswählen, die für dich ganz persönlich besonders wichtig sind.

Station 2: Die Antworten findet man auf den Seiten 42 und 43. 3 Gründe für eine Berufsausbildung nach dem mittleren Schulabschluss: Man verdient sofort Geld. Der Zeitaufwand für die Berufsausbildung ist absehbar. Man erwirbt praktische Schlüsselqualifikationen. 3 Gründe für das Abitur: Das Abitur ist eine Eintrittskarte für eine Vielzahl von Berufen. Mit anschließendem Studium hat man als Akademiker bessere Aufstiegsmöglichkeiten. Die höhere Bildung fördert die Persönlichkeitsentwicklung. 3 mögliche Ausbildungswege: Praktische Berufsausbildung im dualen System (Lehre); Besuch einer Berufsfachschule; Abitur mit anschließendem Hochschulstudium.

Station 3: Zwei mögliche Hilfen durch die Arbeitsagentur: Besuch der Berufsinformationszentren (BIZ); Nutzung der Angebote im Internet mit www.planet-beruf.de (anschließend Terminvereinbarung für ein persönliches Beratungsgespräch). Was soll man als Erstes tun? Man sollte sich einen persönlichen Plan zur Vorgehensweise erstellen und den Planungsprozess untergliedern in die Orientierungsphase, die Phasen der Weichenstellung und Information und dann der Entscheidung und Bewerbung. Zu Beginn empfiehlt es sich, mithilfe von Tests die persönlichen Interessen und Stärken herauszufinden. Frühzeitig sollte man die neueste Ausgabe von „Beruf aktuell" studieren. Freiwillige Praktika führen zu mehr Erfahrungen und erhöhen die Erfolgsaussichten bei der Suche nach dem geeigneten Ausbildungsplatz. Sie können im Lebenslauf aufgeführt werden und verschaffen der Bewerberin, dem Bewerber so einen Bonus.

Station 4: 1. Englisch ist die wichtigste Sprache in der globalisierten Arbeitswelt. Englischkenntnisse werden heute in nahezu allen Ausbildungsberufen als selbstverständlich vorausgesetzt. 1. Pflichttugenden wie Pünktlichkeit, Verlässlichkeit, Fleiß und Höflichkeit zählen zu den wichtigsten Erwartungen, welche die Ausbildungsbetriebe an die Azubis stellen.

Station 5: Vortrag Erfolgsstrategien – Tipps:
A Praktikum: sorgfältig vorbereitete Auswahl, Führen einer Praktikumsmappe, engagiertes, interessiertes, höfliches und pflichtbewusstes Verhalten
B schriftliche Bewerbung: sauber, vollständig und fehlerfrei, nachweisen, dass man genau die richtige Person für den angebotenen Ausbildungsplatz ist
C gutes Telefonieren: vollständigen Namen nennen, das Anliegen klar und deutlich formulieren, Termin für das Praktikum im Kopf haben, Papier und Stift bereitlegen, Gründe für den Praktikumswunsch nennen können
D gute Testvorbereitung: Trainingsmaterialien, Ratgeber für Tests käuflich erwerben und üben (wie zur theoretischen Führerscheinprüfung), sich über das aktuelle Tagesgeschehen regelmäßig informieren, Allgemeinbildung verbessern

Station 6: Beschreibung: Die Frau ist größer und übernimmt die Arbeit. Der Mann diktiert. Analyse: Mädchen erbringen oft in der Schule die besseren Leistungen, haben die besseren Zeugnisse und die besseren Abschlüsse. Trotzdem sind sie in den Führungsetagen der Unternehmen unterrepräsentiert. Sie finden sich oft in sogenannten typischen, schlecht bezahlten Frauenberufen wieder (hier als Sekretärin).
Bewertung: Hier solltest du deine Antwort individuell formulieren und begründen. Darüber, dass sich etwas ändern muss, besteht weitgehender Konsens in der Gesellschaft. Die klassischen Rollenvorstellungen sind nicht mehr zeitgemäß. Mädchen sollten sich mehr zutrauen und auch Berufe wählen, die früher eher den Jungen vorbehalten waren. Gleichberechtigung muss dazu führen, dass es keinerlei Benachteiligungen aufgrund des Geschlechtes geben darf.
Station 7: Vincenzo Satchera, pro und kontra Einstellung:

☺
- gute Note für das Sozialverhalten
- gute Kenntnisse in Englisch
- hat Informatik-AG regelmäßig besucht
- ordentliche Bewerbungsunterlagen
- gute Allgemeinbildung
- überdurchschnittliches Konzentrationsvermögen
- hat sich gut über die Firma informiert
- hat freiwillige Praktika in den Ferien absolviert
- sportlich, gesund, für alle Berufe geeignet

☹
- schulische Mängel in der Leistungsbereitschaft, Zuverlässigkeit und Sorgfalt
- Schwächen in Mathematik
- drei unentschuldigte Fehltage
- Schwächen in der Rechtschreibung
- nachlässiges Auftreten

3. Demokratie in der Bundesrepublik Deutschland S. 102 f.

Station 1: Bürgerinitiative: Sie ist ein Zusammenschluss von Bürgerinnen und Bürgern, die sich gegen bestimmte Maßnahmen wehren – zum Beispiel gegen den Ausbau von Flughäfen, den Bau von Straßen, Kernkraftwerken, Fabriken etc. Wenn das Ziel erreicht ist, ein tragfähiger Kompromiss erzielt wurde oder das Verfolgen des Ziels als aussichtslos angesehen wird, löst sich eine Bürgerinitiative in der Regel wieder auf. Bürgerbegehren: Sie sind eine Form direkter Demokratie auf der Ebene der Gemeindepolitik. Die Bürgerinnen und Bürger einer Stadt stellen darin den schriftlichen Antrag an den Rat der Gemeinde, eine bestimmte Entscheidung zu treffen. Das Bürgerbegehren muss mit einer vorgeschriebenen Mindestzahl von Unterschriften versehen sein. Der Rat der Stadt kann dem Bürgerbehren stattgeben oder es ablehnen. Bürgerentscheid: Er kommt zustande, wenn der Rat der Gemeinde ein zuvor eingereichtes Bürgerbegehren ablehnt. Im Bürgerentscheid können die Bürgerinnen und Bürger direkt über eine Maßnahme in der Stadt abstimmen (zum Beispiel über den Bau einer Umgehungsstraße). (Weitere Erläuterungen dazu findet ihr auch im Glossar dieses Buches.)

Station 2: Parteien sind Vereinigungen von Bürgern, die dauernd oder für längere Zeit auf die politische Willensbildung Einfluss nehmen und nach politischer Mitgestaltung im Bundestag, in den Landtagen, den Kreistagen und den Gemeinde- bzw. Stadträten streben. Ziel aller Parteien ist es in der Regel, politische Macht auszuüben (zum Beispiel in der Regierungsverantwortung), um so die politischen Verhältnisse im Land maßgeblich gestalten zu können. Aufgaben der Parteien: Mitwirkung an der politischen Willensbildung, Gestaltung der öffentlichen Meinung, Förderung der aktiven Teilnahme möglichst vieler Menschen an der Politik, Teilnahme an Wahlen, Festlegung politischer Ziele in Parteiprogrammen, Kandidatenauswahl für politische Ämter u. a.

Station 3:
- Warum zwei Kreuze? Mit der Erststimme wählt man einen Wahlkreiskanditaten, mit der Zweitstimme eine Partei.
- Was ist der Unterschied? Der Erststimme liegt das Mehrheitswahlsystem zugrunde. Danach zieht derjenige Kandidat in den Bundestag ein, der im Wahlkreis die Mehrheit der Stimmen auf sich vereint. Die Zweitstimme funktioniert nach dem Verhältniswahlsystem. Danach wird der prozentuelle Anteil einer Partei am Gesamtergebnis der Wahl berechnet. Die erreichte Prozentzahl entscheidet über die Anzahl der Sitze einer Partei im Parlament.
- Welche der beiden Stimmen ist die wichtigere? Die Zweitstimme, weil nur sie darüber entscheidet, wie stark eine Partei im Bundestag vertreten ist.
- Welcher Name: Das Wahlrecht zum Deutschen Bundestag wird als personalisiertes Verhältniswahlrecht bezeichnet, weil es aus einer Kombination von Mehrheitswahl- und Verhältniswahlsystem besteht.

Station 4: 1. Wer wählt den Bundeskanzler bzw. die Bundeskanzlerin? 2. Woraus besteht die Bundesregierung? 3. Was ist der Bundestag? 4. Werden die Mitglieder des Bundesrates vom Volk gewählt? 5. Welche Aufgabe hat das Bundesverfassungsgericht?

Station 5: Das Problem wird aktuell. = → Die Öffentlichkeit diskutiert und fordert eine gesetzliche Regelung. = → Der Gesetzgebungsprozess kommt auf den Weg. → Der Bundestag berät mit insgesamt drei Lesungen. → Der Bundesrat berät und entscheidet über das Gesetz. → Der Bundespräsident unterschreibt. → Das Gesetz wird im Bundesgesetzblatt veröffentlicht. → Das Gesetz tritt in Kraft.

Station 6: Die Person links im Bild symbolisiert die Legislative (= die gesetzgebende Gewalt), die mittlere Person in der Robe des Richters die Judikative (= rechtsprechende Gewalt) und die rechte Person die Exekutive (= die ausführende Gewalt). Die Teilung der Staatsgewalt ist wichtig, damit Machtkonzentration und Machtmissbrauch verhindert werden und damit die Staatsgewalten sich gegenseitig kontrollieren.

4. Soziale Sicherung heute und morgen S. 134 f.

Station 1:
- Unter Sozialpolitik versteht man alle Maßnahmen des Staates, welche die Menschen in Risikosituationen schützen sollen.
- Unter einem Sozialstaat versteht man einen Staat, der die Pflicht übernimmt, für den sozialen Schutz seiner Bürgerinnen und Bürger zu sorgen und ihnen ein menschenwürdiges Leben zu ermöglichen.
- Das Prinzip Solidarität bedeutet, dass die Menschen zusammenhalten, sich gegenseitig unterstützen und dass der Staat den Menschen eine Verantwortung für die gesamte Gemeinschaft abverlangt.
- Das Prinzip Eigenverantwortung bedeutet, dass man in einer Notsituation nicht untätig bleiben darf und den Staat für sich sorgen lässt. Man muss selbst versuchen, sich aus der Notlage zu befreien.

Situationen, in denen Jugendliche mit dem Sozialstaat in Berührung kommen, können sein: Im Falle eines Unfalls oder im Laufe einer Krankheit genießen sie Versicherungsschutz, als gewähltes Mitglied in der Ausbildungsvertretung eines Betriebes können sie sich für den Jugendarbeitsschutz einsetzen, als Berufsanfänger am Beginn einer Ausbildung werden sie Mitglied im System der Sozialen Sicherung, als Auszubildende können sie Ausbildungsförderung beantragen (BAföG).

Station 2 : Die fünf Sozialversicherungen sind: Rentenversicherung, Unfallversicherung, Krankenversicherung, Pflegeversicherung, Arbeitslosenversicherung. Ziel ist ein möglichst umfangreicher sozialer Schutzschirm für alle Versicherten. Bezahlt werden die Versicherungen größtenteils je zur Hälfte vom Arbeitnehmer und Arbeitgeber. Die Unfallversicherung zahlt nur der Arbeitgeber. Hinzu kommen weitere staatliche Zuschüsse, weil das Geld aus den Versicherungsbeiträgen nicht ausreicht, um die Kosten zu decken.

Station 3: 1. Die Schülerin macht mit ihrer Zeichnung auf das Problem des demografischen Wandels aufmerksam. Im Jahr 2010 kommen drei Beitragszahler auf einen Rentner. 2050 werden es nur noch zwei Beitragszahler sein. Das bedeutet, dass im Umlageverfahren zwei Beitragszahler eine Altersrente finanzieren müssen. 2. Junge Leute müssen wissen, dass aufgrund des demografischen Wandelns die gesetzlich garantierten Altersrenten in erheblichem Maße sinken werden. Sie sollten daher in jungen Jahren beginnen, neben der gesetzlichen Pflichtversicherung auch in eine zusätzliche private Altersversorgung zu investieren.

Station 4: In eurem Text solltet ihr die Situation eines armen Kindes in Deutschland erklären, zusammenfassen, was man unter absoluter und relativer Armut versteht, darstellen, warum Alleinerziehende und Familien mit vielen Kindern am häufigsten betroffen sind.

Station 5:

- Die beiden Grundsätze zur Steuergerechtigkeit lauten: A Gleiches muss gleich besteuert werden. B Die Steuer muss die Verhältnisse berücksichtigen, in denen jemand lebt.
- Steuerpolitik ist umstritten, weil Steuererhöhungen fast immer zu Protesten führen und Steuersenkungen verminderte Leistungen des Staates zur Folge haben.
- Sozialpolitik ist in den vergangenen Jahren immer teurer geworden, (a) weil die Wiedervereinigung Deutschlands so viel Geld kostet, (b) weil die Sozialausgaben für die Rentenfinanzierung ansteigen und (c) weil Arbeitsplätze und damit Betragszahler verloren gingen durch Verlagerung der Arbeitsplätze ins Ausland.

5. Zur Situation der Menschenrechte S. 161

Station 1: Piktogramme: Recht auf Freiheit, Glaubensfreiheit, Recht auf Leben und körperliche Unversehrtheit. Drei besonders oft von Menschenrechtsverletzungen betroffene Gruppen sind Frauen, Kinder und Minderheiten. Drei Hauptgründe für Menschenrechtsverletzungen: Diktatorische Regime fürchten um ihre Macht und unterdrücken jede Art von Opposition; radikale Überzeugungen (auch religiöse) dienen als Rechtfertigung für Menschenrechtsverletzungen; fehlender Respekt vor dem Leben und der Freiheit anderer. Drei Arten von Diskriminierung, unter denen Frauen weltweit leiden müssen, sind z.B. Zwangsheirat, Misshandlungen, Einschränkungen ihrer Bewegungsfreiheit.

Station 2: Amnesty International, für urgent actions 125 000 Menschen in 85 Ländern, Millionen Unterstützer; Amnesty kümmert sich um Menschen, die aus politischen Gründen gefangen, gefoltert oder auf andere Weise unterdrückt werden; Eilaktionen: Unterstützer schreiben Protestbriefe an Regierungen und fordern Freilassung der politisch Unterdrückten, machen durch einen jährlichen Bericht Menschenrechtsverletzungen öffentlich; Amnesty setzte sich für den zur Todesstrafe verurteilten Hafez Ibrahim ein; Amnesty konnte in zahlreichen Fällen erreichen, dass Inhaftierte freigelassen wurden oder dass sie zumindest Hafterleichterungen bekamen; Amnesty rettete Hafez Ibrahim das Leben.

Station 3: A 1. Wer sich an Gesetze gehalten hat und keine illegalen Inhalte auf seinen PC heruntergeladen hat, braucht sich vor einer Online-Untersuchung nicht zu fürchten. 2. Durch Online-Überwachung können Terroranschläge bereits in der Planung entdeckt werden. 3. Veröffentlichungen in sozialen Netzwerken sind freiwillig und können kontrolliert werden, Online-Durchsuchungen geschehen ohne Wissen der Betroffenen. 5. Online-Durchsuchungen müssen zur Terrorabwehr weiterhin erlaubt bleiben (Beurteilung hängt von der Antwort auf Frage 4 ab).
B 1. Viele Menschen haben teilweise sehr persönliche Daten auf ihrem PC gespeichert. Diese gehen den Staat nichts an. 2. Kritiker bezweifeln, ob dieser schwerwiegende Eingriff in die Privatsphäre helfen kann, geplante Terroranschläge aufzudecken. Außerdem hat der Staat keinen Zugriff auf Daten, die auf der Festplatte gespeichert sind. 3. Da potenzielle Terroristen vermehrt im Internet operieren, muss der Staat Zugriff auf die Online-Aktivitäten haben. 5. Die Online-Durchsuchung verletzt die Privatsphäre der Bürger und sollte deshalb verboten werden (Beurteilung hängt von der Antwort auf Frage 4 ab).
C 1. Die Eingriffe der Online-Durchsuchung in die Privatsphäre sind nur unerheblich, da viele Menschen ohnehin in sozialen Netzwerken sehr viele persönliche Daten veröffentlichen. 2. Für die meisten Internetnutzer ist Datenschutz kein wichtiges Anliegen. 3. Datenschutz ist heute wichtiger denn je gewor-

den, weil wir immer weniger kontrollieren können, wer auf unsere Daten zugreift und was mit unseren Daten passiert.
5. Datenschutz muss in den nächsten Jahren noch ausgebaut werden (Beurteilung hängt von der Antwort auf die Frage 4 ab).

Station 4: 1. Grundrechte, 2. Bundesverfassungsgericht, 3. Menschenwürde, 4. Staatsgewalt, 5. Grundgesetz, 6. Religionsfreiheit, 7. Recht auf körperliche Unversehrtheit, 8. Gleichberechtigung

6. Die Bedeutung der Medien S. 186 f.

Station 1: 1. Nein, das stimmt nicht. Immerhin wirft knapp die Hälfte der Jugendlichen regelmäßig einen Blick in die Tageszeitung. Auch die Online-Angebote der Tageszeitungen werden von Jugendlichen genutzt. 2. Nein, das stimmt so nicht. Jugendliche nutzen das Internet zwar zu ihrem Vergnügen, besonders zum Spielen und zum Chatten, aber auch, um für die Schule zu lernen und zur Informationsbeschaffung. 3. Bei den Jugendlichen hat das Internet in der Bedeutung das Fernsehen vom Platz eins verdrängt.

Station 2: Die aufgelisteten Grundsätze befinden sich auf der Seite 177. Man muss sich der Wahrheit verpflichtet fühlen, Regeln der journalistischen Glaubwürdigkeit beachten, wissen, wo man selbst in der Sache steht, sich nicht durch Bestechung zur einseitigen Berichterstattung verführen lassen und wissen, für welche Zielgruppe man schreibt.
Um sich möglichst wahrheitsgetreu zu informieren, muss man Fakten und Meinungen trennen können, prüfen, ob die Quelle verlässlich ist, mehrere Meldungen miteinander vergleichen, die Berichterstattung über mehrere Tage hinweg verfolgen und möglichst mehrere Medien zur Information nutzen.

Station 3: Vorzüge im Alltag: Kommunikation mit Freunden, Einkaufen, Informationsbeschaffung gehen einfacher und bequemer. Wirtschaft: Der Kunde gewinnt an Macht, weil er die Chance hat, die Qualität von Unternehmen und Produkten zu bewerten. Politik: Das Netz ermöglicht vielfältige Formen direkter Einflussnahme auf die Politik. Risiken: Spinner und Kriminelle können das Internet nutzen, um z. B. Kontakt mit Kindern aufzunehmen etc. Wenige große Internetfirmen teilen sich den Markt untereinander auf. Politisches Engagement über das Internet hält oft nur kurze Zeit an.

Station 4: Auf das öffentlich-rechtliche Fernsehen treffen zu: 1, 3, 4, 7 und 10, auf die Privatsender 2, 5, 6, 8 und 9.

Station 5: Mögliche Aussagen zur Bedeutung der Pressefreiheit: Ohne die Möglichkeit freier Meinungsäußerung in der Presse gibt es keine Demokratie, Presse- und Meinungsfreiheit sind elementare Grundrechte. Aussagen zum Artikel 5 des Grundgesetzes: Jeder hat das Recht auf Information, Pressefreiheit ist gewährleistet. Zwei Aussagen zu den Pflichten des Journalisten: Informationen müssen vor der Veröffentlichung auf ihren Wahrheitsgehalt hin überprüft werden (Sorgfaltspflicht bei der Recherche), Journalisten haben die Pflicht, die Bevölkerung wahrheitsgetreu zu informieren. Zwei Aussagen über die Grenzen der Pressefreiheit: Bestehende Gesetze dürfen nicht verletzt werden (zum Beispiel: Gesetze zum Schutz der Jugend), keine Verleumdungen.

7. Wirtschaft und Wirtschaftspolitik verstehen S. 216 f.

Station 1: Die Preisbildung richtet sich nach dem Verhältnis zwischen Angebot und Nachfrage. Im Fall von Herrn Kleinschmidt bleibt das Angebot an Hotelzimmern gleich, aber die Nachfrage ändert sich. In den Sommerferien möchten mehr Menschen in Urlaub fahren als im März. Weil die Nachfrage steigt, kann auch der Preis angehoben werden.

Station 2: Richtig sind die Lösungen 1, 3, 4, 5, 7 und 9. Nicht zutreffend auf die soziale Marktwirtschaft sind 2, 6, 8 und 10.

Station 3: Definition: Unter Wirtschaftspolitik versteht man die Gesamtheit der Maßnahmen, mit denen der Staat lenkend in die Wirtschaft eingreift. Die sechs Ziele sind: angemessenes Wirtschaftswachstum, Vollbeschäftigung, stabiles Preisniveau, Umweltschutz, außenwirtschaftliches Gleichgewicht, gerechte Einkommensverteilung. Die vier Handlungsmöglichkeiten des Staates sind: Gesetze zum Schutz des Wettbewerbs, Verhinderung von Monopolen und Kartellen, Steuererhöhungen oder Steuersenkungen, Konjunkturpolitik. Zwei Probleme sind: Zielkonflikt zwischen Wirtschaftswachstum und Umweltschutz, Unvereinbarkeit der sechs Ziele.

Station 4: Möglichkeit 1: Steuererhöhung: wirkt auf Unternehmen negativ, weil die Menschen weniger Geld zum Ausgeben haben, negativ auch auf die privaten Haushalte, weil sie das Einkommen schmälern, negativ auf den Bankensektor, weil sie

weniger Kredite verkaufen und weniger Spareinlagen erhalten, negativ auf das Ausland, weil die Nachfrage nach Importgütern sinkt und Auslandsreisen weniger werden.
Positiv wirken Steuern auf den Sektor Staat, weil er seine Einnahmen verbessert. Möglichkeit 2: Autohersteller in Japan senken die Preise: Negativ sind die Folgen für die Unternehmen in Deutschland, weil die Nachfrage nach inländischen Autos sinkt, positiv sind sie für die privaten Haushalte, weil die importierten Autos billiger werden, eher negativ sind sie für den Staat, weil das inländische Wirtschaftswachstum schrumpft. Preissenkungen – egal ob für inländische oder ausländische Produkte – sind für die Banken positiv, weil den Menschen mehr Geld zum Sparen übrig bleibt und weil sie eher einen Kredit aufnehmen können. Möglichkeit 3: Die Banken senken die Zinsen: Das ist sowohl für den Unternehmenssektor als auch für das Ausland positiv, weil sich Neukäufe leichter durch Kredite finanzieren lassen, der Staat profitiert, weil die Wirtschaft angekurbelt wird, die privaten Haushalte profitieren, weil sie leichter einen Kredit aufnehmen können, Nachteile haben sie, wenn parallel dazu auch die Zinsen für Spareinlagen gesenkt werden.

Station 5: Hierfür wird die Vier-Schritt-Methode empfohlen: 1. Der Problemgehalt: Die Karikatur behandelt den Widerspruch zwischen dem menschlichen Handeln zur Förderung des Wirtschaftswachstums und der Notwendigkeit zum Schutz der Natur. 2. Beschreibung: Sie zeigt auf der linken Seite eine große Fabrik mit rauchenden Schornsteinen und darunter eine Reihe von abgestorbenen Bäumen. Zwischen diesen Bäumen liegt ein auslaufendes Giftfass. Auf der rechten Seite sieht man in der oberen Hälfte einen noch intakten Wald. An einem der Baumstämme sitzt ein Specht und hackt ein Loch in den Stamm. Rechts unten stehen zwei Männer sich einander gegenüber, von denen der eine eine Kettensäge trägt. Dieser sagt zu dem anderen, der blöde Specht sei schuld an der Zerstörung des Waldes. 3. Interpretation: Die Wirkung der Karikatur entsteht aus dem Widerspruch zwischen dem, was von einer der Personen gesagt wird, und dem, was hier offensichtlich passiert. Während es eindeutig die Schuld der Menschen ist, die mit Schadstoffemissionen aus Fabriken den Wald und den Lebensraum der Tiere zerstören, sieht der Mensch die Schuld bei einem Tier, das an der Umweltzerstörung gänzlich unschuldig ist. 4. Bewertung: Die Karikatur hat einen Preis bekommen, weil sie auf eindringliche Art menschliches Fehlverhalten aufzeigt. Der Mensch zerstört durch unbedachtes wirtschaftliches Verhalten die Umwelt und will die wahren Ursachen seines Verhaltens nicht erkennen. Er sieht die Schuld da, wo es überhaupt keine gibt. Zudem überzeugt diese Karikatur durch ihren klaren Aufbau.

8. Die ökologische Herausforderung S. 246 f.

Station 1: Definition Ökologie: Die Ökologie betrachtet die Erde als ein System, das einem Haushalt ähnelt. In diesem Haushalt gibt es die Umwelt, deren Bestandteile Boden, Luft und Wasser sind, und es gibt die Lebewesen: Pflanzen, Tiere und Menschen. Alle Bestandteile des Systems stehen in einer wechselseitigen Beziehung zueinander. Ursachen: Hauptquelle für Treibhausgase, insbesondere CO_2, ist die Erzeugung von Energie. Rund 40 Prozent der vom Menschen produzierten weltweiten CO_2-Emissionen fallen bei der Stromerzeugung an. Der Verkehr trägt mit ca. 25 % einen hohen Anteil am Klimawandel. Die Landwirtschaft trägt mit 14 Prozent erheblich zum Klimawandel bei. In Deutschland verursacht die Landwirtschaft zwischen sechs und elf Prozent des gesamten nationalen vom Menschen verursachten Treibhauseffekts. International steigt dieser Wert auf über 30 %. Bei der Rodung von Wäldern wird das gespeicherte CO_2 freigesetzt, wodurch sich wiederum der Klimawandel beschleunigt. Folgen: Auftreten von globalen Wetterextremen, Anstieg des Meeresspiegels, Dürreperioden, Wassermangel, Wüsten wachsen, Ernteerträge sinken, Schmelzen der Gletscher, Auftauen des Permafrostbodens. Akut gefährdete Regionen: Südseeinseln drohen aufgrund des steigenden Meeresspiegels unterzugehen, am Horn von Afrika führen Trockenperioden zu Dürrekatastrophen, in Pakistan kommt es zu Überschwemmungen, …

Station 2: a) Individuelle Antwort b) 1. Besitzt die Leistung eine Vorbildfunktion für andere Unternehmen? 2. Ist die Idee so vorbildlich, dass sie auch in anderen Wirtschaftsbereichen Nachahmer finden könnte? 3. Trägt die Idee aktiv zum Umweltschutz bei? 4. Trägt die Leistung dazu bei, Umweltprobleme zu verhindern, bevor sie überhaupt erst entstehen? 5. Stammt die Leistung aus unterschiedlichen Wissenschafts- und/oder Wirtschaftsbereichen, sodass sie besonders erfindungsreich ist?

Station 3: Leitbild: Nachhaltigkeit; Klimaschutzmaßnahme der Kommune: Aktion Klima^{plus}; Klimaschutzmaßnahme des Bundeslandes: Klimaschutz-Start-Programm; Klimaschutzmaßnahme des Bundes: Energetische Gebäudesanierung

Station 4: a) Einige Staaten zählen zu den Hauptverursachern, andere wiederum zu den Hauptleidtragenden. Es gibt Staaten, die Verursacher und Betroffene zugleich sind, und Länder, die den Klimawandel als Chance zu einer Wende verstehen. So wird klar, dass nationale Interessen einer internationalen Lösung oftmals im Wege stehen. b) Das Kyoto-Protokoll: Die Industrienationen verpflichteten sich darin, den jährlichen Treibhausgas-Ausstoß bis zum Jahr 2012 um durchschnittlich 5,2 Prozent gegenüber dem Stand von 1990 zu reduzieren.

Station 5: 1. Im Hintergrund kann man einige bekannte Sehenswürdigkeiten von Berlin erkennen, wie das Brandenburger Tor, das Reichstagsgebäude oder den Fernsehturm. Unmittelbar vor Berlin ist die Küste der Ostsee. 2. Die Menschen erscheinen sorglos und genießen die Folge der Erderwärmung, indem sie vor Berlin im Meer baden können. Der Karikaturist verdeutlicht die Naivität der Menschen, da sie die Folgen falsch einschätzen und die Gefahren ausblenden. 3. Die Problematik der Erderwärmung wird durch die Konsequenzen eines Meeresanstieges verdeutlicht. Das falsche menschliche Verhalten wird als ein weiteres Mittel zur Verdeutlichung der Problematik genutzt. 4. Bürger, Politik und Wirtschaft können den Klimawandel aufhalten, indem sie ihr Verhalten ändern. Bürger können ihren Energieverbrauch einschränken. Die Wirtschaft kann ökonomisch erfolgreich und ökologisch verantwortungsbewusst arbeiten. Aber auch die Wirtschaft kann ihre CO_2-Emissionen reduzieren. Die Politik kann Reformen auf den Weg bringen, die sowohl bei den Bürgern als auch in der Wirtschaft das ökologische Handeln verstärken.

9. Globalisierung S. 271

Station 1: 1. Waren- und Kapitalströme: Internationale Arbeitsteilung – die einzelnen Produktionsschritte bei der Herstellung von Produkten werden auf verschiedene Länder verteilt. Produziert wird dort, wo die Kosten am niedrigsten sind. Umweltveränderungen: Globalisierung belastet die Umwelt und verschärft zum Beispiel durch den zunehmenden Verbrauch von Energie und Wasser bestehende Umweltprobleme. Kunst und Literatur: Konsumgewohnheiten gleichen sich weltweit an, dadurch werden auch Filme und Bücher weltweit verbreitet und gelesen, zum Beispiel die Harry-Potter-Bände. Verkehr, Nachrichten und Datennetze: Über das Internet können Menschen weltweit und kostengünstig miteinander kommunizieren. 2. Waren- und Kapitalströme: Durch die weltweite Konkurrenz sind viele Produkte billiger geworden, sie kostet jedoch auch Arbeitsplätze in den Industrieländern. Umweltveränderungen: Umweltprobleme erfordern internationale Lösungen, die Bereitschaft zu internationalen Umweltabkommen ist gestiegen; von den Umweltveränderungen sind besonders die ärmsten Staaten betroffen, die dafür nicht verantwortlich sind. Kunst und Literatur: Die Menschen haben die Chance, auch andere Kulturen besser kennenzulernen; die Kulturen gleichen sich immer mehr, regionale Gebräuche verschwinden immer mehr.
Verkehr, Nachrichten und Datennetze: Riesige Containerschiffe verbilligen den Transport von Waren rund um den Globus. Dadurch wird allerdings die Umwelt stärker belastet.

Station 2: Beispieltext: Durch die weltweite Konkurrenz sind die Unternehmen gezwungen, kostengünstig zu produzieren. Dadurch sind viele Produkte billiger geworden und auch immer mehr ausländische Produkte in Deutschland erhältlich. Das führt allerdings dazu, dass große Unternehmen wie Siemens ihre Produktion ins Ausland verlagern, sodass sie – wie im Fall Siemens – inzwischen sogar mehr aus- als inländische Beschäftigte haben. Dadurch haben in den letzten Jahren viele Menschen in der deutschen Industrie ihre Arbeit verloren. Verlagert wurden vor allem Arbeiten, die für Geringqualifizierte geeignet sind. Wer eine gute Ausbildung hat, ist zurzeit noch weniger von den Verlagerungen betroffen.

Station 3:

1. Das Poster kritisiert die Ausbeutung von Arbeitskräften in den Fabrikhallen von Entwicklungsländern, wo diese unter sehr schlechten Bedingungen und zu Niedriglöhnen arbeiten.
2. Die Organisation „Saubere Kleidung" fordert ein Verbot von Kinderarbeit, die Reduzierung von Arbeitszeiten und die Bezahlung angemessener Löhne in der Textilindustrie.
3. Die Politik kann das Los der Textilarbeiterinnen verbessern, indem sie Mindestlöhne durchsetzt, die Bildung von Gewerkschaften fördert und die wöchentliche Arbeitszeit

senkt. Denkbar ist auch der Einsatz staatlicher Kontrolleure zur Überwachungen der Gesetze.

4. Auch die Verbraucher tragen zur Ausbeutung von Arbeitskräften bei, weil sie beim Kauf von Textilien fast ausschließlich auf den Preis der Ware schauen und sich nicht dafür interessieren, unter welchen Bedingungen diese produziert werden.
5. Ich selbst kann auch etwas zur Verbesserung der Arbeitsbedingungen beitragen, indem ich Waren mit Gütesiegeln verstärkt kaufe.

10. Die Europäische Union: Erfolge, Krisen und Herausforderungen S. 304 f.

Station 1: Sein Glühbirnenlicht muss europäischen Standards entsprechen, ebenso die Qualität seines Trinkwassers, auch was mit seinem Abwasser geschieht, ist EU-weit einheitlich geregelt. Die Angabe der E-Stoffe auf Lebensmitteln ist eine Maßnahme zum Verbraucherschutz in der EU. Er profitiert von der Warenvielfalt im europäischen Binnenmarkt und von den vergleichbar niedrigen Lebensmittelpreisen. Er kann aus dem Ausland billiger telefonieren. Er kann sein Altauto überall in der EU recyceln lassen. Er profitiert von den offenen Grenzen und genießt Reise- und Aufenthaltsfreiheit im gesamten Gebiet der Europäischen Union.

Station 2: A + 4 + 8; B + 3 + 5; C + 1 + 6; D + 2 + 7

Station 3: Richtig sind: 1, 3, 4, 6, 7.

Station 4: 1. Bei den Zahlen 3,0 % und 60 % handelt es sich um Konvergenzkriterien. Das sind die Kriterien, die als Bedingung für die Aufnahme in die Europäische Währungsunion gelten. Die Euro-Länder dürfen sich jährlich um höchstens 3 Prozent ihres Bruttoinlandsprodukts neu verschulden. Insgesamt darf die Staatsverschuldung nicht höher sein als 60 Prozent des Bruttoinlandsprodukts. 2. Die orangen Balken zeigen, dass 2009 fast alle EU-Staaten (außer Dänemark, Finnland, Estland, Luxemburg und Schweden) die 3-Prozent-Grenze überschritten haben. Die braunen Balken zeigen, dass 2009 13 Mitgliedsstaaten der EU eine höhere Staatsverschuldung als die erlaubten 60 Prozent aufwiesen. 3. EU-Defizitsünder ist der Titel der Grafik, weil sie zeigt, welche Staaten die strengen Konvergenzkriterien nicht einhalten. Es sind fast alle. Besonders kritisch war das Haushaltsdefizit zu diesem Zeitraum in Irland, Griechenland, Portugal und Spanien (über 10 %). Besonders hoch war die Staatsverschuldung in Griechenland und in Italien (über 100 %).

Station 5: Herausforderungen in der globalisierten Welt sind z. B. der Klimawandel, die Bekämpfung des Terrorismus, der Erhalt der Konkurrenzfähigkeit gegenüber China und Indien, die Lösung der Schuldenkrise.
Kriterien für die Aufnahme in die EU sind: stabile Demokratie, rechtsstaatliche Ordnung, Wahrung der Menschenrechte, funktionsfähige Marktwirtschaft, Annahme der Verpflichtungen, die EU-Länder übernehmen müssen.
Die Menschen flüchten aus materieller Not und weil sie sich in Europa bessere Lebenschancen versprechen. Das Problem besteht in der großen Zahl der Flüchtlinge. Die EU ist zwar den Menschenrechten verpflichtet, sieht sich aber durch den Ansturm der Flüchtlinge überfordert. Denkbare Lösungen sind: Außengrenzen fest verschließen, notleidende Menschen aufnehmen, Armut in den afrikanischen Ländern bekämpfen.
Argumente pro gemeinsame europäische Armee: stärkeres Zusammenrücken der Staaten Europas, Kostenersparnis, Bündelung der Kräfte, Bundeswehr überflüssig, wirkungsvollere Möglichkeiten, Frieden und Sicherheit zu schützen.
Argumente kontra: bisherige gemeinsame Verteidigungspolitik reicht aus, Einsatz wäre nicht demokratisch legitimiert, es könnte wieder ein Krieg von Europa ausgehen, fehlende Voraussetzungen.

11. Friedenssicherung S. 330 f.

Station 1: 1. Es handelt sich um einen regionalen Konflikt. Regionale Konflikte sind deshalb besonders gefährlich, weil die Spannungen auch auf Nachbarstaaten übergreifen können. Außerdem sind Nachbarstaaten wegen der großen Zahl von Flüchtlingen betroffen. 2. Eine weitere Bedrohung ist der internationale Terrorismus. Er ist eine relativ neue Erscheinung. Immer wieder sterben bei Anschlägen zahlreiche Zivilisten.
3. Dafür spricht: In Mitteleuropa gab es seit dem Zweiten Weltkrieg keinen weiteren Krieg. Offensichtlich haben die Europäer gelernt, Konflikte friedlich zu regeln. In anderen Teilen der Welt gibt es dennoch Kriege, vor allem Bürgerkriege. Das spricht dafür, dass Menschen nicht lernen können, Konflikte friedlich auszutragen.

Station 2: Auf dem Weg zum Frieden sollten in diesem Land nach und nach folgende Bedingungen erfüllt werden:

- Gewaltmonopol: Der Staat erhält das Gewaltmonopol, nur er darf Gesetzesverstöße notfalls mit Waffengewalt verfolgen und bestrafen.
- Rechtsstaatlichkeit: Der Staat führt rechtsstaatliche Prinzipien ein: Alle Bürger werden in der Rechtssprechung gleich behandelt, jeder kann sich über Gesetze frei informieren, diese dürfen auch nicht rückwirkend erlassen werden, alle Gesetze müssen mit der Verfassung übereinstimmen, jeder Bürger kann vor Gericht klagen, die Richter sind unabhängig und nur an die Gesetze gebunden.
- Demokratische Mitwirkung: Alle Bürger können sich an der politischen Willensbildung beteiligen, zum Beispiel indem sie an Wahlen teilnehmen und/oder ihre Meinung frei in der Presse oder auf Demonstrationen äußern können.
- Friedliche Konfliktlösungen: Interessensgegensätze und Konflikte werden ausschließlich mit friedlichen Mitteln ausgetragen.
- Soziale Gerechtigkeit: Der Staat sorgt durch entsprechende Gesetze, dass der Unterschied zwischen Arm und Reich nicht zu groß wird. Das Existenzminimum ist für jeden Bürger gesichert.
- Bewusstsein, dass alle Menschen aufeinander angewiesen sind: Bürger und Staat tolerieren unterschiedliche Meinungen und Lebensstile und sind bei Konflikten kompromissbereit.

Station 3: Stichworte: Terrorismus ist das ungezielte Töten unschuldiger Menschen; keine einheitliche Definition; Terrorismus kein neues Phänomen; nach dem Anschlag von 11. September 2001bedroht islamistischer Terrorismus international den Frieden; hinter viele Attentaten steckt das Terrornetzwerk Al-Kaida; Feinde islamistischer Terroristen sind USA und der Westen, aber auch Muslime; Terroristen rechtfertigen Selbstmordattentate religiös; sie führen Krieg gegen Ungläubige; inzwischen hat der islamistische Terrorismus auch Deutschland erreicht; die betroffenen Länder kämpfen militärisch gegen den Terror (Irakkrieg, Afghanistan) und haben auch Sicherheitsgesetze verschärft; inzwischen wurden viele führende Terroristen der Al-Kaida verhaftet, Osama bin Laden wurde getötet; wegen des arabischen Frühlings glauben Experten, dass der islamistische Terrorismus von der arabischen Bevölkerung immer weniger akzeptiert wird und damit der Höhepunkt bereits überschritten ist.

Station 4: Die Generalversammlung kann in Krisengebieten Untersuchungen durchführen und Empfehlungen aussprechen. Der Sicherheitsrat versucht zunächst, die Parteien in Gesprächen und Verhandlungen zum Einlenken zu bringen. Nutzt das nichts, kann er Sanktionen aussprechen (zum Beispiel Wirtschaftsembargos). Als letztes Mittel kann er auch militärische Mittel anwenden (Peacekeeping bzw. Robustes Peacekeeping). Außerdem kann der Menschenrechtsrat Untersuchungen durchführen, der Internationale Strafgerichtshof kann bei Verbrechen gegen die Menschlichkeit Anklage erheben.
Die Karikatur zeigt eine leere Schaufel mit dem Emblem der UNO sowie einen Besen, mit dem Scherben auf die Schaufel gekehrt werden. Rings um die Schaufel sind Scherben verstreut. Der Zeichner will ausdrücken, dass die Rolle der UNO darin besteht, in Krisengebieten Hilfe zu leisten – die UNO ist dieser Aufgabe jedoch nicht gewachsen, darauf deuten die vielen Scherben außerhalb der Schaufel hin.

Station 5: In den Millenniumszielen hat die UNO 8 Entwicklungsziele festgelegt, die bis 2015 erreicht werden sollen. Drei Beispiele sind: Bekämpfung von Hunger und Armut (Halbierung der Zahl der Menschen, die weniger als 1,25 $ am Tag zur Verfügung haben), Verbesserung der Gesundheit von Müttern (Senkung der Müttersterblichkeit um drei Viertel), Grundschulbildung weltweit für alle Kinder. Da Armut und soziale Ungerechtigkeit wesentliche Ursachen für Kriege sind, sichert die Umsetzung der Millenniumsziele auch den Frieden.